CONTRAT SOCIAL

ou

PRINCIPES DU DROIT POLITIQUE

J.-J. ROUSSEAU

CONTRAT SOCIAL

OU

PRINCIPES DU DROIT POLITIQUE

PRÉCÉDÉ DE

DISCOURS, LETTRE A D'ALEMBERT SUR LES SPECTACLES

ET SUIVI DE

CONSIDÉRATIONS SUR LE GOUVERNEMENT DE POLOGNE
ET LA RÉFORME PROJETÉE EN AVRIL 1772

LETTRE A M. DE BEAUMONT, ARCHEVÊQUE DE PARIS

PARIS

LIBRAIRIE GARNIER FRÈRES

6, RUE DES SAINTS-PÈRES, 6

ŒUVRES CHOISIES

DE

J.-J. ROUSSEAU

DISCOURS

SI LE RÉTABLISSEMENT DES SCIENCES
ET DES ARTS
A CONTRIBUÉ A ÉPURER LES MŒURS[1]

> « Barbarus hic ego sum, quia non
> intelliger illis. »
> OVID. *Trist.* V, Eleg. X, 37.

AVERTISSEMENT

Qu'est-ce que la célébrité ! Voici le malheureux ouvrage à qui je dois la mienne. Il est certain que cette pièce, qui m'a valu un prix, et qui m'a fait un nom, est tout au plus médiocre, et j'ose ajouter qu'elle est une des moindres de tout ce recueil[2]. Quel gouffre de misères n'eût point évité l'auteur, si ce premier écrit n'eût été reçu que comme il méritoit de l'être ! Mais il falloit qu'une faveur d'abord injuste m'attirât par degrés une rigueur qui l'est encore plus.

PRÉFACE

Voici une des grandes et belles questions qui aient jamais été agitées. Il ne s'agit point dans ce discours de ces subtilités métaphysiques qui ont gagné toutes les parties de la littérature, et dont les programmes d'académie ne sont pas toujours exempts; mais il s'agit d'une de ces vérités qui tiennent au bonheur du genre humain.

1. Discours qui a remporté le prix à l'Académie de Dijon, en 1750. (ÉD.)
2. Le recueil des Œuvres de Rousseau contenoit alors, outre les deux discours, la *Lettre sur les spectacles*, l'*Émile*, la *Nouvelle Héloïse* et le *Contrat social*. (ÉD.)

Je prévois qu'on me pardonnera difficilement le parti que j'ai osé prendre. Heurtant de front tout ce qui fait aujourd'hui l'admiration des hommes, je ne puis m'attendre qu'à un blâme universel; et ce n'est pas pour avoir été honoré de l'approbation de quelques sages, que je dois compter sur celle du public : aussi mon parti est-il pris; je ne me soucie de plaire ni aux beaux esprits, ni aux gens à la mode. Il y aura dans tous les temps des hommes faits pour être subjugués par les opinions de leur siècle, de leur pays et de leur société. Tel fait aujourd'hui l'esprit fort et le philosophe, qui, par la même raison, n'eût été qu'un fanatique du temps de la Ligue. Il ne faut point écrire pour de tels lecteurs, quand on veut vivre au delà de son siècle.

Un mot encore, et je finis. Comptant peu sur l'honneur que j'ai reçu, j'avois, depuis l'envoi, refondu et augmenté ce discours, au point d'en faire, en quelque manière, un autre ouvrage. Aujourd'hui je me suis cru obligé de le rétablir dans l'état où il a été couronné. J'y ai seulement jeté quelques notes, et laissé deux additions faciles à reconnoître, et que l'Académie n'auroit peut-être pas approuvées. J'ai pensé que l'équité, le respect et la reconnoissance exigeoient de moi cet avertissement.

DISCOURS

« Decipimur specie recti. »
HOR. de Art. poet. v. 25.

Le rétablissement des sciences et des arts a-t-il contribué à épurer ou à corrompre les mœurs? Voilà ce qu'il s'agit d'examiner. Quel parti dois-je prendre dans cette question? Celui, messieurs, qui convient à un honnête homme qui ne sait rien, et qui ne s'en estime pas moins.

Il sera difficile, je le sens, d'approprier ce que j'ai à dire au tribunal où je comparois. Comment oser blâmer les sciences devant une des plus savantes compagnies de l'Europe, louer l'ignorance dans une célèbre Académie, et concilier le mépris pour l'étude avec le respect pour les vrais savants? J'ai vu ces contrariétés, et elles ne m'ont point rebuté. Ce n'est point la science que je maltraite, me suis-je dit, c'est la vertu que je défends devant les hommes vertueux. La probité est encore plus chère aux gens de bien que l'érudition aux doctes. Qu'ai-je donc à redouter? Les lumières de l'assemblée qui m'écoute? Je l'avoue; mais c'est pour la constitution du discours, et non pour le sentiment de l'orateur. Les souverains

équitables n'ont jamais balancé à se condamner eux-mêmes dans
les discussions douteuses ; et la position la plus avantageuse au
bon droit est d'avoir à se défendre contre une partie intègre et
éclairée, juge en sa propre cause.

A ce motif qui m'encourage, il s'en joint un autre qui me détermine : c'est qu'après avoir soutenu, selon ma lumière naturelle, le
parti de la vérité, quel que soit mon succès, il est un prix qui ne
peut me manquer : je le trouverai dans le fond de mon cœur.

PREMIÈRE PARTIE

C'est un grand et beau spectacle de voir l'homme sortir, en
quelque manière du néant par ses propres efforts ; dissiper, par les
lumières de sa raison, les ténèbres dans lesquelles la nature l'avoit
enveloppé ; s'élever au-dessus de lui-même ; s'élancer par l'esprit
jusque dans les régions célestes ; parcourir à pas de géant, ainsi que
le soleil, la vaste étendue de l'univers ; et, ce qui est encore plus
grand et plus difficile, rentrer en soi pour y étudier l'homme et
connoître sa nature, ses devoirs et sa fin. Toutes ces merveilles se
sont renouvelées depuis peu de générations.

L'Europe étoit retombée dans la barbarie des premiers âges.
Les peuples de cette partie du monde, aujourd'hui si éclairée,
vivoient, il y a quelques siècles, dans un état pire que l'ignorance.
Je ne sais quel jargon scientifique, encore plus méprisable que
l'ignorance, avoit usurpé le nom du savoir, et opposait à son retour
un obstacle presque invincible. Il falloit une révolution pour ramener les hommes au sens commun ; elle vint enfin du côté d'où on
l'auroit le moins attendue. Ce fut le stupide musulman, ce fut
l'éternel fléau des lettres qui les fit renaître parmi nous. La chute
du trône de Constantin porta dans l'Italie les débris de l'ancienne
Grèce. La France s'enrichit à son tour de ces précieuses dépouilles.
Bientôt, les sciences suivirent les lettres : à l'art d'écrire se joignit
l'art de penser ; gradation qui paroît étrange, et qui n'est peut-être
que trop naturelle, et l'on commença à sentir le principal avantage du commerce des muses, celui de rendre les hommes plus
sociables, en leur inspirant le désir de se plaire les uns aux autres
par des ouvrages dignes de leur approbation mutuelle.

L'esprit a ses besoins, ainsi que le corps. Ceux-ci sont les fondements de la société, les autres en font l'agrément. Tandis que le
gouvernement et les lois pourvoient à la sûreté et au bien-être des
hommes assemblés, les sciences, les lettres et les arts, moins despo-

tiques et plus puissants peut-être, étendent des guirlandes de fleurs sur les chaînes de fer dont ils sont chargés, étouffent en eux le sentiment de cette liberté originelle pour laquelle ils sembloient être nés, leur font aimer leur esclavage, et en forment ce qu'on appelle des peuples policés. Le besoin éleva les trônes, les sciences et les arts les ont affermis. Puissances de la terre, aimez les talents, et protégez ceux qui les cultivent.[1] Peuples policés, cultivez-les : heureux esclaves, vous leur devez ce goût délicat et fin dont vous vous piquez, cette douceur de caractère et cette urbanité de mœurs qui rendent parmi vous le commerce si liant et si facile; en un mot, les apparences de toutes les vertus sans en avoir aucune.

C'est par cette sorte de politesse, d'autant plus aimable qu'elle affecte moins de se montrer, que se distinguèrent autrefois Athènes et Rome dans les jours si vantés de leur magnificence et de leur éclat; c'est par elle, sans doute, que notre siècle et notre nation l'emporteront sur tous les temps et sur tous les peuples. Un ton philosophe sans pédanterie, des manières naturelles et pourtant prévenantes, également éloignées de la rusticité tudesque et de la pantomime ultramontaine : voilà les fruits du goût acquis par de bonnes études et perfectionné dans le commerce du monde.

Qu'il seroit doux de vivre parmi nous, si la contenance extérieure étoit toujours l'image des dispositions du cœur, si la décence étoit la vertu, si nos maximes nous servoient de règle, si la véritable philosophie étoit inséparable du titre de philosophe ! Mais tant de qualités vont trop rarement ensemble, et la vertu ne marche guère en si grande pompe. La richesse de la parure peut annoncer un homme opulent, et son élégance un homme de goût : l'homme sain et robuste se reconnoît à d'autres marques; c'est sous l'habit rustique d'un laboureur, et non sous la dorure d'un courtisan, qu'on trouvera la force et la vigueur du corps. La parure n'est pas moins

1. Les princes voient toujours avec plaisir le goût des arts agréables et des superfluités, dont l'exportation de l'argent ne résulte pas, s'étendre parmi leurs sujets : car, outre qu'ils les nourrissent ainsi dans cette petitesse d'âme si propre à la servitude, ils savent très bien que tous les besoins que le peuple se donne, sont autant de chaînes dont il se charge. Alexandre, voulant maintenir les Ichthyophages dans sa dépendance, les contraignit de renoncer à la pêche, et de se nourrir des aliments communs aux autres peuples; et les sauvages de l'Amérique, qui vont tout nus, et qui ne vivent que du produit de leur chasse, n'ont jamais pu être domptés : en effet, quel joug imposeroit-on à des hommes qui n'ont besoin de rien* ?

* Ce qui est rapporté ici d'Alexandre n'a d'autre fondement qu'un passage de Pline l'Ancien, copié depuis par Solin (chap. LIV) : « Ichthyophagos omnes Alexander vetuit piscibus vivere ». (*Hist. nat.*, lib. VI, cap. XXV.)

étrangère à la vertu, qui est la force et la vigueur de l'âme. L'homme de bien est un athlète qui se plaît à combattre nu; il méprise tous ces vils ornements qui gêneroient l'usage de ses forces, et dont la plupart n'ont été inventés que pour cacher quelque difformité.

Avant que l'art eût façonné nos manières et appris à nos passions à parler un langage apprêté, nos mœurs étoient rustiques, mais naturelles; et la différence des procédés annonçoit, au premier coup d'œil, celle des caractères. La nature humaine, au fond, n'étoit pas meilleure; mais les hommes trouvoient leur sécurité dans la facilité de se pénétrer réciproquement; et cet avantage, dont nous ne sentons plus le prix, leur épargnoit bien des vices.

Aujourd'hui que des recherches plus subtiles et un goût plus fin ont réduit l'art de plaire en principes, il règne dans nos mœurs une vile et trompeuse uniformité, et tous les esprits semblent avoir été jetés dans un même moule : sans cesse la politesse exige, la bienséance ordonne; sans cesse on suit des usages, jamais son propre génie. On n'ose plus paroître ce qu'on est; et, dans cette contrainte perpétuelle, les hommes qui forment ce troupeau qu'on appelle société, placés dans les mêmes circonstances, feront tous les mêmes choses si des motifs plus puissants ne les en détournent. On ne saura donc jamais bien à qui l'on a affaire : il faudra donc, pour connoître son ami, attendre les grandes occasions, c'est-à-dire attendre qu'il n'en soit plus temps, puisque c'est pour ces occasions mêmes qu'il eût été essentiel de le connoître.

Quel cortège de vices n'accompagnera point cette incertitude ! Plus d'amitiés sincères; plus d'estime réelle; plus de confiance fondée. Les soupçons, les ombrages, les craintes, la froideur, la réserve, la haine, la trahison, se cacheront sans cesse sous ce voile uniforme et perfide de politesse, sous cette urbanité si vantée, que nous devons aux lumières de notre siècle. On ne profanera plus par des jurements le nom du maître de l'univers; mais on l'insultera par des blasphèmes, sans que nos oreilles scrupuleuses en soient offensées. On ne vantera pas son propre mérite, mais on rabaissera celui d'autrui. On n'outragera point grossièrement son ennemi, mais on le calomniera avec adresse. Les haines nationales s'éteindront, mais ce sera avec l'amour de la patrie. A l'ignorance méprisée on substituera un dangereux pyrrhonisme. Il y aura des excès proscrits, des vices déshonorés; mais d'autres seront décorés du nom de vertus; il faudra, ou les avoir ou les affecter. Vantera qui voudra la sobriété des sages du temps; je n'y vois, pour moi, qu'un raffinement d'intempérance autant indigne de mon éloge que leur artificieuse simplicité.[1]

Telle est la pureté que nos mœurs ont acquise; c'est ainsi que nous sommes devenus gens de bien. C'est aux lettres, aux sciences et aux arts à revendiquer ce qui leur appartient dans un si salutaire ouvrage. J'ajouterai seulement une réflexion : c'est qu'un habitant de quelques contrées éloignées qui chercheroit à se former une idée des mœurs européennes sur l'état des sciences parmi nous, sur la perfection de nos arts, sur la bienséance de nos spectacles, sur la politesse de nos manières, sur l'affabilité de nos discours, sur nos démonstrations perpétuelles de bienveillance, et sur ce concours tumultueux d'hommes de tout âge et de tout état qui semblent empressés, depuis le lever de l'aurore jusqu'au coucher du soleil, à s'obliger réciproquement; c'est que cet étranger, dis-je, devineroit exactement de nos mœurs le contraire de ce qu'elles sont.

Où il n'y a nul effet, il n'y a point de cause à chercher : mais ici l'effet est certain, la dépravation réelle; et nos âmes se sont corrompues à mesure que nos sciences et nos arts se sont avancés à la perfection. Dira-t-on que c'est un malheur particulier à notre âge? Non, messieurs; les maux causés par notre vaine curiosité sont aussi vieux que le monde. L'élévation et l'abaissement journaliers des eaux de l'Océan n'ont pas été plus régulièrement assujettis au cours de l'astre qui nous éclaire durant la nuit, que le sort des mœurs et de la probité au progrès des sciences et des arts. On a vu la vertu s'enfuir à mesure que leur lumière s'élevoit sur notre horizon, et le même phénomène s'est observé dans tous les temps et dans tous les lieux.

· Voyez l'Égypte, cette première école de l'univers, ce climat si fertile sous un ciel d'airain, cette contrée célèbre d'où Sésostris partit autrefois pour conquérir le monde. Elle devient la mère de la philosophie et des beaux-arts, et, bientôt après, la conquête de Cambyse; puis celle des Grecs, des Romains, des Arabes, et enfin des Turcs.

. Voyez la Grèce, jadis peuplée de héros qui vainquirent deux fois l'Asie, l'une devant Troie, et l'autre dans leurs propres foyers. Les

---

1. « J'aime, dit Montaigne, à contester et à discourir, mais c'est avecques peu d'hommes, et pour moy. Car de servir de spectacle aux grands, et faire à l'envy parade de son esprit et de son caquet, je treuve que c'est un mestier tres messéant à un homme d'honneur. » (Liv. III, chap. VIII.) C'est celui de tous nos beaux esprits, hors un°.

° On pense que cette exception unique ne peut regarder que Diderot,

lettres naissantes n'avoient point porté encore la corruption dans les cœurs de ses habitants; mais le progrès des arts, la dissolution des mœurs et le joug du Macédonien se suivirent de près; et la Grèce, toujours savante, toujours voluptueuse et toujours esclave, n'éprouva plus dans ses révolutions que des changements de maîtres. Toute l'éloquence de Démosthène ne put jamais ranimer un corps que le luxe et les arts avoient énervé.

C'est au temps des Ennius et des Térence que Rome, fondée par un pâtre et illustrée par des laboureurs, commence à dégénérer. Mais après les Ovide, les Catulle, les Martial, et cette foule d'auteurs obscènes dont les noms seuls alarment la pudeur, Rome, jadis le temple de la vertu, devient le théâtre du crime, l'opprobre des nations, et le jouet des barbares. Cette capitale du monde tombe enfin sous le joug qu'elle avoit imposé à tant de peuples, et le jour de sa chute fut la veille de celui où l'on donna à l'un de ses citoyens le titre d'arbitre du bon goût[1].

Que dirai-je de cette métropole de l'empire d'Orient qui, par sa position sembloit devoir l'être du monde entier, de cet asile des sciences et des arts proscrits du reste de l'Europe, plus peut-être par sagesse que par barbarie? Tout ce que la débauche et la corruption ont de plus honteux; les trahisons, les assassinats et les poisons de plus noir; le concours de tous les crimes de plus atroce : voilà ce qui forme le tissu de l'histoire de Constantinople; voilà la source pure d'où nous sont émanées les lumières dont notre siècle se glorifie.

Mais pourquoi chercher dans des temps reculés, des preuves d'une vérité dont nous avons sous nos yeux des témoignages subsistants? Il est, en Asie, une contrée immense où les lettres honorées conduisent aux premières dignités de l'État. Si les sciences épuroient les mœurs, si elles apprenoient aux hommes à verser leur sang pour la patrie, si elles animoient le courage, les peuples de la Chine devroient être sages, libres et invincibles. Mais s'il n'y a point de vice qui ne les domine, point de crime qui ne leur soit familier; si les lumières des ministres, ni la prétendue sagesse des lois, ni la multitude des habitants de ce vaste empire, n'ont pu le garantir du joug du Tartare ignorant et grossier; de quoi lui ont servi tous ses savants? Quel fruit a-t-il retiré des honneurs dont ils sont comblés? scroit-ce d'être peuplé d'esclaves et de méchants?

---

1. *Arbiter elegantiarum.* C'est Pétrone qui reçut ce titre sous le règne de Néron. (ÉD.)

Opposons à ces tableaux celui des mœurs du petit nombre de peuples qui, préservés de cette contagion des vaines connoissances, ont, par leurs vertus, fait leur propre bonheur et l'exemple des autres nations. Tels furent les premiers Perses : nation singulière, chez laquelle on apprenoit la vertu comme chez nous on apprend la science; qui subjugua l'Asie avec tant de facilité et qui, seule, a eu cette gloire, que l'histoire de ses institutions ait passé pour un roman de philosophie. Tels furent les Scythes, dont on nous a laissé de si magnifiques éloges. Tels les Germains, dont une plume, lasse de tracer les crimes et les noirceurs d'un peuple instruit, opulent et voluptueux, se soulageoit à peindre la simplicité, l'innocence et les vertus. Telle avoit été Rome même, dans les temps de sa pauvreté et de son ignorance. Telle enfin s'est montrée jusqu'à nos jours cette nation rustique si vantée pour son courage, que l'adversité n'a pu abattre, et pour sa fidélité que l'exemple n'a pu corrompre[1].

Ce n'est point par stupidité que ceux-ci ont préféré d'autres exercices à ceux de l'esprit. Ils n'ignoroient pas que dans d'autres contrées, des hommes oisifs passoient leur vie à disputer sur le souverain bien, sur le vice et sur la vertu, et que d'orgueilleux raisonneurs, se donnant à eux-mêmes les plus grands éloges, confondoient les autres peuples sous le nom méprisant de barbares; mais ils ont considéré leurs mœurs et appris à dédaigner leur doctrine[2].

Oublierois-je que ce fut dans le sein même de la Grèce qu'on vit

1. Je n'ose parler de ces nations heureuses, qui ne connoissent pas même de nom les vices que nous avons tant de peine à réprimer; de ces sauvages de l'Amérique, dont Montaigne ne balance point à préférer la simple et naturelle police, non seulement aux lois de Platon, mais même à tout ce que la philosophie pourra jamais imaginer de plus parfait pour le gouvernement des peuples. Il en cite quantité d'exemples frappants pour qui les sauroit admirer : « Mais quoy, dit-il, ils ne portent point de hault-de-chausses ». (Liv. 1, chap. XXX.)

. 2. De bonne foi, qu'on me dise quelle opinion les Athéniens mêmes, devoient avoir de l'éloquence, quand ils l'écartèrent avec tant de soin de ce tribunal intègre des jugements, duquel les dieux mêmes n'appeloient pas. Que pensoient les Romains de la médecine, quand ils la bannirent de leur république? Et quand un reste d'humanité porta les Espagnols à interdire à leurs gens de loi l'entrée de l'Amérique, quelle idée falloit-il qu'ils eussent de la jurisprudence? Ne diroit-on pas qu'ils ont cru réparer, par ce seul acte, tous les maux qu'ils avoient faits à ces malheureux Indiens*?

* « Le roy Ferdinand, envoyant des colonies aux Indes, pourveut sagement qu'on n'y menast aulcuns escoliers de la inrisprudence... iugeant avecques Platon *que c'est une mauvaise provision de païs, que iurisconsultes et médecins.* » (Montaigne, liv. III, chap. XIII.)

s'élever cette cité aussi célèbre par son heureuse ignorance que par la sagesse de ses lois, cette république de demi-dieux plutôt que d'hommes, tant leurs vertus sembloient supérieures à l'humanité? O Sparte, opprobre éternel d'une vaine doctrine! tandis que les vices conduits par les beaux-arts s'introduisoient ensemble dans Athènes, tandis qu'un tyran y rassembloit avec tant de soin les ouvrages du prince des poètes, tu chassois de tes murs les arts et les artistes, les sciences et les savants!

L'événement marqua cette différence. Athènes devint le séjour de la politesse et du bon goût, le pays des orateurs et des philosophes : l'élégance des bâtiments y répondoit à celle du langage : on y voyoit de toutes parts le marbre et la toile animés par les mains des maîtres les plus habiles. C'est d'Athènes que sont sortis ces ouvrages surprenants qui serviront de modèles dans tous les âges corrompus. Le tableau de Lacédémone est moins brillant. *Là*, disoient les autres peuples, *les hommes naissent vertueux, et l'air même du pays semble inspirer la vertu.* Il ne nous reste de ses habitants que la mémoire de leurs actions héroïques. De tels monuments vaudroient-ils moins pour nous que les marbres curieux qu'Athènes nous a laissés?

Quelques sages, il est vrai, ont résisté au torrent général, et se sont garantis du vice dans le séjour des Muses. Mais qu'on écoute le jugement que le premier et le plus malheureux d'entre eux portoit des savants et des artistes de son temps :

« J'ai examiné, dit-il, les poètes, et je les regarde comme des gens dont le talent en impose à eux-mêmes et aux autres, qui se donnent pour sages, qu'on prend pour tels, et qui ne sont rien moins.

« Des poètes, continue Socrate, j'ai passé aux artistes. Personne n'ignoroit plus les arts que moi; personne n'étoit plus convaincu que les artistes possédoient de fort beaux secrets. Cependant, je me suis aperçu que leur condition n'est pas meilleure que celle des poètes, et qu'ils sont, les uns et les autres, dans le même préjugé. Parce que les plus habiles d'entre eux excellent dans leur partie, ils se regardent comme les plus sages des hommes. Cette présomption a terni tout à fait leur savoir à mes yeux : de sorte que, me mettant à la place de l'oracle et me demandant ce que j'aimerois le mieux être, ce que je suis ou ce qu'ils sont, savoir ce qu'ils ont appris ou savoir que je ne sais rien, j'ai répondu à moi-même et au dieu : « Je veux rester ce que je suis. »

« Nous ne savons, ni les sophistes, ni les poètes, ni les orateurs,

ni les artistes, ni moi, ce que c'est que le vrai, le bon et le beau.
Mais il y a entre nous cette différence, que, quoique ces gens ne
sachent rien, tous croient savoir quelque chose : au lieu que moi,
si je ne sais rien, au moins je n'en suis pas en doute. De sorte que
toute cette supériorité de sagesse qui m'est accordée par l'oracle,
se réduit seulement à être bien convaincu que j'ignore ce que je ne
sais pas. »

Voilà donc le plus sage des hommes au jugement des dieux, et
le plus savant des Athéniens au sentiment de la Grèce entière,
Socrate, faisant l'éloge de l'ignorance ! Croit-on que, s'il ressusci-
toit parmi nous, nos savants et nos artistes lui feroient changer
d'avis? Non, messieurs : cet homme juste continueroit de mépriser
nos vaines sciences; il n'aideroit point à grossir cette foule de livres
dont on nous inonde de toutes parts, et ne laisseroit, comme il a
fait, pour tout précepte à ses disciples et à nos neveux, que
l'exemple et la mémoire de sa vertu. C'est ainsi qu'il est beau d'instruire les hommes.

Socrate avoit commencé dans Athènes, le vieux Caton continua
dans Rome, de se déchaîner contre ces Grecs artificieux et subtils
qui séduisoient la vertu et amollissoient le courage de ses concitoyens. Mais les sciences, les arts et la dialectique prévalurent
encore : Rome se remplit de philosophes et d'orateurs; on négli-
gea la discipline militaire, on méprisa l'agriculture, on embrassa
des sectes, et l'on oublia la patrie. Aux noms sacrés de liberté, de
désintéressement, d'obéissance aux lois, succédèrent les noms
d'Épicure, de Zénon, d'Arcésilas. *Depuis que les savants ont commencé à paroître parmi nous, disoient leurs propres philosophes,
les gens de bien se sont éclipsés* [1]. Jusqu'alors, les Romains s'étoient
contentés de pratiquer la vertu; tout fut perdu quand ils commencèrent à l'étudier.

O Fabricius ! qu'eût pensé votre grande âme, si, pour votre malheur, rappelé à la vie, vous eussiez vu la face pompeuse de cette
Rome sauvée par votre bras, et que votre nom respectable avoit
plus illustrée que toutes ses conquêtes? « Dieux ! eussiez-vous dit,
que sont devenus ces toits de chaume et ces foyers rustiques qu'habitoient jadis la modération et la vertu? Quelle splendeur funeste
a succédé à la simplicité romaine? quel est ce langage étranger?
quelles sont ces mœurs efféminées? que signifient ces statues, ces

---

1. « Postquam docti prodierunt, boni desunt. » (Senec, ep. XCV). — Le même
passage est cité par Montaigne, liv. I, chap. XXIV. (Éd.)

tableaux, ces édifices? Insensés, qu'avez-vous fait? Vous, les maîtres des nations, vous vous êtes rendus les esclaves des hommes frivoles que vous avez vaincus ! Ce sont des rhéteurs qui vous gouvernent ! C'est pour enrichir des architectes, des peintres, des statuaires et des histrions que vous avez arrosé de votre sang la Grèce et l'Asie ! Les dépouilles de Carthage sont la proie d'un joueur de flûte ! Romains, hâtez-vous de renverser ces amphithéâtres; brisez ces marbres, brûlez ces tableaux, chassez ces esclaves qui vous subjuguent, et dont les funestes arts vous corrompent. Que d'autres mains s'illustrent par de vains talents; le seul talent digne de Rome est celui de conquérir le monde et d'y faire régner la vertu. Quand Cynéas prit notre sénat pour une assemblée de rois, il ne fut ébloui ni par une pompe vaine, ni par une élégance recherchée; il n'y entendit point cette éloquence frivole, l'étude et le charme des hommes futiles. Que vit donc Cynéas de si majestueux? O citoyens ! il vit un spectacle que ne donneront jamais vos richesses ni tous vos arts, le plus beau spectacle qui ait jamais paru sous le ciel : l'assemblée de deux cents hommes vertueux, dignes de commander à Rome et de gouverner la terre. »

Mais franchissons la distance des lieux et des temps, et voyons ce qui s'est passé dans nos contrées et sous nos yeux; ou plutôt, écartons des peintures odieuses qui blesseroient notre délicatesse, et épargnons-nous la peine de répéter les mêmes choses sous d'autres noms. Ce n'est point en vain que j'évoquois les mânes de Fabricius; et qu'ai-je fait dire à ce grand homme, que je n'eusse pu mettre dans la bouche de Louis XII ou de Henri IV? Parmi nous, il est vrai, Socrate n'eût point bu la ciguë, mais il eût bu dans une coupe encore plus amère la raillerie insultante et le mépris, pire cent fois que la mort.

Voilà comment le luxe, la dissolution et l'esclavage ont été de tout temps le châtiment des efforts orgueilleux que nous avons faits pour sortir de l'heureuse ignorance où la sagesse éternelle nous avoit placés. Le voile épais dont elle a couvert toutes ses opérations sembloit nous avertir assez qu'elle ne nous a point destinés à de vaines recherches. Mais est-il quelqu'une de ses leçons dont nous ayons su profiter, ou que nous ayons négligée impunément? Peuples, sachez donc une fois que la nature a voulu vous préserver de la science, comme une mère arrache une arme dangereuse des mains de son enfant; que tous les secrets qu'elle vous cache sont autant de maux dont elle vous garantit, et que la peine que vous trouvez à vous instruire n'est pas le moindre de ses bienfaits. Les hommes sont pervers; ils seroient pires encore s'ils avoient eu le malheur de naître savants.

Que ces réflexions sont humiliantes pour l'humanité! que notre orgueil en doit être mortifié! Quoi! la probité seroit fille de l'ignorance? la science et la vertu seroient incompatibles? Quelles conséquences ne tireroit-on point de ces préjugés? Mais, pour concilier ces contrariétés apparentes, il ne faut qu'examiner de près la vanité et le néant de ces titres orgueilleux qui nous éblouissent, et que nous donnons si gratuitement aux connoissances humaines. Considérons donc les sciences et les arts en eux-mêmes. Voyons ce qui doit résulter de leur progrès, et ne balançons plus à convenir de tous les points où nos raisonnements se trouveront d'accord avec les inductions historiques. .

SECONDE PARTIE

C'étoit une ancienne tradition passée de l'Égypte en Grèce, qu'un dieu ennemi du repos des hommes étoit l'inventeur des sciences[1]. Quelle opinion falloit-il donc qu'eussent d'elles les Égyptiens mêmes, chez qui elles étoient nées? C'est qu'ils voyoient de près les sources qui les avoient produites. En effet, soit qu'on feuillette les annales du monde, soit qu'on supplée à des chroniques incertaines par des recherches philosophiques, on ne trouvera pas aux connoissances humaines une origine qui réponde à l'idée qu'on aime à s'en former. L'astronomie est née de la superstition; l'éloquence, de l'ambition, de la haine, de la flatterie, du mensonge; la géométrie, de l'avarice; la physique, d'une vaine curiosité; toutes, et la morale même, de l'orgueil humain. Les sciences et les arts doivent donc leur naissance à nos vices : nous serions moins en doute sur leurs avantages, s'ils la devoient à nos vertus.

Le défaut de leur origine ne nous est que trop retracé dans leurs objets. Que ferions-nous des arts, sans le luxe qui les nourrit? Sans les injustices des hommes, à quoi serviroit la jurisprudence? Que deviendroit l'histoire, s'il n'y avoit ni tyrans, ni guerres, ni conspirateurs? Qui voudroit, en un mot, passer sa vie à de stériles con-

---

1. On voit aisément l'allégorie de la fable de Prométhée, et il ne paroît pas que les Grecs, qui l'ont cloué sur le Caucase, en pensassent guère plus favorablement que les Égyptiens de leur dieu Teuthus. « Le satyre, dit une ancienne fable, voulut lutter et embrasser le feu, la première fois qu'il le vit; mais Prométheus lui cria : « Satyre, tu pleureras la barbe de ton menton, car il brûle quand on y touche ».

templations, si chacun, ne consultant que les devoirs de l'homme et les besoins de la nature, n'avoit de temps que pour la patrie, pour les malheureux et pour ses amis? Sommes-nous donc faits pour mourir attachés sur les bords du puits où la vérité s'est retirée? Cette seule réflexion devroit rebuter, dès les premiers pas, tout homme qui chercheroit sérieusement à s'instruire par l'étude de la philosophie.

Que de dangers, que de fausses routes dans l'investigation des sciences! Par combien d'erreurs, mille fois plus dangereuses que la vérité n'est utile, ne faut-il point passer pour arriver à elle! Le désavantage est visible : car le faux est susceptible d'une infinité de combinaisons; mais la vérité n'a qu'une manière d'être. Qui est-ce d'ailleurs qui la cherche bien sincèrement? Même avec la meilleure volonté, à quelles marques est-on sûr de la reconnoître? Dans cette foule de sentiments différents, quel sera notre *criterium* pour en bien juger[1]? Et ce qui est le plus difficile, si, par bonheur, nous le trouvons à la fin, qui de nous en saura faire un bon usage?

Si nos sciences sont vaines dans l'objet qu'elles se proposent, elles sont encore plus dangereuses par les effets qu'elles produisent... Nées dans l'oisiveté, elles la nourrissent à leur tour; et la perte irréparable du temps est le premier préjudice qu'elles causent nécessairement à la société. En politique comme en morale, c'est un grand mal que de ne point faire de bien; et tout citoyen inutile peut être regardé comme un homme pernicieux. Répondez-moi donc, philosophes illustres, vous par qui nous savons en quelles raisons les corps s'attirent dans le vide; quels sont, dans les révolutions des planètes, les rapports des aires parcourues en temps égaux; quelles courbes ont des points conjugués, des points d'inflexion et de rebroussement; comment l'homme voit tout en Dieu; comment l'âme et le corps se correspondent sans communication, ainsi que feroient deux horloges; quels astres peuvent être habités; quels insectes se reproduisent d'une manière extraordinaire : répondez-moi, dis-je, vous de qui nous avons reçu tant de sublimes connoissances : quand vous ne nous auriez jamais rien appris de ces choses, en serions-nous moins nombreux, moins bien gouvernés, moins redoutables, moins florissants, ou plus pervers? Reve-

---

1. Moins on sait, plus on croit savoir. Les péripatéticiens doutoient-ils de rien? Descartes n'a-t-il pas construit l'univers avec des cubes et des tourbillons? Et y a-t-il aujourd'hui, même en Europe, si mince physicien qui n'explique hardiment ce profond mystère de l'électricité, qui fera peut-être à jamais le désespoir des vrais philosophes?

nez donc sur l'importance de vos productions; et si les travaux des plus éclairés de nos savants et de nos meilleurs citoyens nous procurent si peu d'utilité, dites-nous ce que nous devons penser de cette foule d'écrivains obscurs et de lettrés oisifs qui dévorent en pure perte la substance de l'État.

Que dis-je, oisifs? et plût à Dieu qu'ils le fussent en effet! Les mœurs en seroient plus saines et la société plus paisible. Mais ces vains et futiles déclamateurs vont de tous côtés, armés de leurs funestes paradoxes, sapant les fondements de la foi et anéantissant la vertu. Ils sourient dédaigneusement à ces vieux mots de patrie et de religion, et consacrent leurs talents et leur philosophie à détruire et avilir tout ce qu'il y a de sacré parmi les hommes. Non qu'au fond ils haïssent ni la vertu ni nos dogmes; c'est de l'opinion publique qu'ils sont ennemis; et, pour les ramener au pied des autels, il suffirait de les reléguer parmi les athées. O fureur de se distinguer, que ne pouvez-vous point!

C'est un grand mal que l'abus du temps. D'autres maux pires encore suivent les lettres et les arts. Tel est le luxe, né comme eux de l'oisiveté et de la vanité des hommes. Le luxe va rarement sans les sciences et les arts, et jamais ils ne vont sans lui. Je sais que notre philosophie, toujours féconde en maximes singulières, prétend, contre l'expérience de tous les siècles, que le luxe fait la splendeur des États; mais, après avoir oublié la nécessité des lois somptuaires, osera-t-elle nier encore que les bonnes mœurs ne soient essentielles à la durée des empires, et que le luxe ne soit diamétralement opposé aux bonnes mœurs? Que le luxe soit un signe certain des richesses; qu'il serve même si l'on veut à les multiplier : que faudra-t-il conclure de ce paradoxe si digne d'être né de nos jours? et que deviendra la vertu, quand il faudra s'enrichir à quelque prix que ce soit? Les anciens politiques parloient sans cesse de mœurs et de vertu : les nôtres ne parlent que de commerce et d'argent. L'un vous dira qu'un homme vaut, en telle contrée, la somme qu'on le vendroit à Alger; un autre, en suivant ce calcul, trouvera des pays où un homme ne vaut rien, et d'autres où il vaut moins que rien. Ils évaluent les hommes comme des troupeaux de bétail. Selon eux, un homme ne vaut à l'État que la consommation qu'il y fait; ainsi un Sybarite auroit bien valu trente Lacédémoniens. Qu'on devine donc laquelle de ces deux républiques, de Sparte ou de Sybaris, fut subjuguée par une poignée de paysans, et laquelle fit trembler l'Asie.

La monarchie de Cyrus a été conquise avec trente mille hommes,

par un prince plus pauvre que le moindre des satrapes de Perse;
et les Scythes, le plus misérable de tous les peuples, ont résisté aux
plus puissants monarques de l'univers. Deux fameuses républiques
se disputèrent l'empire du monde; l'une étoit très riche, l'autre
n'avoit rien, et ce fut celle-ci qui détruisit l'autre. L'empire romain,
à son tour, après avoir englouti toutes les richesses de l'univers,
fut la proie des gens qui ne savoient pas même ce que c'étoit que
richesse. Les Francs conquirent les Gaules, les Saxons l'Angleterre, sans autres trésors que leur bravoure et leur pauvreté. Une
troupe de pauvres montagnards, dont toute l'avidité se bornoit à
quelques peaux de moutons, après avoir dompté la fierté autri-
chienne, écrasa cette opulente et redoutable maison de Bourgogne
qui faisoit trembler les potentats de l'Europe. Enfin, toute la puissance et toute la sagesse de l'héritier de Charles-Quint, soutenues
de tous les trésors des Indes, vinrent se briser contre une poignée
de pêcheurs de harengs. Que nos politiques daignent suspendre
leurs calculs pour réfléchir à ces exemples, et qu'ils apprennent une
fois qu'on a de tout avec de l'argent, hormis des mœurs et des
citoyens.

De quoi s'agit-il donc précisément dans cette question du luxe?
De savoir lequel importe le plus aux empires, d'être brillants et
momentanés, ou vertueux et durables. Je dis brillants, mais de
quel éclat? Le goût du faste ne s'associe guère dans les mêmes
âmes avec celui de l'honnête. Non, il n'est pas possible que des
esprits dégradés par une multitude de soins futiles s'élèvent jamais
à rien de grand; et, quand ils en auroient la force, le courage leur
manqueroit.

Tout artiste veut être applaudi. Les éloges de ses contemporains
sont la partie la plus précieuse de ses récompenses. Que fera-t-il
donc pour les obtenir, s'il a le malheur d'être né chez un peuple et
dans des temps où les savants, devenus à la mode, ont mis une jeunesse frivole en état de donner le ton; où les hommes ont sacrifié
leur goût aux tyrans de leur liberté[1]; où, l'un des sexes n'osant
approuver que ce qui est proportionné à la pusillanimité de l'autre,

1. Je suis bien éloigné de penser que cet ascendant des femmes soit un mal en
soi. C'est un présent que leur a fait la nature, pour le bonheur du genre humain;
mieux dirigé, il pourroit produire autant de bien qu'il fait de mal aujourd'hui.
On ne sent point assez quels avantages naîtroient dans la société, d'une meilleure
éducation donnée à cette moitié du genre humain qui gouverne l'autre. Les
hommes seront toujours ce qu'il plaira aux femmes; si vous voulez donc qu'ils
deviennent grands et vertueux, apprenez aux femmes ce que c'est que grandeur
d'âme et vertu. Les réflexions que ce sujet fournit, et que Platon a faites autrefois,

on laisse tomber des chefs-d'œuvre de poésie dramatique, et des prodiges d'harmonie sont rebutés? Ce qu'il fera, messieurs? Il rabaissera son génie au niveau de son siècle, et aimera mieux composer des ouvrages communs qu'on admire pendant sa vie, que des merveilles qu'on n'admireroit que longtemps après sa mort. Dites-nous, célèbre Arouet, combien vous avez sacrifié de beautés mâles et fortes à notre fausse délicatesse! et combien l'esprit de la galanterie, si fertile en petites choses, vous en a coûté de grandes!

C'est ainsi que la dissolution des mœurs, suite nécessaire du luxe, entraîne à son tour la corruption du goût. Que si, par hasard, entre les hommes extraordinaires par leurs talents, il s'en trouve quelqu'un qui ait de la fermeté dans l'âme et qui refuse de se prêter au génie de son siècle et de s'avilir par des productions puériles, malheur à lui! il mourra dans l'indigence et dans l'oubli. Que n'est-ce ici un pronostic que je fais, et non une expérience que je rapporte! Carle, Pierre [1], le moment est venu où ce pinceau destiné à augmenter la majesté de nos temples par des images sublimes et saintes, tombera de vos mains, ou sera prostitué à orner de peintures lascives les panneaux d'un vis-à-vis. Et toi, rival des Praxitèles et des Phidias; toi, dont les anciens auroient employé le ciseau à leur faire des dieux capables d'excuser à nos yeux leur idôlatrie; inimitable Pigalle, ta main se résoudra à ravaler le ventre d'un magot, ou il faudra qu'elle demeure oisive.

On ne peut réfléchir sur les mœurs, qu'on ne se plaise à se rappeler l'image de la simplicité des premiers temps. C'est un beau rivage, paré des seules mains de la nature, vers lequel on tourne incessamment les yeux, et dont on se sent éloigner à regret. Quand les hommes innocents et vertueux aimoient à avoir les dieux pour témoins de leurs actions, ils habitoient ensemble sous les mêmes cabanes; mais bientôt, devenus méchants, ils se lassèrent de ces incommodes spectateurs, et les reléguèrent dans des temples magnifiques. Ils les en chassèrent enfin pour s'y établir eux-mêmes, ou du moins les temples des dieux ne se distinguèrent plus des maisons des citoyens. Ce fut alors le comble de la dépravation, et les vices ne furent jamais poussés plus loin que quand on les vit pour ainsi dire soutenus, à l'entrée des palais des grands, sur des colonnes de marbre, et gravés sur des chapiteaux corinthiens.

Tandis que les commodités de la vie se multiplient, que les arts.

---

mériteroient fort d'être mieux développées par une plume digne d'écrire d'après un tel maître, et de défendre une si grande cause.

1. Carle et Pierre Vanloo. (ÉD.)

se perfectionnent et que le luxe s'étend, le vrai courage s'énerve, les vertus militaires s'évanouissent; et c'est encore l'ouvrage des sciences et de tous ces arts qui s'exercent dans l'ombre du cabinet. Quand les Goths ravagèrent la Grèce, toutes les bibliothèques ne furent sauvées du feu que par cette opinion semée par l'un d'entre eux, qu'il falloit laisser aux ennemis des meubles si propres à les détourner de l'exercice militaire, et à les amuser à des occupations oisives et sédentaires. Charles VIII se vit maître de la Toscane et du royaume de Naples sans avoir presque tiré l'épée, et toute sa cour attribua cette facilité inespérée à ce que les princes et la noblesse d'Italie s'amusoient plus à se rendre ingénieux et savants, qu'ils ne s'exerçoient à devenir vigoureux et guerriers. En effet, dit l'homme de sens qui rapporte ces deux traits[1], tous les exemples nous apprennent qu'en cette martiale police, et en toutes celles qui lui sont semblables, l'étude des sciences est bien plus propre à amollir et efféminer les courages, qu'à les affermir et les animer.

Les Romains ont avoué que la vertu militaire s'étoit éteinte parmi eux à mesure qu'ils avoient commencé à se connoître en tableaux, en gravures, en vases d'orfévrerie, et à cultiver les beaux-arts; et comme si cette contrée fameuse étoit destinée à servir sans cesse d'exemple aux autres peuples, l'élévation des Médicis et le rétablissement des lettres ont fait tomber de rechef, et peut-être pour toujours, cette réputation guerrière que l'Italie sembloit avoir recouvrée il y a quelques siècles.

Les anciennes républiques de la Grèce, avec cette sagesse qui brilloit dans la plupart de leurs institutions, avoient interdit à leurs citoyens tous ces métiers tranquilles et sédentaires qui, en affaissant et corrompant le corps, énervent sitôt la vigueur de l'âme. De quel œil, en effet, pense-t-on que puissent envisager la faim, la soif, les fatigues, les dangers et la mort, des hommes que le moindre besoin accable, et que la moindre peine rebute? Avec quel courage les soldats supporteront-ils des travaux excessifs dont ils n'ont aucune habitude? Avec quelle ardeur feront-ils des marches forcées sous des officiers qui n'ont pas même la force de voyager à cheval? Qu'on ne m'objecte point la valeur renommée de tous ces modernes guerriers si savamment disciplinés. On me vante bien leur bravoure en un jour de bataille; mais on ne me dit point comment ils supportent l'excès du travail, comment ils résistent à la rigueur des saisons et aux intempéries de l'air. Il ne

1. Montaigne, liv. I, chap. XXIV. (ÉD.)

faut qu'un peu de soleil ou de neige, il ne faut que la privation de quelques superfluités, pour fondre et détruire en peu de jours la meilleure de nos armées. Guerriers intrépides, souffrez une fois la vérité qu'il vous est si rare d'entendre. Vous êtes braves, je le sais; vous eussiez triomphé avec Annibal à Cannes et à Trasymène; César avec vous eût passé le Rubicon et asservi son pays : mais ce n'est point avec vous que le premier eût traversé les Alpes, et que l'autre eût vaincu vos aïeux.

Les combats ne font pas toujours le succès de la guerre, et il est pour les généraux un art supérieur à celui de gagner des batailles. Tel court au feu avec intrépidité, qui ne laisse pas d'être un très mauvais officier : dans le soldat même, un peu plus de force et de vigueur seroit peut-être plus nécessaire que tant de bravoure, qui ne le garantit pas de la mort. Et qu'importe à l'État que ses troupes périssent par la fièvre et le froid, ou par le fer de l'ennemi ?

Si la culture des sciences est nuisible aux qualités guerrières, elle l'est encore plus aux qualités morales. C'est dès nos premières années qu'une éducation insensée orne notre esprit et corrompt notre jugement. Je vois de toutes parts des établissements immenses, où l'on élève à grands frais la jeunesse, pour lui apprendre toutes choses, excepté ses devoirs. Vos enfants ignoreront leur propre langue, mais ils en parleront d'autres qui ne sont en usage nulle part; ils sauront composer des vers qu'à peine ils pourront comprendre; sans savoir démêler l'erreur de la vérité, ils posséderont l'art de les rendre méconnoissables aux autres par des arguments spécieux : mais ces mots de magnanimité, d'équité, de tempérance, d'humanité, de courage, ils ne sauront ce que c'est; ce doux nom de patrie ne frappera jamais leur oreille; et s'ils entendent parler de Dieu, ce sera moins pour le craindre que pour en avoir peur[1]. J'aimerois autant, disoit un sage, que mon écolier eût passé le temps dans un jeu de paume, au moins le corps en seroit plus dispos. Je sais qu'il faut occuper les enfants, et que l'oisiveté est pour eux le danger le plus à craindre. Que faut-il donc qu'ils apprennent? Voilà certes une belle question? Qu'ils appren-

---

1. *Pensées philosophiques* [a].

* C'est le titre d'un ouvrage de Diderot, contenant soixante-deux pensées, publié en 1746, et réimprimé depuis sous le titre d'*Étrennes aux esprits forts*. La *pensée* dont Rousseau s'appuie dans cette citation est celle qui porte le numéro XXV. — Il est probable que Rousseau a fait cette citation après coup. L'ouvrage de Diderot, ayant été condamné au feu, ne pouvoit pas être cité dans le manuscrit envoyé à l'Académie.

nent ce qu'ils doivent faire étant hommes [1], et non ce qu'ils doivent oublier.

Nos jardins sont ornés de statues et nos galeries de tableaux. Que penseriez-vous que représentent ces chefs-d'œuvre de l'art exposés à l'admiration publique? Les défenseurs de la patrie? ou ces hommes plus grands encore qui l'ont enrichie par leurs vertus? Non. Ce sont des images de tous les égarements du cœur et de la raison, tirées soigneusement de l'ancienne mythologie, et présentées de bonne heure à la curiosité de nos enfants, sans doute afin qu'ils aient sous leurs yeux des modèles de mauvaises actions, avant même que de savoir lire.

D'où naissent tous ces abus, si ce n'est de l'inégalité funeste introduite entre les hommes par la distinction des talents et par l'avilissement des vertus? Voilà l'effet le plus évident de toutes nos études, et la plus dangereuse de toutes leurs conséquences. On ne demande plus d'un homme s'il a de la probité, mais s'il a des talents; ni d'un livre s'il est utile, mais s'il est bien écrit. Les récom-

---

1. Telle étoit l'éducation des Spartiates, au rapport du plus grand de leurs rois. « C'est, dit Montaigne, chose digne de très grande considération, qu'en cette excellente police de Lycurgus, et à la volonté monstrueuse par sa perfection si soingneuse pourtant de la nourriture des enfans, comme de sa principale charge, et au giste même des muses, il s'y fasse si peu mention de la doctrine : comme si cette généreuse jeunesse, dédaignant tout aultre joug, on lui ayt deu fournir, au lieu de nos maistres de science, seulement des maistres de vaillance, prudence et justice. »

Voyons maintenant comment le même auteur parle des anciens Perses : Platon, dit-il, raconte « que le fils aisné de leur succession royale estoit ainsi nourry. Aprez sa naissance, on le donnoit, non à des femmes, mais à des eunuches de la première auctorité autour des roys à cause de leur vertu. Ceulx-cy prenoient charge de lui rendre le corps beau et sain, et aprez sept ans le duisoient à monter à cheval et à aller à la chasse. Quand il estoit arrivé au quatorsiesme, ils le déposoient entre les mains de quatre : le plus sage, le plus juste, le plus tempérant, le plus vaillant de la nation. Le premier lui apprenoit la religion; le second, à estre toujours véritable; le tiers, à se rendre maistre des cupiditez; le quart, à ne rien craindre; » tous, ajouterois-je, à le rendre bon, aucun à le rendre savant.

« Astyages, en Xénophon, demande à Cyrus compte de sa dernière leçon : C'est « dict-il, qu'en nostre eschole un grand garçon ayant un petit saye et le donna à l'un « de ses compaignons de plus petite taille, et lui osta son saye qui estoit plus « grand. Nostre précepteur m'ayant faict juge de ce différend, je jugeay qu'il fal- « loit laisser les choses en cet estat, et que l'un et l'autre sembloit estre mieulx accommodé en ce poinct. Sur quoy il me remontra que j'avois mal faict; car « je m'estois arresté à considérer la bienséance, et il falloit premièrement avoir « pourveu à la justice, qui vouloit que nul ne fust forcé en ce qui luy appartenoit; « et dict qu'il en fust foueté, tout ainsi que nous sommes en nos villages pour « avoir oublié le premier aoriste de τύπτω. Mon régent me feroit une belle « harangue, in genere demonstrativo, avant qu'il me persuadast que son eschole « vault celle-là. » (Lib. I; chap. XXIV.)

penses sont prodiguées au bel esprit, et la vertu reste sans honneur.
Il y a mille prix pour les beaux discours, aucun pour les belles
actions. Qu'on me dise cependant si la gloire attachée au meilleur
des discours qui seront couronnés dans cette Académie, est com-
parable au mérite d'en avoir fondé le prix.

Le sage ne court point après la fortune; mais il n'est pas insensible à la gloire; et quand il la voit si mal distribuée, sa vertu, qu'un
peu d'émulation auroit animée et rendue avantageuse à la société,
tombe en langueur, et s'éteint dans la misère et dans l'oubli. Voilà
ce qu'à la longue doit produire partout la préférence des talents
agréables sur les talents utiles, et ce que l'expérience n'a que trop
confirmé depuis le renouvellement des sciences et des arts. Nous
avons des physiciens, des géomètres, des chimistes, des astronomes,
des poètes, des musiciens, des peintres; nous n'avons plus de
citoyens; ou, s'il nous en reste encore, dispersés dans nos campagnes abandonnées, ils y périssent indigents et méprisés. Tel est
l'état où sont réduits, tels sont les sentiments qu'obtiennent de
nous ceux qui nous donnent du pain et qui donnent du lait à nos
enfants.

Je l'avoue cependant, le mal n'est pas aussi grand qu'il auroit
pu le devenir. La prévoyance éternelle, en plaçant à côté de diverses
plantes nuisibles des simples salutaires, et dans la substance de
plusieurs animaux malfaisants le remède à leurs blessures, a enseigné aux souverains, qui sont ses ministres, à imiter sa sagesse. C'est
à son exemple que du sein même des sciences et des arts, sources
de mille dérèglements, ce grand monarque, dont la gloire ne fera
qu'acquérir d'âge en âge un nouvel éclat, tira ces sociétés célèbres .
chargées à la fois du dangereux dépôt des connoissances humaines
et du dépôt sacré des mœurs, par l'attention qu'elles ont d'en
maintenir chez elles toute la pureté, et de l'exiger dans les membres
qu'elles reçoivent.

Ces sages institutions, affermies par son auguste successeur et imi-
tées par tous les rois de l'Europe, serviront du moins de frein aux
gens de lettres, qui, tous, aspirant à l'honneur d'être admis dans
les académies, veilleront sur eux-mêmes, et tâcheront de s'en rendre
dignes, par des ouvrages utiles et des mœurs irréprochables. Celles
de ces compagnies qui, pour les prix dont elles honorent le mérite
littéraire, feront un choix de sujets propres à ranimer l'amour
de la vertu dans les cœurs des citoyens, montreront que cet amour
règne parmi elles, et donneront aux peuples ce plaisir si rare et si
doux de voir des sociétés savantes se dévouer sur le genre humain, ·

non seulement des lumières agréables, mais aussi des instructions salutaires.

Qu'on ne m'oppose donc point une objection qui n'est pour moi qu'une nouvelle preuve. Tant de soins ne montrent que trop la nécessité de les prendre, et l'on ne cherche point des remèdes à des maux qui n'existent pas. Pourquoi faut-il que ceux-ci portent encore par leur insuffisance le caractère des remèdes ordinaires? Tant d'établissements faits à l'avantage des savants n'en sont que plus capables d'en imposer sur les objets des sciences, et de tourner les esprits à leur culture. Il semble, aux précautions qu'on prend, qu'on ait trop de laboureurs et qu'on craigne de manquer de philosophes. Je ne veux point hasarder ici une comparaison de l'agriculture et de la philosophie : on ne la supporteroit pas. Je demanderai seulement : Qu'est-ce que la philosophie? que contiennent les écrits des philosophes les plus connus? quelles sont les leçons de ces amis de la sagesse? A les entendre, ne les prendroiton pas pour une troupe de charlatans criant chacun de son côté sur une place publique : Venez à moi, c'est moi seul qui ne trompe point? L'un prétend qu'il n'y a point de corps, et que tout est en représentation; l'autre, qu'il n'y a d'autre substance que la matière, ni d'autre dieu que le monde. Celui-ci avance qu'il n'y a ni vertus, ni vices, et que le bien et le mal moral sont des chimères; celui-là, que les hommes sonts des loups et peuvent se dévorer en sûreté de conscience. O grands philosophes! que ne réservez-vous pour vos amis et pour vos enfants ces leçons profitables? vous en recevriez bientôt le prix, et nous ne craindrions pas de trouver dans les nôtres quelqu'un de vos sectateurs.

Voilà donc les hommes merveilleux à qui l'estime de leurs contemporains a été prodiguée pendant leur vie, et l'immortalité réservée après leur trépas! Voilà les sages maximes que nous avons reçues d'eux et que nous transmettons d'âge en âge à nos descendants! Le paganisme, livré à tous les égarements de la raison humaine, a-t-il laissé à la postérité rien qu'on puisse comparer aux monuments honteux que lui a préparés l'imprimerie, sous le règne de l'Évangile? Les écrits impies des Leucippe et des Diagoras sont péris avec eux; on n'avoit point encore inventé l'art d'éterniser les extravagances de l'esprit humain; mais, grâce aux caractères typographiques[1] et à l'usage que nous en faisons, les dangereuses rêve-

---

1. A considérer les désordres affreux que l'imprimerie a déjà causés en Europe, à juger de l'avenir, par le progrès que le mal fait d'un jour à l'autre, on peut prévoir aisément que les souverains ne tarderont pas à se donner autant de soins pour

ries des Hobbes et des Spinosa resteront à jamais. Allez, écrits célèbres dont l'ignorance et la rusticité de nos pères n'auroient point été capables, accompagnez chez nos descendants ces ouvrages plus dangereux encore, d'où s'exhale la corruption des mœurs de notre siècle, et portez ensemble aux siècles à venir une histoire fidèle du progrès et des avantages de nos sciences et de nos arts. S'ils vous lisent, vous ne leur laisserez aucune perplexité sur la question que nous agitons aujourd'hui; et, à moins qu'ils ne soient plus insensés que nous, ils lèveront leurs mains au ciel, et diront dans l'amertume de leur cœur : « Dieu tout-puissant, toi qui tiens dans tes mains les esprits, délivre-nous des lumières et des funestes arts de nos pères et rends-nous l'ignorance, l'innocence et la pauvreté, les seuls biens qui puissent faire notre bonheur et qui soient précieux devant toi ».

Mais si le progrès des sciences et des arts n'a rien ajouté à notre véritable félicité; s'il a corrompu nos mœurs et si la corruption des mœurs a porté atteinte à la pureté du goût, que penserons-nous de cette foule d'auteurs élémentaires qui ont écarté du temple des Muses les difficultés qui défendoient son abord, et que la nature y avoit répandues comme une épreuve des forces de ceux qui seroient tentés de savoir? Que penserons-nous de ces compilateurs d'ouvrages qui ont indiscrètement brisé la porte des sciences et introduit dans leur sanctuaire une populace indigne d'en approcher, tandis qu'il seroit à souhaiter que tous ceux qui ne pouvoient avancer loin dans la carrière des lettres eussent été rebutés dès l'entrée, et se fussent jetés dans des arts utiles à la société? Tel qui sera toute sa vie un mauvais versificateur, un géomètre subalterne, seroit peut-être devenu un grand fabricateur d'étoffes. Il n'a point fallu de maîtres à ceux que la nature destinoit à faire des disciples. Les Verulam, les Descartes et les Newton, ces précepteurs du genre humain, n'en ont point eu eux-mêmes; et quels guides les eussent

bannir cet art terrible de leurs États, qu'ils en ont pris pour l'y introduire. Le sultan Achmet, cédant aux importunités de quelques prétendus gens de goût, avoit consenti d'établir une imprimerie à Constantinople; mais à peine la presse fut-elle en train, qu'on fut contraint de la détruire, et d'en jeter les instruments dans un puits. On dit que le calife Omar, consulté sur ce qu'il falloit faire de la bibliothèque d'Alexandrie, répondit en ces termes : « Si les livres de cette bibliothèque contiennent des choses opposées à l'Alcoran, ils sont mauvais, et il faut les brûler; s'ils ne contiennent que la doctrine de l'Alcoran, brûlez-les encore, ils sont superflus ». Nos savants ont cité ce raisonnement comme le comble de l'absurdité. Cependant, supposez Grégoire le Grand à la place d'Omar, et l'Évangile à la place de l'Alcoran, la bibliothèque auroit encore été brûlée, et ce seroit peut-être le plus beau trait de la vie de cet illustre pontife.

conduits jusqu'où leur vaste génie les a portés? Des maîtres ordinaires n'auroient pu que rétrécir leur entendement en le resserrant
dans l'étroite capacité du leur. C'est par les premiers obstacles
qu'ils ont appris à faire des efforts, et qu'ils se sont exercés à franchir l'espace immense qu'ils ont parcouru. S'il faut permettre à
quelques hommes de se livrer à l'étude des sciences et des arts, ce
n'est qu'à ceux qui se sentiront la force de marcher seuls sur leurs
traces et de les devancer : c'est à ce petit nombre qu'il appartient
d'élever des monuments à la gloire de l'esprit humain. Mais si l'on
veut que rien ne soit au-dessus de leur génie, il faut que rien ne
soit au-dessus de leurs espérances : voilà l'unique encouragement
dont ils ont besoin. L'âme se proportionne insensiblement aux
objets qui l'occupent, et ce sont les grandes occasions qui font les
les grands hommes. Le prince de l'éloquence fut consul de Rome;
et le plus grand peut-être des philosophes, chancelier d'Angleterre.
Croit-on que si l'un n'eût occupé qu'une chaire dans quelque uni-
versité, et que l'autre n'eût obtenu qu'une modique pension d'académie; croit-on, dis-je, que leurs ouvrages ne se sentiroient pas de
leur état? Que les rois ne dédaignent donc pas d'admettre dans leurs
conseils les gens les plus capables de les bien conseiller; qu'ils
renoncent à ce vieux préjugé inventé par l'orgueil des grands,
que l'art de conduire les peuples est plus difficile que celui de les
éclairer; comme s'il étoit plus aisé d'engager les hommes à bien
faire de leur bon gré, que de les y contraindre par la force : que les
savants du premier ordre trouvent dans leurs cours d'honorables
asiles; qu'ils y obtiennent la seule récompense digne d'eux, celle
de contribuer par leur crédit au bonheur des peuples à qui ils auront
enseigné la sagesse : c'est alors seulement qu'on verra ce que peuvent la vertu, la science et l'autorité animées d'une noble émulation, et travaillant de concert à la félicité du genre humain. Mais
tant que la puissance sera seule d'un côté, les lumières et la sagesse
seules d'un autre, les savants penseront rarement de grandes choses,
les princes en feront plus rarement de belles, et les peuples continueront d'être vils, corrompus et malheureux.

Pour nous, hommes vulgaires, à qui le ciel n'a point départi de si
grands talents, et qu'il ne destine pas à tant de gloire, restons dans
notre obscurité. Ne courons point après une réputation qui nous
échapperoit, et qui, dans l'état présent des choses, ne nous rendroit
jamais ce qu'elle nous auroit coûté, quand nous aurions tous les
titres pour l'obtenir. A quoi bon chercher notre bonheur dans
l'opinion d'autrui, si nous pouvons le trouver en nous-mêmes?

Laissons à d'autres le soin d'instruire les peuples de leurs devoirs, et bornons-nous à bien remplir les nôtres; nous n'avons pas besoin d'en savoir davantage.

O vertu, science sublime des âmes simples, faut-il donc tant de peines et d'appareil pour te connoître? Tes principes ne sont-ils pas gravés dans tous les cœurs? et ne suffit-il pas pour apprendre tes lois de rentrer en soi-même, et d'écouter la voix de sa conscience dans le silence des passions? Voilà la véritable philosophie, sachons nous en contenter; et, sans envier la gloire de ces hommes célèbres qui s'immortalisent dans la république des lettres, tâchons de mettre entre eux et nous cette distinction glorieuse qu'on remarquoit jadis entre deux grands peuples : que l'un savoit bien dire, et l'autre bien faire.

DISCOURS

SUR CETTE QUESTION PROPOSÉE PAR L'ACADÉMIE DE DIJON :

QUELLE EST L'ORIGINE DE L'INÉGALITÉ PARMI LES HOMMES ET SI ELLE EST AUTORISÉE PAR LA LOI NATURELLE[1] ?

> « Non in depravatis, sed in his quæ bene
> « secundum naturam se habent, considé-
> « randum est quid sit naturale. »
> ARISTOT. *Politic.* lib. I, cap. II.

Avertissement sur les notes. — J'ai ajouté quelques notes à cet ouvrage, selon ma coutume paresseuse de travailler à bâtons rompus. Ces notes s'écartent quelquefois assez du sujet pour n'être pas bonnes à lire avec le texte. Je les ai donc rejetées à la fin du Discours, dans lequel j'ai tâché de suivre de mon mieux le plus droit chemin. Ceux qui auront le courage de recommencer pourront s'amuser une seconde fois à battre les buissons, et tenter de parcourir les notes : il y aura peu de mal que les autres ne les lisent point du tout.

A LA RÉPUBLIQUE DE GENÈVE

MAGNIFIQUES, TRÈS HONORÉS ET SOUVERAINS SEIGNEURS,

Convaincu qu'il n'appartient qu'au citoyen vertueux de rendre à sa patrie des honneurs qu'elle puisse avouer, il y a trente ans que je travaille à mériter de vous offrir un hommage public; et cette heureuse occasion suppléant en partie à ce que mes efforts n'ont pu faire, j'ai cru qu'il me seroit permis de consulter ici le zèle qui m'anime, plus que le droit qui devroit m'autoriser. Ayant eu le bonheur de naître parmi vous, comment pourrois-je méditer sur l'égalité que la nature a mise entre les hommes, et sur l'inégalité qu'ils ont instituée, sans penser à la profonde sagesse avec laquelle l'une et l'autre, heureusement combinées dans cet État, concourent,

---

1. L'Académie, cette fois, ne couronna pas Rousseau. Elle donna le prix à un certain abbé Talbert. (ÉD.)

de la manière la plus approchante, de la loi naturelle et la plus favorable à la société, au maintien de l'ordre public et au bonheur des particuliers? En recherchant les meilleures maximes que le bon sens puisse dicter sur la constitution d'un gouvernement, j'ai été si frappé de les voir toutes en exécution dans le vôtre, que, même sans être né dans vos murs, j'aurois cru ne pouvoir me dispenser d'offrir ce tableau de la société humaine à celui de tous les peuples qui me paroît en posséder les plus grands avantages, et en avoir le mieux prévenu les abus.

Si j'avois eu à choisir le lieu de ma naissance, j'aurois choisi une société d'une grandeur bornée par l'étendue des facultés humaines, c'est-à-dire par la possibilité d'être bien gouvernée, et où, chacun suffisant à son emploi, nul n'eût été contraint de commettre à d'autres les fonctions dont il étoit chargé; un État où, tous les particuliers se connoissant entre eux, les manœuvres obscures du vice, ni la modestie de la vertu, n'eussent pu se dérober aux regards et au jugement du public, et où cette douce habitude de se voir et de se connoître fit de l'amour de la patrie l'amour des citoyens plutôt que celui de la terre.

J'aurois voulu naître dans un pays où le souverain et le peuple ne pussent avoir qu'un seul et même intérêt, afin que tous les mouvements de la machine ne tendissent jamais qu'au bonheur commun; ce qui ne pouvant se faire, à moins que le peuple et le souverain ne soient une même personne, il s'ensuit que j'aurois voulu naître sous un gouvernement démocratique, sagement tempéré.

J'aurois voulu vivre et mourir libre, c'est-à-dire tellement soumis aux lois, que ni moi ni personne n'en pût secouer l'honorable joug, ce joug salutaire et doux, que les têtes les plus fières portent d'autant plus docilement qu'elles sont faites pour n'en porter aucun autre.

J'aurois donc voulu que personne dans l'État n'eût pu se dire au-dessus de la loi, et que personne au dehors n'en pût imposer que l'État fût obligé de reconnoître; car quelle que puisse être la constitution d'un gouvernement, s'il s'y trouve un seul homme qui ne soit pas soumis à la loi, tous les autres sont nécessairement à la discrétion de celui-là (a); et s'il y a un chef national et un autre chef étranger, quelque partage d'autorité qu'ils puissent faire, il est impossible que l'un et l'autre soient bien obéis, et que l'État soit bien gouverné.

Je n'aurois point voulu habiter une république de nouvelle

institution, quelque bonnes lois qu'elle pût avoir, de peur que le gouvernement, autrement constitué peut-être qu'il ne faudroit pour le moment, ne convenant pas aux nouveaux citoyens, ou les citoyens au nouveau gouvernement, l'État ne fût sujet à être ébranlé et détruit presque dès sa naissance; car il en est de la liberté comme de ces aliments solides et succulents, ou de ces vins généreux, propres à nourrir et fortifier les tempéraments robustes qui en ont l'habitude, mais qui accablent, ruinent et enivrent les foibles et délicats qui n'y sont point faits. Les peuples, une fois accoutumés à des maîtres, ne sont plus en état de s'en passer. S'ils tentent de secouer le joug, ils s'éloignent d'autant plus de la liberté, que, prenant pour elle une licence effrénée qui lui est opposée, leurs révolutions les livrent presque toujours à des séducteurs qui ne font qu'aggraver leurs chaînes. Le peuple romain lui-même, ce modèle de tous les peuples libres, ne fut point en état de se gouverner en sortant de l'oppression des Tarquins. Avili par l'esclavage et les travaux ignominieux qu'ils lui avoient imposés, ce n'étoit d'abord qu'une stupide populace qu'il fallut ménager et gouverner avec la plus grande sagesse, afin que, s'accoutumant peu à peu à respirer l'air salutaire de la liberté, ces âmes énervées, ou plutôt abruties sous la tyrannie, acquissent par degrés cette sévérité de mœurs et cette fierté de courage qui en firent enfin le plus respectable de tous les peuples. J'aurois donc cherché, pour ma patrie, une heureuse et tranquille république, dont l'ancienneté se perdît en quelque sorte dans la nuit des temps, qui n'eût éprouvé que des atteintes propres à manifester et à affermir dans ses habitants le courage et l'amour de la patrie, et où les citoyens, accoutumés de longue main à une sage indépendance, fussent non seulement libres, mais dignes de l'être.

J'aurois voulu me choisir une patrie détournée, par une heureuse impuissance, du féroce amour des conquêtes, et garantie, par une position encore plus heureuse, de la crainte de devenir elle-même la conquête d'un autre État; une ville libre, placée entre plusieurs peuples dont aucun n'eût intérêt à l'envahir, et dont chacun eût intérêt d'empêcher les autres de l'envahir eux-mêmes; une république, en un mot, qui ne tentât point l'ambition de ses voisins, et qui pût raisonnablement compter sur leur secours au besoin. Il s'ensuit que, dans une position si heureuse, elle n'auroit eu rien à craindre que d'elle-même, et que si ses citoyens s'étoient exercés aux armes, c'eût été plutôt pour entretenir chez eux cette ardeur guerrière et cette fierté de courage qui sied si bien à la liberté et qui en nourrit le goût, que par la nécessité de pourvoir à leur propre défense.

J'aurois cherché un pays où le droit de législation fût commun à tous les citoyens; car qui peut mieux savoir qu'eux sous quelles conditions il leur convient de vivre ensemble dans une même société? Mais je n'aurois pas approuvé des plébiscites semblables à ceux des Romains, où les chefs de l'État et les plus intéressés à sa conservation étoient exclus des délibérations dont souvent dépendoit son salut, et où, par une absurde inconséquence, les magistrats étoient privés des droits dont jouissoient les simples citoyens.

Au contraire, j'aurois désiré que, pour arrêter les projets intéressés et mal conçus et les innovations dangereuses qui perdirent enfin les Athéniens, chacun n'eût pas le pouvoir de proposer de nouvelles lois à sa fantaisie; que ce droit appartînt aux seuls magistrats; qu'ils en usassent même avec tant de circonspection, que le peuple, de son côté, fût si réservé à donner son consentement à ces lois, et que la promulgation ne pût s'en faire qu'avec tant de solennité, qu'avant que la constitution fût ébranlée, on eût le temps de se convaincre que c'est surtout la grande antiquité des lois qui les rend saintes et vénérables; que le peuple méprise bientôt celles qu'il voit changer tous les jours, et qu'en s'accoutumant à négliger les anciens usages, sous prétexte de faire mieux, on introduit souvent de grands maux pour en corriger de moindres.

J'aurois fui surtout, comme nécessairement mal gouvernée, une république où le peuple, croyant pouvoir se passer de ses magistrats, ou ne leur laisser qu'une autorité précaire, auroit imprudemment gardé l'administration des affaires civiles et l'exécution de ses propres lois : telle dut être la grossière constitution des premiers gouvernements sortant immédiatement de l'état de nature; et tel fut encore un des vices qui perdirent la république d'Athènes.

Mais j'aurois choisi celle où les particuliers, se contentant de donner la sanction aux lois, et de décider en corps et sur le rapport des chefs les plus importantes affaires publiques, établiroient des tribunaux respectés, en distingueroient avec soin les divers départements, éliroient d'année en année les plus capables et les plus intègres de leurs concitoyens pour administrer la justice et gouverner l'État, et où, la vertu des magistrats portant ainsi témoignage de la sagesse du peuple, les uns et les autres s'honoreroient mutuellement. De sorte que, si jamais de funestes malentendus venoient à troubler la concorde publique, ces temps mêmes d'aveuglement et d'erreurs fussent marqués par des témoignages de modération, d'estime réciproque, et d'un commun respect pour les lois; présages et garants d'une réconciliation sincère et perpétuelle.

Tels sont, magnifiques, très honorés et souverains seigneurs, les avantages que j'aurois recherchés dans la patrie que je me serois choisie. Que si la Providence y avoit ajouté de plus une situation charmante, un climat tempéré, un pays fertile, et l'aspect le plus délicieux qui soit sous le ciel, je n'aurois désiré, pour combler mon bonheur, que de jouir de tous ces biens dans le sein de cette heureuse patrie, vivant paisiblement dans une douce société avec mes concitoyens, exerçant envers eux, et à leur exemple, l'humanité, l'amitié et toutes les vertus, et laissant après moi l'honorable mémoire d'un homme de bien et d'un honnête et vertueux patriote.

Si, moins heureux ou trop sage, je m'étois vu réduit à finir en d'autres climats une infirme et languissante carrière, regrettant inutilement le repos et la paix dont une jeunesse imprudente m'auroit privé, j'aurois du moins nourri dans mon âme ces mêmes sentiments dont je n'aurois pu faire usage dans mon pays; et, pénétré d'une affection tendre et désintéressée pour mes concitoyens éloignés, je leur aurois adressé du fond de mon cœur, à peu près le discours suivant :

« Mes chers concitoyens, ou plutôt mes frères, puisque les liens du sang ainsi que les lois nous unissent presque tous, il m'est doux de ne pouvoir penser à vous sans penser en même temps à tous les biens dont vous jouissez, et dont nul de vous peut-être ne sent mieux le prix que moi qui les ai perdus. Plus je réfléchis sur votre situation politique et civile, et moins je puis imaginer que la nature des choses humaines puisse en comporter une meilleure. Dans tous les autres gouvernements, quand il est question d'assurer le plus grand bien de l'État, tout se borne toujours à des projets en idées, et tout au plus à de simples possibilités : pour vous, votre bonheur est tout fait, il ne faut qu'en jouir; et vous n'avez plus besoin, pour devenir parfaitement heureux, que de savoir vous contenter de l'être. Votre souveraineté, acquise ou recouvrée à la pointe de l'épée, et conservée durant deux siècles à force de valeur et de sagesse, est enfin pleinement et universellement reconnue. Des traités honorables fixent vos limites, assurent vos droits et affermissent votre repos. Votre constitution est excellente, dictée par la plus sublime raison, et garantie par des puissances amies et respectables; votre État est tranquille; vous n'avez ni guerres ni conquérants à craindre : vous n'avez point d'autres maîtres que de sages lois que vous avez faites, administrées par des magistrats intègres qui sont de votre choix : vous n'êtes ni assez riches pour vous énerver par la mollesse et perdre dans de vaines délices le goût du vrai bonheur et des solides vertus, ni assez pauvres pour avoir besoin de plus de secours étrangers que ne vous en procure votre industrie; et cette liberté précieuse, qu'on ne maintient chez les grandes nations qu'avec des impôts exorbitants, ne vous coûte presque rien à conserver.

« Puisse durer toujours, pour le bonheur de ses citoyens et l'exemple des peuples, une république si sagement et si heureusement constituée! Voilà le seul vœu qui vous reste à faire, et le seul soin qui vous reste à prendre. C'est à vous seuls désormais, non à faire votre bonheur, vos ancêtres vous en ont évité la peine, mais à le rendre durable par la sagesse d'en bien user. C'est de votre union perpétuelle, de votre obéissance aux lois, de votre respect pour leurs ministres, que dépend votre conservation. S'il reste parmi vous le moindre germe d'aigreur ou de défiance, hâtez-vous de le détruire, comme un levain funeste d'où résulteroient tôt ou tard vos malheurs et la ruine de l'État. Je vous conjure de rentrer tous au fond de votre cœur, et de consulter la voix secrète de votre conscience. Quelqu'un parmi vous connoît-il dans l'univers un corps plus intègre, plus éclairé, plus respectable que celui de votre magistrature? Tous ses membres ne vous donnent-ils pas l'exemple de la modération, de la simplicité de mœurs, du respect pour les lois et de la plus sincère réconciliation? Rendez-donc sans réserve à de si sages chefs cette salutaire confiance que la raison doit à la vertu; songez qu'ils sont de votre choix, qu'ils le justifient, et que les honneurs dus à ceux que vous avez constitués en dignité retombent nécessairement sur vous-mêmes. Nul de vous n'est assez peu éclairé pour ignorer qu'où cessent la vigueur des lois et l'autorité de leurs défenseurs, il ne peut y avoir ni sûreté ni liberté pour personne. De quoi s'agit-il donc entre vous, que de faire de bon cœur et avec une juste confiance ce que vous seriez toujours obligés de faire par un véritable intérêt, par devoir et par raison? Qu'une coupable et funeste indifférence pour le maintien de la constitution ne vous fasse jamais négliger au besoin les sages avis des plus éclairés et des plus zélés d'entre vous; mais que l'équité, la modération, la plus respectueuse fermeté, continuent de régler toutes vos démarches, et de montrer en vous, à tout l'univers, l'exemple d'un peuple fier et modeste, aussi jaloux de sa gloire que de sa liberté. Gardez-vous surtout, et ce sera mon dernier conseil, d'écouter jamais des interprétations sinistres et des discours envenimés, dont les motifs secrets sont souvent plus dangereux que les actions qui en sont l'objet. Toute une maison s'éveille et se tient en alarmes aux premiers cris d'un bon et fidèle gardien qui n'aboie jamais qu'à l'approche des voleurs; mais on hait l'importunité de ces animaux bruyants qui troublent sans cesse le repos public, et dont les avertissements continuels et déplacés ne se font pas même écouter au moment qu'ils sont nécessaires. »

Et vous, magnifiques et très honorés seigneurs, vous, dignes et respectables magistrats d'un peuple libre, permettez-moi de vous offrir en particulier mes hommages et mes devoirs. S'il y a dans le monde un rang propre à illustrer ceux qui l'occupent, c'est sans doute celui que donnent les talents et la vertu, celui dont vous vous êtes rendus dignes, et auxquels vos concitoyens vous ont élevés. Leur propre mérite ajoute encore au vôtre un nouvel éclat; et, choisis par des hommes capables d'en gouverner d'autres pour les gouverner eux-mêmes, je vous trouve autant au-dessus des autres magistrats, qu'un peuple libre, et surtout celui que vous avez l'honneur de conduire, est, par ses lumières et par sa raison, au-dessus de la populace des autres États.

Qu'il me soit permis de citer un exemple dont il devroit rester de meilleures traces, et qui sera toujours présent à mon cœur. Je ne me rappelle point sans la plus douce émotion la mémoire du vertueux citoyen de qui j'ai reçu le jour, et qui souvent entretint mon enfance du respect qui vous étoit dû. Je le vois encore, vivant du travail de ses mains, et nourrissant son âme des vérités les plus sublimes. Je vois Tacite, Plutarque et Grotius, mêlés devant lui avec les instruments de son métier. Je vois à ses côtés un fils chéri, recevant avec trop peu de fruit les tendres instructions du meilleur des pères. Mais si les égarements d'une folle jeunesse me firent oublier durant un temps de si sages leçons, j'ai le bonheur d'éprouver enfin que, quelque penchant qu'on ait vers le vice, il est difficile qu'une éducation dont le cœur se mêle reste perdue pour toujours.

Tels sont, magnifiques et très honorés seigneurs, les citoyens et même les simples habitants nés dans l'État que vous gouvernez; tels sont ces hommes instruits et sensés dont, sous le nom d'ouvriers et de peuple, on a chez les autres nations des idées si basses et si fausses. Mon père, je l'avoue avec joie, n'étoit point distingué parmi ses concitoyens : il n'étoit que ce qu'ils sont tous; et, tel qu'il étoit, il n'y a point de pays où sa société n'eût été recherchée, cultivée, et même avec fruit, par les plus honnêtes gens. Il ne m'appartient pas, et, grâce au ciel, il n'est pas nécessaire de vous parler des égards que peuvent attendre de vous des hommes de cette trempe, vos égaux par l'éducation ainsi que par les droits de la nature et de la naissance; vos inférieurs par leur volonté, par la préférence qu'ils doivent à votre mérite, qu'ils lui ont accordée, et pour laquelle vous leur devez à votre tour une sorte de reconnoissance. J'apprends avec une vive satisfaction de combien de douceur et de condescendance vous tempérez avec eux la gravité convenable aux ministres des lois, combien vous leur rendez en estime et en attention ce qu'ils vous doivent d'obéissance et de respect; conduite pleine de justice et de sagesse, propre à éloigner de plus en plus la mémoire des événements malheureux qu'il faut oublier pour ne les revoir jamais conduite d'autant plus judicieuse, que ce peuple équitable et généreux se fait un plaisir de son devoir, qu'il aime naturellement à vous honorer, et que les plus ardents à soutenir leurs droits sont les plus portés à respecter les vôtres.

Il ne doit pas être étonnant que les chefs d'une société civile en aiment la gloire et le bonheur; mais il l'est trop pour le repos des hommes que ceux qui se regardent comme les magistrats, ou plutôt comme les maîtres d'une patrie plus sainte et plus sublime, témoignent quelque amour pour la patrie terrestre qui les nourrit. Qu'il m'est doux de pouvoir faire en notre faveur une exception si rare, et placer au rang de nos meilleurs citoyens ces zélés dépositaires des dogmes sacrés autorisés par les lois, ces vénérables pasteurs des âmes, dont la vive et douce éloquence porte d'autant mieux dans les cœurs les maximes de l'Évangile, qu'ils commencent toujours par les pratiquer eux-mêmes! Tout le monde sait avec quel succès le grand art de la chaire est cultivé à Genève. Mais, trop accoutumés à voir dire d'une manière et faire d'une autre, peu de gens savent jusqu'à quel point l'esprit du christianisme, la sainteté des mœurs, la sévérité pour soi-même et la douceur pour autrui règnent dans le corps de nos ministres. Peut-être appartient-il à la seule ville de Genève de montrer l'exemple édifiant d'une aussi parfaite union entre une société de théologiens et de gens de lettres; c'est en grande partie sur leur sagesse et leur modération reconnues, c'est sur leur zèle pour la prospérité de l'État que je fonde l'espoir de son éternelle tranquillité; et je remarque, avec un plaisir mêlé d'étonnement et de respect, combien ils ont d'horreur pour les affreuses maximes de ces hommes sacrés et barbares dont l'histoire fournit plus d'un exemple, et qui, pour soutenir les prétendus droits de Dieu, c'est-à-dire leurs intérêts, étoient d'autant moins avares du sang humain, qu'ils se flattoient que le leur seroit toujours respecté.

Pourrois-je oublier cette précieuse moitié de la république qui fait le bonheur de l'autre, et dont la douceur et la sagesse y maintiennent la paix et les bonnes mœurs? Aimables et vertueuses citoyennes, le sort de votre sexe sera toujours de gouverner le nôtre. Heureux quand votre chaste pouvoir, exercé seulement dans l'union conjugale, ne se fait sentir que pour la gloire de l'État et le bonheur public! C'est ainsi que les femmes commandoient à Sparte, et c'est ainsi que vous méritez de commander à Genève. Quel homme barbare pourroit résister à la voix de l'honneur et de la raison dans la bouche d'une tendre épouse? et qui ne mépriseroit un vain luxe, en voyant votre simple et modeste parure, qui, par l'éclat qu'elle tient de vous, semble être la plus favorable à la beauté? C'est à vous de maintenir toujours, par votre aimable et innocent empire, et par votre esprit insinuant, l'amour des lois dans l'État et la concorde parmi les citoyens; de réunir par d'heureux mariages les familles divisées, et surtout de corriger, par la persuasive douceur de vos leçons et par les grâces modestes de votre entretien, les travers que nos jeunes gens vont prendre en d'autres pays, d'où, au lieu de tant de choses utiles dont ils pourroient profiter, ils ne rapportent, avec un ton puéril et des airs ridicules pris parmi des femmes perdues, que l'admiration de je ne sais quelles prétendues grandeurs, frivoles dédommagements de la servitude, qui ne vaudront jamais l'auguste liberté. Soyez donc toujours ce que vous êtes, les chastes gardiennes des mœurs et les doux liens de la paix; et continuez de faire valoir, en toute occasion, les droits du cœur et de la nature au profit du devoir et de la vertu.

Je me flatte de n'être point démenti par l'événement en fondant sur de tels garants l'espoir du bonheur commun des citoyens et de la gloire de la république. J'avoue qu'avec tous ces avantages elle ne brillera pas de cet éclat dont la plupart des yeux sont éblouis, et dont le puéril et funeste goût est le plus mortel ennemi du bonheur et de la liberté. Qu'une jeunesse dissolue aille chercher ailleurs des plaisirs faciles et de longs repentirs; que les prétendus gens de goût admirent en d'autres lieux la grandeur des palais, la beauté des équipages, les superbes ameublements, la pompe des spectacles, et tous les raffinements de la mollesse et du luxe : à Genève on ne trouvera que des hommes; mais pourtant un tel spectacle a bien son prix, et ceux qui le rechercheront vaudront bien les admirateurs du reste.

Daignez, magnifiques, très honorés et souverains seigneurs, recevoir tous avec la même bonté les respectueux témoignages de l'intérêt que je prends à votre prospérité commune. Si j'étois assez malheureux pour être coupable de quelque transport indiscret dans cette vive effusion de mon cœur, je vous supplie de le pardonner à la tendre affection d'un vrai patriote, et au zèle ardent et légitime d'un homme qui n'envisage point de plus grand bonheur pour lui-même que celui de vous voir tous heureux.

Je suis avec le plus profond respect,

Magnifiques, très honorés et souverains seigneurs,

Votre très humble et très obéissant serviteur et concitoyen.

J.-J. ROUSSEAU.

A Chambery, le 12 juin 1754.

PRÉFACE

La plus utile et la moins avancée de toutes les connoissances humaines me paroît être celle de l'homme (*b*); et j'ose dire que la seule inscription du temple de Delphes contenoit un précepte plus important et plus difficile que tous les gros livres des moralistes. Aussi, je regarde le sujet de ce Discours comme une des questions les plus intéressantes que la philosophie puisse proposer, et, malheureusement pour nous, comme une des plus épineuses que les philosophes puissent résoudre : car comment connoître la source de l'inégalité parmi les hommes, si l'on ne commence par les connoître eux-mêmes? et comment l'homme viendra-t-il à bout de se voir tel que l'a formé la nature, à travers tous les changements que la succession des temps et des choses a dû produire dans sa constitution originelle, et de démêler ce qu'il tient de son propre fonds d'avec ce que les circonstances et ses progrès ont ajouté ou changé à son état primitif? Semblable à la statue de Glaucus, que le temps, la mer et les orages avoient tellement défigurée qu'elle ressembloit moins à un dieu qu'à une bête féroce, l'âme humaine, altérée au sein de la société par mille causes sans cesse renaissantes, par l'acquisition d'une multitude de connoissances et d'erreurs, par les changements arrivés à la constitution des corps, et par le choc continuel des passions, a pour ainsi dire changé d'apparence au point d'être presque méconnoissable; et l'on n'y retrouve plus, au lieu d'un être agissant toujours par des principes certains et invariables, au lieu de cette céleste et majestueuse simplicité dont son auteur l'avoit empreinte, que le difforme contraste de la passion qui croit raisonner, et de l'entendement en délire.

Ce qu'il y a de plus cruel encore, c'est que, tous les progrès de l'espèce humaine l'éloignant sans cesse de son état primitif, plus nous accumulons de nouvelles connoissances, et plus nous nous ôtons les moyens d'acquérir la plus importante de toutes; et que c'est, en un sens, à force d'étudier l'homme que nous nous sommes mis hors d'état de le connoître.

Il est aisé de voir que c'est dans ces changements successifs de la constitution humaine qu'il faut chercher la première origine des différences qui distinguent les hommes, lesquels, d'un commun aveu, sont naturellement aussi égaux entre eux que l'étoient les animaux de chaque espèce avant que diverses causes physiques eussent introduit dans quelques-unes les variétés que nous y remarquons. En effet, il n'est pas concevable que ces premiers changements, par quelque moyen qu'ils soient arrivés, aient altéré tout à la fois et de la même manière, tous les individus de l'espèce; mais, les uns s'étant perfectionnés ou détériorés, et ayant acquis diverses qualités, bonnes ou mauvaises, qui n'étoient point inhérentes à leur nature, les autres restèrent plus longtemps dans leur état originel; et telle fut parmi les hommes la première source de l'inégalité, qu'il est plus aisé de démontrer ainsi

en général que d'en assigner avec précision les véritables causes.
Que mes lecteurs ne s'imaginent donc pas que j'ose me flatter
d'avoir vu ce qui me paroît si difficile à voir. J'ai commencé quelques raisonnements, j'ai hasardé quelques conjectures, moins dans
l'espoir de résoudre la question que dans l'intention de l'éclaircir
et de la réduire à son véritable état. D'autres pourront aisément
aller plus loin dans la même route, sans qu'il soit facile à personne
d'arriver au terme; car ce n'est pas une légère entreprise de démêler ce qu'il y a d'originaire et d'artificiel dans la nature actuelle de
l'homme, et de bien connoître un état qui n'existe plus, qui n'a
peut-être point existé, qui probablement n'existera jamais, et dont
il est pourtant nécessaire d'avoir des notions justes, pour bien
juger de notre état présent. Il faudroit même plus de philosophie
qu'on ne pense à celui qui entreprendroit de déterminer exactement les précautions à prendre pour faire sur ce sujet de solides
observations; et une bonne solution du problème suivant ne me
paroîtroit pas indigne des Aristotes et des Plines de notre siècle :
*Quelles expériences seroient nécessaires pour parvenir à connoître
l'homme naturel ; et quels sont les moyens de faire ces expériences au
sein de la société?* Loin d'entreprendre de résoudre ce problème, je
crois en avoir assez médité le sujet pour oser répondre d'avance
que les plus grands philosophes ne seront pas trop bons pour diriger ces expériences, ni les plus puissants souverains pour les faire;
concours auquel il n'est guère raisonnable de s'attendre, surtout
avec la persévérance, ou plutôt la succession de lumières et de
bonne volonté nécessaire de part et d'autre pour arriver au succès.

Ces recherches si difficiles à faire, et auxquelles on a si peu songé
jusqu'ici, sont pourtant les seuls moyens qui nous restent de lever
une multitude de difficultés qui nous dérobent la connoissance
des fondements réels de la société humaine. C'est cette ignorance
de la nature de l'homme qui jette tant d'incertitude et d'obscurité
sur la véritable définition du droit naturel; car l'idée du droit, dit
M. Burlamaqui, et plus encore celle du droit naturel, sont manifestement des idées relatives à la nature de l'homme. C'est donc de
cette nature même de l'homme, continue-t-il, de sa constitution et
de son état, qu'il faut déduire les principes de cette science.

Ce n'est point sans surprise et sans scandale qu'on remarque le
peu d'accord qui règne sur cette importante matière entre les divers
auteurs qui en ont traité. Parmi les plus graves écrivains, à peine
en trouve-t-on deux qui soient du même avis sur ce point. Sans
parler des anciens philosophes, qui semblent avoir pris à tâche de

se contredire entre eux sur les principes les plus fondamentaux, les jurisconsultes romains assujettissent indifféremment l'homme et tous les autres animaux à la même loi naturelle, parce qu'ils considèrent plutôt sous ce nom la loi que la nature s'impose à elle-même que celle qu'elle prescrit, ou plutôt à cause de l'acception particulière selon laquelle ces jurisconsultes entendent le mot de *loi*, qu'ils semblent n'avoir pris en cette occasion que pour l'expression des rapports généraux établis par la nature entre tous les êtres animés, pour leur commune conservation. Les modernes, ne reconnoissant sous le nom de loi qu'une règle prescrite à un être moral, c'est-à-dire intelligent, libre, et considéré dans ses rapports avec d'autres êtres, bornent conséquemment au seul animal doué de raison, c'est-à-dire à l'homme, la compétence de la loi naturelle; mais, définissant cette loi chacun à sa mode, ils l'établissent tous sur des principes si métaphysiques, qu'il y a, même parmi nous, bien peu de gens en état de comprendre ces principes, loin de pouvoir les trouver d'eux-mêmes. De sorte que toutes les définitions de ces savants hommes, d'ailleurs en perpétuelle contradiction entre elles, s'accordent seulement en ceci, qu'il est impossible d'entendre la loi de nature, et par conséquent d'y obéir, sans être un très grand raisonneur et un profond métaphysicien : ce qui signifie précisément que les hommes ont dû employer pour l'établissement de la société, des lumières qui ne se développent qu'avec beaucoup de peine, et pour fort peu de sens, dans le sein de la société même.

Connoissant si peu la nature, et s'accordant si mal sur le sens du mot *loi*, il seroit bien difficile de convenir d'une bonne définition de la loi naturelle. Aussi toutes celles qu'on trouve dans les livres, outre le défaut de n'être point uniformes, ont-elles encore celui d'être tirées de plusieurs connoissances que les hommes n'ont point naturellement, et des avantages dont ils ne peuvent concevoir l'idée qu'après être sortis de l'état de nature. On commence par rechercher les règles dont, pour l'utilité commune, il seroit à propos que les hommes convinssent entre eux; et puis on donne le nom de loi naturelle à la collection de ces règles, sans autre preuve que le bien qu'on trouve qui résulteroit de leur pratique universelle. Voilà assurément une manière très commode de composer des définitions, et d'expliquer la nature des choses par des convenances presque arbitraires.

Mais, tant que nous ne connoîtrons point l'homme naturel, c'est en vain que nous voudrons déterminer la loi qu'il a reçue, ou celle qui convient le mieux à sa constitution. Tout ce que nous pouvons voir très clairement au sujet de cette loi, c'est que non seulement, pour qu'elle soit loi, il faut que la volonté de celui qu'elle oblige puisse s'y soumettre avec connoissance, mais qu'il faut encore, pour qu'elle soit naturelle, qu'elle parle immédiatement par la voix de la nature.

Laissant donc tous les livres scientifiques qui ne nous apprennent qu'à voir les hommes tels qu'ils se sont faits, et méditant sur les premières et plus simples opérations de l'âme humaine, j'y crois apercevoir deux principes antérieurs à la raison, dont l'un nous intéresse ardemment à notre bien-être et à la conservation de nous-mêmes, et l'autre nous inspire une répugnance naturelle à voir périr ou souffrir tout être sensible, et principalement nos semblables. C'est du concours et de la combinaison que notre esprit est en état de faire de ces deux principes, sans qu'il soit nécessaire d'y faire entrer celui de la sociabilité, que me paroissent découler toutes les règles du droit naturel; règles que la raison est ensuite forcée de rétablir sur d'autres fondements, quand, par ses développements successifs, elle est venue à bout d'étouffer la nature.

De cette manière, on n'est point obligé de faire de l'homme un philosophe avant que d'en faire un homme; ses devoirs envers autrui ne lui sont pas uniquement dictés par les tardives leçons de la sagesse; et, tant qu'il ne résistera point à l'impulsion intérieure de la commisération, il ne fera jamais du mal à un autre homme, ni même à aucun être sensible, excepté dans le cas légitime où, sa conservation se trouvant intéressée, il est obligé de se donner la préférence à lui-même. Par ce moyen, on termine aussi les anciennes disputes sur la participation des animaux à la loi naturelle; car il est clair que, dépourvus de lumières et de liberté, ils ne peuvent reconnoître cette loi; mais, tenant en quelque chose à notre nature par la sensibilité dont ils sont doués, on jugera qu'ils doivent aussi participer au droit naturel, et que l'homme est assujetti envers eux à quelque espèce de devoirs. Il semble en effet que si je suis obligé de ne faire aucun mal à mon semblable, c'est moins parce qu'il est un être raisonnable que parce qu'il est un être sensible, qualité qui, étant commune à la bête et à l'homme, doit au moins donner à l'une le droit de n'être point maltraitée inutilement par l'autre.

Cette même étude de l'homme originel, de ses vrais besoins, et des principes fondamentaux de ses devoirs, est encore le seul bon moyen qu'on puisse employer pour lever ces foules de difficultés qui se présentent sur l'origine de l'inégalité morale, sur les vrais fondements du corps politique, sur les droits réciproques de ses membres, et sur mille autres questions semblables, aussi importantes que mal éclaircies.

En considérant la société humaine d'un regard tranquille et désintéressé, elle ne semble montrer d'abord que la violence des hommes puissants et l'oppression des foibles : l'esprit se révolte contre la dureté des uns, ou est porté à déplorer l'aveuglement des autres; et comme rien n'est moins stable parmi les hommes que ces relations extérieures que le hasard produit plus souvent que la sagesse, et que l'on appelle foiblesse ou puissance, richesse ou pauvreté, les établissements humains paroissent, au premier coup d'œil, fondés sur des monceaux de sable mouvant : ce n'est qu'en les examinant de près, ce n'est qu'après avoir écarté la poussière et le sable qui environnent l'édifice, qu'on aperçoit la base inébranlable sur laquelle il est élevé, et qu'on apprend à en respecter les fondements. Or, sans l'étude sérieuse de l'homme, de ses facultés naturelles et de leurs développements successifs, on ne viendra jamais à bout de faire ces distinctions, et de séparer dans l'actuelle constitution des choses ce qu'a fait la volonté divine d'avec ce que l'art humain a prétendu faire. Les recherches politiques et morales, auxquelles donne lieu l'importante question que j'examine, sont donc utiles de toutes manières, et l'histoire hypothétique des gouvernements est pour l'homme une leçon instructive à tous égards. En considérant ce que nous serions devenus, abandonnés à nous-mêmes, nous devons apprendre à bénir celui dont la main bienfaisante, corrigeant nos institutions et leur donnant une assiette inébranlable, à prévenu les désordres qui devroient en résulter, et fait naître notre bonheur des moyens qui sembloient devoir combler notre misère.

> Quem te Deus esse
> Jussit, et humana qua parte locatus es in re,
> Disce.
>
> PERS., *Sat.* III, v. 71.

DISCOURS

C'est de l'homme que j'ai à parler; et la question que j'examine m'apprend que je vais parler à des hommes; car on n'en propose point de semblables quand on craint d'honorer la vérité. Je défendrai donc avec confiance la cause de l'humanité devant les sages qui m'y invitent, et je ne serai pas mécontent de moi-même si je me rends digne de mon sujet et de mes juges.

Je conçois, dans l'espèce humaine, deux sortes d'inégalités : l'une, que j'appelle naturelle ou physique, parce qu'elle est établie par la nature, et qui consiste dans la différence des âges, de la santé, des forces du corps et des qualités de l'esprit ou de l'âme ; l'autre, qu'on peut appeler inégalité morale ou politique, parce qu'elle dépend d'une sorte de convention, et qu'elle est établie ou du moins autorisée par le consentement des hommes. Celle-ci consiste dans les différents privilèges dont quelques-uns jouissent au préjudice des autres, comme d'être plus riches, plus honorés, plus puissants qu'eux, ou même de s'en faire obéir.

On ne peut pas demander quelle est la source de l'inégalité naturelle, parce que la réponse se trouveroit énoncée dans la simple définition du mot. On peut encore moins chercher s'il n'y auroit point quelque liaison essentielle entre les deux inégalités ; car ce seroit demander en d'autres termes, si ceux qui commandent valent nécessairement mieux que ceux qui obéissent, et si la force du corps ou de l'esprit, la sagesse ou la vertu, se trouvent toujours dans les mêmes invividus, en proportion de la puissance ou de la richesse : question peut-être bonne à agiter entre des esclaves entendus de leurs maîtres, mais qui ne convient pas à des hommes raisonnables et libres, qui cherchent la vérité.

De quoi s'agit-il donc précisément dans ce Discours ? De marquer dans le progrès des choses le moment où, le droit succédant à la violence, la nature fut soumise à la loi ; d'expliquer par quel enchaînement de prodiges le fort put se résoudre à servir le foible, et le peuple à acheter un repos en idée au prix d'une félicité réelle.

Les philosophes, qui ont examiné les fondements de la société, ont senti la nécessité de remonter jusqu'à l'état de nature, mais aucun d'eux n'y est arrivé. Les uns n'ont point balancé à supposer à l'homme dans cet état la notion du juste et de l'injuste, sans se soucier de montrer qu'il dût avoir cette notion, ni même qu'elle lui fût utile. D'autres ont parlé du droit naturel que chacun a de conserver ce qui lui appartient, sans expliquer ce qu'ils entendoient par appartenir. D'autres, donnant d'abord au plus fort l'autorité sur le plus foible, ont aussitôt fait naître le gouvernement, sans songer au temps qui dut s'écouler avant que le sens des mots d'autorité et de gouvernement pût exister parmi les hommes. Enfin tous, parlant sans cesse de besoin, d'avidité, d'oppression, de désirs et d'orgueil, ont transporté à l'état de nature des idées qu'ils avoient prises dans la société : ils parloient de l'homme sauvage, et ils peignoient l'homme civil. Il n'est pas même venu dans l'esprit de la plupart des nôtres de douter que l'état de nature eût existé, tandis qu'il est évident, par la lecture des livres sacrés, que le premier homme, ayant reçu immédiatement de Dieu des lumières et des préceptes, n'étoit point lui-même dans cet état, et qu'en ajoutant aux écrits de Moïse la foi que leur doit tout philosophe chrétien, il faut nier que, même avant le déluge, les hommes se soient jamais trouvés dans le pur état de nature, à moins qu'ils n'y soient retombés par quelque événement extraordinaire : paradoxe fort embarrassant à défendre et tout à fait impossible à prouver.

Commençons donc par écarter tous les faits, car ils ne touchent point à la question. Il ne faut pas prendre les recherches dans lesquelles on peut entrer sur ce sujet pour les vérités historiques, mais seulement pour des raisonnements hypothétiques et conditionnels, plus propres à éclaircir la nature des choses qu'à en montrer la véritable origine, et semblables à ceux que font tous les jours nos physiciens sur la formation du monde. La religion nous ordonne de croire que, Dieu lui-même ayant tiré les hommes de l'état de nature immédiatement après la création, ils sont inégaux parce qu'il a voulu qu'ils le fussent; mais elle ne nous défend pas de former des conjectures tirées de la seule nature de l'homme et des êtres qui l'environnent, sur ce qu'auroit pu devenir le genre humain s'il fût resté abandonné à lui-même. Voilà ce qu'on me demande, et ce que je me propose d'examiner dans ce Discours. Mon sujet intéressant l'homme en général, je tâcherai de prendre un langage qui convienne à toutes les nations; ou plutôt, oubliant les temps et les lieux pour ne songer qu'aux hommes à qui je parle, je me supposerai dans le lycée d'Athènes, répétant les leçons de mes maîtres, ayant les Platon et les Xénocrate pour juges, et le genre humain pour auditeur.

O homme, de quelque contrée que tu sois, quelles que soient tes opinions, écoute; voici ton histoire, telle que j'ai cru la lire, non dans les livres de tes semblables, qui sont menteurs, mais dans la nature, qui ne ment jamais. Tout ce qui sera d'elle sera vrai; il n'y aura de faux que ce que j'y aurai mêlé du mien sans le vouloir. Les temps dont je vais parler sont bien éloignés : combien tu as changé de ce que tu étois! C'est, pour ainsi dire, la vie de ton espèce que je te vais décrire d'après les qualités que tu as reçues, que ton éducation et tes habitudes ont pu dépraver, mais qu'elles n'ont pu détruire. Il y a, je le sens, un âge auquel l'homme individuel voudroit s'arrêter : tu chercheras l'âge auquel tu désirerois que ton espèce se fût arrêtée. Mécontent de ton état présent par des raisons qui annoncent à ta postérité malheureuse de plus grands mécontentements encore, peut-être voudrois-tu pouvoir rétrograder; et ce sentiment doit faire l'éloge de tes premiers aïeux, la critique de tes contemporains, et l'effroi de ceux qui auront le malheur de vivre après toi.

PREMIÈRE PARTIE

Quelque important qu'il soit, pour bien juger de l'état naturel de l'homme, de le considérer dès son origine et de l'examiner, pour ainsi dire, dans le premier embryon de l'espèce, je ne suivrai point son organisation à travers ses développements successifs : je ne m'arrêterai pas à rechercher dans le système animal ce qu'il put être au commencement pour devenir enfin ce qu'il est. Je n'examinerai pas si, comme le pense Aristote, ses ongles allongés ne furent point d'abord des griffes crochues; s'il n'étoit point velu comme un ours; et si, marchant à quatre pieds *(c)*, ses regards dirigés vers la terre, et bornés à un horizon de quelques pas, ne marquoient point à la fois le caractère et les limites de ses idées. Je ne pourrois former sur ce projet que des conjectures vagues et presque imaginaires. L'anatomie comparée a fait encore trop peu de progrès, les observations des naturalistes sont encore trop incertaines, pour qu'on puisse établir sur de pareils fondements la base d'un raisonnement solide; ainsi, sans avoir recours aux connoissances surnaturelles que nous avons sur ce point, et sans avoir égard aux changements qui ont dû survenir dans la conformation tant intérieure qu'extérieure de l'homme, à mesure qu'il appliquoit ses membres à de nouveaux usages et qu'il se nourrissoit de nouveaux aliments, je le supposerai conformé de tout temps comme je le vois aujourd'hui, marchant à deux pieds, se servant de ses mains comme nous faisons des nôtres, portant ses regards sur toute la la nature, et mesurant des yeux la vaste étendue du ciel. -

En dépouillant cet être ainsi constitué de tous les dons surnaturels qu'il a pu recevoir, et de toutes les facultés artificielles qu'il n'a pu acquérir que par de longs progrès; en le considérant, en un mot, tel qu'il a dû sortir des mains de la nature, je vois un animal moins fort que les uns, moins agile que les autres, mais, à tout prendre, organisé le plus avantageusement de tous : je le vois se rassasiant sous un chêne, se désaltérant au premier ruisseau, trouvant son lit au pied du même arbre qui lui a fourni son repas; et voilà ses besoins satisfaits.

La terre abandonnée à sa fertilité naturelle *(d)*, et couverte de forêts immenses que la cognée ne mutila jamais, offre à chaque pas des magasins et des retraites aux animaux de toute espèce. Les hommes, dispersés parmi eux, observent, imitent leur industrie, et s'élèvent ainsi jusqu'à l'instinct des bêtes; avec cet avantage que chaque espèce n'a que le sien propre, et que l'homme, n'en ayant peut-être aucun qui lui appartienne, se les approprie tous, se nourrit également de la plupart des aliments divers *(e)* que les autres animaux se partagent, et trouve par conséquent sa subsistance plus aisément que ne peut faire aucun d'eux.

Accoutumés dès l'enfance aux intempéries de l'air et à la rigueur des saisons, exercés à la fatigue et forcés de défendre nus et sans armes leur vie et leur proie contre les autres bêtes féroces, ou de leur échapper à la course, les hommes se forment un tempérament robuste et presque inaltérable : les enfants, apportant au monde l'excellente constitution de leurs pères et la fortifiant par les mêmes exercices qui l'ont produite, acquièrent ainsi toute la vigueur dont l'espèce humaine est capable. La nature en use précisément avec eux comme la loi de Sparte avec les enfants des citoyens; elle rend forts et robustes ceux qui sont bien constitués, et fait périr tous les autres : différente en cela de nos sociétés, où l'État, en rendant les enfants onéreux aux pères, les tue indistinctement avant leur naissance.

Le corps de l'homme sauvage étant le seul instrument qu'il connoisse, il l'emploie à divers usages, dont, par le défaut d'exercice, les nôtres sont incapables; et c'est notre industrie qui nous ôte la force et l'agilité que la nécessité l'oblige d'acquérir. S'il avoit eu une hache, son poignet romproit-il de si fortes branches? S'il avoit eu une fronde, lanceroit-il de la main une pierre avec tant de roideur? S'il avoit eu une échelle, grimperoit-il si légèrement sur un arbre? S'il avoit eu un cheval, seroit-il si vite à la course? Laissez à l'homme civilisé le temps de rassembler toutes ces machines autour de lui, on ne peut douter qu'il ne surmonte facilement l'homme sauvage : mais si vous voulez voir un combat plus inégal encore, mettez-les nus et désarmés vis-à-vis l'un de l'autre, et vous reconnoîtrez bientôt quel est l'avantage d'avoir sans cesse toutes ses forces à sa disposition, d'être toujours prêt à tout événement et de se porter, pour ainsi dire, toujours tout entier avec soi *(f)*.

Hobbes prétend que l'homme est naturellement intrépide et ne cherche qu'à attaquer et combattre. Un philosophe illustre pense au contraire, et Cumberland et Puffendorf l'assurent aussi, que rien n'est si timide que l'homme dans l'état de nature, et qu'il est toujours tremblant et prêt à fuir au moindre bruit qui le frappe, au moindre mouvement qu'il aperçoit. Cela peut être ainsi pour les objets qu'il ne connoît pas; et je ne doute point qu'il ne soit effrayé par tous les nouveaux spectacles qui s'offrent à lui, toutes les fois qu'il ne peut distinguer le bien et le mal physiques qu'il en doit attendre, ni comparer ses forces avec les dangers qu'il a à courir; circonstances rares dans l'état de nature, où toutes choses marchent d'une manière si uniforme, et où la face de la terre n'est point sujette à ces changements brusques et continuels qu'y causent les passions et l'inconstance des peuples réunis. Mais l'homme sauvage, vivant dispersé parmi les animaux et se trouvant de bonne heure dans le cas de se mesurer avec eux, il en fait bientôt la comparaison; et, sentant qu'il les surpasse plus en adresse qu'ils ne les surpassent en force, il apprend à ne les plus craindre. Mettez un ours ou un loup aux prises avec un sauvage robuste, agile, courageux, comme ils le sont tous, armé de pierres et d'un bon bâton, et vous verrez que le péril sera tout au moins réciproque, et qu'après plusieurs expériences pareilles, les bêtes féroces, qui n'aiment point à s'attaquer l'une à l'autre, s'attaqueront peu volontiers à l'homme, qu'elles auront trouvé tout aussi féroce qu'elles. A l'égard des animaux qui ont réellement plus de force qu'il n'a d'adresse, il est vis-à-vis d'eux dans le cas des autres espèces plus foibles, qui ne laissent pas de subsister; avec cet avantage pour l'homme que, non moins dispos qu'eux à la course, et trouvant sur les arbres un refuge presque assuré, il a partout le prendre et le laisser dans la rencontre, et le choix de la fuite ou du combat. Ajoutons qu'il ne paroît pas qu'aucun animal fasse naturellement la guerre à l'homme hors le cas de sa propre défense ou d'une extrême faim, ni témoigne contre lui de ces violentes antipathies qui semblent annoncer qu'une espèce est destinée par la nature à servir de pâture à l'autre.

Voilà sans doute les raisons pourquoi les nègres et les sauvages se mettent si peu en peine des bêtes féroces qu'ils peuvent rencontrer dans les bois. Les Caraïbes de Venezuela vivent entre autres à cet égard dans la plus profonde sécurité et sans le moindre inconvénient. Quoiqu'ils soient presque nus, dit François Corréal, ils ne laissent pas de s'exposer hardiment dans les bois, armés seulement de la flèche et de l'arc; mais on n'a jamais ouï dire qu'aucun d'eux ait été dévoré des bêtes.

D'autres ennemis plus redoutables, et dont l'homme n'a pas les mêmes moyens de se défendre, sont les infirmités naturelles, l'enfance, la vieillesse, et les maladies de toute espèce; tristes signes de notre foiblesse, dont les deux premiers sont communs à tous les animaux, et dont le dernier appartient principalement à l'homme vivant en société. J'observe même, au sujet de l'enfance, que la mère, portant partout son enfant avec elle, a beaucoup plus de facilité à le nourrir que n'ont les femelles de plusieurs animaux, qui sont forcées d'aller et venir sans cesse avec beaucoup de fatigue, d'un côté pour chercher leur pâture, et de l'autre pour allaiter ou nourrir leurs petits. Il est vrai que, si la femme vient à périr, l'enfant risque fort de périr avec elle; mais ce danger est commun à cent autres espèces dont les petits ne sont de longtemps en état d'aller chercher eux-mêmes leur nourriture; et si l'enfance est plus longue parmi nous, la vie étant plus longue aussi, tout est encore à peu près égal en ce point *(g)*, quoiqu'il y ait sur la durée du premier âge, et sur le nombre des petits *(h)*, d'autres règles qui ne sont pas de mon sujet. Chez les vieillards qui agissent et transpirent peu, le besoin d'aliment diminue avec la faculté d'y pourvoir; et comme la vie sauvage éloigne d'eux la goutte et les rhumatismes, et que la vieillesse est de tous les maux celui que les secours humains peuvent le moins soulager, ils s'éteignent enfin, sans qu'on s'aperçoive qu'ils cessent d'être, et presque sans s'en apercevoir eux-mêmes.

A l'égard des maladies, je ne répéterai point les vaines et fausses déclarations que font contre la médecine la plupart des gens en santé; mais je demanderai s'il y a quelque observation solide de laquelle on puisse conclure que, dans les pays où cet art est le plus négligé, la vie moyenne de l'homme soit plus courte que dans ceux où il est cultivé avec le plus de soin. Et comment cela pourroit-il être, si nous nous donnons plus de maux que la médecine ne peut nous fournir de remèdes? L'extrême inégalité dans la manière de vivre, l'excès d'oisiveté dans les uns, l'excès de travail dans les autres, la facilité d'irriter et de satisfaire nos appétits et notre sensualité, les aliments trop recherchés des riches, qui les nourrissent de sucs échauffants et les accablent d'indigestions, la mauvaise nourriture des pauvres, dont ils manquent même souvent, et dont le défaut les porte à surcharger avidement leur estomac dans l'occasion, les veilles, les excès de toute espèce, les transports immodérés de toutes les passions, les fatigues et l'épuisement d'esprit, les chagrins et les peines sans nombre qu'on éprouve dans tous les états et dont les âmes sont perpétuellement rongées : voilà les funestes garants que la plupart de nos maux sont notre propre ouvrage, et que nous les aurions presque tous évités en conservant la manière de vivre simple, uniforme et solitaire qui nous étoit prescrite par la nature. Si elle nous a destinés à être sains, j'ose presque assurer que l'état de réflexion est un état contre nature, et que l'homme qui médite est un animal dépravé. Quand on songe à la bonne constitution des sauvages, au moins de ceux que nous n'avons pas perdus avec nos liqueurs fortes; quand on sait qu'ils ne connoissent presque d'autres maladies que les blessures et la vieillesse, on est très porté à croire qu'on feroit aisément l'histoire des maladies humaines en suivant celle des sociétés civiles. C'est au moins l'avis de Platon, qui juge, sur certains remèdes employés ou approuvés par Podalire et Machaon au siège de Troie, que diverses maladies que ces remèdes devoient exciter n'étoient point encore alors connues parmi les hommes; et Celse rapporte que la diète, aujourd'hui si nécessaire, ne fut inventée que par Hippocrate.

Avec si peu de sources de maux, l'homme dans l'état de nature n'a donc guère besoin de remèdes, moins encore de médecins; l'espèce humaine n'est point non plus à cet égard de pire condition que toutes les autres, et il est aisé de savoir des chasseurs si dans leurs courses ils trouvent beaucoup d'animaux infirmes. Plusieurs en trouvent qui ont reçu des blessures considérables très bien cicatrisées, qui ont eu des os et même des membres rompus, et repris sans autre chirurgien que le temps, sans autre régime que leur vie ordinaire, et qui n'en sont pas moins parfaitement guéris pour n'avoir point été tourmentés d'incisions, empoisonnés de drogues, ni exténués de jeûnes. Enfin, quelque utile que puisse être parmi nous la médecine bien administrée, il est toujours certain que si le sauvage malade, abandonné à lui-même, n'a rien à espérer que de la nature, en revanche il n'a rien à craindre que de son mal; ce qui rend souvent sa situation préférable à la nôtre.

Gardons-nous donc de confondre l'homme sauvage avec les hommes que nous avons sous les yeux. La nature traite tous les animaux abandonnés à ses soins avec une prédilection qui semble montrer combien elle est jalouse de ce droit. Le cheval, le chat, le taureau, l'âne même, ont la plupart une taille plus haute, tous une constitution plus robuste, plus de vigueur, de force et de courage dans les forêts que dans nos maisons : ils perdent la moitié de ces avantages en devenant domestiques, et l'on diroit que tous nos soins à bien traiter et nourrir ces animaux n'aboutissent qu'à les abâtardir. Il en est ainsi de l'homme même : en devenant sociable et esclave, il devient foible, craintif, rampant; et sa manière de vivre molle et efféminée achève d'énerver à la fois sa force et son courage. Ajoutons qu'entre les conditions sauvage et domestique la différence d'homme à homme doit être plus grande encore que celle de bête à bête : car, l'animal et l'homme ayant été traités également par la nature, toutes les commodités que l'homme se donne de plus qu'aux animaux qu'il apprivoise sont autant de causes particulières qui le font dégénérer plus sensiblement.

Ce n'est donc pas un si grand malheur à ces premiers hommes, ni surtout un si grand obstacle à leur conservation, que la nudité, le défaut d'habitation, et la privation de toutes ces inutilités que nous croyons si nécessaires. S'ils n'ont pas la peau velue, ils n'en ont aucun besoin dans les pays chauds; et ils savent bientôt, dans les pays froids, s'approprier celles des bêtes qu'ils ont vaincues : s'ils n'ont que deux pieds pour courir, ils ont deux bras pour pourvoir à leur défense et à leurs besoins. Leurs enfans marchent peut-être tard et avec peine, mais les mères les portent avec facilité; avantage qui manque aux autres espèces, où la mère, étant poursuivie, se voit contrainte d'abandonner ses petits ou de régler son pas sur le leur. Enfin, à moins de supporter ces concours singuliers et fortuits de circonstances dont je parlerai dans la suite, et qui pouvoient fort bien ne jamais arriver, il est clair, en tout état de cause, que le premier qui se fit des habits ou un logement se donna en cela des choses peu nécessaires, puisqu'il s'en étoit passé jusqu'alors, et qu'on ne voit pas pourquoi il n'eût pu supporter, homme fait, un genre de vie qu'il supportoit dès son enfance.

Seul, oisif, et toujours voisin du danger, l'homme sauvage doit aimer à dormir, et avoir le sommeil léger, comme les animaux, qui, pensant peu, dorment, pour ainsi dire, tout le temps qu'ils ne pensent point. Sa propre conservation faisant presque son unique soin, ses facultés les plus exercées doivent être celles qui ont pour objet principal l'attaque et la défense, soit pour subjuguer sa proie, soit pour se garantir d'être celle d'un autre animal; au contraire, les organes qui ne se perfectionnent que par la mollesse et la sensualité doivent rester dans un état de grossièreté qui excluent en lui toute espèce de délicatesse; et, ses sens se trouvant partagés sur ce point, il aura le toucher et le goût d'une rudesse extrême, la vue, l'ouïe et l'odorat de la plus grande subtilité. Tel est l'état animal en général, et, c'est aussi, selon le rapport des voyageurs, celui de la plupart des peuples sauvages. Ainsi il ne faut point s'étonner que les Hottentots du cap de Bonne-Espérance découvrent à la simple vue des vaisseaux en haute mer d'aussi loin que les Hollandois avec des lunettes; ni que les sauvages de l'Amérique sentissent les Espagnols à la piste comme auroient pu faire les meilleurs chiens; ni que toutes ces nations barbares supportent sans peine leur nudité, aiguisent leur goût à force de piment, et boivent les liqueurs européennes comme de l'eau.

Je n'ai considéré jusqu'ici que l'homme physique; tâchons de le regarder maintenant par le côté métaphysique et moral.

Je ne vois dans tout animal qu'une machine ingénieuse, à qui la nature a donné des sens pour se remonter elle-même, et pour se garantir, jusqu'à un certain point, de tout ce qui tend à la détruire ou à la déranger. J'aperçois précisément les mêmes choses dans la machine humaine, avec cette différence que la nature seule fait tout dans les opérations de la bête, au lieu que l'homme concourt aux siennes en qualité d'agent libre. L'une choisit ou rejette par instinct, et l'autre par un acte de liberté; ce qui fait que la bête ne peut s'écarter de la règle qui lui est prescrite, même quand il lui seroit avantageux de le faire, et que l'homme s'en écarte souvent à son préjudice. C'est ainsi qu'un pigeon mourroit de faim près d'un bassin rempli des meilleures viandes, et un chat sur des tas de fruits ou de grains, quoique l'un et l'autre pût très bien se nourrir de l'aliment qu'il dédaigne, s'il étoit avisé d'en essayer; c'est ainsi que les hommes dissolus se livrent à des excès qui leur causent la fièvre et la mort, parce que l'esprit déprave les sens, et que la volonté parle encore quand la nature se tait.

Tout animal a des idées, puisqu'il a des sens; il combine même ses idées jusqu'à un certain point : et l'homme ne diffère à cet égard de la bête que du plus au moins; quelques philosophes ont même avancé qu'il y a plus de différence de tel homme à tel homme, que de tel homme à telle bête. Ce n'est donc pas tant l'entendement qui fait parmi les animaux la distinction spécifique que sa qualité d'agent libre. La nature commande à tout animal, et la bête obéit. L'homme éprouve la même impression, mais il se reconnoît libre d'acquiescer ou de résister; et c'est surtout dans la conscience de cette liberté que se montre la spiritualité de son âme; car la physique explique en quelque manière le mécanisme des sens et la formation des idées, mais dans la puissance de vouloir ou plutôt de choisir, et dans le sentiment de cette puissance, on ne trouve que des actes purement spirituels, dont on n'explique rien par les lois de la mécanique.

Mais, quand les difficultés qui environnent toutes ces questions laisseroient quelque lieu de disputer sur cette différence de l'homme et de l'animal, il y a une autre qualité très spécifique qui les distingue, et sur laquelle il ne peut y avoir de contestation; c'est la faculté de se perfectionner, faculté qui, à l'aide des circonstances, développe successivement toutes les autres, et réside parmi nous tant dans l'espèce que dans l'individu; au lieu qu'un animal est au bout de quelques mois ce qu'il sera toute sa vie, et son espèce au bout de mille ans ce qu'elle étoit la première année de ces mille ans. Pourquoi l'homme seul est-il sujet à devenir imbécile? N'est-ce point qu'il retourne ainsi dans son état primitif, et que, tandis que la bête, qui n'a rien acquis et qui n'a rien non plus à perdre, reste toujours avec son instinct, l'homme, reperdant par la vieillesse ou d'autres accidents tout ce que sa *perfectibilité* lui avoit fait acquérir, retombe ainsi plus bas que la bête même? Il serait triste pour nous d'être forcés de convenir que cette faculté distinctive et presque illimitée est la source de tous les malheurs de l'homme; que c'est elle qui le tire à force de temps de cette condition originaire dans laquelle il couleroit des jours tranquilles et innocents, que c'est elle qui, faisant éclore avec les siècles ses lumières et ses erreurs, ses vices et ses vertus, le rend à la longue le tyran de lui-même et de la nature *(i)*. Il seroit affreux d'être obligé de louer comme un être bienfaisant celui qui le premier suggéra à l'habitant des rives de l'Orénoque l'usage de ces ais qu'il applique sur les tempes de ses enfants, et qui leur assurent du moins une partie de leur imbécillité et de leur bonheur originel.

L'homme sauvage, livré par la nature au seul instinct, ou plutôt dédommagé de celui qui lui manque peut-être par des facultés capables d'y suppléer d'abord et de l'élever ensuite fort au-dessus de celle-là, commencera donc par les fonctions purement animales *(j)*. Apercevoir et sentir sera son premier état, qui lui sera commun avec tous les animaux; vouloir et ne pas vouloir, désirer et craindre, seront les premières et presque les seules opérations de son âme, jusqu'à ce que de nouvelles circonstances y causent de nouveaux développements.

Quoi qu'en disent les moralistes, l'entendement humain doit beaucoup aux passions, qui, d'un commun aveu, lui doivent beaucoup aussi : c'est par leur activité que notre raison se perfectionne; nous ne cherchons à connoître que parce que nous désirons de jouir; et il n'est pas possible de concevoir pourquoi celui qui n'auroit ni désirs ni craintes se donneroit là peine de raisonner. Les passions à leur tour tirent leur origine de nos besoins, et leur progrès de nos connoissances; car on ne peut désirer ou craindre les choses que sur les idées qu'on en peut avoir, ou par la simple impulsion de la nature; et l'homme sauvage, privé de toute sorte de lumière, n'éprouve que les passions de cette dernière espèce; ses désirs ne passent pas ses besoins physiques (k); les seuls biens qu'il connoisse dans l'univers sont la nourriture, une femelle et le repos; les seuls maux qu'il craigne sont la douleur et la faim. Je dis la douleur et non la mort; car jamais l'animal ne saura ce que c'est que mourir; et la connoissance de la mort et de ses terreurs est une des premières acquisitions que l'homme ait faites en s'éloignant de la condition animale.

Il me seroit aisé, si cela m'étoit nécessaire, d'appuyer ce sentiment par les faits, et de faire voir que chez toutes les nations du monde les progrès de l'esprit se sont précisément proportionnés aux besoins que les peuples avoient reçus de la nature, ou auxquels les circonstances les avoient assujettis, et par conséquent aux passions qui les portoient à pourvoir à ces besoins. Je montrerois en Égypte les arts naissant et s'étendant avec le débordement du Nil, je suivrois leurs progrès chez les Grecs, où l'on les vit germer, croître et s'élever jusqu'aux cieux parmi les sables et les rochers de l'Attique, sans pouvoir prendre racine sur les bords fertiles de l'Eurotas; je remarquerois qu'en général les peuples du Nord sont plus industrieux que ceux du Midi, parce qu'ils peuvent moins se passer de l'être; comme si la nature vouloit ainsi égaliser les choses en donnant aux esprits la fertilité qu'elle refuse à la terre.

Mais sans recourir aux témoignages incertains de l'histoire, qui ne voit que tout semble éloigner de l'homme sauvage la tentation et les moyens de cesser de l'être? Son imagination ne lui peint rien; son cœur ne lui demande rien. Ses modiques besoins se trouvent si aisément sous sa main, et il est si loin du degré de connoissances nécessaire pour désirer d'en acquérir de plus grandes, qu'il ne peut avoir ni prévoyance ni curiosité. Le spectacle de la nature lui devient indifférent à force de lui devenir familier : c'est toujours le même ordre, ce sont toujours les mêmes révolutions; il n'a pas l'esprit de s'étonner des plus grandes merveilles; et ce n'est pas chez lui qu'il faut chercher la philosophie dont l'homme a besoin pour savoir observer une fois ce qu'il a vu tous les jours. Son âme, que rien n'agite, se livre au seul sentiment de son existence actuelle sans aucune idée de l'avenir, quelque prochain qu'il puisse être; et ses projets, bornés comme ses vues, s'étendent à peine jusqu'à la fin de la journée. Tel est encore aujourd'hui le degré de prévoyance du Caraïbe : il vend le matin son lit de coton, et vient pleurer le soir pour le racheter, faute d'avoir prévu qu'il en aurait besoin pour la nuit prochaine.

Plus on médite sur ce sujet, plus la distance des pures sensations aux plus simples connoissances s'agrandit à nos regards; et il est impossible de concevoir comment un homme auroit pu par ses seules forces, sans le secours de la communication et sans l'aiguillon de la nécessité, franchir un si grand intervalle. Combien de siècles se sont peut-être écoulés avant que les hommes aient été à portée de voir d'autre feu que celui du ciel? combien ne leur a-t-il pas fallu de différents hasards pour apprendre les usages les plus communs de cet élément! combien de fois ne l'ont-ils pas laissé éteindre avant que d'avoir acquis l'art de le reproduire! et combien de fois peut-être chacun de ces secrets n'est-il pas mort avec celui qui l'avoit découvert! Que dirons-nous de l'agriculture, art qui demande tant de travail et de prévoyance, qui tient à tant d'autres arts, qui très évidemment n'est praticable que dans une société au moins commencée, et qui ne nous sert pas tant à tirer de la terre des aliments qu'elle fourniroit bien sans cela, qu'à la forcer aux préférences qui sont le plus de notre goût? Mais supposons que les hommes eussent tellement multiplié que les productions naturelles n'eussent plus suffi pour les nourrir, supposition qui, pour le dire en passant, montreroit un grand avantage pour l'espèce humaine dans cette manière de vivre; supposons que sans forges et sans ateliers, les instruments du labourage fussent tombés du ciel entre les mains des sauvages; que ces hommes eussent vaincu la haine mortelle qu'ils ont tous pour un travail continu; qu'ils eussent appris à prévoir de si loin leurs besoins; qu'ils eussent deviné comment il faut cultiver la terre, semer les grains, et planter les arbres, qu'ils eussent trouvé l'art de moudre le blé et de mettre le raisin en fermentation; toutes choses qu'il leur a fallu faire enseigner par les dieux, faute de concevoir comment ils les auroient apprises d'eux-mêmes : quel seroit après cela l'homme assez insensé pour se tourmenter à la culture d'un champ qui sera dépouillé par le premier venu, homme ou bête indifféremment, à qui cette moisson conviendra? et comment chacun pourra-t-il se résoudre à passer sa vie à un travail pénible, dont il est d'autant plus sûr de ne pas recueillir le prix qu'il lui sera plus nécessaire? En un mot, comment cette situation pourra-t-elle porter les hommes à cultiver la terre tant qu'elle ne sera point partagée entre eux, c'est-à-dire tant que l'état de nature ne sera point anéanti?

Quand nous voudrions supposer un homme sauvage aussi habile dans l'art de penser que nous le font nos philosophes; quand nous en ferions, à leur exemple, un philosophe lui-même, découvrant seul les plus sublimes vérités, se faisant par des suites de raisonnements très abstraits des maximes de justice et de raison tirées de l'amour de l'ordre en général, ou de la volonté connue de son Créateur; en un mot, quand nous lui supposerions dans l'esprit autant d'intelligence et de lumières qu'il doit avoir et qu'on lui trouve en effet de pesanteur et de stupidité, quelle utilité retireroit l'espèce de toute cette métaphysique, qui ne pourroit se communiquer et qui périroit avec l'individu qui l'aurait inventée? quel progrès pourrait faire le genre humain épars dans les bois parmi les animaux? et jusqu'à quel point pourroient se perfectionner et s'éclairer multuellement des hommes qui, n'ayant ni domicile fixe, ni aucun besoin l'un de l'autre, se rencontreroient peut-être à peine deux fois en leur vie, sans se connoître et sans se parler?

Qu'on songe de combien d'idées nous sommes redevables à l'usage de la parole; combien la grammaire exerce et facilite les opérations de l'esprit; et qu'on pense aux peines inconcevables et au temps infini qu'a dû coûter la première invention des langues : qu'on joigne ces réflexions aux précédentes, et l'on jugera combien il eût fallu de milliers de siècles pour développer successivement dans l'esprit humain les opérations dont il étoit capable.

Qu'il me soit permis de considérer un instant les embarras de l'origine des langues. Je pourrois me contenter de citer ou de répéter ici les recherches que M. l'abbé de Condillac a faites sur cette matière, qui toutes confirment pleinement mon sentiment, et qui peut-être m'en ont donné la première idée. Mais, la manière dont ce philosophe résout les difficultés qu'il se fait à lui-même sur l'origine des signes institués montrant qu'il a supposé ce que je mets en question, savoir, une sorte de société déjà établie entre les inventeurs du langage, je crois, en renvoyant à ses réflexions, devoir y joindre les miennes, pour exposer les mêmes difficultés dans le jour qui convient à mon sujet. La première qui se présente est d'imaginer comment elles purent devenir nécessaires; car les hommes n'ayant nulle correspondance entre eux, ni aucun besoin d'en avoir, on ne conçoit ni la nécessité de cette invention, ni sa possibilité, si elle ne fut pas indispensable. Je dirois bien, comme beaucoup d'autres, que les langues sont nées dans le commerce domestique des pères, des mères et des enfants; mais, outre que cela ne résoudroit point les objections, ce seroit commettre la faute de ceux qui, raisonnant sur l'état de nature, y transportent les idées prises dans la société, voient toujours la famille rassemblée dans une même habitation, et ses membres gardant entre eux une union aussi intime et aussi permanente que parmi nous, où tant d'intérêts communs les réunissent; au lieu que, dans cet état primitif, n'ayant ni maisons, ni cabanes, ni propriétés d'aucune espèce, chacun se logeoit au hasard, et souvent pour une seule nuit; les mâles et les femelles s'unissoient fortuitement, selon la rencontre, l'occasion et le désir, sans que la parole fût un interprète fort nécessaire des choses qu'ils avoient à se dire : ils se quittoient avec la même facilité *(l)*. La mère allaitoit d'abord ses enfants pour son propre besoin; puis l'habitude les lui ayant rendus chers, elle les nourrissoit ensuite pour le leur; sitôt qu'ils avoient la force de chercher leur pâture, ils ne tardoient pas à quitter la mère elle-même; et, comme il n'y avoit presque point d'autre moyen de se retrouver que de ne se pas perdre de vue, ils en étoient bientôt au point de ne pas même se reconnoître les uns les autres. Remarquez encore que l'enfant ayant tous ses besoins à expliquer, et par conséquent plus de choses à dire à la mère que la mère à l'enfant, c'est lui qui doit faire les plus grands frais de l'invention, et que la langue qu'il emploie doit être en grande partie son propre ouvrage; ce qui multiplie autant les langues qu'il y a d'individus pour les parler; à quoi contribue encore la vie errante et vagabonde, qui ne laisse à aucun idiome le temps de prendre de la consistance; car de dire que la mère dicte à l'enfant les mots dont il devra se servir pour lui demander telle ou telle chose, cela montre bien comment on enseigne des langues déjà formées, mais cela n'apprend point comment elles se forment.

Supposons cette première difficulté vaincue; franchissons pour un moment l'espace immense qui dut se trouver entre le pur état de nature et le besoin des langues; et cherchons, en les supposant nécessaires *(m)*, comment elles purent commencer à s'établir. Nouvelle difficulté pire encore que la précédente : car si les hommes ont eu besoin de la parole pour apprendre à penser, ils ont eu bien plus besoin encore de savoir penser pour trouver l'art de la parole; et quand on comprendroit comment les sons de la voix ont été pris pour les interprètes conventionnels de nos idées, il resteroit toujours à savoir quels ont pu être les interprètes mêmes de cette convention pour les idées qui, n'ayant point un objet sensible, ne pouvoient s'indiquer ni par le geste ni par la voix; de sorte qu'à peine peut-on former des conjectures supportables sur la naissance de cet art de communiquer ses pensées et d'établir un commerce entre les esprits; art sublime, qui est déjà si loin de son origine, mais que le philosophe voit encore à une si prodigieuse distance de sa perfection, qu'il n'y a point d'homme assez hardi pour assurer qu'il y arriveroit jamais, quand les révolutions que le temps amène nécessairement seroient suspendues en sa faveur, que les préjugés sortiroient des académies ou se tairoient devant elles, et qu'elles pourroient s'occuper de cet objet épineux durant des siècles entiers sans interruption.

Le premier langage de l'homme, le langage le plus universel, le plus énergique, et le seul dont il eût besoin avant qu'il fallût persuader des hommes assemblés, est le cri de la nature. Comme ce cri n'étoit arraché que par une sorte d'instinct dans les occasions pressantes, pour implorer du secours dans les grands dangers ou du soulagement dans les maux violents, il n'étoit pas d'un grand usage dans le cours ordinaire de la vie, où règnent des sentiments plus modérés. Quand les idées des hommes commencèrent à s'étendre et à se multiplier, et qu'il s'établit entre eux une communication plus étroite, ils cherchèrent des signes plus nombreux et un langage plus étendu; ils multiplièrent les inflexions de la voix, et y joignirent les gestes qui, par leur nature, sont plus expressifs, et dont le sens dépend moins d'une détermination antérieure. Ils exprimoient donc les objets visibles et mobiles par des gestes, et ceux qui frappent l'ouïe par des sons imitatifs : mais comme le geste n'indique guère que les objets présents ou faciles à décrire et les actions visibles; qu'il n'est pas d'un usage universel, puisque l'obscurité ou l'interposition d'un corps le rendent inutile, et qu'il exige l'attention plutôt qu'il ne l'excite; on s'avisa enfin de lui substituer les articulations de la voix, qui, sans avoir le même rapport avec certaines idées, sont plus propres à les représenter toutes comme signes institués; substitution qui ne peut se faire que d'un commun consentement et d'une manière assez difficile à pratiquer pour des hommes dont les organes grossiers n'avoient encore aucun exercice, et plus difficile encore à concevoir en elle-même, puisque cet accord unanime dut être motivé, et que la parole paroît avoir été fort nécessaire pour établir l'usage de la parole.

On doit juger que les premiers mots dont les hommes firent usage eurent dans leur esprit une signification beaucoup plus étendue que n'ont ceux qu'on emploie dans les langues déjà formées et qu'ignorant la division du discours en ses parties constitutives, ils donnèrent d'abord à chaque mot le sens d'une proposition entière. Quand ils commencèrent à distinguer le sujet d'avec l'attribut, et le verbe d'avec le nom, ce qui ne fut pas un médiocre effort de génie, les substantifs ne furent d'abord qu'autant de noms propres, le présent de l'infinitif fut le seul temps des verbes; et à l'égard des adjectifs, la notion ne s'en dut développer que fort difficilement, parce que tout adjectif est un mot abstrait, et que les abstractions sont des opérations pénibles et peu naturelles.

Chaque objet reçut d'abord un nom particulier, sans égard aux genres et aux espèces, que ces premiers instituteurs n'étoient pas en état de distinguer; et tous les individus se présentèrent isolément à leur esprit comme ils le sont dans le tableau de la nature; si un chêne s'appeloit A, un autre chêne s'appeloit B; car la première idée qu'on tire de deux choses, c'est qu'elles ne sont pas la même; et il faut souvent beaucoup de temps pour observer ce qu'elles ont de commun; de sorte que plus les connoissances étoient bornées, et plus le dictionnaire devint étendu. L'embarras de toute cette nomenclature ne put être levé facilement : car, pour ranger les êtres sous des dénominations communes et génériques, il en falloit connoître les propriétés et les différences; il falloit des observations et des définitions, c'est-à-dire de l'histoire naturelle et de la métaphysique, beaucoup plus que les hommes de ces temps-là n'en pouvoient avoir.

D'ailleurs les idées générales ne peuvent s'introduire dans l'esprit qu'à l'aide des mots, et l'entendement ne les saisit que par des propositions. C'est une des raisons pourquoi les animaux ne sauroient se former de telles idées ni jamais acquérir la perfectibilité qui en dépend. Quand un singe va sans hésiter d'une noix à l'autre, pense-t-on qu'il ait l'idée générale de cette sorte de fruit, et qu'il compare son archétype à ces deux individus? Non, sans doute; mais la vue de l'une de ces noix rappelle à sa mémoire les sensations qu'il a reçues de l'autre, et ses yeux, modifiés d'une certaine manière, annoncent à son goût la modification qu'il va recevoir. Toute idée générale est purement intellectuelle; pour peu que l'imagination s'en mêle, l'idée devient aussitôt particulière. Essayez de vous tracer l'image d'un arbre en général, jamais vous n'en viendrez à bout; malgré vous il faudra le voir petit ou grand, rare ou touffu, clair ou foncé; et s'il dépendoit de vous de n'y voir que ce qui se trouve en tout arbre, cette image ne ressembleroit plus à un arbre. Les êtres purement abstraits se voient de même, ou ne se conçoivent que par le discours. La définition seule du triangle vous en donne la véritable idée : sitôt que vous en figurez un dans votre esprit, c'est un tel triangle et non pas un autre, et vous ne pouvez éviter d'en rendre les lignes sensibles ou le plan coloré. Il faut donc énoncer des propositions, il faut donc parler pour avoir des idées générales : car, sitôt que l'imagination s'arrête, l'esprit ne marche plus qu'à l'aide du discours. Si donc les premiers inventeurs n'ont pu donner des noms qu'aux idées qu'ils avoient déjà, il s'ensuit que les premiers substantifs n'ont jamais pu être que des noms propres.

Mais lorsque, par des moyens que je ne conçois pas, nos nouveaux grammairiens commencèrent à étendre leurs idées et à généraliser leurs mots, l'ignorance des inventeurs dut assujettir cette méthode à des bornes fort étroites; et, comme ils avoient d'abord trop multiplié les noms des individus faute de connoître les genres et les espèces, ils firent ensuite trop peu d'espèces et de genres, faute d'avoir considéré les êtres par toutes leurs différences. Pour pousser les divisions assez loin, il eût fallu plus d'expérience et de lumières qu'ils n'en pouvoient avoir, et plus de recherches et de travail qu'ils n'y en vouloient employer. Or, si, même aujourd'hui, l'on découvre chaque jour de nouvelles espèces qui avoient échappé jusqu'ici à toutes nos observations, qu'on pense combien il dut s'en dérober à des hommes qui ne jugeoient des choses que sur le premier aspect. Quant aux classes primitives et aux notions les plus générales, il est superflu d'ajouter qu'elles durent leur échapper encore. Comment, par exemple, auroient-ils imaginé ou entendu les mots de matière, d'esprit, de substance, de mode, de figure, de mouvement, puisque nos philosophes qui s'en servent depuis si longtemps ont bien de la peine à les entendre eux-mêmes, et que, les idées qu'on attache à ces mots étant purement métaphysiques, ils n'en trouvoient aucun modèle dans la nature?

Je m'arrête à ces premiers pas, et je supplie mes juges de suspendre ici leur lecture pour considérer, sur l'invention des seuls substantifs physiques, c'est-à-dire sur la partie de la langue la plus facile à trouver, le chemin qui lui reste à faire pour exprimer toutes les pensées des hommes, pour prendre une forme constante, pour pouvoir être parlée en public, et influer sur la société : je les supplie de réfléchir à ce qu'il a fallu de temps et de connoissances pour trouver les nombres (n), les mots abstraits, les aoristes, et tous les temps des verbes, les particules, la syntaxe, lier les propositions, les raisonnements, et former toute la logique du discours. Quant à moi, effrayé des difficultés qui se multiplient, et convaincu de

l'impossibilité presque démontrée que les langues aient pu naître
et s'établier par des moyens purement humains, je laisse à qui
voudra l'entreprendre la discussion de ce difficile problème, lequel
a été le plus nécessaire de la société déjà liée à l'institution des langues, ou des langues déjà inventées à l'établissement de la société.

Quoi qu'il en soit de ces origines, on voit du moins, au peu de
soin qu'a pris la nature de rapprocher les hommes par des besoins
mutuels et de leur faciliter l'usage de la parole, combien elle a peu
préparé leur sociabilité, et combien elle a peu mis du sien dans tout
ce qu'ils ont fait pour en établir les liens. En effet, il est impossible
d'imaginer pourquoi, dans cet état primitif, un homme auroit plutôt besoin d'un autre homme, qu'un singe ou un loup de son semblable; ni, ce besoin supposé, quel motif pourroit engager l'autre
à y pourvoir, ni même, en ce dernier cas, comment ils pourroient
convenir entre eux des conditions. Je sais qu'on nous répète sans
cesse que rien n'eût été si misérable que l'homme dans cet état; et
s'il est vrai, comme je crois l'avoir prouvé, qu'il n'eût pu qu'après
bien des siècles avoir le désir et l'occasion d'en sortir, ce seroit un
procès à faire à la nature, et non à celui qu'elle auroit ainsi contitué.
Mais si j'entends bien ce terme de *misérable*, c'est un mot qui n'a
aucun sens, ou qui ne signifie qu'une privation douloureuse, et la
souffrance du corps ou de l'âme : or, je voudrois bien qu'on m'expliquât quel peut être le genre de misère d'un être libre dont le
cœur est en paix et le corps en santé. Je demande laquelle, de la
vie civile ou naturelle, est la plus sujette à devenir insupportable à
ceux qui en jouissent. Nous ne voyons presque autour de nous que
des gens qui se plaignent de leur existence, plusieurs même qui s'en
privent autant qu'il est en eux; et la réunion des lois divine et
humaine suffit à peine pour arrêter ce désordre. Je demande si
jamais on a ouï dire qu'un sauvage en liberté ait seulement songé
à se plaindre de la vie et à se donner la mort. Qu'on juge donc, avec
moins d'orgueil, de quel côté est la véritable misère. Rien au contraire n'eût été si misérable que l'homme sauvage ébloui par des
lumières, tourmenté par des passions, et raisonnant sur un état
différent du sien. Ce fut par une providence très sage que les facultés qu'il avoit en puissance ne devoient se développer qu'avec les
occasions de les exercer, afin qu'elles ne lui fussent ni superflues et
à charge avant le temps, ni tardives et inutiles au besoin. Il avoit
dans le seul instinct tout ce qu'il lui falloit pour vivre dans l'état
de nature; il n'a dans une raison cultivée que ce qu'il lui faut pour
vivre en société.

Il paroît d'abord que les hommes dans cet état, n'ayant entre eux aucune sorte de relation morale ni de devoirs connus, ne pouvoient être ni bons ni méchants, et n'avoient ni vices ni vertus, à moins que, prenant ces mots dans un sens physique; on n'appelle vices dans l'individu les qualités qui peuvent nuire à sa propre conservation, et vertus celles qui peuvent y contribuer; auquel cas il faudroit appeler le plus vertueux celui qui résisteroit le moins aux simples impulsions de la nature. Mais, sans nous écarter du sens ordinaire, il est à propos de suspendre le jugement que nous pourrions porter sur une telle situation, et de nous défier de nos préjugés jusqu'à ce que, la balance à la main, on ait examiné s'il y a plus de vertus que de vices parmi les hommes civilisés, ou si leurs vertus sont plus avantageuses que leurs vices ne sont funestes, ou si le progrès de leurs connoissances est un dédommagement suffisant des maux qu'ils se font mutuellement à mesure qu'ils s'instruisent du bien qu'ils devroient se faire, ou s'ils ne seroient pas, à tout prendre, dans une situation plus heureuse de n'avoir ni mal à craindre ni bien à espérer de personne, que de s'être soumis à une dépendance universelle, et de s'obliger à tout recevoir de ceux qui ne s'obligent à leur rien donner.

N'allons pas surtout conclure avec Hobbes que, pour n'avoir aucune idée de la bonté, l'homme soit naturellement méchant; qu'il soit vicieux, parce qu'il ne connoît pas la vertu; qu'il refuse toujours à ses semblables des services qu'il ne croit pas leur devoir; ni qu'en vertu du droit qu'il s'attribue avec raison aux choses dont il a besoin, il s'imagine follement être le seul propriétaire de tout l'univers. Hobbes a très bien vu le défaut de toutes les définitions modernes du droit naturel : mais les conséquences qu'il tire de la sienne montrent qu'il la prend dans un sens qui n'est pas moins faux. En raisonnant sur les principes qu'il établit, cet auteur devoit dire que, l'état de nature étant celui où le soin de notre conservation est le moins préjudiciable à celle d'autrui, cet état étoit par conséquent le plus propre à la paix et le plus convenable au genre humain. Il dit précisément le contraire, pour avoir fait entrer mal à propos dans le soin de la conservation de l'homme sauvage le besoin de satisfaire une multitude de passions qui sont l'ouvrage de la société, et qui ont rendu les lois nécessaires. Le méchant, dit-il, est un enfant robuste. Il reste à savoir si l'homme sauvage est un enfant robuste. Quand on le lui accorderoit, qu'en concluroit-il? Que si, quand il est robuste, cet homme étoit aussi dépendant des autres que quand il est foible, il n'y a sorte d'excès auxquels il ni se portât; qu'il ne battît sa mère lorsqu'elle tarderoit trop à lui donner la mamelle; qu'il n'étranglât un de ses jeunes frères lorsqu'il en seroit incommodé; qu'il ne mordît la jambe à l'autre lorsqu'il en seroit heurté ou troublé : mais ce sont deux suppositions contradictoires dans l'état de nature qu'être robuste et dépendant. L'homme est foible quand il est dépendant, et il est émancipé avant que d'être robuste. Hobbes n'a pas vu que la même cause qui empêche les sauvages d'user de leur raison, comme le prétendent nos jurisconsultes, les empêche en même temps d'abuser de leurs facultés, comme il le prétend lui-même; de sorte qu'on pourroit dire que les sauvages ne sont pas méchants, précisément parce qu'ils ne savent pas ce que c'est qu'être bons; car ce n'est ni le développement des lumières, ni le frein de la loi, mais le calme des passions et l'ignorance du vice qui les empêchent de mal faire : *Tanto plus in illis proficit vitiorum ignoratio quam in his cognitio virtutis*[1]. Il y a d'ailleurs un autre principe que Hobbes n'a point aperçu; et qui, ayant été donné à l'homme pour adoucir en certaines circonstances la férocité de son amour-propre ou le désir de se conserver avant la naissance de cet amour *(o)*, tempère l'ardeur qu'il a pour son bien-être par une répugnance innée à voir souffrir son semblable. Je ne crois pas avoir aucune contradiction à craindre en accordant à l'homme la seule vertu naturelle qu'ait été forcé de reconnoître le détracteur le plus outré des vertus humaines. Je parle de la pitié, disposition convenable à des êtres aussi foibles et sujets à autant de maux que nous le sommes; vertu d'autant plus universelle et d'autant plus utile à l'homme, qu'elle précède en lui l'usage de toute réflexion, et si naturelle, que les bêtes mêmes en donnent quelquefois des signes sensibles. Sans parler de la tendresse des mères pour leurs petits, et des périls qu'elles bravent pour les en garantir, on observe tous les jours la répugnance qu'ont les chevaux à fouler aux pieds un corps vivant. Un animal ne passe point sans inquiétude auprès d'un animal mort de son espèce : il y en a même qui leur donnent une sorte de sépulture; et les tristes mugissements du bétail entrant dans une boucherie annoncent l'impression qu'il reçoit de l'horrible spectacle qui le frappe. On voit avec plaisir l'auteur de la fable des *Abeilles*[2], forcé de reconnoître l'homme pour un être compatissant et sensible, sortir, dans l'exemple qu'il en donne, de son style froid et

---

1. Justin, *Histor.*, lib. II, cap. II. (ÉD.)
2. Mandeville, médecin hollandois établi en Angleterre, mort en 1733. (ÉD.)

subtil, pour nous offrir la pathétique image d'un homme enfermé qui aperçoit au dehors une bête féroce arrachant un enfant du sein de sa mère, brisant sous sa dent meurtrière ses foibles membres, et déchirant de ses ongles les entrailles palpitantes de cet enfant. Quelle affreuse agitation n'éprouve point ce témoin d'un événement auquel il ne prend aucun intérêt personnel! quelles angoisses ne souffre-t-il pas à cette vue de ne pouvoir porter aucun secours à la mère évanouie, ni à l'enfant expirant!

Tel est le pur mouvement de la nature, antérieur à toute réflexion; telle est la force de la pitié naturelle, que les mœurs les plus dépravées ont encore peine à détruire, puisqu'on voit tous les jours dans nos spectacles s'attendrir et pleurer, aux malheurs d'un infortuné, tel qui, s'il étoit à la place du tyran, aggraveroit encore les tourments de son ennemi; semblable au sanguinaire Sylla, si sensible aux maux qu'il n'avoit pas causés, ou à cet Alexandre de Phère qui n'osoit assister à la représentation d'aucune tragédie, de peur qu'on ne le vît gémir avec Andromaque et Priam, tandis qu'il écoutoit sans émotion les cris de tant de citoyens qu'on égorgeoit tous les jours par ses ordres.

> Mollissima corda
> Humano generi dare se natura fatetur,
> Quæ lacrimas dedit.
> Juv., *Sat.* xv, v. 131.

Mandeville a bien senti qu'avec toute leur morale les hommes n'eussent jamais été que des monstres, si la nature ne leur eût donné la pitié à l'appui de la raison : mais il n'a pas vu que de cette seule qualité découlent toutes les vertus sociales qu'il veut disputer aux hommes. En effet, qu'est-ce que la générosité, la clémence, l'humanité, sinon la pitié appliquée aux faibles, aux coupables, ou à l'espèce humaine en général? La bienveillance et l'amitié même sont, à le bien prendre, des productions d'une pitié constante, fixée sur un objet particulier : car désirer que quelqu'un ne souffre point, qu'est-ce autre chose que désirer qu'il soit heureux? Quand il seroit vrai que la commisération ne seroit qu'un sentiment qui nous met à la place de celui qui souffre, sentiment obscur et vif dans l'homme sauvage, développé mais foible dans l'homme civil, qu'importeroit cette idée à la vérité de ce que je dis, sinon de lui donner plus de force? En effet, la commisération sera d'autant plus énergique que l'animal spectateur s'identifiera plus intimement avec l'animal souffrant. Or, il est évident que cette identification a dû être infiniment plus étroite dans l'état de nature que dans l'état de raisonnement. C'est la raison qui engendre l'amour-propre, et c'est la réflexion qui le fortifie; c'est elle qui replie l'homme sur lui-même; c'est elle qui le sépare de tout ce qui le gêne et l'afflige. C'est la philosophie qui l'isole; c'est par elle qu'il dit en secret, à l'aspect d'un homme souffrant : « Péris, si tu veux; je suis en sûreté ». Il n'y a plus que les dangers de la société entière qui troublent le sommeil tranquille du philosophe et qui l'arrachent de son lit. On peut impunément égorger son semblable sous sa fenêtre; il n'a qu'à mettre ses mains sur ses oreilles, et s'argumenter un peu, pour empêcher la nature qui se révolte en lui de l'identifier avec celui qu'on assassine. L'homme sauvage n'a point cet admirable talent; et, faute de sagesse et de raison, on le voit toujours se livrer étourdiment au premier sentiment de l'humanité. Dans les émeutes, dans les querelles des rues, la populace s'assemble, l'homme prudent s'éloigne; c'est la canaille, ce sont les femmes des halles qui séparent les combattants, et qui empêchent les honnêtes gens de s'entr'égorger[1].

Il est donc bien certain que la pitié est un sentiment naturel, qui, modérant dans chaque individu l'activité de l'amour de soi-même, concourt à la conservation mutuelle de toute l'espèce. C'est elle qui nous porte sans réflexion au secours de ceux que nous voyons souffrir; c'est elle qui, dans l'état de nature, tient lieu de lois, de mœurs et de vertu, avec cet avantage que nul n'est tenté de désobéir à sa douce voix : c'est elle qui détournera tout sauvage robuste d'enlever à un foible enfant ou à un vieillard infirme sa subsistance acquise avec peine, si lui-même espère pouvoir trouver la sienne ailleurs : c'est elle qui, au lieu de cette maxime sublime de justice raisonnée, *Fais à autrui comme tu veux qu'on te fasse*, inspire à tous les hommes cette autre maxime de bonté naturelle, bien moins parfaite, mais plus utile peut-être que la précédente : *Fais ton bien avec le moindre mal d'autrui qu'il est possible*. C'est, en un mot, dans ce sentiment naturel, plutôt que dans des arguments subtils, qu'il faut chercher la cause de la répugnance que tout homme éprouveroit à mal faire, même indépendamment des maximes de l'éducation. Quoiqu'il puisse appartenir à Socrate et aux esprits de sa trempe d'acquérir de la vertu par raison, il y a longtemps que le genre humain ne seroit plus si sa conservation n'eût dépendu que des raisonnements de ceux qui le composent.

---

1. Dans le livre VIII de ses *Confessions*, Rousseau nous apprend que ce portrait du philosophe qui s'argumente en se bouchant les oreilles est Diderot. (ÉD.)

Avec des passions si peu actives, et un frein si salutaire, les hommes, plutôt farouches que méchants, et plus attentifs à se garantir du mal qu'ils pouvoient recevoir, que tentés d'en faire à autrui, n'étoient pas sujets à des démêlés fort dangereux : comme ils n'avoient entre eux aucune espèce de commerce, qu'ils ne connaissoient par conséquent ni la vanité, ni la considération, ni l'estime, ni le mépris, qu'ils n'avoient pas la moindre notion du tien et du mien, ni aucune véritable idée de la justice; qu'ils regardoient les violences qu'ils pouvoient essuyer comme un mal facile à réparer, et non comme une injure qu'il faut punir, et qu'ils ne songeoient pas même à la vengeance, si ce n'est peut-être machinalement et sur-le-champ, comme le chien qui mord la pierre qu'on lui jette, leurs disputes eussent eu rarement des suites sanglantes, si elles n'eussent point eu de sujet plus sensible que la pâture. Mais j'en vois un plus dangereux dont il me reste à parler.

Parmi les passions qui agitent le cœur de l'homme, il en est une ardente, impétueuse, qui rend un sexe nécessaire à l'autre; passion terrible qui brave tous les dangers, renverse tous les obstacles, et qui, dans ses fureurs, semble propre à détruire le genre humain, qu'elle est destinée à conserver. Que deviendront les hommes en proie à cette rage effrénée et brutale, sans pudeur, sans retenue, et se disputant chaque jour leurs amours au prix de leur sang?

Il faut convenir d'abord que plus les passions sont violentes, plus les lois sont nécessaires pour les contenir : mais, outre que les désordres et les crimes que ces passions causent tous les jours parmi nous montrent assez l'insuffisance des lois à cet égard, il seroit encore bon d'examiner si ces désordres ne sont point nés avec les lois mêmes; car alors, quand elles seroient capables de les réprimer, ce seroit bien le moins qu'on en dût exiger que d'arrêter un mal qui n'existeroit point sans elles.

Commençons par distinguer le moral du physique dans le sentiment de l'amour. Le physique est ce désir général qui porte un sexe à s'unir à l'autre. Le moral est ce qui détermine ce désir et le fixe sur un seul objet exclusivement, ou qui du moins lui donne pour cet objet préféré un plus grand degré d'énergie. Or, il est facile de voir que le moral de l'amour est un sentiment factice né de l'usage de la société, et célébré par les femmes avec beaucoup d'habileté et de soin pour établir leur empire, et rendre dominant le sexe qui devroit obéir. Ce sentiment étant fondé sur certaines notions du mérite ou de la beauté, qu'un sauvage n'est point en état d'avoir, et sur des comparaisons qu'il n'est point en état de faire, doit être presque nul pour lui : car comme son esprit n'a pu se former des idées abstraites de régularité et de proportion, son cœur n'est point non plus susceptible des sentiments d'admiration et d'amour, qui, même sans qu'on s'en aperçoive, naissent de l'application de ces idées : il écoute uniquement le tempérament qu'il a reçu de la nature, et non le goût qu'il n'a pu acquérir, et toute femme est bonne pour lui.

Bornés au seul physique de l'amour, et assez heureux pour ignorer ces préférences qui en irritent le sentiment et en augmentent les difficultés, les hommes doivent sentir moins fréquemment et moins vivement les ardeurs du tempérament, et par conséquent avoir entre eux des disputes plus rares et moins cruelles. L'imagination, qui fait tant de ravages parmi nous, ne parle point à des cœurs sauvages; chacun attend paisiblement l'impulsion de la nature, s'y livre sans choix, avec plus de plaisir que de fureur; et, le besoin satisfait, tout le désir est éteint.

C'est donc une chose incontestable que l'amour même, ainsi que toutes les autres passions, n'a acquis que dans la société cette ardeur impétueuse qui le rend si souvent funeste aux hommes; et il est d'autant plus ridicule de représenter les sauvages comme s'entr'égorgeant sans cesse pour assouvir leur brutalité, que cette opinion est directement contraire à l'expérience, et que les Caraïbes, celui de tous les peuples existants qui jusqu'ici s'est écarté le moins de l'état de nature, sont précisément les plus paisibles dans leurs amours, et les moins sujets à la jalousie, quoique vivant sous un climat brûlant qui semble toujours donner à ces passions une plus grande activité.

A l'égard des inductions qu'on pourroit tirer, dans plusieurs espèces d'animaux, des combats des mâles qui ensanglantent en tout temps nos basses-cours, ou qui font retentir au printemps nos forêts de leurs cris en se disputant la femelle, il faut commencer par exclure toutes les espèces où la nature a manifestement établi dans la puissance relative des sexes d'autres rapports que parmi nous : ainsi les combats des coqs ne forment point une induction pour l'espèce humaine. Dans les espèces où la proportion est mieux observée, ces combats ne peuvent avoir pour causes que la rareté des femelles eu égard au nombre des mâles, ou les intervalles exclusifs durant lesquels la femelle refuse constamment l'approche du mâle, ce qui revient à la première cause; car si chaque femelle ne souffre le mâle que durant deux mois de l'année, c'est à cet égard comme si le nombre des femelles étoit moindre des cinq sixièmes.

Or, aucun de ces deux cas n'est applicable à l'espèce humaine, où le nombre des femelles surpasse généralement celui des mâles, et où l'on n'a jamais observé que, même parmi les sauvages, les femelles aient, comme celles des autres espèces, des temps de chaleur et d'exclusion. De plus, parmi plusieurs de ces animaux, toute l'espèce entrant à la fois en effervescence, il vient un moment terrible d'ardeur commune, de tumulte, de désordre et de combat; moment qui n'a point lieu parmi l'espèce humaine, où l'amour n'est jamais périodique. On ne peut donc pas conclure des combats de certains animaux pour la possession des femelles, que la même chose arriveroit à l'homme dans l'état de nature; et quand même on pourroit tirer cette conclusion, comme ces dissensions ne détruisent point les autres espèces, on doit penser au moins qu'elles ne seroient pas plus funestes à la nôtre; et il est très apparent qu'elles y causeroient encore moins de ravages qu'elles ne font dans la société, surtout dans les pays où, les mœurs étant encore comptées pour quelque chose, la jalousie des amants et la vengeance des époux causent chaque jour des duels, des meurtres, et pis encore; où le devoir d'une éternelle fidélité ne sert qu'à faire des adultères, et où les lois mêmes de la continence et de l'honneur étendent nécessairement la débauche et multiplient les avortements.

Concluons qu'errant dans les forêts, sans industrie, sans parole, sans domicile, sans guerre et sans liaison, sans nul besoin de ses semblables comme sans nul désir de leur nuire, peut-être même sans jamais en reconnaître aucun individuellement, l'homme sauvage, sujet à peu de passions, et se suffisant à lui-même, n'avoit que les sentiments et les lumières propres à cet état; qu'il ne sentoit que ses vrais besoins, ne regardoit que ce qu'il croyoit avoir intérêt de voir, et que son intelligence ne faisoit pas plus de progrès que sa vanité. Si par hasard il faisoit quelque découverte, il pouvoit d'autant moins la communiquer qu'il ne reconnoissoit pas même ses enfants. L'art périssoit avec l'inventeur. Il n'y avoit ni éducation, ni progrès; les générations se multiplioient inutilement; et, chacune partant toujours du même point, les siècles s'écouloient dans toute la grossièreté des premiers âges; l'espèce étoit déjà vieille, et l'homme restoit toujours enfant.

Si je me suis étendu si longtemps sur la supposition de cette condition primitive, c'est qu'ayant d'anciennes erreurs et des préjugés invétérés à détruire, j'ai cru devoir creuser jusqu'à la racine, et montrer, dans le tableau du véritable état de nature, combien l'inégalité, même naturelle, est loin d'avoir dans cet état autant de réalité et d'influence que le prétendent nos écrivains.

En effet, il est aisé de voir qu'entre les différences qui distinguent les hommes plusieurs passent pour naturelles qui sont uniquement l'ouvrage de l'habitude et des divers genres de vie que les hommes adoptent dans la société. Ainsi un tempérament robuste ou délicat, la force ou la foiblesse qui en dépendent, viennent souvent plus de la manière dure ou efféminée dont on a été élevé, que de la constitution primitive des corps. Il en est de même des forces de l'esprit, et non seulement l'éducation met de la différence entre les esprits cultivés et ceux qui ne le sont pas, mais elle augmente celle qui se trouve entre les premiers à proportion de la culture; car qu'un géant et un nain marchent sur le même route, chaque pas qu'ils feront l'un et l'autre donnera un nouvel avantage au géant. Or, si l'on compare la diversité prodigieuse d'éducations et de genres de vie qui règne dans les différents ordres de l'état civil avec la simplicité et l'uniformité de la vie animale et sauvage, où tous se nourrissent des mêmes aliments, vivent de la même manière, et font exactement les mêmes choses, on comprendra combien la différence d'homme à homme doit être moindre dans l'état de nature que dans celui de société, et combien l'inégalité naturelle doit augmenter dans l'espèce humaine par l'inégalité d'institution.

Mais, quand la nature affecteroit dans la distribution de ses dons autant de préférences qu'on le prétend, quel avantage les plus favorisés en tireroient-ils au préjudice des autres dans un état de choses qui n'admettroit presque aucune sorte de relation entre eux? Là où il n'y a point d'amour, de quoi servira la beauté? Que sert l'esprit à des gens qui ne parlent point, et la ruse à ceux qui n'ont point d'affaires? J'entends toujours répéter que les plus forts opprimeront les foibles. Mais qu'on m'explique ce qu'on veut dire par ce mot d'oppression. Les uns domineront avec violence, les autres gémiront asservis à tous leurs caprices. Voilà précisément ce que j'observe parmi nous: mais je ne vois pas comment cela pourroit se dire des hommes sauvages, à qui l'on auroit même bien de la peine à faire entendre ce que c'est que servitude et domination. Un homme pourra bien s'emparer des fruits qu'un autre a cueillis, du gibier qu'il a tué, de l'antre qui lui servoit d'asile; mais comment viendra-t-il jamais à bout de s'en faire obéir? et quelles pourront être les chaînes de la dépendance parmi des hommes qui ne possèdent rien? Si l'on me chasse d'un arbre, j'en suis quitte pour aller à un autre; si l'on me tourmente dans un lieu, qui m'empêchera de passer ailleurs? Se trouve-t-il un homme d'une force assez supérieure à la mienne, et de plus assez dépravé, assez paresseux et assez féroce, pour me contraindre à pourvoir à sa subsistance pendant qu'il demeure oisif; il faut qu'il se résolve à ne pas me perdre de vue un seul instant, à me tenir lié avec un très grand soin durant son sommeil, de peur que je ne m'échappe ou que je ne le tue; c'est-à-dire qu'il est obligé de s'exposer volontairement à une peine beaucoup plus grande que celle qu'il veut éviter, et que celle qu'il me donne à moi-même. Après tout cela, sa vigilance se relâche-t-elle un moment, un bruit imprévu lui fait-il détourner la tête; je fais vingt pas dans la forêt, mes fers sont brisés, et il ne me revoit de sa vie.

Sans prolonger inutilement ces détails, chacun doit voir que les liens de la servitude n'étant formés que de la dépendance mutuelle des hommes et des besoins réciproques qui les unissent, il est impossible d'asservir un homme sans l'avoir mis auparavant dans le cas de ne pouvoir se passer d'un autre; situation qui, n'existant pas dans l'état de nature, y laisse chacun libre du joug, et rend vaine la loi du plus fort.

Après avoir prouvé que l'inégalité est à peine sensible dans l'état de nature, et que son influence y est presque nulle, il me reste à montrer son origine et ses progrès dans les développements successifs de l'esprit humain. Après avoir montré que la *perfectibilité*, les vertus sociales, et les autres facultés que l'homme naturel avoit reçues en puissance, ne pouvoient jamais se développer d'elles-mêmes, qu'elles avoient besoin pour cela du concours fortuit de plusieurs causes étrangères, qui pouvoient ne jamais naître, et sans lesquelles il fût demeuré éternellement dans sa condition primitive, il me reste à considérer et à rapprocher les différents hasards qui ont pu perfectionner la raison humaine en détériorant l'espèce, rendre un être méchant en le rendant sociable, et d'un terme si éloigné, amener enfin l'homme et le monde au point où nous le voyons.

J'avoue que les événements que j'ai à décrire ayant pu arriver de plusieurs manières, je ne puis me déterminer sur le choix que par des conjectures; mais, outre que ces conjectures deviennent des raisons quand elles sont les plus probables qu'on puisse tirer de la nature des choses, et les seuls moyens qu'on puisse avoir de découvrir la vérité, les conséquences que je veux déduire des miennes ne seront point pour cela conjecturales, puisque, sur les principes que je viens d'établir, on ne sauroit former aucun autre système qui ne me fournisse les mêmes résultats, et dont je ne puisse tirer les mêmes conclusions.

Ceci me dispensera d'étendre mes réflexions sur la manière dont le laps de temps compense le peu de vraisemblance des événements sur la puissance surprenante des causes très légères, lorsqu'elles agissent sans relâche; sur l'impossibilité où l'on est d'un côté, de détruire certaines hypothèses, si de l'autre on se trouve hors d'état de leur donner le degré de certitude des faits; sur ce que deux faits étant donnés comme réels à lier par une suite de faits intermédiaires, inconnus, ou regardés comme tels, c'est à l'histoire, quand on l'a, de donner les faits qui les lient; c'est à la philosophie, à son défaut, de déterminer les faits semblables qui peuvent les lier; enfin, sur ce qu'en matière d'événements, la similitude réduit les faits à un beaucoup plus petit nombre de classes différentes qu'on ne se l'imagine. Il me suffit d'offrir ces objets à la considération de mes juges; il me suffit d'avoir fait en sorte que les lecteurs vulgaires n'eussent pas besoin de les considérer.

SECONDE PARTIE

Le premier qui ayant enclos un terrain s'avisa de dire : *Ceci est à moi*, et trouva des gens assez simples pour le croire, fut le vrai fondateur de la société civile[1]. Que de crimes, de guerres, de meurtres, que de misères et d'horreurs n'eût point épargnés au genre humain celui qui, arrachant les pieux ou comblant le fossé, eût crié à ses semblables : « Gardez-vous d'écouter cet imposteur; vous êtes perdus si vous oubliez que les fruits sont à tous, et que la terre n'est à personne ! » Mais il y a grande apparence qu'alors les choses en étoient déjà venues au point de ne pouvoir plus durer comme elles étoient : car cette idée de propriété, dépendant de beaucoup d'idées antérieures qui n'ont pu naître que successivement, ne se forma pas tout d'un coup dans l'esprit humain : il fallut faire bien des progrès, acquérir bien de l'industrie et des lumières, les transmettre et les augmenter d'âge en âge, avant que d'arriver à ce dernier terme de l'état de nature. Reprenons donc les choses de plus haut, et tâchons de rassembler sous un seul point de vue cette lente succession d'événements et de connoissances dans leur ordre le plus naturel.

---

1. « Ce chien est à moi, disoient ces pauvres enfants; c'est là ma place au soleil : voilà le commencement et l'image de l'usurpation de toute la terre. » (Pascal, *Pensées*, 1re partie, art. IX, § 53.)

Le premier sentiment de l'homme fut celui de son existence; son premier soin celui de sa conservation. Les productions de la terre lui fournissoient tous les secours nécessaires; l'instinct le porta à en faire usage. La faim, d'autres appétits, lui faisant éprouver tour à tour diverses manières d'exister, il y en eut une qui l'invita à perpétuer son espèce; et ce penchant aveugle, dépourvu de tout sentiment du cœur, ne produisoit qu'un acte purement animal : le besoin satisfait, les deux sexes ne se reconnoissoient plus, et l'enfant même n'étoit plus rien à la mère sitôt qu'il pouvoit se passer d'elle.

Telle fut la condition de l'homme naissant; telle fut la vie d'un animal borné d'abord aux pures sensations, et profitant à peine des dons que lui offrait la nature, loin de songer à lui rien arracher. Mais se présenta bientôt des difficultés; il fallut apprendre à les vaincre : la hauteur des arbres qui l'empêchoit d'atteindre à leurs fruits, la concurrence des animaux qui cherchoient à s'en nourrir, la férocité de ceux qui en vouloient à sa propre vie, tout l'obligea de s'appliquer aux exercices du corps; il fallut se rendre agile, vite à la course, vigoureux au combat. Les armes naturelles, qui sont les branches d'arbres et les pierres, se trouvèrent bientôt sous sa main. Il apprit à surmonter les obstacles de la nature, à combattre au besoin les autres animaux, à disputer sa subsistance aux autres hommes mêmes, ou à se dédommager de ce qu'il falloit céder au plus fort.

A mesure que le genre humain s'étendit, les peines se multiplièrent avec les hommes. La différence des terrains, des climats, des saisons put les forcer à en mettre dans leurs manières de vivre. Des années stériles, des hivers longs et rudes, des étés brûlants, qui consument tout, exigèrent d'eux une nouvelle industrie. Le long de la mer et des rivières ils inventèrent la ligne et l'hameçon, et devinrent pêcheurs et ichthyophages. Dans les forêts ils se firent des arcs et des flèches, et devinrent chasseurs et guerriers. Dans les pays froids ils se couvrirent des peaux des bêtes qu'ils avaient tuées. Le tonnerre, un volcan, ou quelque heureux hasard, leur fit connoître le feu, nouvelle ressource contre la rigueur de l'hiver : ils apprirent à conserver cet élément, puis à le reproduire, et enfin à en préparer les viandes qu'auparavant ils dévoroient crues.

Cette application réitérée des êtres divers à lui-même, et des uns aux autres, dut naturellement engendrer dans l'esprit de l'homme les perceptions de certains rapports. Ces rapports que nous exprimons par les mots de grand, de petit, de fort, de foible, de vite, de lent, de peureux, de hardi, et d'autres idées pareilles, comparées au besoin, et presque sans y songer, produisirent enfin chez lui quelque sorte de réflexion, ou plutôt une prudence machinale qui lui indiquoit les précautions les plus nécessaires à sa sûreté.

Les nouvelles lumières qui résultèrent de ce développement augmentèrent sa supériorité sur les autres animaux en la lui faisant connoître. Il s'exerça à leur dresser des pièges, il leur donna le change en mille manières; et quoique plusieurs le surpassassent en force au combat, ou en vitesse à la course, de ceux qui pouvoient lui servir ou lui nuire, il devint avec le temps le maître des uns et le fléau des autres. C'est ainsi que le premier regard qu'il porta sur lui-même y produisit le premier mouvement d'orgueil; c'est ainsi que sachant encore à peine distinguer les rangs, et se contemplant au premier par son espèce, il se préparoit de loin à y prétendre par son individu.

Quoique ses semblables ne fussent pas pour lui ce qu'ils sont pour nous, et qu'il n'eût guère plus de commerce avec eux qu'avec les autres animaux, ils ne furent pas oubliés dans ses observations. Les conformités que le temps put lui faire apercevoir entre eux, sa femelle et lui-même, lui firent juger de celles qu'il n'apercevoit pas; et, voyant qu'ils se conduisoient tous comme il auroit fait en pareilles circonstances, il conclut que leur manière de penser et de sentir étoit entièrement conforme à la sienne; et cette importante vérité, bien établie dans son esprit, lui fit suivre, par un pressentiment aussi sûr et plus prompt que la dialectique, les meilleures règles de conduite que, pour son avantage et sa sûreté, il lui convînt de garder avec eux.

Instruit par l'expérience que l'amour du bien-être est le seul mobile des actions humaines, il se trouva en état de distinguer les occasions rares où l'intérêt commun devoit le faire compter sur l'assistance de ses semblables, et celles plus rares encore où la concurrence devoit le faire défier d'eux. Dans le premier cas, il s'unissoit avec eux en troupeau, ou tout au plus par quelque sorte d'association libre qui n'obligeoit personne, et qui ne duroit qu'autant que le besoin passager qui l'avoit formée. Dans le second, chacun cherchoit à prendre ses avantages, soit à force ouverte, s'il croyait le pouvoir, soit par adresse et subtilité, s'il se sentoit le plus foible.

Voilà comment les hommes purent insensiblement acquérir quelque idée grossière des engagements mutuels, et de l'avantage de les remplir, mais seulement autant que pouvoit l'exiger l'intérêt présent et sensible; car la prévoyance n'étoit rien pour eux; et, loin de s'occuper d'un avenir éloigné, ils ne songeoient pas même au lendemain. S'agissoit-il de prendre un cerf, chacun sentoit bien qu'il devoit pour cela garder fidèlement son poste; mais si un lièvre venoit à passer à la portée de l'un d'eux, il ne faut pas douter qu'il ne le poursuivît sans scrupule, et qu'ayant atteint sa proie il ne se souciât fort peu de faire manquer la leur à ses compagnons.

Il est aisé de comprendre qu'un pareil commerce n'exigeoit pas un langage beaucoup plus raffiné que celui des corneilles ou des singes qui s'attroupent à peu près de même. Des cris inarticulés, beaucoup de gestes, et quelques bruits imitatifs, durent composer pendant longtemps la langue universelle; à quoi joignant dans chaque contrée quelques sons articulés et conventionnels, dont, comme je l'ai déjà dit, il n'est pas trop facile d'expliquer l'institution, on eut des langues particulières, mais grossières, imparfaites, et telles à peu près qu'en ont encore aujourd'hui diverses nations sauvages.

Je parcours comme un trait des multitudes de siècles, forcé par le temps qui s'écoule, par l'abondance des choses que j'ai à dire et par le progrès presque insensible des commencements; car plus les événements étoient lents à se succéder, plus ils sont prompts à décrire.

Ces premiers progrès mirent enfin l'homme à portée d'en faire de plus rapides. Plus l'esprit s'éclairoit, et plus l'industrie se perfectionna. Bientôt, cessant de s'endormir sous le premier arbre, ou de se retirer dans des cavernes, on trouva quelques sortes de haches de pierres dures et tranchantes qui servirent à couper du bois, creuser la terre, et faire des huttes de branchages qu'on s'avisa ensuite d'enduire d'argile et de boue. Ce fut là l'époque d'une première révolution qui forma l'établissement et la distinction des familles, et qui introduisit une sorte de propriété, d'où naquirent déjà bien des querelles et des combats. Cependant, comme les plus forts furent vraisemblablement les premiers à se faire des logements qu'ils se sentoient capables de défendre, il est à croire que les foibles trouvèrent plus court et plus sûr de les imiter que de tenter de les déloger : et quant à ceux qui avoient déjà des cabanes, aucun d'eux ne dut chercher à s'approprier celle de son voisin, moins parce qu'elle ne lui appartenoit pas, que parce qu'elle lui étoit inutile, et qu'il ne pouvoit s'en emparer sans s'exposer à un combat très vif avec la famille qui l'occupoit.

Les premiers développements du cœur furent l'effet d'une situation nouvelle qui réunissoit dans une habitation commune les maris et les femmes, les pères et les enfants. L'habitude de vivre ensemble fit naître les plus doux sentiments qui soient connus des hommes, l'amour conjugal et l'amour paternel. Chaque famille devint une petite société d'autant mieux unie, que l'attachement réciproque et la liberté en étoient les seuls liens ; et ce fut alors que s'établit la première différence dans la manière de vivre des deux sexes, qui jusqu'ici n'en avoient eu qu'une. Les femmes devinrent plus sédentaires, et s'accoutumèrent à garder la cabane et les enfants, tandis que l'homme alloit chercher la subsistance commune. Les deux sexes commencèrent aussi, par une vie un peu plus molle, à perdre quelque chose de leur férocité et de leur vigueur. Mais si chacun séparément devint moins propre à combattre les bêtes sauvages, en revanche il fut plus aisé de s'assembler pour leur résister en commun.

Dans ce nouvel état, avec une vie simple et solitaire, des besoins très bornés, et les instruments qu'ils avoient inventés pour y pourvoir, les hommes, jouissant d'un fort grand loisir, l'employèrent à se procurer plusieurs sortes de commodités inconnues à leurs pères ; et ce fut là le premier joug qu'ils s'imposèrent sans y songer, et la première source de maux qu'ils préparèrent à leurs descendants ; car, outre qu'ils continuèrent ainsi à s'amollir le corps et l'esprit, ces commodités ayant par l'habitude perdu presque tout leur agrément, et étant en même temps dégénérées en de vrais besoins, la privation en devint beaucoup plus cruelle que la possession n'en étoit douce ; et l'on étoit malheureux de les perdre sans être heureux de les posséder.

On entrevoit un peu mieux ici comment l'usage de la parole s'établit ou se perfectionna insensiblement dans le sein de chaque famille, et l'on peut conjecturer encore comment diverses causes particulières purent étendre le langage et en accélérer le progrès en le rendant plus nécessaire. De grandes inondations ou des tremblements de terre environnèrent d'eaux ou de précipices des cantons habités ; des révolutions du globe détachèrent et coupèrent en îles des portions du continent. On conçoit qu'entre des hommes ainsi rapprochés et forcés de vivre ensemble, il dut se former un idiome commun plutôt qu'entre ceux qui erroient librement dans les forêts de la terre ferme. Ainsi il est très possible qu'après leurs premiers essais de navigation, des insulaires aient porté parmi nous l'usage de la parole ; et il est au moins très vraisemblable que la société et les langues ont pris naissance dans les îles, et s'y sont perfectionnées avant que d'être connues dans le continent.

Tout commence à changer de face. Les hommes errant jusqu'ici dans les bois, ayant pris une assiette plus fixe, se rapprochent lentement, se réunissent en diverses troupes et forment enfin dans chaque contrée une nation particulière, unie de mœurs et de caractères, non par des règlements et des lois, mais par le même genre de vie et d'aliments et par l'influence commune du climat. Un voisinage permanent ne peut manquer enfin d'engendrer quelque liaison entre diverses familles. Des jeunes gens de différents sexes habitent des cabanes voisines; le commerce passager que demande la nature en amène bientôt un autre non moins doux et plus permanent par la fréquentation mutuelle. On s'accoutume à considérer différents objets et à faire des comparaisons; on acquiert insensiblement des idées de mérite et de beauté qui produisent des sentiments de préférence. A force de se voir, on ne peut plus se passer de se voir encore. Un sentiment tendre et doux s'insinue dans l'âme, et par la moindre opposition devient une fureur impétueuse; la jalousie s'éveille avec l'amour; la discorde triomphe, et la plus douce des passions reçoit des sacrifices de sang humain.

A mesure que les idées et les sentiments se succèdent, que l'esprit et le cœur s'exercent, le genre humain continue à s'apprivoiser, les liaisons s'étendent et les liens se resserrent. On s'accoutuma à s'assembler devant les cabanes ou autour d'un grand arbre : le chant et la danse, vrais enfants de l'amour et du loisir, devinrent l'amusement ou plutôt l'occupation des hommes et des femmes oisifs et attroupés. Chacun commença à regarder les autres et à vouloir être regardé soi-même, et l'estime publique eut un prix. Celui qui chantoit ou dansoit le mieux, le plus beau, le plus fort, le plus adroit, ou le plus éloquent, devint le plus considéré; et ce fut là le premier pas vers l'inégalité, et vers le vice en même temps : de ces premières préférences naquirent d'un côté la vanité et le mépris, de l'autre la honte et l'envie, et la fermentation causée par ces nouveaux levains produisit enfin des composés funestes au bonheur et à l'innocence.

Sitôt que les hommes eurent commencé à s'apprécier mutuellement, et que l'idée de la considération fut formée dans leur esprit, chacun prétendit y avoir droit, et il ne fut plus possible d'en manquer impunément pour personne. De là sortirent les premiers devoirs de la civilité, même parmi les sauvages; et de là, tout tort volontaire devint un outrage, parce qu'avec le mal qui résultoit de l'injure l'offensé y voyoit le mépris de sa personne, souvent plus insupportable que le mal même. C'est ainsi que, chacun punissant le mépris qu'on lui avoit témoigné d'une manière proportionnée au cas qu'il faisoit de lui-même, les vengeances devinrent terribles, et les hommes sanguinaires et cruels. Voilà précisément le degré où étoient parvenus la plupart des peuples sauvages qui nous sont connus; et c'est faute d'avoir suffisamment distingué les idées, et remarqué combien ces peuples étoient déjà loin du premier état de nature, que plusieurs se sont hâtés de conclure que l'homme est naturellement cruel, et qu'il a besoin de police pour l'adoucir; tandis que rien n'est si doux que lui dans son état primitif, lorsque, placé par la nature à des distances égales de la stupidité des brutes et des lumières funestes de l'homme civil, et borné également par l'instinct et par la raison à se garantir du mal qui le menace, il est retenu par la pitié naturelle de faire lui-même du mal à personne, sans y être porté par rien, même après en avoir reçu. Car, selon l'axiome du sage Locke, *il ne sauroit y avoir d'injure où il n'y a point de propriété.*

Mais il faut remarquer que la société commencée et les relations déjà établies entre les hommes exigeoient en eux des qualités différentes de celles qu'ils tenoient de leur constitution primitive; que la moralité commençant à s'introduire dans les actions humaines, et chacun, avant les lois, étant seul juge et vengeur des offenses qu'il avoit reçues, la bonté convenable au pur état de nature n'étoit plus celle qui convenoit à la société naissante; qu'il falloit que les punitions devinssent plus sévères à mesure que les occasions d'offenser devenoient plus fréquentes; et que c'étoit à la terreur des vengeances de tenir lieu du frein des lois. Ainsi, quoique les hommes fussent devenus moins endurants, et que la pitié naturelle eût déjà souffert quelque altération, cette période du développement des facultés humaines, tenant un juste milieu entre l'indolence de l'état primitif et la pétulante activité de notre amour-propre, dut être l'époque la plus heureuse et la plus durable. Plus on y réfléchit, plus on trouve que cet état étoit le moins sujet aux révolutions, le meilleur à l'homme *(p)*, et qu'il n'en a dû sortir que par quelque funeste hasard, qui, pour l'utilité commune, eût dû ne jamais arriver. L'exemple des sauvages qu'on a presque tous trouvés à ce point, semble confirmer que le genre humain étoit fait pour y rester toujours, que cet état est la véritable jeunesse du monde, et que tous les progrès ultérieurs ont été en apparence autant de pas vers la perfection de l'individu, et en effet vers la décrépitude de l'espèce.

Tant que les hommes se contentèrent de leurs cabanes rustiques, tant qu'ils se bornèrent à coudre leurs habits de peaux avec des épines ou des arêtes, à se parer de plumes et de coquillages, à se peindre le corps de diverses couleurs, à perfectionner ou embellir leurs arcs et leurs flèches, à tailler avec des pierres tranchantes quelques canots de pêcheurs ou quelques grossiers instruments de musique; en un mot, tant qu'ils ne s'appliquèrent qu'à des ouvrages qu'un seul pouvoit faire, et qu'à des arts qui n'avoient pas besoin du concours de plusieurs mains, ils vécurent libres, sains, bons et heureux autant qu'ils pouvaient l'être par leur nature et continuèrent à jouir entre eux des douceurs d'un commerce indépendant : mais dès l'instant qu'un homme eut besoin du secours d'un autre, dès qu'on s'aperçut qu'il étoit utile à un seul d'avoir des provisions pour deux, l'égalité disparut, la propriété s'introduisit, le travail devint nécessaire et les vastes forêts se changèrent en des campagnes riantes qu'il fallut arroser de la sueur des hommes, et dans lesquelles on vit bientot l'esclavage et la misère germer et cloître avec les moissons.

La métallurgie et l'agriculture furent les deux arts dont l'invention produisit cette grande révolution. Pour le poëte, c'est l'or et l'argent; mais pour le philosophe, ce sont le fer et le blé qui ont civilisé les hommes et perdu le genre humain. Aussi l'un et l'autre étoient-ils inconnus aux sauvages de l'Amérique, qui pour cela sont toujours demeurés tels; les autres peuples semblent même être restés barbares tant qu'ils ont pratiqué l'un de ces arts sans l'autre. Et l'une des meilleures raisons peut-être pourquoi l'Europe a été, sinon plus tôt, du moins plus constamment et mieux policée que les autres parties du monde, c'est qu'elle est à la fois la plus abondante en fer et la plus fertile en blé.

Il est difficile de conjecturer comment les hommes sont parvenus à connoître et employer le fer; car il n'est pas croyable qu'ils aient imaginé d'eux-mêmes de tirer la matière de la mine, et de lui donner les préparations nécessaires pour la mettre en fusion avant que de savoir ce qui en résulteroit. D'un autre côté, on peut d'autant moins attribuer cette découverte à quelque incendie accidentel, que les mines ne se forment que dans les lieux arides et dénués d'arbres et de plantes; de sorte qu'on diroit que la nature avoit pris des précautions pour nous dérober ce fatal secret. Il ne reste donc que la circonstance extraordinaire de quelque volcan, qui, vomissant des matières métalliques en fusion, aura donné aux observateurs l'idée d'imiter cette opération de la nature; encore faut-il leur supposer bien du courage et de la prévoyance pour entreprendre un travail aussi pénible, et envisager d'aussi loin les avantages qu'ils en pouvoient retirer; ce qui ne convient guère qu'à des esprits déjà plus exercés que ceux-ci ne le devoient être.

Quant à l'agriculture, le principe en fut connu longtemps avant que la pratique en fût établie, et il n'est guère possible que les hommes, sans cesse occupés à tirer leur subsistance des arbres et des plantes, n'eussent assez promptement l'idée des voies que la nature emploie pour la génération des végétaux; mais leur industrie ne se tourna probablement que fort tard de ce côté-là, soit parce que les arbres qui, avec la chasse et la pêche, fournissoient à leur nourriture, n'avoient pas besoin de leurs soins, soit faute de connoître l'usage du blé, soit faute d'instruments pour le cultiver, soit faute de prévoyance pour le besoin à venir, soit enfin faute de moyens pour empêcher les autres de s'approprier le fruit de leur travail. Devenus plus industrieux, on peut croire qu'avec des pierres aiguës et des bâtons pointus ils commencèrent par cultiver quelques légumes ou racines autour de leurs cabanes, longtemps avant que de savoir préparer le blé et d'avoir les instruments nécessaires pour la culture en grand; sans compter que, pour se livrer à cette occupation et ensemencer des terres, il faut se résoudre à perdre d'abord quelque chose pour gagner beaucoup dans la suite; précaution fort éloignée du tour d'esprit de l'homme sauvage, qui, comme je l'ai dit, a bien de la peine à songer le matin à ses besoins du soir.

L'invention des autres arts fut donc nécessaire pour forcer le genre humain de s'appliquer à celui de l'agriculture. Dès qu'il fallut des hommes pour fondre et forger le fer, il fallut d'autres hommes pour nourrir ceux-là. Plus le nombre des ouvriers vint à se multiplier, moins il y eut de mains employées à fournir à la subsistance commune, sans qu'il y eût moins de bouches pour la consommer; et, comme il fallut aux uns des denrées en échange de leur fer, les autres trouvèrent enfin le secret d'employer le fer à la multiplication des denrées. De là naquirent d'un côté le labourage et l'agriculture, et de l'autre l'art de travailler les métaux et d'en multiplier les usages.

De la culture des terres s'ensuivit nécessairement leur partage, et de la propriété une fois reconnue les premières règles de justice : car, pour rendre à chacun le sien, il faut que chacun puisse avoir quelque chose; de plus, les hommes commençant à porter leurs vues dans l'avenir, et se voyant tous quelques biens à perdre, il n'y en avoit aucun qui n'eût à craindre pour soi la représaille des torts qu'il pouvoit faire à autrui. Cette origine est d'autant plus naturelle, qu'il est impossible de concevoir l'idée de la propriété naissante d'ailleurs que de la main-d'œuvre; car on ne voit pas ce que, pour s'approprier les choses qu'il n'a point faites, l'homme y peut mettre de plus que son travail. C'est le seul travail qui, donnant droit au cultivateur sur le produit de la terre qu'il a labourée, lui en donne par conséquent sur le fonds, au moins jusqu'à la récolte, et ainsi d'année en année; ce qui, faisant une possession continue, se transforme aisément en propriété. Lorsque les anciens, dit Grotius, ont donné à Cérès l'épithète de législatrice, et à une fête célébrée en son honneur le nom de Thesmophorie, ils ont fait entendre par là que le partage des terres a produit une nouvelle sorte de droit, c'est-à-dire le droit de propriété, différent de celui qui résulte de la loi naturelle.

Les choses en cet état eussent pu demeurer égales si les talents eussent été égaux, et que, par exemple, l'emploi du fer et la consommation des denrées eussent toujours fait une balance exacte : mais la proportion que rien ne maintenoit fut bientôt rompue; le plus fort faisoit plus d'ouvrage; le plus adroit tiroit meilleur parti du sien; le plus ingénieux trouvoit des moyens d'abréger le travail; le laboureur avoit plus besoin de fer, ou le forgeron plus besoin de blé; et en travaillant également, l'un gagnoit beaucoup, tandis que l'autre avoit peine à vivre. C'est ainsi que l'inégalité naturelle se déploie insensiblement avec celle de combinaison, et que les différences des hommes, développées par celles des circonstances, se rendent plus sensibles, plus permanentes dans leurs effets, et commencent à influer dans la même proportion sur le sort des particuliers.

Les choses étant parvenues à ce point, il est facile d'imaginer le reste. Je ne m'arrêterai pas à décrire l'invention successive des autres arts, le progrès des langues, l'épreuve et l'emploi des talents, l'inégalité des fortunes, l'usage ou l'abus des richesses, ni tous les détails qui suivent ceux-ci, et que chacun peut aisément suppléer : Je me bornerai seulement à jeter un coup d'œil sur le genre humain placé dans ce nouvel ordre de choses.

Voilà donc toutes nos facultés développées, la mémoire et l'imagination en jeu, l'amour-propre intéressé, la raison rendue active, et l'esprit arrivé presque au terme de la perfection dont il est susceptible. Voilà toutes les qualités naturelles mises en action, le rang et le sort de chaque homme établis, non seulement sur la quantité des biens et le pouvoir de servir ou de nuire, mais sur l'esprit, la beauté, la force ou l'adresse, sur le mérite ou les talents; et ces qualités étant les seules qui pouvoient attirer de la considération, il fallut bientôt les avoir ou les affecter. Il fallut, pour son avantage, se montrer autre que ce qu'on étoit en effet. Être et paroître devinrent deux choses tout à fait différentes; et de cette distinction sortirent le faste imposant, la ruse trompeuse, et tous les vices qui en sont le cortège. D'un autre côté, de libre et indépendant qu'étoit auparavant l'homme, le voilà, par une multitude de nouveaux besoins, assujetti pour ainsi dire à toute la nature, et surtout à ses semblables, dont il devient l'esclave en un sens, même en devenant leur maître : riche, il a besoin de leurs services; pauvre, il a besoin de leurs secours, et la médiocrité ne le met point en état de se passer d'eux. Il faut donc qu'il cherche sans cesse à les intéresser à son sort, et à leur faire trouver, en effet ou en apparence, leur profit à travailler pour le sien : ce qui le rend fourbe et artificieux avec les uns, impérieux et dur avec les autres, et le met dans la nécessité d'abuser tous ceux dont il a besoin quand il ne peut s'en faire craindre, et qu'il ne trouve pas son intérêt à les servir utilement. Enfin l'ambition dévorante, l'ardeur d'élever sa fortune relative, moins par un véritable besoin que pour se mettre au-dessus des autres, inspire à tous les hommes un noir penchant à se nuire mutuellement, une jalousie secrète d'autant plus dangereuse, que, pour faire son coup plus en sûreté, elle prend souvent le masque de la bienveillance; en un mot, concurrence et rivalité d'une part, de l'autre opposition d'intérêts, et toujours le désir caché de faire son profit aux dépens d'autrui : tous ces maux sont le premier effet de la propriété et le cortège inséparable de l'inégalité naissante.

Avant qu'on eût inventé les signes représentatifs des richesses, elles ne pouvoient guère consister qu'en terres et en bestiaux, les seuls biens réels que les hommes puissent posséder. Or, quand les héritages se furent accrus en nombre et en étendue au point de couvrir le sol entier et de se toucher tous, les uns ne purent plus s'agrandir qu'aux dépens des autres, et les surnuméraires que la foiblesse ou l'indolence avoient empêchés d'en acquérir à leur tour, devenus pauvres sans avoir rien perdu, parce que, tout changeant autour d'eux, eux seuls n'avoient point changé, furent obligés de recevoir ou de ravir leur subsistance de la main des riches; et de là commencèrent à naître, selon les divers caractères des uns et des autres, la domination et la servitude, ou la violence et les rapines. Les riches, de leur côté, connurent à peine le plaisir de dominer, qu'ils dédaignèrent bientôt tous les autres, et, se servant de leurs anciens esclaves pour en soumettre de nouveaux, ils ne songèrent qu'à subjuguer et asservir leurs voisins : semblables à ces loups affamés qui, ayant une fois goûté de la chair humaine, rebutent toute autre nourriture, et ne veulent plus que dévorer des hommes.

C'est ainsi que, les plus puissants ou les plus misérables se faisant de leurs forces ou de leurs besoins une sorte de droit au bien d'autrui, équivalent, selon eux, à celui de propriété, l'égalité rompue fut suivie du plus affreux désordre; c'est ainsi que les usurpations des riches, les brigandages des pauvres, les passions effrénées de tous, étouffant la pitié naturelle et la voix encore foible de la justice, rendirent les hommes avares, ambitieux et méchants. Il s'élevoit entre le droit du plus fort et le droit du premier occupant un conflit perpétuel qui ne se terminoit que par des combats et des meurtres *(q)*. La société naissante fit place au plus horrible état de guerre : le genre humain, avili et désolé, ne pouvant plus retourner sur ses pas, ni renoncer aux acquisitions malheureuses qu'il avoit faites, et ne travaillant, qu'à sa honte, par l'abus des facultés qui l'honorent, se mit lui-même à la veille de sa ruine.

> Attonitus novitate mali, divesque miserque,
> Effugere optat opes, et quæ modo voverat odit.
> Ovid., *Metam.*, lib. XI, v. 127.

Il n'est pas possible que les hommes n'aient fait enfin des réflexions sur une situation aussi misérable et sur les calamités dont ils étoient accablés. Les riches surtout durent bientôt sentir combien leur étoit désavantageuse une guerre perpétuelle dont ils faisoient seuls tous les frais, et dans laquelle le risque de la vie étoit commun, et celui des biens particuliers. D'ailleurs, quelque couleur qu'ils pussent donner à leurs usurpations, ils sentoient assez qu'elles n'étoient établies que sur un droit précaire et abusif, et que, n'ayant été acquises que par la force, la force pouvoit les leur ôter sans qu'ils eussent raison de s'en plaindre. Ceux mêmes que la seule industrie avoit enrichis ne pouvoient guère fonder leur propriété sur de meilleurs titres. Ils avoient beau dire : « C'est moi qui ai bâti ce mur; j'ai gagné ce terrain par mon travail. — Qui vous a donné les alignements, leur pouvoit-on répondre, et en vertu de quoi prétendez-vous être payés à nos dépens d'un travail que nous ne vous avons point imposé? Ignorez-vous qu'une multitude de vos frères périt ou souffre du besoin de ce que vous avez de trop, et qu'il vous falloit un consentement exprès et unanime du genre humain pour vous approprier sur la subsistance

commune tout ce qui alloit au delà de la vôtre? » Destitué de raisons valables pour se justifier et de forces suffisantes pour se
défendre; écrasant facilement un particulier, mais écrasé lui-même
par des troupes de bandits; seul contre tous, et ne pouvant, à
cause des jalousies mutuelles, s'unir avec ses égaux contre des
ennemis unis par l'espoir commun du pillage, le riche, pressé par
la nécessité, conçut enfin le projet le plus réfléchi qui soit jamais
entré dans l'esprit humain : ce fut d'employer en sa faveur les
forces mêmes de ceux qui l'attaquoient, de faire ses défenseurs de
ses adversaires, de leur inspirer d'autres maximes, et de leur donner d'autres institutions qui lui fussent aussi favorables que le
droit naturel lui étoit contraire.

Dans cette vue, après avoir exposé à ses voisins l'horreur d'une
situation qui les armoit tous les uns contre les autres, qui leur rendoit leurs possessions aussi onéreuses que leurs besoins, et où nul
ne trouvoit sa sûreté ni dans la pauvreté ni dans la richesse, il
inventa aisément des raisons spécieuses pour les amener à son but.
« Unissons-nous, leur dit-il, pour garantir de l'oppression les foibles,
contenir les ambitieux, et assurer à chacun la possession de ce qui
lui appartient : instituons des règlements de justice et de paix
auxquels tous soient obligés de se conformer, qui ne fassent acception de personne, et qui réparent en quelque sorte les caprices de la
fortune, en soumettant également le puissant et le foible à des
devoirs mutuels. En un mot, au lieu de tourner nos forces contre
nous-mêmes, rassemblons-les en un pouvoir suprême qui nous
gouverne selon de sages lois, qui protège et défende tous les
membres de l'association, repousse les ennemis communs, et
nous maintienne dans une concorde éternelle. »

Il en fallut beaucoup moins que l'équivalent de ce discours pour
entraîner des hommes grossiers, faciles à séduire, qui d'ailleurs
avoient trop d'affaires à démêler entre eux pour pouvoir se passer d'arbitres, et trop d'avarice et d'ambition pour pouvoir longtemps se passer de maîtres. Tous coururent au-devant de leurs
fers, croyant assurer leur liberté; car, avec assez de raison pour
sentir les avantages d'un établissement politique, ils n'avoient pas
assez d'expérience pour en prévoir les dangers : les plus capables de
pressentir les abus étoient précisément ceux qui comptoient d'en
profiter; et les sages mêmes virent qu'il falloit se résoudre à sacrifier
une partie de leur liberté à la conservation de l'autre, comme un
blessé se fait couper le bras pour sauver le reste du corps.

Telle fut ou dut être l'origine de la société et des lois, qui donnèrent de nouvelles entraves au foible et de nouvelles forces au riche *(r)*, détruisirent sans retour la liberté naturelle, fixèrent pour jamais la loi de la propriété et de l'inégalité, d'une adroite usurpation firent un droit irrévocable, et, pour le profit de quelques ambitieux, assujettirent désormais tout le genre humain au travail, à la servitude et à la misère. On voit aisément comment l'établissement d'une seule société rendit indispensable celui de toutes les autres, et comment, pour faire tête à des forces unies, il fallut s'unir à son tour. Les sociétés, se multipliant ou s'étendant rapidement, couvrirent bientôt toute la surface de la terre; et il ne fut plus possible de trouver un seul coin dans l'univers où l'on pût s'affranchir du joug, et soustraire sa tête au glaive souvent mal conduit que chaque homme vit perpétuellement suspendu sur la sienne. Le droit civil étant ainsi devenu la règle commune des citoyens, la loi de nature n'eut plus lieu qu'entre les diverses sociétés, où, sous le nom de droit des gens, elle fut tempérée par quelques conventions tacites pour rendre le commerce possible et suppléer à la commisération naturelle, qui, perdant de société à société presque toute la force qu'elle avoit d'homme à homme, ne réside plus que dans quelques grandes âmes cosmopolites qui franchissent les barrières imaginaires qui séparent les peuples, et qui, à l'exemple de l'Être souverain qui les a créés, embrassent tout le genre humain dans leur bienveillance.

Les corps politiques, restant ainsi entre eux dans l'état de nature, se ressentirent bientôt des inconvénients qui avoient forcé les particuliers d'en sortir; et cet état devint encore plus funeste entre ces grands corps qu'il ne l'avoit été auparavant entre les individus dont ils étoient composés. De là sortirent les guerres nationales, les batailles, les meurtres, les représailles, qui font frémir la nature et choquent la raison, et tous ces préjugés horribles qui placent au rang des vertus l'honneur de répandre le sang humain. Les plus honnêtes gens apprirent à compter parmi leurs devoirs celui d'égorger leurs semblables : on vit enfin les hommes se massacrer par milliers sans savoir pourquoi; et il se commettoit plus de meurtres en un seul jour de combat, et plus d'horreurs à la prise d'une seule ville, qu'il ne s'en étoit commis dans l'état de nature, durant des siècles entiers, sur toute la surface de la terre. Tels sont les premiers effets qu'on entrevoit de la division du genre humain en différentes sociétés. Revenons à leurs institutions.

Je sais que plusieurs ont donné d'autres origines aux sociétés politiques, comme les conquêtes du puissant, ou l'union des foibles et le choix entre ces causes est indifférent à ce que je veux établir; cependant celle que je viens d'exposer me paroît la plus naturelle par les raisons suivantes : 1° Que, dans le premier cas, le droit de conquête n'étant point un droit n'en a pu fonder aucun autre, le conquérant et les peuples conquis restant toujours entre eux dans l'état de guerre, à moins que la nation remise en liberté ne choisisse volontairement son vainqueur pour son chef : jusque-là, quelques capitulations qu'on ait faites, comme elles n'ont été fondées que sur la violence, et que par conséquent elles sont nulles par le fait même, il ne peut y avoir, dans cette hypothèse, ni véritable société, ni corps politique, ni d'autre loi que celle du fort. 2° Que ces mots de *fort* et de *foible* sont équivoques dans le second cas; que, dans l'intervalle qui se trouve entre l'établissement du droit de propriété ou de premier occupant et celui des gouvernements politiques, le sens de ces termes est mieux rendu par ceux de *pauvre* et de *riche*, parce qu'en effet un homme n'avoit point, avant les lois, d'autre moyen d'assujettir ses égaux qu'en attaquant leur bien, ou leur faisant quelque part du sien. 3° Que les pauvres n'ayant rien à perdre que leur liberté, c'eût été une grande folie à eux de s'ôter volontairement le seul bien qui leur restoit pour ne rien gagner en échange; qu'au contraire les riches étant, pour ainsi dire, sensibles dans toutes les parties de leurs biens, il étoit beaucoup plus aisé de leur faire du mal; qu'ils avoient par conséquent plus de précautions à prendre pour s'en garantir; et qu'enfin il est raisonable de croire qu'une chose a été inventée par ceux à qui elle est utile, plutôt que par ceux à qui elle fait du tort.

Le gouvernement naissant n'eut point une forme constante et régulière. Le défaut de philosophie et d'expérience ne laissoit apercevoir que les inconvénients présents; et l'on ne songeoit à remédier aux autres qu'à mesure qu'ils se présentoient. Malgré tous les travaux des plus sages législateurs, l'état politique demeura toujours imparfait, parce qu'il étoit presque l'ouvrage du hasard, et que, mal commencé, le temps, en découvrant les défauts et suggérant des remèdes, ne put jamais réparer les vices de la constitution: on raccommodoit sans cesse, au lieu qu'il eût fallu commencer par nettoyer l'aire et écarter tous les vieux matériaux, comme fit Lycurgue à Sparte, pour élever ensuite un bon édifice. La société ne consista d'abord qu'en quelques conventions générales que tous les particuliers s'engageoient à observer, et dont la communauté se rendoit garante envers chacun d'eux. Il fallut que l'expérience montrât combien une pareille constitution étoit foible, et combien il étoit facile aux infracteurs d'éviter la conviction ou le châtiment des fautes dont le public seul devoit être le témoin et le juge; il fallut que la loi fût éludée de mille manières, il fallut que les inconvénients et les désordres se multipliassent continuellement pour qu'on songeât enfin à confier à des particuliers le dangereux dépôt de l'autorité publique, et qu'on commît à des magistrats le soin de faire observer les délibérations du peuple; car de dire que les chefs furent choisis avant que la confédération fût faite, et que les ministres des lois existèrent avant les lois mêmes, c'est une supposition qu'il n'est pas permis de combattre sérieusement.

Il ne seroit pas plus raisonnable de croire que les peuples se sont d'abord jetés entre les bras d'un maître absolu sans conditions et sans retour, et que le premier moyen de pourvoir à la sûreté commune qu'aient imaginé des hommes fiers et indomptés, a été de se précipiter dans l'esclavage. En effet, pourquoi se sont-ils donné des supérieurs, si ce n'est pour les défendre contre l'oppression, et protéger leurs biens, leurs libertés et leurs vies, qui sont, pour ainsi dire, les éléments constitutifs de leur être? Or, dans les relations d'homme à homme, le pis qui puisse arriver à l'un étant de se voir à la discrétion de l'autre, n'eût-il pas été contre le bon sens de commencer par se dépouiller entre les mains d'un chef des seules choses pour la conservation desquelles ils avoient besoin de son secours? Quel équivalent eût-il pu leur offrir pour la concession d'un si beau droit? et s'il eût osé l'exiger sous le prétexte de les défendre, n'eût-il pas aussitôt reçu la réponse de l'apologue : « Que nous fera de plus l'ennemi? » Il est donc incontestable, et c'est la maxime fondamentale de tout le droit politique, que les peuples se sont donné des chefs pour défendre leur liberté et non pour les asservir. *Si nous avons un prince*, disait Pline à Trajan, *c'est afin qu'il nous préserve d'avoir un maître.*

Les politiques font sur l'amour de la liberté les mêmes sophismes que les philosophes ont faits sur l'état de nature : par les choses qu'ils voient ils jugent des choses très différentes qu'ils n'ont pas vues; et ils attribuent aux hommes un penchant naturel à la servitude par la patience avec laquelle ceux qu'ils ont sous les yeux supportent la leur; sans songer qu'il en est de la liberté comme de l'innocence et de la vertu, dont on ne sent le prix qu'autant qu'on en jouit soi-même, et dont le goût se perd sitôt qu'on les a perdues. « Je connois les délices de ton pays, disoit Brasidas à un satrape qui comparoit la vie de Sparte à celle de Persépolis; mais tu ne peux connoître les plaisirs du mien. »

Comme un coursier indompté hérisse ses crins, frappe la terre du pied et se débat impétueusement à la seule approche du mors, tandis qu'un cheval dressé souffre patiemment la verge et l'éperon, l'homme barbare ne plie point sa tête au joug que l'homme civilisé porte sans murmure, et il préfère la plus orageuse liberté à un assujettissement tranquille. Ce n'est donc pas par l'avilissement des peuples asservis qu'il faut juger des dispositions naturelles de l'homme pour ou contre la servitude, mais par les prodiges qu'ont faits tous les peuples libres pour se garantir de l'oppression. Je sais que les premiers ne font que vanter sans cesse la paix et le repos dont ils jouissent dans leurs fers, et que *miserrimam servitutem pacem appellant*[1] : mais quand je vois les autres sacrifier les plaisirs, le repos, la richesse, la puissance et la vie même, à la conservation de ce seul bien si dédaigné de ceux qui l'ont perdu; quand je vois des animaux nés libres, et abhorrant la captivité, se briser la tête contre les barreaux de leur prison; quand je vois des multitudes de sauvages tout nus mépriser les voluptés européennes, et braver la faim, le feu, le fer et la mort, pour ne conserver que leur indépendance, je sens que ce n'est pas à des esclaves qu'il appartient de raisonner de liberté.

Quant à l'autorité paternelle, dont plusieurs ont fait dériver le gouvernement absolu et toute la société, sans recourir aux preuves contraires de Locke et de Sidney, il suffit de remarquer que rien au monde n'est plus éloigné de l'esprit féroce du despotisme que la douceur de cette autorité, qui regarde plus à l'avantage de celui qui obéit qu'à l'utilité de celui qui commande; que, par la loi de nature, le père n'est le maître de l'enfant qu'aussi longtemps que son secours lui est nécessaire; qu'au delà de ce terme ils deviennent égaux, et qu'alors le fils, parfaitement indépendant du père, ne lui doit que du respect et non de l'obéissance; car la reconnoissance est bien un devoir qu'il faut rendre, mais non pas un droit qu'on puisse exiger. Au lieu de dire que la société civile dérive du pouvoir paternel, il falloit dire au contraire que c'est d'elle que ce pouvoir tire sa principale force. Un individu ne fut reconnu pour le père de plusieurs que quand ils restèrent assemblés autour de lui. Les biens du père, dont il est véritablement le maître, sont les liens qui retiennent ses enfants dans sa dépendance, et il peut ne leur donner part à sa succession qu'à proportion qu'ils auront bien mérité de lui par une continuelle déférence à ses volontés. Or, loin que les

---

1. Tacit. *Hist.*, lib. IV, cap. XVII.

sujets aient quelque faveur semblable à attendre de leur despote, comme ils lui appartiennent en propre, eux et tout ce qu'ils possèdent, ou du moins qu'il le prétend ainsi ; ils sont réduits à recevoir comme une faveur ce qu'il leur laisse de leur propre bien : il fait justice quand il les dépouille ; il fait grâce quand il les laisse vivre.

En continuant d'examiner ainsi les faits par le droit, on ne trouveroit pas plus de solidité que de vérité dans l'établissement volontaire de la tyrannie, et il seroit difficile de montrer la validité d'un contrat qui n'obligeroit qu'une des parties, où l'on mettroit tout d'un côté et rien de l'autre, et qui ne tourneroit qu'au préjudice de celui qui s'engage. Ce système odieux est bien éloigné d'être, même aujourd'hui, celui des sages et bons monarques, et surtout des rois de France, comme on peut le voir en divers endroits de leurs édits, et en particulier dans le passage suivant d'un écrit célèbre, publié en 1667, au nom et par les ordres de Louis XIV : « Qu'on ne dise donc point que le souverain ne soit pas sujet aux lois de son État, puisque la proposition contraire est une vérité du droit des gens, que la flatterie a quelquefois attaquée, mais que les bons princes ont toujours défendue comme une divinité tutélaire de leurs États. Combien est-il plus légitime de dire, avec le sage Platon, que la parfaite félicité d'un royaume est qu'un prince soit obéi de ses sujets, que le prince obéisse à la loi, et que la loi soit droite et toujours dirigée au bien public[1] ! » Je ne m'arrêterai point à rechercher si, la liberté étant la plus noble des facultés de l'homme, ce n'est pas dégrader sa nature, se mettre au niveau des bêtes esclaves de l'instinct, offenser même l'auteur de son être, que de renoncer sans réserve au plus précieux de tous ses dons, que de se soumettre à commettre tous les crimes qu'il nous défend, pour complaire à un maître féroce ou insensé, et si cet ouvrier sublime doit être plus irrité de voir détruire que déshonorer son plus bel ouvrage. Je négligerai, si l'on veut, l'autorité de Barbeyrac, qui déclare nettement, d'après Locke, que nul ne peut vendre sa liberté jusqu'à se soumettre à une puissance arbitraire qui le traite à sa fantaisie. *Car*, ajoute-t-il, *ce seroit vendre sa propre vie, dont on n'est pas le maître.* Je demanderai seulement de quel droit ceux qui n'ont pas craint de s'avilir eux-mêmes jusqu'à ce point, ont pu soumettre leur postérité à la même ignominie, et renoncer pour elle à des

---

1. « *Traité des droits de la reine très chrétienne sur divers États de la monarchie d'Espagne*, 1667, in-4° ; de l'Imprimerie royale.

biens qu'elle ne tient point de leur libéralité, et sans lesquels la vie même est onéreuse à tous ceux qui en sont dignes.

Puffendorff dit que, tout de même qu'on transfère son bien à autrui par des conventions et des contrats, on peut aussi se dépouiller de sa liberté en faveur de quelqu'un. C'est là, ce me semble, un fort mauvais raisonnement : car, premièrement, le bien que j'aliène me devient une chose tout à fait étrangère, et dont l'abus m'est indifférent; mais il m'importe qu'on n'abuse point de ma liberté, et je ne puis, sans me rendre coupable du mal qu'on me forcera de faire, m'exposer à devenir l'instrument du crime. De plus, le droit de propriété n'étant que de convention et d'institution humaine, tout homme peut à son gré disposer de ce qu'il possède : mais il n'en est pas de même des dons essentiels de la nature, tels que la vie et la liberté, dont il est permis à chacun de jouir, et dont il est au moins douteux qu'on ait droit de se dépouiller : en s'ôtant l'une on dégrade son être, en s'ôtant l'autre on l'anéantit autant qu'il est en soi : et, comme nul bien temporel ne peut dédommager de l'une et de l'autre, ce seroit offenser à la fois la nature et la raison que d'y renoncer à quelque prix que ce fût. Mais quand on pourroit aliéner sa liberté comme ses biens, la différence seroit très grande pour les enfants, qui ne jouissent des biens du père que par la transmission de son droit; au lieu que la liberté étant un don qu'ils tiennent de la nature en qualité d'hommes, leurs parents n'ont eu aucun droit de les en dépouiller : de sorte que, comme pour établir l'esclavage il a fallu faire violence à la nature, il a fallu la changer pour perpétuer ce droit : et les jurisconsultes qui ont gravement prononcé que l'enfant d'une esclave naîtroit esclave, ont décidé en d'autres termes qu'un homme ne naîtroit pas homme.

Il me paroît donc certain que non seulement les gouvernements n'ont point commencé par le pouvoir arbitraire, qui n'en est que la corruption, le terme extrême, et qui les ramène enfin à la seule loi du plus fort, dont ils furent d'abord le remède; mais encore que, quand même ils auroient ainsi commencé, ce pouvoir étant par sa nature illégitime, n'a pu servir de fondement aux lois de la société, ni par conséquent à l'inégalité d'institution.

Sans entrer aujourd'hui dans les recherches qui sont encore à faire sur la nature du pacte fondamental de tout gouvernement, je me borne, en suivant l'opinion commune, à considérer ici l'établissement du corps politique comme un vrai contrat entre le peuple et les chefs qu'il se choisit; contrat par lequel les deux parties s'obligent à l'observation des lois qui y sont stipulées et qui forment les liens de leur union. Le peuple ayant, au sujet des relations sociales, réuni toutes ses volontés en une seule, tous les articles sur lesquels cette volonté s'explique deviennent autant de lois fondamentales qui obligent tous les membres de l'État sans exception, et l'une desquelles règle le choix et le pouvoir des magistrats chargés de veiller à l'exécution des autres. Ce pouvoir s'étend à tout ce qui peut maintenir la constitution, sans aller jusqu'à la changer. On y joint des honneurs qui rendent respectables les lois et leurs ministres, et pour ceux-ci personnellement, des prérogatives qui les dédommagent des pénibles travaux que coûte une bonne administration. Le magistrat, de son côté, s'oblige à n'user du pouvoir qui lui est confié que selon l'intention des commettants, à maintenir chacun dans la paisible jouissance de ce qui lui appartient, et à préférer en toute occasion l'utilité publique à son propre intérêt.

Avant que l'expérience eût montré, ou que la connoissance du cœur humain eût fait prévoir les abus inévitables d'une telle constitution, elle dut paroître d'autant meilleure que ceux qui étoient chargés de veiller à sa conservation y étoient eux-mêmes les plus intéressés : car la magistrature et ses droits n'étant établis que sur les lois fondamentales, aussitôt qu'elles seroient détruites, les magistrats cesseroient d'être légitimes, le peuple ne seroit plus tenu de leur obéir; et comme ce n'auroit pas été le magistrat, mais la loi, qui auroit constitué l'essence de l'État, chacun rentreroit de droit dans sa liberté naturelle.

Pour peu qu'on ait réfléchi attentivement, ceci se confirmeroit par de nouvelles raisons; et par la nature du contrat on verroit qu'il ne sauroit être irrévocable; car s'il n'y ayoit point de pouvoir supérieur qui pût être garant de la fidélité des contractants, ni les forcer à remplir leurs engagements réciproques, les parties demeureroient seules juges dans leur propre cause, et chacune d'elles auroit toujours le droit de renoncer au contrat sitôt qu'elle trouveroit que l'autre enfreint les conditions, ou qu'elles cesseroient de lui convenir. C'est sur ce principe qu'il semble que le droit d'abdiquer peut être fondé. Or, à ne considérer, comme nous faisons, que l'institution humaine, si le magistrat, qui a tout le pouvoir en main et qui s'approprie tous les avantages du contrat, avoit pourtant le droit de renoncer à l'autorité, à plus forte raison le peuple, qui paye toutes les fautes des chefs, devroit avoir le droit de renoncer à la dépendance. Mais les dissensions affreuses, les désordres infinis qu'entraîneroit nécessairement ce dangereux pouvoir, montrent, plus que toute autre chose, combien les gouvernements humains avoient besoin d'une base plus solide que la seule raison, et combien il étoit nécessaire au repos public que la volonté divine intervînt pour donner à l'autorité souveraine un caractère sacré et inviolable qui ôtât aux sujets le funeste droit d'en disposer. Quand la religion n'auroit fait que ce bien aux hommes, c'en seroit assez pour qu'ils dussent tous la chérir et l'adopter, même avec ses abus, puisqu'elle épargne encore plus de sang que le fanatisme n'en fait couler. Mais suivons le fil de notre hypothèse.

Les diverses formes de gouvernements tirent leur origine des différences plus ou moins grandes qui se trouvèrent entre les particuliers au moment de l'institution. Un homme étoit-il éminent en pouvoir, en vertu, en richesse ou en crédit, il fut seul élu magistrat, et l'État devint monarchique. Si plusieurs, à peu près égaux entre eux, l'emportoient sur tous les autres, ils furent élus conjointement, et l'on eut une aristocratie. Ceux dont la fortune ou les talents étoient moins disproportionnés, et qui s'étoient le moins éloignés de l'état de nature, gardèrent en commun l'administration suprême, et formèrent une démocratie. Le temps vérifia laquelle de ces formes étoit la plus avantageuse aux hommes. Les uns restèrent uniquement soumis aux lois, les autres obéirent bientôt à des maîtres. Les citoyens voulurent garder leur liberté; les sujets ne songèrent qu'à l'ôter à leurs voisins, ne pouvant souffrir que d'autres jouissent d'un bien dont ils ne jouissoient plus eux-mêmes. En un mot, d'un côté furent les richesses et les conquêtes, et de l'autre le bonheur et la vertu.

Dans ces divers gouvernements, toutes les magistratures furent d'abord électives; et quand la richesse ne l'emportoit pas, la préférence étoit accordée au mérite qui donne un ascendant naturel, et à l'âge, qui donne l'expérience dans les affaires, et le sang-froid dans les délibérations. Les anciens des Hébreux, les gérontes de Sparte, le sénat de Rome, et l'étymologie même de notre mot *seigneur*, montrent combien autrefois la vieillesse était respectée. Plus les élections tomboient sur des hommes avancés en âge, plus elles devenoient fréquentes, et plus leurs embarras se faisoient sentir : les brigues s'introduisirent, les factions se formèrent, les partis s'aigrirent, les guerres civiles s'allumèrent, enfin le sang des citoyens fut sacrifié au prétendu bonheur de l'État, et l'on fut à la veille de retomber dans l'anarchie des temps antérieurs. L'ambition des principaux profita de ces circonstances pour perpétuer leurs charges dans leurs familles; le peuple, déjà accoutumé à la dépendance, au repos et aux commodités de la vie, et déjà hors d'état de briser ses fers, consentit à laisser augmenter sa servitude pour affermir sa tranquillité : et c'est ainsi que les chefs devenus héréditaires, s'accoutumèrent à regarder leur magistrature comme un bien de famille, à se regarder eux-mêmes comme les propriétaires de l'État, dont ils n'étoient d'abord que les officiers : à appeler leurs concitoyens leurs esclaves; à les compter, comme du bétail, au nombre des choses qui leur appartenoient, et à s'appeler eux-mêmes égaux aux dieux, et rois des rois.

Si nous suivons le progrès de l'inégalité dans ces différentes révolutions, nous trouverons que l'établissement de la loi et du droit de propriété fut son premier terme, l'institution de la magistrature le second, que le troisième et dernier fut le changement du pouvoir légitime en pouvoir arbitraire; en sorte que l'état de riche et de pauvre fut autorisé par la première époque, celui de puissant et de foible par la seconde, et par la troisième celui de maître et d'esclave, qui est le dernier degré de l'inégalité, et le terme auquel aboutissent enfin tous les autres, jusqu'à ce que de nouvelles révolutions dissolvent tout à fait le gouvernement, ou le rapprochent de l'institution légitime.

Pour comprendre la nécessité de ce progrès, il faut moins considérer les motifs de l'établissement du corps politique que la forme qu'il prend dans son exécution et les inconvénients qu'il entraîne après lui; car les vices qui rendent nécessaires les institutions sociales sont les mêmes qui en rendent l'abus inévitable, et comme excepté la seule Sparte, où la loi veilloit principalement à l'éducation des enfants, et où Lycurgue établit des mœurs qui le dispensoient presque d'y ajouter des lois, les lois, en général, moins fortes que les passions, contiennent les hommes sans les changer; il seroit aisé de prouver que tout gouvernement qui, sans se corrompre ni s'altérer, marcheroit toujours exactement selon la fin de son institution, auroit été institué sans nécessité, et qu'un pays où personne n'éluderoit les lois et n'abuseroit de la magistrature, n'aurait besoin ni de magistrats ni de lois.

Les distinctions politiques amènent nécessairement des distinctions civiles. L'inégalité, croissant entre le peuple et ses chefs, se fait bientôt sentir parmi les particuliers, et s'y modifie en mille manières selon les passions, les talents et les occurrences. Le magistrat ne sauroit usurper un pouvoir illégitime sans se faire des créatures auxquelles il est forcé d'en céder quelque partie. D'ailleurs les citoyens ne se laissent opprimer qu'autant qu'entraînés par une aveugle ambition, et regardant plus au-dessous qu'au-

dessus d'eux, la domination leur devient plus chère que l'indépendance, et qu'ils consentent à porter des fers pour en pouvoir donner à leur tour. Il est très difficile de réduire à l'obéissance celui
qui ne cherche point à commander, et le politique le plus adroit ne
viendrait pas à bout d'assujettir des hommes qui ne voudroient
qu'être libres. Mais l'inégalité s'étend sans peine parmi les âmes
ambitieuses et lâches, toujours prêtes à courir les risques de la
fortune, et à dominer ou servir presque indifféremment, selon
qu'elle leur devient favorable ou contraire. C'est ainsi qu'il dut
venir un temps où les yeux du peuple furent fascinés à tel point que
ses conducteurs n'avoient qu'à dire au plus petit des hommes :
« Sois grand, toi et toute ta race », aussitôt il paroissoit grand à tout
le monde ainsi qu'à ses propres yeux, et ses descendants s'élevoient
encore à mesure qu'ils s'éloignaient de lui; plus la cause étoit
reculée et incertaine, plus l'effet augmentoit; plus on pouvait
compter de fainéants dans une famille, et plus elle devenoit illustre.

Si c'étoit ici le lieu d'entrer en des détails, j'expliquerois facilement comment, sans même que le gouvernement s'en mêle, l'inégalité de crédit et d'autorité devient inévitable entre les particuliers (s), sitôt que, réunis en une même société, ils sont forcés de se
comparer entre eux, et de tenir compte des différences qu'ils
trouvent dans l'usage continuel qu'ils ont à faire les uns des autres.
Ces différences sont de plusieurs espèces. Mais, en général, la
richesse, la noblesse ou le rang, la puissance et le mérite personnel,
étant les distinctions principales par lesquelles on se mesure dans
la société, je prouverois que l'accord ou le conflit de ces forces diverses est l'indication la plus sûre d'un État bien ou mal constitué :
je ferois voir qu'entre ces quatre sortes d'inégalité, les qualités
personnelles étant l'origine de toutes les autres, la richesse est la
dernière à laquelle elles se réduisent à la fin, parce que, étant la
plus immédiatement utile au bien-être et la plus facile à communiquer, on s'en sert aisément pour acheter tout le reste; observation qui peut faire juger assez exactement de la mesure dont
chaque peuple s'est éloigné de son institution primitive, et du chemin qu'il a fait vers le terme extrême de la corruption. Je remarquerois combien ce désir universel de réputation, d'honneurs et de
préférences, qui nous dévore tous, exerce et compare les talents
et les forces, combien il excite et multiplie les passions; et combien
rendant tous les hommes concurrents, rivaux, ou plutôt ennemis,
il cause tous les jours de revers, de succès et de catastrophes de
toute espèce, en faisant courir la même lice à tant de prétendants.

Je montrerois que c'est à cette ardeur de faire parler de soi, à cette fureur de se distinguer qui nous tient presque toujours hors de nous-mêmes, que nous devons ce qu'il y a de meilleur et de pire parmi les hommes, nos vertus et nos vices, nos sciences et nos erreurs, nos conquérants et nos philosophes, c'est-à-dire une multitude de mauvaises choses sur un petit nombre de bonnes. Je prouverois enfin que si l'on voit une poignée de puissants et de riches au faîte des grandeurs et de la fortune, tandis que la foule rampe dans l'obscurité et dans la misère, c'est que les premiers n'estiment les choses dont ils jouissent qu'autant que les autres en sont privés, et que, sans changer d'état, ils cesseroient d'être heureux si le peuple cessoit d'être misérable.

Mais ces détails seroient seuls la matière d'un ouvrage considérable dans lequel on pèseroit les avantages et les inconvénients de tout gouvernement, relativement aux droits de l'état de nature, et où l'on dévoileroit toutes les faces différentes sous lesquelles l'inégalité s'est montrée jusqu'à ce jour, et pourra se montrer dans les siècles futurs, selon la nature de ces gouvernements et les révolutions que le temps y amènera nécessairement. On verroit la multitude opprimée au dedans par une suite des précautions mêmes qu'elle avoit prises contre ce qui la menaçoit au dehors : on verroit l'oppression s'accroître continuellement sans que les opprimés pussent jamais savoir quel terme elle auroit, ni quel moyen légitime il leur resteroit pour l'arrêter ; on verroit les droits des citoyens et les libertés nationales s'éteindre peu à peu, et les réclamations des foibles traitées de murmures séditieux ; on verroit la politique restreindre à une portion mercenaire du peuple l'honneur de défendre la cause commune ; on verroit de là sortir la nécessité des impôts, le cultivateur découragé quitter son champ, même durant la paix, et laisser la charrue pour ceindre l'épée ; on verroit naître les règles funestes et bizarres du point d'honneur ; on verroit les défenseurs de la patrie en devenir tôt ou tard les ennemis, tenir sans cesse le poignard levé sur leurs concitoyens ; et il viendroit un temps où on les entendroit dire à l'oppresseur de leur pays :

> Pectore si fratris gladium juguloque parentis
> Condere me jubeas, gravidæque in viscera partu
> Conjugis, invita peragam tamen omnia dextra.
>   Lucan., lib. I, v. 376.

De l'extrême inégalité des conditions et des fortunes, de la diversité des passions et des talents, des arts inutiles, des arts perni-

cieux, des sciences frivoles, sortiroient des foules de préjugés également contraires à la raison, au bonheur et à la vertu : on verroit
fomenter par les chefs tout ce qui peut affoiblir des hommes rassemblés en les désunissant, tout ce qui peut donner à la société
un air de concorde apparente, et y semer un germe de division
réelle, tout ce qui peut inspirer aux différents ordres une défiance
et une haine mutuelles par l'opposition de leurs droits et de leurs
intérêts, et fortifier par conséquent le pouvoir qui les contient tous.

C'est du sein de ces désordres et de ces révolutions que le despotisme, élevant par degrés sa tête hideuse, et dévorant tout ce qu'il
auroit aperçu de bon et de sain dans toutes les parties de l'État,
parviendroit enfin à fouler aux pieds les lois et le peuple, et à s'établir sur les ruines de la république. Les temps qui précéderoient ce
dernier changement seroient des temps de troubles et de calamités;
mais à la fin tout seroit englouti par le monstre, et les peuples n'auroient plus de chefs ni de lois, mais seulement des tyrans. Dès cet
instant aussi il cesseroit d'être question de mœurs et de vertu :
car partout où règne le despostime, *cui ex honesto nulla est spes*, il
ne souffre aucun autre maître; sitôt qu'il parle, il n'y a ni probité,
ni devoir à consulter, et la plus aveugle obéissance est la seule vertu
qui reste aux esclaves.

C'est ici le dernier terme de l'inégalité, et le point extrême qui
ferme le cercle et touche au point d'où nous sommes partis : c'est
ici que tous les particuliers redeviennent égaux, parce qu'ils ne
sont rien, et que les sujets n'ayant plus d'autre loi que la volonté du
maître, ni le maître d'autre règle que ses passions, les notions du
bien et les principes de la justice s'évanouissent derechef : c'est
ici que tout se ramène à la seule loi du plus fort, et par conséquent
à un nouvel état de nature différent de celui par lequel nous avons
commencé, en ce que l'un étoit l'état de nature dans sa pureté, et
que ce dernier est le fruit d'un excès de corruption. Il y a si peu
de différence d'ailleurs entre ces deux états, et le contrat de gouvernement est tellement dissous par le despotisme, que le despote
n'est le maître qu'aussi longtemps qu'il est le plus fort; et que
sitôt qu'on peut l'expulser, il n'a point à réclamer contre la violence. L'émeute qui finit par étrangler ou détrôner un sultan est
un acte aussi juridique que ceux par lesquels il disposoit la veille
des vies et des biens de ses sujets. La seule force le maintenoit, la
seule force le renverse : toutes choses se passent ainsi selon l'ordre
naturel; et, quelque puisse être l'événement de ces courtes et fréquentes révolutions, nul ne peut se plaindre de l'injustice d'au-

trui, mais seulement de sa propre imprudence ou de son malheur.

En découvrant et suivant ainsi les routes oubliées et perdues qui de l'état naturel ont dû mener l'homme à l'état civil; en rétablissant, avec les positions intermédiaires que je viens de marquer, celles que le temps qui me presse m'a fait supprimer, ou que l'imagination ne m'a point suggérées, tout lecteur attentif ne pourra qu'être frappé de l'espace immense qui sépare ces deux états. C'est dans cette lente succession des choses qu'il verra la solution d'une infinité de problèmes de morale et de politique que les philosophes ne peuvent résoudre. Il sentira que le genre humain d'un âge n'étant pas le genre humain d'un autre âge, la raison pourquoi Diogène ne trouvoit point d'homme, c'est qu'il cherchoit parmi ses contemporains l'homme d'un temps qui n'étoit plus. Caton, dira-t-il, périt avec Rome et la liberté, parce qu'il fut déplacé dans son siècle; et le plus grand des hommes ne fit qu'étonner le monde qu'il eût gouverné cinq cents ans plutôt. En un mot, il expliquera comment l'âme et les passions humaines, s'altérant insensiblement, changent pour ainsi dire de nature; pourquoi nos besoins et nos plaisirs changent d'objets à la longue; pourquoi, l'homme originel s'évanouissant par degrés, la société n'offre plus aux yeux du sage qu'un assemblage d'hommes artificiels et de passions factices qui sont l'ouvrage de toutes ces nouvelles relations, et n'ont aucun vrai fondement dans la nature. Ce que la réflexion nous apprend là-dessus, l'observation le confirme parfaitement : l'homme sauvage et l'homme policé diffèrent tellement par le fond du cœur et des inclinations, que ce qui fait le bonheur suprême de l'un réduiroit l'autre au désespoir. Le premier ne respire que le repos et la liberté; il ne veut que vivre et rester oisif, et l'ataraxie même du stoïcien n'approche pas de sa profonde indifférence pour tout autre objet. Au contraire, le citoyen, toujours actif, sue, s'agite, se tourmente sans cesse pour chercher des occupations encore plus laborieuses; il travaille jusqu'à la mort, il y court même pour se mettre en état de vivre, ou renonce à la vie pour acquérir l'immortalité; il fait sa cour aux grands qu'il hait, et aux riches qu'il méprise; il n'épargne rien pour obtenir l'honneur de les servir; il se vante orgueilleusement de sa bassesse et de leur protection; et, fier de son esclavage, il parle avec dédain de ceux qui n'ont pas l'honneur de le partager. Quel spectacle pour un Caraïbe que les travaux pénibles et enviés d'un ministre européen! Combien de morts cruelles ne préféreroit pas cet indolent sauvage à l'horreur d'une pareille vie, qui souvent n'est pas même adoucie par le plaisir de bien faire! Mais, pour voir

le but de tant de soins, il faudroit que ces mots, *puissance* et *réputation*, eussent un sens dans son esprit; qu'il apprît qu'il y a une
sorte d'hommes qui comptent pour quelque chose les regards du
reste de l'univers, qui savent être heureux et contents d'eux-
mêmes sur le témoignage d'autrui plutôt que sur le leur propre.
Telle est, en effet, la véritable cause de toutes ces différences; le
sauvage vit en lui-même; l'homme sociable, toujours hors de lui, ne
sait que vivre dans l'opinion des autres, et c'est pour ainsi dire de
leur seul jugement qu'il tire le sentiment de sa propre existence.
Il n'est pas de mon sujet de montrer comment d'une telle disposition naît tant d'indifférence pour le bien et le mal, avec de si beaux
discours de morale; comment, tout se réduisant aux apparences,
tout devient factice et joué, honneur, amitié, vertu, et souvent
jusqu'aux vices mêmes, dont on trouve enfin le secret de se glorifier;
comment, en un mot, demandant toujours aux autres ce que nous
sommes, et n'osant jamais nous interroger là-dessus nous-mêmes,
au milieu de tant de philosophie, d'humanité, de politesse et de
maximes sublimes, nous n'avons qu'un extérieur trompeur et
frivole, de l'honneur sans vertu, de la raison sans sagesse, et du
plaisir sans bonheur. Il me suffit d'avoir prouvé que ce n'est point
là l'état originel de l'homme, et que c'est le seul esprit de la société
et l'inégalité qu'elle engendre qui changent et altèrent ainsi toutes
nos inclinations naturelles.

J'ai tâché d'exposer l'origine et le progrès de l'inégalité, l'établissement et l'abus des sociétés politiques, autant que ces choses
peuvent se déduire de la nature de l'homme par les seules lumières
de la raison, et indépendamment des dogmes sacrés qui donnent
à l'autorité souveraine la sanction du droit divin. Il suit de cet
exposé que l'inégalité, étant presque nulle dans l'état de nature,
tire sa force et son accroissement du développement de nos facultés et des progrès de l'esprit humain, et devient enfin stable et
légitime par l'établissement de la propriété et des lois. Il suit encore
que l'inégalité morale, autorisée par le seul droit positif, est contraire au droit naturel toutes les fois qu'elle ne concourt pas en
même proportion avec l'inégalité physique; distinction qui détermine suffisamment ce qu'on doit penser à cet égard de la sorte
d'inégalité qui règne parmi tous les peuples policés, puisqu'il est
manifestement contre la loi de nature, de quelque manière qu'on
la définisse, qu'un enfant commande à un vieillard, qu'un imbécile
conduise un homme sage, et qu'une poignée de gens regorge de
superfluités, tandis que la multitude affamée manque du nécessaire.

NOTES

~~~~~

Dédicace, *page* 26. — *(a)* Hérodote raconte qu'après le meurtre du faux Smerdis, les sept libérateurs de la Perse s'étant assemblés pour délibérer sur la forme du gouvernement qu'ils donneroient à l'État, Otanès opina fortement pour la république ; avis d'autant plus extraordinaire dans la bouche d'un satrape, qu'outre la prétention qu'il pouvoit avoir à l'empire, les grands craignent plus que la mort une sorte de gouvernement qui les force à respecter les hommes. Otanès, comme on peut bien croire, ne fut point écouté ; et, voyant qu'on alloit procéder à l'élection d'un monarque, lui, qui ne vouloit ni obéir ni commander, céda volontairement aux autres concurrents son droit à la couronne, demandant pour tout dédommagement d'être libre et indépendant, lui et sa postérité, ce qui lui fut accordé. Quand Hérodote ne nous apprendroit pas la restriction qui fut mise à ce privilège, il faudroit nécessairement la supposer ; autrement Otanès, ne reconnoissant aucune sorte de loi, et n'ayant de compte à rendre à personne, auroit été tout-puissant dans l'État et plus puissant que le roi même. Mais il n'y avoit guère d'apparence qu'un homme capable de se contenter, en pareil cas, d'un tel privilège, fût capable d'en abuser. En effet, on ne voit pas que ce droit ait jamais causé le moindre trouble dans le royaume, ni par le sage Otanès, ni par aucun de ses descendants.

Préface, *page* 33. — *(b)* Dès mon premier pas, je m'appuie avec confiance sur une de ces autorités respectables pour les philosophes, parce qu'elles viennent d'une raison solide et sublime qu'eux seuls savent trouver et sentir.

« Quelque intérêt que nous ayons à nous connoître nous-mêmes, je ne sais si nous ne connoissons pas mieux tout ce qui n'est pas nous. Pourvus par la nature d'organes uniquement destinés à notre conservation, nous ne les employons qu'à recevoir les impressions étrangères : nous ne cherchons qu'à nous répandre au dehors, et à exister hors de nous : trop occupés à multiplier les fonctions de nos sens et à augmenter l'étendue extérieure de notre être,'

rarement faisons-nous usage de ce sens intérieur qui nous réduit
à nos vraies dimensions, et qui sépare de nous tout ce qui n'en
est pas. C'est cependant de ce sens dont il faut nous servir si nous
voulons nous connoître; c'est le seul par lequel nous puissions nous
juger. Mais comment donner à ce sens son activité et toute son
étendue? comment dégager notre âme, dans laquelle il réside, de
toutes les illusions de notre esprit? Nous avons perdu l'habitude
de l'employer, elle est demeurée sans exercice au milieu du tumulte
de nos sensations corporelles, elle s'est desséchée par le feu de nos
passions; le cœur, l'esprit, les sens, tout a travaillé contre elle. »
(Hist. nat., *de la Nature de l'homme.*)

Discours, *page* 41. — *(c)* Les changements qu'un long usage de
marcher sur deux pieds a pu produire dans la conformation de
l'homme, les rapports qu'on observe encore entre ses bras et les
jambes antérieures des quadrupèdes, et l'induction tirée de leur
manière de marcher, ont pu faire naître des doutes sur celle qui
devoit nous être la plus naturelle. Tous les enfants commencent
par marcher à quatre pieds, et ont besoin de notre exemple et de
nos leçons pour apprendre à se tenir debout. Il y a même des
nations sauvages, telles que les Hottentots, qui, négligeant beaucoup les enfants, les laissent marcher sur les mains si longtemps,
qu'ils ont ensuite bien de la peine à les redresser; autant en font
les enfants des Caraïbes des Antilles. Il y a divers exemples
d'hommes quadrupèdes; et je pourrois entre autres citer celui de cet
enfant qui fut trouvé, en 1344, auprès de Hesse, où il avoit été
nourri par des loups, et qui disoit depuis, à la cour du prince
Henri, que, s'il n'eût tenu qu'à lui, il eût mieux aimé retourner
avec eux que de vivre parmi les hommes. Il avoit tellement pris
l'habitude de marcher comme ces animaux, qu'il fallut lui attacher des pièces de bois qui le forçoient à se tenir debout et en
équilibre sur ses deux pieds. Il en étoit de même de l'enfant qu'on
trouva, en 1694, dans les forêts de Lithuanie, et qui vivoit parmi
les ours. Il ne donnoit, dit M. de Condillac, aucune marque de
raison, marchoit sur ses pieds et sur ses mains, n'avoit aucun langage, et formoit des sons qui ne ressembloient en rien à ceux d'un
homme. Le petit sauvage d'Hanovre, qu'on mena, il y a plusieurs
années à la cour d'Angleterre, avoit toutes les peines du monde à
s'assujettir à marcher sur deux pieds; et l'on trouva, en 1719,
deux autres sauvages dans les Pyrénées, qui couroient par les
montagnes à la manière des quadrupèdes. Quant à ce qu'on pourroit objecter que c'est se priver de l'usage des mains dont nous
tirons tant d'avantages, outre que l'exemple des singes montre
que la main peut fort bien être employée des deux manières, cela
prouveroit seulement que l'homme peut donner à ses membres
une destination plus commode que celle de la nature, et non que

la nature a destiné l'homme à marcher autrement qu'elle ne lui enseigne.

Mais il y a, ce me semble, de beaucoup meilleures raisons à dire, pour soutenir que l'homme est un bipède. Premièrement, quand on feroit voir qu'il a pu d'abord être conformé autrement que nous ne le voyons, et cependant devenir enfin ce qu'il est, ce n'en seroit pas assez pour conclure que cela se soit fait ainsi : car, après avoir montré la possibilité de ces changements, il faudroit encore, avant que de les admettre, en montrer au moins la vraisemblance. De plus, si les bras de l'homme paroissent avoir pu lui servir de jambes au besoin, c'est la seule observation favorable à ce système sur un grand nombre d'autres qui lui sont contraires. Les principales sont, que la manière dont la tête de l'homme est attachée à son corps, au lieu de diriger sa vue horizontalement, comme l'ont tous les autres animaux, et comme il l'a lui-même en marchant debout, lui eût tenu, marchant à quatre pieds, les yeux directement fixés vers la terre, situation très peu favorable à la conservation de l'individu; que la queue qui lui manque, et dont il n'a que faire, marchant à deux pieds, est utile aux quadrupèdes, et qu'aucun d'eux n'en est privé; que le sein de la femme, très bien situé pour un bipède, qui tient son enfant dans ses bras, l'est si mal pour un quadrupède, que nul ne l'a placé de cette manière; que le train de derrière étant d'une excessive hauteur à proportion des jambes de devant, ce qui fait que marchant à quatre pattes, nous nous traînons sur les genoux, le tout eût fait un animal mal proportionné et marchant peu commodément; que s'il eût posé le pied à plat ainsi que la main, il auroit eu dans la jambe postérieure une articulation de moins que les autres animaux, savoir celle qui joint le canon au tibia, et qu'en ne posant que la pointe du pied, comme il auroit sans doute été contraint de le faire, le tarse, sans parler de la pluralité des os qui le composent, paroît trop gros pour tenir lieu de canon, et ses articulations avec le métatarse et le tibia, trop rapprochées pour donner à la jambe humaine, dans cette situation, la même flexibilité qu'ont celles des quadrupèdes. L'exemple des enfants, étant pris dans un âge où les forces naturelles ne sont point encore développées, ni les membres raffermis, ne conclut rien du tout; et j'aimerois autant dire que les chiens ne sont pas destinés à marcher, parce qu'ils ne font que ramper quelques semaines après leur naissance. Les faits particuliers ont encore peu de force contre la pratique universelle de tous les hommes, même des nations qui, n'ayant eu aucune communication avec les autres, n'avoient pu rien imiter d'elles. Un enfant abandonné dans une forêt avant que de pouvoir marcher, et nourri par quelque bête, aura suivi l'exemple de sa nourrice, en s'exerçant à marcher comme elle; l'habitude lui aura pu donner des facilités qu'il ne tenoit point de la nature, et comme des manchots parviennent, à force d'exercice, à faire avec leurs pieds tout ce que nous faisons de nos mains, il sera parvenu enfin à employer ses mains à l'usage des pieds.

Page 42. — *(d)* S'il se trouvoit parmi mes lecteurs quelque assez mauvais physicien pour me faire des difficultés sur la supposition de cette fertilité naturelle de la terre, je vais lui répondre par le passage suivant :

« Comme les végétaux tirent pour leur nourriture beaucoup plus de substance de l'air et de l'eau qu'ils n'en tirent de la terre, il arrive qu'en pourrissant, ils rendent à la terre plus qu'ils n'en ont tiré ; d'ailleurs une forêt détermine les eaux de la pluie en arrêtant les vapeurs. Ainsi, dans un bois que l'on conserveroit bien long-temps sans y toucher, la couche de terre qui sert à la végétation augmenteroit considérablement ; mais les animaux rendant moins à la terre qu'ils n'en tirent, et les hommes faisant des consommations énormes de bois et de plantes pour le feu et pour d'autres usages, il s'ensuit que la couche de terre végétale d'un pays habité doit toujours diminuer et devenir enfin comme le terrain de l'Arabie Pétrée, et comme celui de tant d'autres provinces de l'Orient, qui est en effet le climat le plus anciennement habité, où l'on ne trouve que du sel et des sables : car le sel fixe des plantes et des animaux reste, tandis que toutes les autres parties se volatilisent. » (HIST. NAT., *Preuves de la théorie de la terre*, art. 7.)

On peut ajouter à cela la preuve de fait par la quantité d'arbres et de plantes de toute espèce dont étoient remplies presque toutes les îles désertes, qui ont été découvertes dans ces derniers siècles, et par ce que l'histoire nous apprend des forêts immenses qu'il a fallu abattre par toute la terre, à mesure qu'elle s'est peuplée ou policée. Sur quoi je ferai encore les trois remarques suivantes : l'une, que s'il y a une sorte de végétaux qui puissent compenser la déperdition de matière végétale qui se fait par les animaux, selon le raisonnement de M. de Buffon, ce sont surtout les bois, dont les têtes et les feuilles rassemblent et s'approprient plus d'eaux et de vapeurs que ne font les autres plantes ; la seconde, que la destruction du sol, c'est-à-dire la perte de la substance propre à la végétation, doit s'accélérer à proportion que la terre est plus cultivée, et que les habitants plus industrieux consomment en plus grande abondance ses productions de toute espèce. Ma troisième et plus importante remarque est que les fruits des arbres fournissent à l'animal une nourriture plus abondante que ne peuvent faire les autres végétaux ; expérience que j'ai faite moi-même, en comparant les produits de deux terrains égaux en grandeur et en qualité, l'un couvert de châtaigniers, et l'autre semé de blé.

Page 42. — *(e)* Parmi les quadrupèdes, les deux distinctions les-

plus universelles des espèces voraces se tirent, l'une de la figure
des dents, et l'autre de la conformation des intestins. Les animaux
qui ne vivent que des végétaux ont tous les dents plates, comme
le cheval, le bœuf, le mouton, le lièvre; mais les voraces les ont
pointues, comme le chat, le chien, le loup, le renard. Et quant aux
intestins, les frugivores en ont quelques-uns, tels que le côlon, qui
ne se trouvent pas dans les animaux voraces. Il semble donc que
l'homme, ayant les dents et les intestins comme les ont les animaux frugivores, devroit naturellement être rangé dans cette
classe; et non seulement les observations anatomiques confirment
cette opinion, mais les monuments de l'antiquité y sont encore
très favorables. « Dicéarque, dit saint Jérôme, rapporte dans s es
livres des *Antiquités grecques*, que, sous le règne de Saturne, où la
terre étoit encore fertile par elle-même, nul homme ne mangeoit
de chair, mais que tous vivoient des fruits et des légumes qui
croissoient naturellement. » (Lib. II, *adv. Jovinian.*) Cette opinion
se peut encore appuyer sur les relations de plusieurs voyageurs
modernes. François Corréal témoigne, entre autres, que la plupart
des habitants des Lucayes que les Espagnols transportèrent aux
îles de Cuba, de Saint-Domingue et ailleurs, moururent pour avoir
mangé de la chair. On peut voir par là que je néglige bien des
avantages que je pourrais faire valoir. Car la proie étant presque
l'unique sujet de combat entre les animaux carnassiers, et les frugivores vivant entre eux dans une paix continuelle, si l'espèce
humaine étoit de ce dernier genre, il est clair qu'elle auroit eu
beaucoup plus de facilité à subsister dans l'état de nature, beaucoup
moins de besoin et d'occasion d'en sortir.

Page 42. — *(f)* Toutes les connoissances qui demandent de la
réflexion, toutes celles qui ne s'acquièrent que par l'enchaînement
des idées et ne se perfectionnent que successivement, semblent être
tout à fait hors de la portée de l'homme sauvage, faute de communication avec ses semblables, c'est-à-dire faute de l'instrument
qui sert à cette communication et des besoins qui la rendent nécessaire. Son savoir et son industrie se bornent à sauter, courir, se
battre, lancer une pierre, escalader un arbre. Mais s'il ne sait que
ces choses, en revanche il les sait beaucoup mieux que nous qui
n'en avons pas le même besoin que lui; et comme elles dépendent
uniquement de l'exercice du corps, et ne sont susceptibles d'aucune
communication ni d'aucun progrès d'un individu à l'autre, le
premier homme a pu y être tout aussi habile que ses derniers descendants.

Les relations des voyageurs sont pleines d'exemples de la force
et de la vigueur des hommes chez les nations barbares et sauvages;
elles ne vantent guère moins leur adresse et leur légèreté : et comme
il ne faut que des yeux pour observer ces choses, rien n'empêche

qu'on n'ajoute foi à ce que certifient là-dessus des témoins oculaires; j'en tire au hasard quelques exemples des premiers livres qui me tombent sous la main.

« Les Hottentots, dit Kolben, entendent mieux la pêche que les Européens du Cap. Leur habileté est égale au filet, à l'hameçon et au dard, dans les anses comme dans les rivières. Ils ne prennent pas moins habilement le poisson avec la main. Ils sont d'une adresse incomparable à la nage. Leur manière de nager a quelque chose de surprenant et qui leur est tout à fait propre. Ils nagent le corps droit et les mains étendues hors de l'eau, de sorte qu'ils paroissent marcher sur la terre. Dans la plus grande agitation de la mer et lorsque les flots forment autant de montagnes, ils dansent en quelque sorte sur le dos des vagues, montant et descendant comme un morceau de liège.

« Les Hottentots, dit encore le même auteur, sont d'une adresse surprenante à la chasse, et la légèreté de leur course passe l'imagination. » Il s'étonne qu'ils ne fassent pas plus souvent un mauvais usage de leur agilité, ce qui leur arrive pourtant quelquefois, comme on peut juger par l'exemple qu'il en donne. « Un matelot hollandois, en débarquant au Cap, chargea, dit-il, un Hottentot de le suivre à la ville avec un rouleau de tabac d'environ vingt livres. Lorsqu'ils furent tous deux à quelque distance de la troupe, le Hottentot demanda au matelot s'il savoit courir. « Courir? répond le Hollandois; oui, fort bien. — Voyons, » reprit l'Africain; et, fuyant avec le tabac, il disparut presque aussitôt. Le matelot, confondu de cette merveilleuse vitesse, ne pensa point à le poursuivre, et ne revit jamais ni son tabac ni son porteur.

« Ils ont la vue si prompte et la main si certaine, que les Européens n'en approchent point. A cent pas ils toucheront d'un coup de pierre une marque de la grandeur d'un demi-sou; et ce qu'il y a de plus étonnant, c'est qu'au lieu de fixer comme nous les yeux sur le but, ils font des mouvements et des contorsions continuelles. Il semble que leur pierre soit portée par une main invisible. »

Le père du Tertre dit à peu près, sur les sauvages des Antilles, les mêmes choses qu'on vient de dire sur les Hottentots du cap de Bonne-Espérance. Il vante surtout leur justesse à tirer avec leurs flèches les oiseaux au vol et les poissons à la nage, qu'ils prennent ensuite en plongeant. Les sauvages de l'Amérique septentrionale ne sont pas moins célèbres par leur force et par leur adresse; et voici un exemple qui pourra faire juger de celle des Indiens de l'Amérique méridionale.

En l'année 1746, un Indien de Buenos Ayres, ayant été condamné aux galères à Cadix, proposa au gouverneur de racheter sa liberté en exposant sa vie dans une fête publique. Il promit qu'il attaqueroit seul le plus furieux taureau sans autre arme en main qu'une corde; qu'il le terrasseroit, qu'il le saisiroit avec sa corde par telle partie qu'on indiqueroit, qu'il le selleroit, le brideroit, le monteroit et combattroit, ainsi monté, deux autres taureaux des plus furieux qu'on feroit sortir du torillo, et qu'il les mettroit tous à mort l'un après l'autre dans l'instant qu'on le lui commanderoit, et sans le secours de personne; ce qui lui fut accordé. L'Indien tint parole, et réussit dans tout ce qu'il avoit promis. Sur la manière dont il s'y prit, et sur tout le détail du combat, on peut consulter le premier tome in-12 des *Observations sur l'histoire naturelle*, de M. Gautier, d'où ce fait est tiré, page 262.

Page 44. — *(g)* « La durée de la vie des chevaux, dit M. de Buffon, est comme dans toutes les autres espèces d'animaux, proportionnée à la durée du temps de leur accroissement. L'homme, qui est quatorze ans à croître, peut vivre six ou sept fois autant de temps, c'est-à-dire quatre-vingt-dix ou cent ans; le cheval, dont l'accroissement se fait en quatre ans, peut vivre six ou sept fois autant, c'est-à-dire vingt-cinq ou trente ans. Les exemples qui pourroient être contraires à cette règle sont si rares, qu'on ne doit pas même les regarder comme une exception dont on puisse tirer des conséquences, et comme les gros chevaux prennent leur accroissement en moins de temps que les chevaux fins, ils vivent aussi moins de temps, et sont vieux dès l'âge de quinze ans. » (*Histoire naturelle du cheval.*)

Page 44. — *(h)* Je crois voir entre les animaux carnassiers et les frugivores une autre différence encore plus générale que celle que j'ai remarquée dans la note *(e)*, puisque celle-ci s'étend jusqu'aux oiseaux. Cette différence consiste dans le nombre des petits, qui n'excède jamais deux à chaque portée pour les espèces qui ne vivent que de végétaux, et qui va ordinairement au delà de ce nombre pour les animaux voraces. Il est aisé de connoître, à cet égard, la destination de la nature par le nombre des mamelles, qui n'est que de deux dans chaque femelle de la première espèce, comme la jument, la vache, la chèvre, la biche, la brebis, etc., et qui est toujours de six ou de huit dans les autres femelles, comme la chienne, la chatte, la louve, la tigresse, etc. La poule, l'oie, la cane, qui sont toutes des oiseaux voraces, ainsi que l'aigle, l'épervier, la chouette, pondent aussi et couvent un grand nombre d'œufs, ce qui n'arrive jamais à la colombe, à la tourterelle, ni aux oiseaux qui ne mangent absolument que du grain, lesquels ne pondent et ne couvent guère que deux œufs à la fois. La raison qu'on peut donner de cette différence est que les animaux qui ne vivent que d'herbes et de plantes, demeurant presque tout le jour à la pâture, et étant forcés d'employer beaucoup de temps à se nourrir, ne pourroient suffire à allaiter plusieurs petits; au lieu que les voraces, faisant leurs repas presque en un instant, peuvent plus aisément et plus souvent retourner à leurs petits et à leur chasse, et réparer la dissipation d'une si grande quantité de lait. Il y auroit à' tout ceci bien des observations particulières et des réflexions à faire ; mais ce n'en est pas ici le lieu, et il me suffit d'avoir montré dans cette partie le système le plus général de la nature, système qui fournit une nouvelle raison de tirer l'homme de la classe des animaux carnassiers, et de le ranger parmi les espèces frugivores.

Page 48. — *(i)* Un auteur célèbre, calculant les biens et les maux de la vie humaine, et comparant les deux sommes, a trouvé que la dernière surpassoit l'autre de beaucoup, et qu'à tout prendre, la vie étoit pour l'homme un assez mauvais présent. Je ne suis point surpris de sa conclusion ; il a tiré tous ses raisonnements de la constitution de l'homme civil : s'il fût remonté jusqu'à l'homme naturel, on peut juger qu'il eût trouvé des résultats très différents ; qu'il eût aperçu que l'homme n'a guère de maux que ceux qu'il s'est donnés lui-même, et que la nature eût été justifiée. Ce n'est pas sans peine que nous sommes parvenus à nous rendre si malheureux. Quand, d'un côté, l'on considère les immenses travaux des hommes, tant de sciences approfondies, tant d'arts inventés, tant de forces employées, des abîmes comblés, des montagnes rasées, des rochers brisés, des fleuves rendus navigables, des terres défrichées, des lacs creusés, des marais déséchés, des bâtiments énormes élevés sur la terre, la mer couverte de vaisseaux et de matelots ; et que, de l'autre, on recherche avec un peu de méditation les vrais avantages qui ont résulté de tout cela pour le bonheur de l'espèce humaine, on ne peut qu'être frappé de l'étonnante disproportion qui règne entre ces choses, et déplorer l'aveuglement de l'homme, qui, pour nourrir son fol orgueil, et je ne sais quelle vaine admiration de lui-même, le fait courir avec ardeur après toutes les misères dont il est susceptible et que la bienfaisante nature avoit pris soin d'écarter de lui.

Les hommes sont méchants, une triste et continuelle expérience dispense de la preuve ; cependant l'homme est naturellement bon, je crois l'avoir démontré : qu'est-ce donc qui peut l'avoir dépravé à ce point, sinon les changements survenus dans sa constitution, les progrès qu'il a faits et les connoissances qu'il a acquises ? Qu'on admire tant qu'on voudra la société humaine, il n'en sera pas moins vrai qu'elle porte nécessairement les hommes à s'entre-haïr à proportion que leurs intérêts se croisent, à se rendre mutuellement des services apparents, et à se faire en effet tous les maux imaginables. Que peut-on penser d'un commerce où la raison de chaque particulier lui dicte des maximes directement contraires à celles que la raison publique prêche au corps de la société, et où chacun trouve son compte dans le malheur d'autrui ? Il n'y a peut-être pas un

homme aisé à qui des héritiers avides, et souvent ses propres
enfants, ne souhaitent la mort en secret; pas un vaisseau en mer
dont le naufrage ne fût une bonne nouvelle pour quelque négo-
ciant; pas une maison qu'un débiteur de mauvaise foi ne voulût
voir brûler avec tous les papiers qu'elle contient; pas un peuple
qui ne se réjouisse des désastres de ses voisins. C'est ainsi que nous
trouvons notre avantage dans le préjudice de nos semblables, et
que la perte de l'un fait presque toujours la prospérité de l'autre.
Mais ce qu'il y a de plus dangereux encore, c'est que les calamités
publiques font l'attente et l'espoir d'une multitude de particuliers : les uns veulent des maladies, d'autres la mortalité, d'autres
la guerre, d'autres la famine. J'ai vu des hommes affreux pleurer
de douleur aux apparences d'une année fertile; et le grand et
funeste incendie de Londres, qui coûta la vie ou les biens à tant de
malheureux, fit peut-être la fortune à plus de dix mille personnes.
Je sais que Montaigne blâme l'Athénien Démades d'avoir fait
punir un ouvrier qui, vendant fort cher des cercueils, gagnait beaucoup à la mort des citoyens : mais la raison que Montaigne allègue
étant qu'il faudroit punir tout le monde, il est évident qu'elle
confirme les miennes. Qu'on pénètre donc, au travers de nos frivoles démonstrations de bienveillance, ce qui se passe au fond des
cœurs, et qu'on réfléchisse à ce que doit être un état de choses où
tous les hommes sont forcés de se caresser et de se détruire mutuellement, et où ils naissent ennemis par devoir et fourbes par intérêt.
Si l'on me répond que la société est tellement constituée, que chaque
homme gagne à servir les autres, je répliquerai que cela seroit fort
bien s'il ne gagnoit encore plus à leur nuire. Il n'y a point de profit
si légitime qui ne soit surpassé par celui qu'on peut faire illégiti-
mement, et le tort fait au prochain est toujours plus lucratif que
les services. Il ne s'agit donc plus que de trouver les moyens de
s'assurer l'impunité, et c'est à quoi les puissants emploient toutes
leurs forces, et les foibles toutes leurs ruses.

L'homme sauvage, quand il a dîné, est en paix avec toute la
nature, et l'ami de tous ses semblables. S'agit-il quelquefois de
disputer son repas, il n'en vient jamais aux coups sans avoir auparavant comparé la difficulté de vaincre avec celle de trouver
ailleurs sa subsistance; et, comme l'orgueil ne se mêle pas du combat, il se termine par quelques coups de poing; le vainqueur
mange, le vaincu va chercher fortune, et tout est pacifié. Mais
chez l'homme en société, ce sont bien d'autres affaires : il s'agit
premièrement de pourvoir au nécessaire, et puis au superflu; ensuite
viennent les délices, et puis les immenses richesses, et puis des
sujets, et puis des esclaves; il n'a pas un moment de relâche : ce
qu'il y a de plus singulier, c'est que moins les besoins sont naturels
et pressants, plus les passions augmentent, et, qui pis est, le pouvoir de les satisfaire; de sorte qu'après de longues prospérités,

après avoir englouti bien des trésors et désolé bien des hommes, mon héros finira par tout égorger jusqu'à ce qu'il soit l'unique maître de l'univers. Tel est en abrégé le tableau moral, sinon de la vie humaine, au moins des prétentions secrètes du cœur de tout homme civilisé.

Comparez sans préjugés l'état de l'homme civil avec celui de l'homme sauvage, et recherchez, si vous le pouvez, combien, outre sa méchanceté, ses besoins et ses misères, le premier a ouvert de nouvelles portes à la douleur et à la mort. Si vous considérez les peines d'esprit qui nous consument, les passions violentes qui nous épuisent et nous désolent, les travaux excessifs dont les pauvres sont surchargés, la mollesse encore plus dangereuse à laquelle les riches s'abandonnent, et qui font mourir les uns de leurs besoins, et les autres de leurs excès; si vous songez aux monstrueux mélanges des aliments, à leurs pernicieux assaisonnements, aux denrées corrompues, aux drogues falsifiées, aux friponneries de ceux qui les vendent, aux erreurs de ceux qui les administrent, au poison des vaisseaux dans lesquels on les prépare; si vous faites attention aux maladies épidémiques engendrées par le mauvais air parmi des multitudes d'hommes rassemblés, à celles qu'occasionnent la délicatesse de notre manière de vivre, le passage alternatif de nos maisons au grand air, l'usage des habillements pris ou quittés avec trop peu de précaution, et tous les soins que notre sensualité excessive a tournés en habitudes nécessaires, et dont la négligence ou la privation nous coûte ensuite la vie ou la santé; si vous mettez en ligne de compte les incendies et les tremblements de terre qui, consumant ou renversant des villes entières, en font périr les habitants par milliers; en un mot, si vous réunissez les dangers que toutes ces causes assemblent continuellement sur nos têtes, vous sentirez combien la nature nous fait payer cher le mépris que nous avons fait de ses leçons.

Je ne répéterai point ici sur la guerre ce que j'en ai dit ailleurs; mais je voudrois que les gens instruits voulussent ou osassent donner une fois au public le détail des horreurs qui se commettent dans les armées, par les entrepreneurs des vivres et des hôpitaux: on verroit que leurs manœuvres, non trop secrètes, par lesquelles les plus brillantes armées se fondent en moins de rien, font plus périr de soldats que n'en moissonne le fer ennemi. C'est encore un calcul non moins étonnant que celui des hommes que la mer engloutit tous les ans, soit par la faim, soit par le scorbut, soit par les pirates, soit par le feu, soit par les naufrages. Il est clair qu'il faut mettre aussi sur le compte de la propriété établie, et par conséquent de la société, les assassinats, les empoisonnements, les vols de grands chemins, et les punitions mêmes de ces crimes, punitions nécessaires pour prévenir de plus grands maux, mais qui, pour le meurtre d'un homme, coûtant la vie à deux ou davantage,

ne laissent pas de doubler réellement la perte de l'espèce humaine.
Combien de moyens honteux d'empêcher la naissance des hommes
et de tromper la nature : soit par ces goûts brutaux ou dépravés
qui insultent son plus charmant ouvrage, goûts que les sauvages
ni les animaux ne connurent jamais, et qui ne sont nés dans les
pays policés que d'une imagination corrompue; soit par ces avortements secrets, dignes fruits de la débauche et de l'honneur
vicieux; soit par l'exposition ou le meurtre d'une multitude d'enfants, victimes de la misère de leurs parents, ou de la honte barbare de leurs mères; soit enfin par la mutilation de ces malheureux,
dont une partie de l'existence et toute la postérité sont sacrifiés
à de vaines chansons, ou, ce qui est pis encore, à la brutale jalousie
de quelques hommes; mutilation qui, dans ce dernier cas, outrage
doublement la nature, et par le traitement que reçoivent ceux qui
la souffrent, et par l'usage auquel ils sont destinés !

Mais n'est-il pas mille cas plus fréquents et plus dangereux
encore, où les droits paternels offensent ouvertement l'humanité?
Combien de talents enfouis et d'inclinations forcées par l'imprudente contrainte des pères ! Combien d'hommes se seroient distingués dans un état sortable, qui meurent malheureux et déshonorés dans un autre état pour lequel ils n'avoient aucun goût !
Combien de mariages heureux, mais inégaux, ont été rompus ou
troublés, et combien de chastes épouses déshonorées, par cet
ordre des conditions toujours en contradiction avec celui de la
nature ! Combien d'autres unions bizarres formées par l'intérêt
et désavouées par l'amour et par la raison ! Combien même d'époux
honnêtes et vertueux font mutuellement leur supplice pour avoir
été mal assortis ! Combien de jeunes et malheureuses victimes de
l'avarice de leurs parents, se plongent dans le vice, ou passent leurs
tristes jours dans les larmes, et gémissent dans des liens indisso-
lubles que le cœur repousse et que l'or seul a formés ! Heureuses
quelquefois celles que leur courage et leur vertu même arrachent
à la vie, avant qu'une violence barbare les force à la passer dans le
crime ou dans le désespoir ! Pardonnez-le-moi, père et mère à
jamais déplorables, j'aigris à regret vos douleurs : mais puissent-
elles servir d'exemple éternel et terrible à quiconque ose, au nom
même de la nature, violer le plus sacré de ses droits !

Si je n'ai parlé que de ces nœuds mal formés qui sont l'ouvrage
de notre police, pense-t-on que ceux où l'amour et la sympathie
ont présidé soient eux-mêmes exempts d'inconvénients? Que
seroit-ce si j'entreprenois de montrer l'espèce humaine attaquée
dans sa source même, et jusque dans le plus saint de tous les liens,
où l'on n'ose plus écouter la nature qu'après avoir consulté la fortune, et où, le désordre civil confondant les vertus et les vices, la
continence devient une précaution criminelle, et le refus de donner
la vie à son semblable un acte d'humanité ! Mais, sans déchirer

le voile qui couvre tant d'horreurs, contentons-nous d'indiquer
le mal auquel d'autres doivent apporter le remède.

Qu'on ajoute à tout cela cette quantité de métiers malsains qui
abrègent les jours ou détruisent le tempérament, tels que sont les
travaux des mines, les diverses préparations des métaux, des miné-
raux, surtout du plomb, du cuivre, du mercure, du cobalt, de l'ar-
senic, du réalgal; ces autres métiers périlleux qui coûtent tous
les'jours la vie à quantité d'ouvriers, les uns couvreurs, d'autres
charpentiers, d'autres maçons, d'autres travaillant aux carrières;
qu'on réunisse, dis-je, tous ces objets, et l'on pourra voir dans
l'établissement et la perfection des sociétés, les raisons de la diminution de l'espèce, observée par plus d'un philosophe.

Le luxe, impossible à prévenir chez des hommes avides de leurs
propres commodités et de la considération des autres, achève
bientôt le mal que les sociétés ont commencé; et, sous prétexte de
faire vivre les pauvres, qu'il n'eût pas fallu faire, il appauvrit tout
le reste, et dépeuple l'État tôt au tard.

Le luxe est un remède beaucoup pire que le mal qu'il prétend
guérir; ou plutôt il est lui-même le pire de tous les maux, dans
quelque État, grand ou petit, que ce puisse être, et qui, pour nourrir des foules de valets et de misérables qu'il a faits, accable et
ruine le laboureur et le citoyen; semblable à ces vents brûlants du
midi qui, couvrant l'herbe et la verdure d'insectes dévorants,
ôtent la subsistance aux animaux utiles, et portent la disette et la
mort dans tous les lieux où ils se font sentir.

De la société et du luxe qu'elle engendre, naissent les arts libé-
raux et mécaniques, le commerce, les lettres, et toutes ces inutilités qui font fleurir l'industrie, enrichissent et perdent les États.
La raison de ce dépérissement est très simple. Il est aisé de voir
que, par sa nature, l'agriculture doit être le moins lucratif de tous
les arts, parce que son produit étant de l'usage le plus indispensable pour tous les hommes, le prix en doit être proportionné aux
facultés des plus pauvres. Du même principe on peut tirer cette
règle, qu'en général les arts sont lucratifs en raison inverse de leur
utilité, et que les plus nécessaires doivent enfin devenir les plus
négligés. Par où l'on voit ce qu'il faut penser des vrais avantages
de l'industrie, et de l'effet réel qui résulte de ses progrès.

Telles sont les causes sensibles de toutes les misères où l'opulence
précipite enfin les nations les plus admirées. A mesure que l'industrie et les arts s'étendent et fleurissent, le cultivateur méprisé,
chargé d'impôts nécessaires à l'entretien du luxe, et condamné à
passer sa vie entre le travail et la faim, abandonne ses champs
pour aller chercher dans les villes le pain qu'il y devroit porter.
Plus les capitales frappent d'admiration les yeux stupides du peuple,
plus il faudrait gémir de voir les campagnes abandonnées, les terres
en friche, et les grands chemins inondés de malheureux citoyens

devenus mendiants ou voleurs, et destinés à finir un jour leur misère sur la roue ou sur un fumier. C'est ainsi que l'État s'enrichissant d'un côté, s'affoiblit et se dépeuple de l'autre, et que les plus puissantes monarchies, après bien des travaux pour se rendre opulentes et désertes, finissent par devenir la proie des nations pauvres qui succombent à la funeste tentation de les envahir, et qui s'enrichissent et s'affoiblissent à leur tour, jusqu'à ce qu'elles soient elles-mêmes envahies et détruites par d'autres.

Qu'on daigne nous expliquer une fois ce qui avait pu produire ces nuées de barbares qui, durant tant de siècles, ont inondé l'Europe, l'Asie et l'Afrique. Étoit-ce à l'industrie de leurs arts, à la sagesse de leurs lois, à l'excellence de leur police, qu'ils devoient cette prodigieuse population? Que nos savants veuillent bien nous dire pourquoi, loin de multiplier à ce point, ces hommes féroces et brutaux, sans lumières, sans frein, sans éducation, ne s'entr'égorgeoient pas tous à chaque instant, pour se disputer leur pâture ou leur chasse; qu'ils nous expliquent comment ces misérables ont eu seulement la hardiesse de regarder en face de si habiles gens que nous étions, avec une si belle discipline militaire, de si beaux codes et de si sages lois; enfin pourquoi, depuis que la société s'est perfectionnée dans les pays du Nord, et qu'on y a tant pris de peine pour apprendre aux hommes leurs devoirs mutuels et l'art de vivre agréablement et paisiblement ensemble, on n'en voit plus rien sortir de semblable à ces multitudes d'hommes qu'il produisoit autrefois. J'ai bien peur que quelqu'un ne s'avise à la fin de me répondre que toutes ces grandes choses, savoir, les arts, les sciences et les lois, ont été très sagement inventées par les hommes comme une peste salutaire, pour prévenir l'excessive multiplication de l'espèce, de peur que ce monde, qui nous est destiné, ne devînt à la fin trop petit pour ses habitants.

Quoi donc! faut-il détruire les sociétés, anéantir le tien et le mien, et retourner vivre dans les forêts avec les ours? conséquence à la manière de mes adversaires, que j'aime autant prévenir que de leur laisser la honte de la tirer. O vous à qui la voix céleste ne s'est point fait entendre, et qui ne reconnaissez pour votre espèce d'autre destination que d'achever en paix cette courte vie; vous qui pouvez laisser au milieu des villes vos funestes acquisitions, vos esprits inquiets, vos cœurs corrompus et vos désirs effrénés, reprenez, puisqu'il dépend de vous, votre antique et première innocence; allez dans les bois perdre la vue et la mémoire des crimes de vos contemporains, et ne craignez point d'avilir votre espèce en renonçant à ses lumières pour renoncer à ses vices. Quant aux hommes semblables à moi, dont les passions ont détruit pour toujours l'originelle simplicité, qui ne peuvent plus se nourrir d'herbes et de glands, ni se passer de lois et de chefs; ceux qui furent honorés dans leur premier père de leçons surnaturelles; ceux qui verront, dans l'intention de donner d'abord aux actions humaines une moralité qu'elles n'eussent de longtemps acquise, la raison d'un précepte indifférent par lui-même et inexplicable dans tout autre système, ceux, en un mot, qui sont convaincus que la voix divine appela tout le genre humain aux lumières et au bonheur des célestes intelligences : tous ceux-là tâcheront, par l'exercice des vertus qu'ils s'obligent à pratiquer en apprenant à les connoître, de mériter le prix éternel qu'ils en doivent attendre; ils respecteront les sacrés liens des sociétés dont ils sont les membres; ils aimeront leurs semblables et les serviront de tout leur pouvoir; ils obéiront scrupuleusement aux lois et aux hommes, qui en sont les auteurs et les ministres; ils honoreront surtout les bons et sages princes qui sauront prévenir, guérir ou pallier cette foule d'abus et de maux toujours prêts à nous accabler; ils animeront le zèle de ces dignes chefs, en leur montrant, sans crainte et sans flatterie, la grandeur de leur tâche et la rigueur de leur devoir : mais ils n'en mépriseront pas moins une constitution qui ne peut se maintenir qu'à l'aide de tant de gens respectables qu'on désire plus souvent qu'on ne les obtient, et de laquelle, malgré tous leurs efforts, naissent toujours plus de calamités réelles que d'avantages.

Page 48. — *(j)* Parmi les hommes que nous connoissons, ou par nous-mêmes, ou par les historiens, ou par les voyageurs, les uns sont noirs, les autres blancs, les autres rouges; les uns portent de longs cheveux, les autres n'ont que de la laine frisée; les uns sont presque tout velus, les autres n'ont pas même de barbe. Il y a eu, et il y a peut-être encore, des nations d'hommes d'une taille gigantesque; et, laissant à part la fable des Pygmées, qui peut bien n'être qu'une exagération, on sait que les Lapons, et surtout les Groënlandois, sont fort au-dessous de la taille moyenne de l'homme. On prétend même qu'il y a des peuples entiers qui ont des queues comme les quadrupèdes. Et, sans ajouter une foi aveugle aux relations d'Hérodote et de Ctésias, on en peut du moins tirer cette opinion très vraisemblable, que, si l'on avoit pu faire de bonnes observations dans ces temps anciens où les peuples divers suivoient des manières de vivre plus différentes entre elles qu'ils ne font aujourd'hui, on y auroit aussi remarqué, dans la figure et l'habitude du corps, des variétés beaucoup plus frappantes. Tous ces faits, dont il est aisé de fournir des preuves incontestables, ne peuvent surprendre que ceux qui sont accoutumés à ne regarder que les objets qui les environnnent, et qui ignorent les puissants effets de la diversité des climats, de l'air, des aliments, de la manière de vivre, des habitudes en général, et surtout la force étonnante des mêmes causes, quand elles agissent continuellement sur de longues suites de générations. Aujourd'hui que le commerce, les voyages et les conquêtes, réunissent davantage les peuples divers, et que leurs manières de vivre se rapprochent sans cesse par la fréquente communication, on s'aperçoit que certaines différences nationales ont diminué; et, par exemple, chacun peut remarquer que les François d'aujourd'hui ne sont plus ces grands corps blancs et blonds décrits par les historiens latins, quoique le temps, joint au mélange des Francs et des Normands, blancs et blonds eux-mêmes, eût dû rétablir ce que la fréquentation des Romains avoit pu ôter à l'influence du climat, dans la constitution naturelle et le teint des habitants. Toutes ces observations sur les variétés que mille causes peuvent produire et ont produites, en effet, dans l'espèce humaine, me font douter si divers animaux semblables aux hommes, pris par les voyageurs pour des bêtes, sans beaucoup d'examen, ou à cause de quelques différences qu'ils remarquoient dans la conformation extérieure, ou seulement parce que ces animaux ne parloient pas, ne seroient point en effet de véritables hommes sauvages, dont la race, dispersée anciennement dans les bois, n'avoit eu occasion de développer aucune de ses facultés virtuelles, n'avoit acquis aucun degré de perfection, et se trouvoit encore dans l'état primitif de nature. Donnons un exemple de ce que je veux dire.

« On trouve, dit le traducteur de l'*Histoire des voyages*, dans le royaume de Congo, quantité de ces grands animaux qu'on nomme *orangs-outangs* aux Indes orientales, qui tiennent comme le milieu entre l'espèce humaine et les babouins. Battel raconte que dans les forêts de Mayomba, au royaume de Loango, on voit deux sortes de monstres dont les plus grands se nomment *pongos* et les autres *enjocos.* Les premiers ont une ressemblance exacte avec l'homme, mais ils sont beaucoup plus gros et de fort haute taille. Avec un visage humain, ils ont les yeux fort enfoncés. Leurs mains, leurs joues, leurs oreilles, sont sans poil, à l'exception des sourcils qu'ils ont fort longs. Quoiqu'ils aient le reste du corps assez velu, le poil n'en est pas fort épais, et sa couleur est brune. Enfin, la seule partie qui les distingue des hommes est la jambe qu'ils ont sans mollet. Ils marchent droits, en se tenant de la main le poil du cou; leur retraite est dans les bois; ils dorment sur les arbres, et s'y font une espèce de toit qui les met à couvert de la pluie. Leurs aliments sont des fruits ou des noix sauvages. Jamais ils ne mangent de chair. L'usage des nègres qui traversent les forêts est d'y allumer des feux pendant la nuit : ils remarquent que le matin, à leur départ, les pongos prennent leur place autour du feu, et ne se retirent pas qu'il ne soit éteint; car, avec beaucoup d'adresse, ils n'ont point assez de sens pour l'entretenir en y apportant du bois.

« Ils marchent quelquefois en troupes, et tuent les nègres qui traversent les forêts. Ils tombent même sur les éléphants qui viennent paître dans les lieux qu'ils habitent, et les incommodent si fort à coups de poing ou de bâton, qu'ils les forcent à prendre la fuite en poussant des cris. On ne prend jamais de pongos en vie, parce qu'ils sont si robustes, que dix hommes ne suffiroient pas pour les arrêter : mais les nègres en prennent quantité de jeunes après avoir tué la mère, au corps de laquelle le petit s'attache fortement. Lorsqu'un de ces animaux meurt, les autres couvrent son corps d'un amas de branches ou de feuillages. Purchass ajoute que, dans les conversations qu'il avoit eues avec Battel, il avoit appris de lui-même qu'un pongo lui enleva un petit nègre qui passa un mois entier dans la société de ces animaux; car ils ne font aucun mal aux hommes qu'ils surprennent, du moins lorsque ceux-ci ne les regardent point, comme le petit nègre l'avoit observé. Battel n'a point décrit la seconde espèce de monstre.

« Dapper confirme que le royaume de Congo est plein de ces animaux qui portent aux Indes le nom d'orangs-outangs, c'est-à-dire habitants des bois, et que les Africains nomment *quojas morros*. Cette bête, dit-il, est si semblable à l'homme, qu'il est tombé dans l'esprit à quelques voyageurs, qu'elle pouvoit être sortie d'une femme et d'un singe : chimère que les nègres mêmes rejettent. Un de ces animaux fut transporté du Congo en Hollande, et présenté au prince d'Orange, Frédéric-Henri. Il étoit de la hauteur d'un enfant de trois ans, et d'un embonpoint médiocre, mais carré et bien proportionné; fort agile et fort vif, les jambes charnues et robustes, tout le devant du corps nu, mais le derrière couvert de poils noirs. A la première vue, son visage ressembloit à celui d'un homme, mais il avoit le nez plat et recourbé; ses oreilles étoient aussi celles de l'espèce humaine; son sein, car c'étoit une femelle, étoit potelé, son nombril enfoncé, ses épaules fort bien jointes, ses mains divisées en doigts et en pouces, ses mollets et ses talons gras et charnus. Il marchoit souvent droit sur ses jambes, il étoit capable de lever et porter des fardeaux assez lourds. Lorsqu'il vouloit boire, il prenait d'une main le couvercle du pot et tenoit le fond de l'autre, ensuite il s'essuyoit gracieusement les lèvres. Il se couchoit, pour dormir, la tête sur un coussin, se couvrant avec tant d'adresse qu'on l'auroit pris pour un homme au lit. Les nègres font d'étranges récits de cet animal : ils assurent non seulement qu'il force les femmes et les filles, mais qu'il ose attaquer des hommes armés. En un mot, il y a beaucoup d'apparence que c'est le satyre des anciens. Merolla ne parle peut-être que de ces animaux, lorsqu'il raconte que les nègres prennent quelquefois dans leurs chasses des hommes et des femmes sauvages. »

Il est encore parlé de ces espèces d'animaux anthropoformes dans le troisième tome de la même *Histoire des voyages*, sous le nom de *beggos* et de *mandrills* : mais, pour nous en tenir aux relations précédentes, on trouve dans la description de ces prétendus monstres, des conformités frappantes avec l'espèce humaine, et des différences moindres que celles qu'on pourrait assigner d'homme à homme. On ne voit point dans ces passages les raisons sur lesquelles les auteurs se fondent pour refuser aux animaux en question le nom d'hommes sauvages : mais il est aisé de conjecturer que c'est à cause de leur stupidité, et aussi parce qu'ils ne parloient pas; raisons foibles pour ceux qui savent que, quoique l'organe de la parole soit naturel à l'homme, la parole elle-même ne lui est pourtant pas naturelle, et qui connoissent jusqu'à quel point sa perfectibilité peut avoir élevé l'homme civil au-dessus de son état originel. Le petit nombre de lignes que contiennent ces descriptions nous peut faire juger combien ces animaux ont été mal observés, et avec quels préjugés ils ont été vus. Par exemple, ils sont qualifiés de monstres, et cependant on convient qu'ils engendrent. Dans un endroit, Battel dit que les pongos tuent les nègres qui traversent les forêts; dans un autre, Purchass ajoute qu'ils ne leur font aucun mal, même quand ils les surprennent, du moins lorsque les nègres ne s'attachent pas à les regarder. Les pongos s'assemblent autour des feux allumés par les nègres quand ceux-ci se retirent, et se retirent à leur tour quand le feu est éteint; voilà le fait : voici maintenant le commentaire de l'observateur; *car, avec beaucoup d'adresse, ils n'ont point assez de sens pour l'entretenir en y apportant du bois.* Je voudrois deviner comment Battel, ou Purchass, son compilateur, a pu savoir que la retraite des pongos étoit un effet de leur bêtise plutôt que de leur volonté. Dans un climat tel que Loango, le feu n'est pas une chose fort nécessaire aux animaux; et si les nègres en allument, c'est moins contre le froid que pour effrayer les bêtes féroces : il est donc très simple qu'après avoir été quelque temps réjouis par la flamme, ou s'être réchauffés, les pongos s'ennuient de rester toujours à la même place, et s'en aillent à leur pâture, qui demande plus de temps que s'ils mangeaient de la chair. D'ailleurs, on sait que la plupart des animaux, sans en excepter l'homme, sont naturellement paresseux, et qu'ils se refusent à toutes sortes de soins qui ne sont pas d'une absolue nécessité. Enfin il paraît fort étrange que les pongos, dont on vante l'adresse et la force, les pongos qui savent enterrer leurs morts et se faire des toits de branchages, ne sachent pas pousser des tisons dans le feu. Je me souviens d'avoir vu un singe faire cette même manœuvre qu'on ne veut pas que les pongos puissent faire : il est vrai que, mes idées n'étant pas alors tournées de ce côté, je fis moi-même la faute que je reproche à nos voyageurs, et je négligeai d'examiner si l'intention du singe était en effet d'entretenir le feu, ou simplement, comme je crois, d'imiter l'action d'un homme. Quoi qu'il en soit, il est bien démontré que le singe n'est pas une variété de l'homme, non seulement parce qu'il est privé de la faculté de parler, mais surtout parce qu'on est sûr que son espèce n'a point celle de se perfectionner, qui est le caractère spécifique de l'espèce humaine : expériences qui ne paroissent pas avoir été

faites sur le pongo et l'orang-outang avec assez de soins pour en
pouvoir tirer la même conclusion. Il y auroit pourtant un moment
solennel si l'orang-outang, ou d'autres, étoient de l'espèce humaine,
les observateurs les plus grossiers pourroient s'en assurer, même
avec démonstration: mais, outre qu'une seule génération ne suf·
firoit pas pour cette expérience, elle doit passer pour impraticable,
parce qu'il faudrait que ce qui n'est qu'une supposition fût démon·
tré vrai, avant que l'épreuve qui devroit constater le fait pût être
tentée innocemment.

Les jugements précipités, qui ne sont point le fruit d'une raison
éclairée, sont sujets à donner dans l'excès. Nos voyageurs font
sans façon des bêtes, sous les noms de *pongos*, de *mandrills*, d'*orangs-
outangs*, de ces mêmes êtres dont, sous le nom de *satyres*, de *faunes*,
de *sylvains*, les anciens faisoient des divinités. Peut-être, après des
recherches plus exactes, trouvera-t-on que ce ne sont ni des bêtes
ni des dieux, mais des hommes. En attendant, il me paroît qu'il y a
bien autant de raison de s'en rapporter là-dessus à Merolla, reli·
gieux lettré, témoin oculaire, et qui, avec toute sa naïveté, ne laissoit pas d'être homme d'esprit, qu'au marchand Battel, à Drapper,
à Purchass, et aux autres compilateurs.

Quel jugement pense-t-on qu'eussent porté de pareils observa·
teurs sur l'enfant trouvé en 1694, dont j'ai déjà parlé ci-devant,
qui ne donnoit aucune marque de raison, marchoit sur ses pieds et
sur ses mains, n'avoit aucun langage, et formoit des sons qui ne
ressembloient en rien à ceux d'un homme? « Il fut longtemps,
continue le même philosophe qui me fournit ce fait, avant de pouvoir proférer quelques paroles, encore le fit-il d'une manière barbare. Aussitôt qu'il put parler, on l'interrogea sur son premier
état; mais il ne s'en souvint non plus que nous nous souvenons de
ce qui nous est arrivé au berceau. » Si, malheureusement pour lui,
cet enfant fût tombé dans les mains de nos voyageurs, on ne peut
douter qu'après avoir remarqué son silence et sa stupidité, ils
n'eussent pris le parti de le renvoyer dans les bois ou de l'enfermer
dans une ménagerie; après quoi, ils en auroient savamment parlé
dans de belles relations, comme d'une bête fort curieuse qui res·
sembloit assez à l'homme.

Depuis trois ou quatre cents ans que les habitants de l'Europe
inondent les autres parties du monde, et publient sans cesse de
nouveaux recueils de voyages et de relations, je suis persuadé que
nous ne connoissons d'hommes que les seuls Européens; encore
paroît-il, aux préjugés ridicules qui ne sont pas éteints, même parmi
les gens de lettres, que chacun ne fait guère, sous le nom pompeux
d'étude de l'homme, que celle des hommes de son pays. Les parti·
culiers ont beau aller et venir, il semble que la philosophie ne voyage
point; aussi, celle de chaque peuple est-elle peu propre pour une
autre. La cause de ceci est manifeste, au moins pour les contrées

éloignées : il n'y a guère que quatre sortes d'hommes qui fassent
des voyages de longs cours, les marins, les marchands, les soldats
et les missionnaires. Or on ne doit guère s'attendre que les trois
premières classes fournissent de bons observateurs; et quant à
ceux de la quatrième, occupés de la vocation sublime qui les
appelle, quand ils ne seroient pas sujets à des préjugés d'état
comme tous les autres, on doit croire qu'ils ne se livreroient pas
volontiers à des recherches qui paroissent de pure curiosité, et qui
les détourneroient des travaux plus importants auxquels ils se
destinent. D'ailleurs, pour prêcher utilement l'Évangile, il ne faut
que du zèle, et Dieu donne le reste; mais, pour étudier les hommes,
il faut des talents que Dieu ne s'engage à donner à personne, et
qui ne sont pas toujours le partage des saints. On n'ouvre pas un
livre de voyages où l'on ne trouve des descriptions de caractères
et de mœurs : mais on est tout étonné d'y voir que ces gens qui
ont tant décrit de choses, n'ont dit que ce que chacun savoit déjà,
n'ont su apercevoir, à l'autre bout du monde, que ce qu'il n'eût
tenu qu'à eux de remarquer sans sortir de leur rue, et que ces traits
vrais qui distinguent les nations et qui frappent les yeux faits
pour voir, ont presque toujours échappé aux leurs. De là est venu
ce bel adage de morale, si rebattu par la tourbe philosophesque :
« Que les hommes sont partout les mêmes »; qu'ayant partout les
mêmes passions et les mêmes vices, il est assez inutile de chercher
à caractériser les différents peuples, ce qui est à peu près aussi
bien raisonné que si l'on disoit qu'on ne sauroit distinguer Pierre
d'avec Jacques, parce qu'ils ont tous deux un nez, une bouche et
des yeux.

Ne verra-t-on jamais renaître ces temps heureux où les peuples
ne se mêloient point de philosopher, mais où les Platon, les Tha-
lès et les Pythagore, épris d'un ardent désir de savoir, entrepre-
noient les plus grands voyages uniquement pour s'instruire, et
alloient au loin secouer le joug des préjugés nationaux, apprendre
à connoître les hommes par leurs conformités et par leurs différences, et acquérir ces connoissances universelles qui ne sont point
celles d'un siècle ou d'un pays exclusivement, mais qui, étant de
tous les temps et de tous les lieux, sont pour ainsi dire la science
commune des sages?

On admire la magnificence de quelques curieux qui ont fait ou
fait faire à grands frais des voyages en Orient avec des savants et
des peintres, pour y dessiner des masures et déchiffrer ou copier
des inscriptions; mais j'ai peine à concevoir comment, dans un
siècle où l'on se pique de belles connoissances, il ne se trouve pas
deux hommes bien unis, riches, l'un en argent, l'autre en génie,
tous deux aimant la gloire et aspirant à l'immortalité, dont l'un
sacrifie vingt mille écus de son bien et l'autre dix ans de sa vie, à
un célèbre voyage autour du monde, pour y étudier, non toujours

des pierres et des plantes, mais une fois les hommes et les mœurs, et qui, après tant de siècles employés à mesurer et considérer la maison, s'avisent enfin d'en vouloir connoître les habitants.

Les académiciens qui ont parcouru les parties septentrionales de l'Europe et méridionales de l'Amérique, avoient plus pour objet de les visiter en géomètres qu'en philosophes. Cependant, comme ils étoient à la fois l'un et l'autre, en ne peut pas regarder comme tout à fait inconnues les régions qui ont été vues et décrites par les La Condamine et les Maupertuis. Le joaillier Chardin, qui a voyagé comme Platon, n'a rien laissé à dire sur la Perse. La Chine paroît avoir été bien observée par les jésuites. Kempfer donne une idée passable du peu qu'il a vu dans le Japon. A ces relations près, nous ne connoissons point les peuples des Indes orientales, fréquentées uniquement par des Européens plus curieux de remplir leurs bourses que leurs têtes. L'Afrique entière, et ses nombreux habitants, aussi singuliers par leur caractère que par leur couleur, sont encore à examiner; toute la terre est couverte de nations dont nous ne connoissons que les noms : et nous nous mêlons de juger le genre humian ! Supposons un Montesquieu, un Buffon, un Diderot, un Duclos, un d'Alembert, un Condillac, ou des hommes de cette trempe, voyageant pour instruire leurs compatriotes, observant et décrivant, comme ils savent faire, la Turquie, l'Égypte, la Barbarie, l'empire de Maroc, la Guinée, le pays des Cafres, l'intérieur de l'Afrique et ses côtes orientales, les Malabares, le Mogol, les rives du Gange, les royaumes de Siam, de Pégu et d'Ava, la Chine, la Tartarie et surtout le Japon, puis, dans l'autre hémisphère le Mexique, le Pérou, le Chili, les terres Magellaniques, sans oublier les Patagons vrais ou faux, le Tucuman, le Paraguai, s'il étoit possible, le Brésil, enfin les Caraïbes, la Floride, et toutes les contrées sauvages; voyage le plus important de tous, et celui qu'il faudroit faire avec le plus de soin : supposons que ces nouveaux Hercules, de retour de ces courses mémorables, fissent ensuite à loisir l'histoire naturelle, morale et politique de ce qu'ils auroient vu, nous verrions nous-mêmes sortir un monde nouveau de dessous leur plume, et nous apprendrions ainsi à connoître le nôtre : je dis que quand de pareils observateurs affirmeront d'un tel animal que c'est un homme, et d'un autre que c'est une bête, il faudra les en croire; mais ce seroit une grande simplicité de s'en rapporter là-dessus à des voyageurs grossiers, sur lesquels on seroit quelquefois tenté de faire la même question qu'ils se mêlent de résoudre sur d'autres animaux.

Page 49. — *(k)* Cela me paroît de la dernière évidence, et je ne saurois concevoir d'où nos philosophes peuvent faire naître toutes les passions qu'ils prêtent à l'homme naturel. Excepté le seul nécessaire physique que la nature même demande, tous nos autres besoins ne sont tels que par l'habitude, avant laquelle ils n'étoient point des besoins, ou par nos désirs, et l'on ne désire point ce qu'on n'est pas en état de connoître. D'où il suit que, l'homme sauvage ne désirant que les choses qu'il connoît, et ne connoissant que celles dont la possession est en son pouvoir, ou facile à acquérir, rien ne doit être si tranquille que son âme et rien si borné que son esprit.

Page 52. — *(1)* Je trouve dans le *Gouvernement civil* de Locke une objection qui me paroît trop spécieuse pour qu'il me soit permis de la dissimuler. « La fin de la société entre le mâle et la femelle, dit ce philosophe, n'étant pas simplement de procréer, mais de continuer l'espèce, cette société doit durer, même après la procréation, du moins aussi longtemps qu'il est nécessaire pour la nourriture et la conservation des procréés, c'est-à-dire jusqu'à ce qu'ils soient capables de pourvoir eux-mêmes à leurs besoins. Cette règle, que la sagesse infinie du Créateur a établie sur les œuvres de ses mains, nous voyons que les créatures inférieures à l'homme l'observent constamment et avec exactitude. Dans ces animaux qui vivent d'herbe, la société entre le mâle et la femelle ne dure pas plus longtemps que chaque acte de copulation, parce que les mamelles de la mère étant suffisantes pour nourrir les petits jusqu'à ce qu'ils soient capables de paître l'herbe, le mâle se contente d'engendrer, et il ne se mêle plus après cela de la femelle ni des petits, à la subsistance desquels il ne peut rien contribuer. Mais au regard des bêtes de proie, la société dure plus longtemps, à cause que la mère, ne pouvant pas bien pourvoir à sa subsistance propre, et nourrir en même temps ses petits par sa seul proie, qui est une voie de se nourrir et plus laborieuse et plus dangereuse que n'est celle de se nourrir d'herbe, l'assistance du mâle est tout à fait nécessaire pour le maintien de leur commune famille, si l'on peut user de ce terme; laquelle, jusqu'à ce qu'elle puisse aller chercher quelque proie, ne sauroit subsister que par les soins du mâle et de la femelle. On remarque la même chose dans tous les oiseaux, si on excepte quelques oiseaux domestiques qui se trouvent dans des lieux où la continuelle abondance de nourriture exempte le mâle du soin de nourrir les petits; on voit que, pendant que les petits dans leur nid ont besoin d'aliments, le mâle et la femelle y en portent jusqu'à ce que ces petits-là puissent voler et pourvoir à leur subsistance.

« Et en cela, à mon avis, consiste la principale, si ce n'est la seule raison pourquoi le mâle et la femelle dans le genre humain, sont obligés à une société plus longue que n'entretiennent les autres créatures. Cette raison est que la femme est capable de concevoir, et est pour l'ordinaire derechef grosse et fait un nouvel enfant longtemps avant que le précédent soit hors d'état de se passer du secours de ses parents, et puisse lui-même pourvoir à ses besoins. Ainsi, un père étant obligé de prendre soin de ceux qu'il a engendrés, et de prendre ce soin-là pendant longtemps, il est aussi dans l'obligation de continuer à vivre dans la société conjugale avec la même femme de qui il les a eus, et de demeurer dans cette société beaucoup plus longtemps que les autres créatures, dont les petits pouvant subsister d'eux-mêmes avant que le temps d'une nouvelle procréation vienne, le lien du mâle et de la femelle se rompt de lui-même, et l'un et l'autre se trouvent dans une pleine liberté, jusqu'à ce que cette saison qui a coutume de solliciter les animaux à se joindre ensemble, les oblige à se choisir de nouvelles compagnes. Et ici l'on ne sauroit admirer assez la sagesse du Créateur, qui, ayant donné à l'homme des qualités propres pour pourvoir à l'avenir aussi bien qu'au présent, a voulu et a fait en sorte que la société de l'homme durât beaucoup plus longtemps que celle du mâle et de la femelle parmi les autres créatures, afin que par là, l'industrie de l'homme et de la femme fût plus excitée, et que leurs intérêts fussent mieux unis, dans la vue de faire des provisions pour leurs enfants et de leur laisser du bien, rien ne pouvant être plus préjudiciable à des enfants qu'une conjonction incertaine et vague, ou une dissolution facile et fréquente de la société conjugale. »

Le même amour de la vérité qui m'a fait exposer sincèrement cette objection, m'excite à l'accompagner de quelques remarques, sinon pour la résoudre, au moins pour l'éclaircir.

1. J'observerai d'abord que les preuves morales n'ont pas une grande force en matière de physique, et qu'elles servent plutôt à rendre raison des faits existants qu'à constater l'existence réelle de ces faits. Or, tel est le genre de preuve que M. Locke emploie dans le passage que je viens de rapporter; car, quoiqu'il puisse être avantageux à l'espèce humaine que l'union de l'homme et de la femme soit permanente, il ne s'ensuit pas que cela ait été ainsi établi par la nature; autrement, il faudroit dire qu'elle a aussi institué la société civile, les arts, le commerce, et tout ce qu'on prétend être utile aux hommes.

2. J'ignore où M. Locke a trouvé qu'entre les animaux de proie, la société du mâle et de la femelle dure plus longtemps que parmi ceux qui vivent d'herbe, et que l'un aide à l'autre à nourrir les petits; car on ne voit pas que le chien, le chat, l'ours, ni le loup, reconnoissent leur femelle mieux que le cheval, le bélier, le taureau, le cerf, ni tous les autres animaux quadrupèdes ne reconnoissent la leur. Il semble au contraire que si le secours du mâle étoit nécessaire à la femelle pour conserver ses petits, ce seroit surtout dans les espèces qui ne vivent que d'herbe, parce qu'il faut fort longtemps à la mère pour paître, et que, durant tout cet intervalle, elle est forcée de négliger sa portée, au lieu que la proie d'une

ourse ou d'une louve est dévorée en un instant, et qu'elle a, sans souffrir la faim, plus de temps pour allaiter ses petits. Ce raisonnement est confirmé par une observation sur le nombre relatif de mamelles et de petits qui distingue les espèces carnassières des frugivores, et dont j'ai parlé dans la note *(h)*. Si cette observation est juste et générale, la femme n'ayant que deux mamelles, et ne faisant guère qu'un enfant à la fois, voilà une forte raison de plus pour douter que l'espèce humaine soit naturellement carnassière; de sorte qu'il semble que, pour tirer la conclusion de Locke, il faudroit retourner tout à fait son raisonnement. Il n'y a pas plus de solidité dans la même distinction appliquée aux oiseaux. Car qui pourra se persuader que l'union du mâle et de la femelle soit plus durable parmi les vautours et les corbeaux que parmi les tourterelles? Nous avons deux espèces d'oiseaux domestiques, la cane et le pigeon, qui nous fournissent des exemples directement contraires au système de cet auteur. Le pigeon, qui ne vit que de grain, reste uni à sa femelle, et ils nourrissent leurs petits en commun. Le canard, dont la voracité est connue, ne reconnoît ni sa femelle ni ses petits et n'aide en rien à leur subsistance; et parmi les poules, espèce qui n'est guère moins carnassière, on ne voit pas que le coq se mette aucunement en peine de la couvée. Que si, dans d'autres espèces, le mâle partage avec la femelle le soin de nourrir les petits, c'est que les oiseaux, qui d'abord ne peuvent voler, et que la mère ne peut allaiter, sont beaucoup moins en état de se passer de l'assistance du père que les quadrupèdes, à qui suffit la mamelle de la mère, au moins durant quelque temps.

3. Il y a bien de l'incertitude sur le fait principal qui sert de base à tout le raisonnement de M. Locke : car pour savoir si, comme il prétend, dans le pur état de nature, la femme est pour l'ordinaire derechef grosse et fait un nouvel enfant longtemps avant que le précédent puisse pourvoir lui-même à ses besoins, il faudroit des expériences qu'assurément M. Locke n'avoit pas faites et que personne n'est à portée de faire. La cohabitation continuelle du mari et de la femme est une occasion si prochaine de s'exposer à une nouvelle grossesse, qu'il est bien difficile de croire que la rencontre fortuite, ou la seule impulsion du tempérament, produisit des effets aussi fréquents dans le pur état de nature que dans celui de la société conjugale; lenteur qui contribueroit peut-être à rendre les enfants plus robustes, et qui d'ailleurs pourroit être compensée par la faculté de concevoir, prolongée dans un plus grand âge chez les femmes qui en auroient moins abusé dans leur jeunesse. A l'égard des enfants, il y a bien des raisons de croire que leurs forces et leurs organes se développent plus tard parmi nous qu'ils ne faisoient dans l'état primitif dont je parle. La foiblesse originelle qu'ils tirent de la constitution des parents, les soins qu'on prend d'envelopper et gêner tous leurs membres, la mollesse dans laquelle

ils sont élevés, peut-être l'usage d'un autre lait que celui de leur mère, tout contrarie et retarde en eux les premiers progrès de la nature. L'application qu'on les oblige de donner à mille choses sur lesquelles on fixe continuellement leur attention, tandis qu'on ne donne aucun exercice à leurs forces corporelles, peut encore faire une diversion considérable à leur accroissement; de sorte que, si, au lieu de surcharger et fatiguer d'abord leurs esprits de mille manières, on laissoit exercer leurs corps aux mouvements continuels que la nature semble leur demander, il est à croire qu'ils seroient beaucoup plus tôt en état de marcher, d'agir et de pourvoir eux-mêmes à leurs besoins.

4. Enfin M. Locke prouve tout au plus qu'il pourroit bien y avoir dans l'homme un motif de demeurer attaché à la femme lorsqu'elle a un enfant; mais il ne prouve nullement qu'il a dû s'y attacher avant l'accouchement et pendant les neuf mois de la grossesse. Si telle femme est indifférente à l'homme pendant ces neuf mois, si même elle lui devient inconnue, pourquoi la secourrait-il après l'accouchement? pourquoi lui aidera-t-il à élever un enfant qu'il ne sait pas seulement lui appartenir, et dont il n'a résolu ni prévu la naissance. M. Locke suppose évidemment ce qui est en question; car il ne s'agit pas de savoir pourquoi l'homme demeurera attaché à la femme après l'accouchement, mais pourquoi il s'attachera à elle après la conception. L'appétit satisfait, l'homme n'a plus besoin de telle femme, ni la femme de tel homme. Celui-ci n'a pas le moindre souci, ni peut-être la moindre idée des suites de son action. L'un s'en va d'un côté, l'autre de l'autre, et il n'y a pas d'apparence qu'au bout de neuf mois ils aient la mémoire de s'être connus : car cette espèce de mémoire par laquelle un individu donne la préférence à un individu pour l'acte de la génération, exige, comme je le prouve dans le texte, plus de progrès ou de corruption dans l'entendement humain, qu'on ne peut lui en supposer dans l'état d'animalité dont il s'agit ici. Une autre femme peut donc contenter les nouveaux désirs de l'homme aussi commodément que celle qu'il a déjà connue, et un autre homme contenter de même la femme, supposé qu'elle soit pressée du même appétit pendant l'état de grossesse, de quoi l'on peut raisonnablement douter. Que si dans l'état de nature la femme ne ressent plus la passion de l'homme après la conception de l'enfant, l'obstacle à sa société avec l'homme en devient encore beaucoup plus grand, puisque alors elle n'a plus besoin ni de l'homme qui l'a fécondée, ni d'aucun autre. Il n'y a donc dans l'homme aucune raison de rechercher la même femme, ni dans la femme aucune raison de rechercher le même homme. Le raisonnement de Locke tombe en ruine, et toute la dialectique de ce philosophe ne l'a pas garanti de la faute que Hobbes et d'autres ont commise. Ils avoient à expliquer un fait de l'état de nature, c'est-à-dire d'un état où les hommes vivoient

isolés, et où tel homme n'avoit aucun motif de demeurer à côté
de tel homme, ni peut-être les hommes de demeurer à côté les uns
des autres, ce qui est bien pis, et ils n'ont pas songé à se transporter
au delà des siècles de société, c'est-à-dire de ces temps où les   ‹
hommes ont toujours une raison de demeurer près les uns des
autres, et où tel homme a souvent une raison de demeurer à côté
de tel homme ou de telle femme.

Page 52. — *(m)* Je me garderai bien de m'embarquer dans les
réflexions philosophiques qu'il y auroit à faire sur les avantages et
les inconvénients de cette institution des langues : ce n'est pas à
moi qu'on permet d'attaquer les erreurs vulgaires, et le peuple
lettré respecte trop ses préjugés pour supporter patiemment mes
prétendus paradoxes. Laissons donc parler les gens à qui l'on n'a
point fait un crime d'oser prendre quelquefois le parti de la raison contre l'avis de la multitude. « Nec quidquam felicitati humani
« generis decederet, si, pulsa tot linguarum peste et confusione,
« unam artem callerent mortales, et signis, motibus, gestibusque,
« licitum foret quidvis explicare. Nunc vero ita comparatum est,
« ut animalium quæ vulgo bruta creduntur melior longe quam
« nostra hac in parte videatur conditio, utpote quæ promptius,
« et forsan felicius, sensus et cogitationes suas sine interprete signi-
« ficent, quam ulli queant mortales, præsertim si peregrino utan-
« tur sermone. » (Is Vossius, *de Poemat. cant. et viribus rhythmi,*
page 66.)

Page 55. — *(n)* Platon, montrant combien les idées de la quantité discrète et de ses rapports sont nécessaires dans les moindres
arts, se moque avec raison des auteurs de son temps qui préten-
doient que Palamède avoit inventé les nombres au siège de Troie,
comme si, dit ce philosophe, Agamemnon eût pu ignorer jusque-là
combien il avoit de jambes[1]. En effet, on sent l'impossibilité que
la société et les arts fussent parvenus où ils étoient déjà du temps
du siège de Troie, sans que les hommes eussent l'usage des nombres
et du calcul : mais la nécessité de connoître les nombres avant que
d'acquérir d'autres connoissances, n'en rend pas l'invention plus
aisée à imaginer. Les noms des nombres une fois connus, il est
aisé d'en expliquer le sens et d'exciter les idées que ces noms représentent; mais pour les inventer il fallut, avant de concevoir ces
mêmes idées, s'être pour ainsi dire familiarisé avec les méditations
philosophiques, s'être exercé à considérer les êtres par leur seule
essence et indépendamment de toute autre perception; abstraction
très pénible, très métaphysique, très peu naturelle, et sans laquelle
cependant ces idées n'eussent jamais pu se transporter d'une espèce

1, *De Rep.*, lib. VII.

ou d'un genre à un autre, ni les nombres devenir universels. Un sauvage pouvoit considérer séparément sa jambe droite et sa jambe gauche, ou les regarder ensemble sous l'idée indivisible d'une couple, sans jamais penser qu'il en avoit deux; car autre chose est l'idée représentative qui nous peint un objet, et autre chose l'idée numérique qui le détermine. Moins encore pouvoit-il calculer jusqu'à cinq; et quoique appliquant ses mains l'une sur l'autre, il eût pu remarquer que les doigts se répondoient exactement, il étoit bien loin de songer à leur égalité numérique; il ne savoit pas plus le compte de ses doigts que de ses cheveux; et si, après lui avoir fait entendre ce que c'est que nombres, quelqu'un lui eût dit qu'il avoit autant de doigts aux pieds qu'aux mains, il eût peut-être été fort surpris, en les comparant, de trouver que cela étoit vrai.

Page 58. — *(o)* Il ne faut pas confondre l'amour-propre et l'amour de soi-même, deux passions très différentes par leur nature et par leurs effets. L'amour de soi-même est un sentiment naturel qui porte tout animal à veiller à sa propre conservation, et qui, dirigé dans l'homme par la raison et modifié par la pitié, produit l'humanité et la vertu. L'amour-propre n'est qu'un sentiment relatif, factice, et né dans la société, qui porte chaque individu à faire plus de cas de soi que de tout autre, qui inspire aux hommes tous les maux qu'ils se font mutuellement, et qui est la véritable source de l'honneur.

Ceci bien entendu, je dis que, dans notre état primitif, dans le véritable état de nature, l'amour-propre n'existe pas; car chaque homme en particulier se regardant lui-même comme le seul spectateur qui l'observe, comme le seul être dans l'univers qui prenne intérêt à lui, comme le seul juge de son propre mérite, il n'est pas possible qu'un sentiment qui prend sa source dans des comparaisons qu'il n'est pas à portée de faire puisse germer dans son âme : par la même raison, cet homme ne sauroit avoir ni haine ni désir de vengeance, passions qui ne peuvent naître que de l'opinion de quelque offense reçue; et comme c'est le mépris ou l'intention de nuire, et non le mal, qui constitue l'offense, des hommes qui ne savent ni s'apprécier ni se comparer peuvent se faire beaucoup de violences mutuelles quand il leur en revient quelque avantage, sans jamais s'offenser réciproquement. En un mot, chaque homme, ne voyant guère ses semblables que comme il verroit des animaux d'une autre espèce, peut ravir la proie au plus foible ou céder la sienne au plus fort, sans envisager ces rapines que comme des événements naturels, sans le moindre mouvement d'insolence ou de dépit, et sans autre passion que la douleur ou la joie d'un bon ou mauvais succès.

Page 72. — *(p)* C'est une chose extrêmement remarquable que, depuis tant d'années que les Européens se tourmentent pour amener les sauvages de diverses contrées du monde à leur manière de vivre, ils n'aient pas pu encore en gagner un seul, non pas même à la faveur du christianisme; car nos missionnaires en font quelquefois des chrétiens, mais jamais des hommes civilisés. Rien ne peut surmonter l'invincible répugnance qu'ils ont à prendre nos mœurs et vivre à notre manière. Si ces pauvres sauvages sont aussi malheureux qu'on le prétend, par quelle inconcevable dépravation de jugement refusent-ils constamment de se policer à notre imitation ou d'apprendre à vivre heureux parmi nous, tandis qu'on lit en mille endroits que des François et d'autres Européens se sont réfugiés volontairement parmi ces nations, y ont passé leur vie entière sans pouvoir plus quitter une si étrange manière de vivre, et qu'on voit même des missionnaires sensés regretter avec attendrissement les jours calmes et innocents qu'ils ont passés chez ces peuples si méprisés? Si l'on répond qu'ils n'ont pas assez de lumières pour juger sainement de leur état et du nôtre, je répliquerai que l'estimation du bonheur est moins l'affaire de la raison que du sentiment. D'ailleurs cette réponse peut se rétorquer contre nous avec plus de force encore; car il y a plus loin de nos idées à la disposition d'esprit où il faudroit être pour concevoir le goût que trouvent les sauvages à leur manière de vivre, que des idées des sauvages à celles qui peuvent leur faire concevoir la nôtre. En effet, après quelques observations, il leur est aisé de voir que tous nos travaux se dirigent sur deux seuls objets : savoir, pour soi, les commodités de la vie, et la considération parmi les autres. Mais le moyen pour nous d'imaginer la sorte de plaisir qu'un sauvage prend à passer sa vie seul au milieu des bois, ou à la pêche, ou à souffler dans une mauvaise flûte, sans jamais savoir en tirer un seul ton, et sans se soucier de l'apprendre?

On a plusieurs fois amené des sauvages à Paris, à Londres, et dans d'autres villes; on s'est empressé de leur étaler notre luxe, nos richesses, et tous nos arts les plus utiles et les plus curieux : tout cela n'a jamais excité chez eux qu'une admiration stupide, sans le moindre mouvement de convoitise. Je me souviens entre autres de l'histoire d'un chef de quelques Américains septentrionaux qu'on mena à la cour d'Angleterre il y a une trentaine d'années : on lui fit passer mille choses devant les yeux pour chercher à lui faire quelque présent qui pût lui plaire, sans qu'on trouvât rien dont il parût se soucier. Nos armes lui sembloient lourdes et incommodes, nos souliers lui blessoient les pieds, nos habits le gênoient, il rebutoit tout : enfin on s'aperçut qu'ayant pris une couverture de laine, il sembloit prendre plaisir à s'en envelopper les épaules. « Vous conviendrez au moins, lui dit-on aussitôt, de l'utilité de ce meuble. — Oui, répondit-il, cela me paroît presque aussi bon qu'une

ʼʼᵔau de bête. » Encore n'eût-il pas dit cela s'il eût porté l'une et l'autre à la pluie.

Peut-être me dira-t-on que c'est l'habitude qui, attachant chacun à sa manière de vivre, empêche les sauvages de sentir ce qu'il y a de bon dans la nôtre : et, sur ce pied-là, il doit paroître au moins fort extraordinaire que l'habitude ait plus de force pour maintenir les sauvages dans le goût de leur misère, que les Européens dans la jouissance de leur félicité. Mais pour faire à cette dernière objection une réponse à laquelle il n'y ait pas un mot à répliquer, sans alléguer tous les jeunes sauvages qu'on s'est vainement efforcé de civiliser, sans parler des Groënlandois et des habitants de l'Islande, qu'on a tenté d'élever et nourrir en Danemark, et que la tristesse et le désespoir ont tous fait périr, soit de langueur, soit dans la mer, où ils avoient tenté de regagner leur pays à la nage, je me contenterai de citer un seul exemple bien attesté, et que je donne à examiner aux admirateurs de la police européenne.

« Tous les efforts des missionnaires hollandois du cap de Bonne-Espérance n'ont jamais été capables de convertir un seul Hottentot. Van der Stel, gouverneur du Cap, en ayant pris un dès l'enfance, le fit élever dans les principes de la religion chrétienne, et dans la pratique des usages de l'Europe. On le vêtit richement, on lui fit apprendre plusieurs langues, et ses progrès répondirent fort bien aux soins qu'on prit pour son éducation. Le gouverneur, espérant beaucoup de son esprit, l'envoya aux Indes avec un commissaire général qui l'employa utilement aux affaires de la compagnie. Il revint au Cap après la mort du commissaire. Peu de jours après son retour, dans une visite qu'il rendit à quelques Hottentots de ses parents, il prit le parti de se dépouiller de sa parure européenne pour se revêtir d'une peau de brebis. Il retourna au fort dans ce nouvel ajustement, chargé d'un paquet qui contenoit ses anciens habits ; et, les présentant au gouverneur, il lui tint ce discours : *Ayez la bonté, monsieur, de faire attention que je renonce pour toujours à cet appareil ; je renonce aussi pour toute ma vie à la religion chrétienne ; ma résolution est de vivre et de mourir dans la religion, les manières et les usages de mes ancêtres. L'unique grâce que je vous demande est de me laisser le collier et le coutelas que je porte ; je les garderai pour l'amour de vous.* Aussitôt, sans attendre la réponse de van der Stel, il se déroba par la fuite, et jamais on ne le revit au Cap. » (*Histoire des voyages*, tome V, page 175.)

Page 77. — *(q)* On pourroit m'objecter que, dans un pareil désordre, les hommes, au lieu de s'entr'égorger opiniâtrément, se seroient dispersés, s'il n'y avoit point eu de bornes à leur dispersion ; mais, premièrement, ces bornes eussent au moins été celles du monde ; et si l'on pense à l'excessive population qui résulte de l'état de nature, on jugera que la terre, dans cet état, n'eût pas tardé à être couverte d'hommes, ainsi forcés à se tenir rassemblés. D'ailleurs, ils se seroient dispersés si le mal avoit été rapide, et c'eût été un changement fait du jour au lendemain : mais ils naissoient sous le joug; ils avoient l'habitude de le porter quand ils en sentoient la pesanteur, et ils se contentoient d'attendre l'occasion de le secouer. Enfin, déjà accoutumés à mille commodités qui les forçoient à se tenir rassemblés, la dispersion n'étoit plus si facile que dans les premiers temps, où nul n'ayant besoin que de soi-même, chacun prenoit son parti sans attendre le consentement d'un autre.

Page 79. — *(r)* Le maréchal de Villars contoit que, dans une de ses campagnes, les excessives friponneries d'un entrepreneur des vivres ayant fait souffrir et murmurer l'armée, il le tança vertement et le menaça de le faire pendre. « Cette menace ne me regarde pas, lui répond hardiment le fripon, et je suis bien aise de vous dire qu'on ne pend point un homme qui dispose de cent mille écus. — Je ne sais comment cela se fit, ajoutoit naïvement le maréchal; mais en effet il ne fut point pendu, quoiqu'il eût cent fois mérité de l'être. »

Page 88.—*(s)* La justice distributive s'opposeroit même à cette égalité rigoureuse de l'état de nature, quand elle seroit praticable dans la société civile; et, comme tous les membres de l'État lui doivent des services proportionnés à leurs talents et à leurs forces, les citoyens à leur tour doivent être distingués et favorisés à proportion de leurs services. C'est en ce sens qu'il faut entendre un passage d'Isocrate[1] dans lequel il loue les premiers Athéniens d'avoir bien su distinguer quelle étoit la plus avantageuse des deux sortes d'égalité. dont l'une consiste à faire part des mêmes avantages à tous les citoyens indifféremment, et l'autre à les distribuer selon le mérite de chacun. Ces habiles politiques, ajoute l'orateur, bannissant cette injuste égalité qui ne met aucune différence entre les méchants et les gens de bien, s'attachèrent inviolablement à celle qui récompense et punit chacun selon son mérite. Mais, premièrement, il n'a jamais existé de société, à quelque degré de corruption qu'elles aient pu parvenir, dans laquelle on ne fît aucune différence des méchants et des gens de bien; et dans les matières de mœurs, où la loi ne peut fixer de mesure assez exacte pour servir de règle au magistrat, c'est très sagement que, pour ne pas laisser le sort ou le rang des citoyens à sa discrétion, elle lui interdit le jugement des personnes, pour ne lui laisser que celui des actions. Il n'y a que des mœurs aussi pures que celles des anciens Romains qui puissent supporter des censeurs; et de pareils tribu-

1. *Areopagit.*, § 8, édit, Coray.

naux auroient bientôt tout bouleversé parmi nous. C'est à l'estime publique à mettre de la différence entre les méchants et les gens de bien. Le magistrat n'est juge que du droit rigoureux : mais le peuple est le véritable juge des mœurs, juge intègre et même éclairé sur ce point, qu'on abuse quelquefois, mais qu'on ne corrompt jamais. Les rangs des citoyens doivent donc être réglés, non sur leur mérite personnel, ce qui seroit laisser aux magistrats le moyen de faire une application presque arbitraire de la loi, mais sur les services réels qu'ils rendent à l'État, et qui sont susceptibles d'une estimation plus exacte.

LETTRE A M. D'ALEMBERT

A M. D'ALEMBERT, de l'Académie françoise, de l'Académie royale des sciences de Paris, de celle de Prusse, de la Société royale de Londres, de l'Académie royale des belles-lettres de Suède et de l'Institut de Bologne.

Sur son article GENÈVE, *dans le septième volume de l'Encyclopédie, et particulièrement sur le projet d'établir un théâtre de comédie en cette ville.*

« Dî meliora piis, erroremque hostibus illum. »

Virg. *Georg.* III, v. 513.

PRÉFACE

J'ai tort si j'ai pris en cette occasion la plume sans nécessité: Il ne peut m'être ni avantageux ni agréable de m'attaquer à M. d'Alembert. Je considère sa personne; j'admire ses talents; j'aime ses ouvrages, je suis sensible au bien qu'il a dit de mon pays : honoré moi-même de ses éloges, un juste retour d'honnêteté m'oblige à toutes sortes d'égards envers lui; mais les égards ne l'emportent sur les devoirs que pour ceux dont toute la morale consiste en apparences. Justice et vérité, voilà les premiers devoirs de l'homme. Humanité, patrie, voilà ses premières affections. Toutes les fois que les ménagements particuliers lui font changer cet ordre, il est coupable. Puis-je l'être en faisant ce que j'ai dû? Pour me répondre il faut avoir une patrie à servir, et plus d'amour pour ses devoirs que de crainte de déplaire aux hommes.

Comme tout le monde n'a pas sous les yeux l'Encyclopédie, je vrais transcrire ici de l'article *Genève* le passage qui m'a mis la plume à la main. Il auroit dû l'en faire tomber, si j'aspirois à l'honneur de bien écrire; mais j'ose en rechercher un autre, dans lequel je ne crains la concurrence de personne. En lisant ce passage isolé, plus d'un lecteur sera surpris du zèle qui l'a pu dicter : en le lisant dans son article, on trouvera que la comédie qui n'est pas à Genève, et qui pourroit y être, tient la huitième partie de la place qu'occupent les choses qui y sont.

« On ne souffre point de comédie à Genève : ce n'est pas qu'on y désapprouve les spectacles en eux-mêmes; mais on craint, dit-on, le goût de parure, de dissipation et de libertinage, que les troupes de comédiens répandent parmi la jeunesse. Cependant ne scroit-il pas possible de remédier à cet inconvénient par des lois sévères et bien exécutées sur la conduite des comédiens? Par ce moyen Genève auroit des spectacles et des mœurs, et jouiroit de l'avantage des uns et des autres; les représentations théâtrales formeroient le goût des citoyens, et leur donneroient une finesse de tact, une délicatesse de sentiment qu'il est très difficile d'acquérir sans ce secours : la littérature en profiteroit sans que le libertinage fît des progrès; et Genève réuniroit la sagesse de Lacédémone à la politesse d'Athènes. Une autre considération, digne d'une république si sage et si éclairée, devroit peut-être l'engager à permettre les spectacles. Le préjugé barbare contre la profession de comédien, l'espèce d'avilissement où nous avons mis ces hommes si nécessaires au progrès et au soutien des arts, est certainement une des principales causes qui contribuent au dérèglement que nous leur reprochons : ils cherchent à se dédommager, par les plaisirs, de l'estime que leur état ne peut obtenir. Parmi nous, un comédien qui a des mœurs est doublement respectable; mais à peine lui en sait-on gré. Le traitant qui insulte à l'indigence publique et qui s'en nourrit, le courtisan qui rampe et qui ne paye point ses dettes; voilà l'espèce d'hommes que nous honorons le plus. Si les comédiens étoient non seulement soufferts à Genève, mais contenus d'abord par des règlements sages, protégés ensuite et même considérés dès qu'ils en seroient dignes, enfin absolument placés sur la même ligne que les autres citoyens, cette ville auroit bientôt l'avantage de posséder ce qu'on croit si rare, et qui ne l'est que par notre faute, une troupe de comédiens estimables. Ajoutons que cette troupe deviendroit bientôt la meilleure de l'Europe : plusieurs personnes pleines de goût et de dispositions pour le théâtre, et qui craignent de se déshonorer parmi nous en s'y livrant, accourroient à Genève, pour cultiver non seulement sans honte, mais même avec estime, un talent si agréable et si peu commun. Le séjour de cette ville, que bien des François regardent comme triste par la privation des spectacles, deviendroit alors le séjour des plaisirs honnêtes, comme il est celui de la philosophie et de la liberté; et les étrangers ne seroient plus surpris de voir que, dans une ville où les spectacles décents et réguliers sont défendus, on permette des farces grossières et sans esprit, aussi contraires au bon goût qu'aux bonnes mœurs. Ce n'est pas tout : peu à peu l'exemple des comédiens de Genève, la régularité de leur conduite, et la considération dont elle les feroit jouir, serviroient de modèle aux comédiens des autres nations, et de leçon à ceux qui les ont traités jusqu'ici avec tant de rigueur et même d'inconséquence. On ne les verroit pas d'un côté pensionnés par le gouvernement, et de l'autre un objet d'anathème : nos prêtres perdroient l'habitude de les excommunier, et nos bourgeois de les regarder avec mépris : et une petite république auroit la gloire d'avoir réformé l'Europe sur ce point, plus important peutêtre qu'on ne pense. »

Voilà certainement le tableau le plus agréable et le plus séduisant qu'on pût nous offrir; mais voilà en même temps le plus dangereux conseil qu'on pût nous donner. Du moins, tel est mon sentiment : et mes raisons sont dans cet écrit. Avec quelle avidité la jeunesse de Genève, entraînée par une autorité d'un si grand poids, ne se livrera-t-elle point à des idées auxquelles elle n'a déjà que trop de penchant. Combien, depuis la publication de ce volume, de jeunes Genevois, d'ailleurs bons citoyens, n'attendent-ils que le moment de favoriser l'établissement d'un théâtre, croyant rendre service à la patrie et presque au genre humain ! Voilà le sujet de mes alarmes, voilà le mal que je voudrois prévenir. Je rends justice aux intentions de M. d'Alembert, j'espère qu'il voudra bien la rendre aux miennes; je n'ai pas plus d'envie de lui déplaire que lui de nous nuire. Mais enfin, quand je me tromperois, ne dois-je pas agir, parler, selon ma conscience et mes lumières? Ai-je dû me taire? l'ai-je pu, sans trahir mon devoir et ma patrie?

Pour avoir droit de garder le silence en cette occasion, il faudroit que je n'eusse jamais pris la plume sur des sujets moins nécessaires.

Douce obscurité qui fis trente ans mon bonheur, il faudroit avoir toujours su t'aimer; il faudroit qu'on ignorât que j'ai eu quelques liaisons avec les éditeurs de l'Encyclopédie, que j'ai fourni quelques articles à l'ouvrage, que mon nom se trouve avec ceux des auteurs; il faudroit que mon zèle pour mon pays fût moins connu, qu'on supposât que l'article *Genève* m'eût échappé, ou qu'on ne pût inférer de mon silence que j'adhère à ce qu'il contient ! Rien de tout cela ne pouvant être, il faut donc parler : il faut que je désavoue ce que je n'approuve point, afin qu'on ne m'impute pas d'autres sentiments que les miens. Mes compatriotes n'ont pas besoin de mes conseils, je le sais bien; mais moi, j'ai besoin de m'honorer, en montrant que je pense comme eux sur nos maximes. Je n'ignore pas combien cet écrit, si loin de ce qu'il devroit être, est loin même de ce que j'aurois pu faire en de plus heureux jours. Tant de choses ont concouru à le mettre au-dessous du médiocre où je pouvois autrefois atteindre, que je m'étonne qu'il ne soit pas pire encore. J'écrivois pour ma patrie : s'il étoit vrai que le zèle tînt lieu de talent, j'aurois fait mieux que jamais; mais j'ai vu ce qu'il falloit faire, et n'ai pu l'exécuter. J'ai dit froidement la vérité : qui est-ce qui se soucie d'elle? Triste recommandation pour un livre ! Pour être utile il faut être agréable, et ma plume a perdu cet art-là. Tel me disputera malignement cette perte. Soit : cependant je me sens déchu, et l'on ne tombe pas au-dessous de rien.

Premièrement, il ne s'agit plus ici d'un vain babil de philosophie, mais d'une vérité de pratique importante à tout un peuple. Il ne s'agit plus de parler au petit nombre, mais au public; ni de faire penser les autres, mais d'expliquer nettement ma pensée. Il a donc fallu changer de style, pour me faire mieux entendre à tout le monde, j'ai dit moins de choses en plus de mots; et, voulant être clair et simple, je me suis trouvé lâche et diffus.

Je comptois d'abord sur une feuille ou deux d'impression tout au plus; j'ai commencé à la hâte; et mon sujet s'étendant sous ma plume, je l'ai laissée aller sans contrainte. J'étois malade et triste; et quoique j'eusse grand besoin de distraction, je me sentois si peu en état de penser et d'écrire, que, si l'idée d'un devoir à remplir ne m'eût soutenu, j'aurois jeté cent fois mon papier au feu. J'en suis devenu moins sévère à moi-même. J'ai cherché dans mon travail quelque amusement qui me le fît supporter. Je me suis jeté dans toutes les digressions qui se sont présentées, sans prévoir combien, pour soulager mon ennui, j'en préparois peut-être au lecteur.

Le goût, le choix, la correction, ne sauroient se trouver dans cet ouvrage. Vivant seul, je n'ai pu le montrer à personne. J'avois un Aristarque sévère et judicieux; je ne l'ai plus, je n'en veux plus: mais je le regretterai sans cesse, et il manque bien plus encore à mon cœur qu'à mes écrits[1].

1. « Ad amicum etsi produxeris gladium, non desperes; est enim regressus. Ad « amicum si aperueris os triste, non timeas; est enim concordatio : excepto con- « vicio, et improperio, et superbia, et mysterii revelatione, et plaga dolosa; in his « omnibus effugiet amicus. » (*Ecclesiastic.* XXII, 26, 27.). — « Si vous avez tiré l'épée contre votre ami, n'en désespérez pas; car il y a moyen de revenir. Si vous l'avez attristé par vos paroles, ne craignez rien; il est possible encore de vous réconcilier avec lui. Mais pour l'outrage, le reproche injurieux, la révélation du secret*, et la plaie faite à son cœur en trahison, point de grâce à ses yeux : il s'éloignera sans retour. » Cette traduction est de Marmontel. (*Mémoires*, liv. VII.)

* Rousseau avoit confié à Diderot les remords que lui causoit l'abandon de ses enfants. (ÉD.)

La solitude calme l'âme et apaise les passions que le désordre du monde a fait naître. Loin des vices qui nous irritent, on en parle avec moins d'indignation; loin des maux qui nous touchent, le cœur en est moins ému. Depuis que je ne vois plus les hommes, j'ai presque cessé de haïr les méchants. D'ailleurs le mal qu'ils m'ont fait à moi-même m'ôte le droit d'en dire d'eux. Il faut désormais que je leur pardonne, pour ne leur pas ressembler. Sans y songer, je substituerois l'amour de la vengeance à celui de la justice : il vaut mieux tout oublier. J'espère qu'on ne me trouvera plus cette âpreté qu'on me reprochoit, mais qui me faisoit lire; je consens d'être moins lu, pourvu que je vive en paix.

A ces raisons il s'en joint une autre plus cruelle, et que je voudrois en vain dissimuler; le public ne la sentiroit que trop malgré moi. Si, dans les essais sortis de ma plume, ce papier est encore au-dessous des autres, c'est moins la faute des circonstances que la mienne; c'est que je suis au-dessous de moi-même. Les maux du corps épuisent l'âme : à force de souffrir, elle perd son ressort. Un instant de fermentation passagère produisit en moi quelque lueur de talent : il s'est montré tard, il s'est éteint de bonne heure. En reprenant mon état naturel, je suis rentré dans le néant. Je n'eus qu'un moment; il est passé; j'ai la honte de me survivre. Lecteur, si vous recevez ce dernier ouvrage avec indulgence, vous accueillerez mon ombre; car, pour moi, je ne suis plus.

A Montmorency, le 20 mars 1758.

LETTRE

J'ai lu, monsieur, avec plaisir votre article GENÈVE, dans le septième volume de l'Encyclopédie. En le relisant avec plus de plaisir encore, il m'a fourni quelques réflexions que j'ai cru pouvoir offrir, sous vos auspices, au public et à mes concitoyens. Il y a beaucoup à louer dans cet article; mais si les éloges dont vous honorez ma patrie m'ôtent le droit de vous en rendre, ma sincérité parlera pour moi : n'être pas de votre avis sur quelques points, c'est assez m'expliquer sur les autres.

Je commencerai par celui que j'ai le plus de répugnance à traiter et dont l'examen me convient le moins, mais sur lequel, par la raison que je viens de dire, le silence ne m'est pas permis : c'est le jugement que vous portez de la doctrine de nos ministres en matière de foi. Vous avez fait de ce corps respectable un éloge très beau, très vrai, très propre à eux seuls dans tous les clergés du monde, et qu'augmente encore la considération qu'ils vous ont témoignée, en montrant qu'ils aiment la philosophie, et ne craignent pas l'œil du philosophe. Mais, monsieur, quand on veut honorer les gens, il faut que ce soit à leur manière, et non pas à la nôtre, de peur qu'ils ne s'offensent avec raison des louanges nuisibles, qui, pour être données à bonne intention, n'en blessent pas moins l'état, l'intérêt, les opinions, ou les préjugés de ceux qui en sont l'objet. Ignorez-vous que tout nom de secte est toujours odieux, et que de pareilles imputations, rarement sans conséquences pour des laïques, ne le sont jamais pour des théologiens.

Vous me direz qu'il est question de faits et non de louanges, et que le philosophe a plus d'égard à la vérité qu'aux hommes; mais cette prétendue vérité n'est pas si claire ni si indifférente que vous soyez en droit de l'avancer sans de bonnes autorités, et je ne vois pas où l'on en peut prendre pour prouver que les sentiments qu'un corps professe et sur lesquels il se conduit ne sont pas les siens. Vous me direz encore que vous n'attribuez point à tout le corps ecclésiastique les sentiments dont vous parlez; mais vous les attribuez à plusieurs; et plusieurs, dans un petit nombre, font toujours une si grande partie, que le tout doit s'en ressentir.

Plusieurs pasteurs de Genève n'ont, selon vous, qu'un socinianisme parfait. Voilà ce que vous déclarez hautement à la face de l'Europe. J'ose vous demander comment vous l'avez appris : ce ne peut être que par vos propres conjectures, ou par le témoignage d'autrui, ou sur l'aveu des pasteurs en question.

Or, dans les matières de pur dogme, et qui ne tiennent point à la morale, comment peut-on juger de la foi d'autrui par conjecture? comment peut-on même en juger sur la déclaration d'un tiers contre celle de la personne intéressée? Qui sait mieux que moi ce que je crois ou ne crois pas? et à qui doit-on s'en rapporter là-dessus plutôt qu'à moi-même? Qu'après avoir tiré des discours ou des écrits d'un honnête homme des conséquences sophistiques et désavouées, un prêtre acharné poursuive l'auteur sur ces conséquences, le prêtre fait son métier, et n'étonne personne; mais devons-nous honorer les gens de bien comme un fourbe les persécute? et le philosophe imitera-t-il des raisonnements captieux dont il fut si souvent la victime ?

Il resteroit donc à penser, sur ceux de nos pasteurs que vous prétendez être sociniens parfaits et rejeter les peines éternelles, qu'ils vous ont confié là-dessus leurs sentiments particuliers. Mais, si c'étoit en effet leur sentiment et qu'ils vous l'eussent confié, sans doute ils vous l'auroient dit en secret, dans l'honnête et libre épanchement d'un commerce philosophique; ils l'auroient dit au philosophe et non pas à l'auteur. Ils n'en ont donc rien fait, et ma preuve est sans réplique, c'est que vous l'avez publié.

Je ne prétends point pour cela juger ni blâmer la doctrine que vous leur imputez; je dis seulement qu'on n'a nul droit de la leur imputer, à moins qu'ils ne la reconnoissent; et j'ajoute qu'elle ne ressemble en rien à celle dont ils nous instruisent. Je ne sais ce que c'est que le socinianisme, ainsi je n'en puis parler ni en bien ni en mal (et même, sur quelques notions confuses de cette secte et de son fondateur, je me sens plus d'éloignement que de goût pour elle) : mais, en général, je suis l'ami de toute religion paisible, où l'on sert l'Être éternel selon la raison qu'il nous a donnée[1]. Quand un homme ne peut croire ce qu'il trouve absurde, ce n'est pas sa faute, c'est celle de sa raison[2] : et comment concevrai-je que Dieu

1. La partie de cette phrase qui est imprimée ici entre deux parenthèses est remarquable sous plus d'un rapport. D'abord on la trouve dans l'édition originale (*Amsterdam*, 1758), non comme faisant partie du texte même, mais à la fin de l'ouvrage, et en forme d'*addition* envoyée par l'auteur à son libraire, lorsque l'impression étoit déjà commencée. En second lieu, quoique cette addition, insérée depuis dans le texte, se retrouve dans toutes les éditions postérieures, elle n'est point dans celle de Genève faite en 1782, après la mort de Rousseau, mais sur les matériaux qu'il avoit réunis et fournis lui-même.

Il résulte clairement de ces deux faits : 1° que ce qu'il dit ici de son *éloignement* pour le socinianisme fut une idée conçue après coup et comme l'effet en lui d'une réflexion tardive, si même en cette occasion il n'a pas sacrifié quelque chose à la convenance, en énonçant une disposition que, réellement, il n'avoit point; 2° qu'il s'est dans tous les cas, rétracté à cet égard, et n'a pas voulu, dans l'édition générale dont il avoit préparé les matériaux, laisser subsister un passage contraire à ses véritables sentiments. Car sans doute on ne peut supposer que les éditeurs de Genève aient fait cette suppression de leur chef. Cette rétractation de notre auteur est d'autant plus réelle et indubitable, que, dans une des lettres les plus remarquables de sa Correspondance (à M.***, 15 janvier 1769), il a très clairement énoncé son opinion sur celui qu'il appelle *le sage hébreu*, mis par lui en parallèle avec le sage grec; or cette opinion est celle du socinien le plus décidé. (*Note de M. Petitain.*)

2. Je crois voir un principe qui, bien démontré comme il pourroit l'être, arracheroit à l'instant les armes des mains à l'intolérant et au superstitieux, et calmeroit cette fureur de faire des prosélytes qui semble animer les incrédules : c'est que la raison humaine n'a pas de mesure commune bien déterminée, et qu'il est injuste à tout homme de donner la sienne pour règle à celle des autres.

Supposons de la bonne foi, sans laquelle toute dispute n'est que du caquet. Jusqu'à certain point il y a des principes communs, une évidence commune; et de plus, chacun a sa propre raison qui le détermine : ainsi ce sentiment ne mène point au scepticisme; mais aussi, les bornes générales de la raison n'étant point fixées, et nul n'ayant inspection sur celle d'autrui, voilà tout d'un coup le fier dogmatique arrêté. Si jamais on pouvoit établir la paix où règnent l'intérêt, l'orgueil et

le punisse de ne s'être pas fait un entendement[1] contraire à celui qu'il a reçu de lui? Si un docteur venait m'ordonner de la part de Dieu de croire que la partie est plus grande que le tout, que pourrois-je penser en moi-même, sinon que cet homme vient m'ordonner d'être fou? Sans doute l'orthodoxe, qui ne voit nulle absurdité dans les mystères, est obligé de les croire : mais si le socinien y en trouve, qu'a-t-on à lui dire? Lui prouvera-t-on qu'il n'y en a pas? Il commencera, lui, par vous prouver que c'est une absurdité de raisonner sur ce qu'on ne sauroit entendre. Que faire donc? Le laisser en repos.

Je ne suis pas plus scandalisé que ceux qui servent un Dieu clément rejettent l'éternité des peines, s'ils la trouvent incompatible avec sa justice. Qu'en pareil cas ils interprètent de leur mieux les passages contraires à leur opinion, plutôt que de l'abandonner, que peuvent-ils faire autre chose? nul n'est plus pénétré que moi

l'opinion, c'est par là qu'on termineroit à la fin les dissensions des prêtres et des philosophes. Mais peut-être ne seroit-ce le compte ni des uns ni des autres : il n'y auroit plus ni persécutions ni disputes; les premiers n'auroient personne à tourmenter, les seconds personne à convaincre; autant vaudroit quitter le métier.

Si l'on me demandoit là-dessus pourquoi donc je dispute moi-même, je répondrois que je parle au plus grand nombre, que j'expose des vérités de pratique, que je me fonde sur l'expérience, que je remplis mon devoir, et qu'après avoir dit ce que je pense, je ne trouve point mauvais qu'on ne soit pas de mon avis.

1. Il faut se ressouvenir que j'ai à répondre à un auteur qui n'est pas protestant; et je crois lui répondre en effet, en montrant que ce qu'il accuse nos ministres de faire dans notre religion s'y feroit inutilement, et se fait nécessairement dans plusieurs autres sans qu'on y songe.

Le monde intellectuel, sans en excepter la géométrie, est plein de vérités incompréhensibles, et pourtant incontestables, parce que la raison qui les démontre existantes ne peut les toucher, pour ainsi dire, à travers les bornes qui l'arrêtent, mais seulement les apercevoir. Tel est le dogme de l'existence de Dieu, tels sont les mystères admis dans les communions protestantes. Les mystères qui heurtent la raison, pour me servir des termes de M. d'Alembert, sont tout autre chose. Leur contradiction même les fait rentrer dans ses bornes; elle a toutes les prises imaginables pour sentir qu'ils n'existent pas : car, bien qu'on ne puisse voir une chose absurde, rien n'est si clair que l'absurdité. Voilà ce qui arrive lorsqu'on soutient à la fois deux propositions contradictoires. Si vous me dites qu'un espace d'un pouce est aussi un espace d'un pied, vous ne dites point du tout une chose mystérieuse, obscure, incompréhensible, vous dites au contraire une absurdité lumineuse et palpable, une chose évidemment fausse. De quelque genre que soient les démonstrations qui l'établissent, elles ne sauroient l'emporter sur celle qui la détruit, parce qu'elle est tirée immédiatement des notions primitives qui servent de base à toute certitude humaine. Autrement, la raison, déposant contre elle-même, nous forceroit à la récuser; et, loin de nous faire croire ceci ou cela, elle nous empêcheroit de plus rien croire, attendu que tout principe de foi seroit détruit. Tout homme, de quelque religion qu'il soit, qui dit croire à de pareils mystères, en impose donc, ou ne sait ce qu'il dit.

d'amour ét de respect pour le plus sublime de tous les livres : il me console et m'instruit tous les jours, quand les autres ne m'inspirent plus que du dégoût. Mais je soutiens que, si l'Écriture elle-même nous donnoit de Dieu quelque idée indigne de lui, il faudroit la rejeter en cela comme vous rejetez en géométrie les démonstrations qui mènent à des conclusions absurdes; car, de quelque authenticité que puisse être le texte sacré, il est encore plus croyable que la Bible soit altérée, que Dieu injuste ou malfaisant.

Voilà, monsieur, les raisons qui m'empêcheroient de blâmer ces sentiments dans d'équitables et modérés théologiens, qui de leur propre doctrine apprendroient à ne forcer personne à l'adopter. Je dirai plus, des manières de penser si convenables à une créature raisonnable et foible, si dignes d'un Créateur juste et miséricordieux, me paroissent préférables à cet assentiment stupide qui fait de l'homme une bête, et à cette barbare intolérance qui se plaît à tourmenter dès cette vie ceux qu'elle destine aux tourments éternels dans l'autre. En ce sens je vous remercie pour ma patrie de l'esprit de philosophie et d'humanité que vous reconnoissez dans son clergé, et de la justice que vous aimez à lui rendre; je suis d'accord avec vous sur ce point. Mais, pour être philosophes et tolérants[1], il ne s'ensuit pas que ses membres soient hérétiques. Dans le nom de parti que vous leur donnez, dans les dogmes que vous dites être les leurs, je ne puis ni vous approuver ni vous suivre. Quoiqu'un tel système n'ait rien peut-être que d'honorable à ceux qui l'adoptent, je me garderai de l'attribuer à mes pasteurs, qui ne l'ont pas adopté, de peur que l'éloge que j'en pourrois faire ne fournît à d'autres le sujet d'une accusation très grave, et ne nuisît à ceux que j'aurois prétendu louer. Pourquoi me chargerois-je de la profession de foi d'autrui? N'ai-je pas trop appris à craindre ces imputations téméraires? Combien de gens se sont chargés de la mienne en m'accusant de manquer de religion, qui sûrement ont fort mal lu dans mon cœur! Je ne les taxerai point d'en manquer eux-mêmes; car un des devoirs qu'elle m'impose est de respecter les secrets des consciences. Monsieur, jugeons les actions des hommes, et laissons Dieu juger de leur foi.

---

1. Sur la tolérance chrétienne, on peut consulter le chapitre qui porte ce titre dans le onzième livre de la *Doctrine chrétienne* de M. le professeur Vernet. On y verra par quelles raisons l'Église doit apporter encore plus de ménagement et de circonspection dans la censure des erreurs sur la foi, que dans celle des fautes contre les mœurs, et comment s'allient, dans les règles de cette censure, la douceur du chrétien, la raison du sage et le zèle du pasteur.

En voilà trop peut-être sur un point dont l'examen ne m'appartient pas, et n'est pas aussi le sujet de cette lettre. Les ministres de Genève n'ont pas besoin de la plume d'autrui pour se défendre[1]; ce n'est pas la mienne qu'ils choisiroient pour cela, et de pareilles discussions sont trop loin de mon inclination pour que je m'y livre avec plaisir : mais, ayant à parler du même article où vous leur attribuez des opinions que nous ne leur connoissons point, me taire sur cette assertion, c'étoit y paroître adhérer, et c'est ce que je suis fort éloigné de faire. Sensible au bonheur que nous avons de posséder un corps de théologiens philosophes et pacifiques, ou plutôt un corps d'officiers de morale[2] et de ministres de la vertu, je ne vois naître qu'avec effroi toute occasion pour eux de se rabaisser jusqu'à n'être plus que des gens d'Église. Il nous importe de les conserver tels qu'ils sont. Il nous importe qu'ils jouissent euxmêmes de la paix qu'ils nous font aimer, et que d'odieuses disputes de théologie ne troublent plus leur repos ni le nôtre. Il nous importe enfin d'apprendre toujours, par leurs leçons et par leur exemple, que la douceur et l'humanité sont aussi les vertus du chrétien.

Je me hâte de passer à une discussion moins grave et moins sérieuse, mais qui nous intéresse encore assez pour mériter nos réflexions, et dans laquelle j'entrerai plus volontiers, comme étant un peu plus de ma compétence; c'est celle du projet d'établir un théâtre de comédie à Genève. Je n'exposerai point ici mes conjectures sur les motifs qui vous ont pu porter à nous proposer un établissement si contraire à nos maximes. Quelles que soient vos raisons, il ne s'agit pour moi que des nôtres : et tout ce que je me permettrai de dire à votre égard, c'est que vous serez sûrement le premier philosophe[3] qui jamais ait excité un peuple libre, une

1. C'est ce qu'ils viennent de faire, à ce qu'on m'écrit, par une déclaration publique. Elle ne m'est point parvenue dans ma retraite; mais j'apprends que le public l'a reçue avec applaudissement. Ainsi, non seulement je jouis du plaisir de leur avoir le premier rendu l'honneur qu'ils méritent, mais de celui d'entendre mon jugement unanimement confirmé. Je sens bien que cette déclaration rend le début de ma lettre entièrement superflu, et le rendroit peut-être indiscret dans tout autre cas; mais, étant sur le point de le supprimer, j'ai vu que, parlant du même article qui y a donné lieu, la même raison subsistoit encore, et qu'on pourroit toujours prendre mon silence pour une espèce de consentement. Je laisse donc ces réflexions d'autant plus volontiers, que, si elles viennent hors de propos sur une affaire heureusement terminée, elles ne contiennent en général rien que d'honorable à l'Église de Genève, et que d'utile aux hommes en tout pays.

2. C'est ainsi que l'abbé de Saint-Pierre appeloit toujours les ecclésiastiques, soit pour dire ce qu'ils sont en effet, soit pour exprimer ce qu'ils devroient être.

3. De deux célèbres historiens, tous deux philosophes, tous deux chers à

petite ville, et un État pauvre, à se charger d'un spectacle public.

Que de questions je trouve à discuter dans celle que vous semblez résoudre, si les spectacles sont bons ou mauvais en eux-mêmes? s'ils peuvent s'allier avec les mœurs? si l'austérité républicaine les peut comporter? s'il faut les souffrir dans une petite ville? si la profession de comédien peut être honnête? si les comédiennes peuvent être aussi sages que d'autres femmes? si de bonnes lois suffisent pour réprimer les abus? si ces lois peuvent être bien observées? etc. Tout est problème encore sur les vrais effets du théâtre, parce que les disputes qu'il occasionne ne partageant que les gens d'Église et les gens du monde, chacun ne l'envisage que par ses préjugés. Voilà, monsieur, des recherches qui ne seroient pas indignes de votre plume. Pour moi, sans croire y suppléer, je me contenterai de chercher, dans cet essai, les éclaircissements que vous nous avez rendus nécessaires; vous priant de considérer qu'en disant mon avis, à votre exemple, je remplis un devoir envers ma patrie, et qu'au moins, si je me trompe dans mon sentiment, cette erreur ne peut nuire à personne.

Au premier coup d'œil jeté sur ces institutions, je vois d'abord qu'un spectacle est un amusement, et, s'il est vrai qu'il faille des amusements à l'homme, vous conviendrez au moins qu'ils ne sont permis qu'autant qu'ils sont nécessaires, et que tout amusement inutile est un mal pour un être dont la vie est si courte et le temps si précieux. L'état d'homme a ses plaisirs, qui dérivent de sa nature, et naissent de ses travaux, de ses rapports, de ses besoins; et ces plaisirs, d'autant plus doux que celui qui les goûte a l'âme plus saine, rendent quiconque en sait jouir peu sensible à tous les autres. Un père, un fils, un mari, un citoyen, ont des devoirs si chers à remplir, qu'ils ne leur laissent rien à dérober à l'ennui. Le bon emploi du temps rend le temps plus précieux encore; et mieux on le met à profit, moins on en sait trouver à perdre. Aussi voit-on constamment que l'habitude du travail rend l'inaction insupportable, et qu'une bonne conscience éteint le goût des plaisirs frivoles : mais c'est le mécontentement de soi-même, c'est le poids de l'oisiveté, c'est l'oubli des goûts simples et naturels, qui rendent si nécessaire un amusement étranger. Je n'aime point qu'on ait besoin d'attacher incessamment son cœur sur la scène, comme s'il étoit mal à son aise au-dedans de nous. La nature même a dicté la réponse

M. d'Alembert, le moderne seroit de son avis peut-être; mais Tacite, qu'il aime, qu'il médite, qu'il daigne traduire, le grave Tacite qu'il cite si volontiers, et qu'à l'obscurité près il imite si bien quelquefois, en eût-il été de même?

de ce barbare[1] à qui l'on vantoit les magnificences du cirque et des
jeux établis à Rome : « Les Romains, demanda ce bon homme,
n'ont-ils ni femmes ni enfants? » Le barbare avoit raison. L'on
croit s'assembler au spectacle, et c'est là que chacun s'isole; c'est
là qu'on va oublier ses amis, ses voisins, ses proches, pour s'intéresser à des fables, pour pleurer les malheurs des morts, ou rire
aux dépens des vivants. Mais j'aurois dû sentir que ce langage n'est
plus de saison dans notre siècle. Tâchons d'en prendre un qui soit
mieux entendu.

Demander si les spectacles sont bons ou mauvais en eux-mêmes,
c'est faire une question trop vague; c'est examiner un rapport
avant que d'avoir fixé les termes. Les spectacles sont faits pour le
peuple, et ce n'est que par leurs effets sur lui qu'on peut déterminer leurs qualités absolues. Il peut y avoir des spectacles d'une
infinité d'espèces[2] : il y a de peuple à peuple une prodigieuse diversité de mœurs, de tempéraments, de caractères. L'homme est un,
je l'avoue; mais l'homme modifié par les religions, par les gouvernements, par les lois, par les coutumes, par les préjugés, par les climats, devient si différent de lui-même, qu'il ne faut plus chercher
parmi nous ce qui est bon aux hommes en général, mais ce qui leur
est bon dans tel temps ou dans tel pays. Ainsi les pièces de Mé-
nandre, faites pour le théâtre d'Athènes, étoient déplacées sur
celui de Rome : ainsi les combats de gladiateurs, qui, sous la république, animoient le courage et la valeur des Romains, n'inspi-
roient, sous les empereurs, à la populace de Rome, que l'amour du

---

1. Chrysost., *in Matth.*, Homél. 38.

2. « Il peut y avoir des spectacles blâmables en eux-mêmes, comme ceux qui
sont inhumains ou indécents et licencieux : tels étoient quelques-uns des spectacles parmi les païens. Mais il en est aussi d'indifférents en eux-mêmes, qui ne
deviennent mauvais que par l'abus qu'on en fait. Par exemple, les pièces de
théâtre n'ont rien de mauvais en tant qu'on y trouve une peinture des caractères
et des actions des hommes, où l'on pourroit même donner des leçons agréables et
utiles pour toutes les conditions : mais si l'on y débite une morale relâchée, si
les personnes qui exercent cette profession mènent une vie licencieuse et servent
à corrompre les autres, si de tels spectacles entretiennent la vanité, la fainéantise, le luxe, l'impudicité, il est visible alors que la chose tourne en abus, et qu'à
moins qu'on ne trouve le moyen de corriger ces abus ou de s'en garantir, il vaut
mieux renoncer à cette sorte d'amusement. » (*Instructions chrétiennes*[*], tome III,
liv. III, chap. XVI.)

Voilà l'état de la question bien posé. Il s'agit de savoir si la morale du théâtre
est nécessairement relâchée, si les abus sont inévitables, si les inconvénients dérivent de la nature de la chose, ou s'ils viennent de causes qu'on ne puisse écarter.

* Cinq vol. in-8°. *Amsterdam*, 1755. C'est un ouvrage du m ̀me professeur Vernet, auteur de la *Doctrine chrétienne* précédemment citée.

sang et la crauté : du même objet offert au même peuple en différents temps, il apprit d'abord à mépriser sa vie, et ensuite à se jouer de celle d'autrui.

Quant à l'espèce des spectacles, c'est nécessairement le plaisir qu'ils donnent, et non leur utilité, qui la détermine. Si l'utilité peut s'y trouver, à la bonne heure; mais l'objet principal est de plaire, et, pourvu que le peuple s'amuse, cet objet est assez rempli. Cela seul empêchera toujours qu'on ne puisse donner à ces sortes d'établissements tous les avantages dont ils seroient susceptibles, et c'est s'abuser beaucoup que de s'en former une idée de perfection qu'on ne sauroit mettre en pratique sans rebuter ceux qu'on croit instruire. Voilà d'où naît la diversité des spectacles selon les goûts divers des nations. Un peuple intrépide, grave et cruel, veut des fêtes meurtrières et périlleuses, où brillent la valeur et le sang-froid. Un peuple féroce et bouillant veut du sang, des combats, des passions atroces. Un peuple voluptueux veut de la musique et des danses. Un peuple galant veut de l'amour et de la politesse. Un peuple badin veut de la plaisanterie et du ridicule. *Trahit sua quemque voluptas.* Il faut, pour leur plaire, des spectacles qui favorisent leurs penchants, au lieu qu'il en faudroit qui les modérassent.

La scène, en général, est un tableau des passions humaines, dont l'original est dans tous les cœurs : mais si le peintre n'avoit soin de flatter ces passions, les spectateurs seroient bientôt rebutés, et ne voudroient plus se voir sous un aspect qui les fît mépriser d'eux-mêmes. Que s'il donne à quelques-uns les couleurs odieuses, c'est seulement à celles qui ne sont point générales, et qu'on hait naturellement. Ainsi l'auteur ne fait encore en cela que suivre le sentiment du public; et alors ces passions de rebut sont toujours employées à en faire valoir d'autres, sinon plus légitimes, du moins plus au gré des spectateurs. Il n'y a que la raison qui ne soit bonne à rien sur la scène. Un homme sans passions, ou qui les domineroit toujours, n'y sauroit intéresser personne; et l'on a déjà remarqué qu'un stoïcien, dans la tragédie, seroit un personnage insupportable; dans la comédie, il feroit rire tout au plus.

Qu'on n'attribue donc pas au théâtre le pouvoir de changer des sentiments ni des mœurs qu'il ne peut que suivre et embellir. Un auteur qui voudroit heurter le goût général composeroit bientôt pour lui seul. Quand Molière corrigea la scène comique, il attaqua des modes, des ridicules; mais il ne choqua pas pour cela le goût du public[1], il le suivit ou le développa, comme fit aussi Corneille de son côté. C'étoit l'ancien théâtre qui commençoit à choquer ce goût, parce que, dans un siècle devenu plus poli, le théâtre gardoit sa première grossièreté. Aussi, le goût général ayant changé depuis ces deux auteurs, si leurs chefs-d'œuvre étoient encore à paroître, tomberoient-ils infailliblement aujourd'hui. Les connoisseurs ont beau les admirer toujours, si le public les admire encore, c'est plus par honte de s'en dédire que par un vrai sentiment de leurs beautés. On dit que jamais une bonne pièce ne tombe : vraiment je le crois bien, c'est que jamais une bonne pièce ne choque les mœurs[2] de son temps. Qui est-ce qui doute que sur nos théâtres la meilleure pièce de Sophocle ne tombât tout à plat? On ne sauroit se mettre à la place des gens qui ne nous ressemblent point.

Tout auteur qui veut nous peindre des mœurs étrangères a pourtant grand soin d'approprier sa pièce aux nôtres. Sans cette précaution, l'on ne réussit jamais, et le succès même de ceux qui l'ont prise a souvent des causes bien différentes de celles que lui suppose un observateur superficiel. Quand *Arlequin sauvage*[3] est si bien accueilli des spectateurs, pense-t-on que ce soit par le goût qu'ils prennent pour le sens et la simplicité de ce personnage, et qu'un seul d'entre eux voulût pour cela lui ressembler? C'est, tout au contraire, que cette pièce favorise leur tour d'esprit, qui est d'aimer et rechercher les idées neuves et singulières. Or il n'y en a point de plus neuves pour eux que celles de la nature. C'est précisément leur aversion pour les choses communes qui les ramène quelquefois aux choses simples.

1. Pour peu qu'il anticipât, ce Molière lui-même avoit peine à se soutenir : le plus parfait de ses ouvrages tomba dans sa naissance, parce qu'il le donna trop tôt, et que le public n'étoit pas mûr encore pour le *Misanthrope*.

Tout ceci est fondé sur une maxime évidente; savoir qu'un peuple suit souvent des usages qu'il méprise, ou qu'il est prêt à mépriser, sitôt qu'on osera lui en donner l'exemple. Quand, de mon temps, on jouoit la fureur des pantins, on ne faisoit que dire au théâtre ce que pensoient ceux mêmes qui passoient leur journée à ce sot amusement : mais les goûts constants d'un peuple, ses coutumes, ses vieux préjugés, doivent être respectés sur la scène. Jamais poète ne s'est bien trouvé d'avoir violé cette loi.

2. Je dis le goût ou les mœurs indifféremment; car, bien que l'une de ces choses ne soit pas l'autre, elles ont toujours une origine commune et souffrent les mêmes révolutions. Ce qui ne signifie pas que le bon goût et les bonnes mœurs règnent toujours en même temps, proposition qui demande éclaircissement et discussion, mais qu'un certain état du goût répond toujours à un certain état des mœurs, ce qui est incontestable.

3. Comédie de Delisle de la Drevetière, jouée au Théâtre-Italien, en 1721, et reprise plusieurs fois avec un égal succès. (ÉD.)

Il s'ensuit de ces premières observations que l'effet général du spectacle est de renforcer le caractère national, d'augmenter les inclinations naturelles, et de donner une nouvelle énergie à toutes les passions. En ce sens il semblerait que, cet effet se bornant à charger, et non changer les mœurs établies, la comédie seroit bonne aux bons et mauvaise aux méchants. Encore, dans le premier cas, resteroit-il toujours à savoir si les passions trop irritées ne dégénèrent point en vices. Je sais que la poétique du théâtre prétend faire tout le contraire, et purger les passions en les excitant : mais j'ai peine à bien concevoir cette règle. Seroit-ce que, pour devenir tempérant et sage, il faut commencer par être furieux et fou?

« Eh! non, ce n'est pas cela, disent les partisans du théâtre. La tragédie prétend bien que toutes les passions dont elle fait des tableaux nous émeuvent, mais elle ne veut pas toujours que notre affection soit la même que celle du personnage tourmenté par une passion. Le plus souvent, au contraire, son but est d'exciter en nous des sentiments opposés à ceux qu'elle prête à ses personnages.» Ils disent encore que, si les auteurs abusent du pouvoir d'émouvoir les cœurs pour mal placer l'intérêt, cette faute doit être attribuée à l'ignorance et à la dépravation des artistes, et non point à l'art. Ils disent enfin que la peinture fidèle des passions et des peines qui les accompagnent suffit seule pour nous les faire éviter avec tout le soin dont nous sommes capables.

Il ne faut, pour sentir la mauvaise foi de toutes ces réponses, que consulter l'état de son cœur à la fin d'une tragédie. L'émotion, le trouble et l'attendrissement, qu'on sent en soi-même, et qui se prolongent après la pièce, annoncent-ils une disposition bien prochaine à surmonter et à régler nos passions? Les impressions vives et touchantes dont nous prenons l'habitude, et qui reviennent si souvent, sont-elles bien propres à modérer nos sentiments au besoin? Pourquoi l'image des peines qui naissent des passions effaceroit-elle celle des transports de plaisir et de joie qu'on en voit aussi naître, et que les auteurs ont soin d'embellir encore pour rendre leurs pièces plus agréables? Ne sait-on pas que toutes les passions sont sœurs, qu'une seule suffit pour en exciter mille, et que les combattre l'une par l'autre n'est qu'un moyen de rendre le cœur plus sensible à toutes? Le seul instrument qui serve à les purger est la raison; et j'ai déjà dit que la raison n'avoit nul effet au théâtre. Nous ne partageons pas les affections de tous les personnages, il est vrai; car, leurs intérêts étant opposés, il faut bien que l'auteur nous en fasse préférer quelqu'un, autrement nous n'en prendrions point du tout; mais, loin de choisir pour cela les passions qu'il veut nous faire aimer, il est forcé de choisir celles que nous aimons. Ce que j'ai dit du genre des spectacles doit s'entendre encore de l'intérêt qu'on y fait régner. A Londres, un drame intéresse en y faisant haïr les François; à Tunis, la belle passion seroit la piraterie; à Messine, une vengeance bien savoureuse; à Goa, l'honneur de brûler les Juifs. Qu'un auteur[1] choque ces maximes, il pourra faire une fort belle pièce où l'on n'ira point : et c'est alors qu'il faudra taxer cet auteur d'ignorance, pour avoir manqué à la première loi de son art, à celle qui sert de base à toutes les autres, qui est de réussir. Ainsi le théâtre purge les passions qu'on n'a pas, et fomente celles qu'on a. Ne voilà-t-il pas un remède bien administré?

Il y a donc un concours de causes générales et particulières qui doivent empêcher qu'on ne puisse donner aux spectacles la perfection dont on les croit susceptibles, et qu'ils ne produisent les effets avantageux qu'on semble en attendre. Quand on supposeroit même cette perfection aussi grande qu'elle peut être, et le peuple aussi bien disposé qu'on voudra, encore ces effets se réduiroient-ils à rien, faute de moyens pour les rendre sensibles. Je ne sache que trois sortes d'instruments à l'aide desquels on puisse agir sur les mœurs d'un peuple; savoir, la force des lois, l'empire de l'opinion, et l'attrait du plaisir. Or les lois n'ont nul accès au théâtre, dont la moindre contrainte feroit[2] une peine et non pas un amusement. L'opinion n'en dépend point, puisqu'au lieu de faire la loi au public, le théâtre la reçoit de lui; et, quant au plaisir qu'on y peut prendre, tout son effet est de nous y ramener plus souvent.

Examinons s'il en peut avoir d'autres. Le théâtre, me dit-on, dirigé comme il peut et doit l'être, rend la vertu aimable et le vice

---

1. Qu'on mette, pour voir, sur la scène françoise un homme droit et vertueux, mais simple et grossier, sans amour, sans galanteries, et qui ne fasse point de belles phrases; qu'on y mette un sage sans préjugés, qui, ayant reçu un affront d'un spadassin, refuse de s'aller faire égorger par l'offenseur; et qu'on épuise tout l'art du théâtre pour rendre ces personnages intéressants comme le Cid au peuple françois : j'aurai tort si l'on réussit.

2. Les lois peuvent déterminer les sujets, la forme des pièces, la manière de les jouer; mais elles ne sauroient forcer le public à s'y plaire. L'empereur Néron, chantant au théâtre, faisoit égorger ceux qui s'endormoient; encore ne pouvoit-il tenir tout le monde éveillé; et peu s'en fallut que le plaisir d'un court sommeil ne coûtât la vie à Vespasien*. Nobles acteurs de l'Opéra de Paris, ah! si vous eussiez joui de la puissance impériale, je ne gémirois pas maintenant d'avoir trop vécu !

* Sueton. *In Vespas*, cap. IV; Tacit., *Ann.*, XVI, 5,

odieux. Quoi donc! avant qu'il y eût des comédies n'aimait-on point les gens de bien? ne haïssoit-on point les méchants? et ces sentiments sont-ils plus foibles dans les lieux dépourvus de spectacles? Le théâtre rend la vertu aimable... Il opère un grand prodige de faire ce que la nature et la raison font avant lui! Les méchants sont haïs sur la scène... Sont-ils aimés dans la société, quand on les y connoît pour tels? Est-il bien sûr que cette haine soit plutôt l'ouvrage de l'auteur que des forfaits qu'il leur fait commettre? Est-il bien sûr que le simple récit de ces forfaits nous en donneroit moins d'horreur que toutes les couleurs dont il nous les peint? Si tout son art consiste à nous montrer des malfaiteurs pour nous les rendre odieux, je ne vois point ce que cet art a de si admirable, et l'on ne prend là-dessus que trop d'autres leçons sans celle-là. Oserai-je ajouter un soupçon qui me vient? Je doute que tout homme à qui l'on exposera d'avance les crimes de Phèdre ou de Médée ne les déteste plus encore au commencement qu'à la fin de la pièce : et si ce doute est fondé, que faut-il penser de cet effet si vanté du théâtre?

Je voudrois bien qu'on me montrât clairement et sans verbiage par quels moyens il pourroit produire en nous des sentiments que nous n'aurions pas, et nous faire juger des êtres moraux autrement que nous n'en jugeons en nous-mêmes. Que toutes ces vaines prétentions approfondies sont puériles et dépourvues de sens! Ah! si la beauté de la vertu étoit l'ouvrage de l'art, il y a longtemps qu'il l'auroit défigurée. Quant à moi, dût-on me traiter de méchant encore pour oser soutenir que l'homme est né bon, je le pense et crois l'avoir prouvé : la source de l'intérêt qui nous attache à ce qui est honnête, et nous inspire de l'aversion pour le mal, est en nous et non dans les pièces. Il n'y a point d'art pour produire cet intérêt, mais seulement pour s'en prévaloir. L'amour du beau[1] est un sentiment aussi naturel au cœur humain que l'amour de soi-même; il n'y naît point d'un arrangement de scènes, l'auteur ne l'y porte pas, il l'y trouve; et de ce pur sentiment qu'il flatte naissent les douces larmes qu'il fait couler.

Imaginez la comédie aussi parfaite qu'il vous plaira; où est celui

---

1. C'est du beau moral qu'il est ici question. Quoi qu'en disent les philosophes, cet amour est inné dans l'homme, et sert de principe à la conscience. Je puis citer en exemple de cela la petite pièce de *Nanine*, qui a fait murmurer l'assemblée, et ne s'est soutenue que par la grande réputation de l'auteur; et cela parce que l'honneur, la vertu, les purs sentiments de la nature, y sont préférés à l'impertinent préjugé des conditions.

qui, s'y rendant pour la première fois, n'y va pas déjà convaincu de ce qu'on y prouve, et déjà prévenu pour ceux qu'on y fait aimer? Mais ce n'est pas de cela qu'il est question, c'est d'agir conséquemment à ses principes et d'imiter les gens qu'on estime. Le cœur de l'homme est toujours droit sur tout ce qui ne se rapporte pas personnellement à lui. Dans les querelles dont nous sommes purement spectateurs, nous prenons à l'instant le parti de la justice, et il n'y a point d'acte de méchanceté qui ne nous donne une vive indignation, tant que nous n'en tirons aucun profit; mais, quand notre intérêt s'y mêle, bientôt nos sentiments se corrompent, et c'est alors seulement que nous préférons le mal qui nous est utile au bien que nous fait aimer la nature. N'est-ce pas un effet nécessaire de la constitution des choses, que le méchant tire un double avantage de son injustice et de la probité d'autrui? Quel traité plus avantageux pourroit-il faire, que d'obliger le monde entier d'être juste, excepté lui seul, en sorte que chacun lui rendît fidèlement ce qui lui est dû, et qu'il ne rendît ce qu'il doit à personne? Il aime la vertu, sans doute; mais il l'aime dans les autres, parce qu'il espère en profiter; il n'en veut point pour lui, parce qu'elle lui seroit coûteuse. Que va-t-il donc voir au spectacle? Précisément ce qu'il voudroit trouver partout; des leçons de vertu pour le public, dont il s'excepte, et des gens immolant tout à leur devoir, tandis qu'on n'exige rien de lui.

J'entends dire que la tragédie mène à la pitié par la terreur, soit. Mais quelle est cette pitié? Une émotion passagère et vaine, qui ne dure pas plus que l'illusion qui l'a produite; un reste de sentiment naturel étouffé bientôt par les passions, une pitié stérile, qui se repaît de quelques larmes, et n'a jamais produit le moindre acte d'humanité. Ainsi pleuroit le sanguinaire Sylla au récit des maux qu'il n'avoit pas faits lui-même : ainsi se cachoit le tyran de Phères au spectacle, de peur qu'on ne le vît gémir avec Andromaque et Priam[1], tandis qu'il écoutoit sans émotions les cris de tant d'infortunés qu'on égorgeoit tous les jours par ses ordres. Tacite rapporte[2] que Valérius Asiaticus, accusé calomnieusement par l'ordre de Messaline qui vouloit le faire périr, se défendit par-devant l'empereur d'une manière qui toucha extrêmement ce prince et arracha des larmes à Messaline elle-même. Elle entra dans une chambre voisine pour se remettre, après avoir, tout en pleurant, averti

---

1. Plutarque, *de la Fortune d'Alexandre*, II, § 2. Voy. le même trait dans Montaigne, liv. II, chap. XXVII. (ÉD.)

2. *Annal*, XI, 2. (ÉD.)

Vitellius à l'oreille de ne pas laisser échapper l'accusé. Je ne vois pas au spectacle une de ces pleureuses de loges si fières de leurs larmes, que je ne songe à celles de Messaline pour ce pauvre Valérius Asiaticus.

Si, selon la remarque de Diogène Laërce, le cœur s'attendrit plus volontiers à des maux feints qu'à des maux véritables : si les imitations du théâtre nous arrachent quelquefois plus de pleurs que ne le feroit la présence même des objets imités, c'est moins, comme le pense l'abbé du Bos, parce que les émotions sont plus foibles et ne vont pas jusqu'à la douleur[1], que parce qu'elles sont pures et sans mélange d'inquiétude pour nous-mêmes. En donnant des pleurs à ces fictions, nous avons satisfait à tous les droits de l'humanité, sans avoir plus rien à mettre du nôtre; au lieu que les infortunés en personne exigeroient de nous des soins, des soulagements, des consolations, des travaux, qui pourroient nous associer à leurs peines, qui coûteroient du moins à notre indolence, et dont nous sommes bien aises d'être exemptés. On diroit que notre cœur se resserre, de peur de s'attendrir à nos dépens.

Au fond, quand un homme est allé admirer de belles actions dans des fables et pleurer des malheurs imaginaires, qu'a-t-on encore à exiger de lui? N'est-il pas content de lui-même? Ne s'applaudit-il pas de sa belle âme? Ne s'est-il pas acquitté de tout ce qu'il doit à la vertu par l'hommage qu'il vient de lui rendre? Que voudroit-on qu'il fît de plus? Qu'il la pratiquât lui-même? il n'a point de rôle à jouer : il n'est pas comédien.

Plus j'y réfléchis, et plus je trouve que tout ce qu'on met en représentation au théâtre, on ne l'approche pas de nous, on l'en éloigne. Quand je vois *le Comte d'Essex*, le règne d'Élisabeth se recule, à mes yeux, de dix siècles; et si l'on jouoit un événement arrivé hier dans Paris, on me le feroit supposer du temps de Molière. Le théâtre a ses règles, ses maximes, sa morale à part, ainsi que son langage et ses vêtements. On se dit bien que rien de tout cela ne nous convient, et l'on se croirait aussi ridicule d'adopter les vertus de ses héros que de parler en vers et d'endosser un habit à la

---

1. Il dit que le poëte ne nous afflige qu'autant que nous le voulons; qu'il ne nous fait aimer ses héros qu'autant qu'il nous plaît. Cela est contre toute expérience. Plusieurs s'abstiennent d'aller à la tragédie, parce qu'ils en sont émus au point d'en être incommodés; d'autres, honteux de pleurer au spectacle, y pleurent pourtant malgré eux; et ces effets ne sont pas assez rares pour n'être qu'une exception à la maxime de cet auteur.

romaine. Voilà donc à peu près à quoi servent tous ces grands sentiments et toutes ces brillantes maximes qu'on vante avec tant d'emphase; à les reléguer à jamais sur la scène, et à nous montrer la vertu comme un jeu de théâtre, bon pour amuser le public, mais qu'il y auroit de la folie à vouloir transporter sérieusement dans la société. Ainsi la plus avantageuse impression des meilleures tragédies est de réduire à quelques affections passagères, stériles, et sans effet, tous les devoirs de l'homme; à nous faire applaudir de notre courage en louant celui des autres, de notre humanité en plaignant les maux que nous aurions pu guérir, de notre charité en disant au pauvre : Dieu vous assiste !

On peut, il est vrai, donner un appareil plus simple à la scène, et rapprocher dans la comédie le ton du théâtre de celui du monde : mais de cette manière on ne corrige pas les mœurs, on les peint; et un laid visage ne paraît point laid à celui qui le porte. Que si l'on veut les corriger par leur charge, on quitte la vraisemblance et la nature, et le tableau ne fait plus d'effet. La charge ne rend pas les objets haïssables, elle ne les rend que ridicules; et de là résulte un très grand inconvénient, c'est qu'à force de craindre les ridicules, les vices n'effrayent plus, et qu'on ne sauroit guérir les premiers sans fomenter les autres. Pourquoi, direz-vous, supposer cette opposition nécessaire? Pourquoi, monsieur? Parce que les bons ne tournent point les méchants en dérision, mais les écrasent de leur mépris, et que rien n'est moins plaisant et risible que l'indignation de la vertu. Le ridicule, au contraire, est l'arme favorite du vice. C'est par elle qu'attaquant dans le fond des cœurs le respect qu'on doit à la vertu, il éteint enfin l'amour qu'on lui porte.

Ainsi tout nous force d'abandonner cette vaine idée de perfection qu'on nous veut donner de la forme des spectacles, dirigés vers l'utilité publique. C'est une erreur, disoit le grave Muralt, d'espérer qu'on y montre fidèlement les véritables rapports des choses : car, en général, le poète ne peut qu'altérer ces rapports pour les accommoder au goût du peuple. Dans le comique, il les diminue et les met au-dessous de l'homme; dans le tragique, il les étend pour les rendre héroïques, et les met au-dessus de l'humanité. Ainsi jamais ils ne sont à sa mesure, et toujours nous voyons au théâtre d'autres êtres que nos semblables. J'ajouterai que cette différence est si vraie et si reconnue, qu'Aristote en fait une règle dans sa Poétique[1] : *Comœdia enim deteriores, tragœdia meliores quam nunc sunt, imi-*

tari conantur. Ne voilà-t-il pas une imitation bien entendue, qui se propose pour objet ce qui n'est point, et laisse, entre le défaut et l'excès, ce qui est, comme une chose inutile? Mais qu'importe la vérité de l'imitation, pourvu que l'illusion y soit? il ne s'agit que de piquer la curiosité du peuple. Ces productions d'esprit, comme la plupart des autres, n'ont pour but que les applaudissements. Quand l'auteur en reçoit et que les acteurs les partagent, la pièce est parvenue à son but, et l'on n'y cherche point d'autre utilité. Or, si le bien est nul, reste le mal; et, comme celui-ci n'est pas douteux, la question me paroît décidée. Mais passons à quelques exemples qui puissent en rendre la solution plus sensible.

Je crois pouvoir avancer, comme une vérité facile à prouver, en conséquence des précédentes, que le théâtre françois, avec les défauts qui lui restent, est cependant à peu près aussi parfait qu'il peut l'être, soit pour l'agrément, soit pour l'utilité; et que ces deux avantages y sont dans un rapport qu'on ne peut troubler sans ôter à l'un plus qu'on ne donneroit à l'autre, ce qui rendroit ce même théâtre moins parfait encore. Ce n'est pas qu'un homme de génie ne puisse inventer un genre de pièces préférable à ceux qui sont établis; mais ce nouveau genre, ayant besoin pour se soutenir des talents de l'auteur, périra nécessairement avec lui; et ses successeurs, dépourvus des mêmes ressources, seront toujours forcés de revenir aux moyens communs d'intéresser et de plaire. Quels sont ces moyens parmi nous? Des actions célèbres, de grands noms, de grands crimes et de grandes vertus dans la tragédie; le comique et le plaisant dans la comédie; et toujours l'amour dans toutes deux[1]. Je demande quel profit les mœurs peuvent tirer de tout cela.

On me dira que, dans ces pièces, le crime est toujours puni, et la vertu toujours récompensée. Je réponds que, quand cela seroit, la plupart des actions tragiques, n'étant que de pures fables, des événements qu'on sait être de l'invention du poète, ne font pas une grande impression sur les spectateurs; à force de leur montrer qu'on veut les instruire, on ne les instruit plus. Je réponds encore que ces punitions et ces récompenses s'opèrent toujours par des moyens si peu communs, qu'on n'attend rien de pareil dans le cours naturel des choses humaines. Enfin je réponds en niant le fait. Il n'est ni ne peut être généralement vrai : car, cet objet n'étant point celui

---

1. Les Grecs n'avoient pas besoin de fonder sur l'amour le principal intérêt de leur tragédie, et ne l'y fondoient pas en effet. La nôtre, qui n'a pas la même ressource, ne sauroit se passer de cet intérêt. On verra dans la suite la raison de cette différence.

sur lequel les auteurs dirigent leurs pièces, ils doivent rarement l'atteindre, et souvent il seroit un obstacle au succès. Vice ou vertu, qu'importe, pourvu qu'on en impose par un air de grandeur? Aussi la scène sans contredit la plus parfaite, ou du moins la plus régulière qui ait encore existé, n'est-elle pas moins le triomphe des grands scélérats que des plus illustres héros : témoin Catilina, Mahomet, Atrée, et beaucoup d'autres.

Je comprends bien qu'il ne faut pas toujours regarder à la catastrophe pour juger de l'effet moral d'une tragédie, et qu'à cet égard l'objet est rempli quand on s'intéresse pour l'infortuné vertueux plus que pour l'heureux coupable, ce qui n'empêche point qu'alors la prétendue règle ne soit violée. Comme il n'y a personne qui n'aimât mieux être Britannicus que Néron, je conviens qu'on doit compter en ceci pour bonne la pièce qui les représente, quoique Britannicus y périsse. Mais, par le même principe, quel jugement porterons-nous d'une tragédie où, bien que les criminels soient punis, ils nous sont présentés sous un aspect si favorable, que tout l'intérêt est pour eux, où Caton, le plus grand des humains, fait le rôle d'un pédant; où Cicéron, le sauveur de la république, Cicéron, de tous ceux qui portèrent le nom de pères de la patrie le premier qui en fut honoré et le seul qui le mérita, nous est montré comme un vil rhéteur, un lâche; tandis que l'infâme Catilina, couvert de crimes qu'on n'oseroit nommer, près d'égorger tous ses magistrats et de réduire sa patrie en cendres, fait le rôle d'un grand homme, et réunit par ses talents, sa fermeté, son courage, toute l'estime des spectateurs? Qu'il eût, si l'on veut, une âme forte; en étoit-il moins un scélérat détestable? et falloit-il donner aux forfaits d'un brigand le coloris des exploits d'un héros? A quoi donc aboutit la morale d'une pareille pièce, si ce n'est à encourager des Catilina, et à donner aux méchants habiles le prix de l'estime publique due aux gens de bien? Mais tel est le goût qu'il faut flatter sur la scène : telles sont les mœurs d'un siècle instruit. Le savoir, l'esprit, le courage, ont seuls notre admiration, et toi, douce et modeste vertu, tu restes toujours sans honneurs! Aveugles que nous sommes au milieu de tant de lumières! Victimes de nos applaudissements insensés, n'apprendrons-nous jamais combien mérite de mépris et de haine tout homme qui abuse, pour le malheur du genre humain, du génie et des talents que lui donna la nature!

Atrée et *Mahomet* n'ont pas même la foible ressource du dénoûment. Le monstre qui sert de héros à chacune de ces deux pièces

achève paisiblement ses forfaits, en jouit; et l'un des deux le dit
en propres termes au dernier vers de la tragédie :

Et je jouis enfin du prix de mes forfaits.

Je veux bien supposer que les spectateurs, renvoyés avec cette
belle maxime, n'en concluront pas que le crime a donc un prix de
plaisir et de jouissance; mais je demande enfin de quoi leur aura
profité la pièce où cette maxime est mise en exemple.

Quant à *Mahomet*, le défaut d'attacher l'admiration publique
au coupable y seroit d'autant plus grand, que celui-ci a bien un
autre coloris, si l'auteur n'avoit eu soin de porter sur un second
personnage un intérêt de respect et de vénération capable d'effacer
ou de balancer au moins la terreur et l'étonnement que Mahomet
inspire. La scène surtout qu'ils ont ensemble est conduite avec tant
d'art, que Mahomet, sans se démentir, sans rien perdre de la supériorité qui lui est propre, est pourtant éclipsé par le simple bon
sens et l'intrépide vertu de Zopire[1]. Il falloit un auteur qui sentît
bien sa force pour oser mettre vis-à-vis l'un de l'autre deux pareils
interlocuteurs. Je n'ai jamais ouï faire de cette scène en particulier
tout l'éloge dont elle me paroît digne; mais je n'en connois pas une
au Théâtre-François où la main d'un grand maître soit plus sensiblement empreinte, et où le sacré caractère de la vertu l'emporte
plus sensiblement sur l'élévation du génie.

Une autre considération qui tend à justifier cette pièce, c'est qu'il
n'est pas seulement question d'étaler des forfaits, mais les forfaits
du fanatisme en particulier, pour apprendre au peuple à le connoître et s'en défendre. Par malheur, de pareils soins sont très
inutiles, et ne sont pas toujours sans danger. Le fanatisme n'est
pas une erreur, mais une fureur aveugle et stupide que la raison ne
retient jamais. L'unique secret pour l'empêcher de naître est de

---

1. Je me souviens d'avoir trouvé dans Omar plus de chaleur et d'élévation vis-
à-vis de Zopire, que dans Mahomet lui-même; et je prenois cela pour un défaut.
En y pensant mieux, j'ai changé d'opinion. Omar, emporté par son fanatisme, ne
doit parler de son maître qu'avec cet enthousiasme de zèle et d'admiration qui
l'élève au-dessus de l'humanité. Mais Mahomet n'est pas fanatique; c'est un fourbe
qui, sachant bien qu'il n'est pas question de faire l'inspiré vis-à-vis de Zopire,
cherche à le gagner par une confiance affectée et par des motifs d'ambition. Ce ton
de raison doit le rendre moins brillant qu'Omar, par cela même qu'il est plus grand
et qu'il sait mieux discerner les hommes. Lui-même dit ou fait entendre tout cela
dans la scène. C'étoit donc ma faute si je ne l'avois pas senti. Mais voilà ce qui
nous arrive, à nous autres petits auteurs : en voulant censurer les écrits de nos
maîtres, notre étourderie nous y fait relever mille fautes qui sont des beautés pour
les hommes de jugement.

contenir ceux qui l'excitent. Vous avez beau démontrer à des fous que leurs chefs les trompent, ils n'en sont pas moins ardents à les suivre. Que si le fanatisme existe une fois, je ne vois encore qu'un seul moyen d'arrêter son progrès; c'est d'employer contre lui ses propres armes. Il ne s'agit ni de raisonner ni de convaincre; il faut laisser là la philosophie, fermer les livres, prendre le glaive et punir les fourbes. De plus, je crains bien, par rapport à Mahomet, qu'aux yeux des spectateurs sa grandeur d'âme ne diminue beaucoup l'atrocité de ses crimes; et qu'une pareille pièce, jouée devant des gens en état de choisir, ne fît plus de Mahomet que de Zopire. Ce qu'il y a du moins de bien sûr, c'est que de pareils exemples ne sont guère encourageants pour la vertu.

Le noir Atrée n'a aucune de ces excuses, l'horreur qu'il inspire est à pure perte; il ne nous apprend rien qu'à frémir de son crime, et, quoiqu'il ne soit grand que par sa fureur, il n'y a pas dans toute la pièce un seul personnage en état par son caractère de partager avec lui l'attention publique : car, quant au doucereux Plisthène, je ne sais comment on l'a pu supporter dans une pareille tragédie. Sénèque n'a point mis d'amour dans la sienne : et puisque l'auteur moderne a pu se résoudre à l'imiter dans tout le reste, il auroit bien dû l'imiter encore en cela. Assurément il faut avoir un cœur bien flexible pour souffrir des entretiens galants à côté des scènes d'A-trée.

Avant de finir sur cette pièce, je ne puis m'empêcher d'y remarquer un mérite qui semblera peut-être un défaut à bien des gens. Le rôle de Thyeste est peut-être de tous ceux qu'on a mis sur notre théâtre le plus sentant le goût antique. Ce n'est point un héros courageux, ce n'est point un modèle de vertu; on ne peut pas dire non plus que ce soit un scélérat[1] : c'est un homme foible, et pourtant intéressant, par cela seul qu'il est homme et malheureux. Il me semble aussi que, par cela seul, le sentiment qu'il excite est extrêmement tendre et touchant; car cet homme tient de bien près à chacun de nous, au lieu que l'héroïsme nous accable encore plus qu'il ne nous touche, parce qu'après tout nous n'y avons que faire. Ne seroit-il pas à désirer que nos sublimes auteurs daignassent descendre un peu de leur continuelle élévation, et nous attendrir quelquefois pour la simple humanité souffrante, de peur que, n'ayant de la pitié que pour des héros malheureux, nous n'en ayons jamais

1. La preuve de cela, c'est qu'il intéresse. Quand à la faute dont il est puni, elle est ancienne, elle est trop expiée; et puis; c'est peu de chose pour un méchant de théâtre; qu'on ne tient point pour tel, s'il ne fait frémir d'horreur.

pour personne? Les anciens avoient des héros, et mettoient des hommes sur leurs théâtres: nous, au contraire, nous n'y mettons que des héros, et à peine avons-nous des hommes. Les anciens parloient de l'humanité en phrases moins apprêtées; mais ils savoient mieux l'exercer. On pourroit appliquer à eux et à nous un trait rapporté par Plutarque[1], et que je ne puis m'empêcher de transcrire. Un vieillard d'Athènes cherchoit place au spectacle et n'en trouvait point; de jeunes gens, le voyant en peine, lui firent signe de loin : il vint; mais ils se serrèrent et se moquèrent de lui. Le bonhomme fit ainsi le tour du théâtre, fort embarrassé de sa personne et toujours hué de la belle jeunesse. Les ambassadeurs de Sparte s'en aperçurent, et, se levant à l'instant, placèrent honorablement le vieillard au milieu d'eux. Cette action fut remarquée de tout le spectacle, et applaudie d'un battement de mains universel. *Eh! que de maux!* s'écria le bon vieillard d'un ton de douleur : *les Athéniens savent ce qui est honnête, mais les Lacédémoniens le pratiquent.* Voilà la philosophie moderne et les mœurs anciennes. Je reviens à mon sujet. Qu'apprend-on dans *Phèdre* et dans *Œdipe*, sinon que l'homme n'est pas libre, et que le ciel le punit des crimes qu'il lui fait commettre? Qu'apprend-on dans *Médée*, si ce n'est jusqu'où la fureur de la jalousie peut rendre une mère cruelle et dénaturée? Suivez la plupart des pièces du Théâtre-François; vous trouverez presque dans toutes des monstres abominables et des actions atroces, utiles, si l'on veut, à donner de l'intérêt aux pièces et de l'exercice aux vertus, mais dangereuses certainement en ce qu'elles accoutument les yeux du peuple à des horreurs qu'il ne devroit pas même connoître, et à des forfaits qu'il ne devroit pas supposer possibles. Il n'est pas même vrai que le meurtre et le parricide y soient toujours odieux. A la faveur de je ne sais quelles commodes suppositions, on les rend permis ou pardonnables. On a peine à ne pas excuser Phèdre incestueuse et versant le sang innocent : Syphax empoisonnant sa femme, le jeune Horace poignardant sa sœur, Agamemnon immolant sa fille, Oreste égorgeant sa mère, ne laissent pas d'être des personnages intéressants. Ajoutez que l'auteur pour faire parler chacun selon son caractère, est forcé de mettre dans la bouche des méchants leurs maximes et leurs principes, revêtus de tout l'éclat des beaux vers et débités d'un ton imposant et sentencieux, pour l'instruction du parterre.

---

1. *Dicts notables des Lacédémoniens*, § 69: (ÉD.)

Si les Grecs supportoient de pareils spectacles, c'étoit comme leur représentant des antiquités nationales qui couroient de tout temps parmi le peuple, qu'ils avoient leurs raisons pour se rappeler sans cesse, et dont l'odieux même entroit dans leurs vues. Dénuée des mêmes motifs et du même intérêt, comment la même tragédie peut-elle trouver parmi vous des spectateurs capables de soutenir les tableaux qu'elle leur présente, et les personnages qu'elle y fait agir? L'un tue son père, épouse sa mère, et se trouve le frère de ses enfants; un autre force un fils d'égorger son père; un troisième fait boire au père le sang de son fils. On frissonne à la seule idée des horreurs dont on pare la scène françoise pour l'amusement du peuple le plus doux et le plus humain qui soit sur la terre. Non... je le soutiens, et j'en atteste l'effroi des lecteurs; les massacres des gladiateurs n'étoient pas si barbares que ces affreux spectacles. On voyoit couler du sang, il est vrai; mais on ne souilloit pas son imagination de crimes qui font frémir la nature.

Heureusement la tragédie, telle qu'elle existe, est si loin de nous, elle nous présente des êtres si gigantesques, si boursouflés, si chimériques, que l'exemple de leurs vices n'est guère plus contagieux que celui de leurs vertus n'est utile, et qu'à proportion qu'elle veut moins nous instruire, elle nous fait aussi moins de mal. Mais il n'en est pas ainsi de la comédie, dont les mœurs ont avec les nôtres un rapport plus immédiat, et dont les personnages ressemblent mieux à des hommes. Tout en est mauvais et pernicieux, tout tire à conséquence pour les spectateurs; et le plaisir même du comique étant fondé sur un vice du cœur humain, c'est une suite de ce principe que plus la comédie est agréable et parfaite, plus son effet est funeste aux mœurs. Mais, sans répéter ce que j'ai déjà dit de sa nature, je me contenterai d'en faire ici l'application, et de jeter un coup d'œil sur votre théâtre comique.

Prenons-le dans sa perfection, c'est-à-dire à sa naissance. On convient, et on le sentira chaque jour davantage, que Molière est le plus parfait auteur comique dont les ouvrages nous soient connus : mais qui peut disconvenir aussi que le théâtre de ce même Molière, des talents duquel je suis plus l'admirateur que personne, ne soit une école de vices et de mauvaises mœurs, plus dangereuse que les livres mêmes où l'on fait profession de les enseigner? Son plus grand soin est de tourner la bonté et la simplicité en ridicule, et de mettre la ruse et le mensonge du parti pour lequel on prend intérêt : ses honnêtes gens ne sont que des gens qui parlent; ses vicieux sont des gens qui agissent, et que les plus brillants succès favorisent le plus souvent : enfin l'honneur des applaudissements, rarement pour le plus estimable, est presque toujours pour le plus adroit.

Examinez le comique de cet auteur : partout vous trouverez que les vices de caractère en sont l'instrument, et les défauts naturels le sujet; que la malice de l'un punit la simplicité de l'autre, et que les sots sont les victimes des méchants : ce qui, pour n'être que trop vrai dans le monde, n'en vaut pas mieux à mettre au théâtre avec un air d'approbation, comme pour exciter les âmes perfides à punir, sous le nom de sottise, la candeur des honnêtes gens.

Dat veniam corvis, vexat censura columbas[1].

Voilà l'esprit général de Molière et de ses imitations. Ce sont des gens qui, tout au plus, raillent quelquefois les vices, sans jamais faire aimer la vertu; de ces gens, disoit un ancien, qui savent bien moucher la lampe, mais qui n'y mettent jamais d'huile.

Voyez comment, pour multiplier ses plaisanteries, cet homme trouble tout l'ordre de la société; avec quel scandale il renverse tous les rapports les plus sacrés sur lesquels elle est fondée, comment il tourne en dérision les respectables droits des pères sur leurs enfants, des maris sur leurs femmes, des maîtres sur leurs serviteurs! Il fait rire, il est vrai, et n'en devient que plus coupable, en forçant, par un charme invincible, les sages mêmes de se prêter à des railleries qui devroient attirer leur indignation. J'entends dire qu'il attaque les vices; mais je voudrois bien que l'on comparât ceux qu'il attaque avec ceux qu'il favorise. Quel est le plus blâmable d'un bourgeois sans esprit et vain qui fait sottement le gentilhomme, ou du gentilhomme fripon qui le dupe? Dans la pièce dont je parle, ce dernier n'est-il pas l'honnête homme? n'a-t-il pas pour lui l'intérêt? et le public n'applaudit-il pas à tous les tours qu'il fait à l'autre? Quel est le plus criminel d'un paysan assez fou pour épouser une demoiselle, ou d'une femme qui cherche à déshonorer son époux? Que penser d'une pièce où le parterre applaudit à l'infidélité, au mensonge, à l'impudence de celle-ci, et rit de la bêtise du manant puni? C'est un grand vice d'être avare et de prêter à usure; mais n'en est-ce pas un plus grand encore à un fils de voler son père, de lui manquer de respect, de lui faire mille insultants reproches, et, quand ce père irrité lui donne sa malédiction, de répondre d'un air goguenard, qu'il n'a que faire

---

1. Juvén., sat. II, v. 63. (ÉD.)

de ses dons? Si la plaisanterie est excellente, en est-elle moins punissable? et la pièce où l'on fait aimer le fils insolent qui l'a faite, en
est-elle moins une école de mauvaises mœurs?

Je ne m'arrêterai point à parler des valets. Ils sont condamnés
par tout le monde[1]; et il seroit d'autant moins juste d'imputer à
Molière les erreurs de ses modèles et de son siècle, qu'il s'en est
corrigé lui-même. Ne nous prévalons ni des irrégularités qui peuvent se trouver dans les ouvrages de sa jeunesse, ni de ce qu'il y a
de moins bien dans ses autres pièces, et passons tout d'un coup à
celle qu'on reconnoît unanimement pour son chef-d'œuvre; je
veux dire le *Misanthrope*.

Je trouve que cette comédie nous découvre mieux qu'aucune
autre la véritable vue dans laquelle Molière a composé son théâtre,
et nous peut mieux faire juger de ses vrais effets. Ayant à plaire au
public, il a consulté le goût le plus général de ceux qui le composent:
sur ce goût il s'est formé un modèle, et sur ce modèle un tableau
des défauts contraires, dans lequel il a pris ses caractères comiques,
et dont il a distribué les divers traits dans ses pièces. Il n'a donc
point prétendu former un honnête homme, mais un homme du
monde, par conséquent, il n'a point voulu corriger les vices, mais
les ridicules; et, comme j'ai déjà dit, il a trouvé dans le vice même
un instrument très propre à y réussir. Ainsi, voulant exposer à la
risée publique tous les défauts opposés aux qualités de l'homme
aimable, de l'homme de société, après avoir joué tant d'autres
ridicules, il lui restoit à jouer celui que le monde pardonne le moins,
le ridicule de la vertu : c'est ce qu'il a fait dans le *Misanthrope*.

Vous ne sauriez me nier deux choses : l'une, qu'Alceste, dans
cette pièce, est un homme droit, sincère, estimable, un véritable
homme de bien; l'autre, que l'auteur lui donne, un personnage
ridicule. C'en est assez, ce me semble, pour rendre Molière inexcu-
sable. On pourroit dire qu'il a joué dans Alceste, non la vertu, mais
un véritable défaut, qui est la haine des hommes. A cela je réponds
qu'il n'est pas vrai qu'il ait donné cette haine à son personnage :
il ne faut pas que ce nom de misanthrope en impose, comme si

---

1. Je ne décide pas s'il faut en effet les condamner. Il se peut que les valets ne
soient plus que les instruments des méchancetés des maîtres, depuis que ceux-ci
leur ont ôté l'honneur de l'invention. Cependant je douterois qu'en ceci l'image
trop naïve de la société fût bonne au théâtre. Supposé qu'il faille quelques four-
beries dans les pièces, je ne sais s'il ne vaudroit pas mieux que les valets seuls en
fussent chargés, et que les honnêtes gens fussent aussi des gens honnêtes au moins
sur la scène.

celui qui le porte étoit ennemi du genre humain. Une pareille haine ne seroit pas un défaut, mais une dépravation de la nature et le plus grand de tous les vices. Le vrai misanthrope est un monstre. S'il pouvoit exister, il ne feroit pas rire, il ferait horreur. Vous pouvez avoir vu à la Comédie-Italienne une pièce intitulée *la Vie est un songe*. Si vous vous rappelez le héros de cette pièce, voilà le vrai misanthrope[1].

Qu'est-ce donc que le misanthrope de Molière? Un homme de bien qui déteste les mœurs de son siècle et la méchanceté de ses contemporains; qui, précisément parce qu'il aime ses semblables, hait en eux les maux qu'ils se font réciproquement et les vices dont ces maux sont l'ouvrage. S'il étoit moins touché des erreurs de l'humanité, moins indigné des iniquités qu'il voit, seroit-il plus humain lui-même? Autant vaudroit soutenir qu'un tendre père aime mieux les enfants d'autrui que les siens, parce qu'il s'irrite des fautes de ceux-ci, et ne dit jamais rien aux autres.

Ces sentiments du misanthrope sont parfaitement développés dans son rôle. Il dit, je l'avoue, qu'il a conçu une haine effroyable contre le genre humain. Mais en quelle occasion le dit-il[2]? Quand, outré d'avoir vu son ami trahir lâchement son sentiment et tromper l'homme qui le lui demande, il s'en voit encore plaisanter lui-même au plus fort de sa colère. Il est naturel que cette colère dégénère en emportement et lui fasse dire alors plus qu'il ne pense de sang-froid. D'ailleurs la raison qu'il rend de cette haine universelle en justifie pleinement la cause :

> . . . . .Les uns parce qu'ils sont méchants
> Et les autres, pour être aux méchants complaisants.

Ce n'est donc pas des hommes qu'il est ennemi, mais de la méchanceté des uns et du support que cette méchanceté trouve dans les autres. S'il n'y avoit ni fripons ni flatteurs, il aimeroit tout

---

1. On ignore le nom de l'auteur italien de cette pièce représentée en 1717, et qui a été imprimée (Paris, Coustelier, 1718) avec une traduction françoise en regard par Gueullette. Boissy en a fait une imitation sous le même titre, en trois actes et en vers, représentée en 1732, et qui fait partie du recueil de ses Œuvres en 9 vol. in-8. (ÉD.)

2. J'avertis qu'étant sans livres, sans mémoire, et n'ayant pour tous matériaux qu'un confus souvenir des observations que j'ai faites autrefois au spectacle, je puis me tromper dans mes citations et renverser l'ordre des pièces. Mais quand mes exemples seroient peu justes, mes raisons ne le seroient pas moins, attendu qu'elles ne sont point tirées de telle ou telle pièce, mais de l'esprit général du théâtre, que j'ai bien étudié.

le genre humain. Il n'y a pas un homme de bien qui ne soit misanthrope en ce sens; ou plutôt les vrais misanthropes sont ceux qui
ne pensent pas ainsi; car, au fond, je ne connois point de plus grand
ennemi des hommes que l'ami de tout le monde, qui, toujours
charmé de tout, encourage incessamment les méchants, et flatte,
par sa coupable complaisance, les vices d'où naissent tous les
désordres de la société.

Une preuve bien sûre qu'Alceste n'est point misanthrope à la
lettre, c'est qu'avec ses brusqueries et ses incartades il ne laisse pas
d'intéresser et de plaire. Les spectateurs ne voudroient pas à la
vérité lui ressembler, parce que tant de droiture est fort incom-
mode; mais aucun d'eux ne seroit fâché d'avoir affaire à quelqu'un
qui lui ressemblât : ce qui n'arriveroit pas s'il étoit l'ennemi déclaré
des hommes. Dans toutes les autres pièces de Molière, le personnage ridicule est toujours haïssable ou méprisable. Dans celle-là,
quoique Alceste ait des défauts réels dont on n'a pas tort de rire,
on sent pourtant au fond du cœur un respect pour lui dont on ne
peut se défendre. En cette occasion, la force de la vertu l'emporte
sur l'art de l'auteur et fait honneur à son caractère. Quoique
Molière fît des pièces répréhensibles, il étoit personnellement honnête homme; et jamais le pinceau d'un honnête homme ne sut
couvrir de couleurs odieuses les traits de la droiture et de la probité. Il y a plus : Molière a mis dans la bouche d'Alceste un si
grand nombre de ses propres maximes, que plusieurs ont cru qu'il
s'étoit voulu peindre lui-même. Cela parut dans le dépit qu'eut
le parterre à la représentation de n'avoir pas été, sur le sonnet, de
l'avis du misanthrope : car on vit bien que c'étoit celui de l'auteur.

Cependant ce caractère si vertueux est présenté comme ridicule.
Il l'est en effet, à certains égards; et ce qui démontre que l'intention du poëte est bien de le rendre tel, c'est celui de l'ami Philinte,
qu'il met en opposition avec le sien. Ce Philinte est le sage de la
pièce; un de ces honnêtes gens du grand monde dont les maximes
ressemblent beaucoup à celles des fripons; de ces gens si doux, si
modérés, qui trouvent toujours que tout va bien, parce qu'ils ont
intérêt que rien n'aille mieux; qui sont toujours contents de tout
le monde, parce qu'ils ne se soucient de personne; qui, autour d'une
bonne table, soutiennent qu'il n'est pas vrai que le peuple ait faim;
qui, le gousset bien garni, trouvent fort mauvais qu'on déclame
en faveur des pauvres; qui, de leur maison bien fermée, verroient
voler, piller, égorger, massacrer tout le genre humain sans se

plaindre, attendu que Dieu les a doués d'une douceur très méritoire à supporter les malheurs d'autrui.

On voit bien que le flegme raisonneur de celui-ci est très propre à redoubler et faire sortir d'une manière comique les emportements de l'autre : et le tort de Molière n'est pas d'avoir fait du misanthrope un homme colère et bilieux, mais de lui avoir donné des fureurs puériles sur des sujets qui ne devoient pas l'émouvoir. Le caractère du misanthrope n'est pas à la disposition du poète; il est déterminé par la nature de sa passion dominante. Cette passion est une violente haine du vice, née d'un amour ardent pour la vertu, et aigrie par le spectacle continuel de la méchanceté des hommes. Il n'y a donc qu'une âme grande et noble qui en soit susceptible. L'horreur et le mépris qu'y nourrit cette même passion pour tous les vices qui l'ont irritée sert encore à les écarter du cœur qu'elle agite. De plus, cette contemplation continuelle des désordres de la société le détache de lui-même pour fixer toute son attention sur le genre humain. Cette habitude élève, agrandit ses idées, détruit en lui les inclinations basses qui nourrissent et concentrent l'amour-propre; et de ce concours naît une certaine force de courage, une fierté de caractère qui ne laisse prise au fond de son âme qu'à des sentiments dignes de l'occuper.

Ce n'est pas que l'homme ne soit toujours homme; que la passion ne le rende souvent foible, injuste, déraisonnable; qu'il n'épie peut-être les motifs cachés des actions des autres avec un secret plaisir d'y voir la corruption de leurs cœurs; qu'un petit mal ne lui donne souvent une grande colère, et qu'en l'irritant à dessein un méchant adroit ne pût parvenir à le faire passer pour méchant lui-même : mais il n'en est pas moins vrai que tous moyens ne sont pas bons à produire ces effets, et qu'ils doivent être assortis à son caractère pour le mettre en jeu, sans quoi, c'est substituer un autre homme au misanthrope, et nous le peindre avec des traits qui ne sont pas les siens.

Voilà donc de quel côté le caractère du misanthrope doit porter ses défauts; et voilà aussi de quoi Molière fait un usage admirable dans toutes les scènes d'Alceste avec son ami, où les froides maximes et les railleries de celui-ci, démontant l'autre à chaque instant, lui font dire mille impertinences très bien placées : mais ce caractère âpre et dur, qui lui donne tant de fiel et d'aigreur dans l'occasion, l'éloigne en même temps de tout chagrin puéril qui n'a nul fondement raisonnable, et de tout intérêt personnel trop vif, dont il ne doit nullement être susceptible. Qu'il s'emporte sur tous les désordres dont il n'est que le témoin, ce sont toujours de nouveaux traits au tableau; mais qu'il soit froid sur celui qui s'adresse directement à lui : car, ayant déclaré la guerre aux méchants, il s'attend bien qu'ils la lui feront à leur tour. S'il n'avoit pas prévu le mal que lui fera sa franchise, elle seroit une étourderie et non pas une vertu. Qu'une femme fausse le trahisse, que d'indignes amis le déshonorent, que de foibles amis l'abandonnent, il doit le souffrir sans en murmurer : il connoît les hommes.

Si ces distinctions sont justes, Molière a mal saisi le misanthrope. Pense-t-on que ce soit par erreur? Non, sans doute. Mais voilà par où le désir de faire rire aux dépens du personnage l'a forcé de le dégrader contre la vérité du caractère.

Après l'aventure du sonnet, comment Alceste ne s'attend-il point aux mauvais procédés d'Oronte? Peut-il en être étonné quand on l'en instruit, comme si c'étoit la première fois de sa vie qu'il eût été sincère, ou la première fois que sa sincérité lui eût fait un ennemi? Ne doit-il pas se préparer tranquillement à la perte de son procès, loin d'en marquer d'avance un dépit d'enfant?

> Ce sont vingt mille francs qu'il m'en pourra coûter;
> Mais pour vingt mille francs j'aurai droit de pester.

Un misanthrope n'a que faire d'acheter si cher le droit de pester, il n'a qu'à ouvrir les yeux, et il n'estime pas assez l'argent pour croire avoir acquis sur ce point un nouveau droit par la perte d'un procès. Mais il falloit fait rire le parterre.

Dans la scène avec Dubois, plus Alceste a de sujet de s'impatienter, plus il doit rester flegmatique et froid, parce que l'étourderie du valet n'est pas un vice. Le misanthrope et l'homme emporté sont deux caractères très différents : c'étoit là l'occasion de les distinguer. Molière ne l'ignoroit pas. Mais il falloit faire rire le parterre.

Au risque de faire rire aussi le lecteur à mes dépens, j'ose accuser cet auteur d'avoir manqué de très grandes convenances, une très grande vérité, et peut-être de nouvelles beautés de situation; c'étoit de faire un tel changement à son plan, que Philinte entrât comme acteur nécessaire dans le nœud de sa pièce, en sorte qu'on pût mettre les actions de Philinte et d'Alceste dans une apparente opposition avec leurs principes, et dans une conformité parfaite avec leurs caractères. Je veux dire qu'il falloit que le misanthrope fût toujours furieux contre les vices publics, et toujours tranquille sur les méchancetés personnelles dont il étoit la victime. Au con-

traire, le philosophe Philinte devoit voir tous les désordres de la
société avec un flegme stoïque, et se mettre en fureur au moindre
mal qui s'adressoit directement à lui. En effet, j'observe que ces
gens si paisibles sur les injustices publiques sont toujours ceux qui
font le plus de bruit au moindre tort qu'on leur fait, et qu'ils ne
gardent leur philosophie qu'aussi longtemps qu'ils n'en ont pas
besoin pour eux-mêmes. Ils ressemblent à cet Irlandois qui ne
vouloit pas sortir de son lit, quoique le feu fût à la maison. « La
maison brûle, lui crioit-on. — Que m'importe? répondoit-il, je
n'en suis que le locataire. » A la fin le feu pénétra jusqu'à lui. Aussitôt il s'élance, il court, il crie, il s'agite; il commence à comprendre
qu'il faut quelquefois prendre intérêt à la maison qu'on habite,
quoiqu'elle ne nous appartienne pas.

Il me semble qu'en traitant les caractères en question sur cette
idée, chacun des deux eût été plus vrai, plus théâtral, et que celui
d'Alceste eût fait incomparablement plus d'effet; mais le parterre
alors n'auroit pu rire qu'aux dépens de l'homme du monde; et
l'intention de l'auteur étoit qu'on rît aux dépens du misanthrope[1].

Dans la même vue, il lui fait tenir quelquefois des propos d'humeur d'un goût tout contraire à celui qu'il lui donne. Telle est cette
pointe de la scène du sonnet,

> La peste de ta chute, empoisonneur au diable !
> En eusses-tu fait une à te casser le nez !

pointe d'autant plus déplacée dans la bouche du misanthrope, qu'il
vient d'en critiquer de plus supportables dans le sonnet d'Oronte,
et il est bien étrange que celui qui la fait propose un instant après
la chanson du *roi Henri* pour un modèle de goût. Il ne sert de rien
de dire que ce mot échappe dans un moment de dépit; car le dépit
ne dicte rien moins que des pointes; et Alceste, qui passe sa vie à
gronder, doit avoir pris, même en grondant, un ton conforme à son
tour d'esprit :

> Morbleu ! vil complaisant ! vous louez des sottises !

---

1. Je ne doute point que, sur l'idée que je viens de proposer, un homme de génie
ne pût faire un nouveau *Misanthrope*, non moins vrai, non moins naturel que
l'ancien, égal en mérite à celui de Molière, et sans comparaison plus instructif. Je
ne vois qu'un inconvénient à cette nouvelle pièce, c'est qu'il seroit impossible
qu'elle réussît; car, quoi qu'on dise, en choses qui déshonorent, nul ne rit de bon
cœur à ses dépens. Nous voilà rentrés dans mes principes*.

* C'est précisément cette idée de Rousseau sur un nouveau *Misanthrope* à
mettre en scène qu'a voulu réaliser Fabre d'Églantine, dans la pièce intitulée
Philinte, ou *la Suite du Misanthrope*.

C'est ainsi que doit parler le misanthrope en colère. Jamais une pointe n'ira bien après cela. Mais il falloit faire rire le parterre; et voilà comment on avilit la vertu.

Une chose assez remarquable, dans cette comédie, est que les charges étrangères que l'auteur a données au rôle du misanthrope l'ont forcé d'adoucir ce qui étoit essentiel au caractère. Ainsi, tandis que dans toutes ses autres pièces les caractères sont chargés pour faire plus d'effet, dans celle-ci seule les traits sont émoussés pour la rendre plus théâtrale. La même scène dont je viens de parler m'en fournit la preuve. On y voit Alceste tergiverser et user de détours pour dire son avis à Oronte. Ce n'est point là le misanthrope : c'est un honnête homme du monde qui se fait peine de tromper celui que le consulte. La force du cacratère vouloit qu'il lui dît brusquement : *Votre sonnet ne vaut rien, jetez-le au feu;* mais cela auroit été le comique qui naît de l'embarras du misanthrope et de ses *Je ne dis pas cela* répétés, qui pourtant ne sont au fond que des mensonges. Si Philinte, à son exemple, lui eût dit en cet endroit : *Et que dis-tu donc, traître?* qu'avoit-il à répliquer? En vérité, ce n'est pas la peine de rester misanthrope pour ne l'être qu'à demi; car, si l'on se permet le premier ménagement et la première altération de la vérité, où sera la raison suffisante pour s'arrêter jusqu'à ce qu'on devienne aussi faux qu'un homme de cour?

L'ami d'Alceste doit le connoître. Comment ose-t-il lui proposer de visiter des juges, c'est-à-dire, en termes honnêtes, de chercher à les corrompre? comment peut-il supposer qu'un homme, capable de renoncer même aux bienséances par amour pour la vertu, soit capable de manquer à ses devoirs par intérêt? Solliciter un juge! Il ne faut pas être misanthrope, il suffit d'être honnête homme pour n'en rien faire. Car enfin, quelque tour qu'on donne à la chose, ou celui qui sollicite un juge l'exhorte à remplir son devoir, et alors il lui fait une insulte, ou il lui propose une acception de personnes, et alors il le veut séduire, puisque toute acception de personnes est un crime dans un juge, qui doit connoître l'affaire et non les parties, et ne voir que l'ordre et la loi. Or je dis qu'engager un juge à faire une mauvaise action, c'est la faire soi-même : et qu'il vaut mieux perdre une cause juste que de faire une mauvaise action. Cela est clair, net; il n'y a rien à répondre. La morale du monde a d'autres maximes, je ne l'ignore pas. Il me suffit de montrer que dans tout ce qui rendoit le misanthrope si ridicule, il ne faisoit que le devoir d'un homme de bien; et que son caractère étoit mal rempli d'avance, si son ami supposoit qu'il pût y manquer.

Si quelquefois l'habile auteur laisse agir ce caractère dans toute
sa force, c'est seulement quand cette force rend la scène plus
théâtrale, et produit un comique de contraste ou de situation plus
sensible. Telle est, par exemple, l'humeur taciturne et silencieuse
d'Alceste, et ensuite la censure intrépide et vivement apostrophée
de la conversation chez la coquette :

Allons, ferme, poussez, mes bons amis de cour.

Ici l'auteur a marqué fortement la distinction du médisant et du
misanthrope. Celui-ci, dans son fiel âcre et mordant, abhorre la
calomnie et déteste la satire. Ce sont les vices publics, ce sont les
méchants en général qu'il attaque. La basse et secrète médisance
est indigne de lui, il la méprise et la hait dans les autres ; et quand
il dit du mal de quelqu'un, il commence par le lui dire en face.
Aussi, durant toute la pièce, ne fait-il nulle part plus d'effet que
dans cette scène, parce qu'il est là ce qu'il doit être, et que s'il fait
rire le parterre, les honnêtes gens ne rougissent pas d'avoir ri.

Mais, en général, on ne peut nier que, si le misanthrope étoit plus
misanthrope, il ne fût beaucoup moins plaisant, parce que sa franchise et sa fermeté, n'admettant jamais de détour, ne le laisseroient jamais dans l'embarras. Ce n'est donc pas par ménagement
pour lui que l'auteur adoucit quelquefois son caractère, c'est au
contraire pour le rendre plus ridicule. Une autre raison l'y oblige
encore, c'est que le misanthrope de théâtre ayant à parler de ce
qu'il voit, doit vivre dans le monde, et par conséquent tempérer
sa droiture et ses manières par quelques-uns de ces égards de mensonge et de fausseté qui composent la politesse, et que le monde
exige de quiconque y veut être supporté. S'il s'y montroit autrement, ses discours ne feroient plus d'effet. L'intérêt de l'auteur
est bien de le rendre ridicule, mais non pas fou ; et c'est ce qu'il
paroîtroit aux yeux du public s'il étoit tout à fait sage.

On a peine à quitter cette admirable pièce quand on a commencé
de s'en occuper ; et, plus on y songe, plus on y découvre de nouvelles beautés. Mais enfin, puisqu'elle est, sans contredit, de toutes
les comédies de Molière, celle qui contient la meilleure et la plus
saine morale, sur celle-là jugeons des autres ; et convenons que,
l'intention de l'auteur étant de plaire à des esprits corrompus, ou
sa morale porte au mal, ou le faux bien qu'elle prêche est plus
dangereux que le mal même ; en ce qu'il séduit par une apparence
de raison ; en ce qu'il fait préférer l'usage et les maximes du monde à
l'exacte probité ; en ce qu'il fait consister la sagesse dans un certain

milieu entre le vice et la vertu; en ce qu'au grand soulagement des
spectateurs, il leur persuade que, pour être honnête homme, il suffit de n'être pas un franc scélérat.

J'aurois trop d'avantage si je voulois passer de l'examen de
Molière à celui de ses successeurs, qui, n'ayant ni son génie ni sa
probité, n'en ont que mieux suivi ses vues intéressées, en s'attachant à flatter une jeunesse débauchée et des femmes sans mœurs.
Ce sont eux qui les premiers ont introduit ces grossières équivoques,
non moins proscrites par le goût que par l'honnêteté, qui firent
longtemps l'amusement des mauvaises compagnies, l'embarras
des personnes modestes, et dont le meilleur ton, lent dans ses progrès, n'a pas encore purifié certaines provinces. D'autres auteurs,
plus réservés dans leurs saillies, laissant les premiers amuser les
femmes perdues, se chargèrent d'encourager les filous. Regnard,
un des moins libres, n'est pas le moins dangereux[1]. C'est une chose
incroyable qu'avec l'agrément de la police on joue publiquement
au milieu de Paris une comédie où, dans l'appartement d'un oncle
qu'on vient de voir expirer, son neveu, l'honnête homme de la
pièce, s'occupe avec son digne cortège des soins que les lois payent
de la corde; et qu'au lieu des larmes que la seule humanité fait
verser en pareil cas aux indifférents mêmes, on égaye à l'envi de
plaisanteries barbares le triste appareil de la mort. Les droits les
plus sacrés, les plus touchants sentiments de la nature, sont joués
dans cette odieuse scène. Les tours les plus punissables y sont rassemblés comme à plaisir avec un enjouement qui fait passer tout
cela pour des gentillesses. Faux acte, supposition, vol, fourberie,
mensonge, inhumanité, tout y est, et tout y est applaudi. Le mort
s'étant avisé de renaître, au grand déplaisir de son cher neveu, et
ne voulant point ratifier ce qui s'est fait en son nom, on trouve le
moyen d'arracher son consentement de force, et tout se termine au
gré des acteurs et des spectateurs qui, s'intéressant malgré eux à
ces misérables, sortent de la pièce avec cet édifiant souvenir d'avoir
été dans le fond de leur cœur complices des crimes qu'ils ont vu
commettre.

1. Ce texte est conforme à l'édition de Genève, 1782. Dans plusieurs éditions,
on a suivi le texte de l'édition de 1758, où après ces mots, « en s'attachant à flatter une jeunesse débauchée et des femmes sans mœurs », *on lit : « Je ne ferai pas à
Dancourt l'honneur de parler de lui : ses pièces n'effarouchent pas par des termes
obscènes, mais il faut n'avoir de chaste que les oreilles pour les pouvoir supporter.
Regnard, plus modeste, n'est pas moins dangereux : laissant l'autre amuser
les femmes perdues, il se charge, lui, d'encourager les filous. C'est une chose
incroyable, »* etc. (ÉD.)

Osons le dire sans détour, qui de nous est assez sûr de lui pour supporter la représentation d'une pareille comédie sans être de moitié des tours qui s'y jouent? Qui ne seroit pas un peu fâché si le filou venoit à être surpris ou manquer son coup? Qui ne devient pas un moment filou soi-même en s'intéressant pour lui? Car s'intéresser pour quelqu'un, qu'est-ce autre chose que de se mettre à sa place? Belle instruction pour la jeunesse, que celle où les hommes faits ont bien de la peine à se garantir de la séduction du vice! Est-ce à dire qu'il ne soit jamais permis d'exposer au théâtre des actions blâmables? Non, mais, en vérité, pour savoir mettre un fripon sur la scène, il faut un auteur bien honnête.homme.

Ces défauts sont tellement inhérents à notre théâtre, qu'en voulant les en ôter on le défigure. Nos auteurs modernes, guidés par de meilleures intentions, font des pièces plus épurées, mais aussi qu'arrive-t-il? Qu'elles n'ont plus de vrai comique, et ne produisent aucun effet. Elles instruisent beaucoup, si l'on veut; mais elles ennuient encore davantage. Autant vaudroit aller au sermon.

Dans cette décadence du théâtre, on se voit contraint d'y substituer aux véritables beautés éclipsées de petits agréments capables d'en imposer à la multitude. Ne sachant plus nourrir la force du comique et des caractères, on a renforcé l'intérêt de l'amour. On a fait la même chose dans la tragédie pour suppléer aux situations prises dans des intérêts d'État qu'on ne connoît plus, et aux sentiments naturels et simples qui ne touchent plus personne. Les auteurs concourent à l'envi, pour l'utilité publique, à donner une nouvelle énergie et un nouveau coloris à cette passion dangereuse; et, depuis Molière et Corneille, on ne voit plus réussir au théâtre que des romans sous le nom de pièces dramatiques.

L'amour est le règne des femmes. Ce sont elles qui nécessairement y donnent la loi; parce que, selon l'ordre de la nature, la résistance leur appartient, et que les hommes ne peuvent vaincre cette résistance qu'aux dépens de leur liberté. Un effet naturel de ces sortes de pièces est donc d'étendre l'empire du sexe, de rendre des femmes et des jeunes filles les précepteurs du public, et de leur donner sur les spectateurs le même pouvoir qu'elles ont sur leurs amants. Pensez-vous, monsieur, que cet ordre soit sans inconvénient, et qu'en augmentant avec tant de soin l'ascendant des femmes, les hommes en seront mieux gouvernés?

Il peut y avoir dans le monde quelques femmes dignes d'être écoutées d'un honnête homme; mais est-ce d'elles en général qu'il doit prendre conseil? et n'y auroit-il aucun moyen d'honorer leur

sexe à moins d'avilir le nôtre? Le plus charmant objet de la nature,
le plus capable d'émouvoir un cœur sensible et de le porter au bien,
est, je l'avoue, une femme aimable et vertueuse; mais cet objet
céleste, où se cache-t-il? N'est-il pas bien cruel de le contempler
avec tant de plaisir au théâtre, pour en trouver de si différents dans
la société? Cependant le tableau séducteur fait son effet. L'enchan-
tement causé par ces prodiges de sagesse tourne au profit des
femmes sans honneur. Qu'un jeune homme n'ait vu le monde que
sur la scène, le premier moyen qui s'offre à lui pour aller à la vertu
est de chercher une maîtresse qui l'y conduise, espérant bien trouver une Constance[1] ou une Cénie[2] tout au moins. C'est ainsi que,
sur la foi d'un modèle imaginaire, sur un air modeste et touchant,
sur une douceur contrefaite, *nescius auræ fallacis*, le jeune insensé
court se perdre en pensant devenir un sage.

Ceci me fournit l'occasion de proposer une espèce de problème.
Les anciens avoient en général un très grand respect pour les femmes[3]; mais ils marquoient ce respect en s'abstenant de les exposer
au jugement du public, et croyoient honorer leur modestie en se
taisant sur leurs autres vertus. Ils avoient pour maxime que le
pays où les mœurs étoient les plus pures étoit celui où l'on parloit
le moins des femmes, et que la femme la plus honnête étoit celle
dont on parloit le moins. C'est sur ce principe qu'un Spartiate,
entendant un étranger faire de magnifiques éloges d'une dame de sa
connoissance, l'interrompit en colère : « Ne cesseras-tu point, lui
dit-il, de médire d'une femme de bien[4]? » De là venoit encore que,
dans leurs comédies, les rôles d'amoureuses et de filles à marier ne

---

1. Personnage du *Fils naturel*, drame de Diderot. (ÉD.)

2. Ce n'est point par étourderie que je cite *Cénie* en cet endroit, quoique cette
charmante pièce soit l'ouvrage d'une femme*; car, cherchant la vérité de bonne
foi, je ne sais point déguiser ce qui fait contre mon sentiment; et ce n'est pas
à une femme, mais aux femmes que je refuse les talents des hommes. J'honore
d'autant plus volontiers ceux de l'auteur de *Cénie* en particulier, qu'ayant à
me plaindre de ses discours, je lui rends un hommage pur et désintéressé, comme
tous les éloges sortis de ma plume.

3. Ils leur donnoient plusieurs noms honorables que nous n'avons plus, ou qui
sont bas et surannés parmi nous. On sait quel usage Virgile a fait de celui de
matres dans une occasion où les mères troyennes n'étoient guère sages**. Nous
n'avons à la place que le mot de *dames*, qui ne convient pas à toutes, qui même
vieillit insensiblement, et qu'on a tout à fait proscrit du ton à la mode. J'observe
que les anciens tiroient volontiers leurs titres d'honneur des droits de la nature, et
que nous ne tirons les nôtres que des droits du rang.

4. Plutarque, *Dicts notables des Lacédémoniens*, §§ 16 et 31. (ÉD.)

* Mme de Graffigny.

** *Æneid.*, lib. V, v. 654. — *Ibid.*, lib. VII, v. 357 et 392.

représentoient jamais que des esclaves ou des filles publiques. Ils avoient une telle idée de la modestie du sexe, qu'ils auroient cru manquer aux égards qu'ils lui devoient, de mettre une honnête fille sur la scène, seulement en représentation[1]. En un mot, l'image du vice à découvert les choquoit moins que celle de la pudeur offensée.

Chez nous, au contraire, la femme la plus estimée est celle qui fait le plus de bruit, de qui l'on parle le plus, qu'on voit le plus dans le monde, chez qui l'on dîne le plus souvent, qui donne le plus impérieusement le ton, qui juge, tranche, décide, prononce, assigne au talent, au mérite, aux vertus, leurs degrés et leurs places, et dont les humbles savants mendient le plus bassement la faveur. Sur la scène, c'est pis encore. Au fond, dans le monde elles ne savent rien, quoiqu'elles jugent de tout; mais au théâtre, savantes du savoir des hommes, philosophes grâce aux auteurs, elles écrasent notre sexe de ses propres talents : et les imbéciles spectateurs vont bonnement apprendre des femmes ce qu'ils ont pris soin de leur dicter. Tout cela, dans le vrai, c'est se moquer d'elles, c'est les taxer d'une vanité puérile; et je ne doute pas que les plus sages n'en soient indignées. Parcourez la plupart des pièces modernes; c'est toujours une femme qui sait tout, qui apprend tout aux hommes, c'est toujours la dame de cour qui fait dire le catéchisme au petit Jehan de Saintré. Un enfant ne sauroit se nourrir de son pain, s'il n'est coupé par sa gouvernante. Voilà l'image de ce qui se passe aux nouvelles pièces. La bonne est sur le théâtre, et les enfants sont dans le parterre. Encore une fois, je ne nie pas que cette méthode n'ait ses avantages, et que de tels précepteurs ne puissent donner du poids et du prix à leurs leçons. Mais revenons à ma question. De l'usage antique et du nôtre, je demande lequel est le plus honorable aux femmes, et rend le mieux à leur sexe les vrais respects qui lui sont dus.

La même cause qui donne, dans nos pièces tragiques et comiques, l'ascendant aux femmes sur les hommes, le donne encore aux jeunes gens sur les vieillards; et c'est un autre renversement des rapports naturels, qui n'est pas moins répréhensible. Puisque l'intérêt y est toujours pour les amants, il s'ensuit que les personnages avancés en âge n'y peuvent jamais faire que des rôles en sous-ordre. Ou,

---

1. S'ils en usoient autrement dans les tragédies, c'est que, suivant le système politique de leur théâtre, ils n'étoient pas fâchés qu'on crût que les personnes d'un haut rang n'ont pas besoin de pudeur, et font toujours exception aux règles de la morale.

pour former le nœud de l'intrigue, ils servent d'obstacles aux vœux des jeunes amants, et alors ils sont haïssables; ou ils sont amoureux eux-mêmes, et alors ils sont ridicules. *Turpe senex miles*[1]. On en fait dans les tragédies des tyrans, des usurpateurs; dans les comédies, des jaloux, des usuriers, des pédants, des pères insupportables, que tout le monde conspire à tromper. Voilà sous quel honorable aspect on montre la vieillesse au théâtre; voilà quel respect on inspire pour elle aux jeunes gens. Remercions l'illustre auteur de *Zaïre* et de *Nanine* d'avoir soustrait à ce mépris le vénérable Lusignan et le bon vieux Philippe Humbert. Il en est quelques autres encore : mais cela suffit-il pour arrêter le torrent du préjugé public, et pour effacer l'avilissement où la plupart des auteurs se plaisent à montrer l'âge de la sagesse, de l'expérience et de l'autorité? Qui peut douter que l'habitude de voir toujours dans les vieillards des personnages odieux au théâtre n'aide à les faire rebuter dans la société, et qu'en s'accoutumant à confondre ceux qu'on voit dans le monde avec les radoteurs et les Gérontes de la comédie, on ne les méprise tous également? Observez à Paris, dans une assemblée, l'air suffisant et vain, le ton ferme et tranchant d'une impudente jeunesse, tandis que les anciens, craintifs et modestes, ou n'osent ouvrir la bouche, ou sont à peine écoutés. Voit-on rien de pareil dans les provinces et dans les lieux où les spectacles ne sont point établis? et par toute la terre, hors les grandes villes, une tête chenue et des cheveux blancs n'impriment-ils pas toujours du respect? On me dira qu'à Paris les vieillards contribuent à se rendre méprisables en renonçant au maintien qui leur convient, pour prendre indécemment la parure et les manières de la jeunesse, et que, faisant les galants à son exemple, il est très simple qu'on la leur préfère dans son métier; mais c'est tout au contraire pour n'avoir nul autre moyen de se faire supporter, qu'ils sont contraints de recourir à celui-là; et ils aiment encore mieux être soufferts à la faveur de leurs ridicules que de ne l'être point du tout. Ce n'est pas assurément qu'en faisant les agréables ils le deviennent en effet, et qu'un galant sexagénaire soit un personnage fort gracieux; mais son indécence même lui tourne à profit : c'est un triomphe de plus pour une femme qui, traînant à son char un Nestor, croit montrer que les glaces de l'âge ne garantissent point des feux qu'elle inspire. Voilà pourquoi les femmes encouragent de leur mieux ces doyens de Cythère, et ont la malice de traiter

---

1. Ovid. *Amor.*, I, IX, v. 4. (ÉD.)

d'hommes charmants de vieux fous, qu'elles trouveroient moins aimables s'ils étoient moins extravagants. Mais revenons à mon sujet.

Ces effets ne sont pas les seuls que produit l'intérêt de la scène uniquement fondé sur l'amour. On lui en attribue beaucoup d'autres plus graves et plus importants, dont je n'examine point ici la réalité, mais qui ont été souvent et fortement allégués par les écrivains ecclésiastiques. Les dangers que peut produire le tableau d'une passion contagieuse sont, leur a-t-on répondu, prévenus par la manière de le présenter : l'amour qu'on expose au théâtre y est rendu légitime, son but est honnête, souvent il est sacrifié au devoir et à la vertu, et, dès qu'il est coupable, il est puni. Fort bien : mais n'est-il pas plaisant qu'on prétende ainsi régler après coup les mouvements du cœur sur les préceptes de la raison, et qu'il faille attendre les événements pour savoir quelle impression l'on doit recevoir des situations qui les amènent? Le mal qu'on reproche au théâtre n'est pas précisément d'inspirer des passions criminelles, mais de disposer l'âme à des sentiments trop tendres, qu'on satisfait ensuite aux dépens de la vertu. Les douces émotions qu'on y ressent n'ont pas par elles-mêmes un objet déterminé, mais elles en font naître le besoin; elles ne donnent pas précisément de l'amour, mais elles préparent à en sentir; elles ne choisissent pas la personne qu'on doit aimer, mais elles nous forcent à faire ce choix. Ainsi elles ne sont innocentes ou criminelles que par l'usage que nous en faisons selon notre caractère, et ce caractère est indépendant de l'exemple. Quand il seroit vrai qu'on ne peint au théâtre que des passions légitimes, s'ensuit-il de là que les impressions en sont plus foibles, que les effets en sont moins dangereux? Comme si les vives images d'une tendresse innocente étoient moins douces, moins séduisantes, moins capables d'échauffer un cœur sensible, que celles d'un amour criminel à qui l'horreur du vice sert au moins de contrepoison! Mais si l'idée de l'innocence embellit quelques instants le sentiment qu'elle accompagne, bientôt les circonstances s'effacent de la mémoire, tandis que l'impression d'une passion si douce reste gravée au fond du cœur. Quand le patricien Manilius fut chassé du Sénat de Rome pour avoir donné un baiser à sa femme en présence de sa fille[1], à ne considérer cette action qu'en elle-même, qu'avoit-elle de répréhensible? rien sans doute; elle annonçoit même un sentiment louable. Mais les chastes feux de la mère en

---

1. Plutarque. *Vie de Marcus Caton*, § 35. (ÉD.)

pouvoient inspirer d'impurs à la fille. C'étoit donc d'une action
fort honnête faire un exemple de corruption. Voilà l'effet des
amours permis du théâtre.

On prétend nous guérir de l'amour par la peinture de ses foiblesses, je ne sais là-dessus comment les auteurs s'y prennent; mais
je vois que les spectateurs sont toujours du parti de l'amant foible,
et que souvent ils sont fâchés qu'il ne le soit pas davantage. Je
demande si c'est un grand moyen d'éviter de lui ressembler.

Rappelez-vous, monsieur, une pièce à laquelle je crois me souvenir d'avoir assisté avec vous, il y a quelques années, et qui nous
fit un plaisir auquel nous nous attendions peu, soit qu'en effet l'auteur y eût mis plus de beautés théâtrales que nous n'avions pensé,
soit que l'actrice prêtât son charme ordinaire au rôle qu'elle faisoit
valoir. Je veux parler de la *Bérénice* de Racine. Dans quelle disposition d'esprit le spectateur voit-il commencer cette pièce? Dans
un sentiment de mépris pour la foiblesse d'un empereur et d'un
Romain, qui balance, comme le dernier des hommes, entre sa
maîtresse et son devoir; qui, flottant incessamment dans une déshonorante incertitude, avilit par des plaintes efféminées ce caractère presque divin que lui donne l'histoire; qui fait chercher dans
un vil soupirant de ruelle le bienfaiteur du monde et les délices
du genre humain. Qu'en pense le même spectateur après la représentation? Il finit par plaindre cet homme sensible qu'il méprisoit,
par s'intéresser à cette même passion dont il lui faisoit un crime,
par murmurer en secret du sacrifice qu'il est forcé d'en faire aux
lois de la patrie. Voilà ce que chacun de nous éprouvoit à la représentation. Le rôle de Titus, très bien rendu, eût fait de l'effet, s'il
eût été plus digne de lui; mais tous sentirent que l'intérêt principal étoit pour Bérénice, et que c'étoit le sort de son amour qui
déterminoit l'espèce de la catastrophe. Non que ses plaintes continuelles donnassent une grande émotion durant le cours de la pièce :
mais au cinquième acte, où, cessant de se plaindre, l'air morne,
l'œil sec et la voix éteinte, elle faisoit parler une douleur froide,
approchante du désespoir, l'art de l'actrice ajoutoit au pathétique
du rôle, et les spectateurs, vivement touchés, commençoient à
pleurer quand Bérénice ne pleuroit plus. Que signifioit cela, sinon
qu'on trembloit qu'elle ne fût renvoyée; qu'on sentoit d'avance la
douleur dont son cœur seroit pénétré; et que chacun auroit voulu
que Titus se laissât vaincre, même au risque de l'en moins estimer?
Ne voilà-t-il pas une tragédie qui a bien rempli son objet, et qui a
bien appris aux spectateurs à surmonter les foiblesses de l'amour?

◆ L'événement dément ces vœux secrets; mais qu'importe? le dénoûment n'efface point l'effet de la pièce. La reine part sans le congé du parterre : l'empereur la renvoie *invitus invitam*[1], on peut ajouter *invito spectatore*. Titus a beau rester Romain, il est seul de son parti, tous les spectateurs ont épousé Bérénice.

Quand même on pourroit me disputer cet effet, quand même on soutiendroit que l'exemple de force et de vertu qu'on voit dans Titus vainqueur de lui-même fonde l'intérêt de la pièce, et fait qu'en plaignant Bérénice on est bien aise de la plaindre, on ne feroit que rentrer en cela dans mes principes, parce que, comme je l'ai déjà dit, les sacrifices faits au devoir et à la vertu ont toujours un charme secret, même pour les cœurs corrompus : et la preuve que ce sentiment n'est point l'ouvrage de la pièce, c'est qu'ils l'ont avant qu'elle commence. Mais cela n'empêche pas que certaines passions satisfaites ne leur semblent préférables à la vertu même, et que, s'ils sont contents de voir Titus vertueux et magnanime, ils ne le fussent encore plus de le voir heureux et foible, ou du moins qu'ils ne consentissent volontiers à l'être à sa place. Pour rendre cette vérité sensible, imaginons un dénoûment tout contraire à celui de l'auteur. Qu'après avoir mieux consulté son cœur, Titus, ne voulant enfreindre les lois de Rome, ni vendre le bonheur à l'ambition, vienne, avec des maximes opposées, abdiquer l'empire aux pieds de Bérénice; que, pénétrée d'un si grand sacrifice, elle sente que son devoir seroit de refuser la main de son amant, et que pourtant elle l'accepte; que tous deux, enivrés des charmes de l'amour, de la paix, de l'innocence, et renonçant aux vaines grandeurs, prennent, avec cette douce joie qu'inspirent les vrais mouvements de la nature, le parti d'aller vivre heureux et ignorés dans un coin de la terre, qu'une scène si touchante soit animée des sentiments tendres et pathétiques que fournit la matière, et que Racine eût si bien fait valoir; que Titus, en quittant les Romains, leur adresse un discours tel que la circonstance et le sujet le comportent : n'est-il pas clair, par exemple, qu'à moins qu'un auteur ne soit de la dernière maladresse, un tel discours doit faire fondre en larmes toute l'assemblée? La pièce, finissant ainsi, sera, si l'on veut, moins bonne, moins instructive, moins conforme à l'histoire; mais en fera-t-elle moins de plaisir? et les spectateurs en sortiront-ils moins satisfaits? Les quatre premiers actes subsisteroient à peu près tels qu'ils sont; et cependant on en tireroit une leçon directement con-

---

1. Suéton, *in Tito*, cap. VII. (ÉD.)

traire. Tant il est vrai que les tableaux de l'amour font toujours plus d'impression que les maximes de la sagesse, et que l'effet d'une tragédie est tout à fait indépendant de celui du dénoûment[1].

Veut-on savoir s'il est sûr qu'en montrant les suites funestes des passions immodérées la tragédie apprenne à s'en garantir; que l'on consulte l'expérience. Ces suites funestes sont représentées très fortement dans *Zaïre :* il en coûte la vie aux deux amants; et il en coûte bien plus que la vie à Orosmane, puisqu'il ne se donne la mort que pour se délivrer du plus cruel sentiment qui puisse entrer dans un cœur humain, le remords d'avoir poignardé sa maîtresse. Voilà donc assurément des leçons très énergiques. Je scrois curieux de trouver quelqu'un, homme ou femme, qui s'osât vanter d'être sorti d'une représentation de *Zaïre* bien prémuni contre l'amour. Pour moi, je crois entendre chaque spectateur dire en son cœur à la fin de la tragédie : « Ah ! qu'on me donne une Zaïre, je ferai bien en sorte de ne la pas tuer ». Si les femmes n'ont pu se lasser de courir en foule à cette pièce enchanteresse et d'y faire courir les hommes, je ne dirai point que c'est pour s'encourager, par l'exemple de l'héroïne, à n'imiter pas un sacrifice qui lui réussit si mal; mais c'est parce que, de toutes les tragédies qui sont au théâtre, nulle autre ne montre avec plus de charmes le pouvoir de l'amour et l'empire de la beauté, et qu'on y apprend encore, pour surcroît de profit, à ne pas juger sa maîtresse sur les apparences. Qu'Orosmane immole Zaïre à sa jalousie, une femme sensible y voit sans effroi le transport de la passion : car c'est un moindre malheur de périr par la main de son amant que d'en être médiocrement aimée.

Qu'on nous peigne l'amour comme on voudra : il séduit, ou ce n'est pas lui. S'il est mal peint, la pièce est mauvaise : s'il est bien peint, il offusque tout ce qui l'accompagne. Ses combats, ses maux, ses souffrances, le rendent plus touchant encore que s'il n'avoit nulle résistance à vaincre. Loin que ses tristes effets rebutent, il n'en devient que plus intéressant par ses malheurs mêmes. On se dit malgré soi qu'un sentiment si délicieux console de tout. Une si douce image amollit insensiblement le cœur : on prend de la passion ce qui mène au plaisir; on en laisse ce qui tourmente. Personne ne se croit obligé d'être un héros; et c'est ainsi qu'admirant l'amour honnête on se livre à l'amour criminel.

Ce qui achève de rendre ces images dangereuses, c'est précisé-

---

1. Il y a dans le septième tome de *Paméla* un examen très judicieux de l'*Andromaque* de Racine, par lequel on voit que cette pièce ne va pas mieux à son but prétendu que toutes les autres.

ment ce qu'on fait pour les rendre agréables; c'est qu'on ne le voit jamais régner sur la scène qu'entre des âmes honnêtes : c'est que les deux amants sont toujours des modèles de perfection. Et comment ne s'intéresseroit-on pas pour une passion si séduisante entre deux cœurs dont le caractère est déjà si intéressant par lui-même? Je doute que, dans toutes nos pièces dramatiques, on en trouve une seule où l'amour mutuel n'ait pas la faveur du spectateur. Si quelque infortuné brûle d'un feu non partagé, on en fait le rebut du parterre. On croit faire merveille de rendre un amant estimable ou haïssable, selon qu'il est bien ou mal accueilli dans ses amours; de faire toujours approuver au public les sentiments de sa maîtresse, et de donner à la tendresse tout l'intérêt de la vertu : au lieu qu'il faudroit apprendre aux jeunes gens à se défier des illusions de l'amour, à fuir l'erreur d'un penchant aveugle qui croit toujours se fonder sur l'estime, et à craindre quelquefois de livrer un cœur vertueux à un objet indigne de ses soins. Je ne sache guère que *le Misanthrope* où le héros de la pièce ait fait un mauvais choix[1]. Rendre le misanthrope amoureux n'étoit rien; le coup du génie est de l'avoir fait amoureux d'une coquette. Tout le reste du théâtre est un trésor de femmes parfaites. On diroit qu'elles s'y sont toutes réfugiées. Est-ce là l'image fidèle de la société? est-ce ainsi qu'on nous rend suspecte une passion qui perd tant de gens bien nés? Il s'en faut peu qu'on ne nous fasse croire qu'un honnête homme est obligé d'être amoureux, et qu'une amante aimée ne sauroit n'être pas vertueuse. Nous voilà fort bien instruits !

Encore une fois, je n'entreprends point de juger si c'est bien ou mal fait de fonder sur l'amour le principal intérêt du théâtre; mais je dis que, si ses peintures sont quelquefois dangereuses, elles le seront toujours, quoi qu'on fasse pour les déguiser. Je dis que c'est en parler de mauvaise foi, ou sans le connoître, de vouloir en rectifier les impressions par d'autres impressions étrangères qui ne les accompagnent point jusqu'au cœur, ou que le cœur en a bientôt séparées; impressions qui même en déguisent les dangers, et donnent à ce sentiment trompeur un nouvel attrait par lequel il perd ceux qui s'y livrent.

---

1. Ajoutons *le Marchand de Londres*, pièce admirable, et dont la morale va plus directement au but qu'aucune pièce françoise que je connoisse*.

* Le titre de cette pièce, en anglois, est *Arden-Feversham*. Son auteur est le célèbre Lilo, dont Diderot s'est fait l'apologiste et l'imitateur. Elle a été traduite comme *tragédie bourgeoise*, par Clément de Genève (Paris, 1751.) Cette traduction a été réimprimée plusieurs fois. Antérieurement il en avoit paru quelques scènes dans le *Pour et Contre* de l'abbé Prévost. (ÉD.)

Soit qu'on déduise de la nature des spectacles, en général, les meilleures formes dont ils sont susceptibles, soit qu'on examine tout ce que les lumières d'un siècle et d'un peuple éclairés ont fait pour la perfection des nôtres, je crois qu'on peut conclure de ces considérations diverses que l'effet moral du spectacle et des théâtres ne sauroit jamais être bon ni salutaire en lui-même, puisqu'à ne compter que leurs avantages, on n'y trouve aucune sorte d'utilité réelle sans inconvénients qui la surpassent. Or, par une suite de son inutilité même, le théâtre, qui ne peut rien pour corriger les mœurs, peut beaucoup pour les altérer. En favorisant tous nos penchants, il donne un nouvel ascendant à ceux qui nous dominent; les continuelles émotions qu'on y ressent nous énervent, nous affoiblissent, nous rendent plus incapables de résister à nos passions; et le stérile intérêt qu'on prend à la vertu ne sert qu'à contenter notre amour-propre sans nous contraindre à la pratiquer. Ceux de mes compatriotes qui ne désapprouvent pas les spectacles en eux-mêmes ont donc tort.

Outre ces effets du théâtre relatifs aux choses représentées, il y en a d'autres non moins nécessaires, qui se rapportent directement à la scène et aux personnages représentants; et c'est à ceux-là que les Genevois déjà cités attribuent le goût de luxe, de parure et de dissipation, dont ils craignent avec raison l'introduction parmi nous. Ce n'est pas seulement la fréquentation des comédiens, mais celle du théâtre, qui peut amener ce goût par son appareil et la parure des acteurs. N'eût-il d'autre effet que d'interrompre à certaines heures le cours des affaires civiles et domestiques, et d'offrir une ressource assurée à l'oisiveté; il n'est pas possible que la commodité d'aller tous les jours régulièrement au même lieu s'oublier soi-même et s'occuper d'objets étrangers ne donne au citoyen d'autres habitudes et ne lui forme de nouvelles mœurs. Mais ces changements seront-ils avantageux ou nuisibles? c'est une question qui dépend moins de l'examen du spectacle que de celui des spectateurs. Il est sûr que ces changements les amèneront tous à peu près au même point. C'est donc par l'état où chacun étoit d'abord qu'il faut estimer les différences.

Quand les amusements sont indifférents par leur nature (et je veux bien pour un moment considérer les spectacles comme tels) c'est la nature des occupations qu'ils interrompent qui les fait juger bons ou mauvais, surtout lorsqu'ils sont assez vifs pour devenir des occupations eux-mêmes, et substituer leur goût à celui du travail. La raison veut qu'on favorise les amusements des gens dont les occupations sont nuisibles, et qu'on détourne des mêmes amusements ceux dont les occupations sont utiles. Une autre considération générale est qu'il n'est pas bon de laisser à des hommes oisifs et corrompus le choix de leurs amusements, de peur qu'ils ne les imaginent conformes à leurs inclinations vicieuses, et ne deviennent aussi malfaisants dans leurs plaisirs que dans leurs affaires. Mais laissez un peuple simple et laborieux se délasser de ses travaux quand et comme il lui plaît; jamais il n'est à craindre qu'il abuse de cette liberté; et l'on ne doit point se tourmenter à lui chercher des divertissements agréables; car, comme il faut peu d'apprêts aux mets que l'obstinence et la faim assaisonnent, il n'en faut pas non plus beaucoup aux plaisirs de gens épuisés de fatigue, pour qui le repos seul en est un très doux. Dans une grande ville, pleine de gens intrigants, désœuvrés, sans religion, sans principes, dont l'imagination, dépravée par l'oisiveté, la fainéantise, par l'amour du plaisir et par de grands besoins, n'engendre que des monstres et n'inspire que des forfaits; dans une grande ville où les mœurs et l'honneur ne sont rien, parce que chacun, dérobant aisément sa conduite aux yeux du public, ne se montre que par son crédit et n'est estimé que par ses richesses; la police ne sauroit trop multiplier les plaisirs permis, ni trop s'appliquer à les rendre agréables, pour ôter aux particuliers la tentation d'en chercher de plus dangereux. Comme les empêcher de s'occuper c'est les empêcher de mal faire, deux heures par jour dérobées à l'activité du vice sauvent la douzième partie des crimes qui se commettroient; et tout ce que les spectacles vus ou à voir causent d'entretiens dans les cafés et autres refuges des fainéants et fripons du pays, est encore autant de gagné pour les pères de famille, soit sur l'honneur de leurs filles ou de leurs femmes, soit sur leur bourse ou sur celle de leurs fils.

Mais, dans les petites villes, dans les lieux moins peuplés, où les particuliers, toujours sous les yeux du public, sont censeurs nés les uns des autres, et où la police a sur tous une inspection facile, il faut suivre des maximes toutes contraires. S'il y a de l'industrie, des arts, des manufactures, on doit se garder d'offrir des distractions relâchantes à l'âpre intérêt qui fait ses plaisirs de ses soins, et enrichit le prince de l'avarice des sujets. Si le pays, sans commerce, nourrit les habitants dans l'inaction, loin de fomenter en eux l'oisiveté à laquelle une vie simple et facile ne les porte déjà que trop, il faut la leur rendre insupportable, en les contraignant, à force d'ennui, d'employer utilement un temps dont ils ne sau-

roient abuser. Je vois qu'à Paris, où l'on juge de tout sur les apparences, parce qu'on n'a le loisir de rien examiner, on croit, à l'air
de désœuvrement et de langueur dont frappent au premier coup
d'œil la plupart des villes de province, que les habitants, plongés
dans une stupide inaction, n'y font que végéter, ou tracasser et se
brouiller ensemble. C'est une erreur dont on reviendroit aisément
si l'on songeoit que la plupart des gens de lettres qui brillent à
Paris, la plupart des découvertes utiles et des inventions nouvelles,
y viennent de ces provinces si méprisées. Restez quelque temps
dans une petite ville, où vous aurez cru d'abord ne trouver que
des automates; non seulement vous y verrez bientôt des gens beaucoup plus sensés que vos singes des grandes villes, mais vous man-
querez rarement d'y découvrir dans l'obscurité quelque homme
ingénieux qui vous surprendra par ses talents, par ses ouvrages,
que vous surprendrez encore plus en les admirant, et qui, vous
montrant des prodiges de travail, de patience et d'industrie, croira
ne vous montrer que des choses communes à Paris. Telle est la simplicité du vrai génie : il n'est ni intrigant ni actif; il ignore le chemin des honneurs et de la fortune, et ne songe point à le chercher;
il ne se compare à personne; toutes ses ressources sont en lui
seul : insensible aux outrages et peu sensible aux louanges, s'il se
connoît, il ne s'assigne point sa place, et jouit de lui-même sans
s'apprécier.

Dans une petite ville on trouve, proportion gardée, moins d'activité, sans doute, que dans une capitale; parce que les passions
sont moins vives, et les besoins moins pressants; mais plus d'esprits originaux, plus d'industrie inventive, plus de choses vraiment
neuves, parce qu'on y est moins imitateur, qu'ayant peu de
modèles, chacun tire plus de lui-même, et met plus du sien dans
tout ce qu'il fait; parce que l'esprit humain, moins étendu, moins
noyé parmi les opinions vulgaires, s'élabore et fermente mieux
dans la tranquille solitude; parce qu'en voyant moins on imagine
davantage; enfin parce que, moins pressé du temps, on a plus de
loisir d'étendre et diriger ses idées.

Je me souviens d'avoir vu dans ma jeunesse, aux environs de
Neufchâtel, un spectacle assez agréable et peut-être unique sur la
terre, une montagne entière couverte d'habitations dont chacune
fait le centre des terres qui en dépendent; en sorte que ces maisons,
à distances aussi égales que les fortunes des propriétaires, offrent
à la fois aux nombreux habitants de cette montagne le recueillement de la retraite et les douceurs de la société. Ces heureux

paysans, tous à leur aise, francs de tailles, d'impôts, de subdélé-
gués, de corvées, cultivent avec tout le soin possible des biens dont
le produit est pour eux, et emploient le loisir que cette culture leur
laisse à faire mille ouvrages de leurs mains, et à mettre à profit le
génie inventif que leur donna la nature. L'hiver surtout, temps où
la hauteur des neiges leur ôte une communication facile, chacun
renfermé bien chaudement, avec sa nombreuse famille, dans sa
jolie et propre maison de bois[1] qu'il a bâtie lui-même, s'occupe de
mille travaux amusants, qui chassent l'ennui de son asile et ajoutent à son bien-être. Jamais menuisier, serrurier, vitrier, tourneur
de profession, n'entra dans le pays, tous le sont pour eux-mêmes,
aucun ne l'est pour autrui; dans la multitude de meubles commodes
et même élégants qui composent leur ménage et parent leur logement, on n'en voit pas un qui n'ait été fait de la main du maître.
Il leur reste encore du loisir pour inventer et faire mille instruments
divers, d'acier, de bois, de carton, qu'ils vendent aux étrangers,
dont plusieurs même parviennent jusqu'à Paris, entre autres ces
petites horloges de bois qu'on y voit depuis quelques années. Ils
en font aussi de fer; ils font même des montres; et, ce qui paroît
incroyable, chacun réunit à lui seul toutes les professions diverses
dans lesquelles se subdivise l'horlogerie, et fait tous ses outils lui-
même.

Ce n'est pas tout : ils ont des livres utiles et sont passablement
instruits; ils raisonnent sensément de toutes choses, et de plusieurs
avec esprit[2]. Ils font des siphons, des aimants, des lunettes, des
pompes, des baromètres, des chambres noires; leurs tapisseries
sont des multitudes d'instruments de toute espèce : vous prendriez
le poêle d'un paysan pour un atelier de mécanique et pour un cabinet de physique expérimentale. Tous savent un peu dessiner,
peindre, chiffrer; la plupart jouent de la flûte; plusieurs ont un peu
de musique et chantent juste. Ces arts ne leur sont point enseignés

---

1. Je crois entendre un bel esprit de Paris se récrier, pourvu qu'il ne lise pas lui-
même, à cet endroit comme à bien d'autres, et démontrer doctement aux dames
(car c'est surtout aux dames que ces messieurs démontrent) qu'il est impossible
qu'une maison de bois soit chaude. « Grossier mensonge! erreur de physique! Ah
pauvre auteur! » Quant à moi, je crois la démonstration sans réplique. Tout ce
que je sais, c'est que les Suisses passent chaudement leur hiver, au milieu des
neiges, dans des maisons de bois.

2. Je puis citer en exemple un homme de mérite, bien connu dans Paris, et plus
d'une fois honoré des suffrages de l'Académie des sciences; c'est M. Rivaz, célèbre
Valaisan. Je sais bien qu'il n'a pas beaucoup d'égaux parmi ses compatriotes : mais
enfin, c'est en vivant comme eux qu'il apprit à les surpasser.

par des maîtres, mais leur passent, pour ainsi dire, par tradition. De ceux que j'ai vus savoir la musique, l'un me disoit l'avoir apprise de son père, un autre de sa tante, un autre de son cousin; quelques-uns croyoient l'avoir toujours sue. Un de leurs plus fréquents amusements est de chanter avec leurs femmes et leurs enfants les psaumes à quatre parties; et l'on est tout étonné d'entendre sortir de ces cabanes champêtres l'harmonie forte et mâle de Goudimel[1], depuis si longtemps oubliée de nos savants artistes.

Je ne pouvois non plus me lasser de parcourir ces charmantes demeures, que les habitants de m'y témoigner la plus franche hospitalité. Malheureusement j'étois jeune; ma curiosité n'étoit que celle d'un enfant, et je songeois plus à m'amuser qu'à m'instruire. Depuis trente ans, le peu d'observations que je fis se sont effacées de ma mémoire. Je me souviens seulement que j'admirois sans cesse, en ces hommes singuliers, un mélange étonnant de finesse et de simplicité, qu'on croiroit presque incompatibles, et que je n'ai plus observé nulle part. Du reste, je n'ai rien retenu de leurs mœurs, de leur société, de leurs caractères. Aujourd'hui que j'y porterois d'autres yeux, faut-il ne revoir plus cet heureux pays! Hélas! il est sur la route du mien.

Après cette légère idée, supposons qu'au sommet de la montagne dont je viens de parler, au centre des habitations, on établisse un spectacle fixe et peu coûteux, sous prétexte, par exemple, d'offrir une honnête récréation à des gens continuellement occupés, et en état de supporter cette petite dépense; supposons encore qu'ils prennent du goût pour ce même spectacle, et cherchons ce qui doit résulter de son établissement.

Je vois d'abord, que leurs travaux cessant d'être leurs amusements aussitôt qu'ils en auront un autre, celui-ci les dégoûtera des premiers, le zèle ne fournira plus tant de loisir, ni les mêmes inventions. D'ailleurs il y aura chaque jour un temps réel de perdu pour ceux qui assisteront au spectacle; et l'on ne se remet pas à l'ouvrage l'esprit rempli de ce qu'on vient de voir; on en parle, ou l'on y songe. Par conséquent relâchement de travail : premier préjudice.

Quelque peu qu'on paye à la porte, on paye enfin; c'est toujours une dépense qu'on ne faisoit pas. Il en coûte pour soi, pour sa femme, pour ses enfants, quand on les y mène, et il les y faut mener quelquefois. De plus, un ouvrier ne va point dans une assemblée se

---

1. Musicien célèbre du XVIᵉ siècle. (ÉD.)

montrer en habit de travail; il faut prendre plus souvent ses habits des dimanches, changer de linge plus souvent, se poudrer, se raser : tout cela coûte du temps et de l'argent. Augmentation de dépense : deuxième préjudice.

Un travail moins assidu et une dépense plus forte exigent un dédommagement. On le trouvera sur le prix des ouvrages qu'on sera forcé de renchérir. Plusieurs marchands, rebutés de cette augmentation, quitteront les *Montagnons*[1], et se pourvoiront chez les autres Suisses leurs voisins, qui, sans être moins industrieux, n'auront point de spectacle, et n'augmenteront point leurs prix. Diminution de débit : troisième préjudice.

Dans les mauvais temps les chemins ne sont pas praticables; et comme il faudra toujours, dans ces temps-là, que la troupe vive, elle n'interrompra par ses représentations. On ne pourra donc éviter de rendre le spectacle abordable en tout temps. L'hiver il faudra faire des chemins dans la neige, peut-être les paver; et Dieu veuille qu'on n'y mette pas des lanternes! Voilà des dépenses publiques; par conséquent des contributions de la part des particuliers. Établissement d'impôts : quatrième préjudice.

Les femmes des Montagnons, allant d'abord pour voir, et ensuite pour être vues, voudront être parées; elles voudront l'être avec distinction; la femme de M. le justicier ne voudra pas se montrer au spectacle mise comme celle du maître d'école; la femme du maître d'école s'efforcera de se mettre comme celle du justicier[2]. De là naîtra bientôt une émulation de parure qui ruinera les maris, les gagnera peut-être, et qui trouvera sans cesse mille nouveaux moyens d'éluder les lois somptuaires. Introduction du luxe : cinquième préjudice.

Tout le reste est facile à concevoir, sans mettre en ligne de compte les autres inconvénients dont j'ai parlé, ou dont je parlerai dans la suite; sans avoir égard à l'espèce du spectacle et à ses effets moraux, je m'en tiens uniquement à ce qui regarde le travail et le gain, et je crois montrer, par une conséquence évidente, comment un peuple aisé, mais qui doit son bien-être à son industrie, changeant la réalité contre l'apparence, se ruine à l'instant qu'il veut briller.

Au reste, il ne faut point se récrier contre la chimère de ma supposition; je ne la donne que pour telle, et ne veux que rendre sen-

---

1. C'est le nom qu'on donne dans le pays aux habitants de cette montagne.

2. Dans l'édition de Genève, dans celle de M. Belin, le *justicier* est remplacé par le *châtelain*; s'il eût été question de la France, on auroit vu figurer le *subdélégué*. (ÉD.)

sibles du plus au moins ses suites inévitables. Otez quelques circonstances, vous retrouverez ailleurs d'autres *Montagnons* : et,
mutatis mutandis, l'exemple a son application.

Ainsi, quand il seroit vrai que les spectacles ne sont pas mauvais
en eux-mêmes, on auroit toujours à chercher s'ils ne le deviendroient point à l'égard du peuple auquel on les destine. En certains
lieux, ils seront utiles pour attirer des étrangers, pour augmenter
la circulation des espèces, pour exciter les artistes, pour varier les
modes, pour occuper les gens trop riches ou aspirant à l'être, pour
les rendre moins malfaisants, pour distraire le peuple de ses misères,
pour lui faire oublier ses chefs en voyant ses baladins, pour maintenir et perfectionner le goût quand l'honnêteté est perdue, pour
couvrir d'un vernis de procédés la laideur du vice, pour empêcher,
en un mot, que les mauvaises mœurs ne dégénèrent en brigandage.
En d'autres lieux ils ne serviroient qu'à détruire l'amour du travail,
à décourager l'industrie, à ruiner les particuliers, à leur inspirer le
goût de l'oisiveté, à leur faire chercher les moyens de subsister sans
rien faire, à rendre un peuple inactif et lâche, à l'empêcher de voir
les objets publics et particuliers dont il doit s'occuper, à tourner la
sagesse en ridicule, à substituer un jargon de théâtre à la pratique
des vertus, à mettre toute la morale en métaphysique, à travestir
les citoyens en beaux esprits, les mères de famille en petites maîtresses, et les filles en amoureuses de comédie. L'effet général sera
le même sur tous les hommes; mais les hommes, ainsi changés,
conviendront plus ou moins à leur pays. En devenant égaux, les
mauvais gagneront, les bons perdront encore davantage; tous
contracteront un caractère de mollesse, un esprit d'inaction qui
ôtera aux uns de grandes vertus, et préservera les autres de méditer
de grands crimes.

De ces nouvelles réflexions il résulte une conséquence directement contraire à celle que je tirois des premières : savoir que, quand
le peuple est corrompu, les spectacles lui sont bons, et mauvais
quand il est bon lui-même. Il sembleroit donc que ces deux effets
contraires devroient s'entre-détruire, et les spectacles rester indifférents à tous, mais il y a cette différence, que l'effet qui renforce
le bien et le mal, étant tiré de l'esprit des pièces, est sujet comme
elles à mille modifications qui le réduisent presque à rien; au lieu
que celui qui change le bien en mal, et le mal en bien, résultant de
l'existence même du spectacle, est un effet constant, réel, qui
revient tous les jours et doit l'emporter à la fin.

Il suit de là que, pour juger s'il est à propos ou non d'établir un théâtre en quelque ville, il faut premièrement savoir si les mœurs y sont bonnes ou mauvaises : question sur laquelle il ne m'appartient peut-être pas de prononcer par rapport à nous. Quoi qu'il en soit, tout ce que je puis accorder là-dessus, c'est qu'il est vrai que la comédie ne nous fera point de mal, si plus rien ne nous en peut faire.

Pour prévenir les inconvénients qui peuvent naître de l'exemple des comédiens, vous voudriez qu'on les forçât d'être honnêtes gens. Par ce moyen, dites-vous, on auroit à la fois des spectacles et des mœurs, et l'on réuniroit les avantages des uns et des autres. Des spectacles et des mœurs ! Voilà qui formeroit vraiment un spectacle à voir, d'autant plus que ce seroit la première fois. Mais quels sont les moyens que vous nous indiquez pour contenir les comédiens ? Des lois sévères et bien exécutées. C'est au moins avouer qu'ils ont besoin d'être contenus, et que les moyens n'en sont pas faciles. Des lois sévères ! la première est de n'en point souffrir. Si nous enfreignons celle-là, que deviendra la sévérité des autres ? Des lois bien exécutées ! Il s'agit de savoir si cela se peut : car la force des lois a sa mesure ; celle des vices qu'elles répriment a aussi la sienne. Ce n'est qu'après avoir comparé ces deux quantités et trouvé que la première surpasse l'autre, qu'on peut s'assurer de l'exécution des lois. La connoissance de ces rapports faits la véritable science du législateur ; car s'il ne s'agissoit que de publier édits sur édits, règlements sur règlements, pour remédier aux abus à mesure qu'ils naissent, on diroit sans doute de fort belles choses, mais qui pour la plupart resteroient sans effet, et serviroient d'indication de ce qu'il faudroit faire, plutôt que de moyens pour l'exécuter. Dans le fond, l'institution des lois n'est pas une chose si merveilleuse, qu'avec du sens et de l'équité tout homme ne pût très bien trouver de lui-même celles qui, bien observées, seroient les plus utiles à la société. Où est le plus petit écolier de droit qui ne dressera pas un code d'une morale aussi pure que celle des lois de Platon ? Mais ce n'est pas de cela seul qu'il s'agit ; c'est d'approprier tellement ce code au peuple pour lequel il est fait et aux choses sur lesquelles on y statue, que son exécution s'ensuive du seul concours de ces convenances ; c'est d'imposer au peuple, à l'exemple de Solon, moins les meilleures lois en elles-mêmes, que les meilleures qu'il puisse comporter dans la situation donnée. Autrement il vaut encore mieux laisser subsister les désordres que de les prévenir, ou d'y pourvoir par des lois qui ne seront point observées : car, sans remédier au mal, c'est encore avilir les lois.

Une autre observation, non moins importante, est que les choses de mœurs et de justice universelle ne se règlent pas, comme celles de justice particulière et de droit rigoureux, par des édits et par des lois; ou, si quelquefois les lois influent sur les mœurs, c'est quand elles en tirent leur force. Alors elles leur rendent cette même force par une sorte de réaction bien connue des vrais politiques. La première fonction des éphores de Sparte, en entrant en charge, étoit une proclamation publique[1], par laquelle ils enjoignoient aux citoyens, non pas d'observer les lois, mais de les aimer, afin que l'observation ne leur en fût point dure. Cette proclamation, qui n'étoit pas un vain formulaire, montre parfaitement l'esprit de l'institution de Sparte, par laquelle les lois et les mœurs, intimement unies dans les cœurs des citoyens, n'y faisoient, pour ainsi dire, qu'un même corps. Mais ne nous flattons pas de voir Sparte renaître au sein du commerce et de l'amour du gain. Si nous avions les mêmes maximes, on pourroit établir à Genève un spectacle sans aucun risque; car jamais citoyen ni bourgeois n'y mettroit le pied.

Par où le gouvernement peut-il donc avoir prise sur les mœurs? Je réponds que c'est par l'opinion publique. Si nos habitudes naissent de nos propres sentiments dans la retraite, elles naissent de l'opinion d'autrui dans la société. Quand on ne vit pas en soi, mais dans les autres, ce sont leurs jugements qui règlent tout; rien ne paroît bon ni désirable aux particuliers que ce que le public a jugé tel, et le seul bonheur que la plupart des hommes connoissent est d'être estimés heureux.

Quant aux choix des instruments propres à diriger l'opinion publique, c'est une autre question, qu'il seroit superflu de résoudre pour vous, et que ce n'est pas ici le lieu de résoudre pour la multitude. Je me contenterai de montrer par un exemple sensible, que ces instruments ne sont ni des lois, ni des peines, ni nulle espèce de moyens coactifs. Cet exemple est sous vos yeux; je le tire de votre patrie : c'est celui du tribunal des maréchaux de France, établis juges suprêmes du point d'honneur.

De quoi s'agissoit-il dans cette institution? de changer l'opinion publique sur les duels, sur la réparation des offenses, et sur les occasions où un brave homme est obligé, sous peine d'infamie, de tirer raison d'un affront l'épée à la main. Il s'ensuit de là :

Premièrement, que, la force n'ayant aucun pouvoir sur les esprits, il falloit écarter avec le plus grand soin tout vestige de vio-

---

1. Plutarque, *Traité des délais de la justice divine*, § 5. (ÉD.)

lence du tribunal établi pour opérer ce changement. Ce mot même de *tribunal* étoit mal imaginé : j'aimerois mieux celui de *cour d'honneur*. Ses seules armes devoient être l'honneur et l'infamie : jamais de récompense utile, jamais de punition corporelle, point de prison, point d'arrêts, point de gardes armés ; simplement un appariteur, qui auroit fait ses citations en touchant l'accusé d'une baguette blanche, sans qu'il s'ensuivît aucune contrainte pour le faire comparoître. Il est vrai que ne pas comparoître au terme fixé par-devant les juges de l'honneur, c'étoit s'en confesser dépourvu, c'étoit se condamner soi-même. De là résultoit naturellement note d'infamie, dégradation de noblesse, incapacité de servir le roi dans ses tribunaux, dans ses armées, et autres punitions de ce genre qui tiennent immédiatement à l'opinion ou en sont un effet nécessaire.

Il s'ensuit, en second lieu, que, pour déraciner le préjugé public, il falloit des juges d'une grande autorité sur la matière en question ; et, quant à ce point, l'instituteur entra parfaitement dans l'esprit de l'établissement ; car, dans une nation toute guerrière, qui peut mieux juger des justes occasions de montrer son courage et de celles où l'honneur offensé demande satisfaction, que d'anciens militaires chargés de titres d'honneur, qui ont blanchi sous les lauriers, et prouvé cent fois au prix de leur sang qu'ils n'ignorent pas quand le devoir veut qu'on en répande?

Il suit, en troisième lieu, que, rien n'étant plus indépendant du pouvoir suprême que le jugement du public, le souverain devoit se garder, sur toutes choses, de mêler ses décisions arbitraires parmi les arrêts faits pour représenter ce jugement, et, qui plus est, pour le déterminer. Il devoit s'efforcer au contraire de mettre la cour d'honneur au-dessus de lui, comme soumis lui-même à ses décrets respectables. Il ne falloit donc pas commencer par condamner à mort tous les duellistes indirectement ; ce qui étoit mettre d'emblée une opposition choquante entre l'honneur et la loi ; car la loi même ne peut obliger personne à se déshonorer. Si tout le peuple a jugé qu'un homme est poltron, le roi, malgré toute sa puissance, aura beau le déclarer brave, personne n'en croira rien ; et cet homme, passant alors pour un poltron qui veut être honoré par force, n'en sera que plus méprisé. Quant à ce que disent les édits, que c'est offenser Dieu de se battre, c'est un avis fort pieux sans doute ; mais la loi civile n'est point juge des péchés ; et toutes les fois que l'autorité souveraine voudra s'interposer dans les conflits de l'honneur et de la religion, elle sera compromise des deux côtés. Les mêmes édits ne raisonnent pas mieux quand ils disent qu'au lieu de se battre il faut s'adresser aux maréchaux : condamner ainsi le combat sans distinction, sans réserve, c'est commencer par juger soi-même ce qu'on renvoie à leur jugement. On sait bien qu'il ne leur est pas permis d'accorder le duel, même quand l'honneur outragé n'a plus d'autres ressources; et, selon les préjugés du monde, il y a beaucoup de semblables cas : car, quant aux satisfactions cérémonieuses dont on a voulu payer l'offensé, ce sont de véritables jeux d'enfant.

Qu'un homme ait le droit d'accepter une réparation pour lui-même et de pardonner à son ennemi, en ménageant cette maxime avec art, on la peut substituer insensiblement au féroce préjugé qu'elle attaque : mais il n'en est pas de même quand l'honneur des gens auxquels le nôtre est lié se trouve attaqué; dès lors il n'y a plus d'accommodement possible. Si mon père a reçu un soufflet, si ma sœur, ma femme, ou ma maîtresse est insultée, conserverai-je mon honneur en faisant bon marché du leur? Il n'y a ni maréchaux ni satisfaction qui suffisent, il faut que je les venge ou que je me déshonore; les édits ne me laissent que le choix du supplice ou de l'infamie. Pour citer un exemple qui se rapporte à mon sujet, n'est-ce pas un concert bien entendu entre l'esprit de la scène et celui des lois, qu'on aille applaudir au théâtre ce même Cid qu'on iroit voir pendre à la Grève?

Ainsi l'on a beau faire; ni la raison, ni la vertu, ni les lois, ne vaincront l'opinion publique tant qu'on ne trouvera pas l'art de la changer. Encore une fois, cet art ne tient point à la violence. Les moyens établis ne serviroient, s'ils étoient pratiqués, qu'à punir les braves gens et sauver les lâches : mais heureusement ils sont trop absurdes pour pouvoir être employés, et n'ont servi qu'à faire changer de noms aux duels. Comment falloit-il donc s'y prendre? Il falloit, ce me semble, soumettre absolument les combats particuliers à la juridiction des maréchaux, soit pour les juger, soit pour les prévenir, soit même pour les permettre. Non seulement il falloit leur laisser le droit d'accorder le champ quand ils le jugeroient à propos; mais il étoit important qu'ils usassent quelquefois de ce droit, ne fût-ce que pour ôter au public une idée assez difficile à détruire, et qui seule annule toute leur autorité; savoir que, dans les affaires qui passent par-devant eux, ils jugent moins sur leur propre sentiment que sur la volonté du prince. Alors il n'y avait point de honte à leur demander le combat dans une occasion nécessaire; il n'y en avoit même à s'en abstenir quand les raisons de l'accorder n'étaient pas jugées suffisantes; mais il y aura toujours à leur dire : « Je suis offensé, faites en sorte que je sois dispensé de me battre ».

Par ce moyen tous les appels secrets seroient infailliblement tombés dans le décri, quand l'honneur offensé pouvant se défendre et le courage se montrer au champ d'honneur, on eût très justement suspecté ceux qui se seroient cachés pour se battre, et quand ceux que la cour d'honneur eût jugés s'être mal[1] battus seroient, en qualité de vils assassins, restés soumis aux tribunaux criminels. Je conviens que plusieurs duels n'étant jugés qu'après coup, et d'autres même étant solennellement autorisés, il en auroit d'abord coûté la vie à quelques braves gens ; mais c'eût été pour la sauver dans la suite à des infinités d'autres : au lieu que du sang qui se verse malgré les édits naît une raison d'en verser davantage.

Que seroit-il arrivé dans la suite? A mesure que la cour d'honneur auroit acquis de l'autorité sur l'opinion du peuple par la sagesse et le poids de ses décisions, elle seroit devenue peu à peu plus sévère, jusqu'à ce que, les occasions légitimes se réduisant tout à fait à rien, le point d'honneur eût changé le principe, et que les duels fussent entièrement abolis. On n'a pas eu tous ces embarras à la vérité ; mais aussi l'on a fait un établissement inutile. Si les duels aujourd'hui sont plus rares, ce n'est pas qu'ils soient méprisés ni punis ; c'est parce que les mœurs ont changé[2] : et la preuve que ce changement vient de causes toutes différentes auxquelles le gouvernement n'a point de part, la preuve que l'opinion publique n'a nullement changé sur ce point, c'est qu'après tant de soins malentendus, tout gentilhomme qui ne tire pas raison d'un affront l'épée à la main n'est pas moins déshonoré qu'auparavant.

Une quatrième conséquence de l'objet du même établissement est que, nul homme ne pouvant vivre civilement sans honneur, tous les états où l'on porte une épée, depuis le prince jusqu'au soldat, et tous les états même où l'on n'en porte point, doivent res-

---

1. Mal, c'est-à-dire non seulement en lâche et avec fraude, mais injustement et sans raison suffisante ; ce qui se fût naturellement présumé de toute affaire non portée au tribunal.

2. Autrefois les hommes prenoient querelle au cabaret : on les a dégoûtés de ce plaisir grossier en leur faisant bon marché des autres. Autrefois ils s'égorgeoient pour une maîtresse ; en vivant plus familièrement avec les femmes, ils ont trouvé que ce n'étoit pas la peine de se battre pour elles. L'ivresse et l'amour ôtés, il reste peu d'importants sujets de dispute. Dans le monde on ne se bat plus que pour le jeu. Les militaires ne se battent plus que pour des passe-droits, ou pour n'être pas forcés de quitter le service. Dans ce siècle éclairé chacun sait calculer, à un écu près, ce que valent son honneur et sa vie.

sortir à cette cour d'honneur, les uns pour rendre compte de leur conduite et de leurs actions, les autres de leurs discours et de leurs maximes; tous également sujets à être honorés ou flétris, selon la conformité ou l'opposition de leur vie ou de leurs sentiments aux principes de l'honneur établis dans la nation, et réformés insensiblement par le tribunal sur ceux de la justice et de la raison. Borner cette compétence aux nobles et aux militaires, c'est couper les rejetons et laisser la racine; car si le point d'honneur fait agir la noblesse, il fait parler le peuple; les uns ne se battent que parce que les autres les jugent; et, pour changer les actions dont l'estime publique est l'objet, il faut auparavant changer les jugements qu'on en porte. Je suis convaincu qu'on ne viendra jamais à bout d'opérer ces changements sans y faire intervenir les femmes mêmes, de qui dépend en grande partie la manière de penser des hommes.

De ce principe il suit encore que le tribunal doit être plus ou moins redouté dans les diverses conditions, à proportion qu'elles ont plus ou moins d'honneur à perdre, selon les idées vulgaires, qu'il faut toujours prendre ici pour règle. Si l'établissement est bien fait, les grands et les princes doivent trembler au seul nom de la cour d'honneur. Il auroit fallu qu'en l'instituant on y eût porté tous les démêlés personnels existants alors entre les premiers du royaume; que le tribunal les eût jugés définitivement autant qu'ils pouvoient l'être par les seules lois de l'honneur; que ces jugements eussent été sévères; qu'il y eût eu des cessions de pas et de rang personnelles et indépendantes du droit des places, des interdictions du port des armes, ou de paroître devant la face du prince, ou d'autres punitions semblables, nulles par elles-mêmes, grièves par l'opinion, jusqu'à l'infamie inclusivement, qu'on auroit pu regarder comme la peine capitale décernée par la cour d'honneur; que toutes ces peines eussent eu, par le concours de l'autorité suprême, les mêmes effets qu'a naturellement le jugement public quand la force n'annule point ses décisions; que le tribunal n'eût point statué sur des bagatelles, mais qu'il n'eût jamais rien fait à demi; que le roi même y eût été cité quand il jeta sa canne par la fenêtre, « de peur, dit-il, de frapper un gentilhomme[1] »; qu'il eût comparu en accusé avec sa partie; qu'il eût été jugé solennellement, condamné à faire réparation au gentilhomme pour l'affront indirect qu'il lui avoit fait; et que le tribunal lui eût en même temps décerné un prix d'honneur pour la modération du monarque dans la colère. Ce prix,

---

1. M. de Lauzun. Voilà, selon moi, des coups de canne bien noblement appliqués.

qui devoit être un signe très simple, mais visible, porté par le roi
pendant toute sa vie, lui eût été, ce me semble, un ornement plus
honorable que ceux de la royauté, et je ne doute pas qu'il ne fût
devenu le sujet des chants de plus d'un poète. Il est certain que,
quant à l'honneur, les rois eux-mêmes sont soumis plus que personne au jugement du public, et peuvent par conséquent, sans
s'abaisser, comparoître au tribunal qui le représente. Louis XIV
étoit digne de faire de ces choses-là; et je crois qu'il les eût faites
si quelqu'un les lui eût suggérées.

Avec toutes ces précautions et d'autres semblables, il est fort
douteux qu'on eût réussi, parce qu'une pareille institution est
entièrement contraire à l'esprit de la monarchie; mais il est très
sûr que, pour les avoir négligées, pour avoir voulu mêler la force et
les lois dans des matières de préjugés, et changer le point d'honneur par la violence, on a compromis l'autorité royale, et rendu
méprisables des lois qui passoient leur pouvoir.

Cependant en quoi consistoit ce préjugé qu'il s'agissoit de
détruire? Dans l'opinion la plus extravagante et la plus barbare qui
jamais entra dans l'esprit humain : savoir, que tous les devoirs de
la société sont suppléés par la bravoure; qu'un homme n'est plus
fourbe, fripon, calomniateur; qu'il est civil, humain, poli, quand il
sait se battre; que le mensonge se change en vérité, que le vol
devient légitime, la perfidie honnête, l'infidélité louable, sitôt qu'on
soutient tout cela le fer à la main; qu'un affront est toujours bien
réparé par un coup d'épée, et qu'on n'a jamais tort avec un homme,
pourvu qu'on le tue. Il y a, je l'avoue, une autre sorte d'affaire où
la gentillesse se mêle à la cruauté, et où l'on ne tue les gens que par
hasard, c'est celle où l'on se bat au premier sang. Au premier sang,
grand Dieu ! Et qu'en veux-tu faire de ce sang, bête féroce? Le
veux-tu boire? Le moyen de songer à ces horreurs sans émotion !
Tels sont les préjugés que les rois de France, armés de toute la
force publique, ont vainement attaqués. L'opinion, reine du monde,
n'est point soumise au pouvoir des rois; ils sont eux-mêmes ses premiers esclaves.

Je finis cette longue digression, qui malheureusement ne sera
pas la dernière; et de cet exemple, trop brillant peut-être, *si parva
licet componere magnis*, je reviens à des applications plus simples.
Un des infaillibles effets d'un théâtre établi dans une aussi petite
ville que la nôtre sera de changer nos maximes, ou, si l'on veut, nos
préjugés et nos opinions publiques; ce qui changera nécessairement
nos mœurs contre d'autres meilleures ou pires, je n'en dis rien

encore; mais sûrement moins convenables à notre constitution. Je demande, monsieur, par quelles lois efficaces vous remédierez à cela. Si le gouvernement peut beaucoup sur les mœurs, c'est seulement par son institution primitive : quand une fois il les a déterminées, non seulement il n'a plus le pouvoir de les changer, à moins qu'il ne change, il a même bien de la peine à les maintenir contre les accidents inévitables qui les attaquent, et contre la pente naturelle qui les altère. Les opinions publiques, quoique si difficiles à gou verner, sont pourtant par elles-mêmes très mobiles et changeantes. Le hasard, mille causes fortuites, mille circonstances imprévues, font ce que la force et la raison ne sauroient faire; ou plutôt c'est précisément parce que le hasard les dirige que la force n'y peut rien; comme les dés qui partent de la main, quelque impulsion qu'on leur donne, n'en amènent pas plus aisément le point désiré.

Tout ce que la sagesse humaine peut faire est de prévenir les changements, d'arrêter de loin tout ce qui les amène; mais, sitôt qu'on les souffre et qu'on les autorise, on est rarement maître de leurs effets, et l'on ne peut jamais se répondre de l'être. Comment donc préviendrons-nous ceux dont nous aurons volontairement introduit la cause? A l'imitation de l'établissement dont je viens de parler, nous proposerez-vous d'instituer des censeurs? Nous en avons déjà[1]; et si toute la force de ce tribunal suffit à peine pour nous maintenir tels que nous sommes, quand nous aurons ajouté une nouvelle inclinaison à la pente des mœurs, que fera-t-il pour arrêter ce progrès? il est clair qu'il n'y pourra plus suffire. La première marque de son impuissance à prévenir les abus de la comédie sera de la laisser établir. Car il est aisé de prévoir que ces deux établissements ne sauroient subsister longtemps ensemble, et que la comédie tournera les censeurs en ridicule, ou que les censeurs feront chasser les comédiens. .

Mais il ne s'agit pas seulement ici de l'insuffisance des lois pour réprimer de mauvaises mœurs en laissant subsister leur cause. On trouvera, je le prévois, que, l'esprit rempli des abus qu'engendre nécessairement le théâtre, et de l'impossibilité générale de prévenir ces abus, je ne réponds pas assez précisément à l'expédient proposé, qui est d'avoir des comédiens honnêtes gens, c'est-à-dire de les rendre tels. Au fond, cette discussion particulière n'est plus fort nécessaire : tout ce que j'ai dit jusqu'ici des effets de la comédie, étant indépendant des mœurs des comédiens, n'en auroit pas moins

1. Le consistoire et la chambre de réforme,

lieu quand ils auroient bien profité des leçons que vous nous exhortez à leur donner, et qu'ils deviendroient par nos soins autant de modèles de vertu. Cependant, par égard au sentiment de ceux de mes compatriotes qui ne voient d'autre danger dans la comédie que le mauvais exemple des comédiens, je veux bien rechercher encore si, même dans leur supposition, cet expédient est praticable avec quelque espoir de succès, et s'il doit suffire pour les tranquilliser.

En commençant par observer les faits avant de raisonner sur les causes, je vois en général que l'état de comédien est un état de licence et de mauvaises mœurs; que les hommes y sont livrés au désordre; que les femmes y mènent une vie scandaleuse; que les uns et les autres, avares et prodigues tout à la fois, toujours accablés de dettes et toujours versant l'argent à pleines mains, sont aussi peu retenus sur leurs dissipations que peu scrupuleux sur les moyens d'y pourvoir. Je vois encore que par tout pays leur profession est déshonorante : que ceux qui l'exercent, excommuniés ou non, sont partout méprisés[1], et qu'à Paris même, où ils ont plus de considération et une meilleure conduite que partout ailleurs, un bourgeois craindroit de fréquenter ces mêmes comédiens qu'on voit tous les jours à la table des grands. Une troisième observation, non moins importante, est que ce dédain est plus fort partout où les mœurs sont plus pures, et qu'il y a des pays d'innocence et de simplicité où le métier de comédien est presque en horreur. Voilà des faits incontestables. Vous me direz qu'il n'en résulte que des préjugés. J'en conviens : mais, ces préjugés étant universels, il faut leur chercher une cause universelle; et je ne vois pas qu'on la puisse trouver ailleurs que dans la profession même à laquelle ils se rapportent. A cela vous répondez que les comédiens ne se rendent méprisables que parce qu'on les méprise. Mais pourquoi les eût-on méprisés s'ils n'eussent été méprisables? Pourquoi penseroit-on plus mal de leur état que des autres, s'il n'avoit rien qui l'en distinguât? Voilà ce qu'il faudroit examiner, peut-être, avant de les justifier aux dépens du public.

Je pourrois imputer ces préjugés aux déclamations des prêtres, si je ne les trouvois établis chez les Romains avant la naissance du christianisme, et non seulement courant vaguement dans l'esprit

---

1. Si les Anglois ont inhumé le célèbre Oldfield à côté de leurs rois, ce n'étoit pas son métier, mais son talent, qu'ils vouloient honorer. Chez eux les grands talents anoblissent dans les moindres états; les petits avilissent dans les plus illustres. Et, quant à la profession des comédiens, les mauvais et les médiocres sont méprisés à Londres autant ou plus que partout ailleurs.

du peuple, mais autorisés par des lois expresses qui déclaroient les acteurs infâmes, leur ôtoient le titre et les droits de citoyens romains, et mettoient les actrices au rang des prostituées. Ici toute autre raison manque, hors celle qui se tire de la nature de la chose. Les prêtres païens et les dévots, plus favorables que contraires à des spectacles qui faisoient partie des jeux consacrés à la religion[1], n'avoient aucun intérêt à les décrier, et ne les décrioient pas en effet. Cependant on pouvoit dès lors se récrier, comme vous faites, sur l'inconséquence de déshonorer des gens qu'on protège, qu'on paye, qu'on pensionne : ce qui, à vrai dire, ne me paroît pas si étrange qu'à vous; car il est à propos quelquefois que l'État encourage et protège des professions déshonorantes mais utiles, sans que ceux qui les exercent en doivent être plus considérés pour cela.

J'ai lu quelque part que ces flétrissures étoient moins imposées à de vrais comédiens qu'à des histrions et farceurs qui souilloient leurs jeux d'indécence et d'obscénités : mais cette distinction est insoutenable; car les mots de comédien et d'histrion étoient parfaitement synonymes, et n'avoient d'autre différence, sinon que l'un étoit grec et l'autre étrusque. Cicéron, dans le livre de l'Orateur, appelle histrions les deux plus grands acteurs qu'ait jamais eus Rome, Esope et Roscius : dans son plaidoyer pour ce dernier, il plaint un si honnête homme d'exercer un métier si peu honnête[2]. Loin de distinguer entre les comédiens, histrions et farceurs, ni entre les acteurs des tragédies et ceux des comédies, la loi couvre indistinctement du même opprobre tous ceux qui montent sur le théâtre : *Quisquis in scenam prodierit, ait prætor, infamis est*[3]. Il est vrai seulement que cet opprobre tomboit moins sur la représentation même que sur l'état où l'on en faisoit métier, puisque la jeunesse de Rome représentoit publiquement, à la fin des grandes pièces, les Atellanes, ou Exodes sans déshonneur. A cela près on voit, dans mille endroits, que tous les comédiens indifféremment

---

1. Tite-Live dit que les jeux scéniques furent introduits à Rome l'an 390, à l'occasion d'une peste qu'il s'agissoit d'y faire cesser. Aujourd'hui, l'on fermeroit les théâtres pour le même sujet, et sûrement cela seroit plus raisonnable.

2. Ces citations sont inexactes. Cicéron, dans son plaidoyer *pour Roscius*, loue son client sans le plaindre de la profession qu'il exerce; et le mot d'*histrion* par lequel il le désigne dans le traité *sur l'Orateur* (lib. I, cap. LXI), n'a pas en latin le sens que nous lui donnons. M. Gaillard, dans l'édition de M. Le Clerc, a traduit *histrion* par *comédien*. (ÉD.)

3. *Digeste*, lib. II, § *de His qui notantur infamis.*

étoient esclaves, et traités comme tels quand le public n'étoit pas content d'eux.

Je ne sache qu'un seul peuple qui n'ait pas eu là-dessus les maximes de tous les autres, ce sont les Grecs. Il est certain que chez eux la profession du théâtre étoit si peu déshonnête, que la Grèce fournit des exemples d'acteurs chargés de certaines fonctions publiques, soit dans l'État, soit en ambassade. Mais on pourroit trouver aisément les raisons de cette exception. 1° La tragédie ayant été inventée chez les Grecs aussi bien que la comédie, ils ne pouvoient jeter d'avance une impression de mépris sur un état dont on ne connoissoit pas encore les effets; et quand on commença de les connoître, l'opinion publique avoit déjà pris son pli. 2° Comme la tragédie avoit quelque chose de sacré dans son origine, d'abord ses acteurs furent plutôt regardés comme des prêtres que comme des baladins. 3° Tous les sujets des pièces n'étant tirés que des antiquités nationales dont les Grecs étoient idolâtres, ils voyoient dans ces mêmes acteurs moins des gens qui jouoient des fables, que des citoyens instruits qui représentoient aux yeux de leurs compatriotes l'histoire de leur pays. 4° Ce peuple, enthousiaste de sa liberté jusqu'à croire que les Grecs étoient les seuls hommes libres par nature[1], se rappeloit avec un vif sentiment de plaisir ses anciens malheurs et les crimes de ses maîtres. Ces grands tableaux l'instruisoient sans cesse, et il ne pouvoit se défendre d'un peu de respect pour les organes de cette instruction. 5° La tragédie n'étant d'abord jouée que par des hommes, on ne voyoit point sur leur théâtre ce mélange scandaleux d'hommes et de femmes qui fait des nôtres autant d'écoles de mauvaises mœurs. 6° Enfin leurs spectacles n'avoient rien de la mesquinerie de ceux d'aujourd'hui. Leurs théâtres n'étoient point élevés par l'intérêt et par l'avarice; ils n'étoient point renfermés dans d'obscures prisons; leurs acteurs n'avoient pas besoin de mettre à contribution les spectateurs, ni de compter du coin de l'œil les gens qu'ils voyoient passer la porte, pour être sûrs de leur souper.

Ces grands et superbes spectacles, donnés sous le ciel, à la face de toute une nation, n'offroient de toutes parts que des combats, des victoires, des prix, des objets capables d'inspirer aux Grecs une ardente émulation, et d'échauffer leurs cœurs de sentiments

---

1. Iphigénie le dit en terme exprès dans la tragédie d'Euripide qui porte le nom de cette princesse*.

* Acte V, scène V.

d'honneur et de gloire. C'est au milieu de cet imposant appareil, si propre à élever et remuer l'âme, que les acteurs, animés du même zèle, partageoient, selon leurs talents, les honneurs rendus aux vainqueurs des jeux, souvent aux premiers hommes de la nation. Je ne suis pas surpris que, loin de les avilir, leur métier, exercé de cette manière, leur donnât cette fierté de courage et ce noble désintéressement qui sembloit quelquefois élever l'acteur à son personnage. Avec tout cela, jamais la Grèce, excepté Sparte, ne fut citée en exemple de bonnes mœurs; et Sparte, qui ne souffroit point de théâtre[1], n'avoit garde d'honorer ceux qui s'y montrent. Revenons aux Romains qui, loin de suivre à cet égard l'exemple des Grecs, en donnèrent un tout contraire. Quand leurs lois déclaroient les comédiens infâmes, étoit-ce dans le dessein d'en déshonorer la profession? Quelle eût été l'utilité d'une disposition si cruelle? Elles ne la déshonoroient point, elles rendoient seulement authentique le déshonneur qui en est inséparable; car jamais les bonnes lois ne changent la nature des choses, elles ne font que la suivre; et celles-là seules sont observées. Il ne s'agit donc pas de crier d'abord contre les préjugés, mais de savoir premièrement si ce ne sont que des préjugés; si la profession de comédien n'est point en effet déshonorante en elle-même; car si, par malheur, elle l'est, nous aurons beau statuer qu'elle ne l'est pas, au lieu de la réhabiliter, nous ne ferons que nous avilir nous-mêmes.

Qu'est-ce que le talent du comédien? L'art de se contrefaire, de revêtir un autre caractère que le sien, de paroître différent de ce qu'on est, de se passionner de sang-froid, de dire autre chose que ce qu'on pense, aussi naturellement que si l'on le pensoit réellement, et d'oublier enfin sa propre place à force de prendre celle d'autrui. Qu'est-ce que la profession du comédien? Un métier par lequel il se donne en représentation pour de l'argent, se soumet à l'ignominie et aux affronts qu'on achète le droit de lui faire, et met publiquement sa personne en vente. J'adjure tout homme sincère de dire s'il ne sent pas au fond de son âme qu'il y a dans ce trafic de soi-même quelque chose de servile et de bas. Vous autres philosophes, qui vous prétendez si fort au-dessus des préjugés, ne mourriez-vous pas tous de honte si, lâchement travestis en rois, il vous falloit aller faire aux yeux du public un rôle différent du vôtre, et exposer vos majestés aux huées de la populace? Quel est donc, au

---

1. Rousseau a reconnu lui-même la fausseté de cette assertion. Voyez ci-après la lettre à M. le Roy, du 4 novembre 1758. (ÉD.) ·

fond, l'esprit que le comédien reçoit de son état? un mélange de bassesse, de fausseté, de ridicule orgueil, et d'indigne avilissement, qui le rend propre à toutes sortes de personnages, hors le plus noble de tous, celui d'homme, qu'il abandonne.

Je sais que le jeu du comédien n'est pas celui d'un fourbe qui veut en imposer, qu'il ne prétend pas qu'on le prenne en effet pour la personne qu'il représente, ni qu'on le croie affecté des passions qu'il imite, et qu'en donnant cette imitation pour ce qu'elle est, il la rend tout à fait innocente. Aussi ne l'accusé-je pas d'être précisément un trompeur, mais de cultiver, pour tout métier, le talent de tromper les hommes, et de s'exercer à des habitudes qui, ne pouvant être innocentes qu'au théâtre, ne servent partout ailleurs qu'à mal faire. Ces hommes si bien parés, si bien exercés au ton de la galanterie et aux accents de la passion, n'abuseront-ils jamais de cet art pour séduire de jeunes personnes? Ces valets filous, si subtils de la langue et de la main sur la scène, dans les besoins d'un métier plus dispendieux que lucratif, n'auront-ils jamais de distractions utiles? Ne prendront-ils jamais la bourse d'un fils prodigue, ou d'un père avare pour celle de Léandre ou d'Argan[1]? Partout la tentation de mal faire augmente avec la facilité; et il faut que les comédiens soient plus vertueux que les autres hommes, s'ils ne sont pas plus corrompus.

L'orateur, le prédicateur, pourra-t-on me dire encore, payent de leur personne ainsi que le comédien. La différence est très grande. Quant l'orateur se montre, c'est pour parler, et non pour se donner en spectacle : il ne représente que lui-même, il ne fait que son propre rôle, ne parle qu'en son propre nom, ne dit ou ne doit dire que ce qu'il pense : l'homme et le personnage étant le même être, il est à sa place; il est dans le cas de tout autre citoyen qui remplit les fonctions de son état. Mais un comédien sur la scène, étalant d'autres sentiments que les siens, ne disant que ce qu'on lui fait dire, représentant souvent un être chimérique, s'anéantit, pour ainsi dire, s'annule avec son héros; et, dans cet oubli de l'homme, s'il en reste quelque chose, c'est pour être le jouet des spectateurs. Que dirai-je de ceux qui semblent avoir peur de valoir trop par

---

1. On a relevé ceci comme outré et comme ridicule. On a eu raison. Il n'y a point de vice dont les comédiens soient moins accusés que de la friponnerie; leur métier, qui les occupe beaucoup, et leur donne même des sentiments d'honneur à certains égards, les éloigne d'une telle bassesse. Je laisse ce passage, parce que je me suis fait une loi de ne rien ôter; mais je le désavoue hautement comme une très grande injustice.

eux-mêmes, et se dégradent jusqu'à représenter des personnages auxquels ils seroient bien fâchés de ressembler? C'est un grand mal sans doute de voir tant de scélérats dans le monde faire des rôles d'honnêtes gens; mais y a-t-il rien de plus odieux, de plus choquant, de plus lâche, qu'un honnête homme à la comédie faisant le rôle d'un scélérat, et déployant tout son talent pour faire valoir de criminelles maximes, dont lui-même est pénétré d'horreur?

Si l'on ne voit en tout ceci qu'une profession peu honnête, on doit voir encore une source de mauvaises mœurs dans le désordre des actrices, qui force et entraîne celui des acteurs. Mais pourquoi ce désordre est-il inévitable? Ah! pourquoi? Dans tout autre temps on n'auroit pas besoin de le demander; mais, dans ce siècle où règnent si fièrement les préjugés et l'erreur, sous le nom de philosophie, les hommes, abrutis par leur vain savoir, ont fermé leur esprit à la voix de la raison, et leur cœur à celle de la nature.

Dans tout État, dans tout pays, dans toute condition, les deux sexes ont entre eux une liaison si forte et si naturelle, que les mœurs de l'un décident toujours de celles de l'autre. Non que ces mœurs soient toujours les mêmes, mais elles ont toujours le même degré de bonté, modifié dans chaque sexe par les penchants qui lui sont propres. Les Angloises sont douces et timides; les Anglois sont durs et féroces. D'où vient cette apparente opposition? De ce que le caractère de chaque sexe est ainsi renforcé, et que c'est aussi le caractère national de porter tout à l'extrême. A cela près, tout est semblable. Les deux sexes aiment à vivre à part; tous deux font cas des plaisirs de la table; tous deux se rassemblent pour boire après le repas, les hommes du vin, les femmes du thé; tous deux se livrent au jeu sans fureur, et s'en font un métier plutôt qu'une passion; tous deux ont un grand respect pour les choses honnêtes; tous deux aiment la patrie et les lois; tous deux honorent la foi conjugale, et, s'ils la violent, ils ne se font point un honneur de la violer; la paix domestique plaît à tous deux: tous deux sont silencieux et taciturnes; tous deux difficiles à émouvoir; tous deux emportés dans leurs passions; pour tous deux l'amour est terrible et tragique, il décide du sort de leurs jours; il ne s'agit pas de moins, dit Muralt, que d'y laisser la raison ou la vie; enfin tous deux se plaisent à la campagne, et les dames angloises errent aussi volontiers dans leurs parcs solitaires, qu'elles vont se montrer à Vauxhall. De ce goût commun pour la solitude naît aussi celui des lectures contemplatives et des romans dont l'Angleterre est inondée[1]. Ainsi tous deux, plus recueillis avec eux-mêmes, se livrent moins à des imitations frivoles, prennent mieux le goût des vrais plaisirs de la vie, et songent moins à paroître heureux qu'à l'être.

J'ai cité les Anglois par préférence, parce qu'ils sont, de toutes les nations du monde, celle où les mœurs des deux sexes paroissent d'abord le plus contraires. De leur rapport dans ce pays-là nous pouvons conclure pour les autres : toute la différence consiste en ce que la vie des femmes est un développement continuel de leurs mœurs; au lieu que, celles des hommes s'effaçant davantage dans l'uniformité des affaires, il faut attendre, pour en juger, de les voir dans les plaisirs. Voulez-vous donc connoître les hommes, étudiez les femmes. Cette maxime est générale, et jusque-là tout le monde sera d'accord avec moi. Mais si j'ajoute qu'il n'y a point de bonnes mœurs pour les femmes hors d'une vie retirée et domestique : si je dis que les paisibles soins de la famille et du ménage sont leur partage, que la dignité de leur sexe est dans sa modestie, que la honte et la pudeur sont en elles inséparables de l'honnêteté, que rechercher les regards des hommes c'est déjà s'en laisser corrompre, et que toute femme qui se montre se déshonore; à l'instant va s'élever contre moi cette philosophie d'un jour, qui naît et meurt dans le coin d'une grande ville, et veut étouffer de là le cri de la nature et la voix unanime du genre humain.

Préjugés populaires! me crie-t-on, petites erreurs de l'enfance, tromperie des lois et de l'éducation! La pudeur n'est rien; elle n'est qu'une invention des lois sociales pour mettre à couvert les droits des pères et des époux, et maintenir quelque ordre dans les familles. Pourquoi rougirions-nous des besoins que nous donna la nature? Pourquoi trouverions-nous un motif de honte dans un acte aussi indifférent en soi et aussi utile dans ses effets que celui qui concourt à perpétuer l'espèce? Pourquoi, les désirs étant égaux des deux parts, les démonstrations en seroient-elles différentes? Pourquoi l'un des sexes se refuseroit-il plus que l'autre aux penchants qui leur sont communs? Pourquoi l'homme auroit-il sur ce point d'autres lois que les animaux?

Tes pourquoi, dit le dieu, ne finiroient jamais.

Mais ce n'est pas à l'homme, c'est à son auteur qu'il les faut

---

1. Ils y sont, comme les hommes, sublimes ou détestables. On n'a jamais fait encore, en quelque langue que ce soit, de roman égal à *Clarisse*, ni même approchant.

adresser. N'est-il pas plaisant qu'il faille dire pourquoi j'ai honte d'un sentiment naturel, si cette honte ne m'est pas moins naturelle que ce sentiment même? Autant vaudroit me demander aussi pourquoi j'ai ce sentiment. Est-ce à moi de rendre compte de ce qu'a fait la nature? Par cette manière de raisonner, ceux qui ne voient pas pourquoi l'homme est existant devroient nier qu'il existe.

J'ai peur que ces grands scrutateurs des conseils de Dieu n'aient un peu légèrement pesé ses raisons. Moi, qui ne me pique pas de les connoître, j'en crois voir qui leur ont échappé. Quoi qu'ils en disent, la honte qui voile aux yeux d'autrui les plaisirs de l'amour est quelque chose : elle est la sauvegarde commune que la nature a donnée aux deux sexes dans un état de foiblesse et d'oubli d'eux-mêmes qui les livre à la merci du premier venu; c'est ainsi qu'elle couvre leur sommeil des ombres de la nuit, afin que, durant ce temps de ténèbres, ils soient moins exposés aux attaques les uns des autres : c'est ainsi qu'elle fait chercher à tout animal souffrant la retraite et les lieux déserts, afin qu'il souffre et meure en paix hors des atteintes qu'il ne peut plus repousser.

A l'égard de la pudeur du sexe en particulier, quelle arme plus douce eût pu donner cette même nature à celui qu'elle destinoit à se défendre? Les désirs sont égaux! Qu'est-ce à dire? Y a-t-il de part et d'autre mêmes facultés de les satisfaire? Que deviendrait l'espèce humaine si l'ordre de l'attaque et de la défense étoit changé? L'assaillant choisiroit, au hasard, des temps où la victoire seroit impossible; l'assailli seroit laissé en paix quand il auroit besoin de se rendre, et poursuivi sans relâche quand il seroit trop foible pour succomber; enfin le pouvoir et la volonté, toujours en discorde, ne laissant jamais partager les désirs, l'amour ne seroit plus le soutien de la nature, il en seroit le destructeur et le fléau.

Si les deux sexes avoient également fait et reçu les avances, la vaine importunité n'eût point été sauvée, des feux toujours languissants dans une ennuyeuse liberté ne se fussent jamais irrités, le plus doux de tous les sentiments eût à peine effleuré le cœur humain, et son objet eût été mal rempli. L'obstacle apparent qui semble éloigner cet objet est au fond ce qui le rapproche. Les désirs voilés par la honte n'en deviennent que plus séduisants; en les gênant, la pudeur les enflamme, ses craintes, ses détours, ses réserves, ses timides aveux, sa tendre et naïve finesse, disent mieux ce qu'elle croit taire que la passion ne l'eût dit sans elle; c'est elle qui donne du prix aux faveurs et de la douceur aux refus. Le véritable amour possède en effet ce que la seule pudeur lui dispute :

ce mélange de foiblesse et de modestie le rend plus touchant et plus tendre; moins il obtient, plus la valeur de ce qu'il obtient en augmente; et c'est ainsi qu'il jouit à la fois de ses privations et de ses plaisirs.

Pourquoi, disent-ils, ce qui n'est pas honteux à l'homme le seroit-il à la femme? pourquoi l'un des sexes se feroit-il un crime de ce que l'autre se croit permis? Comme si les conséquences étoient les mêmes des deux côtés! comme si tous les austères devoirs de la femme ne dérivoient pas de cela seul, qu'un enfant doit avoir un père! Quand ces importantes considérations nous manqueroient, nous aurions toujours la même réponse à faire, et toujours elle seroit sans réplique : ainsi l'a voulu la nature, c'est un crime d'étouffer sa voix. L'homme peut être audacieux, telle est sa destination[1], il faut bien que quelqu'un se déclare; mais toute femme sans pudeur est coupable et dépravée, parce qu'elle foule aux pieds un sentiment naturel à son sexe.

Comment peut-on disputer la vérité de ce sentiment? toute la terre n'en rendît-elle pas l'éclatant témoignage, la seule comparaison des sexes suffiroit pour la constater. N'est-ce pas la nature qui pare les jeunes personnes de ces traits si doux, qu'un peu de honte rend plus touchants encore? N'est-ce pas elle qui met dans leurs yeux ce regard timide et tendre auquel on résiste avec tant de peine? N'est-ce pas elle qui donne à leur teint plus d'éclat et à leur

1 Distinguons cette audace de l'insolence et de la brutalité; car rien ne part de sentiments plus opposés et n'a d'effets plus contraires. Je suppose l'amour innocent et libre, ne recevant de loi que de lui-même; c'est à lui seul qu'il appartient de présider à ses mystères, et de former l'union des personnes ainsi que celle des cœurs. Qu'un homme insulte à la pudeur du sexe, et attente avec violence aux charmes d'un jeune objet qui ne sent rien pour lui; sa grossièreté n'est point passionnée, elle est outrageante; elle annonce une âme sans mœurs, sans délicatesse, incapable à la fois d'amour et d'honnêteté. Le plus grand prix des plaisirs est dans le cœur qui les donne : un véritable amant ne trouveroit que douleur, rage et désespoir dans la passion même de ce qu'il aime, s'il croyoit n'en point être aimé.

Vouloir contenter insolemment ses désirs sans l'aveu de celle qui les fait naître, est l'audace d'un satyre; celle d'un homme est de savoir les témoigner sans déplaire, de les rendre intéressants, de faire en sorte qu'on les partage, d'asservir les sentiments avant d'attaquer la personne. Ce n'est pas encore assez d'être aimé, les désirs partagés ne donnent pas seuls le droit de les satisfaire; il faut de plus le consentement de la volonté. Le cœur accorde en vain ce que la volonté refuse. L'honnête homme et l'amant s'en abstient, même quand il pourroit l'obtenir. Arracher ce consentement tacite, c'est user de toute la violence permise en amour. Le lire dans les yeux, le voir dans les manières, malgré le refus de la bouche, c'est l'art de celui qui sait aimer; s'il achève alors d'être heureux, il n'est point brutal, il est honnête; il n'outrage point la pudeur, il la respecte, il la sert; il lui laisse l'honneur de défendre encore ce qu'elle eût peut-être abandonné.

peau plus de finesse, afin qu'une modeste rougeur s'y laisse mieux apercevoir? N'est-ce pas elle qui les rend craintives afin qu'elles fuient, et foibles afin qu'elles cèdent? A quoi bon leur donner un cœur plus sensible à la pitié, moins de vitesse à la course, un corps moins robuste, une stature moins haute, des muscles plus délicats, si elle ne les eût destinés à se laisser vaincre? Assujettis aux incommodités de la grossesse et aux douleurs de l'enfantement, ce surcroît de travail exigeoit-il une diminution de forces? Mais pour les réduire à cet état pénible, il les falloit assez fortes pour ne succomber qu'à leur volonté, et assez foibles pour avoir toujours un prétexte de se rendre. Voilà précisément le point où les a placées la nature.

Passons du raisonnement à l'expérience. Si la pudeur étoit un préjugé de la société et de l'éducation, ce sentiment devroit augmenter dans les lieux où l'éducation est plus soignée, et où l'on raffine incessamment sur les lois sociales; il devroit être plus foible partout où l'on est resté plus près de l'état primitif. C'est tout le contraire[1]. Dans nos montagnes, les femmes sont timides et modestes; un mot les fait rougir, elles n'osent lever les yeux sur les hommes, et gardent le silence devant eux. Dans les grandes villes, la pudeur est ignoble et basse : c'est la seule chose dont une femme bien élevée auroit honte, et l'honneur d'avoir fait rougir un honnête homme n'appartient qu'aux femmes du meilleur air.

L'argument tiré de l'exemple des bêtes ne conclut point et n'est pas vrai. L'homme n'est point un chien ni un loup. Il ne faut qu'établir dans son espèce les premiers rapports de la société pour donner à ses sentiments une moralité toujours inconnue aux bêtes. Les animaux ont un cœur et des passions, mais la sainte image de l'honnête et du beau n'entra jamais que dans le cœur de l'homme.

Malgré cela, où a-t-on pris que l'instinct ne produit jamais dans les animaux des effets semblables à ceux que la honte produit parmi les hommes? Je vois tous les jours des preuves du contraire. J'en vois se cacher dans certains besoins, pour dérober aux sens un objet de dégoût; je les vois ensuite, au lieu de fuir, s'empresser d'en couvrir les vestiges. Que manque-t-il à ces soins pour avoir un air de décence et d'honnêteté, sinon d'être pris par des hommes? Dans leurs amours, je vois des caprices, des choix, des refus concertés qui tiennent de bien près à la maxime d'irriter la passion

---

1. Je m'attends à l'objection : les femmes sauvages n'ont point de pudeur, car elles vont nues. Je réponds que les nôtres en ont encore moins, car elles s'habillent. Voyez la fin de cet essai, au sujet des filles de Lacédémone.

par des obstacles. A l'instant même ou j'écris ceci, j'ai sous les yeux un exemple qui le confirme. Deux jeunes pigeons, dans l'heureux temps de leurs premières amours, m'offrent un tableau bien différent de la sotte brutalité que leur prêtent nos prétendus sages. La blanche colombe va suivant pas à pas son bien-aimé, et prend chasse elle-même aussitôt qu'il se retourne. Reste-t-il dans l'inaction, de légers coups de bec le réveillent : s'il se retire, on le poursuit; s'il se défend, un petit vol de six pas l'attire encore : l'innocence de la nature ménage les agaceries et la molle résistance avec un art qu'auroit à peine la plus habile coquette. Non, la folâtre Galatée ne faisoit pas mieux, et Virgile eût pu tirer d'un colombier l'une de ses plus charmantes images.

Quand on pourroit nier qu'un sentiment particulier de pudeur fût naturel aux femmes, en seroit-il moins vrai que, dans la société, leur partage doit être une vie domestique et retirée, et qu'on doit les élever dans les principes qui s'y rapportent? Si la timidité, la pudeur, la modestie qui leur sont propres, sont des inventions sociales, il importe à la société que les femmes acquièrent ces qualités, il importe de les cultiver en elles; et toute femme qui les dédaigne offense les bonnes mœurs. Y a-t-il au monde un spectacle aussi touchant, aussi respectable, que celui d'une mère de famille entourée de ses enfants, réglant les travaux de ses domestiques, procurant à son mari une vie heureuse, et gouvernant sagement la maison? C'est là qu'elle se montre dans toute la dignité d'une honnête femme; c'est là qu'elle impose vraiment du respect, et que la beauté partage avec honneur les hommages rendus à la vertu.

Une maison dont la maîtresse est absente est un corps sans âme, qui bientôt tombe en corruption; une femme hors de sa maison perd son plus grand lustre; et, dépouillée de ses vrais ornements, elle se montre avec indécence. Si elle a un mari, que cherche-t-elle parmi les hommes? Si elle n'en a pas, comment s'expose-t-elle à rebuter, par un maintien peu modeste, celui qui seroit tenté de le devenir? Quoi qu'elle puisse faire, on sent qu'elle n'est pas à sa place en public, et sa beauté même, qui plaît sans intéresser, n'est qu'un tort de plus que le cœur lui reproche. Que cette impression nous vienne de la nature ou de l'éducation, elle est commune à tous les peuples du monde; partout on considère les femmes à proportion de leur modestie; partout on est convaincu qu'en négligeant les manières de leur sexe elles en négligent les devoirs; partout on voit qu'alors, tournant en effronterie la mâle et ferme

13

assurance de l'homme, elles s'avilissent par cette odieuse imitation, et déshonorent à la fois leur sexe et le nôtre.

Je sais qu'il règne en quelque pays des coutumes contraires, mais voyez aussi quelles mœurs elles ont fait naître. Je ne voudrois pas d'autre exemple pour confirmer mes maximes. Appliquons aux mœurs des femmes ce que j'ai dit ci-devant de l'honneur qu'on leur porte. Chez tous les anciens peuples policés elles vivoient très renfermées; elles se montroient rarement en public, jamais avec des hommes; elles ne se promenoient point avec eux, elles n'avoient point la meilleure place au spectacle, elles ne s'y mettoient point en montre[1]; il ne leur étoit pas même permis d'assister à tous, et l'on sait qu'il y avoit peine de mort contre celles qui s'oseroient montrer aux jeux Olympiques.

Dans la maison elles avoient un appartement particulier où les hommes n'entroient point. Quand leurs maris donnoient à manger, elles se présentoient rarement à table; les honnêtes femmes en sortoient avant la fin du repas, et les autres n'y paraissoient point au commencement. Il n'y avoit aucune assemblée commune pour les deux sexes: ils ne passoient point la journée ensemble. Ce soin de ne pas se rassasier les uns des autres faisoit qu'on s'en revoyoit avec plus de plaisir : il est sûr qu'en général la paix domestique étoit mieux affermie, et qu'il régnoit plus d'union entre les époux[2] qu'il n'en règne aujourd'hui.

Tels étoient les usages des Perses, des Grecs, des Romains, et même des Égyptiens, malgré les mauvaises plaisanteries d'Hérodote, qui se réfutent d'elles-mêmes. Si quelquefois les femmes sortoient des bornes de cette modestie, le cri public montroit que c'était une exception. Que n'a-t-on pas dit de la liberté du sexe à Sparte ! On peut comprendre aussi par la *Lisistrata* d'Aristophane combien l'impudence des Athéniennes étoit choquante aux yeux des Grecs; et, dans Rome déjà corrompue, avec quel scandale ne vit-on point encore les dames romaines se présenter au tribunal des triumvirs !

---

1. Au théâtre d'Athènes les femmes occupoient une galerie haute appelée *cercis*, peu commode pour voir et pour être vues; mais il paroît, par l'aventure de Valério et de Scylla*, qu'au cirque de Rome elles étoient mêlées avec les hommes.

2. On en pourroit attribuer la cause à la facilité du divorce; mais les Grecs en faisoient peu d'usage, et Rome subsista cinq cents ans avant que personne s'y prévalût de la loi qui le permettoit.

* Plutarque, *Vie de Scylla*, 72. — La galerie, dont il est parlé dans cette note pour le théâtre d'Athènes étoit réservée aux femmes honnêtes et qui tenoient à leur réputation. Quant aux courtisanes, il paroît qu'elles se plaçoient soit parmi les hommes, soit dans une galerie particulière. (*Voyage d'Anacharsis*, chap. XI.)

Tout est changé. Depuis que des foules de barbares, traînant avec eux leurs femmes dans leurs armées, eurent inondé l'Europe, la licence des camps, jointe à la froideur naturelle de climats septentrionaux, qui rend la réserve moins nécessaire, introduisit une autre manière de vivre que favorisèrent les livres de chevalerie, où les belles dames passoient leur vie à se faire enlever par des hommes, en tout bien et en tout honneur. Comme ces livres étoient les écoles de galanterie du temps, les idées de liberté qu'ils inspirent s'introduisirent surtout dans les cours et les grandes villes, où l'on se pique davantage de politesse; par le progrès même de cette politesse, elle dut enfin dégénérer en grossièreté. C'est ainsi que la modestie naturelle au sexe est peu à peu disparue, et que les mœurs des vivandières se sont transmises aux femmes de qualité.

Mais voulez-vous savoir combien ces usages, contraires aux idées naturelles, sont choquants pour qui n'en a pas l'habitude; jugez-en par la surprise et l'embarras des étrangers et provinciaux à l'aspect de ces manières si nouvelles pour eux. Cet embarras fait l'éloge des femmes de leurs pays; et il est à croire que celles qui le causent en seroient moins fières, si la source leur en étoit mieux connue. Ce n'est point qu'elles en imposent; c'est plutôt qu'elles font rougir, et que la pudeur, chassée par la femme de ses discours et de son maintien, se réfugie dans le cœur de l'homme.

Revenant maintenant à nos comédiennes, je demande comment un état dont l'unique objet est de se montrer en public, et qui pis est, de se montrer pour de l'argent, conviendroit à d'honnêtes femmes, et pourroit compatir en elles avec la modestie et les bonnes mœurs. A-t-on besoin même de disputer sur les différences morales des sexes, pour sentir combien il est difficile que celle qui se met à prix en représentation ne s'y mette bientôt en personne, et ne se laisse jamais tenter de satisfaire des désirs qu'elle prend tant de soin d'exciter? Quoi! malgré mille timides précautions, une femme honnête et sage, exposée au moindre danger, a bien de la peine encore à se conserver un cœur à l'épreuve; et ces jeunes personnes audacieuses, sans autre éducation qu'un système de coquetterie et des rôles amoureux, dans une parure très peu modeste[1], sans cesse entourées d'une jeunesse ardente et téméraire, au milieu des douces voix de l'amour et du plaisir, résisteront à leur âge, à leur

---

1. Que sera-ce, en leur supposant la beauté qu'on a raison d'exiger d'elles? Voyez les *Entretiens sur le fils naturel*[*].

* Ouvrage de Diderot.

cœur, aux objets qui les environnent, aux discours qu'on leur tient, aux occasions toujours renaissantes, et à l'or auquel elles sont d'avance à demi vendues ! Il faudroit nous croire une simplicité d'enfant pour vouloir nous en imposer à ce point. Le vice a beau se cacher dans l'obscurité, son empreinte est sur les fronts coupables : l'audace d'une femme est le signe assuré de sa honte; c'est pour avoir trop à rougir qu'elle ne rougit plus; et si quelquefois la pudeur survit à la chasteté, que doit-on penser de la chasteté quand la pudeur même est éteinte?

Supposons, si l'on veut, qu'il y ait eu quelques exceptions; supposons

Qu'il en soit jusqu'à trois que l'on pourroit nommer.

Je veux bien croire là-dessus ce que je n'ai jamais ni vu ni ouï dire. Appellerons-nous un métier honnête celui qui fait d'une honnête femme un prodige, et qui nous porte à mépriser celles qui l'exercent, à moins de compter sur un miracle continuel? L'immodestie tient si bien à leur état, et elles le sentent si bien elles-mêmes, qu'il n'y en a pas une qui ne se crût ridicule de feindre au moins de prendre pour elle les discours de sagesse et d'honneur qu'elle débite au public. De peur que ces maximes sévères ne fissent un progrès nuisible à son intérêt, l'actrice est toujours la première à parodier son rôle et à détruire son propre ouvrage. Elle quitte, en atteignant la coulisse, la morale du théâtre aussi bien que sa dignité; et si l'on prend des leçons de vertu sur la scène, on les va bien vite oublier dans les foyers.

Après ce que j'ai dit ci-devant, je n'ai pas besoin, je crois, d'expliquer encore comment le désordre des actrices entraîne celui des acteurs, surtout dans un métier qui les force à vivre entre eux dans la plus grande familiarité. Je n'ai pas besoin de montrer comment d'un état déshonorant naissent des sentiments déshonnêtes, ni comment les vices divisent ceux que l'intérêt commun devroit réunir. Je ne m'étendrai pas sur mille sujets de discorde et de querelles, que la distribution des rôles, le partage de la recette, le choix des pièces, la jalousie des applaudissements, doivent exciter sans cesse, principalement entre les actrices, sans parler des intrigues de galanterie. Il est plus inutile encore que j'expose les effets que l'association du luxe et de la misère, inévitable entre ces gens-là, doit naturellement produire. J'en ai déjà trop dit pour vous et pour les hommes raisonnables; je n'en dirois jamais assez pour les gens prévenus qui ne veulent pas voir ce que la raison leur montre, mais seulement ce qui convient à leurs passions ou à leurs préjugés.

Si tout cela tient à la profession du comédien, que ferons-nous, monsieur, pour prévenir des effets inévitables? Pour moi, je ne vois qu'un seul moyen : c'est d'ôter la cause. Quand les maux de l'homme lui viennent de sa nature ou d'une manière de vivre qu'il ne peut changer, les médecins les préviennent-ils? Défendre au comédien d'être vicieux, c'est défendre à l'homme d'être malade.

S'ensuit-il de là qu'il faille mépriser tous les comédiens? Il s'ensuit, au contraire, qu'un comédien qui a de la modestie, des mœurs, de l'honnêteté, est, comme vous l'avez très bien dit, doublement estimable, puisqu'il montre par là que l'amour de la vertu l'emporte en lui sur les passions de l'homme et sur l'ascendant de sa profession. Le seul tort qu'on lui peut imputer est de l'avoir embrassée : mais trop souvent un écart de jeunesse décide du sort de la vie; et, quand on se sent un vrai talent, qui peut résister à son attrait? les grands acteurs portent avec eux leur excuse; ce sont les mauvais qu'il faut mépriser.

Si j'ai resté si longtemps dans les termes de la proposition générale, ce n'est pas que je n'eusse eu plus d'avantage encore à l'appliquer précisément à la ville de Genève; mais la répugnance de mettre mes concitoyens sur la scène m'a fait différer autant que je l'ai pu de parler de nous. Il y faut venir à la fin; et je n'aurois rempli qu'imparfaitement ma tâche si je ne cherchois, sur notre situation particulière, ce qui résultera de l'établissement d'un théâtre dans notre ville, au cas que votre avis et vos raisons déterminent le gouvernement à l'y souffrir. Je me bornerai à des effets si sensibles qu'ils ne puissent être contestés de personne qui connoisse un peu notre constitution.

Genève est riche, il est vrai; mais, quoiqu'on n'y voie point ces énormes disproportions de fortune qui appauvrissent tout un pays pour enrichir quelques habitants et sèment la misère autour de l'opulence, il est certain que, si quelques Genevois possèdent d'assez grands biens, plusieurs vivent dans une disette assez dure, et que l'aisance du plus grand nombre vient d'un travail assidu, d'économie et de modération, plutôt que d'une richesse positive. Il y a bien des villes plus pauvres que la nôtre où le bourgeois peut donner beaucoup plus à ses plaisirs, parce que le territoire qui le nourrit ne s'épuise pas, et que son temps n'étant d'aucun prix, il peut le perdre sans préjudice. Il n'en va pas ainsi parmi nous, qui, sans terres pour subsister, n'avons tous que notre industrie. Le peuple genevois ne se soutient qu'à force de travail, et n'a le nécessaire qu'autant qu'il se refuse tout superflu : c'est une des raisons de nos lois somptuaires. Il me semble que ce qui doit d'abord frapper tout étranger entrant dans Genève, c'est l'air de vie et d'activité qu'il y voit régner. Tout s'occupe, tout est en mouvement, tout s'empresse à son travail et à ses affaires. Je ne crois pas que nulle autre aussi petite ville au monde offre un pareil spectacle. Visitez le quartier Saint-Gervais, toute l'horlogerie de l'Europe y paroît rassemblée. Parcourez le Molard et les rues basses, un appareil de commerce en grand, des monceaux de ballots, de tonneaux confusément jetés, une odeur d'Inde et de droguerie, vous font imaginer un port de mer. Aux Pâquis, aux Eaux-Vives, le bruit et l'aspect des fabriques d'indiennes et de toile peinte semblent vous transporter à Zurich. La ville se multiplie en quelque sorte par les travaux qui s'y font; et j'ai vu des gens, sur ce premier coup. d'œil, en estimer le peuple à cent mille âmes. Les bras, l'emploi du temps, la vigilance, l'austère parcimonie, voilà les trésors du Genevois; voilà avec quoi nous attendons un amusement de gens oisifs, qui, nous ôtant à la fois le temps et l'argent, doublera réellement notre perte.

Genève ne contient pas vingt-quatre mille âmes, vous en convenez. Je vois que Lyon, bien plus riche à proportion, et du moins cinq ou six fois plus peuplée, entretient exactement un théâtre, et que, quand ce théâtre est un opéra, la ville n'y sauroit suffire. Je vois que Paris, la capitale de la France et le gouffre des richesses de ce grand royaume, en entretient trois assez médiocrement, et un quatrième en certains temps de l'année. Supposons ce quatrième[1] permanent. Je vois que, dans plus de six cent mille habitants, ce rendez-vous de l'opulence et de l'oisiveté fournit à peine journellement au spectacle mille ou douze cents spectateurs, tout compensé. Dans le reste du royaume, je vois Bordeaux, Rouen, grands ports de mer; je vois Lille, Strasbourg, grandes villes de guerre, pleines d'officiers oisifs qui passent leur vie à attendre qu'il soit midi et huit heures, avoir un théâtre de comédie : encore faut-

---

1. Si je ne compte point le concert spirituel, c'est qu'au lieu d'être un spectacle ajouté aux autres, il n'en est que le supplément. Je ne compte pas non plus les petits spectacles de la foire*; mais aussi je la compte toute l'année, au lieu qu'elle ne dure pas six mois. En recherchant, par comparaison, s'il est possible qu'une troupe subsiste à Genève, je suppose partout des rapports plus favorables à l'affirmative que ne le donnent les faits connus.

* Les trois théâtres *permanents* à Paris étoient le Théâtre-François, l'Opéra et la Comédie-Italienne, le quatrième étoit ce Théâtre de la Foire où Piron et le Sage ont fait représenter toutes leurs petites pièces. (ÉD.)

il des taxes involontaires pour le soutenir. Mais combien d'autres villes incomparablement plus grandes que la nôtre, combien de sièges de parlements et de cours souveraines, ne peuvent entretenir une comédie à demeure !

Pour juger si nous sommes en état de mieux faire, prenons un terme de comparaison bien connu, tel, par exemple, que la ville de Paris. Je dis donc que, si plus de six cent mille habitants ne fournissent journellement et l'un dans l'autre aux théâtres de Paris que douze cents spectateurs, moins de vingt-quatre mille habitants n'en fourniront certainement pas plus de quarante-huit à Genève : encore faut-il déduire les *gratis* de ce nombre, et supposer qu'il n'y a pas proportionnellement moins de désœuvrés à Genève qu'à Paris; supposition qui me paraît insoutenable.

Or, si les comédiens françois, pensionnés du roi et propriétaires de leur théâtre, ont bien de la peine à se soutenir à Paris avec une assemblée de trois cents spectateurs par représentation[1], je demande comment les comédiens de Genève se soutiendront avec une assemblée de quarante-huit spectateurs pour toute ressource. Vous me direz qu'on vit à meilleur compte à Genève qu'à Paris. Oui; mais les billets d'entrées coûteront aussi moins à proportion : et puis la dépense de la table n'est rien pour des comédiens; ce sont les habits, c'est la parure qui leur coûte : il faudra faire venir tout cela de Paris, ou dresser des ouvriers maladroits. C'est dans les lieux où toutes ces choses sont communes qu'on les fait à meilleur marché. Vous direz encore qu'on les assujettira à nos lois somptuaires. Mais c'est en vain qu'on voudroit porter la réforme sur le théâtre; jamais Cléopâtre et Xerxès ne goûteront notre simplicité. L'état des comédiens étant de paroître, c'est leur ôter le goût de leur métier, de les en empêcher, et je doute que jamais bon acteur consente à se faire quaker. Enfin l'on peut m'objecter que la troupe de Genève, étant bien moins nombreuse que celle de Paris, pourra subsister à bien moindres frais. D'accord : mais cette différence sera-t-elle en raison de celle de quarante-huit à trois cents? Ajoutez qu'une troupe plus nombreuse a aussi l'avantage de pouvoir jouer plus souvent; au lieu que, dans une petite troupe où les

---

1. Ceux qui ne vont au spectacle que les beaux jours, où l'assemblée est nombreuse, trouveront cette estimation trop foible; mais ceux qui, pendant dix ans, les auront suivis comme moi, bons et mauvais jours, la trouveront sûrement trop forte. S'il faut donc diminuer le nombre journalier de trois cents spectateurs à Paris, il faut diminuer proportionnellement celui de quarante-huit à Genève; ce qui renforce mes objections.

doubles manquent, tous ne sauroient jouer tous les jours; la maladie, l'absence d'un seul comédien fait manquer une représentation, et c'est autant de perdu pour la recette.

Le Genevois aime excessivement la campagne; on en peut juger par la quantité de maisons répandues autour de la ville. L'attrait de la chasse et la beauté des environs entretiennent ce goût salutaire. Les portes fermées avant la nuit, ôtant la liberté de la promenade au dehors, et les maisons de campagne étant si près, fort peu de gens aisés couchent en ville durant l'été. Chacun ayant passé la journée à ses affaires part le soir à portes fermantes, et va dans sa petite retraite respirer l'air le plus pur et jouir du plus charmant paysage qui soit sous le ciel. Il y a même beaucoup de citoyens et bourgeois qui y résident toute l'année, et n'ont point d'habitation dans Genève. Tout cela est autant de perdu pour la comédie; et, pendant toute la belle saison, il ne restera presque, pour l'entretenir, que des gens qui n'y vont jamais. A Paris, c'est tout autre chose: on allie fort bien la comédie avec la campagne, et tout l'été l'on ne voit, à l'heure où finissent les spectacles, que carrosses sortir des portes. Quant aux gens qui couchent en ville, la liberté d'en sortir à toute heure les tente moins que les incommodités qui l'accompagnent ne les rebutent. On s'ennuie si tôt des promenades publiques, il faut aller chercher si loin la campagne, l'air en est si empesté d'immondices et la vue si peu attrayante, qu'on aime mieux aller s'enfermer au spectacle. Voilà donc encore une différence au désavantage de nos comédiens, et une moitié de l'année perdue pour eux. Pensez-vous monsieur, qu'ils trouveront aisément sur le reste à remplir un si grand vide? Pour moi, je ne vois aucun autre remède à cela que de changer l'heure où l'on ferme les portes, d'immoler notre sûreté à nos plaisirs, et de laisser une place forte ouverte pendant la nuit[1] au milieu de trois puissances dont la plus éloignée n'a pas demi-lieue à faire pour arriver à nos glacis.

Ce n'est pas tout : il est impossible qu'un établissement si contraire à nos anciennes maximes soit généralement applaudi. Combien de généreux citoyens verront avec indignation ce monument

---

1. Je sais que toutes nos grandes fortifications sont la chose du monde la plus inutile, et que, quand nous aurions assez de troupes pour les défendre, cela seroit fort inutile encore : car sûrement on ne viendra pas nous assiéger. Mais, pour n'avoir point de siège à craindre, nous n'en devons pas moins veiller à nous garantir de toute surprise : rien n'est si facile que d'assembler des gens de guerre à notre voisinage. Nous avons trop appris l'usage qu'on en peut faire, et nous devons songer que les plus mauvais droits hors d'une place se trouvent excellents quand on est dedans.

du luxe et de la mollesse s'élever sur les ruines de notre antique simplicité, et menacer de loin la liberté publique! Pensez-vous qu'ils iront autoriser cette innovation de leur présence, après l'avoir hautement improuvée? Soyez sûr que plusieurs vont sans scrupule au spectacle à Paris, qui n'y mettront jamais les pieds à Genève, parce que le bien de leur patrie leur est plus cher que leur amusement. Où sera l'imprudente mère qui osera mener sa fille à cette dangereuse école? et combien de femmes respectables croiroient se déshonorer en y allant elles-mêmes! Si quelques personnes s'abstiennent à Paris d'aller au spectacle, c'est uniquement par un principe de religion, qui sûrement ne sera pas moins fort parmi nous; et nous aurons de plus les motifs de mœurs, de vertu, de patriotisme, qui retiendront encore ceux que la religion ne retiendroit pas[1].

J'ai fait voir qu'il est absolument impossible qu'un théâtre de comédie se soutienne à Genève par le seul concours des spectateurs. Il faudra donc de deux choses l'une : ou que les riches se cotisent pour le soutenir, charge onéreuse qu'assurément ils ne seront pas d'humeur à supporter longtemps; ou que l'État s'en mêle et le soutienne à ses propres frais. Mais comment le soutiendra-t-il? Sera-ce en retranchant sur les dépenses nécessaires, auxquelles suffit à peine son modique revenu, de quoi pourvoir à celle-là? ou bien destinera-t-il à cet usage important les sommes que l'économie et l'intégrité de l'administration permet quelquefois de mettre en réserve pour les plus pressants besoins? Faudra-t-il réformer notre petite garnison et garder nous-mêmes nos portes? Faudra-t-il réduire les foibles honoraires de nos magistrats? ou nous ôterons-nous pour cela toute ressource au moindre accident imprévu? Au défaut de ces expédients, je n'en vois plus qu'un qui soit praticable, c'est la voie des taxes et impositions, c'est d'assembler nos citoyens et bourgeois en conseil général dans le temple de Saint-Pierre, et là de leur proposer gravement d'accorder un impôt pour l'établissement de la comédie. Dieu ne plaise que je crois nos sages et dignes magistrats capables de faire jamais une proposition semblable! et, sur votre propre article, on peut juger assez comment elle seroit reçue.

1. Je n'entends point par là qu'on puisse être vertueux sans religion : j'eus longtemps cette opinion trompeuse, dont je suis trop désabusé. Mais j'entends qu'un croyant peut s'abstenir quelquefois, par des motifs de vertu purement sociale, de certaines actions indifférentes par elles-mêmes, et qui n'intéressent point immédiatement la conscience, comme est celle d'aller aux spectacles dans un lieu où il n'est pas bon qu'on les souffre.

Si nous avions le malheur de trouver quelque expédient propre à lever ces difficultés, ce seroit tant pis pour nous; car cela ne pourroit se faire qu'à la faveur de quelque vice secret qui, nous affoiblissant encore dans notre petitesse, nous perdroit enfin tôt ou tard. Supposons pourtant qu'un beau zèle du théâtre nous fît faire un pareil miracle; supposons les comédiens bien établis dans Genève, bien contenus par nos lois, la comédie florissante et fréquentée; supposons enfin notre ville dans l'état où vous dites qu'ayant des mœurs et des spectacles, elle réuniroit les avantages des uns et des autres : avantages au reste qui me semblent peu compatibles; car celui des spectacles, n'étant que de suppléer aux mœurs, est nul partout où les mœurs existent.

Le premier effet sensible de cet établissement sera, comme je l'ai déjà dit, une révolution dans nos usages, qui en produira nécessairement une dans nos mœurs. Cette révolution serait-elle bonne ou mauvaise? c'est ce qu'il est temps d'examiner.

Il n'y a point d'État bien constitué où l'on ne trouve des usages qui tiennent à la forme du gouvernement et servent à la maintenir. Tel étoit, par exemple, autrefois à Londres celui des coteries, si mal à propos tournées en dérision par les auteurs du *Spectateur*. A ces coteries, ainsi devenues ridicules, ont succédé les cafés et les mauvais lieux. Je doute que le peuple anglois ait beaucoup gagné au change. Des coteries semblables sont maintenant établies à Genève sous le nom de *cercles*; et j'ai lieu, monsieur, de juger, par votre article, que vous n'avez point observé sans estime le ton de sens et de raison qu'elles y font régner. Cet usage est ancien parmi nous, quoique son nom ne le soit pas. Les coteries existoient dans mon enfance sous le nom de *sociétés*; mais la forme en étoit moins bonne et moins régulière. L'exercice des armes qui nous rassemble tous les printemps, les divers prix qu'on tire une partie de l'année, les fêtes militaires que ces prix occasionnent, le goût de la chasse, commun à tous les Genevois, réunissant fréquemment les hommes, leur donnoient occasion de former entre eux des sociétés de table, des parties de campagne, et enfin des liaisons d'amitié : mais ces assemblées, n'ayant pour objet que le plaisir et la joie, ne se formoient guère qu'au cabaret. Nos discordes civiles où la nécessité des affaires obligeoit de s'assembler plus souvent et de délibérer de sang-froid, firent changer ces sociétés tumultueuses en des rendez-vous plus honnêtes. Ces rendez-vous prirent le nom de cercles ; et d'une fort triste cause sont sortis de très bons effets[1].

Ces cercles sont des sociétés de douze ou quinze personnes qui louent un appartement commode qu'on pourvoit à frais communs de meubles et de provisions nécessaires. C'est dans cet appartement que se rendent tous les après-midi ceux des associés que leurs affaires ou leurs plaisirs ne retiennent point ailleurs. On s'y rassemble, et là, chacun se livrant sans gêne aux amusements de son goût, on joue, on cause, on lit, on boit, on fume. Quelquefois on y soupe, mais rarement, parce que le Genevois est rangé et se plaît à vivre avec sa famille. Souvent aussi l'on va se promener ensemble, et les amusements qu'on se donne sont des exercices propres à rendre et à maintenir le corps robuste. Les femmes et les filles, de leur côté, se rassemblent par sociétés, tantôt chez l'une, tantôt chez l'autre. L'objet de cette réunion est un petit jeu de commerce, un goûter, et, comme on peut bien croire, un intarissable babil. Les hommes, sans être fort sévèrement exclus de ces sociétés, s'y mêlent assez rarement; et je penserois plus mal encore de ceux qu'on y voit toujours que de ceux qu'on n'y voit jamais.

Tels sont les amusements journaliers de la bourgeoisie de Genève. Sans être dépourvus de plaisir et de gaieté, ces amusements ont quelque chose de simple et d'innocent qui convient à des mœurs républicaines; mais, dès l'instant qu'il y aura comédie, adieu les cercles, adieu les sociétés ! Voilà la révolution que j'ai prédite, tout cela tombe nécessairement. Et si vous m'objectez l'exemple de Londres, cité par moi-même, où les spectacles établis n'empêchoient point les coteries, je répondrai qu'il y a, par rapport à nous, une différence extrême : c'est qu'un théâtre, qui n'est qu'un point dans cette ville immense, sera dans la nôtre un grand objet qui absorbera tout.

Si vous me demandez ensuite où est le mal que les cercles soient abolis... Non, monsieur, cette question ne viendra pas d'un philosophe : c'est un discours de femme ou de jeune homme qui traitera nos cercles de corps de garde, et croira sentir l'odeur du tabac. Il faut pourtant répondre; car pour cette fois, quoique je m'adresse à vous, j'écris pour le peuple, et sans doute il y paraît; mais vous m'y avez forcé.

Je dis premièrement que, si c'est une mauvaise chose que l'odeur du tabac, c'en est une fort bonne de rester maître de son bien, et d'être sûr de coucher chez soi. Mais j'oublie déjà que je n'écris

---

1. Je parlerai ci-après des inconvénients.

pas pour des d'Alembert. Il faut m'expliquer d'une autre manière.
Suivons les indications de la nature, consultons le bien de la
société : nous trouverons que les deux sexes doivent se rassembler
quelquefois, et vivre ordinairement séparés. Je l'ai dit tantôt par
rapport aux femmes, je le dis maintenant par rapport aux hommes.
Ils se sentent autant et plus qu'elles de leur trop intime commerce :
elles n'y perdent que leurs mœurs, et nous y perdons à la fois nos
mœurs et notre constitution; car ce sexe plus foible, hors d'état
de prendre notre manière de vivre, trop pénible pour lui, nous force
de prendre la sienne, trop molle pour nous; et ne voulant plus souffrir de séparation, faute de pouvoir se rendre hommes, les femmes
nous rendent femmes.

Cet inconvénient, qui dégrade l'homme, est très grand partout;
mais c'est surtout dans les États comme le nôtre qu'il importe de
le prévenir. Qu'un monarque gouverne des hommes ou des femmes,
cela lui doit être assez indifférent, pourvu qu'il soit obéi; mais
dans une république il faut des hommes[1].

Les anciens passoient presque leur vie en plein air, ou vaquant à
leurs affaires, ou réglant celles de l'État sur la place publique, ou se
promenant à la campagne, dans des jardins, au bord de la mer, à la
pluie, au soleil, et presque toujours tête nue[2]. A tout cela point de
femmes; mais on savoit bien les trouver au besoin, et nous ne
voyons point par leurs écrits et par les échantillons de leurs conversations qui nous restent, que l'esprit, ni le goût, ni l'amour même,
perdissent rien à cette réserve. Pour nous, nous avons pris des
manières toutes contraires; lâchement dévoués aux volontés du
sexe que nous devrions protéger et non servir, nous avons appris
à le mépriser en lui obéissant, à l'outrager par nos soins railleurs;

---

1. On me dira qu'il en faut aux rois pour la guerre. Point du tout. Au lieu de
trente mille hommes, ils n'ont, par exemple, qu'à lever cent mille femmes. Les
femmes ne manquent pas de courage : elles préfèrent l'honneur à la vie : quand
elles se battent, elles se battent bien. L'inconvénient de leur sexe est de ne pouvoir supporter les fatigues de la guerre et l'intempérie des saisons. Le secret est
donc d'en avoir toujours le triple de ce qu'il en faut pour se battre, afin de sacrifier
les deux autres tiers aux maladies et à la mortalité.

Qui croiroit que cette plaisanterie, dont on voit assez l'application, ait été prise
en France au pied de la lettre par des gens d'esprit?

2. Après la bataille gagnée par Cambyse sur Psamménite, on distinguoit parmi
les morts les Égyptiens, qui avoient toujours la tête nue, à l'extrême dureté de
leurs crânes: au lieu que les Perses, toujours coiffés de leurs grosses tiares, avoient
les crânes si tendres, qu'on les brisoit sans effort. Hérodote lui-même fut, longtemps après, témoin de cette différence*.

* Hérodote, liv. III, ch. XI. Cité aussi par Montaigne, liv. I, ch. XXXV. (ÉD.)

et chaque femme de Paris rassemble dans son appartement un sérail d'hommes plus femmes qu'elle, qui savent rendre à la beauté toutes sortes d'hommages, hors celui du cœur dont elle est digne. Mais voyez ces mêmes hommes, toujours contraints dans ces prisons volontaires, se lever, se rasseoir, aller et venir sans cesse à la cheminée, à la fenêtre, prendre et poser cent fois un écran, feuilleter des livres, parcourir des tableaux, tourner, pirouetter par la chambre, tandis que l'idole, étendue sans mouvement dans sa chaise longue, n'a d'actif que la langue et les yeux. D'où vient cette différence, si ce n'est que la nature, qui impose aux femmes cette vie sédentaire et casanière, en prescrit aux hommes une tout opposée, et que cette inquiétude indique en eux un vrai besoin? Si les Orientaux, que la chaleur du climat fait assez transpirer, font peu d'exercice et ne se promènent point, au moins ils vont s'asseoir en plein air et respirer à leur aise; au lieu qu'ici les femmes ont grand soin d'étouffer leurs amis dans de bonnes chambres bien fermées.

Si l'on compare la force des hommes anciens à celle des hommes d'aujourd'hui, on n'y trouve aucune espèce d'égalité. Nos exercices de l'académie sont des jeux d'enfants auprès de ceux de l'ancienne gymnastique : on a quitté la paume comme trop fatigante; on ne peut plus voyager à cheval. Je ne dis rien de nos troupes. On ne conçoit plus les marches des armées grecques et romaines. Le chemin, le travail, le fardeau du soldat romain fatigue seulement à le lire, et accable l'imagination. Le cheval n'étoit pas permis aux officiers d'infanterie. Souvent les généraux faisoient à pied les mêmes journées que leurs troupes. Jamais les deux Catons n'ont autrement voyagé, ni seuls, ni avec leurs armées. Othon lui-même, l'efféminé Othon, marchoit armé de fer à la tête de la sienne allant au-devant de Vitellius. Qu'on trouve à présent un seul homme de guerre capable d'en faire autant. Nous sommes déchus en tout. Nos peintres et nos sculpteurs se plaignent de ne plus trouver de modèles comparables à ceux de l'antique. Pourquoi cela? L'homme a-t-il dégénéré? L'espèce a-t-elle une décrépitude physique ainsi que l'individu? Au contraire, les barbares du Nord, qui ont, pour ainsi dire, peuplé l'Europe d'une nouvelle race, étoient plus grands et plus forts que les Romains, qu'ils ont vaincus et subjugués. Nous devrions donc être plus forts nous-mêmes, qui, pour la plupart, descendons de ces nouveaux venus. Mais les premiers Romains vivoient en hommes[1], et trouvoient dans leurs continuels exercices

---

1. Les Romains étoient les hommes les plus petits et les plus foibles de tous

la vigueur que la nature leur avoit refusée; au lieu que nous perdons la nôtre dans la vie indolente et lâche où nous réduit la dépendance du sexe. Si les barbares dont je viens de parler vivoient avec
les femmes, ils ne vivoient pas pour cela comme elles; c'étoient
elles qui avoient le courage de vivre comme eux, ainsi que faisoient
aussi celles de Sparte. La femme se rendoit robuste et l'homme ne
s'énervoit pas.

Si ce soin de contrarier la nature est nuisible au corps, il l'est
encore plus à l'esprit. Imaginez quelle peut être la trempe de l'âme
d'un homme uniquement occupé de l'importante affaire d'amuser
les femmes, et qui passe sa vie entière à faire pour elles ce qu'elles
devroient faire pour nous quand, épuisés de travaux dont elles
sont incapables, nos esprits ont besoin de délassement. Livrés à
ces puériles habitudes, à quoi pourrions-nous jamais nous élever
de grand? Nos talents, nos écrits se sentent de nos frivoles occupations[1]; agréables, si l'on veut, mais petits et froids comme nos sentiments, ils ont pour tout mérite ce tour facile qu'on n'a pas grand
peine à donner à des riens. Ces foules d'ouvrages éphémères qui
naissent journellement, n'étant faits que pour amuser des femmes,
et n'ayant ni force ni profondeur, volent tous de la toilette au
comptoir. C'est le moyen de récrire incessamment les mêmes et
de les rendre toujours nouveaux. On m'en citera deux ou trois qui
serviront d'exception; mais moi j'en citerai cent mille qui confir-

les peuples de l'Italie; et cette différence étoit si grande, dit Tite-Live, qu'elle
s'apercevoit au premier coup d'œil dans les troupes des uns et des autres. Cependant,
l'exercice et la discipline prévalurent tellement sur la nature, que les foibles firent
ce que ne pouvoient faire les forts, et les vainquirent.

1. Les femmes en général n'aiment aucun art, ne se connoissent à aucun, et
n'ont aucun génie. Elles peuvent réussir aux petits ouvrages qui ne demandent
que de la légèreté d'esprit, du goût, de la grâce, quelquefois même de la philosophie et du raisonnement. Elles peuvent acquérir de la science, de l'érudition,
des talents, et tout ce qui s'acquiert à force de travail. Mais ce feu céleste qui
échauffe et embrase l'âme, ce génie qui consume et dévore, cette brûlante éloquence, ces transports sublimes qui portent leurs ravissements jusqu'au fond des
cœurs, manqueront toujours aux écrits des femmes; ils sont tous froids et jolis
comme elles; ils auront tant d'esprit que vous voudrez, jamais d'âme, ils seroient
cent fois plutôt sensés que passionnés. Elles ne savent ni décrire, ni sentir l'amour
même. La seule Sapho, que je sache, et une autre, méritèrent d'être exceptées. Je
parierois tout au monde que les *Lettres portugaises* ont été écrites par un homme*.
Or, partout où dominent les femmes, leur goût doit aussi dominer : et voilà ce qui
détermine celui de notre siècle.

* Ces lettres ont pour auteur *Marianne Alcaforada*, religieuse portugaise, et
elles furent adressées par elle au comte de Chamilly, qui portoit alors le nom de
comte de Saint-Léger. Voyez la *Notice* de M. Barbier en tête de son édition. (Paris,
1806), et le feuilleton du *Journal de l'Empire* du 5 janvier 1810. (ÉD.)

meront la règle. C'est pour cela que la plupart des productions de notre âge passeront avec lui; et la postérité croira qu'on fit bien peu de livres dans ce même siècle où l'on en fait tant.

Il ne seroit pas difficile de montrer qu'au lieu de gagner à ces usages, les femmes y perdent. On les flatte sans les aimer; on les sert sans les honorer : elles sont entourées d'agréables, mais elles n'ont plus d'amants; et le pis est que les premiers, sans avoir les sentiments des autres, n'en usurpent pas moins tous les droits. La société des deux sexes, devenue trop commune et trop facile, a produit ces deux effets, et c'est ainsi que l'esprit général de la galanterie étouffe à la fois le génie et l'amour.

Pour moi, j'ai peine à concevoir comment on rend assez peu d'honneur aux femmes pour leur oser adresser sans cesse ces fades propos galants, ces compliments insultants et moqueurs, auxquels on ne daigne pas même donner un air de bonne foi : les outrager par ces évidents mensonges, n'est-ce pas leur déclarer assez nettement qu'on ne trouve aucune vérité obligeante à leur dire? Que l'amour se fasse illusion sur les qualités de ce qu'on aime, cela n'arrive que trop souvent; mais est-il question d'amour dans tout ce maussade jargon? ceux mêmes qui s'en servent ne s'en servent-ils pas également pour toutes les femmes? et ne seroient-ils pas au désespoir qu'on les crût sérieusement amoureux d'une seule? Qu'ils ne s'en inquiètent pas. Il faudroit avoir d'étranges idées de l'amour pour les en croire capables, et rien n'est plus éloigné de son ton que celui de la galanterie. De la manière que je conçois cette passion terrible, son trouble, ses égarements, ses palpitations, ses transports, ses brûlantes expressions, son silence plus énergique, ses inexprimables regards, que leur timidité rend téméraires, et qui montrent les désirs par la crainte; il me semble qu'après un langage aussi véhément, si l'amant venoit à dire une seule fois: *Je vous aime*, l'amante indignée lui répondroit: *Vous ne m'aimez plus*, et ne le reverroit de sa vie.

Nos cercles conservent encore parmi nous quelques images des mœurs antiques. Les hommes entre eux, dispensés de rabaisser leurs idées à la portée des femmes et d'habiller galamment la raison, peuvent se livrer à des discours graves et sérieux sans crainte du ridicule. On ose parler de patrie et de vertu sans passer pour rabâcheur; on ose être soi-même sans s'asservir aux maximes d'une caillette. Si le tour de la conversation devient moins poli, les raisons prennent plus de poids; on ne se paye point de plaisanterie ni de gentillesse; on ne se tire point d'affaire par de bons mots; on ne se ménage point dans la dispute; chacun se sentant attaqué de toutes les forces de son adversaire, est obligé d'employer toutes les siennes pour se défendre. Voilà comment l'esprit acquiert de la justesse et de la vigueur. S'il se mêle à tout cela quelques propos licencieux, il ne faut point trop s'en effaroucher; les moins grossiers ne sont pas toujours les plus honnêtes, et ce langage un peu rustaud est préférable encore à ce style plus recherché, dans lequel les deux sexes se séduisent mutuellement et se familiarisent décemment avec le vice. La manière de vivre, plus conforme aux inclinations de l'homme, est aussi mieux assortie à son tempérament : on ne reste point toute la journée établi sur une chaise; on se livre à des jeux d'exercice, on va, on vient; plusieurs cercles se tiennent à la campagne, d'autres s'y rendent. On a des jardins pour la promenade, des cours spacieuses pour s'exercer, un grand lac pour nager, tout le pays ouvert pour la chasse; et il ne faut pas croire que cette chasse se fasse aussi commodément qu'aux environs de Paris, où l'on trouve le gibier sous ses pieds et où l'on tire à cheval. Enfin ces honnêtes et innocentes institutions rassemblent tout ce qui peut contribuer à former dans les mêmes hommes des amis, des citoyens, des soldats, et par conséquent tout ce qui convient le mieux à un peuple libre.

On accuse d'un défaut les sociétés des femmes, c'est de les rendre médisantes et satiriques; et l'on peut bien comprendre en effet que les anecdotes d'une petite ville n'échappent pas à ces comités féminins; on pense bien aussi que les maris absents y sont peu ménagés; et que toute femme jolie et fêtée n'a pas beau jeu dans le cercle de sa voisine. Mais peut-être y a-t-il dans cet inconvénient plus de bien que de mal, et toujours est-il incontestablement moindre que ceux dont il tient la place : car lequel vaut le mieux qu'une femme dise avec ses amies du mal de son mari, ou que, tête à tête avec un homme, elle lui en fasse, qu'elle critique le désordre de sa voisine, ou qu'elle l'imite? Quoique les Genevoises disent assez librement ce qu'elles savent, et quelquefois ce qu'elles conjecturent, elles ont une véritable horreur de la calomnie, et l'on ne leur entendra jamais intenter contre autrui des accusations qu'elles croient fausses; tandis qu'en d'autres pays les femmes, également coupables par leur silence et par leurs discours, cachent, de peur de réprésailles, le mal qu'elles savent, et publient par vengeance celui qu'elles ont inventé.

Combien de scandales publics ne retient pas la crainte de ces sévères observatrices ! Elles font presque dans notre ville la fonction de censeurs. C'est ainsi que, dans les beaux temps de Rome, les citoyens, surveillants les uns des autres, s'accusoient publiquement par zèle pour la justice : mais quand Rome fut corrompue, et qu'il ne resta plus rien à faire pour les bonnes mœurs que de cacher les mauvaises, la haine des vices qui les démasque en devint un. Aux citoyens zélés succédèrent les délateurs infâmes; et au lieu qu'autrefois les bons accusoient les méchants, ils en furent accusés à leur tour. Grâce au ciel, nous sommes loin d'un terme si funeste. Nous ne sommes point réduits à nous cacher à nos propres yeux de peur de nous faire horreur. Pour moi, je n'en aurai pas meilleure opinion des femmes, quand elles seront plus circonspectes : on se ménagera davantage quand on aura plus de raison de se ménager, et quand chacune aura besoin pour elle-même de la discrétion dont elle donnera l'exemple aux autres.

Qu'on ne s'alarme donc point tant du caquet des sociétés de femmes. Qu'elles médisent tant qu'elles voudront, pourvu qu'elles médisent entre elles. Des femmes véritablement corrompues ne sauroient supporter longtemps cette manière de vivre; et, quelque chère que leur pût être la médisance, elles voudroient médire avec les hommes. Quoi qu'on m'ait pu dire à cet égard, je n'ai jamais vu aucune de ces sociétés sans un secret mouvement d'estime et de respect pour celles qui la composoient. Telle est, me disois-je, la destination de la nature, qui donne différents goûts aux deux sexes, afin qu'ils vivent séparés et chacun à sa manière[1]. Ces aimables personnes passent ainsi leurs jours, livrées aux occupations qui leur conviennent, ou à des amusements innocents et simples, très propres à toucher un cœur honnête et à donner bonne opinion d'elles. Je ne sais ce qu'elles ont dit, mais elles ont vécu ensemble; elles ont pu parler des hommes, mais elles se sont passées d'eux; et tandis qu'elles critiquoient si sévèrement la conduite des autres, au moins la leur étoit irréprochable.

Les cercles d'hommes ont aussi leurs inconvénients, sans doute : quoi d'humain n'a pas les siens? On joue, on boit, on s'enivre, on passe les nuits : tout cela peut-être vrai, tout cela peut être exagéré.

---

1. Ce principe, auquel tiennent toutes les bonnes mœurs, est développé d'une manière plus claire et plus étendue dans un manuscrit dont je suis dépositaire, et que je me propose de publier, s'il me reste assez de temps pour cela, quoique cette annonce ne soit guère propre à lui concilier d'avance la faveur des dames.

On comprendra facilement que le manuscrit dont je parlois dans cette note étoit celui de la *Nouvelle Héloïse*, qui parut deux ans après cet ouvrage*.

* Voyez la quatrième partie, lettre X. (ÉD.)

Il y a partout mélange de bien et de mal, mais à diverses mesures. On abuse de tout : axiome trivial, sur lequel on ne doit ni tout rejeter ni tout admettre. La règle pour choisir est simple. Quand le bien surpasse le mal, la chose doit être admise malgré ses inconvénients; quand le mal surpasse le bien, il la faut rejeter même avec ses avantages. Quand la chose est bonne en elle-même et n'est mauvaise que dans ses abus, quand les abus peuvent être prévenus sans beaucoup de peine, ou tolérés sans grand préjudice, ils peuvent servir de prétexte et non de raison pour abolir un usage utile : mais ce qui est mauvais en soi sera toujours mauvais[1], quoi qu'on fasse pour en tirer un bon usage. Telle est la différence essentielle des cercles aux spectacles.

Les citoyens d'un même État, les habitants d'une même ville, ne sont point des anachorètes, ils ne sauroient vivre toujours seuls et séparés : quand ils le pourroient, il ne faudroit pas les y contraindre. Il n'y a que le plus farouche despotisme qui s'alarme à la vue de sept ou huit hommes assemblés, craignant toujours que leurs entretiens ne roulent sur leurs misères.

Or, de toutes les sortes de liaisons qui peuvent rassembler les particuliers dans une ville comme la nôtre, les cercles forment sans contredit la plus raisonnable, la plus honnête et la moins dangereuse, parce qu'elle ne veut ni ne peut se cacher, qu'elle est publique, permise, et que l'ordre et la règle y règnent. Il est même facile à démontrer que les abus qui peuvent en résulter naîtroient également de toutes les autres, ou qu'elles en produiroient de plus grandes encore. Avant de songer à détruire un usage établi, on doit avoir bien pesé ceux qui s'introduiront à sa place. Quiconque en pourra proposer un qui soit praticable et duquel ne résulte aucun abus, qu'il le propose, et qu'ensuite les cercles soient abolis; à la bonne heure. En attendant, laissons, s'il le faut, passer la nuit à boire à ceux qui, sans cela, la passeroient peut-être à faire pis.

Toute intempérance est vicieuse, et surtout celle qui nous ôte la plus noble de nos facultés. L'excès du vin dégrade l'homme, aliène au moins sa raison pour un temps, et l'abrutit à la longue. Mais enfin le goût du vin n'est pas un crime; il en fait rarement commettre; il rend l'homme stupide et non pas méchant[2]. Pour une

---

1. Je parle dans l'ordre moral : car dans l'ordre physique il n'y a rien d'absolument mauvais. Le tout est bien.

2. Ne calomnions point le vice même; n'a-t-il pas assez de sa laideur? Le vin ne donne pas de la méchanceté, il la décèle. Celui qui tua Clitus dans l'ivresse fit mourir Philotas de sang-froid: Si l'ivresse a ses fureurs, quelle passion n'a pas les

querelle passagère qu'il cause, il forme cent attachements durables. Généralement parlant, les buveurs ont de la cordialité, de la franchise; ils sont presque tous bons, droits, justes, fidèles, braves et honnêtes gens, à leur défaut près. En ose-t-on dire autant des vices que l'on substitue à celui-là? ou bien prétend-on faire de toute une ville un peuple d'hommes sans défauts et retenus en toute chose? Combien de vertus apparentes cachent souvent des vices réels! le sage est sobre par tempérance, le fourbe l'est par fausseté. Dans les pays de mauvaises mœurs, d'intrigues, de trahisons, d'adultères, on redoute un état d'indiscrétion où le cœur se montre sans qu'on y songe. Partout les gens qui abhorrent le plus l'ivresse sont ceux qui ont plus d'intérêt à s'en garantir. En Suisse, elle est presque en estime; à Naples, elle est en horreur; mais au fond laquelle est le plus à craindre, de l'intempérance du Suisse ou de la réserve de l'Italien?

Je le répète, il vaudroit mieux être sobre et vrai, non seulement pour soi, même pour la société; car tout ce qui est mal en morale est mal encore en politique. Mais le prédicateur s'arrête au mal personnel, le magistrat ne voit que les conséquences publiques; l'un n'a pour objet que la perfection de l'homme où l'homme n'atteint point; l'autre, que le bien de l'État autant qu'il y peut atteindre : ainsi tout ce qu'on a raison de blâmer en chaire ne doit pas être puni par les lois. Jamais peuple n'a péri par l'excès du vin, tous périssent par le désordre des femmes. La raison de cette différence est claire : le premier de ces deux vices détourne des autres, le second les engendre tous. La diversité des âges y fait encore. Le vin tente moins la jeunesse et l'abat moins aisément; un sang ardent lui donne d'autres désirs; dans l'âge des passions toutes s'enflamment au feu d'une seule; la raison s'altère en naissant; et l'homme, encore indompté, devient indisciplinable avant que d'avoir porté le joug des lois. Mais qu'un sang à demi glacé cherche un secours qui le ranime, qu'une liqueur bienfaisante supplée aux esprits qu'il n'a plus[1] : quand un vieillard abuse de ce doux remède, il a déjà rempli ses devoirs envers sa patrie, il ne la prive que du rebut de ses ans.

---

siennes? La différence est que les autres restent au fond de l'âme et que celle-là s'allume et s'éteint à l'instant. A cet emportement près, qui passe et qu'on évite aisément, soyons sûrs que quiconque fait dans le vin de méchantes actions couve à jeûn de méchants desseins.

1. Platon, dans ses *Lois**, permet aux seuls vieillards l'usage du vin; et même il leur en permet quelquefois l'excès.

* Liv. II. (ÉD.)

Il a tort, sans doute : il cesse avant la mort d'être citoyen. Mais l'autre ne commence pas même à l'être : il se rend plutôt l'ennemi public, par la séduction de ses complices, par l'exemple et l'effet de ses mœurs corrompues, surtout par la morale pernicieuse qu'il ne manque pas de répandre pour les autoriser. Il vaudroit mieux qu'il n'eût point existé.

De la passion du jeu naît un plus dangereux abus, mais qu'on prévient ou réprime aisément. C'est une affaire de police, dont l'inspection devient plus facile et mieux séante dans les cercles que dans les maisons particulières. L'opinion peut beaucoup encore en ce point, et sitôt qu'on voudra mettre en honneur les jeux d'exercice et d'adresse, les cartes, les dés, les jeux de hasard, tomberont infailliblement. Je ne crois pas même, quoi qu'on en dise, que ces moyens oisifs et trompeurs de remplir sa bourse prennent jamais grand crédit chez un peuple raisonneur et laborieux, qui connoît trop le prix du temps et de l'argent pour aimer à les perdre ensemble.

Conservons donc les cercles, même avec leurs défauts; car ces défauts ne sont pas dans les cercles, mais dans les hommes qui les composent; et il n'y a point dans la vie sociale de forme imaginable sous laquelle ces mêmes défauts ne produisent de plus nuisibles effets. Encore un coup, ne cherchons point la chimère de la perfection, mais le mieux possible selon la nature de l'homme et la constitution de la société. Il y a tel peuple à qui je dirois : « Détruisez cercles et coteries, ôtez toute barrière de bienséance entre les sexes, remontez, s'il est possible, jusqu'à n'être que corrompus. Mais vous, Genevois, évitez de le devenir, s'il est temps encore : craignez le premier pas, qu'on ne fait jamais seul, et songez qu'il est plus aisé de garder de bonnes mœurs que de mettre un terme aux mauvaises ».

Deux ans seulement de comédie, et tout est bouleversé. L'on ne sauroit se partager entre tant d'amusements : l'heure des spectacles, étant celle des cercles, les fera dissoudre, il s'en détachera trop de membres; ceux qui resteront seront trop peu assidus pour être d'une grande ressource les uns aux autres et laisser subsister longtemps les associations. Les deux sexes réunis journellement dans un même lieu; les parties qui se·lieront pour s'y rendre; les manières de vivre qu'on y verra dépeintes et qu'on s'empressera d'imiter, l'exposition des dames et demoiselles parées tout de leur mieux et mises en étalage dans les loges comme sur le devant d'une boutique, en attendant les acheteurs; l'affluence de la belle jeunesse,

qui viendra de son côté s'offrir en montre, et trouvera bien plus beau
de faire des entrechats au théâtre que l'exercice à Plain-Palais;
les petits soupers de femmes qui s'arrangeront en sortant, ne fût-
ce qu'avec les actrices; enfin le mépris des anciens usages qui résultera de l'adoption des nouveaux, tout cela substituera bientôt
l'agréable vie de Paris et les bons airs de France à notre ancienne
simplicité; et je doute un peu que des Parisiens à Genève y conservent longtemps le goût de notre gouvernement.

Il ne faut point le dissimuler, les intentions sont droites encore;
mais les mœurs inclinent déjà visiblement vers la décadence, et
nous suivons de loin les traces des mêmes peuples dont nous ne
laissons pas de craindre le sort. Par exemple, on m'assure que
l'éducation de la jeunesse est généralement beaucoup meilleure
qu'elle n'étoit autrefois; ce qui pourtant ne peut guère se prouver
qu'en montrant qu'elle fait de meilleurs citoyens. Il est certain que
les enfants font mieux la révérence, qu'ils savent plus galamment
donner la main aux dames, et leur dire une infinité de gentillesses
pour lesquelles je leur ferois, moi, donner le fouet; qu'ils savent
décider, trancher, interroger, couper la parole aux hommes, im-
portuner tout le monde, sans modestie et sans discrétion. On me
dit que cela les forme : je conviens que cela les forme à être imper-
tinents; et c'est, de toutes les choses qu'ils apprennent par cette
méthode, la seule qu'ils n'oublient point. Ce n'est pas tout : pour
les retenir auprès des femmes, qu'ils sont destinés à désennuyer,
on a soin de les élever précisément comme elles, on les garantit du
soleil, du vent, de la pluie, de la poussière, afin qu'ils ne puissent
jamais rien supporter de tout cela. Ne pouvant les préserver entièrement du contact de l'air, on fait du moins qu'il ne leur arrive
qu'après avoir perdu la moitié de son ressort. On les prive de tout
exercice; on leur ôte toutes leurs facultés; on les rend ineptes à
tout autre usage qu'aux soins auxquels ils sont destinés, et la seule
chose que les femmes n'exigent pas de ces vils esclaves est de se
consacrer à leur service à la façon des Orientaux. A cela près, tout
ce qui les distingue d'elles, c'est que la nature leur en ayant refusé
les grâces, ils y substituent des ridicules. A mon dernier voyage à
Genève, j'ai déjà vu plusieurs de ces jeunes demoiselles en justau-
corps, les dents blanches, la main potelée, la voix flûtée, un joli
parasol vert à la main, contrefaire assez maladroitement les
hommes.

On étoit plus grossier de mon temps. Les enfants, rustiquement
élevés, n'avoient point de teint à conserver, et ne craignoient point

les injures de l'air, auxquelles ils s'étoient aguerris de bonne heure. Les pères les menoient avec eux à la chasse, en campagne, à tous leurs exercices, dans toutes les sociétés. Timides et modestes devant les gens âgés, ils étoient hardis, fiers, querelleurs entre eux; ils n'avoient point de frisure à conserver; ils se défioient à la lutte, à la course, aux coups; ils se battoient à bon escient, se blessoient quelquefois, et puis s'embrassoient en pleurant. Ils revenoient au logis suant, essoufflés, déchirés : c'étoient de vrais polissons; mais ces polissons ont fait des hommes qui ont dans le cœur du zèle pour servir la patrie et du sang à verser pour elle. Plaise à Dieu qu'en on puisse dire autant un jour de nos beaux petits messieurs requinqués, et que ces hommes de quinze ans ne soient pas des enfants à trente.

Heureusement ils ne sont point tous ainsi. Le plus grand nombre encore a gardé cette antique rudesse, conservatrice de la bonne constitution ainsi que des bonnes mœurs. Ceux mêmes qu'une éducation trop délicate amollit pour un temps seront contraints, étant grands, de se plier aux habitudes de leurs compatriotes. Les uns perdront leur âpreté dans le commerce du monde; les autres gagneront des forces en les exerçant; tous deviendront, je l'espère, ce que furent leurs ancêtres, ou du moins ce que leurs pères sont aujourd'hui. Mais ne nous flattons pas de conserver notre liberté en renonçant aux mœurs qui nous l'ont acquise.

Je reviens à nos comédiens; et toujours, en leur supposant un succès qui me paroît impossible, je trouve que ce succès attaquera notre constitution, non seulement d'une manière indirecte en attaquant nos mœurs, mais immédiatement en rompant l'équilibre qui doit régner entre les diverses parties de l'État pour conserver le corps entier dans son assiette.

Parmi plusieurs raisons que j'en pourrois donner, je me contenterai d'en choisir une qui convient mieux au plus grand nombre, parce qu'elle se borne à des conditions d'intérêt et d'argent, toujours plus sensibles au vulgaire que des effets moraux, dont il n'est pas en état de voir les liaisons avec leurs causes, ni l'influence sur le destin de l'État.

On peut considérer les spectacles, quand ils réussissent, comme une espèce de taxe qui, bien que volontaire, n'en est pas moins onéreuse au peuple, en ce qu'elle lui fournit une continuelle occasion de dépense à laquelle il ne résiste pas. Cette taxe est mauvaise, non-seulement parce qu'il n'en revient rien au souverain, mais surtout parce que la répartition, loin d'être proportionnelle, charge le pauvre au delà de ses forces, et soulage le riche en sup-

pléant aux amusements plus coûteux qu'il se donneroit au défaut
de celui-là. Il suffit, pour en convenir, de faire attention que la différence du prix des places n'est ni ne peut être en proportion de
celle des fortunes des gens qui les remplissent. A la Comédie-Fran-
çaise, les premières loges et le théâtre sont à quatre francs pour
l'ordinaire, et à six quand on tierce[1]; le parterre est à vingt sous,
on a même tenté plusieurs fois de l'augmenter. Or on ne dira pas
que le bien des plus riches qui vont au théâtre n'est que le quadruple
du bien des plus pauvres qui vont au parterre. Généralement parlant, les premiers sont d'une opulence excessive, et la plupart des
autres n'ont rien[2]. Il en est de ceci comme des impôts sur le blé, sur
le vin, sur le sel, sur toute chose nécessaire à la vie, qui ont un air
de justice au premier coup d'œil, et sont au fond très iniques; car
le pauvre, qui ne peut dépenser que pour son nécessaire, est forcé
de jeter les trois quarts de ce qu'il dépense en impôt, tandis que,
ce même nécessaire n'étant que la moindre partie de la dépense du
riche, l'impôt lui est presque insensible[3]. De cette manière celui
qui a peu paye beaucoup, et celui qui a beaucoup paye peu : je
ne vois pas quelle grande justice on trouve à cela.

On me demandera qui force le pauvre d'aller aux spectacles. Je
répondrai : premièrement, ceux qui les établissent et lui en donnent la tentation : en second lieu, sa pauvreté même, qui, le con-
damnant à des travaux continuels, sans espoir de les voir finir, lui

1. Quand une pièce avoit beaucoup de succès, on en donnoit deux représentations par jour, et l'on augmentoit le prix des places; cela s'appeloit *tiercer*. Rousseau dit que les loges et le *théâtre* étoient à quatre francs, parce que l'usage de placer
des bancs sur le théâtre subsista jusqu'en 1759. Ce fut un simple particulier, le
comte de Lauraguais, qui fit abolir cette coutume, en indemnisant les comédiens
de ses propres deniers. (ÉD.)

2. Quand on augmenteroit la différence du prix des places en proportion de celle
des fortunes, on ne rétabliroit point pour cela l'équilibre. Ces places inférieures,
mises à trop bas prix, seroient abandonnées à la populace, et chacun, pour en occuper de plus honorables, dépenseroit toujours au delà de ses moyens. C'est une
observation qu'on peut faire aux spectacles de la Foire. La raison de ce désordre
toujours est que les premiers rangs sont alors un terme fixe dont les autres se
rapprochent sans qu'on le puisse éloigner. Le pauvre tend sans cesse à s'élever
au-dessus de ses vingt sous : mais le riche, pour le fuir, n'a plus d'asile au delà de
ses quatre francs; il faut, malgré lui, qu'il se laisse accoster; et, si son orgueil
en souffre, sa bourse en profite.

3. Voilà pourquoi les *imposteurs* de Bodin et autres fripons publics établissent
toujours leurs monopoles sur les choses nécessaires à la vie, afin d'affamer douce-
ment le peuple sans que le riche en murmure. Si le moindre objet de luxe ou de
faste étoit attaqué, tout seroit perdu; mais, pourvu que les grands soient contents,
qu'importe que le peuple vive?

rend quelque délassement plus nécessaire pour les supporter. Il ne se tient point malheureux de travailler sans relâche quand tout le monde en fait de même : mais n'est-il pas cruel à celui qui travaille de se priver des récréations des gens oisifs? Il les partage donc; et ce même amusement, qui fournit un moyen d'économie au riche, affoiblit doublement le pauvre, soit par un surcroît réel de dépenses, soit par moins de zèle au travail, comme je l'ai ci-devant expliqué.

De ces nouvelles réflexions il suit évidemment, ce me semble, que les spectacles modernes, où l'on n'assiste qu'à prix d'argent, tendent partout à favoriser et augmenter l'inégalité des fortunes, moins sensiblement, il est vrai, dans les capitales que dans une petite ville comme la nôtre. Si j'accorde que cette inégalité, portée jusqu'à certain point, peut avoir ses avantages, vous m'accorderez bien aussi qu'elle doit avoir des bornes, surtout dans un petit État, et surtout dans une république. Dans une monarchie où tous les ordres sont intermédiaires entre le prince et le peuple, il peut être assez indifférent que quelques hommes passent de l'un à l'autre; car, comme d'autres les remplacent, ce changement n'interrompt point la progression. Mais dans une démocratie, où les sujets et le souverain ne sont que les mêmes hommes considérés sous différents rapports, sitôt que le plus petit nombre l'emporte en richesses sur le plus grand, il faut que l'État périsse ou change de forme. Soit que le riche devienne plus riche ou le pauvre plus indigent, la différence des fortunes n'en augmente pas moins d'une manière que de l'autre, et cette différence, portée au delà de sa mesure, est ce qui détruit l'équilibre dont j'ai parlé.

Jamais, dans une monarchie, l'opulence d'un particulier ne peut le mettre au-dessus du prince; mais, dans une république, elle peut aisément le mettre au-dessus des lois. Alors le gouvernement n'a plus de force, et le riche est toujours le vrai souverain. Sur ces maximes incontestables il reste à considérer si l'inégalité n'a pas atteint parmi nous le dernier terme où elle peut parvenir sans ébranler la république. Je m'en rapporte là-dessus à ceux qui connoissent mieux que moi notre constitution et la répartition de nos richesses. Ce que je sais, c'est que, le temps seul donnant à l'ordre des choses une pente naturelle vers cette inégalité et un progrès successif jusqu'à son dernier terme, c'est une grande imprudence de l'accélérer encore par des établissements qui la favorisent. Le grand Sully, qui nous aimoit, nous l'eût bien su dire : « Spectacles et comédies dans toute petite république, et surtout dans Genève, affaiblissement d'État ».

Si le seul établissement du théâtre nous est si nuisible, quel fruit tirerons-nous des pièces qu'on y représente? Les avantages mêmes qu'elles peuvent procurer aux peuples pour lesquels elles ont été composées nous tourneront à préjudice, en nous donnant pour instruction ce qu'on leur a donné pour censure, ou du moins en dirigeant nos goûts et nos inclinations sur les choses du monde qui nous conviennent le moins. La tragédie nous représentera des tyrans et des héros. Qu'en avons-nous à faire? Sommes-nous faits pour en avoir ou le devenir? Elle nous donnera une vaine admiration de la puissance et de la grandeur. De quoi nous servira-t-elle? Serons-nous plus grands ou plus puissants pour cela? Que nous importe d'aller étudier sur la scène les devoirs des rois en négligeant de remplir les nôtres? La stérile admiration des vertus de théâtre nous dédommagera-t-elle des vertus simples et modestes qui font le bon citoyen? Au lieu de nous guérir de nos ridicules, la comédie nous portera ceux d'autrui : elle nous persuadera que nous avons tort de mépriser des vices qu'on estime si fort ailleurs. Quelque extravagant que soit un marquis, c'est un marquis enfin. Concevez combien ce titre sonne dans un pays assez heureux pour n'en point avoir; et qui sait combien de courtauds croiront se mettre à la mode en imitant les marquis du siècle dernier? Je ne répéterai point ce que j'ai dit de la bonne foi toujours raillée, du vice adroit toujours triomphant, et de l'exemple continuel des forfaits mis en plaisanterie. Quelles leçons pour un peuple dont tous les sentiments ont encore leur droiture naturelle, qui croit qu'un scélérat est toujours méprisable, et qu'un homme de bien ne peut être ridicule! Quoi! Platon bannissoit Homère de sa république, et nous souffrirons Molière dans la nôtre! Que pourroit-il nous arriver de pis que de ressembler aux gens qu'il nous peint, même à ceux qu'il nous fait aimer?

J'en ai dit assez, je crois, sur leur chapitre; et je ne pense guère mieux des héros de Racine, de ces héros si parés, si doucereux, si tendres, qui, sous un air de courage et de vertu, ne nous montrent que les modèles des jeunes gens dont j'ai parlé, livrés à la galanterie, à la mollesse, à l'amour, à tout ce qui peut efféminer l'homme et l'attiédir sur le goût de ses véritables devoirs. Tout le théâtre françois ne respire que la tendresse; c'est la grande vertu à laquelle on y sacrifie toutes les autres, ou du moins qu'on y rend la plus chère aux spectateurs. Je ne dis pas qu'on ait tort en cela, quant à l'objet du poëte : je sais que l'homme sans passions est une chimère; que l'intérêt du théâtre n'est fondé que sur les passions; que le cœur ne s'intéresse point à celles qui lui sont étrangères, ni à celles qu'on n'aime pas à voir en autrui, quoiqu'on y soit sujet soi-même. L'amour de l'humanité, celui de la patrie, sont les sentiments dont les peintures touchent le plus ceux qui en sont pénétrés : mais quand ces deux passions sont éteintes, il ne reste que l'amour proprement dit pour leur suppléer, parce que son charme est plus naturel et s'efface plus difficilement du cœur que celui de tous les autres. Cependant il n'est pas également convenable à tous les hommes : c'est plutôt comme supplément des bons sentiments que comme bon sentiment lui-même qu'on peut l'admettre; non qu'il ne soit louable en soi, comme toute passion bien réglée, mais parce que les excès en sont dangereux et inévitables.

Le plus méchant des hommes est celui qui s'isole le plus, qui concentre le plus son cœur en lui-même; le meilleur est celui qui partage également ses affections à tous ses semblables. Il vaut beaucoup mieux aimer une maîtresse que de s'aimer seul au monde. Mais quiconque aime tendrement ses parents, ses amis, sa patrie, et le genre humain, se dégrade par un attachement désordonné qui nuit bientôt à tout les autres, et leur est infailliblement préféré. Sur ce principe, je dis qu'il y a des pays où les mœurs sont si mauvaises, qu'on seroit trop heureux d'y pouvoir remonter à l'amour; d'autres où elles sont assez bonnes pour qu'il soit fâcheux d'y descendre, et j'ose croire le mien dans ce dernier cas. J'ajouterai que les objets trop passionnés sont plus dangereux à nous montrer qu'à personne, parce que nous n'avons naturellement que trop de penchant à les aimer. Sous un air flegmatique et froid, le Genevois cache une âme ardente et sensible, plus facile à émouvoir qu'à retenir. Dans ce séjour de la raison, la beauté n'est pas étrangère ni sans empire; le levain de la mélancolie y fait souvent fermenter l'amour; les hommes n'y sont que trop capables de sentir des passions violentes, les femmes de les inspirer; et les tristes effets qu'elles y ont quelquefois produits ne montrent que trop le danger de les exciter par des spectacles touchants et tendres. Si les héros de quelques pièces soumettent l'amour au devoir, en admirant leur force, le cœur se prête à leur foiblesse; on apprend moins à se donner leur courage qu'à se mettre dans le cas d'en avoir besoin. C'est plus d'exercice pour la vertu; mais qui l'ose exposer à ces combats mérite d'y succomber. L'amour, l'amour même, prend son masque pour la surprendre, il se pare de son enthousiasme, il usurpe sa force, il affecte son langage; et quand on s'aperçoit de l'erreur, qu'il est tard pour en revenir ! Que d'hommes bien nés, séduits par ses apparences, d'amants tendres et généreux qu'ils étoient d'abord, sont devenus par degrés de vils corrupteurs, sans mœurs, sans respect pour la foi conjugale, sans égards pour les droits de la confiance et de l'amitié ! Heureux qui sait se reconnoître au bord du précipice et s'empêcher d'y tomber ! Est-ce au milieu d'une course rapide qu'on doit espérer de s'arrêter? Est-ce en s'attendrissant tous les jours qu'on apprend à surmonter la tendresse? On triomphe aisément d'un foible penchant; mais celui qui connut le véritable amour et l'a su vaincre, ah ! pardonnons à ce mortel, s'il existe, d'oser prétendre à la vertu !

Ainsi, de quelque manière qu'on envisage les choses, la même vérité nous frappe toujours. Tout ce que les pièces de théâtre peuvent avoir d'utile à ceux pour qui elles ont été faites nous deviendra préjudiciable, jusqu'au goût que nous croirons avoir acquis par elles, et qui ne sera qu'un faux goût, sans tact, sans délicatesse, substitué mal à propos parmi nous à la solidité de la raison. Le goût tient à plusieurs choses : les recherches d'imitation qu'on voit au théâtre, les comparaisons qu'on a lieu d'y faire, les réflexions sur l'art de plaire aux spectateurs, peuvent le faire germer, mais non suffire à son développement. Il faut de grandes villes, il faut des beaux-arts et du luxe, il faut un commerce intime entre les citoyens, il faut une étroite dépendance les uns des autres, il faut de la galanterie et même de la débauche, il faut des vices qu'on soit forcé d'embellir, pour faire chercher à tout des formes agréables, et réussir à les trouver. Une partie de ces choses nous manquera toujours, et nous devons trembler d'acquérir l'autre.

Nous aurons des comédiens, mais quels? Une bonne troupe viendra-t-elle de but en blanc s'établir dans une ville de vingt-quatre mille âmes? Nous en aurons donc d'abord de mauvais, et nous serons d'abord de mauvais juges. Les formerons-nous, ou s'ils nous formeront? Nous aurons de bonnes pièces; mais, les recevant pour telles sur la parole d'autrui, nous serons dispensés de les examiner, et ne gagnerons pas plus à les voir jouerqu'à les lire. Nous n'en ferons pas moins les connoisseurs, les arbitres du théâtre; nous n'en voudrons pas moins décider pour notre argent, et n'en serons que plus ridicules. On ne l'est point pour manquer de goût, quand on le méprise, mais c'est l'être que de s'en piquer et n'en avoir qu'un mauvais. Et qu'est-ce au fond que ce goût si vanté? l'art de se connoître en petites choses. En vérité, quand on en a une aussi grande à conserver que la liberté, tout le reste est bien puéril.

Je ne vois qu'un remède à tant d'inconvénients : c'est que, pour
nous approprier les drames de notre théâtre, nous les composions
nous-mêmes, et que nous ayons des auteurs avant des comédiens.
Car il n'est pas bon qu'on nous montre toutes sortes d'imitations,
mais seulement celles des choses honnêtes et qui conviennent à des
hommes libres[1]. Il est sûr que des pièces tirées, comme celles des
Grecs, des malheurs passés de la patrie ou des défauts présents du
peuple, pourroient offrir aux spectateurs des leçons utiles. Alors
quels seront les héros de nos tragédies? des Berthelier? des Lévrery? Ah! dignes citoyens! vous fûtes des héros, sans doute, mais
votre obscurité vous avilit, vos noms communs déshonorent vos
grandes âmes[2], et nous ne sommes plus assez grands nous-mêmes
pour vous savoir admirer. Quels seront nos tyrans? Des gentilshommes de la Cuillère[3], des évêques de Genève, des comtes de
Savoie, des ancêtres d'une maison avec laquelle nous venons de
traiter, et à qui nous devons du respect. Cinquante ans plus tôt,
je ne répondrois pas que le diable[4] et l'Antechrist n'y eussent aussi

---

1. « Si quis ergo in nostram urbem venerit, qui animi sapientia in omnes possit
« sese vertere formas, et omnia imitari, volueritque poemata sua ostentare, vene-
« rabimur quidem ipsum, ut sacrum, admirabilem, et jucundum : dicemus autem
« non esse ejusmodi hominem in republica nostra, neque fas esse ut insit; mitte-
« musque in aliam urbem, unguento caput ejus perungentes, lanaque coronantes.
« Nos autem austeriori minusque jucundo utemur poeta, fabularumque fictore, uti-
« litatis gratia, qui decore nobis rationem exprimat, et quæ dici debent dicat in
« his formulis quas a principio pro legibus tulimus, quando cives erudire aggressi
« sumus. » (Plat. de Republ. lib. III.)

2. Philibert Berthelier fut le Caton de notre patrie; avec cette différence, que la
liberté publique finit par l'un et commença par l'autre. Il tenoit une belette privée
quand il fut arrêté : il rendit son épée avec cette fierté qui sied si bien à la vertu
malheureuse; puis il continua de jouer avec sa belette, sans daigner répondre aux
outrages de ses gardes. Il mourut comme doit mourir un martyr de la liberté.

Jean Lévrery fut le Favonius de Berthelier, non pas en imitant puérilement ses
discours et ses manières, mais en mourant volontairement comme lui, sachant
bien que l'exemple de sa mort seroit plus utile à son pays que sa vie. Avant d'aller
à l'échafaud, il écrivit sur le mur de sa prison cette épitaphe qu'on avoit faite à son
prédécesseur :

> Quid mihi mors nocuit? Virtus post fata virescit;
> Nec cruce, nec sævi gladio perit illa tyranni.

« Quel mal la mort me fait-elle? La vertu s'accroît dans le danger; elle n'est point
soumise à la croix, ni au glaive d'un tyran cruel. »

3. C'étoit une confrérie de gentilshommes savoyards qui avoient fait vœu de brigandage contre la ville de Genève, et qui, pour marque de leur association, portoient une cuillère pendue au cou*.

4. J'ai lu dans ma jeunesse une tragédie de l'Escalade, où le diable étoit en effet
un des acteurs. On me disoit que cette pièce ayant été une fois représentée, ce per-

* Il en est parlé au livre II des Confessions. (Éd.)

fait leur rôle. Chez les Grecs, peuple d'ailleurs assez badin, tout
étoit grave et sérieux sitôt qu'il s'agissoit de la patrie; mais, dans
ce siècle plaisant où rien n'échappe au ridicule, hormis la puissance,
on n'ose parler d'héroïsme que dans les grands États, quoiqu'on
n'en trouve que dans les petits.

Quant à la comédie, il n'y faut pas songer : elle causeroit chez
nous les plus affreux désordres; elle serviroit d'instrument aux
factions, aux partis, aux vengeances particulières. Notre ville est
si petite que les peintures de mœurs les plus générales y dégéné-
roient bientôt en satires et en personnalités. L'exemple de l'ancienne Athènes, ville incomparablement plus peuplée que Genève,
nous offre une leçon frappante : c'est au théâtre qu'on y prépara
l'exil de plusieurs grands hommes et la mort de Socrate : c'est par
la fureur du théâtre qu'Athènes périt; et ses désastres ne justifiè-
rent que trop le chagrin qu'avoit témoigné Solon aux premières
représentations de Thespis[1]. Ce qu'il y a de bien sûr pour nous,
c'est qu'il faudra mal augurer de la république, quand on verra les
citoyens, travestis en beaux esprits, s'occuper à faire des vers françois et des pièces de théâtre; talents qui ne sont point les nôtres et
que nous ne posséderons jamais. Mais que M. de Voltaire daigne
nous composer des tragédies sur le modèle de *la Mort de César*, du
premier acte de *Brutus*, et, s'il nous faut absolument un théâtre,
qu'il s'engage à le remplir toujours de son génie, et à vivre autant
que ses pièces !

Je serois d'avis qu'on pesât mûrement toutes ces réflexions avant
de mettre en ligne de compte le goût de parure et de dissipation
que doit produire parmi notre jeunesse l'exemple des comédiens.
Mais enfin cet exemple aura son effet encore; et si généralement
partout les lois sont insuffisantes pour réprimer des vices qui
naissent de la nature des choses, comme je crois l'avoir montré,
combien plus le seront-elles parmi nous, où le premier signe de leur

sonnage, en entrant sur la scène, se trouva double, comme si l'original eût été
jaloux qu'on eût l'audace de le contrefaire, et qu'à l'instant l'effroi fît fuir tout le
monde et finir la représentation. Ce conte est burlesque, et le paroîtra bien plus à
Paris qu'à Genève; cependant, qu'on se prête aux suppositions, on trouvera dans
cette double apparition un effet théâtral et vraiment effrayant. Je n'imagine qu'un
spectacle plus simple et plus terrible encore, c'est celui de la main sortant du mur
et traçant des mots inconnus au festin de Balthazar. Cette seule idée fait frissonner.
Il me semble que nos poètes lyriques sont loin de ces inventions sublimes, ils font,
pour épouvanter, un fracas de décorations sans effet. Sur la scène même, il ne faut
pas tout dire à la vue, mais ébranler l'imagination.

1. Plutarque, *Vie de Solon*, § 62. (ÉD.)

foiblesse sera l'établissement des comédiens ! car ce ne seroit point eux proprement qui auront introduit ce goût de dissipation; au contraire, ce même goût les aura prévenus, les aura introduits eux-mêmes, et ils ne feront que fortifier un penchant déjà tout formé qui, les ayant fait admettre, à plus forte raison les fera maintenir avec leurs défauts.

Je m'appuie toujours sur la supposition qu'ils subsisteront commodément dans une aussi petite ville; et je dis que, si nous les honorons, comme vous le prétendez, dans un pays où tous sont à peu près égaux, ils seront les égaux de tout le monde, et auront de plus la faveur publique qui leur est naturellement acquise. Ils ne seront point, comme ailleurs, tenus en respect par les grands dont ils recherchent la bienveillance et dont ils craignent la disgrâce. Les magistrats leur en imposeront : soit. Mais ces magistrats auront été particuliers; ils auront pu être familiers avec eux; ils auront des enfants qui le seront encore, des femmes qui aimeront le plaisir. Toutes ces liaisons seront des moyens d'indulgence et de protection auxquels il sera impossible de résister toujours. Bientôt les comédiens, sûrs de l'impunité, la procureront encore à leurs imitateurs : c'est par eux qu'aura commencé le désordre; mais on ne voit plus où il pourra s'arrêter. Les femmes, la jeunesse, les riches, les gens oisifs, tout sera pour eux, tout éludera des lois qui les gênent, tout favorisera leur licence : chacun, cherchant à les satisfaire, croira travailler pour ses plaisirs. Quel homme osera s'opposer à ce torrent, si ce n'est peut-être quelque ancien pasteur rigide qu'on n'écoutera point, et dont le sens et la gravité passeront pour pédanterie chez une jeunesse inconsidérée? Enfin pour peu qu'ils joignent d'art et de manège à leur succès, je ne leur donne pas trente ans pour être les arbitres de l'État[1]. On verra les aspirants aux charges briguer leur faveur pour obtenir les suffrages : les élections se feront dans les loges des actrices, et les chefs d'un peuple libre seront les créatures d'une bande d'histrions. La plume tombe des mains à cette idée. Qu'on l'écarte tant qu'on voudra, qu'on m'accuse d'outrer la prévoyance; je n'ai plus qu'un mot à dire. Quoi qu'il arrive, il faudra que ces gens-là réforment leurs mœurs parmi nous, ou qu'ils corrompent les nôtres. Quand cette alternative aura cessé de nous effrayer, les

---

1. On doit toujours se souvenir que, pour que la comédie se soutienne à Genève, il faut que ce goût y devienne une fureur; s'il n'est que modéré, il faudra qu'elle tombe. La raison veut donc qu'en examinant les effets du théâtre, on les mesure sur une cause capable de le soutenir.

comédiens pourront venir, ils n'auront plus de mal à nous faire·

Voilà, monsieur, les considérations que j'avois à proposer au public et à vous sur la question qu'il vous a plu d'agiter dans un article où elle étoit, à mon avis, tout à fait étrangère. Quand mes raisons, moins fortes qu'elles ne me paroissent, n'auraient pas un poids suffisant pour contre-balancer les vôtres, vous conviendrez au moins que, dans un aussi petit État que la république de Genève, toutes innovations sont dangereuses, et qu'il n'en faut jamais faire sans des motifs urgents et graves. Qu'on nous montre donc la pressente nécessité de celle-ci. Où sont les désordres qui nous forcent de recourir à un expédient si suspect? Tout est-il perdu sans cela? Notre ville est-elle si grande, le vice et l'oisiveté y ont-ils déjà fait un tel progrès, qu'elle ne puisse plus désormais subsister sans spectacle? Vous nous dites qu'elle en souffre de plus mauvais qui choquent également le goût et les mœurs : mais il y a bien de la différence entre montrer de mauvaises mœurs et attaquer les bonnes; car ce dernier effet dépend moins des qualités du spectacle que de l'impression qu'il cause. En ce sens, quel rapport entre quelques farces passagères et une comédie à demeure, entre les polissonneries d'un charlatan et les représentations régulières des ouvrages dramatiques, entre des tréteaux de foire élevés pour réjouir la populace et un théâtre estimé où les honnêtes gens penseront s'instruire? L'un de ces amusements est sans conséquence et reste oublié dès le lendemain; mais l'autre est une affaire importante qui mérite toute l'attention du gouvernement. Par tout pays il est permis d'amuser les enfants, et peut être enfant qui veut sans beaucoup d'inconvénients. Si ces fades spectacles manquent de goût, tant mieux : on s'en rebutera plus vite : s'ils sont grossiers, ils seront moins séduisants. Le vice ne s'insinue guère en choquant l'honnêteté, mais en prenant son image, et les mots sales sont plus contraires à la politesse qu'aux bonnes mœurs. Voilà pourquoi les expressions sont toujours plus recherchées et les oreilles plus scrupuleuses dans les pays plus corrompus S'aperçoit-on que les entretiens de la halle échauffent beaucoup la jeunesse qui les écoute? Si font bien les discrets propos du théâtre, et il vaudroit mieux qu'une jeune fille vît cent parades qu'une seule représentation de *l'Oracle*[1].

Au reste, j'avoue que j'aimerois mieux, quant à moi, que nous pussions nous passer entièrement de tous ces tréteaux, et que, petits et grands, nous sussions tirer nos plaisirs et nos devoirs de

1. Comédie de Saint-Foix. (ÉD.)

notre état et de nous-mêmes; mais, de ce qu'on devroit peut-être
chasser les bateleurs, il ne s'ensuit pas qu'il faille appeler les comédiens. Vous avez vu dans votre propre pays la ville de Marseille
se défendre longtemps d'une pareille innovation, résister même
aux ordres réitérés du ministre, et garder encore, dans ce mépris
d'un amusement frivole, une image honorable de son ancienne
liberté. Quel exemple pour une ville qui n'a point encore perdu la
sienne !

Qu'on ne pense pas surtout faire un pareil établissement par
manière d'essai, sauf à l'abolir quand on en sentira les inconvénients : car ces inconvénients ne se détruisent pas avec le théâtre
qui les produit, ils restent quand leur cause est ôtée; et, dès qu'on
commence à les sentir, ils sont irrémédiables. Nos mœurs altérées,
nos goûts changés, ne se rétabliront pas comme ils se seront corrompus; nos plaisirs mêmes, nos innocents plaisirs, auront perdu
leurs charmes, le spectacle nous en aura dégoûtés pour toujours.
L'oisiveté devenue nécessaire, les vides du temps que nous ne sau-
rons plus remplir nous rendront à charge à nous-mêmes; les comédiens, en partant, nous laisseront l'ennui pour arrhes de leur retour;
il nous forcera bientôt à les rappeler ou à faire pis. Nous aurons
mal fait d'établir la comédie, nous ferons mal de la laisser subsister,
nous ferons mal de la détruire; après la première faute, nous n'aurons plus que le choix de nos maux.

Quoi ! ne faut-il donc aucun spectacle dans une république? Au
contraire, il en faut beaucoup. C'est dans les républiques qu'ils sont
nés, c'est dans leur sein qu'on les voit briller avec un véritable air
de fête. A quels peuples convient-il mieux de s'assembler souvent
et de former entre eux les doux liens du plaisir et de la joie, qu'à
ceux qui ont tant de raison de s'aimer et de rester à jamais unis?
Nous avons déjà plusieurs de ces fêtes publiques; ayons-en davantage encore, je n'en serai que plus charmé. Mais n'adoptons point
ces spectacles exclusifs qui renferment tristement un petit nombre
de gens dans un antre obscur; qui les tiennent craintifs et immo-
biles dans le silence et l'inaction; qui n'offrent aux yeux que cloi-
sons, que pointes de fer, que soldats, qu'affligeantes images de la
servitude et de l'inégalité. Non, peuples heureux, ce ne sont pas là
vos fêtes. C'est en plein air, c'est sous le ciel qu'il faut vous rassembler et vous livrer au doux sentiment de votre bonheur. Que
vos plaisirs ne soient efféminés ni mercenaires, que rien de ce qui
sent la contrainte et l'intérêt ne les empoisonne, qu'ils soient libres
et généreux comme vous, que le soleil éclaire vos innocents spec-

tacles; vous en formerez un vous-même, le plus digne qu'il puisse éclairer.

Mais quels seront enfin les objets de ces spectacles? qu'y montrera-t-on? Rien, si l'on veut. Avec la liberté, partout où règne l'affluence, le bien-être y règne aussi. Plantez au milieu d'une place un piquet couronné de fleurs, rassemblez-y le peuple, et vous aurez une fête. Faites mieux encore : donnez les spectateurs en spectacle; rendez-les acteurs eux-mêmes; faites que chacun se voie et s'aime dans les autres, afin que tous en soient mieux unis. Je n'ai pas besoin de renvoyer aux jeux des anciens Grecs : il en est de plus modernes, il en est d'existants encore, et je les trouve précisément parmi nous. Nous avons tous les ans des revues, des prix publics, des rois de l'arquebuse, du canon, de la navigation. On ne peut trop multiplier des établissements si utiles[1] et si agréables, on ne peut trop avoir de semblables rois. Pourquoi ne ferions-nous pas, pour nous rendre dispos et robustes, ce que nous faisons pour nous exercer aux armes? La république a-t-elle moins besoin d'ouvriers que de soldats? Pourquoi, sur le modèle des prix militaires, ne fonderions-nous pas d'autres prix de gymnastique pour la lutte, pour la course, pour le disque, pour divers exercices du corps? Pourquoi n'animerions-nous pas nos bateliers par des joutes sur le lac? Y auroit-il au monde un plus brillant spectacle que de voir sur ce vaste et superbe bassin des centaines de bateaux, élégamment équipés,

1. Il ne suffit pas que le peuple ait du pain et vive dans sa condition; il faut qu'il vive agréablement, afin qu'il en remplisse mieux les devoirs, qu'il se tourmente moins pour en sortir, et que l'ordre public soit mieux établi. Les bonnes mœurs tiennent plus qu'on ne pense à ce que chacun se plaise dans son état. Le manège et l'esprit d'intrigue viennent d'inquiétude et de mécontentement; tout va mal quand l'un aspire à l'emploi d'un autre. Il faut aimer son métier pour le bien faire. L'assiette de l'État n'est bonne et solide que quand, tous se sentant à leur place, les forces particulières se réunissent et concourent au bien public, au lieu de s'user l'une contre l'autre, comme elles font dans tout État mal constitué. Cela posé, que doit-on penser de ceux qui voudroient ôter au peuple les fêtes, les plaisirs, et toute espèce d'amusement, comme autant de distractions qui le détournent de son travail? Cette maxime est barbare et fausse. Tant pis, si le peuple n'a de temps que pour gagner son pain; il lui en faut encore pour le manger avec joie, autrement il ne le gagnera pas longtemps. Ce Dieu juste et bienfaisant qui veut qu'il s'occupe, veut aussi qu'il se délasse : la nature lui impose également l'exercice et le repos, le plaisir et la peine. Le dégoût du travail accable plus les malheureux que le travail même. Voulez-vous donc rendre un peuple actif et laborieux; donnez-lui des fêtes, offrez-lui des amusements qui lui fassent aimer son état, et l'empêchent d'en envier un plus doux. Des jours ainsi perdus feront mieux valoir tous les autres. Présidez à ses plaisirs pour les rendre honnêtes; c'est le vrai moyen d'animer ses travaux.

partir à la fois, au signal donné, par aller enlever un drapeau
arboré au but, puis servir de cortège au vainqueur revenant en
triomphe recevoir le prix mérité? Toutes ces sortes de fêtes ne sont
dispendieuses qu'autant qu'on le veut bien, et le seul concours les
rend assez magnifiques. Cependant il faut y avoir assisté chez le
Genevois pour comprendre avec quelle ardeur il s'y livre. On ne
le reconnoît plus : ce n'est plus ce peuple si rangé qui ne se départ
point de ces règles économiques; ce n'est plus ce long raisonneur
qui pèse tout, jusqu'à la plaisanterie, à la balance du jugement.
Il est vif, gai, caressant; son cœur est alors dans ses yeux comme
il est toujours sur ses lèvres; il cherche à communiquer sa joie et
ses plaisirs; il invite, il presse, il force, il se dispute les survenants.
Toutes les sociétés n'en font qu'une, tout devient commun à tous.
Il est presque indifférent à quelle table on se mette : ce seroit
l'image de celles de Lacédémone, s'il n'y régnoit un peu plus de
profusion, mais cette profusion même est alors bien placée, et l'aspect de l'abondance rend plus touchant celui de la liberté qui la
produit.

L'hiver, temps consacré au commerce privé des amis, convient
moins aux fêtes publiques. Il en est pourtant une espèce dont je
voudrois bien qu'on se fît moins de scrupule; savoir, les bals entre
de jeunes personnes à marier. Je n'ai jamais bien conçu pourquoi
l'on s'effarouche si fort de la danse et des assemblées qu'elle occasionne : comme s'il y avoit plus de mal à danser qu'à chanter; que
l'un et l'autre de ces amusements ne fût pas également une inspiration de la nature; et que ce fût un crime à ceux qui sont destinés
à s'unir de s'égayer en commun par une honnête récréation !
L'homme et la femme ont été formés l'un pour l'autre. Dieu veut
qu'ils suivent leur destination; et certainement le premier et le
plus saint de tous les liens de la société est le mariage. Toutes les
fausses religions combattent la nature; la nôtre seule, qui la suit
et la règle, annonce une institution divine et convenable à l'homme.
Elle ne doit point ajouter sur le mariage, aux embarras de l'ordre
civil, des difficultés que l'Évangile ne prescrit pas, et que tout bon
gouvernement condamne. Mais qu'on me dise où de jeunes personnes à marier auront occasion de prendre du goût l'une pour
l'autre, et de se voir avec plus de décence et de circonspection que
dans une assemblée où les yeux du public, incessamment ouverts sur
elles, les forcent à la réserve, à la modestie, à s'observer avec le
plus grand soin. En quoi Dieu est-il offensé par un exercice agréable,
salutaire, propre à la vivacité des jeunes gens, qui consiste à se

présenter l'un à l'autre avec grâce et bienséance, et auquel le spectateur impose une gravité dont on n'oseroit sortir un instant? Peut-on imaginer un moyen plus honnête de ne point tromper autrui, du moins quant à la figure, et de se montrer avec les agréments et les défauts qu'on peut avoir aux gens qui ont intérêt de nous bien connoître avant de s'obliger à nous aimer? Le devoir de se chérir réciproquement n'emporte-t-il pas celui de se plaire? et n'est-ce pas un soin digne de deux personnes vertueuses et chrétiennes qui cherchent à s'unir, de préparer ainsi leur cœur à l'amour mutuel que Dieu leur impose?

Qu'arrive-t-il dans ces lieux où règne une contrainte éternelle, où l'on punit comme un crime la plus innocente gaieté, où les jeunes gens des deux sexes n'osent jamais s'assembler en public, et où l'indiscrète sévérité d'un pasteur ne sait prêcher au nom de Dieu qu'une gêne servile, et la tristesse et l'ennui? On élude une tyrannie insupportable que la nature et la raison désavouent. Aux plaisirs permis dont on prive une jeunesse enjouée et folâtre, elle en substitue de plus dangereux : les tête-à-tête adroitement concertés prennent la place des assemblées publiques. A force de se cacher comme si l'on étoit coupable, on est tenté de le devenir. L'innocente joie aime à s'évaporer au grand jour, mais le vice est ami des ténèbres, et jamais l'innocence et le mystère n'habitèrent longtemps ensemble.

Pour moi, loin de blâmer de si simples amusements, je voudrois au contraire qu'ils fussent publiquement autorisés, et qu'on y prévînt tout désordre particulier en les convertissant en bals solennels et périodiques, ouverts indistinctement à toute la jeunesse à marier. Je voudrois qu'un magistrat[1], nommé par le conseil, ne dédaignât pas de présider à ces bals. Je voudrois que les pères et mères y assistassent, pour veiller sur leurs enfants, pour être témoins de leurs grâces et de leur adresse, des applaudissements qu'ils auroient mérités, et jouir ainsi du plus doux spectacle qui puisse toucher un cœur paternel. Je voudrois qu'en général toute personne mariée y fût admise au nombre des spectateurs et des

---

1. A chaque corps de métier, à chacune des sociétés publiques dont est composé notre État, préside un de ces magistrats, sous le nom de *seigneur-commis*. Ils assistent à toutes les assemblées, et même aux festins. Leur présence n'empêche point une honnête familiarité entre les membres de l'association; mais elle maintient tout le monde dans le respect qu'on doit porter aux lois, aux mœurs, à la décence, même au sein de la joie et du plaisir. Cette institution est très belle, et forme un des grands liens qui unissent le peuple à ses chefs.

juges, sans qu'il fût permis à aucune de profaner la dignité conjugale en dansant elle-même; car à quelle fin honnête pourroit-elle se donner ainsi en montre au public? Je voudrois qu'on formât dans la salle une enceinte commode et honorable, destinée aux gens âgés de l'un et de l'autre sexe, qui, ayant déjà donné des citoyens à la patrie, verroient encore leurs petits-enfants se préparer à le devenir. Je voudrois que nul n'entrât ni ne sortît sans saluer ce parquet, et que tous les couples de jeunes gens vinssent, avant de commencer leur danse et après avoir fini, y faire une profonde révérence, pour s'accoutumer de bonne heure à respecter la vieillesse. Je ne doute pas que cette agréable réunion des deux termes de la vie humaine ne donnât à cette assemblée un certain coup d'œil attendrissant, et qu'on ne vît quelquefois couler dans le parquet des larmes de joie et de souvenir, capables peut-être d'en arracher à un spectateur sensible. Je voudrois que tous les ans, au dernier bal, la jeune personne qui, durant les précédents, se seroit comportée le plus honnêtement, le plus modestement, et auroit plu davantage à tout le monde, au jugement du parquet, fût honorée d'une couronne par la main du *seigneur-commis*[1], et du titre de reine du bal, qu'elle porteroit toute l'année. Je voudrois qu'à la clôture de la même assemblée on la reconduisît en cortège; que le père et la mère fussent félicités et remerciés d'avoir une fille si bien née et de l'élever si bien. Enfin je voudrois que, si elle venoit à se marier dans le cours de l'an, la seigneurie lui fît un présent ou lui accordât quelque distinction publique, afin que cet honneur fût une chose assez sérieuse pour ne pouvoir jamais devenir un sujet de plaisanterie.

Il est vrai qu'on auroit souvent à craindre un peu de partialité, si l'âge des juges ne laissoit toute la préférence au mérite. Et quand la beauté modeste seroit quelquefois favorisée, quel en seroit le grand inconvénient? Ayant plus d'assauts à soutenir, n'a-t-elle pas besoin d'être plus encouragée? N'est-elle pas un don de la nature, ainsi que les talents? Où est le mal qu'elle obtienne quelques honneurs qui l'excitent à s'en rendre digne, et puissent contenter l'amour-propre sans offenser la vertu?

En perfectionnant ce projet dans les mêmes vues, sous un air de galanterie et d'amusement, on donneroit à ces fêtes plusieurs fins utiles qui en feroient un objet important de police et de bonnes mœurs. La jeunesse, ayant des rendez-vous sûrs et honnêtes, seroit

---

1. Voyez la note précédente.

moins tentée d'en chercher de plus dangereux. Chaque sexe se livreroit plus patiemment, dans les intervalles, aux occupations et aux plaisirs qui lui sont propres, et s'en consoleroit plus aisément d'être privé du commerce continuel de l'autre. Les particuliers de tout état auroient la ressource d'un spectacle agréable, surtout aux pères et mères. Les soins pour la parure de leurs filles seroient pour les femmes un objet d'amusement qui feroit diversion à beaucoup d'autres; et cette parure ayant un objet innocent et louable seroit là tout à fait à sa place. Ces occasions de s'assembler pour s'unir, et d'arranger des établissements, seroient des moyens fréquents de rapprocher des familles divisées et d'affermir la paix si nécessaire dans notre État. Sans altérer l'autorité des pères, les inclinations des enfants seroient un peu plus en liberté; le premier choix dépendroit un peu plus de leur cœur; les convenances d'âge, d'humeur, de goût, de caractère, seroient un peu plus consultées; on donneroit moins à celles d'état et de biens, qui font des nœuds mal assortis quand on les suit aux dépens des autres. Les liaisons devenant plus faciles, les mariages seroient plus fréquents : ces mariages, moins circonscrits par les mêmes conditions, préviendroient les partis, tempéreroient l'excessive inégalité, maintiendroient mieux le corps du peuple dans l'esprit de sa constitution. Ces bals, ainsi dirigés, ressembleroient moins à un spectacle public qu'à l'assemblée d'une grande famille; et du sein de la joie et des plaisirs naîtroient la conversation, la concorde et la prospérité de la république[1].

1. Il me paroît plaisant d'imaginer quelquefois les jugements que plusieurs porteront de mes goûts, sur mes écrits. Sur celui-ci l'on ne manquera pas de dire : « Cet homme est fou de la danse ». Je m'ennuie à voir danser. « Il ne peut souffrir la comédie. » J'aime la comédie à la passion. « Il a de l'aversion pour les femmes. » Je ne serai que trop bien justifié là-dessus. « Il est mécontent des comédiens. » J'ai tout sujet de m'en louer, et l'amitié du seul d'entre eux* que j'ai connu particulièrement ne peut qu'honorer un honnête homme. Même jugement sur les poètes dont je suis forcé de censurer les pièces : ceux qui sont morts ne seront pas de mon goût, et je serai piqué contre les vivants. La vérité est que Racine me charme, et que je n'ai jamais manqué volontairement une représentation de Molière. Si j'ai moins parlé de Corneille, c'est qu'ayant peu fréquenté ses pièces, et manquant de livres, il ne m'est pas assez resté dans la mémoire pour le citer. Quant à l'auteur d'*Atrée* et de *Catilina*, je ne l'ai jamais vu qu'une fois, et ce fut pour en recevoir un service. J'estime son génie et respecte sa vieillesse; mais quelque honneur que je porte à sa personne, je ne dois que justice à ses pièces, et je ne sais point acquitter mes dettes aux dépens du bien public et de la vérité. Si mes écrits m'inspirent quelque fierté, c'est par la pureté d'intention qui les dicte, c'est par un désintéressement dont peu d'auteurs m'ont donné l'exemple, et que fort peu voudront

* Jelyote, acteur de l'Opéra. (ÉD.)

Sur ces idées, il seroit aisé d'établir à peu de frais, et sans danger, plus de spectacles qu'il n'en faudroit pour rendre le séjour de notre ville agréable et riant, même aux étrangers, qui, ne trouvant rien de pareil ailleurs, y viendroient au moins pour voir une chose unique; quoique à dire le vrai, sur beaucoup de fortes raisons, je regarde ce concours comme un inconvénient bien plus que comme un avantage; et je suis persuadé, quant à moi, que jamais étranger n'entra dans Genève qu'il n'y ait fait plus de mal que de bien.

Mais savez-vous, monsieur, qui l'on devroit s'efforcer d'attirer et retenir dans nos murs? Les Genevois mêmes, qui, avec un sincère amour pour leur pays, ont tous une si grande inclination pour les voyages, qu'il n'y a point de contrée où l'on n'en trouve de répandus. La moitié de nos concitoyens, épars dans le reste de l'Europe et du monde, vivent et meurent loin de la patrie; et je me citerois moi-même avec plus de douleur si j'y étois moins inutile. Je sais que nous sommes forcés d'aller chercher au loin les ressources que notre terrain nous refuse, et que nous pourrions difficilement subsister si nous nous y tenions renfermés. Mais au moins que ce bannissement ne soit pas éternel pour tous : que ceux dont le ciel a béni les travaux viennent, comme l'abeille, en rapporter le fruit dans la ruche, réjouir leurs concitoyens du spectacle de leur fortune, animer l'émulation des jeunes gens, enrichir leur pays de leurs richesses, et jouir modestement chez eux des biens honnêtement acquis chez les autres. Sera-ce avec des théâtres, toujours moins parfaits chez nous qu'ailleurs, qu'on les y fera revenir? Quitteront-ils la comédie de Paris ou de Londres pour aller revoir celle de Genève? Non, non, monsieur, ce n'est pas ainsi qu'on les peut ramener. Il faut que chacun sente qu'il ne sauroit

---

imiter. Jamais vue particulière ne souilla le désir d'être utile aux autres qui m'a mis la plume à la main, et j'ai presque toujours écrit contre mon propre intérêt. *Vitam impendere vero :* voilà la devise que j'ai choisie et dont je me sens digne. Lecteurs, je puis me tromper moi-même, mais non pas vous tromper volontairement; craignez mes erreurs et non ma mauvaise foi. L'amour du bien public est la seule passion qui me fait parler au public; je sais alors m'oublier moi-même, et si quelqu'un m'offense, je me tais sur son compte de peur que la colère ne me rende injuste. Cette maxime est bonne à mes ennemis, en ce qu'ils me nuisent à leur aise et sans crainte de représailles; aux lecteurs, qui ne craignent pas que ma haine leur en impose; et surtout à moi, qui, restant en paix tandis qu'on m'outrage, n'ai du moins que le mal qu'on me fait, et non celui que j'éprouverois encore à le rendre. Sainte et pure vérité, à qui j'ai consacré ma vie; non, jamais mes passions ne souilleront le sincère amour que j'ai pour toi; l'intérêt ni la crainte ne sauroient altérer l'hommage que j'aime à t'offrir; et ma plume ne te refusera jamais rien que ce qu'elle craint d'accorder à la vengeance!

trouver ailleurs ce qu'il a laissé dans son pays; il faut qu'un charme invincible le rappelle au séjour qu'il n'auroit point dû quitter; il faut que le souvenir de leurs premiers exercices, de leurs premiers spectacles, de leurs premiers plaisirs, reste profondément gravé dans leurs cœurs; il faut que les douces impressions faites durant la jeunesse demeurent et se renforcent dans un âge avancé, tandis que mille autres s'effacent, il faut qu'au milieu de la pompe des grands États et de leur triste magnificence une voix secrète leur crie incessamment au fond de l'âme : « Ah ! où sont les jeux et les fêtes de ma jeunesse? où est la concorde des citoyens? où est la fraternité publique? où est la pure joie et la véritable allégresse? où sont la paix, la liberté, l'équité, l'innocence? Allons rechercher tout cela ». Mon Dieu, avec le cœur du Genevois, avec une ville aussi riante, un pays aussi charmant, un gouvernement aussi juste, des plaisirs si vrais et si purs, et tout ce qu'il faut pour savoir les goûter, à quoi tient-il que nous n'adorions tous la patrie?

Ainsi rappeloit ses citoyens, par des fêtes modestes et des jeux sans éclat, cette Sparte que je n'aurai jamais assez citée pour l'exemple que nous devrions en tirer; ainsi dans Athènes, parmi les beaux-arts, ainsi dans Suse, au sein du luxe et de la mollesse, le Spartiate ennuyé soupiroit après ses grossiers festins et ses fatigants exercices. C'est à Sparte que, dans une laborieuse oisiveté, tout étoit plaisir et spectacle; c'est là que les plus rudes travaux passoient pour des récréations, et que les moindres délassements formoient une instruction publique; c'est là que les citoyens, continuellement assemblés, consacroient la vie entière à des amusements qui faisoient la grande affaire de l'État, et à des jeux dont on ne se délassoit qu'à la guerre.

J'entends déjà les plaisants me demander si, parmi tant de merveilleuses instructions, je ne veux point aussi, dans nos fêtes genevoises, introduire les danses des jeunes Lacédémoniennes. Je réponds que je voudrois bien nous croire les yeux et le cœur assez chastes pour supporter un tel spectacle, et que de jeunes personnes, dans cet état, fussent à Genève, comme à Sparte, couvertes de l'honnêteté publique; mais, quelque estime que je fasse de mes compatriotes, je sais trop combien il y a loin d'eux aux Lacédémoniens, et je ne leur propose des institutions de ceux-ci que celles dont ils ne sont pas encore incapables. Si le sage Plutarque s'est chargé de justifier l'usage en question, pourquoi faut-il que je m'en charge après lui? Tout est dit en avouant que cet usage ne convenoit qu'aux élèves de Lycurgue; que leur vie frugale et laborieuse, leurs mœurs pures et sévères, la force d'âme qui leur étoit propre, pouvoient seules rendre innocent, sous leurs yeux, un spectacle si choquant pour tout peuple qui n'est qu'honnête.

Mais pense-t-on qu'au fond l'adroite parure de nos femmes ait moins son danger qu'une nudité absolue, dont l'habitude tournerait bientôt les premiers effets en indifférence, et peut-être en dégoût? Ne sait-on pas que les statues et les tableaux n'offensent les yeux que quand un mélange de vêtements rend les nudités obscènes? Le pouvoir immédiat des sens est foible et borné : c'est par l'entremise de l'imagination qu'ils font leurs plus grands ravages; c'est elle qui prend soin d'irriter les désirs, en prêtant à leurs objets encore plus d'attraits que ne leur en donna la nature; c'est elle qui découvre à l'œil avec scandale ce qu'il ne voit pas seulement comme nu, mais comme devant être habillé. Il n'y a point de vêtement si modeste au travers duquel un regard enflammé par l'imagination n'aille porter les désirs. Une jeune Chinoise, avançant un bout de pied couvert et chaussé, fera plus de ravage à Pékin que n'eût fait la plus belle fille du monde dansant toute nue au bas du Taygète. Mais quand on s'habille avec autant d'art et si peu d'exactitude que les femmes font aujourd'hui, quand on ne montre moins que pour faire désirer davantage, quand l'obstacle qu'on oppose aux yeux ne sert qu'à mieux irriter l'imagination, quand on ne cache une partie de l'objet que pour parer celle qu'on expose,

« Heu! male tum mites defendet pampinus uvas. »
(VIRG., *Georg.*, I, v. 448.)

Terminons ces nombreuses digressions. Grâce au ciel, voici la dernière : je suis à la fin de cet écrit. Je donnois les fêtes de Lacédémone pour modèle de celles que je voudrois voir parmi nous. Ce n'est pas seulement par leur objet, mais aussi par leur simplicité, que je les trouve recommandables : sans pompe, sans luxe, sans appareil, tout y respiroit, avec un charme secret de patriotisme, qui les rendoit intéressantes, un certain esprit martial convenable à des hommes libres[1] : sans affaires et sans plaisirs, au moins de ce

---

1. Je me souviens d'avoir été frappé dans mon enfance d'un spectacle assez simple, et dont pourtant l'impression m'est toujours restée, malgré le temps et la diversité des objets. Le régiment de Saint-Gervais avoit fait l'exercice, et, selon la coutume, on avoit soupé par compagnies : la plupart de ceux qui les composoient se rassemblèrent, après le souper, dans la place de Saint Gervais, et se mirent à danser tous ensemble, officiers et soldats, autour de la fontaine, sur le bassin de laquelle étoient montés les tambours, les fifres, et ceux qui portoient les flambeaux. Une danse de gens égayés par un long repas sembleroit n'offrir rien de fort inté-

qui porte ces noms parmi nous, ils passoient, dans cette douce uniformité, la journée sans la trouver trop longue, et la vie sans la trouver trop courte. Ils s'en retournoient chaque soir, gais et dispos, prendre leur frugal repas, contents de leur patrie, de leurs concitoyens et d'eux-mêmes. Si l'on demande quelque exemple de ces divertissements publics, en voici un rapporté par Plutarque[1]. Il y avoit, dit-il, toujours trois danses en autant de bandes, selon la différence des âges; et ces danses se faisoient au chant de chaque bande. Celle des vieillards commençoit la première, en chantant le couplet suivant :

> Nous avons été jadis
> Jeunes, vaillants et hardis.

Suivoit celle des hommes, qui chantoient à leur tour, en frappant de leurs armes en cadence.

> Nous le sommes maintenant,
> A l'épreuve à tout venant.

ressant à voir; cependant l'accord de cinq ou six cents hommes en uniforme, se tenant tous par la main, et formant une longue bande qui serpentoit en cadence et sans confusion, avec mille tours et retours, mille espèces d'évolutions figurées, le choix des airs qui les animoient, le bruit des tambours, l'éclat des flambeaux, un certain appareil militaire au sein du plaisir, tout cela formoit une sensation très vive qu'on ne pouvoit supporter de sang-froid. Il étoit tard, les femmes étoient couchées; toutes se relevèrent. Bientôt les fenêtres furent pleines de spectatrices qui donnoient un nouveau zèle aux acteurs : elles ne purent tenir longtemps à leurs fenêtres, elles descendirent; les maîtresses venoient voir leurs maris, les servantes apportoient du vin; les enfants mêmes, éveillés par le bruit, accoururent demi-vêtus entre les pères et les mères. La danse fut suspendue; ce ne furent qu'embrassements, ris, santés, caresses. Il résulta de tout cela un attendrissement général que je ne saurois peindre, mais que, dans l'allégresse universelle, on éprouve assez naturellement au milieu de tout ce qui nous est cher. Mon père, en m'embrassant, fut saisi d'un tressaillement que je crois sentir et partager encore. « Jean-Jacques, me disoit-il, aime ton pays. Vois-tu ces bons Genevois? ils sont tous amis, ils sont tous frères, la joie et la concorde règnent au milieu d'eux. Tu es Genevois; tu verras un jour d'autres peuples; mais quand tu voyagerois autant que ton père, tu ne trouveras jamais leurs pareils. »

On voulut recommencer la danse, il n'y eut plus moyen; on ne savoit plus ce qu'on faisoit, toutes les têtes étoient tournées d'une ivresse plus douce que celle du vin. Après avoir resté quelque temps encore à rire et à causer sur la place, il fallut se séparer : chacun se retira paisiblement avec sa famille; et voilà comment ces aimables et prudentes femmes ramenèrent leurs maris, non pas en troublant leurs plaisirs, mais en allant les partager. Je sens bien que ce spectacle dont je fus si touché seroit sans attraits pour mille autres; il faut des yeux faits pour le voir, et un cœur fait pour le sentir. Non, il n'y a de pure joie que la joie publique, et les vrais sentiments de la nature ne règnent que sur le peuple. Ah! dignité, fille de l'orgueil et mère de l'ennui, jamais tes tristes esclaves eurent-ils un pareil moment en leur vie?

1. *Dicts notables des Lacédémoniens*, § 69. (ÉD.)

Ensuite venoient les enfants, qui leur répondoient en chantant de toute leur force :

> Et nous bientôt le serons,
> Qui tous vous surpasserons.

Voilà, monsieur, les spectacles qu'il faut à des républiques. Quant à celui dont votre article *Genève* m'a forcé de traiter dans cet essai, si jamais l'intérêt particulier vient à bout de l'établir dans nos murs, j'en prévois les tristes effets : j'en ai montré quelques-uns, j'en pourrois montrer davantage. Mais c'est trop craindre un malheur imaginaire que la vigilance de nos magistrats saura prévenir. Je ne prétends point instruire des hommes plus sages que moi : il me suffit d'en avoir dit assez pour consoler la jeunesse de mon pays d'être privée d'un amusement qui coûteroit si cher à la patrie. J'exhorte cette heureuse jeunesse à profiter de l'avis qui termine votre article. Puisse-t-elle connoître et mériter son sort ! puisse-t-elle sentir toujours combien le solide bonheur est préférable aux vains plaisirs qui le détruisent ! puisse-t-elle transmettre à ses descendants les vertus, la liberté, la paix qu'elle tient de ses pères ! c'est le dernier vœu par lequel je finis mes écrits, c'est celui par lequel finira ma vie.

POLITIQUE

DU CONTRAT SOCIAL

OU

PRINCIPES DU DROIT POLITIQUE

Fœderis æquas
Dicamus leges.
VIRG. *Æneid.* lib. XI, v. 321.

AVERTISSEMENT

Ce petit traité est extrait d'un ouvrage plus étendu, entrepris autrefois sans avoir consulté mes forces, et abandonné depuis long-temps. Des divers morceaux qu'on pouvoit tirer de ce qui étoit fait, celui-ci est le plus considérable, et m'a paru le moins indigne d'être offert au public. Le reste n'est déjà plus.

LIVRE I

Je veux chercher si, dans l'ordre civil, il peut y avoir quelque règle d'administration légitime et sûre, en prenant les hommes tels qu'ils sont, et les lois telles qu'elles peuvent être. Je tâcherai d'allier toujours, dans cette recherche, ce que le droit permet avec ce que l'intérêt prescrit, afin que la justice et l'utilité ne se trouvent point divisées.

J'entre en matière sans prouver l'importance de mon sujet. On me demandera si je suis prince ou législateur pour écrire sur la politique. Je réponds que non, et que c'est pour cela que j'écris sur la politique. Si j'étois prince ou législateur, je ne perdrois pas mon temps à dire ce qu'il faut faire; je le ferois, ou je me tairois.

Né citoyen d'un État libre, et membre du souverain, quelque foible influence que puisse avoir ma voix dans les affaires publiques, le droit d'y voter suffit pour m'imposer le devoir de m'en instruire : heureux, toutes les fois que je médite sur les gouvernements, de

trouver toujours dans mes recherches de nouvelles raisons d'aimer
celui de mon pays !

CHAP. I. — Sujet de ce premier livre.

L'homme est né libre, et partout il est dans les fers. Tel se
croit le maître des autres, qui ne laisse pas d'être plus esclave
qu'eux. Comment ce changement s'est-il fait ? Je l'ignore. Qu'est-ce
qui peut le rendre légitime ? Je crois pouvoir résoudre cette question.

Si je ne considérois que la force et l'effet qui en dérive, je dirois :
« Tant qu'un peuple est contraint d'obéir et qu'il obéit, il fait bien;
sitôt qu'il peut secouer le joug, et qu'il le secoue, il fait encore
mieux : car, recouvrant sa liberté par le même droit qui la lui a
ravie, ou il est fondé à la reprendre, ou on ne l'étoit point à la lui
ôter ». Mais l'ordre social est un droit sacré qui sert de base à tous
les autres. Cependant, ce droit ne vient point de la nature; il est
donc fondé sur des conventions. Il s'agit de savoir quelles sont ces
conventions. Avant d'en venir là, je dois établir ce que je viens
d'avancer.

CHAP. II. — Des premières sociétés.

La plus ancienne de toutes les sociétés, et la seule naturelle, est
celle de la famille : encore les enfants ne restent-ils liés au père
qu'aussi longtemps qu'ils ont besoin de lui pour se conserver. Sitôt
que ce besoin cesse, le lien naturel se dissout. Les enfants, exempts
de l'obéissance qu'ils devoient au père; le père, exempt des soins
qu'il devoit aux enfants, rentrent tous également dans l'indépendance. S'ils continuent de rester unis, ce n'est plus naturellement,
c'est volontairement; et la famille elle-même ne se maintient que
par convention.

Cette liberté commune est une conséquence de la nature de
l'homme. Sa première loi est de veiller à sa propre conservation,
ses premiers soins sont ceux qu'il se doit à lui-même; et sitôt qu'il
est en âge de raison, lui seul étant juge des moyens propres à le
conserver, devient par là son propre maître.

La famille est donc, si l'on veut, le premier modèle des sociétés
politiques : le chef est l'image du père, le peuple est l'image des
enfants; et tous, étant nés égaux et libres, n'aliènent leur liberté
que pour leur utilité. Toute la différence est que, dans la famille,
l'amour du père pour ses enfants le paye des soins qu'il leur rend; et

que, dans l'État, le plaisir de commander supplée à cet amour que le chef n'a pas pour ses peuples.

Grotius nie que tout pouvoir humain soit établi en faveur de ceux qui sont gouvernés : il cite l'esclavage en exemple. Sa plus constante manière de raisonner est d'établir toujours le droit par le fait[1]. On pourroit employer une méthode plus conséquente, mais non plus favorable aux tyrans.

Il est donc douteux, selon Grotius, si le genre humain appartient à une centaine d'hommes, ou si cette centaine d'hommes appartient au genre humain : et il paroît, dans tout son livre, pencher pour le premier avis : c'est aussi le sentiment de Hobbes. Ainsi voilà l'espèce humaine divisée en troupeaux de bétail, dont chacun a son chef, qui le garde pour le dévorer.

Comme un pâtre est d'une nature supérieure à celle de son troupeau, les pasteurs d'hommes, qui sont leurs chefs, sont aussi d'une nature supérieure à celle de leurs peuples. Ainsi raisonnoit, au rapport de Philon, l'empereur Caligula, concluant assez bien de cette analogie que les rois étoient des dieux, ou que les peuples étoient des bêtes.

Le raisonnement de ce Caligula revient à celui de Hobbes et de Grotius. Aristote, avant eux tous, avoit dit aussi[2] que les hommes ne sont point naturellement égaux, mais que les uns naissent pour l'esclavage et les autres pour la domination.

Aristote avoit raison; mais il prenoit l'effet pour la cause. Tout homme né dans l'esclavage naît pour l'esclavage, rien n'est plus certain. Les esclaves perdent tout dans leurs fers, jusqu'au désir d'en sortir; ils aiment leur servitude comme les compagnons d'Ulysse aimoient leur abrutissement[3]. S'il y a donc des esclaves par nature, c'est parce qu'il y a eu des esclaves contre nature. La force a fait les premiers esclaves, leur lâcheté les a perpétués.

Je n'ai rien dit du roi Adam, ni de l'empereur Noé, père de trois grands monarques qui se partagèrent l'univers, comme firent les enfants de Saturne, qu'on a cru reconnoître en eux. J'espère qu'on me saura gré de cette modération; car, descendant directement (o

---

1. « Les savantes recherches sur le droit public ne sont souvent que l'histoire des anciens abus; et l'on s'est entêté mal à propos quand on s'est donné la peine de les trop étudier. » (*Traité des intérêts de la France avec ses voisins*, par M. le marquis d'Argenson, imprimé chez Rey, à Amsterdam.) Voilà précisément ce qu'a fait Grotius.

2. *Politic.* lib. I, cap. v. (ÉD.)

3. Voy. un petit traité de Plutarque, intitulé : *Que les bêtes usent de la raison.*

l'un de ces princes, et peut-être de la branche aînée, que sais-je si, par la vérification des titres, je ne me trouverois point le légitime roi du genre humain? Quoi qu'il en soit, on ne peut disconvenir qu'Adam n'ait été souverain du monde, comme Robinson de son île, tant qu'il en fut le seul habitant, et ce qu'il y avoit de commode dans cet empire étoit que le monarque, assuré sur son trône, n'avoit à craindre ni rébellion, ni guerres, ni conspirateurs.

Chap. III. — Du droit du plus fort.

Le plus fort n'est jamais assez fort pour être toujours le maître, s'il ne transforme sa force en droit, et l'obéissance en devoir. De là le droit du plus fort; droit pris ironiquement en apparence, et réellement établi en principe. Mais ne nous expliquera-t-on jamais ce mot? La force est une puissance physique; je ne vois point quelle moralité peut résulter de ses effets. Céder à la force est un acte de nécessité, non de volonté; c'est tout au plus un acte de prudence. En quel sens pourra-ce être un devoir?

Supposons un moment ce prétendu droit. Je dis qu'il n'en résulte qu'un galimatias inexplicable; car, sitôt que c'est la force qui fait le droit, l'effet change avec la cause : toute force qui surmonte la première succède à son droit. Sitôt qu'on peut désobéir impunément, on le peut légitimement; et, puisque le plus fort a toujours raison, il ne s'agit que de faire en sorte qu'on soit le plus fort. Or, qu'est-ce qu'un droit qui périt quand la force cesse? S'il faut obéir par force, on n'a pas besoin d'obéir par devoir; et si l'on n'est plus forcé d'obéir, on n'y est plus obligé. On voit donc que ce mot de *droit* n'ajoute rien à la force; il ne signifie ici rien du tout.

Obéissez aux puissances. Si cela veut dire : Cédez à la force, le précepte est bon, mais superflu; je réponds qu'il ne sera jamais violé. Toute puissance vient de Dieu, je l'avoue; mais toute maladie en vient aussi : est-ce à dire qu'il soit défendu d'appeler le médecin? Qu'un brigand me surprenne au coin d'un bois, non seulement il faut par force donner sa bourse; mais, quand je pourroi la soustraire, suis-je en conscience obligé de la donner? Car, enfin, le pistolet qu'il tient est une puissance.

Convenons donc que force ne fait pas droit, et qu'on n'est obligé d'obéir qu'aux puissances légitimes. Ainsi ma question primitive revient toujours.

Chap. IV. — De l'esclavage.

Puisque aucun homme n'a une autorité naturelle sur son sèmblable, et puisque la force ne produit aucun droit, restent donc les conventions pour base de toute autorité légitime parmi les hommes.

Si un particulier, dit Grotius, peut aliéner sa liberté et se rendre esclave d'un maître, pourquoi tout un peuple ne pourroit-il pas aliéner la sienne et se rendre sujet d'un roi? Il y a là bien des mots équivoques qui auroient besoin d'explication; mais tenons-nous-en à celui d'*aliéner*. Aliéner, c'est donner ou vendre. Or, un homme qui se fait esclave d'un autre ne se donne pas; il se vend tout au moins pour sa subsistance : mais un peuple, pourquoi se vend-il? Bien loin qu'un roi fournisse à ses sujets leur subsistance, il ne tire la sienne que d'eux; et, selon Rabelais, un roi ne vit pas de peu. Les sujets donnent donc leur personne, à condition qu'on prendra aussi leur bien? Je ne vois pas ce qu'il leur reste à conserver.

On dira que le despote assure à ses sujets la tranquillité civile; soit : mais qu'y gagnent-ils, si les guerres que son ambition leur attire, si son insatiable avidité, si les vexations de son ministère les désolent plus que ne feroient leurs dissensions? Qu'y gagnent-ils, si cette tranquillité même est une de leurs misères? On vit tranquille aussi dans les cachots : en est-ce assez pour s'y trouver bien? Les Grecs enfermés dans l'antre du Cyclope y vivoient tranquilles, en attendant que leur tour vînt d'être dévorés.

Dire qu'un homme se donne gratuitement, c'est dire une chose absurde et inconcevable; un tel acte est illégitime et nul, par cela seul que celui qui le fait n'est pas dans son bon sens. Dire la même chose de tout un peuple, c'est supposer un peuple de fous; la folie ne fait pas droit.

Quand chacun pourroit s'aliéner lui-même, il ne peut aliéner ses enfants; ils naissent hommes et libres; leur liberté leur appartient, nul n'a droit d'en disposer qu'eux. Avant qu'ils soient en âge de raison, le père peut, en leur nom, stipuler des conditions pour leur conservation, pour leur bien-être, mais non les donner irrévocablement et sans condition; car un tel don est contraire aux fins de la nature, et passe les droits de la paternité. Il faudroit donc, pour qu'un gouvernement arbitraire fût légitime, qu'à chaque génération le peuple fût le maître de l'admettre ou de le rejeter : mais alors ce gouvernement ne seroit plus arbitraire.

Renoncer à sa liberté, c'est renoncer à sa qualité d'homme, aux droits de l'humanité, même à ses devoirs. Il n'y a nul dédommagement possible pour quiconque renonce à tout. Une telle renonciation est incompatible avec la nature de l'homme; et c'est ôter toute moralité à ses actions que d'ôter toute liberté à sa volonté. Enfin c'est une convention vaine et contradictoire de stipuler d'une part une autorité absolue, et de l'autre une obéissance sans bornes. N'est-il pas clair qu'on n'est engagé à rien envers celui dont on a droit de tout exiger? Et cette seule condition, sans équivalent, sans échange, n'entraîne-t-elle pas la nullité de l'acte? Car, quel droit mon esclave auroit-il contre moi, puisque tout ce qu'il a m'appartient et que, son droit étant le mien, ce droit de moi contre moi-même est un mot qui n'a aucun sens?

Grotius et les autres tirent de la guerre une autre origine du prétendu droit d'esclavage. Le vainqueur ayant, selon eux, le droit de tuer le vaincu, celui-ci peut racheter sa vie aux dépens de sa liberté; convention d'autant plus légitime qu'elle tourne au profit de tous deux.

Mais il est clair que ce prétendu droit de tuer les vaincus ne résulte en aucune manière de l'état de guerre. Par cela seul, que les hommes, vivant dans leur primitive indépendance, n'ont point entre eux de rapport assez constant pour constituer ni l'état de paix ni l'état de guerre, ils ne sont point naturellement ennemis. C'est le rapport des choses et non des hommes qui constitue la guerre; et l'état de guerre ne pouvant naître des simples relations personnelles, mais seulement des relations réelles, la guerre privée ou d'homme à homme ne peut exister ni dans l'état de nature, où il n'y a point de propriété constante, ni dans l'état social, où tout est sous l'autorité des lois.

Les combats particuliers, les duels, les rencontres, sont des actes qui ne constituent point un état; et à l'égard des guerres privées, autorisées par les Établissements de Louis IX, roi de France, et suspendues par la paix de Dieu, ce sont des abus du gouvernement féodal, système absurde, s'il en fut jamais, contraire aux principes du droit naturel et à toute bonne *politie*.

La guerre n'est donc point une relation d'homme à homme, mais une relation d'État à État, dans laquelle les particuliers ne sont ennemis qu'accidentellement, non point comme hommes, ni même comme citoyens[1], mais comme soldats; non point comme membres

---

1. Les Romains, qui ont entendu et plus respecté le droit de la guerre qu'aucune nation du monde, portoient si loin le scrupule à cet égard, qu'il n'étoit pas permis à

de la patrie, mais comme ses défenseurs. Enfin chaque État ne peut avoir pour ennemis que d'autres États, et non pas des hommes, attendu qu'entre choses de diverses natures on ne peut fixer aucun vrai rapport.

Ce principe est même conforme aux maximes établies de tous les temps et à la pratique constante de tous les peuples policés. Les déclarations de guerre sont moins des avertissements aux puissances qu'à leurs sujets. L'étranger, soit roi, soit particulier, soit peuple, qui vole, tue, ou détient les sujets, sans déclarer la guerre au prince, n'est pas un ennemi, c'est un brigand. Même en pleine guerre, un prince juste s'empare bien, en pays ennemi, de tout ce qui appartient au public; mais il respecte la personne et les biens des particuliers; il respecte des droits sur lesquels sont fondés les siens. La fin de la guerre étant la destruction de l'État ennemi, on a droit d'en tuer les défenseurs tant qu'ils ont les armes à la main; mais sitôt qu'ils les posent et se rendent, cessant d'être ennemis ou instruments de l'ennemi, ils redeviennent simplement hommes, et l'on n'a plus de droit sur leur vie. Quelquefois, on peut tuer l'État sans tuer un seul de ses membres : or la guerre ne donne aucun droit qui ne soit nécessaire à sa fin. Ces principes ne sont pas ceux de Grotius; ils ne sont pas fondés sur des autorités de poètes; mais ils dérivent de la nature des choses, et sont fondés sur la raison.

A l'égard du droit de conquête, il n'a d'autre fondement que la loi du plus fort. Si la guerre ne donne point au vainqueur le droit de massacrer les peuples vaincus, ce droit qu'il n'a pas ne peut fonder celui de les asservir. On n'a le droit de tuer l'ennemi que quand on ne peut le faire esclave; le droit de le faire esclave ne vient donc pas du droit de le tuer : c'est donc un échange inique de lui faire acheter au prix de sa liberté sa vie, sur laquelle on n'a aucun droit. En établissant le droit de vie et de mort sur le droit d'esclavage, et le droit d'esclavage sur le droit de vie et de mort, n'est-il pas clair qu'on tombe dans le cercle vicieux?

un citoyen de servir comme volontaire, sans s'être engagé expressément contre l'ennemi, et nommément contre tel ennemi. Une légion où Caton le fils faisoit ses premières armes sous Popilius ayant été réformée, Caton le père écrivit à Popilius que s'il vouloit bien que son fils continuât de servir sous lui, il falloit lui faire prêter un nouveau serment militaire, parce que, le premier étant annulé, il ne pouvait plus porter les armes contre l'ennemi. Et le même Caton écrivit à son fils de se bien garder de se présenter au combat qu'il n'eût prêté ce nouveau serment. Je sais qu'on pourra m'opposer le siège de Clusium et d'autres faits particuliers; mais moi je cite des lois, des usages. Les Romains sont ceux qui ont le moins souvent transgressé leurs lois; et ils sont les seuls qui en aient eu d'aussi belles.

En supposant même ce terrible droit de tout tuer, je dis qu'un esclave fait à la guerre, ou un peuple conquis, n'est tenu à rien du tout envers son maître, qu'à lui obéir autant qu'il y est forcé. En prenant un équivalent à sa vie, le vainqueur ne lui en a point fait grâce : au lieu de le tuer sans fruit, il l'a tué utilement. Loin donc qu'il ait acquis sur lui nulle autorité jointe à la force, l'état de guerre subsiste entre eux comme auparavant, leur relation même en est l'effet; et l'usage du droit de la guerre ne suppose aucun traité de paix. Ils ont fait une convention; soit : mais cette convention, loin de détruire l'état de guerre, en suppose la continuité.

Ainsi, de quelque sens qu'on envisage les choses, le droit d'esclavage est nul, non seulement parce qu'il est illégitime, mais parce qu'il est absurde et ne signifie rien. Ces mots, *esclave* et *droit*, sont contradictoires; ils s'excluent mutuellement. Soit d'un homme à un homme, soit d'un homme à un peuple, ce discours sera toujours également insensé : « Je fais avec toi une convention toute à ta charge et toute à mon profit, que j'observerai tant qu'il me plaira, et que tu observeras tant qu'il me plaira ».

CHAP. V. — Qu'il faut toujours remonter à une première convention.

Quand j'accorderois tout ce que j'ai réfuté jusqu'ici, les fauteurs du despotisme n'en seroient pas plus avancés. Il y aura toujours une grande différence entre soumettre une multitude et régir une société. Que des hommes épars soient successivement asservis à un seul, en quelque nombre qu'ils puissent être, je ne vois là qu'un maître et des esclaves, je n'y vois point un peuple et son chef : c'est, si l'on veut, une agrégation, mais non pas une association; il n'y a là ni bien public, ni corps politique. Cet homme, eût-il asservi la moitié du monde, n'est toujours qu'un particulier; son intérêt, séparé de celui des autres, n'est toujours qu'un intérêt privé. Si ce même homme vient à périr, son empire, après lui, reste épars et sans liaison, comme un chêne se dissout et tombe en un tas de cendres, après que le feu l'a consumé.

Un peuple, dit Grotius, peut se donner à un roi. Selon Grotius, un peuple est donc un peuple avant de se donner à un roi. Ce don même est un acte civil; il suppose une délibération publique. Avant donc que d'examiner l'acte par lequel un peuple élit un roi, il seroit bon d'examiner l'acte par lequel un peuple est un peuple; car cet acte, étant nécessairement antérieur à l'autre, est le vrai fondement de la société.

En effet, s'il n'y avoit point de convention antérieure, où seroit, à moins que l'élection ne fût unanime, l'obligation pour le petit nombre de se soumettre au choix du grand? et d'où cent qui veulent un maître ont-ils le droit de voter pour dix qui n'en veulent point? La loi de la pluralité des suffrages est elle-même un établissement de convention et suppose, au moins une fois, l'unanimité.

Chap. VI. — Du pacte social.

Je suppose les hommes parvenus à ce point où les obstacles qui nuisent à leur conservation dans l'état de nature l'emportent, par leur résistance, sur les forces que chaque individu peut employer pour se maintenir dans cet état. Alors cet état primitif ne peut plus subsister; et le genre humain périroit s'il ne changeoit de manière d'être.

Or, comme les hommes ne peuvent engendrer de nouvelles forces, mais seulement unir et diriger celles qui existent, ils n'ont plus d'autre moyen, pour se conserver, que de former par agrégation une somme de forces qui puisse l'emporter sur la résistance, de les mettre en jeu par un seul mobile et de les faire agir de concert.

Cette somme de forces ne peut naître que du concours de plusieurs; mais la force et la liberté de chaque homme étant les premiers instruments de sa conservation, comment les engagera-t-il sans se nuire et sans négliger les soins qu'il se doit? Cette difficulté, ramenée à mon sujet, peut s'énoncer en ces termes :

« Trouver une forme d'association qui défende et protège de toute la force commune la personne et les biens de chaque associé, et par laquelle chacun, s'unissant à tous, n'obéisse pourtant qu'à lui-même, et reste aussi libre qu'auparavant. » Tel est le problème fondamental dont le *Contrat social* donne la solution.

Les clauses de ce contrat sont tellement déterminées par la nature de l'acte, que la moindre modification les rendroit vaines et de nul effet; en sorte que, bien qu'elles n'aient peut-être jamais été formellement énoncées, elles sont partout les mêmes, partout tacitement admises et reconnues, jusqu'à ce que, le pacte social étant violé, chacun rentre alors dans ses premiers droits, et reprenne sa liberté naturelle, en perdant la liberté conventionnelle pour laquelle il y renonça.

Ces clauses, bien entendues, se réduisent toutes à une seule : savoir, l'aliénation totale de chaque associé avec tous ses droits à toute la communauté : car, premièrement, chacun se donnant tout entier, la condition est égale pour tous; et la condition étant égale pour tous, nul n'a intérêt de la rendre onéreuse aux autres.

De plus, l'aliénation se faisant sans réserve, l'union est aussi parfaite qu'elle peut l'être, et nul associé n'a plus rien à réclamer : car, s'il restoit quelques droits aux particuliers, comme il n'y auroit aucun supérieur commun qui pût prononcer contre eux et le public, chacun, étant en quelque point son propre juge, prétendroit bientôt l'être en tous; l'état de nature subsisteroit, et l'association deviendroit nécessairement tyrannique ou vaine.

Enfin, chacun se donnant à tous ne se donne à personne; et comme il n'y a pas un associé sur lequel on n'acquière le même droit qu'on lui cède sur soi, on gagne l'équivalent de tout ce qu'on perd, et plus de force pour conserver ce qu'on a.

Si donc on écarte du pacte social ce qui n'est pas de son essence, on trouvera qu'il se réduit aux termes suivants : « Chacun de nous met en commun sa personne et toute sa puissance sous la suprême direction de la volonté générale; et nous recevons encore chaque membre comme partie indivisible du tout ».

A l'instant, au lieu de la personne particulière de chaque contractant, cet acte d'association produit un corps moral et collectif, composé d'autant de membres que l'assemblée a de voix, lequel reçoit de ce même acte son unité, son *moi* commun, sa vie et sa volonté. Cette personne publique, qui se forme ainsi par l'union de toutes les autres, prenoit autrefois le nom de *cité*[1], et prend maintenant celui de *république* ou de *corps politique*, lequel est appelé par ses membres *État* quand il est passif, *souverain* quand il est actif, *puissance* en le comparant à ses semblables. A l'égard des associés, ils prennent collectivement le nom de *peuple*, et s'appellent en par-

---

1. Le vrai sens de ce mot s'est presque entièrement effacé chez les modernes : la plupart prennent une ville pour une cité, et un bourgeois pour un citoyen. Ils ne savent pas que les maisons font la ville, mais que les citoyens font la cité. Cette même erreur coûta cher autrefois aux Carthaginois. Je n'ai pas lu que le titre de *cives* ait jamais été donné au sujet d'aucun prince, pas même anciennement aux Macédoniens, ni, de nos jours, aux Anglais, quoique plus près de la liberté que tous les autres. Les seuls François prennent tous familièrement ce nom de *citoyens*, parce qu'ils n'en ont aucune véritable idée, comme on peut le voir dans leurs dictionnaires; sans quoi ils tomberoient, en l'usurpant, dans le crime de lèse-majesté : ce nom, chez eux, exprime une vertu, et non pas un droit. Quand Bodin a voulu parler de nos citoyens et bourgeois, il a fait une lourde bévue, en prenant les uns pour les autres. M. d'Alembert ne s'y est pas trompé, et a bien distingué, dans son article *Genève*, les quatre ordres d'hommes (même cinq, en y comptant les simples étrangers) qui sont dans notre ville, et dont deux seulement composent la république. Nul auteur françois, que je sache, n'a compris le vrai sens du mot *citoyen*.

ticulier *citoyens*, comme participant à l'autorité souveraine, et *sujets*, comme soumis aux lois de l'État. Mais ces termes se confondent souvent et se prennent l'un pour l'autre; il suffit de les savoir distinguer quand ils sont employés dans toute leur précision.

CHAP. VII. — Du souverain.

On voit, par cette formule, que l'acte d'association renferme un engagement réciproque du public avec les particuliers, et que chaque individu, contractant pour ainsi dire avec lui-même, se trouve engagé, sous un double rapport : savoir, comme membre du souverain envers les particuliers, et comme membre de l'État envers le souverain. Mais on ne peut appliquer ici la maxime du droit civil, que nul n'est tenu aux engagements pris avec lui-même; car il y a bien de la différence entre s'obliger envers soi ou envers un tout dont on fait partie.

Il faut remarquer encore que la délibération publique, qui peut obliger tous les sujets envers le souverain, à cause des deux différents rapports sous lesquels chacun d'eux est envisagé, ne peut, par la raison contraire, obliger le souverain envers lui-même et que, par conséquent, il est contre la nature du corps politique que le souverain s'impose une loi qu'il ne puisse enfreindre. Ne pouvant se considérer que sous un seul et même rapport, il est alors dans le cas d'un particulier contractant avec soi-même; par où l'on voit qu'il n'y a ni ne peut y avoir nulle espèce de loi fondamentale obligatoire pour le corps du peuple, pas même le contrat social. Ce qui ne signifie pas que ce corps ne puisse fort bien s'engager envers autrui, en ce qui ne déroge point à ce contrat; car, à l'égard de l'étranger, il devient un être simple, un individu.

Mais le corps politique ou le souverain, ne tirant son être que de la sainteté du contrat, ne peut jamais s'obliger, même envers autrui, à rien qui déroge à cet acte primitif, comme d'aliéner quelque portion de lui-même, ou de se soumettre à un autre souverain. Violer l'acte par lequel il existe, seroit s'anéantir; et ce qui n'est rien ne produit rien.

Sitôt que cette multitude est ainsi réunie en un corps, on ne peut offenser un des membres sans attaquer le corps, encore moins offenser le corps sans que les membres s'en ressentent. Ainsi le devoir et l'intérêt obligent également les deux parties contractantes à s'entr'aider mutuellement; et les mêmes hommes doivent chercher à réunir, sous ce double rapport, tous les avantages qui en dépendent.

Or, le souverain, n'étant formé que des particuliers qui le composent, n'a ni ne peut avoir d'intérêt contraire au leur; par conséquent, la puissance souveraine n'a nul besoin de garant envers les sujets, parce qu'il est impossible que le corps veuille nuire à tous ses membres; et nous verrons ci-après qu'il ne peut nuire à aucun en particulier. Le souverain, par cela seul qu'il est, est toujours ce qu'il doit être.

Mais il n'en est pas ainsi des sujets envers le souverain, auquel, malgré l'intérêt commun, rien ne répondroit de leurs engagements, s'il ne trouvoit des moyens de s'assurer de leur fidélité.

En effet, chaque individu peut, comme homme, avoir une volonté particulière contraire ou dissemblable à la volonté générale qu'il a comme citoyen : son intérêt particulier peut lui parler tout autrement que l'intérêt commun; son existence absolue, et naturellement indépendante, peut lui faire envisager ce qu'il doit à la cause commune comme une contribution gratuite, dont la perte sera moins nuisible aux autres que le payement ne sera onéreux pour lui; et regardant la personne morale qui constitue l'État comme un être de raison, parce que ce n'est pas un homme, il jouiroit des droits du citoyen sans vouloir remplir les devoirs du sujet; injustice dont le progrès causeroit la ruine du corps politique.

Afin donc que ce pacte social ne soit pas un vain formulaire, il renferme tacitement cet engagement, qui seul peut donner de la force aux autres, que quiconque refusera d'obéir à la volonté générale, y sera contraint par tout le corps : ce qui ne signifie autre chose sinon qu'on le forcera à être libre; car telle est la condition qui, donnant chaque citoyen à la patrie, le garantit de toute dépendance personnelle, condition qui fait l'artifice et le jeu de la machine politique, et qui seule rend légitimes les engagements civils, lesquels, sans cela, seroient absurdes, tyranniques, et sujets aux plus énormes abus.

Chap. VIII. — De l'état civil.

Ce passage de l'état de nature à l'état civil produit dans l'homme un changement très remarquable, en substituant dans sa conduite la justice à l'instinct, et donnant à ses actions la moralité qui leur manquoit auparavant. C'est alors seulement que, la voix du devoir succédant à l'impulsion physique et le droit à l'appétit, l'homme, qui jusque-là n'avoit regardé que lui-même, se voit forcé d'agir sur d'autres principes, et de consulter sa raison avant d'écouter ses penchants. Quoiqu'il se prive dans cet état de plusieurs avantages qu'il tient de la nature, il en regagne de si grands, ses facultés s'exercent et se développent, ses idées s'étendent, ses sentiments s'ennoblissent, son âme tout entière s'élève à tel point que, si les abus de cette nouvelle condition ne le dégradoient souvent au-dessous de celle dont il est sorti, il devroit bénir sans cesse l'instant heureux qui l'en arracha pour jamais et qui, d'un animal stupide et borné, fit un être intelligent et un homme.

Réduisons toute cette balance à des termes faciles à comparer : ce que l'homme perd par le contrat social, c'est sa liberté naturelle et un droit illimité à tout ce qui le tente et qu'il peut atteindre; ce qu'il gagne, c'est la liberté civile et la propriété de tout ce qu'il possède. Pour ne pas se tromper dans ces compensations, il faut bien distinguer la liberté naturelle, qui n'a pour bornes que les forces de l'individu, de la liberté civile, qui est limitée par la volonté générale; et la possession, qui n'est que l'effet de la force ou le droit du premier occupant, de la propriété, qui ne peut être fondée que sur un titre positif.

On pourroit, sur ce qui précède, ajouter à l'acquis de l'état civil la liberté morale, qui seule rend l'homme vraiment maître de lui; car l'impulsion du seul appétit est esclavage, et l'obéissance à la loi qu'on s'est prescrite est liberté. Mais je n'en ai déjà que trop dit sur cet article, et le sens philosophique du mot *liberté* n'est pas ici de mon sujet.

Chap. IX. — Du domaine réel.

Chaque membre de la communauté se donne à elle au moment qu'elle se forme, tel qu'il se trouve actuellement, lui et toutes ses forces, dont les biens qu'il possède font partie. Ce n'est pas que, par cet acte, la possession change de nature en changeant de mains, et devienne propriété dans celles du souverain; mais comme les forces de la cité sont incomparablement plus grandes que celles d'un particulier, la possession publique est aussi, dans le fait, plus forte et plus irrévocable, sans être plus légitime, au moins pour les étrangers : car l'État, à l'égard de ses membres, est maître de tous leurs biens par le contrat social, qui, dans l'état, sert de base à tous les droits, mais il ne l'est, à l'égard des autres puissances, que par le droit de premier occupant, qu'il tient des particuliers.

Le droit de premier occupant, quoique plus réel que celui du plus fort, ne devient un vrai droit qu'après l'établissement de celui de propriété. Tout homme a naturellement droit à tout ce qui lui est nécessaire; mais l'acte positif qui le rend propriétaire de quelque bien l'exclut de tout le reste. Sa part étant faite, il doit s'y borner, et n'a plus aucun droit à la communauté. Voilà pourquoi le droit de premier occupant, si foible dans l'état de nature, est respectable à tout homme civil. On respecte moins dans ce droit ce qui est à autrui que ce qui n'est pas à soi.

En général, pour autoriser sur un terrain quelconque le droit de premier occupant, il faut les conditions suivantes : premièrement, que ce terrain ne soit encore habité par personne; secondement, qu'on n'en occupe que la quantité dont on a besoin pour subsister; en troisième lieu, qu'on en prenne possession, non par une vaine cérémonie, mais par le travail et la culture, seul signe de propriété qui, à défaut de titres juridiques, doive être respecté d'autrui.

En effet, accorder au besoin et au travail le droit de premier occupant, n'est-ce pas l'étendre aussi loin qu'il peut aller? Peut-on ne pas donner des bornes à ce droit? Suffira-t-il de mettre le pied sur un terrain commun pour s'en prétendre aussitôt le maître? Suffira-t-il d'avoir la force d'en écarter un moment les autres hommes pour leur ôter le droit d'y jamais revenir? Comment un homme ou un peuple peut-il s'emparer d'un territoire immense et en priver tout le genre humain autrement que par une usurpation punissable, puisqu'elle ôte au reste des hommes le séjour et les aliments que la nature leur donne en commun? Quand Nuñez Balbao prenoit, sur le rivage, possession de la mer du Sud et de toute l'Amérique méridionale au nom de la couronne de Castille, étoit-ce assez pour en déposséder tous les habitants et en exclure tous les princes du monde? Sur ce pied-là, ces cérémonies se multiplioient assez vainement; et le roi catholique n'avoit tout d'un coup qu'à prendre possession de tout l'univers, sauf à retrancher ensuite de son empire ce qui étoit auparavant possédé par les autres princes.

On conçoit comment les terres des particuliers réunies et contiguës deviennent le territoire public, et comment le droit de souveraineté, s'étendant des sujets au terrain qu'ils occupent, devient à la fois réel et personnel; ce qui met les possesseurs dans une plus grande dépendance, et fait de leurs forces mêmes les garants de leur fidélité; avantage qui ne paroît pas avoir été bien senti des anciens monarques, qui, ne s'appelant que rois des Perses, des Scythes, des Macédoniens, sembloient se regarder comme les chefs des hommes plutôt que comme les maîtres du pays. Ceux d'aujourd'hui s'appellent plus habilement rois de France, d'Espagne, d'Angleterre, etc.; en tenant ainsi le terrain, ils sont bien sûrs d'en tenir les habitants.

Ce qu'il y a de singulier dans cette aliénation, c'est que, loin qu'en acceptant les biens des particuliers, la communauté les en dépouille, elle ne fait que leur en assurer la légitime possession, changer l'usurpation en un véritable droit et la jouissance en propriété. Alors, les possesseurs étant considérés comme dépositaires du bien public, leurs droits étant respectés de tous les membres de l'État et maintenus de toutes ses forces contre l'étranger, par une cession avantageuse au public et plus encore à eux-mêmes, ils ont, pour ainsi dire, acquis tout ce qu'ils ont donné : paradoxe qui s'explique aisément par la distinction des droits que le souverain et le propriétaire ont sur le même fonds, comme on verra ci-après.

Il peut arriver aussi que les hommes commencent à s'unir avant que de rien posséder, et que, s'emparant ensuite d'un terrain suffisant pour tous, ils en jouissent en commun, ou qu'ils le partagent entre eux, soit également, soit selon des proportions établies par le souverain. De quelque manière que se fasse cette acquisition, le droit que chaque particulier a sur son propre fonds est toujours subordonné au droit que la communauté a sur tous; sans quoi il n'y auroit ni solidité dans le lien social, ni force réelle dans l'exercice de la souveraineté.

Je terminerai ce chapitre et ce livre par une remarque qui doit servir de base à tout système social; c'est qu'au lieu de détruire l'égalité naturelle, le pacte fondamental substitue, au contraire, une égalité morale et légitime à ce que la nature avoit pu mettre d'inégalité physique entre les hommes, et que, pouvant être inégaux en force ou en génie, ils deviennent tous égaux par convention et de droit[1].

LIVRE II

Chap. I. — Que la souveraineté est inaliénable.

La première et la plus importante conséquence des principes ci-devant établis, est que la volonté générale peut seule diriger les

---

1. Sous les mauvais gouvernements, cette égalité n'est qu'apparente et illusoire; elle ne sert qu'à maintenir le pauvre dans sa misère, et le riche dans son usurpation. Dans le fait, les lois sont toujours utiles à ceux qui possèdent et nuisibles à ceux qui n'ont rien : d'où il suit que l'état social n'est avantageux aux hommes qu'autant qu'ils ont tous quelque chose, et qu'aucun d'eux n'a rien de trop.

forces de l'État selon la fin de son institution, qui est le bien commun; car, si l'opposition des intérêts particuliers a rendu nécessaire l'établissement des sociétés, c'est l'accord de ces mêmes intérêts qui l'a rendu possible. C'est ce qu'il y a de commun dans ces différents intérêts qui forme le lien social; et s'il n'y avoit pas quelque point dans lequel tous les intérêts s'accordent, nulle société ne sauroit exister. Or, c'est uniquement sur cet intérêt commun que la société doit être gouvernée.

Je dis donc que la souveraineté, n'étant que l'exercice de la volonté générale, ne peut jamais s'aliéner, et que le souverain, qui n'est qu'un être collectif, ne peut être représenté que par lui-même : le pouvoir peut bien se transmettre, mais non pas la volonté.

En effet, s'il n'est pas impossible qu'une volonté particulière s'accorde sur quelque point avec la volonté générale, il est impossible au moins que cet accord soit durable et constant; car la volonté particulière tend, par sa nature, aux préférences, et la volonté générale à l'égalité. Il est plus impossible encore qu'on ait un garant de cet accord, quand même il devroit toujours exister; ce ne seroit pas un effet de l'art, mais du hasard. Le souverain peut bien dire : « Je veux actuellement ce que veut un tel homme, ou du moins ce qu'il dit vouloir »; mais il ne peut pas dire : « Ce que cet homme voudra demain, je le voudrai encore », puisqu'il est absurde que la volonté se donne des chaînes pour l'avenir, et puisqu'il ne dépend d'aucune volonté de consentir à rien de contraire au bien de l'être qui veut. Si donc le peuple promet simplement d'obéir, il se dissout par cet acte, il perd sa qualité de peuple; à l'instant qu'il y a un maître, il n'y a plus de souverain, et dès lors le corps politique est détruit.

Ce n'est point à dire que les ordres des chefs ne puissent passer pour des volontés générales, tant que le souverain, libre de s'y opposer, ne le fait pas. En pareil cas, du silence universel on doit présumer le consentement du peuple. Ceci s'expliquera plus au long.

CHAP. II. — Que la souveraineté est indivisible.

Par la même raison que la souveraineté est inaliénable, elle est indivisible; car la volonté est générale[1], ou elle ne l'est pas; elle

---

1. Pour qu'une volonté soit générale, il n'est pas toujours nécessaire qu'elle soit unanime, mais il est nécessaire que toutes les voix soient comptées; toute exclusion formelle rompt la généralité.

est celle du corps du peuple, ou seulement d'une partie. Dans le premier cas, cette volonté déclarée est un acte de souveraineté et fait loi; dans le second, ce n'est qu'une volonté particulière, ou un acte de magistrature; c'est un décret tout au plus.

Mais nos politiques, ne pouvant diviser la souveraineté dans son principe, la divisent dans son objet : ils la divisent en force et en volonté, en puissance législative et en puissance exécutive; en droits d'impôt, de justice et de guerre; en administration intérieure et en pouvoir de traiter avec l'étranger : tantôt ils confondent toutes ces parties, et tantôt ils les séparent. Ils font du souverain un être fantastique et formé de pièces rapportées; c'est comme s'ils composoient l'homme de plusieurs corps, dont l'un auroit des yeux, l'autre des bras, l'autre des pieds, et rien de plus. Les charlatans du Japon dépècent, dit-on, un enfant aux yeux des spectateurs; puis, jetant en l'air tous ses membres l'un après l'autre, ils font retomber l'enfant vivant et tout rassemblé. Tels sont à peu près les tours de gobelets de nos politiques; après avoir démembré le corps social par un prestige digne de la foire, ils rassemblent les pièces on ne sait comment.

Cette erreur vient de ne s'être pas fait des notions exactes de l'autorité souveraine, et d'avoir pris pour des parties de cette auto- rité ce qui n'en étoit que des émanations. Ainsi, par exemple, on a regardé l'acte de déclarer la guerre et celui de faire la paix comme des actes de souveraineté; ce qui n'est pas, puisque chacun de ces actes n'est point une loi, mais seulement une application de la loi, un acte particulier qui détermine le cas de la loi, comme on le verra clairement quand l'idée attachée au mot *loi* sera fixée.

En suivant de même les autres divisions, on trouveroit que, toutes les fois qu'on croit voir la souveraineté partagée, on se trompe; que les droits qu'on prend pour des parties de cette sou- veraineté lui sont tous subordonnés, et supposent toujours des volontés suprêmes dont ces droits ne donnent que l'exécution.

On ne sauroit dire combien ce défaut d'exactitude a jeté d'obscu- rité sur les décisions des auteurs en matière de droit politique, quand ils ont voulu juger des droits respectifs des rois et des peuples sur les principes qu'ils avoient établis. Chacun peut voir, dans les chapitres III et IV du premier livre de Grotius, comment ce savant homme et son traducteur Barbeyrac s'enchevêtrent, s'embarras- sent dans leurs sophismes, crainte d'en dire trop ou de n'en dire pas assez selon leurs vues, et de choquer les intérêts qu'ils avoient à concilier. Grotius, réfugié en France, mécontent de sa patrie,

et voulant faire sa cour à Louis XIII, à qui son livre est dédié,
n'épargne rien pour dépouiller les peuples de tous leurs droits et
pour en revêtir les rois avec tout l'art possible. C'eût bien été aussi
le goût de Barbeyrac, qui dédioit sa traduction au roi d'Angleterre
Georges Ier. Mais, malheureusement, l'expulsion de Jacques II,
qu'il appelle abdication, le forçoit à se tenir sur la réserve, à gau-
chir, à tergiverser, pour ne pas faire de Guillaume un usurpateur.
Si ces deux écrivains avoient adopté les vrais principes, toutes les
difficultés étoient levées, et ils eussent été toujours conséquents;
mais ils auroient tristement dit la vérité, et n'auroient fait leur
cour qu'au peuple. Or, la vérité ne mène point à la fortune, et le
peuple ne donne ni ambassades, ni chaires, ni pensions.

CHAP. III. — **Si la volonté générale peut errer.**

Il s'ensuit de ce qui précède que la volonté générale est toujours
droite et tend toujours à l'utilité publique : mais il ne s'ensuit pas
que les délibérations du peuple aient toujours la même rectitude.
On veut toujours son bien, mais on ne le voit pas toujours : jamais
on ne corrompt le peuple, mais souvent on le trompe, et c'est alors
seulement qu'il paroît vouloir ce qui est mal.

Il y a souvent bien de la différence entre la volonté de tous et la
volonté générale; celle-ci ne regarde qu'à l'intérêt commun; l'autre
regarde à l'intérêt privé, et n'est qu'une somme de volontés particulières : mais ôtez de ces mêmes volontés les plus et les moins
qui s'entre-détruisent[1], reste pour somme des différences la volonté
générale.

Si, quand le peuple suffisamment informé délibère, les citoyens
n'avoient aucune communication entre eux, du grand nombre de
petites différences résulteroit toujours la volonté générale, et la
délibération seroit toujours bonne. Mais quand il se fait des brigues,
des associations partielles aux dépens de la grande, la volonté de
chacune de ces associations devient générale par rapport à ses
membres, et particulière par rapport à l'état : on peut dire alors
qu'il n'y a plus autant de votants que d'hommes, mais seulement

---

1. « Chaque intérêt, dit le marquis d'Argenson, a des principes différents.
L'accord de deux intérêts particuliers se forme par opposition à celui d'un tiers. »
Il eût pu ajouter que l'accord de tous les intérêts se forme par opposition à celui de
chacun. S'il n'y avoit point d'intérêts différents, à peine sentiroit-on l'intérêt commun, qui ne trouveroit jamais d'obstacle; tout iroit de lui-même, et la politique
cesseroit d'être un art.

autant que d'associations. Les différences deviennent moins nombreuses et donnent un résultat moins général. Enfin, quand une de ces associations est si grande qu'elle l'emporte sur toutes les autres, vous n'avez plus pour résultat une somme de petites différences, mais une différence unique; alors il n'y a plus de volonté générale, et l'avis qui l'emporte n'est qu'un avis particulier.

Il importe donc, pour avoir bien l'énoncé de la volonté générale, qu'il n'y ait pas de société partielle dans l'État, et que chaque citoyen n'opine que d'après lui[1] : telle fut l'unique et sublime institution du grand Lycurgue. Que s'il y a des sociétés partielles, il en faut multiplier le nombre et en prévenir l'inégalité, comme firent Solon, Numa, Servius. Ces précautions sont les seules bonnes pour que la volonté générale soit toujours éclairée, et que le peuple ne se trompe point.

Chap. IV. — Des bornes du pouvoir souverain.

Si l'État ou la cité n'est qu'une personne morale dont la vie consiste dans l'union de ses membres, et si le plus important de ses soins est celui de sa propre conservation, il lui faut une force universelle et compulsive pour mouvoir et disposer chaque partie de la manière la plus convenable au tout. Comme la nature donne à chaque homme un pouvoir absolu sur tous ses membres, le pacte social donne au corps politique un pouvoir absolu sur tous les siens; et c'est ce même pouvoir qui, dirigé par la volonté générale, porte, comme j'ai dit, le nom de souveraineté.

Mais, outre la personne publique, nous avons à considérer les personnes privées qui la composent, et dont la vie et la liberté sont naturellement indépendantes d'elle. Il s'agit donc de bien distinguer les droits respectifs des citoyens et du souverain[2], et les devoirs qu'ont à remplir les premiers en qualité de sujets, du droit naturel dont ils doivent jouir en qualité d'hommes.

On convient que tout ce que chacun aliène, par le pacte social, de sa puissance, de ses biens, de sa liberté, c'est seulement la partie de

---

1. « Vera cosa è, dit Machiavel, che alcuni divisioni nuocono alle republiche e « alcune giovano : quelle nuocono che sono dalle sette e da partigiani accompagnate : quelle giovano che senza sette, senza partigiani si mantengono. Non po- « tendo adunque provedere un fondatore d'una repubblica che non siano nimizicie « in quella, ha da proveder almeno che non vi siano sette. » (*Hist. Florent.* lib. VII.)

2. Lecteurs attentifs, ne vous pressez pas, je vous prie, de m'accuser ici de contradiction. Je n'ai pu l'éviter dans les termes, vu la pauvreté de la langue; mais attendez.

tout cela dont l'usage importe à la communauté; mais il faut convenir aussi que le souverain seul est juge de cette importance.

Tous les services qu'un citoyen peut rendre à l'État, il les lui doit
sitôt que le souverain les demande; mais le souverain, de son côté,
ne peut charger les sujets d'aucune chaîne inutile à la communauté :
il ne peut pas même le vouloir; car, sous la loi de raison, rien ne se
fait sans cause, non plus que sous la loi de nature.

Les engagements qui nous lient au corps social ne sont obliga-
toires que parce qu'ils sont mutuels; et leur nature est telle qu'en
les remplissant on ne peut travailler pour autrui sans travailler
aussi pour soi. Pourquoi la volonté générale est-elle toujours droite,
et pourquoi tous veulent-ils constamment le bonheur de chacun
d'eux, si ce n'est parce qu'il n'y a personne qui ne s'approprie ce
mot, *chacun*, et qui ne songe à lui-même en votant pour tous? Ce
qui prouve que l'égalité de droit et la notion de justice qu'elle produit dérivent de la préférence que chacun se donne, et par conséquent de la nature de l'homme; que la volonté générale, pour être
vraiment telle, doit l'être dans son objet ainsi que dans son essence;
qu'elle doit partir de tous pour s'appliquer à tous; et qu'elle perd
sa rectitude naturelle lorsqu'elle tend à quelque objet individuel
et déterminé, parce qu'alors, jugeant de ce qui nous est étranger,
nous n'avons aucun vrai principe d'équité qui nous guide.

En effet, sitôt qu'il s'agit d'un fait ou d'un droit particulier sur
un point qui n'a pas été réglé par une convention générale et antérieure, l'affaire devient contentieuse : c'est un procès où les particuliers intéressés sont une des parties, et le public l'autre, mais où
je ne vois ni la loi qu'il faut suivre, ni le juge qui doit prononcer. Il
seroit ridicule de vouloir alors s'en rapporter à une expresse décision
de la volonté générale, qui ne peut être que la conclusion de l'une
des parties, et qui par conséquent n'est pour l'autre qu'une volonté
étrangère, particulière, portée en cette occasion à l'injustice et
sujette à l'erreur. Ainsi, de même qu'une volonté particulière ne
peut représenter la volonté générale, la volonté générale à son tour
change de nature, ayant un objet particulier, et ne peut, comme
générale, prononcer ni sur un homme ni sur un fait. Quand le
peuple d'Athènes, par exemple, nommoit ou cassoit ses chefs,
décernoit des honneurs à l'un, imposoit des peines à l'autre, et,
par des multitudes de décrets particuliers, exerçoit indistinctement
tous les actes du gouvernement, le peuple alors n'avoit plus de
volonté générale proprement dite; il n'agissoit plus comme souverain, mais comme magistrat. Ceci paroîtra contraire aux idées

communes; mais il faut me laisser le temps d'exposer les miennes.

On doit concevoir par là que ce qui généralise la volonté est moins le nombre des voix que l'intérêt commun qui les unit; car, dans cette institution, chacun se soumet nécessairement aux conditions qu'il impose aux autres : accord admirable de l'intérêt et de la justice, qui donne aux délibérations communes un caractère d'équité qu'on voit s'évanouir dans la discussion de toute affaire particulière, faute d'un intérêt commun qui unisse et identifie la règle du juge avec celle de la partie.

Par quelque côté qu'on remonte au principe, on arrive toujours à la même conclusion; savoir, que le pacte social établit entre les citoyens une telle égalité, qu'ils s'engagent tous sous les mêmes conditions et doivent jouir tous des mêmes droits. Ainsi, par la nature du pacte, tout acte de souveraineté, c'est-à-dire tout acte authentique de la volonté générale, oblige ou favorise également tous les citoyens; en sorte que le souverain connoît seulement le corps de la nation, et ne distingue aucun de ceux qui la composent. Qu'est-ce donc proprement qu'un acte de souveraineté? Ce n'est pas une convention du supérieur avec l'inférieur, mais une convention du corps avec chacun de ses membres : convention légitime, parce qu'elle a pour base le contrat social; équitable, parce qu'elle est commune à tous; utile, parce qu'elle ne peut avoir d'autre objet que le bien général; et solide, parce qu'elle a pour garant la force publique et le pouvoir suprême. Tant que les sujets ne sont soumis qu'à de telles conventions, ils n'obéissent à personne, mais seulement à leur propre volonté : et demander jusqu'où s'étendent les droits respectifs du souverain et des citoyens, c'est demander jusqu'à quel point ceux-ci peuvent s'engager avec eux-mêmes, chacun envers tous, et tous envers chacun d'eux.

On voit par là que le pouvoir souverain, tout absolu, tout sacré, tout inviolable qu'il est, ne passe ni ne peut passer les bornes des conventions générales, et que tout homme peut disposer pleinement de ce que lui a été laissé de ses biens et de sa liberté par ces conventions; de sorte que le souverain n'est jamais en droit de charger un sujet plus qu'un autre, parce qu'alors, l'affaire devenant particulière, son pouvoir n'est plus compétent.

Ces distinctions une fois admises, il est si faux que dans le contrat social il y ait de la part des particuliers aucune renonciation véritable, que leur situation, par l'effet de ce contrat, se trouve réellement préférable à ce qu'elle étoit auparavant, et qu'au lieu d'une aliénation ils n'ont fait qu'un échange avantageux d'une manière d'être incertaine et précaire contre une autre meilleure et plus sûre, de l'indépendance naturelle contre la liberté, du pouvoir de nuire à autrui contre leur propre sûreté, et de leur force, que d'autres pouvoient surmonter, contre un droit que l'union sociale rend invincible. Leur vie même, qu'ils ont dévouée à l'État, en est continuellement protégée; et lorsqu'ils l'exposent pour sa défense, que font-ils alors que lui rendre ce qu'ils ont reçu de lui? Que font-ils qu'ils ne fissent plus fréquemment et avec plus de danger dans l'état de nature, lorsque, livrant des combats inévitables, ils défendroient au péril de leur vie ce qui leur sert à la conserver? Tous ont à combattre, au besoin, pour la patrie, il est vrai; mais aussi nul n'a jamais à combattre pour soi. Ne gagne-t-on pas encore à courir, pour ce qui fait notre sûreté, une partie des risques qu'il faudroit courir pour nous-mêmes sitôt qu'elle nous seroit ôtée?

CHAP. V. — **Du droit de vie et de mort.**

On demande comment les particuliers, n'ayant point droit de disposer de leur propre vie, peuvent transmettre au souverain ce même droit qu'ils n'ont pas. Cette question ne paroît difficile à résoudre que parce qu'elle est mal posée. Tout homme a droit de risquer sa propre vie pour la conserver. A-t-on jamais dit que celui qui se jette par une fenêtre pour échapper à un incendie soit coupable de suicide? a-t-on même jamais imputé ce crime à celui qui périt dans une tempête dont en s'embarquant il n'ignorait pas le danger?

Le traité social a pour fin la conservation des contractants. Qui veut la fin veut aussi les moyens, et ces moyens sont inséparables de quelques risques, même de quelques pertes. Qui veut conserver sa vie aux dépens des autres doit la donner aussi pour eux quand il faut. Or, le citoyen n'est plus juge du péril auquel la loi veut qu'il s'expose; et quand le prince lui a dit : « Il est expédient à l'État que tu meures », il doit mourir, puisque ce n'est qu'à cette condition qu'il a vécu en sûreté jusqu'alors, et que sa vie n'est plus seulement un bienfait de la nature, mais un don conditionnel de l'État.

La peine de mort infligée aux criminels peut être envisagée à peu près sous le même point de vue : c'est pour n'être pas la victime d'un assassin que l'on consent à mourir si on le devient. Dans ce traité, loin de disposer de sa propre vie, on ne songe qu'à la garantir, et il n'est pas à présumer qu'aucun des contractants prémédite alors de se faire pendre.

D'ailleurs, tout malfaiteur, attaquant le droit social, devient par ses forfaits rebelle et traître à la patrie; il cesse d'en être membre en violant ses lois, et même il lui fait la guerre. Alors la conservation de l'État est incompatible avec la sienne; il faut qu'un des deux périsse; et quand on fait mourir le coupable, c'est moins comme citoyen que comme ennemi. Les procédures, le jugement, sont les preuves et la déclaration qu'il a rompu le traité social, et par conséquent qu'il n'est plus membre de l'État. Or, comme il s'est reconnu tel, tout au moins par son séjour, il en doit être retranché par l'exil comme infracteur du pacte, ou par la mort comme ennemi public; car un tel ennemi n'est pas une personne morale, c'est un homme : et c'est alors que le droit de la guerre est de tuer le vaincu.

Mais, dira-t-on, la condamnation d'un criminel est un acte particulier. D'accord : aussi cette condamnation n'appartient-elle point au souverain; c'est un droit qu'il peut conférer sans pouvoir l'exercer lui-même. Toutes mes idées se tiennent, mais je ne saurois les exposer toutes à la fois.

Au reste, la fréquence des supplices est toujours un signe de foiblesse ou de paresse dans le gouvernement. Il n'y a point de méchant qu'on ne pût rendre bon à quelque chose. On n'a droit de faire mourir, même pour l'exemple, que celui qu'on ne peut conserver sans danger.

A l'égard du droit de faire grâce ou d'exempter un coupable de la peine portée par la loi et prononcée par le juge, il n'appartient qu'à celui qui est au-dessus du juge et de la loi, c'est-à-dire au souverain; encore son droit en ceci n'est-il pas bien net, et les cas d'en user sont-ils très rares. Dans un État bien gouverné, il y a peu de punitions, non parce qu'on fait beaucoup de grâces, mais parce qu'il y a peu de criminels : la multitude des crimes en assure l'impunité lorsque l'État dépérit. Sous la république romaine, jamais le sénat ni les consuls ne tentèrent de faire grâce; le peuple même n'en faisoit pas, quoiqu'il révoquât quelquefois son propre jugement. Les fréquentes grâces annoncent que, bientôt, les forfaits n'en auront plus besoin, et chacun voit où cela mène. Mais je sens que mon cœur murmure et retient ma plume : laissons discuter ces questions à l'homme juste qui n'a point failli, et qui jamais n'eut lui-même besoin de grâce.

CHAP. VI. — **De la loi.**

Par le pacte social, nous avons donné l'existence et la vie au corps

17

politique : il s'agit maintenant de lui donner le mouvement et la volonté par la législation. Car l'acte primitif par lequel ce corps se forme et s'unit ne détermine rien encore de ce qu'il doit faire pour se conserver.

Ce qui est bien et conforme à l'ordre est tel par la nature des choses et indépendamment des conventions humaines. Toute justice vient de Dieu, lui seul en est la source; mais si nous savions la recevoir de si haut, nous n'aurions besoin ni de gouvernement ni de lois. Sans doute il est une justice universelle émanée de la raison seule; mais cette justice, pour être admise entre nous, doit être réciproque. A considérer humainement les choses, faute de sanction naturelle, les lois de la justice sont vaines parmi les hommes; elles ne font que le bien du méchant et le mal du juste, quand celui-ci les observe avec tout le monde sans que personne les observe avec lui. Il faut donc des conventions et des lois pour unir les droits aux devoirs et ramener la justice à son objet. Dans l'état de nature, où tout est commun, je ne dois rien à ceux à qui je n'ai rien promis; je ne reconnois pour être à autrui que ce qui m'est inutile. Il n'en est pas ainsi dans l'état civil, où tous les droits sont fixés par la loi.

Mais qu'est-ce donc enfin qu'une loi? tant qu'on se contentera de n'attacher à ce mot que des idées métaphysiques, on continuera de raisonner sans s'entendre, et quand on aura dit ce que c'est qu'une loi de la nature, on n'en saura pas mieux ce que c'est qu'une loi de l'État.

J'ai déjà dit qu'il n'y avoit point de volonté générale sur un objet particulier. En effet, cet objet particulier est dans l'État ou hors de l'État. S'il est hors de l'État, une volonté qui lui est étrangère n'est point générale par rapport à lui; et si cet objet est dans l'État, il en fait partie: alors il se forme entre le tout et sa partie une relation qui en fait deux êtres séparés, dont la partie est l'un, et le tout, moins cette même partie, est l'autre. Mais le tout moins une partie n'est point le tout; et tant que ce rapport subsiste, il n'y a plus de tout; mais deux parties inégales : d'où il suit que la volonté de l'une n'est point non plus générale par rapport à l'autre.

Mais quand tout le peuple statue sur tout le peuple, il ne considère que lui-même; et s'il se forme alors un rapport, c'est de l'objet entier sous un point de vue à l'objet entier sous un autre point de vue, sans aucune division du tout. Alors la matière sur laquelle on statue est générale comme la volonté qui statue. C'est cet acte que j'appelle une loi.

Quand je dis que l'objet des lois est toujours général, j'entends que la loi considère les sujets en corps et les actions comme abstraites, jamais un homme comme individu ni une action particulière. Ainsi la loi peut bien statuer qu'il y aura des privilèges, mais elle n'en peut donner nommément à personne; la loi peut faire plusieurs classes de citoyens, assigner même les qualités qui donneront droit à ces classes, mais elle ne peut nommer tels et tels pour y être admis; elle peut établir un gouvernement royal et une succession héréditaire, mais elle ne peut élire un roi, ni nommer une famille royale : en un mot, toute fonction qui se rapporte à un objet individuel n'appartient point à la puissance législative.

Sur cette idée, on voit à l'instant qu'il ne faut plus demander à qui il appartient de faire des lois, puisqu'elles sont des actes de la volonté générale; ni si le prince est au-dessus des lois, puisqu'il est membre de l'État; ni si la loi peut être injuste, puisque nul n'est injuste envers lui-même; ni comment on est libre et soumis aux lois, puisqu'elles ne sont que des registres de nos volontés.

On voit encore que, la loi réunissant l'universalité de la volonté et celle de l'objet, ce qu'un homme, quel qu'il puisse être, ordonne de son chef n'est point une loi : ce qu'ordonne même le souverain sur un objet particulier n'est pas non plus une loi, mais un décret; ni un acte de souveraineté, mais de magistrature.

J'appelle donc république tout État régi par des lois, sous quelque forme d'administration que ce puisse être : car alors seulement l'intérêt public gouverne, et la chose publique est quelque chose. Tout gouvernement légitime est républicain[1] : j'expliquerai ci-après ce que c'est que gouvernement.

Les lois ne sont proprement que les conditions de l'association civile. Le peuple, soumis aux lois, en doit être l'auteur; il n'appartient qu'à ceux qui s'associent de régler les conditions de la société. Mais comment les régleront-ils? Sera-ce d'un commun accord, par une inspiration subite? Le corps politique a-t-il un organe pour énoncer ses volontés? Qui lui donnera la prévoyance nécessaire pour en former les actes et les publier d'avance? ou comment les prononcera-t-il au moment du besoin? Comment une multitude aveugle, qui souvent ne sait ce qu'elle veut, parce qu'elle sait rarement ce

1. Je n'entends pas seulement par ce mot une aristocratie ou une démocratie, mais en général tout gouvernement guidé par la volonté générale, qui est la loi. Pour être légitime, il ne faut pas que le gouvernement se confonde avec le souverain, mais qu'il en soit le ministre : alors la monarchie elle-même est république. Ceci s'éclaircira dans le livre suivant.

qui lui est bon, exécuteroit-elle d'elle-même une entreprise aussi grande, aussi difficile qu'un système de législation? De lui-même, le peuple veut toujours le bien, mais de lui-même il ne le voit pas toujours. La volonté générale est toujours droite, mais le jugement qui la guide n'est pas toujours éclairé. Il faut lui faire voir les objets tels qu'ils sont, quelquefois tels qu'ils doivent lui paroître, lui montrer le bon chemin qu'elle cherche, la garantir des séductions des volontés particulières, rapprocher à ses yeux les lieux et les temps, balancer l'attrait des avantages présents et sensibles par le danger des maux éloignés et cachés. Les particuliers voient le bien qu'ils rejettent; le public veut le bien qu'il ne voit pas. Tous ont également besoin de guides. Il faut obliger les uns à conformer leurs volontés à leur raison; il faut apprendre à l'autre à connoître ce qu'il veut. Alors des lumières publiques résulte l'union de l'entendement et de la volonté dans le corps social; de là l'exact concours des parties, et enfin la plus grande force du tout. Voilà d'où naît la nécessité d'un législateur.

Chap. VII. — Du législateur.

Pour découvrir les meilleures règles de société qui conviennent aux nations, il faudroit une intelligence supérieure qui vît toutes les passions des hommes, et qui n'en éprouvât aucune; qui n'eût aucun rapport avec notre nature, et qui la connût à fond; dont le bonheur fût indépendant de nous, et qui pourtant voulût bien s'occuper du nôtre; enfin, qui, dans le progrès des temps se ménageant une gloire éloignée, pût travailler dans un siècle et jouir dans un autre[1]. Il faudroit des dieux pour donner des lois aux hommes.

Le même raisonnement que faisoit Caligula quant au fait, Platon le faisoit quant au droit pour définir l'homme civil ou royal qu'il cherche dans son livre *du Règne*[2]. Mais s'il est vrai qu'un grand prince est un homme rare, que sera-ce d'un grand législateur? Le premier n'a qu'à suivre le modèle que l'autre doit proposer. Celui-ci est le mécanicien qui invente la machine, celui-là n'est que l'ouvrier qui la monte et la fait marcher. « Dans la naissance des sociétés, dit Montesquieu, ce sont les chefs des républiques qui

1. Un peuple ne devient célèbre que quand sa législation commence à décliner. On ignore durant combien de siècles l'institution de Lycurgue fit le bonheur des Spartiates avant qu'il fût question d'eux dans le reste de la Grèce.

2. Voy. le dialogue de Platon qui, dans les traductions latines, a pour titre *Politicus* ou *Vir civilis*. Quelques-uns l'ont intitulé *de Regno*. (ÉD.)

font l'institution, et c'est ensuite l'institution qui forme les chefs des républiques[1]. »

Celui qui ose entreprendre d'instituer un peuple doit se sentir en état de changer pour ainsi dire la nature humaine, de transformer chaque individu, qui par lui-même est un tout parfait et solitaire, en partie d'un plus grand tout dont cet individu reçoive en quelque sorte sa vie et son être; d'altérer la constitution de l'homme pour la renforcer; de substituer une existence partielle et morale à l'existence physique et indépendante que nous avons reçue de la nature. Il faut, en un mot, qu'il ôte à l'homme ses forces propres pour lui en donner qui lui soient étrangères, et dont il ne puisse faire usage sans le secours d'autrui. Plus ces forces naturelles sont mortes et anéanties, plus les acquises sont grandes et durables, plus aussi l'institution est solide et parfaite : en sorte que si chaque citoyen n'est rien, ne peut rien que par tous les autres, et que la force acquise par le tout soit égale ou supérieure à la somme des forces naturelles de tous les individus, on peut dire que la législation est au plus haut point de perfection qu'elle puisse atteindre.

Le législateur est à tous égards un homme extraordinaire dans l'État. S'il doit l'être par son génie, il ne l'est pas moins par son emploi. Ce n'est point magistrature, ce n'est point souveraineté. Cet emploi, qui constitue la république, n'entre point dans sa constitution; c'est une fonction particulière et supérieure qui n'a rien de commun avec l'empire humain; car si celui qui commande aux hommes ne doit pas commander aux lois, celui qui commande aux lois ne doit pas non plus commander aux hommes : autrement ces lois, ministres de ses passions, ne feroient souvent que perpétuer ses injustices; jamais il ne pourroit éviter que des vues particulières n'altérassent la sainteté de son ouvrage.

Quand Lycurgue donna des lois à sa patrie, il commença par abdiquer la royauté. C'étoit la coutume de la plupart des villes grecques de confier à des étrangers l'établissement des leurs. Les républiques modernes de l'Italie imitèrent souvent cet usage; celle de Genève en fit autant et s'en trouva bien[2]. Rome, dans son plus

---

1. *Grandeur et décadence des Romains*, ch. I. (ÉD.)

2. Ceux qui ne considèrent Calvin que comme théologien connoissent mal l'étendue de son génie. La rédaction de nos sages édits, à laquelle il eut beaucoup de part, lui fait autant d'honneur que son *Institution*. Quelque révolution que le temps puisse amener dans notre culte, tant que l'amour de la patrie et de la liberté ne sera pas éteint parmi nous, jamais la mémoire de ce grand homme ne cessera d'y être en bénédiction,

bel âge, vit renaître en son sein tous les crimes de la tyrannie, et se vit prête à périr, pour avoir réuni sur les mêmes têtes l'autorité législative et le pouvoir souverain.

Cependant les décemvirs eux-mêmes ne s'arrogèrent jamais le droit de faire passer aucune loi de leur seule autorité. « Rien de ce que nous vous proposons, disoient-ils au peuple, ne peut passer en loi sans votre consentement. Romains, soyez vous-mêmes les auteurs des lois qui doivent faire votre bonheur. »

Celui qui rédige les lois n'a donc ou ne doit avoir aucun droit législatif, et le peuple même ne peut, quand il le voudroit, se dépouiller de ce droit incommunicable, parce que, selon le pacte fondamental, il n'y a que la volonté générale qui oblige les particuliers, et qu'on ne peut jamais s'assurer qu'une volonté particulière est conforme à la volonté générale qu'après l'avoir soumise aux suffrages libres du peuple : j'ai déjà dit cela; mais il n'est pas inutile de le répéter.

Ainsi l'on trouve à la fois dans l'ouvrage de la législation deux choses qui semblent incompatibles : une entreprise au-dessus de la force humaine et, pour l'exécuter, une autorité qui n'est rien.

Autre difficulté qui mérite attention. Les sages qui veulent parler au vulgaire leur langage au lieu du sien n'en sauroient être entendus. Or, il y a mille sortes d'idées qu'il est impossible de traduire dans la langue du peuple. Les vues trop générales et les objets trop éloignés sont également hors de sa portée : chaque individu, ne goûtant d'autre plan de gouvernement que celui qui se rapporte à son intérêt particulier, aperçoit difficilement les avantages qu'il doit retirer des privations continuelles qu'imposent les bonnes lois. Pour qu'un peuple naissant pût goûter les saines maximes de la politique et suivre les règles fondamentales de la raison d'État, il faudroit que l'effet pût devenir la cause; que l'esprit social, qui doit être l'ouvrage de l'institution, présidât à l'institution même; et que les hommes fussent avant les lois ce qu'ils doivent devenir par elles. Ainsi donc le législateur ne pouvant employer ni la force ni le raisonnement, c'est une nécessité qu'il recoure à une autorité d'un autre ordre, qui puisse entraîner sans violence et persuader sans convaincre.

Voilà ce qui força de tout temps les pères des nations de recourir à l'intervention du ciel et d'honorer les dieux de leur propre sagesse, afin que les peuples soumis aux lois de l'État comme à celles de la nature, et reconnoissant le même pouvoir dans la formation de l'homme et dans celle de la cité, obéissent avec liberté, et portassent docilement le joug de la félicité publique.

Cette raison sublime, qui s'élève au-dessus de la portée des hommes vulgaires, est celle dont le législateur met les décisions dans la bouche des immortels, pour entraîner par l'autorité divine ceux que ne pourroit ébranler la prudence humaine[1]. Mais il n'appartient pas à tout homme de faire parler les dieux, ni d'en être cru quand il s'annonce pour être leur interprète. La grande âme du législateur est le vrai miracle qui doit prouver sa mission. Tout homme peut graver des tables de pierre, ou acheter un oracle, ou feindre un secret commerce avec quelque divinité, ou dresser un oiseau pour lui parler à l'oreille, ou trouver d'autres moyens grossiers d'en imposer au peuple. Celui qui ne saura que cela pourra même assembler par hasard une troupe d'insensés : mais il ne fondera jamais un empire, et son extravagant outrage périra bientôt avec lui. De vains prestiges forment un lien passager ; il n'y a que la sagesse qui le rende durable. La loi judaïque, toujours subsistante, celle de l'enfant d'Ismaël, qui depuis dix siècles régit la moitié du monde, annoncent encore aujourd'hui les grands hommes qui les ont dictées ; et tandis que l'orgueilleuse philosophie ou l'aveugle esprit de parti ne voit en eux que d'heureux imposteurs, le vrai politique admire dans leurs institutions ce grand et puissant génie qui préside aux établissements durables.

Il ne faut pas, de tout ceci, conclure avec Warburton[2] que la politique et la religion aient parmi nous un objet commun, mais que, dans l'origine des nations, l'une sert d'instrument à l'autre.

Chap. VIII. — Du peuple.

Comme, avant d'élever un grand édifice, l'architecte observe et sonde le sol pour voir s'il en peut soutenir le poids, le sage instituteur ne commence pas par rédiger de bonnes lois elles-mêmes, mais il examine auparavant si le peuple auquel il les destine est propre à les supporter. C'est pour cela que Platon refusa de donner des lois aux Arcadiens et aux Cyréniens, sachant que ces deux peuples

---

1. « E veramente, dit Machiavel, mai non fù alcuno ordinatore di leggi straordi-
« narie in un popolo, che non ricorresse a Dio, perchè altrimenti non sarebbero
« accettate ; perchè sono molti beni conosciuti da uno prudente, i quali non hanno
« in se ragioni evidenti da potergli persuadere ad altrui. » (*Discorsi sopra Tite
Livio*, lib. I, cap. XI.)

2. Célèbre théologien anglois, mort en 1779. (ÉD.)

étoient riches et ne pouvoient souffrir l'égalité : c'est pour cela qu'on vit en Crète de bonnes lois et de méchants hommes, parce que Minos n'avoit discipliné qu'un peuple chargé de vices.

Mille nations ont brillé sur la terre, qui n'auroient jamais pu souffrir de bonnes lois; et celles même qui l'auroient pu n'ont eu, dans toute leur durée, qu'un temps fort court pour cela. La plupart des peuples, ainsi que des hommes, ne sont dociles que dans leur jeunesse; ils deviennent incorrigibles en vieillissant. Quand une fois les coutumes sont établies et les préjugés enracinés, c'est une entreprise dangereuse et vaine de vouloir les réformer; le peuple ne peut pas même souffrir qu'on touche à ses maux pour les détruire, semblable à ces malades stupides et sans courage qui frémissent à l'aspect du médecin.

Ce n'est pas que, comme quelques maladies bouleversent la tête des hommes et leur ôtent le souvenir du passé, il ne se trouve quelquefois dans la durée des États des époques violentes où les révolutions font sur les peuples ce que certaines crises font sur les individus, où l'horreur du passé tient lieu d'oubli, et où l'État, embrasé par les guerres civiles, renaît pour ainsi dire de sa cendre, et reprend la vigueur de la jeunesse en sortant des bras de la mort. Telle fut Sparte au temps de Lycurgue, telle fut Rome après les Tarquins, et telles ont été parmi nous la Hollande et la Suisse après l'expulsion des tyrans.

Mais ces événements sont rares; ce sont des exceptions dont la raison se trouve toujours dans la constitution particulière de l'État excepté. Elles ne sauroient même avoir lieu deux fois pour le même peuple : car il peut se rendre libre tant qu'il n'est que barbare, mais il ne le peut plus quand le ressort civil est usé. Alors les troubles peuvent le détruire sans que les révolutions puissent le rétablir; et, sitôt que ses fers sont brisés, il tombe épars et n'existe plus : il lui faut désormais un maître et non pas un libérateur. Peuples libres, souvenez-vous de cette maxime : « On peut acquérir la liberté, mais on ne la recouvre jamais ».

La jeunesse n'est pas l'enfance. Il est pour les nations comme pour les hommes un temps de jeunesse ou, si l'on veut, de maturité, qu'il faut attendre avant de les soumettre à des lois : mais la maturité d'un peuple n'est pas toujours facile à connoître; et si on la prévient, l'ouvrage est manqué. Tel peuple est disciplinable en naissant, tel autre ne l'est pas au bout de dix siècles. Les Russes ne seront jamais vraiment policés, parce qu'ils l'ont été trop tôt. Pierre avoit le génie imitatif; il n'avoit pas le vrai génie, celui qui crée et fait tout de rien. Quelques-unes des choses qu'il fit étoient bien, la plupart étoient déplacées. Il a vu que son peuple étoit barbare, il n'a point vu qu'il n'étoit pas mûr pour la police; il l'a voulu civiliser quand il ne falloit que l'aguerrir. Il a d'abord voulu faire des Allemands, des Anglois, quand il falloit commencer par faire des Russes : il a empêché ses sujets de devenir jamais ce qu'ils pourroient être, en leur persuadant qu'ils étoient ce qu'ils ne sont pas. C'est ainsi qu'un précepteur françois forme son élève pour briller au moment de son enfance, et puis n'être jamais rien. L'empire de Russie voudra subjuguer l'Europe, et sera subjugué lui-même. Les Tartares, ses sujets ou ses voisins, deviendront ses maîtres et les nôtres, cette révolution me paroît infaillible. Tous les rois de l'Europe travaillent de concert à l'accélérer.

Chap. IX. — Suite.

Comme la nature a donné des termes à la stature d'un homme bien conformé, passé lesquels elle ne fait plus que des géants ou des nains, il y a de même, eu égard à la meilleure constitution d'un État, des bornes à l'étendue qu'il peut avoir, afin qu'il ne soit ni trop grand pour pouvoir être bien gouverné, ni trop petit pour pouvoir se maintenir par lui-même. Il y a, dans tout corps politique, un *maximum* de force qu'il ne sauroit passer, et duquel souvent il s'éloigne à force de s'agrandir. Plus le lien social s'étend, plus il se relâche; et en général un petit État est proportionnellement plus fort qu'un grand.

Mille raisons démontrent cette maxime. Premièrement, l'administration devient plus pénible dans les grandes distances, comme un poids devient plus lourd au bout d'un plus grand levier. Elle devient aussi plus onéreuse à mesure que les degrés se multiplient : car chaque ville a d'abord la sienne, que le peuple paye; chaque district la sienne, encore payée par le peuple; ensuite chaque province, puis les grands gouvernements, les satrapies, les vice-royautés, qu'il faut toujours payer plus cher à mesure qu'on monte, et toujours aux dépens du malheureux peuple; enfin vient l'administration suprême, qui écrase tout. Tant de surcharges épuisent continuellement les sujets : loin d'être mieux gouvernés par tous ces différents ordres, ils le sont bien moins que s'il n'y en avoit qu'un seul au-dessus d'eux. Cependant à peine reste-t-il des ressources pour les cas extraordinaires; et quand il y faut recourir, l'État est toujours à la veille de sa ruine.

Ce n'est pas tout : non seulement le gouvernement a moins de vigueur et de célérité pour faire observer les lois, empêcher les vexations, corriger les abus, prévenir les entreprises séditieuses qui peuvent se faire dans des lieux éloignés; mais le peuple a moins d'affection pour ses chefs, qu'il ne voit jamais, pour la patrie, qui est à ses yeux comme le monde, et pour ses concitoyens, dont la plupart lui sont étrangers. Les mêmes lois ne peuvent convenir à tant de provinces diverses qui ont des mœurs différentes, qui vivent sous des climats opposés, et qui ne peuvent souffrir la même forme de gouvernement. Des lois différentes n'engendrent que trouble et confusion parmi des peuples qui, vivant sous les mêmes chefs et dans une communication continuelle, passent ou se marient les uns chez les autres, sont soumis à d'autres coutumes, ne savent jamais si leur patrimoine est bien à eux. Les talents sont enfouis, les vertus ignorées, les vices impunis, dans cette multitude d'hommes inconnus les uns aux autres, que le siège de l'administration suprême rassemble dans un même lieu. Les chefs, accablés d'affaires, ne voient rien par eux-mêmes; des commis gouvernent l'État. Enfin les mesures qu'il faut prendre pour maintenir l'autorité générale, à laquelle tant d'officiers éloignés veulent se soustraire ou en imposer, absorbent tous les soins publics; il n'en reste plus pour le bonheur du peuple, à peine en reste-t-il pour sa défense, au besoin; et c'est ainsi qu'un corps trop grand pour sa constitution s'affaisse et périt écrasé sous son propre poids.

D'un autre côté, l'État doit se donner une certaine base pour avoir de la solidité, pour résister aux secousses qu'il ne manquera pas d'éprouver, et aux efforts qu'il sera contraint de faire pour se soutenir : car tous les peuples ont une espèce de force centrifuge, par laquelle ils agissent continuellement les uns contre les autres, et tendent à s'agrandir aux dépens de leurs voisins, comme les tourbillons de Descartes. Ainsi les foibles risquent d'être bientôt engloutis; et nul ne peut guère se conserver qu'en se mettant avec tous dans une espèce d'équilibre qui rende la compression partout à peu près égale.

On voit par là qu'il y a des raisons de s'étendre et des raisons de se resserrer; et ce n'est pas le moindre talent du politique de trouver entre les unes et les autres la proportion la plus avantageuse à la conservation de l'État. On peut dire en général que les premières, n'étant qu'extérieures et relatives, doivent être subordonnées aux autres, qui sont internes et absolues. Une saine et forte constitution est la première chose qu'il faut rechercher; et l'on doit plus compter sur la vigueur qui naît d'un bon gouvernement que sur les ressources que fournit un grand territoire.

Au reste, on a vu des États tellement constitués, que la nécessité des conquêtes entroit dans leur constitution même, et que, pour se maintenir, ils étoient forcés de s'agrandir sans cesse. Peut-être se félicitoient-ils beaucoup de cette heureuse nécessité, qui leur montroit pourtant, avec le terme de leur grandeur, l'inévitable moment de leur chute.

CHAP. X. — Suite.

On peut mesurer un corps politique de deux manières, savoir : par l'étendue du territoire, et par le nombre du peuple; et il y a entre l'une et l'autre de ces mesures un rapport convenable pour donner à l'État sa véritable grandeur. Ce sont les hommes qui font l'État, et c'est le terrain qui nourrit les hommes : ce rapport est donc que la terre suffise à l'entretien de ses habitants, et qu'il y ait autant d'habitants que la terre en peut nourrir. C'est dans cette proportion que se trouve le *maximum* de force d'un nombre donné de peuple; car s'il y a du terrain de trop, la garde en est onéreuse, la culture insuffisante, le produit superflu; c'est la cause prochaine des guerres défensives : s'il n'y en a pas assez, l'État se trouve pour le supplément à la discrétion de ses voisins; c'est la cause prochaine des guerres offensives. Tout peuple qui n'a, par sa position, que l'alternative entre le commerce ou la guerre, est foible en lui-même; il dépend de ses voisins, il dépend des événements; il n'a jamais qu'une existence incertaine et courte. Il subjugue et change de situation, ou il est subjugué et n'est rien. Il ne peut se conserver libre qu'à force de petitesse ou de grandeur.

On ne peut donner en calcul un rapport fixe entre l'étendue de terre et le nombre d'hommes qui se suffisent l'un à l'autre, tant à cause des différences qui se trouvent dans les qualités du terrain, dans ses degrés de fertilité, dans la nature de ses productions, dans l'influence des climats, que de celles qu'on remarque dans les tempéraments des hommes qui les habitent, dont les uns consomment peu dans un pays fertile, les autres beaucoup sur un sol ingrat. Il faut encore avoir égard à la plus grande ou moindre fécondité des femmes, à ce que le pays peut avoir de plus ou moins favorable à la population, à la quantité dont le législateur peut espérer d'y concourir par ses établissements, de sorte qu'il ne doit pas fonder son jugement sur ce qu'il voit, mais sur ce qu'il prévoit, ni s'arrêter autant à l'état actuel de la population qu'à celui où elle doit

naturellement parvenir. Enfin il y a mille occasions où les accidents particuliers du lieu exigent ou permettent qu'on embrasse
plus de terrain qu'il ne paroît nécessaire. Ainsi l'on s'étendra beaucoup dans un pays de montagnes, où les productions naturelles,
savoir, les bois, les pâturages, demandent moins de travail, où
l'expérience apprend que les femmes sont plus fécondes que dans
les plaines, et où un grand sol incliné ne donne qu'une petite base
horizontale, la seule qu'il faut compter pour la végétation. Au contraire, on peut se resserrer au bord de la mer, même dans des rochers
et des sables presque stériles, parce que la pêche y peut suppléer en
grande partie aux productions de la terre, que les hommes doivent
être plus rassemblés pour repousser les pirates, et qu'on a d'ailleurs
plus de facilité pour délivrer le pays, par les colonies, des habitants
dont il est surchargé.

A ces conditions, pour instituer un peuple, il en faut ajouter une
qui ne peut suppléer à nulle autre, mais sans laquelle elles sont
toutes inutiles : c'est qu'on jouisse de l'abondance et de la paix; car
le temps où s'ordonne un État est, comme celui où se forme un
bataillon, l'instant où le corps est le moins capable de résistance et
le plus facile à détruire. On résisteroit mieux dans un désordre
absolu que dans un moment de fermentation, où chacun s'occupe
de son rang et non du péril. Qu'une guerre, une famine, une sédition
survienne en ce temps de crise, l'État est infailliblement renversé.

Ce n'est pas qu'il n'y ait beaucoup de gouvernements établis
durant ces orages; mais alors ce sont ces gouvernements mêmes
qui détruisent l'État. Les usurpateurs amènent ou choisissent
toujours ces temps de trouble pour faire passer, à la faveur de
l'effroi public, des lois destructives que le peuple n'adopteroit
jamais de sang-froid. Le choix du moment de l'institution est un
des caractères les plus sûrs par lesquels on peut distinguer l'œuvre
du législateur d'avec celle du tyran.

Quel peuple est donc propre à la législation? Celui qui, se trouvant déjà lié par quelque union d'origine, d'intérêt ou de convention, n'a point encore porté le vrai joug des lois; celui qui n'a ni
coutumes, ni superstitions bien enracinées; celui qui ne craint pas
d'être accablé par une invasion subite; qui, sans entrer dans les
querelles de ses voisins, peut résister seul à chacun d'eux, ou s'aider
de l'un pour repousser l'autre; celui dont chaque membre peut être
connu de tous, et où l'on n'est point forcé de charger un homme
d'un plus grand fardeau qu'un homme ne peut porter; celui qui
peut se passer des autres peuples, et dont tout autre peuple peut

se passer[1]; celui qui n'est ni riche ni pauvre, et peut se suffire à lui-même; enfin celui qui réunit la consistance d'un ancien peuple avec la docilité d'un peuple nouveau. Ce qui rend pénible l'ouvrage de la législation est moins ce qu'il faut établir que ce qu'il faut détruire; et ce qui rend le succès si rare, c'est l'impossibilité de trouver la simplicité de la nature jointe aux besoins de la société. Toutes ces conditions, il est vrai, se trouvent difficilement rassemblées : aussi voit-on peu d'États bien constitués.

Il est encore en Europe un pays capable de législation; c'est l'île de Corse. La valeur et la constance avec laquelle ce brave peuple a su recouvrer et défendre sa liberté mériteroient bien que quelque homme sage lui apprît à la conserver. J'ai quelque pressentiment qu'un jour cette petite île étonnera l'Europe.

CHAP. XI. — **Des divers systèmes de législation.**

Si l'on recherche en quoi consiste précisément le plus grand bien de tous, qui doit être la fin de tout système de législation, on trouvera qu'il se réduit à deux objets principaux, la *liberté* et l'*égalité* : la liberté, parce que toute dépendance particulière est autant de force ôtée au corps de l'État; l'égalité, parce que la liberté ne peut subsister sans elle.

J'ai déjà dit ce que c'est que la liberté civile : à l'égard de l'égalité, il ne faut pas entendre par ce mot que les degrés de puissance et de richesse soient absolument les mêmes; mais que, quant à la puissance, elle soit au-dessus de toute violence, et ne s'exerce jamais qu'en vertu du rang et des lois; et, quant à la richesse, que nul citoyen ne soit assez opulent pour en pouvoir acheter un autre, et nul assez pauvre pour être contraint de se vendre[2] : ce qui sup-

---

1. Si de deux peuples voisins l'un ne pouvoit se passer de l'autre, ce seroit une situation très dure pour le premier, et très dangereuse pour le second. Toute nation sage, en pareil cas, s'efforcera bien vite de délivrer l'autre de cette dépendance. La république de Thlascala, enclavée dans l'empire du Mexique, aima mieux se passer de sel que d'en acheter des Mexicains, et même que d'en accepter gratuitement. Les sages Thlascalans virent le piège caché sous cette libéralité. Ils se conservèrent libres; et ce petit État, enfermé dans ce grand empire, fut enfin l'instrument de sa ruine.

2. Voulez-vous donc donner à l'État de la consistance, rapprochez les degrés extrêmes autant qu'il est possible; ne souffrez ni des gens opulents ni des gueux. Ces deux états, naturellement inséparables, sont également funestes au bien commun; de l'un sortent les fauteurs de la tyrannie, et de l'autre les tyrans : c'est toujours entre eux que se fait le trafic de la liberté publique : l'un l'achète, et l'autre la vend.

pose, du côté des grands, modération de biens et de crédit, et, du côté des petits, modération d'avarice et de convoitise.

Cette égalité, disent-ils, est une chimère de spéculation qui ne peut exister dans la pratique. Mais si l'abus est inévitable, s'ensuit-il qu'il ne faille pas au moins le régler? C'est précisément parce que la force des choses tend toujours à détruire l'égalité, que la force de la législation doit toujours tendre à la maintenir.

Mais ces objets généraux de toute bonne institution doivent être modifiés en chaque pays par les rapports qui naissent, tant de la situation locale que du caractère des habitants, et c'est sur ces rapports qu'il faut assigner à chaque peuple un système particulier d'institution, qui soit le meilleur, non peut-être en lui-même, mais pour l'État auquel il est destiné. Par exemple, le sol est-il ingrat et stérile, ou le pays trop serré pour les habitants? tournez-vous du côté de l'industrie et des arts, dont vous échangerez les productions contre les denrées qui vous manquent. Au contraire, occupez-vous de riches plaines et des coteaux fertiles; dans un bon terrain, manquez-vous d'habitants : donnez tous vos soins à l'agriculture, qui multiplie les hommes, et chassez les arts, qui ne feroient qu'achever de dépeupler le pays en attroupant sur quelques points du territoire le peu d'habitants qu'il y a[1]. Occupez-vous des rivages étendus et commodes, couvrez la mer de vaisseaux, cultivez le commerce et la navigation, vous aurez une existence brillante et courte. La mer ne baigne-t-elle sur vos côtes que des rochers presque inaccessibles? restez barbares et ichthyophages; vous en vivrez plus tranquilles, meilleurs peut-être, et sûrement plus heureux. En un mot, outre les maximes communes à tous, chaque peuple renferme en lui quelque cause qui les ordonne d'une manière particulière, et rend sa législation propre à lui seul. C'est ainsi qu'autrefois les Hébreux, et récemment les Arabes, ont eu pour principal objet la religion, les Athéniens les lettres, Carthage et Tyr le commerce, Rhodes la marine, Sparte la guerre, et Rome la vertu. L'auteur de *l'Esprit des lois* a montré dans des foules d'exemples par quel art le législateur dirige l'institution vers chacun de ces objets.

Ce qui rend la constitution d'un État véritablement solide et durable, c'est quand les convenances sont tellement observées,

---

1. Quelque branche de commerce extérieur, dit M. d'Argenson, ne répand guère qu'une fausse utilité pour un royaume en général : elle peut enrichir quelques particuliers, même quelques villes; mais la nation entière n'y gagne rien, et le peuple n'en est pas mieux.

que les rapports naturels et les lois tombent toujours de concert sur les mêmes points, et que celles-ci ne font, pour ainsi dire, qu'assurer, accompagner, rectifier les autres. Mais si le législateur, se trompant dans son objet, prend un principe différent de celui qui naît de la nature des choses; que l'un tende à la servitude et l'autre à la liberté; l'un aux richesses, l'autre à la population; l'un à la paix, l'autre aux conquêtes : on verra les lois s'affoiblir insensiblement, la constitution s'altérer, et l'État ne cessera d'être agité jusqu'à ce qu'il soit détruit ou changé, et que l'invincible nature ait repris son empire.

Chap. XII. — Division des lois.

Pour ordonner le tout, ou donner la meilleure forme possible à la chose publique, il y a diverses relations à considérer. Premièrement, l'action du corps entier agissant sur lui-même, c'est-à-dire le rapport du tout au tout, ou du souverain à l'État; et ce rapport est composé de celui des termes intermédiaires, comme nous le verrons ci-après.

Les lois qui règlent ce rapport portent le nom de lois politiques, et s'appellent aussi lois fondamentales, non sans quelque raison si ces lois sont sages; car, s'il n'y a dans chaque État qu'une bonne manière de l'ordonner, le peuple qui l'a trouvée doit s'y tenir : mais si l'ordre établi est mauvais, pourquoi prendroit-on pour fondamentales des lois qui l'empêchent d'être bon? D'ailleurs, en tout état de cause, un peuple est toujours le maître de changer ses lois, même les meilleures; car, s'il lui plaît de se faire mal à lui-même, qui est-ce qui a droit de l'en empêcher?

La seconde relation est celle des membres entre eux, ou avec le corps entier; et ce rapport doit être au premier égard aussi petit, et au second aussi grand qu'il est possible; en sorte que chaque citoyen soit dans une parfaite indépendance de tous les autres, et dans une excessive dépendance de la cité : ce qui se fait toujours par les mêmes moyens; car il n'y a que la force de l'État qui fasse la liberté de ses membres. C'est de ce deuxième rapport que naissent les lois civiles.

On peut considérer une troisième sorte de relation entre l'homme et la loi, savoir, celle de la désobéissance à la peine; et celle-ci donne lieu à l'établissement des lois criminelles, qui, dans le fond, sont moins une espèce particulière de lois que la sanction de toutes les autres.

A ces trois sortes de lois il s'en joint une quatrième, la plus importante de toutes, qui ne se grave ni sur le marbre, ni sur l'airain, mais dans les cœurs des citoyens; qui fait la véritable constitution de l'État; qui prend tous les jours de nouvelles forces; qui, lorsque les autres lois vieillissent ou s'éteignent, les ranime ou les supplée, conserve un peuple dans l'esprit de son institution, et substitue insensiblement la force de l'habitude à celle de l'autorité. Je parle des mœurs, des coutumes, et surtout de l'opinion; partie inconnue à nos politiques, mais de laquelle dépend le succès de toutes les autres; partie dont le grand législateur s'occupe en secret, tandis qu'il paroît se borner à des règlements particuliers, qui ne sont que le cintre de la voûte, dont les mœurs, plus lentes à naître, forment enfin l'inébranlable clef.

Entre ces diverses classes, les lois politiques, qui constituent la forme du gouvernement, sont la seule relative à mon sujet.

LIVRE III

Avant de parler des diverses formes de gouvernement, tâchons de fixer le sens précis de ce mot qui n'a pas encore été fort bien expliqué.

CHAP. I. — Du gouvernement en général.

J'avertis le lecteur que ce chapitre doit être lu posément, et que je ne sais pas l'art d'être clair pour qui ne veut pas être attentif.

Toute action libre a deux causes qui concourent à la produire : l'une morale, savoir: la volonté qui détermine l'acte; l'autre physique, savoir: la puissance qui l'exécute. Quand je marche vers un objet, il faut premièrement que j'y veuille aller; en second lieu, que mes pieds m'y portent. Qu'un paralytique veuille courir, qu'un homme agile ne le veuille pas, tous deux resteront en place. Le corps politique a les mêmes mobiles : on y distingue de même la force et la volonté; celle-ci sous le nom de *puissance législative*, l'autre sous le nom de *puissance exécutive*. Rien ne s'y fait ou ne doit s'y faire sans leur concours.

Nous avons vu que la puissance législative appartient au peuple, et ne peut appartenir qu'à lui. Il est aisé de voir, au contraire, par les principes ci-devant établis, que la puissance exécutive ne peut appartenir à la généralité comme législatrice ou souveraine, parce que cette puissance ne consiste qu'en des actes particuliers qui ne sont point du ressort de la loi, ni par conséquent de celui du souverain, dont tous les actes ne peuvent être que des lois.

Il faut donc à la force publique un agent propre qui la réunisse et la mette en œuvre selon les directions de la volonté générale, qui serve à la communication de l'État et du souverain, qui fasse en quelque sorte dans la personne publique ce que fait dans l'homme l'union de l'âme et du corps. Voilà quelle est, dans l'État, la raison du gouvernement, confondu mal à propos avec le souverain, dont il n'est que le ministre.

Qu'est-ce donc que le gouvernement? Un corps intermédiaire établi entre les sujets et le souverain pour leur mutuelle correspondance, chargé de l'exécution des lois et du maintien de la liberté tant civile que politique.

Les membres de ce corps s'appellent magistrats ou *rois*, c'est-à-dire *gouverneurs;* et le corps entier porte le nom de *prince*[1]. Ainsi ceux qui prétendent que l'acte par lequel un peuple se soumet à des chefs n'est point un contrat ont grande raison. Ce n'est absolument qu'une commission, un emploi, dans lequel, simples officiers du souverain, ils exercent en son nom le pouvoir dont il les a faits dépositaires, et qu'il peut limiter, modifier et reprendre quand il lui plaît. L'aliénation d'un tel droit, étant incompatible avec la nature du corps social, est contraire au but de l'association.

J'appelle donc *gouvernement* ou suprême administration, l'exercice légitime de la puissance exécutive, et prince ou magistrat, l'homme ou le corps chargé de cette administration.

C'est dans le gouvernement que se trouvent les forces intermédiaires, dont les rapports composent celui du tout au tout du souverain à l'État. On peut représenter ce dernier rapport par celui des extrêmes d'une proportion continue, dont la moyenne proportionnelle est le gouvernement. Le gouvernement reçoit du souverain les ordres qu'il donne au peuple; et, pour que l'État soit dans un bon équilibre, il faut, tout compensé, qu'il y ait égalité entre le produit ou la puissance du gouvernement pris en lui-même, et le produit ou la puissance des citoyens, qui sont souverain d'un côté et sujets de l'autre.

De plus, on ne saurait altérer aucun des trois termes sans rompre à l'instant la proportion. Si le souverain veut gouverner, ou si le magistrat veut donner des lois, ou si les sujets refusent d'obéir, le désordre succède à la règle, la force et la volonté n'agissent plus de

---

1. C'est ainsi qu'à Venise on donne au collège le nom de *sérénissime prince,* même quand le doge n'y assiste pas.

concert, et l'État dissous tombe ainsi dans le despostisme ou dans l'anarchie. Enfin, comme il n'y a qu'une moyenne proportionnelle entre chaque rapport, il n'y a non plus qu'un bon gouvernement possible dans un État : mais, comme mille événements peuvent changer les rapports d'un peuple, non seulement différents gouvernements peuvent être bons à divers peuples, mais au même peuple en différents temps.

Pour tâcher de donner une idée des divers rapports qui peuvent régner entre ces deux extrêmes, je prendrai pour exemple le nombre du peuple, comme un rapport plus facile à exprimer.

Supposons que l'État soit composé de dix mille citoyens. Le souverain ne peut être considéré que collectivement et en corps; mais chaque particulier, en qualité de sujet, est considéré comme individu : ainsi le souverain est au sujet comme dix mille est à un; c'est-à-dire que chaque membre de l'État n'a pour sa part que la dix-millième partie de l'autorité souveraine, quoiqu'il lui soit soumis tout entier. Que le peuple soit composé de cent mille hommes, l'état des sujets ne change pas, et chacun porte également tout l'empire des lois, tandis que son suffrage, réduit à un cent-millième, a dix fois moins d'influence dans leur rédaction. Alors, le sujet, restant toujours un, le rapport du souverain augmente en raison du nombre des citoyens. D'où il suit que, plus l'État s'agrandit, plus la liberté diminue.

Quand je dis que le rapport augmente, j'entends qu'il s'éloigne de l'égalité. Ainsi, plus le rapport est grand dans l'acception des géomètres, moins il y a de rapport dans l'acception commune : dans la première, le rapport, considéré selon la quantité, se mesure par l'exposant; et dans l'autre, considéré selon l'identité, il s'estime par la similitude.

Or, moins les volontés particulières se rapportent à la volonté générale, c'est-à-dire les mœurs aux lois, plus la force réprimante doit augmenter. Donc le gouvernement, pour être bon, doit être relativement plus fort à mesure que le peuple est plus nombreux.

D'un autre côté, l'agrandissement de l'État donnant aux dépositaires de l'autorité publique plus de tentations et de moyens d'abuser de leur pouvoir, plus le gouvernement doit avoir de force pour contenir le peuple, plus le souverain doit en avoir à son tour pour contenir le gouvernement. Je ne parle pas ici d'une force absolue, mais de la force relative des diverses parties de l'État.

Il suit de ce double rapport que la proportion continue entre le souverain, le prince et le peuple, n'est point une idée arbitraire, mais une conséquence nécessaire de la nature du corps politique. Il suit encore que l'un des extrêmes, savoir le peuple, comme sujet, étant fixe et représenté par l'unité, toutes les fois que la raison doublée augmente ou diminue, la raison simple augmente ou diminue semblablement, et que par conséquent le moyen terme est changé. Ce qui fait voir qu'il n'y a pas une constitution de gouvernement unique et absolue, mais qu'il peut y avoir autant de gouvernements différents en nature que d'États différents en grandeur.

Si, tournant ce système en ridicule, on disoit que, pour trouver cette moyenne proportionnelle et former le corps du gouvernement, il ne faut, selon moi, que tirer la racine carrée du nombre du peuple, je répondrois que je ne prends ici ce nombre que pour un exemple ; que les rapports dont je parle ne se mesurent pas seulement par le nombre des hommes, mais en général par la quantité d'action, laquelle se combine par des multitudes de causes ; qu'au reste, si pour m'exprimer en moins de paroles, j'emprunte un moment des termes de géométrie, je n'ignore pas cependant que la précision géométrique n'a point lieu dans les quantités morales.

Le gouvernement est en petit ce que le corps politique qui le renferme est en grand. C'est une personne morale douée de certaines facultés, active comme le souverain, passive comme l'État, et qu'on peut décomposer en d'autres rapports semblables ; d'où naît par conséquent une nouvelle proportion ; une autre encore dans celle-ci, selon l'ordre des tribunaux, jusqu'à ce qu'on arrive à un moyen terme indivisible, c'est-à-dire à un seul chef ou magistrat suprême, qu'on peut se représenter, au milieu de cette progression, comme l'unité entre la série des fractions et celle des nombres.

Sans nous embarrasser dans cette multiplication de termes, contentons-nous de considérer le gouvernement comme un nouveau corps dans l'État, distinct du peuple et du souverain, et intermédiaire entre l'un et l'autre.

Il y a cette différence essentielle entre ces deux corps, que l'État existe par lui-même, et que le gouvernement n'existe que par le souverain. Ainsi la volonté dominante du prince n'est ou ne doit être que la volonté générale ou la loi ; sa force n'est que la force publique concentrée en lui : sitôt qu'il veut tirer de lui-même quelque acte absolu et indépendant, la liaison du tout commence à se relâcher. S'il arrivoit enfin que le prince eût une volonté particulière plus active que celle du souverain, et qu'il usât, pour obéir à cette volonté particulière, de la force publique qui est dans ses mains, en sorte qu'on eût, pour ainsi dire, deux souverains, l'un de droit et l'autre de fait, à l'instant l'union sociale s'évanouiroit, et le corps politique seroit dissous.

Cependant, pour que le corps du gouvernement ait une existence, une vie réelle qui le distingue du corps de l'État; pour que tous ses membres puissent agir de concert et répondre à la fin pour laquelle il est institué, il lui faut un *moi* particulier, une sensibilité commune à ses membres, une force, une volonté propre qui tende à sa con-servation. Cette existence particulière suppose des assemblées, des conseils, un pouvoir de délibérer, de résoudre, des droits, des titres, des privilèges qui appartiennent au prince exclusivement, et qui rendent la condition du magistrat plus honorable à proportion qu'elle est plus pénible. Les difficultés sont dans la manière d'or-donner dans le tout ce tout subalterne, de sorte qu'il n'altère point la constitution générale en affermissant la sienne: qu'il distingue toujours sa force particulière, destinée à sa propre conservation, de la force publique, destinée à la conservation de l'État, et qu'en un mot il soit toujours prêt à sacrifier le gouvernement au peuple, et non le peuple au gouvernement.

D'ailleurs, bien que le corps artificiel du gouvernement soit l'ou-vrage d'un autre corps artificiel, et qu'il n'ait, en quelque sorte, qu'une vie empruntée et subordonnée, cela n'empêche pas qu'il ne puisse agir avec plus ou moins de vigueur ou de célérité, jouir, pour ainsi dire, d'une santé plus ou moins robuste. Enfin, sans s'éloigner directement du but de son institution, il peut s'en écarter plus ou moins, selon la manière dont il est constitué.

C'est de toutes ces différences que naissent les rapports divers que le gouvernement doit avoir avec le corps de l'État, selon les rapports accidentels et particuliers par lesquels ce même État est modifié. Car souvent le gouvernement le meilleur en soi deviendra le plus vicieux, si ses rapports ne sont altérés selon les défauts du corps politique auquel il appartient.

CHAP. II. — **Du principe qui constitue les diverses formes de gouvernement.**

Pour exposer la cause générale de ces différences, il faut dis-tinguer ici le principe et le gouvernement, comme j'ai distingué ci-devant l'État et le souverain.

Le corps du magistrat peut être composé d'un plus grand ou moindre nombre de membres. Nous avons dit que le rapport du souverain aux sujets étoit d'autant plus grand que le peuple étoit plus nombreux; et, par une évidente analogie, nous en pouvons dire autant du gouvernement à l'égard des magistrats.

Or, la force totale du gouvernement, étant toujours celle de l'État, ne varie point : d'où il suit que plus il use de cette force sur ses propres membres, moins il lui en reste pour agir sur tout le peuple.

Donc, plus les magistrats sont nombreux, plus le gouvernement est foible. Comme cette maxime est fondamentale, appliquons-nous à la mieux éclaircir.

Nous pouvons distinguer dans la personne du magistrat trois volontés essentiellement différentes : premièrement, la volonté propre de l'individu, qui ne tend qu'à son avantage particulier; secondement, la volonté commune des magistrats, qui se rapporte uniquement à l'avantage du prince, et qu'on peut appeler volonté de corps, laquelle est générale par rapport au gouvernement, et particulière par rapport à l'État, dont le gouvernement fait partie; en troisième lieu, la volonté du peuple ou la volonté souveraine, laquelle est générale, tant par rapport à l'État considéré comme le tout, que par rapport au gouvernement considéré comme partie du tout.

Dans une législation parfaite, la volonté particulière ou individuelle doit être nulle; la volonté de corps propre au gouvernement très subordonnée; et par conséquent la volonté générale ou souveraine toujours dominante et la règle unique de toutes les autres.

Selon l'ordre naturel, au contraire, ces différentes volontés deviennent plus actives à mesure qu'elles se concentrent. Ainsi la volonté générale est toujours la plus foible, la volonté de corps a le second rang, et la volonté particulière le premier de tous : de sorte que, dans le gouvernement, chaque membre est premièrement soimême, et puis magistrat, et puis citoyen; gradation directement opposée à celle qu'exige l'ordre social.

Cela posé, que tout le gouvernement soit entre les mains d'un seul homme, voilà la volonté particulière et la volonté de corps parfaitement réunies, et par conséquent celle-ci au plus haut degré d'intensité qu'elle puisse avoir. Or, comme c'est du degré de la volonté que dépend l'usage de la force, et que la force absolue du gouvernement ne varie point, il s'ensuit que le plus actif des gouvernements est celui d'un seul.

Au contraire, unissons le gouvernement à l'autorité législative; faisons le prince du souverain, et de tous les citoyens autant de magistrats : alors la volonté de corps, confondue avec la volonté générale, n'aura pas plus d'activité qu'elle, et laissera la volonté particulière dans toute sa force. Ainsi le gouvernement, toujours avec la même force absolue, sera dans son *minimum* de force relative ou d'activité.

Ces rapports sont incontestables, et d'autres considérations servent encore à les confirmer. On voit, par exemple, que chaque magistrat est plus actif dans son corps que chaque citoyen dans le sien, et que par conséquent la volonté particulière a beaucoup plus d'influence dans les actes du gouvernement que dans ceux du souverain; car chaque magistrat est presque toujours chargé de quelque fonction du gouvernement; au lieu que chaque citoyen pris à part n'a aucune fonction de la souveraineté. D'ailleurs, plus l'État s'étend, plus sa force réelle augmente, quoiqu'elle n'augmente pas en raison de son étendue : mais l'État restant le même, les magistrats ont beau se multiplier, le gouvernement n'en acquiert pas une plus grande force réelle, parce que cette force est celle de l'État, dont la mesure est toujours égale. Ainsi, la force relative ou l'activité du gouvernement diminue, sans que sa force absolue ou réelle puisse augmenter.

Il est sûr encore que l'expédition des affaires devient plus lente à mesure que plus de gens en sont chargés; qu'en donnant trop à la prudence on ne donne pas assez à la fortune; qu'on laisse échapper l'occasion, et qu'à force de délibérer on perd souvent le fruit de la délibération.

Je viens de prouver que le gouvernement se relâche à mesure que les magistrats se multiplient; et j'ai prouvé ci-devant que plus le peuple est nombreux, plus la force réprimante doit augmenter. D'où il suit que le rapport des magistrats au gouvernement doit être inverse du rapport des sujets au souverain; c'est-à-dire que, plus l'État s'agrandit, plus le gouvernement doit se resserrer; tellement que le nombre des chefs diminue en raison de l'augmentation du peuple.

Au reste, je ne parle ici que de la force relative du gouvernement, et non de sa rectitude : car, au contraire, plus le magistrat est nombreux, plus la volonté de corps se rapproche de la volonté générale; au lieu que, sous un magistrat unique, cette même volonté de corps n'est, comme je l'ai dit, qu'une volonté particulière. Ainsi, l'on perd d'un côté ce qu'on peut gagner de l'autre, et l'art du législateur est de savoir fixer le point où la force et la volonté du gouvernement, toujours en proportion réciproque, se combinent dans le rapport le plus avantageux à l'État.

Chap. III — Division des gouvernements.

On a vu dans le chapitre précédent pourquoi l'on distingue les diverses espèces ou formes de gouvernements par le nombre des membres qui les composent; il reste à voir dans celui-ci comment se fait cette division.

Le souverain peut, en premier lieu, commettre le dépôt du gouvernement à tout le peuple ou à la plus grande partie du peuple, en sorte qu'il y ait plus de citoyens magistrats que de citoyens simples particuliers. On donne à cette forme de gouvernement le nom de *démocratie*.

Ou bien il peut resserrer le gouvernement entre les mains d'un petit nombre, en sorte qu'il y ait plus de simples citoyens que de magistrats; et cette forme porte le nom d'*aristocratie*.

Enfin il peut concentrer tout le gouvernement dans les mains d'un magistrat unique dont tous les autres tiennent leur pouvoir. Cette troisième forme est la plus commune, et s'appelle *monarchie*, ou gouvernement royal.

On doit remarquer que toutes ces formes, ou du moins les deux premières, sont susceptibles de plus ou de moins, et ont même une assez grande latitude; car la démocratie peut embrasser tout le peuple, ou se resserrer jusqu'à la moitié. L'aristocratie, à son tour, peut, de la moitié du peuple, se resserrer jusqu'au plus petit nombre indéterminément. La royauté même est susceptible de quelque partage. Sparte eut constamment deux rois par sa constitution; et l'on a vu dans l'empire romain jusqu'à huit empereurs à la fois sans qu'on pût dire que l'empire fût divisé. Ainsi il y a un point où chaque forme de gouvernement se confond avec la suivante, et l'on voit que, sous trois seules dénominations, le gouvernement est réellement susceptible d'autant de formes diverses que l'État a de citoyens.

Il y a plus : ce même gouvernement pouvant, à certains égards, se subdiviser en d'autres parties, l'une administrée d'une manière et l'autre d'une autre, il peut résulter de ces trois formes combinées une multitude de formes mixtes, dont chacune est multipliable par toutes les formes simples.

On a, de tout temps, beaucoup disputé sur la meilleure forme de gouvernement, sans considérer que chacune d'elles est la meilleure en certains cas, et la pire en d'autres.

Si, dans les différents États, le nombre des magistrats suprêmes doit être en raison inverse de celui des citoyens, il s'ensuit qu'en général le gouvernement démocratique convient aux petits États, l'aristocratique aux médiocres, et le monarchique aux grands. Cette règle se tire immédiatement du principe. Mais comment compter la multitude de circonstances qui peuvent fournir des exceptions?

CHAP. IV. — De la démocratie.

Celui qui fait la loi sait mieux que personne comment elle doit être exécutée et interprétée. Il semble donc qu'on ne sauroit avoir une meilleure constitution que celle où le pouvoir exécutif est joint au législatif : mais c'est cela même qui rend ce gouvernement insuffisant à certains égards, parce que les choses qui doivent être distinguées ne le sont pas, et que le prince et le souverain, n'étant que la même personne, ne forment, pour ainsi dire, qu'un gouvernement sans gouvernement.

Il n'est pas bon que celui qui fait les lois les exécute, ni que le corps du peuple détourne son attention des vues générales pour les donner aux objets particuliers. Rien n'est plus dangereux que l'influence des intérêts privés dans les affaires publiques, et l'abus des lois par le gouvernement est un mal moindre que la corruption du législateur, suite infaillible des vues particulières. Alors, l'État étant altéré dans sa substance, toute réforme devient impossible. Un peuple qui n'abuseroit jamais du gouvernement n'abuseroit pas non plus de l'indépendance; un peuple qui gouverneroit toujours bien n'auroit pas besoin d'être gouverné.

A prendre le terme dans la rigueur de l'acception, il n'a jamais existé de véritable démocratie, et il n'en existera jamais. Il est contre l'ordre naturel que le grand nombre gouverne et que le petit soit gouverné. On ne peut imaginer que le peuple reste incessamment assemblé pour vaquer aux affaires publiques, et l'on voit aisément qu'il ne sauroit établir pour cela des commissions, sans que la forme de l'administration change.

En effet, je crois pouvoir poser en principe que, quand les fonctions du gouvernement sont partagées entre plusieurs tribunaux, les moins nombreux acquièrent tôt ou tard la plus grande autorité, ne fût-ce qu'à cause de la facilité d'expédier les affaires, qui les y amène naturellement.

D'ailleurs, que de choses difficiles à réunir ne suppose pas ce gouvernement ! Premièrement, un État très petit, où le peuple soit facile à rassembler, et où chaque citoyen puisse aisément connoître tous les autres; secondement, une grande simplicité de mœurs qui prévienne la multitude d'affaires et de discussions épineuses; ensuite beaucoup d'égalité dans les rangs et dans les fortunes, sans quoi l'égalité ne sauroit subsister longtemps dans les droits et l'autorité; enfin peu ou point de luxe, car ou le luxe est l'effet des richesses, ou il les rend nécessaires; il corrompt à la fois le riche et le pauvre, l'un par la possession, l'autre par la convoitise; il vend la patrie à la mollesse, à la vanité; il ôte à l'État tous ses citoyens pour les asservir les uns aux autres, et tous à l'opinion.

Voilà pourquoi un auteur célèbre a donné la vertu pour principe à la république[1], car toutes ces conditions ne sauroient subsister sans la vertu; mais, faute d'avoir fait les distinctions nécessaires, ce beau génie a manqué souvent de justesse, quelquefois de clarté, et n'a pas vu que l'autorité souveraine étant partout la même, le même principe doit avoir lieu dans tout État bien constitué, plus ou moins, il est vrai, selon la forme du gouvernement.

Ajoutons qu'il n'y a pas de gouvernement si sujet aux guerres civiles et aux agitations intestines que le démocratique ou populaire, parce qu'il n'y en a aucun qui tende si fortement et si continuellement à changer de forme, ni qui demande plus de vigilance et de courage pour être maintenu dans la sienne. C'est surtout dans cette constitution que le citoyen doit s'armer de force et de constance, et dire chaque jour de sa vie au fond de son cœur ce que disait un vertueux Palatin[2] dans la diète de Pologne : *Malo periculosam libertatem quam quietum servitium.*

S'il y avoit un peuple de dieux, il se gouverneroit démocratiquement. Un gouvernement si parfait ne convient pas à des hommes.

CHAP. V. — De l'aristocratie.

Nous avons ici deux personnes morales très distinctes, savoir, le gouvernement et le souverain; et par conséquent deux volontés générales, l'une par rapport à tous les citoyens, l'autre seulement pour les membres de l'administration. Ainsi, bien que le gouvernement puisse régler sa police intérieure comme il lui plaît, il ne peut jamais parler au peuple qu'au nom du souverain, c'est-à-dire au nom du peuple même; ce qu'il ne faut jamais oublier.

Les premières sociétés se gouvernèrent aristocratiquement. Les

---

1. *Esprit des Lois*, liv. III, chap. III. (ÉD.)
2. Le palatin de Posnanie, père du roi de Pologne, duc de Lorraine.

chefs des familles délibéroient entre eux des affaires publiques. Les jeunes gens cédoient sans peine à l'autorité de l'expérience. De là les noms de *prêtres*, d'*anciens*, de *sénat*, de *gérontes*. Les sauvages de l'Amérique septentrionale se gouvernent encore ainsi de nos jours et sont très bien gouvernés.

Mais, à mesure que l'inégalité d'institution l'emporta sur l'inégalité naturelle, la richesse ou la puissance[1] fut préférée à l'âge, et l'aristocratie devint élective. Enfin la puissance transmise avec les biens du père aux enfants, rendant les familles patriciennes, rendit le gouvernement héréditaire, et l'on vit des sénateurs de vingt ans.

Il y a donc trois sortes d'aristocratie : naturelle, élective, héréditaire. La première ne convient qu'à des peuples simples ; la troisième est le pire de tous les gouvernements. La deuxième est le meilleur ; c'est l'aristocratie proprement dite.

Outre l'avantage de la distinction des deux pouvoirs, elle a celui du choix de ses membres ; car, dans le gouvernement populaire, tous les citoyens naissent magistrats ; mais celui-ci les borne à un petit nombre, et ils ne le deviennent que par élection[2] : moyen par lequel la probité, les lumières, l'expérience, et toutes les autres raisons de préférence et d'estime publique, sont autant de nouveaux garants qu'on sera sagement gouverné.

De plus, les assemblées se font plus commodément ; les affaires se discutent mieux, s'expédient avec plus d'ordre et de diligence ; le crédit de l'État est mieux soutenu chez l'étranger par de vénérables sénateurs que par une multitude inconnue ou méprisée.

En un mot, c'est l'ordre le meilleur et le plus naturel que les plus sages gouvernent la multitude, quand on est sûr qu'ils la gouverneront pour son profit, et non pour le leur. Il ne faut point multiplier en vain les ressorts, ni faire avec vingt mille hommes ce que cent hommes choisis peuvent encore mieux. Mais il faut remarquer que l'intérêt de corps commence à moins diriger ici la force publique sur la règle de la volonté générale, et qu'une autre pente inévitable enlève aux lois une partie de la puissance exécutive.

À l'égard des convenances particulières, il ne faut ni un État si

---

1. Il est clair que le mot *optimates*, chez les anciens, ne veut pas dire les meilleurs, mais les plus puissants.

2. Il importe beaucoup de régler par des lois la forme de l'élection des magistrats ; car, en l'abandonnant à la volonté du prince, on ne peut éviter de tomber dans l'aristocratie héréditaire, comme il est arrivé aux républiques de Venise et de Berne. Aussi la première est-elle depuis longtemps un État dissous ; mais, la seconde se maintient par l'extrême sagesse de son sénat : c'est une exception bien honorable et bien dangereuse.

petit, ni un peuple si simple et si droit, que l'exécution des lois suive immédiatement de la volonté publique, comme dans une bonne démocratie. Il ne faut pas non plus une si grande nation, que les chefs épars pour la gouverner puissent trancher du souverain chacun dans son département, et commencer par se rendre indépendants pour devenir enfin les maîtres.

Mais si l'aristocratie exige quelques vertus de moins que le gouvernement populaire, elle en exige aussi d'autres qui lui sont propres, comme la modération dans les riches, et le contentement dans les pauvres; car il semble qu'une égalité rigoureuse y seroit déplacée; elle ne fut pas même observée à Sparte.

Au reste, si cette forme comporte une certaine inégalité de fortune, c'est bien pour qu'en général l'administration des affaires publiques soit confiée à ceux qui peuvent le mieux y donner tout leur temps, mais non pas, comme prétend Aristote, pour que les riches soient toujours préférés. Au contraire, il importe qu'un choix opposé apprenne quelquefois au peuple qu'il y a, dans le mérite des hommes, des raisons de préférence plus importantes que la richesse[1].

CHAP. VI. — De la monarchie.

Jusqu'ici nous avons considéré le prince comme une personne morale et collective, unie par la force des lois, et dépositaire dans l'État de la puissance exécutive. Nous avons maintenant à considérer cette puissance réunie entre les mains d'une personne naturelle, d'un homme réel, qui seul ait droit d'en disposer selon les lois. C'est ce qu'on appelle un monarque ou un roi.

Tout au contraire des autres administrations où un être collectif représente un individu, dans celle-ci un individu représente un être collectif; en sorte que l'unité morale qui constitue le prince est en même temps une unité physique, dans laquelle toutes les facultés que la loi réunit dans l'autre avec tant d'efforts se trouvent naturellement réunies.

Ainsi la volonté du peuple, et la volonté du prince, et la force publique de l'État, et la force particulière du gouvernement, tout répond au même mobile, tous les ressorts de la machine sont dans la même main, tout marche au même but; il n'y a point de mouvements opposés qui s'entre-détruisent, et l'on ne peut imaginer

---

1. Rousseau rapporte inexactement l'opinion d'Aristote. Voy. dans la *Politic.* d'Aristote, liv. III, chap. XIV, et liv. IV, chap. X et XI. (ÉD.)

aucune sorte de constitution dans laquelle un moindre effort pro-
duise une action plus considérable. Archimède, assis tranquillement sur le rivage et tirant sans peine à flot un grand vaisseau, me
représente un monarque habile, gouvernant de son cabinet ses
vastes États, et faisant tout mouvoir en paraissant immobile.

Mais s'il n'y a point de gouvernement qui ait plus de vigueur, il
n'y en a point où la volonté particulière ait plus d'empire et domine
plus aisément les autres : tout marche au même but, il est vrai;
mais ce but n'est point celui de la félicité publique, et la force même
de l'administration tourne sans cesse au préjudice de l'État.

Les rois veulent être absolus, et de loin on leur crie que le meilleur moyen de l'être est de se faire aimer de leurs peuples. Cette
maxime est très belle, et même très vraie à certains égards : malheureusement, on s'en moquera toujours dans les cours. La puissance qui vient de l'amour des peuples est sans doute la plus grande;
mais elle est précaire et conditionnelle; jamais les princes ne s'en
contenteront. Les meilleurs rois veulent pouvoir être méchants
s'il leur plaît, sans cesser d'être les maîtres. Un sermonneur politique aura beau leur dire que, la force du peuple étant la leur, leur
plus grand intérêt est que le peuple soit florissant, nombreux,
redoutable; ils savent très bien que cela n'est pas vrai. Leur intérêt personnel est premièrement que le peuple soit faible, misérable, et qu'il ne puisse jamais leur résister. J'avoue que, supposant
les sujets toujours parfaitement soumis, l'intérêt du prince seroit
alors que le peuple fût puissant, afin que cette puissance étant
sienne le rendît redoutable à ses voisins; mais, comme cet intérêt
n'est que secondaire et subordonné, et que les deux suppositions
sont incompatibles, il est naturel que les princes donnent la préférence à la maxime qui leur est le plus immédiatement utile. C'est
ce que Samuel représentait fortement aux Hébreux : c'est ce que
Machiavel a fait voir avec évidence. En feignant de donner des
leçons aux rois, il en a donné de grandes aux peuples. Le *Prince*
de Machiavel est le livre des républicains[1].

---

1. Machiavel étoit un honnête homme et un bon citoyen; mais, attaché à la maison de Médicis, il étoit forcé, dans l'oppression de sa patrie, de déguiser son amour
pour la liberté. Le choix seul de son exécrable héros* manifeste assez son intention secrète; et l'opposition des maximes de son livre *du Prince* à celles de ses
Discours sur Tite Live, et de son *Histoire de Florence*, démontre que ce profond
politique n'a eu jusqu'ici que des lecteurs superficiels ou corrompus. La cour de
Rome a sévèrement défendu son livre : je le crois bien; c'est elle qu'il dépeint le
plus clairement.

* César Borgia.

Nous avons trouvé, par les rapports généraux, que la monarchie n'est convenable qu'aux grands États ; et nous le trouverons encore en l'examinant en elle-même. Plus l'administration publique est nombreuse, plus le rapport du prince aux sujets diminue et s'approche de l'égalité, en sorte que ce rapport est un ou l'égalité, même dans la démocratie. Ce même rapport augmente à mesure que le gouvernement se resserre, et il est dans son *maximum* quand le gouvernement est dans les mains d'un seul. Alors il se trouve une trop grande distance entre le prince et le peuple, et l'État manque de liaison. Pour la former, il faut donc des ordres intermédiaires, il faut des princes, des grands, de la noblesse pour les remplir. Or, rien de tout cela ne convient à un petit État, que ruinent tous ces degrés.

Mais s'il est difficile qu'un grand État soit bien gouverné, il l'est beaucoup plus qu'il soit bien gouverné par un seul homme ; chacun sait ce qu'il arrive quand le roi se donne des substituts.

Un défaut essentiel et inévitable, qui mettra toujours le gouvernement monarchique au-dessous du républicain, est que dans celui-ci la voix publique n'élève presque jamais aux premières places que des hommes éclairés et capables, qui les remplissent avec honneur ; au lieu que ceux qui parviennent dans les monarchies ne sont le plus souvent que de petits brouillons, de petits fripons, de petits intrigants, à qui les petits talents, qui font dans les cours parvenir aux grandes places, ne servent qu'à montrer au public leur ineptie aussitôt qu'ils y sont parvenus. Le peuple se trompe bien moins sur ce choix que le prince ; et un homme d'un vrai mérite est presque aussi rare dans le ministère qu'un sot à la tête d'un gouvernement républicain. Aussi, quand, par quelque heureux hasard, un de ces hommes nés pour gouverner prend le timon des affaires dans une monarchie presque abîmée par ces tas de jolis régisseurs, on est tout surpris des ressources qu'il trouve, et cela fait époque dans un pays.

Pour qu'un État monarchique pût être bien gouverné, il faudroit que sa grandeur ou son étendue fût mesurée aux facultés de celui qui gouverne. Il est plus aisé de conquérir que de régir. Avec un levier suffisant, d'un doigt l'on peut ébranler le monde ; mais pour le soutenir il faut les épaules d'Hercule. Pour peu qu'un État soit grand, le prince est presque toujours trop petit. Quand, au contraire, il arrive que l'État est trop petit pour son chef, ce qui est très rare, il est encore mal gouverné, parce que le chef, suivant toujours la grandeur de ses vues, oublie les intérêts des peuples, et ne

les rend pas moins malheureux par l'abus des talents qu'il a de trop
qu'un chef borné par le défaut de ceux qui lui manquent. Il faudroit, pour ainsi dire, qu'un royaume s'étendît ou se resserrât à
chaque règne, selon la portée du prince; au lieu que, les talents d'un
sénat ayant des mesures plus fixes, l'État peut avoir des bornes
constantes, et l'administration n'aller pas moins bien.

Le plus sensible inconvénient du gouvernement d'un seul est le
défaut de cette succession continuelle qui forme dans les deux
autres une liaison non interrompue. Un roi mort, il en faut un autre;
les élections laissent des intervalles dangereux; elles sont orageuses;
et à moins que les citoyens ne soient d'un désintéressement, d'une
intégrité que ce gouvernement ne compte guère, la brigue et la
corruption s'en mêlent. Il est difficile que celui à qui l'État s'est
vendu ne le vende pas à son tour, et ne se dédommage pas sur les
foibles de l'argent que les puissants lui ont extorqué. Tôt ou tard
tout devient vénal sous une pareille administration, et la paix,
dont on jouit alors sous les rois, est pire que le désordre des interrègnes.

Qu'a-t-on fait pour prévenir ces maux? On a rendu les couronnes
héréditaires dans certaines familles; et l'on a établi un ordre de
succession qui prévient toute dispute à la mort des rois; c'est-à-
dire que, substituant l'inconvénient des régences à celui des élections, on a préféré une apparente tranquillité à une administration
sage, et qu'on a mieux aimé risquer d'avoir pour chefs des enfants,
des monstres, des imbéciles, que d'avoir à disputer sur le choix des
bons rois. On n'a pas considéré qu'en s'exposant ainsi aux risques
de l'alternative, on met presque toutes les chances contre soi.
C'étoit un mot très sensé que celui du jeune Denys à qui son père,
en lui reprochant une action honteuse, disoit : « T'en ai-je donné
l'exemple? — Ah ! répondit le fils, votre père n'étoit pas roi[1]. »

Tout concourt à priver de justice et de raison un homme élevé
pour commander aux autres. On prend beaucoup de peine, à ce
qu'on dit, pour enseigner aux jeunes princes l'art de régner : il ne
paroît pas que cette éducation leur profite. On feroit mieux de
commencer par leur enseigner l'art d'obéir. Les plus grands rois
qu'ait célébrés l'histoire n'ont point été élevés pour régner; c'est
une science qu'on ne possède jamais moins qu'après l'avoir trop
apprise, et qu'on acquiert mieux en obéissant qu'en commandant.
« Nam utilissimus idem ac brevissimus bonarum malarumque

---

1. Plutarque, *Dicts notables dès roys et des grands capitaines*, § 22. (ÉD.)

« rerum delectus, cogitare quid aut nolueris sub alio principe, aut
« volueris[1]. »

Une suite de ce défaut de cohérence est l'inconstance du gouvernement royal, qui, se réglant tantôt sur un plan et tantôt sur un
autre, selon le caractère du prince qui règne ou des gens qui règnent
pour lui, ne peut avoir longtemps un objet fixe ni une conduite
conséquente : variation qui rend toujours l'État flottant de maxime
en maxime, de projet en projet, et qui n'a pas lieu dans les autres
gouvernements, où le prince est toujours le même. Aussi voit-on
qu'en général, s'il y a plus de ruse dans une cour, il y a plus de
sagesse dans un sénat, et que les républiques vont à leurs fins par
des vues plus constantes et mieux suivies; au lieu que chaque
révolution dans le ministère en produit une dans l'État, la maxime
commune à tous les ministres, et presque à tous les rois, étant de
prendre en toute chose le contre-pied de leurs prédécesseurs.

De cette même incohérence se tire encore la solution d'un
sophisme très familier aux politiques royaux; c'est non seulement
de comparer le gouvernement civil au gouvernement domestique,
et le prince au père de famille, erreur déjà réfutée, mais encore de
donner libéralement à ce magistrat toutes les vertus dont il auroit
besoin, et de supposer toujours que le prince est ce qu'il devroit
être : supposition à l'aide de laquelle le gouvernement royal est
évidemment préférable à tout autre, parce qu'il est incontestablement le plus fort et que, pour être aussi le meilleur, il ne lui manque
qu'une volonté de corps plus conforme à la volonté générale.

Mais si, selon Platon, le roi par nature est un personnage si rare,
combien de fois la nature et la fortune concourront-elles à le couronner? Et si l'éducation royale corrompt nécessairement ceux qui
la reçoivent, que doit-on espérer d'une suite d'hommes élevés pour
régner? C'est donc bien vouloir s'abuser que de confondre le gouvernement royal avec celui d'un bon roi. Pour voir ce qu'est ce
gouvernement en lui-même, il faut le considérer sous des princes
bornés ou méchants; car ils arriveront tels au trône, ou le trône
les rendra tels.

Ces difficultés n'ont pas échappé à nos auteurs; mais ils n'en sont
point embarrassés. Le remède est, disent-ils, d'obéir sans murmure;
Dieu donne les mauvais rois dans sa colère, et il faut les supporter
comme des châtiments du ciel. Ce discours est édifiant, sans doute;
mais je ne sais s'il ne conviendroit pas mieux en chaire que dans

---

1. Tacite, *Hist.*, I, XVI. (ÉD.)

un livre de politique. Que dire d'un médecin qui promet des miracles, et dont tout l'art est d'exhorter son malade à la patience? On sait bien qu'il faut souffrir un mauvais gouvernement quand on l'a; la question seroit d'en trouver un bon.

CHAP. VII. — Des gouvernements mixtes.

A proprement parler, il n'y a point de gouvérnement simple. Il faut qu'un chef unique ait des magistrats subalternes; il faut qu'un gouvernement populaire ait un chef. Ainsi, dans le partage de la puissance exécutive, il y a toujours gradation du grand nombre au moindre, avec cette différence que tantôt le grand nombre dépend du petit, et tantôt le petit du grand.

Quelquefois il y a partage égal, soit quand les parties constitutives sont dans une dépendance mutuelle, comme dans le gouvernement d'Angleterre; soit quand l'autorité de chaque partie est indépendante, mais imparfaite, comme en Pologne. Cette dernière forme est mauvaise, parce qu'il n'y a point d'unité dans le gouvernement, et que l'État manque de liaison.

Lequel vaut le mieux d'un gouvernement simple ou d'un gouvernement mixte? Question fort agitée chez les politiques, et à laquelle il faut faire la même réponse que j'ai faite ci-devant sur toute forme de gouvernement.

Le gouvernement simple est le meilleur en soi, par cela seul qu'il est simple. Mais quand la puissance exécutive ne dépend pas assez de la législative, c'est-à-dire quand il y a plus de rapport du prince au souverain que du peuple au prince, il faut remédier à ce défaut de proportion en divisant le gouvernement; car alors toutes ses parties n'ont pas moins d'autorité sur les sujets, et leur division les rend toutes ensemble moins fortes contre le souverain.

On prévient encore le même inconvénient en établissant des magistrats intermédiaires qui, laissant le gouvernement en son entier, servent seulement à balancer les deux puissances et à maintenir leurs droits respectifs. Alors le gouvernement n'est pas mixte, il est tempéré.

On peut remédier par des moyens semblables à l'inconvénient opposé et, quand le gouvernement est trop lâche, ériger des tribunaux pour le concentrer : cela se pratique dans toutes les démocraties. Dans le premier cas, on divise le gouvernement pour l'affoiblir, et dans le second, pour le renforcer; car les *maximum* de force et de foiblesse se trouvent également dans les gouvernements simples, au lieu que les formes mixtes donnent une force moyenne.

Chap. VIII. — Que toute forme de gouvernement n'est pas propre à tout pays.

La liberté, n'étant pas un fruit de tous les climats, n'est pas à la portée de tous les peuples. Plus on médite ce principe établi par Montesquieu, plus on en sent la vérité; plus on le conteste, plus on donne occasion de l'établir par de nouvelles preuves.

Dans tous les gouvernements du monde, la personne publique consomme et ne produit rien. D'où lui vient donc la substance consommée? Du travail de ses membres. C'est le superflu des particuliers qui produit le nécessaire du public. D'où il suit que l'État civil ne peut subsister qu'autant que le travail des hommes rend au delà de leurs besoins.

Or, cet excédent n'est pas le même dans tous les pays du monde. Dans plusieurs il est considérable, dans d'autres médiocre, dans d'autres nul, dans d'autres négatif. Ce rapport dépend de la fertilité du climat, de la sorte de travail que la terre exige, de la nature de ses productions, de la force de ses habitants, de la plus ou moins grande consommation qui leur est nécessaire, et de plusieurs autres rapports semblables desquels il est composé.

D'autre part, tous les gouvernements ne sont pas de même nature; il y en a de plus ou moins dévorants; et les différences sont fondées sur cet autre principe que, plus les contributions publiques s'éloignent de leur source, et plus elles sont onéreuses. Ce n'est pas sur la quantité des impositions qu'il faut mesurer cette charge, mais sur le chemin qu'elles ont à faire pour retourner dans les mains dont elles sont sorties. Quand cette circulation est prompte et bien établie, qu'on paye peu ou beaucoup, il n'importe, le peuple est toujours riche, et les finances vont toujours bien. Au contraire, quelque peu que le peuple donne, quand ce peu ne lui revient point, en donnant toujours, bientôt il s'épuise : l'État n'est jamais riche et le peuple est toujours gueux.

Il suit de là que plus la distance du peuple au gouvernement augmente, et plus les tributs deviennent onéreux : ainsi, dans la démocratie, le peuple est le moins chargé ; dans l'aristocratie, il l'est davantage; dans la monarchie, il porte le plus grand poids. La monarchie ne convient donc qu'aux nations opulentes; l'aristocratie, aux États médiocres en richesse ainsi qu'en grandeur; la démocratie, aux États petits et pauvres.

En effet, plus on y réfléchit, plus on trouve en ceci de différence entre les États libres et les monarchiques. Dans les premiers, tout s'emploie à l'utilité commune; dans les autres, les forces publiques et particulières sont réciproques; et l'une s'augmente par l'affoiblissement de l'autre : enfin, au lieu de gouverner les sujets pour les rendre heureux, le despotisme les rend misérables pour les gouverner.

Voilà donc, dans chaque climat, des causes naturelles sur lesquelles on peut assigner la forme de gouvernement à laquelle la force du climat l'entraîne, et dire même quelle espèce d'habitants il doit avoir.

Les lieux ingrats et stériles, où le produit ne vaut pas le travail, doivent rester incultes et déserts, ou seulement peuplés de sauvages : les lieux où le travail des hommes ne rend exactement que le nécessaire doivent être habités par des peuples barbares; toute *politie* y seroit impossible : les lieux où l'excès du produit sur le travail est médiocre conviennent aux peuples libres : ceux où le terroir abondant et fertile donne beaucoup de produit pour peu de travail veulent être gouvernés monarchiquement, pour consumer par le luxe du prince l'excès du superflu des sujets; car il vaut mieux que cet excès soit absorbé par le gouvernement que dissipé par les particuliers. Il y a des exceptions, je le sais : mais ces exceptions mêmes confirment la règle, en ce qu'elles produisent tôt ou tard des révolutions qui ramènent les choses dans l'ordre de la nature.

Distinguons toujours les lois générales des causes particulières qui peuvent en modifier l'effet. Quand tout le Midi seroit couvert de républiques, et tout le Nord d'États despotiques, il n'en seroit pas moins vrai que, par l'effet du climat, le despotisme convient aux pays chauds, la barbarie aux pays froids, et la bonne *politie* aux régions intermédiaires. Je vois encore qu'en accordant le principe, on pourra disputer sur l'application : on pourra dire qu'il y a des pays froids très fertiles, et des méridionaux très ingrats. Mais cette difficulté n'en est une que pour ceux qui n'examinent pas la chose dans tous ses rapports. Il faut, comme je l'ai déjà dit, compter ceux des travaux, des forces, de la consommation, etc.

Supposons que de deux terrains égaux l'un rapporte cinq et l'autre dix. Si les habitants du premier consomment quatre et ceux du dernier neuf, l'excès du premier produit sera un cinquième, et celui du second un dixième. Le rapport de ces deux excès étant donc inverse de celui des produits, le terrain qui ne produira que cinq donnera un superflu double de celui du terrain qui produira dix.

Mais il n'est pas question d'un produit double, et je ne crois pas que personne ose mettre en général la fertilité des pays froids en égalité même avec celle des pays chauds. Toutefois supposons cette égalité ; laissons, si l'on veut, en balance l'Angleterre avec la Sicile, et la Pologne avec l'Égypte : plus au midi, nous aurons l'Afrique et les Indes ; plus au nord, nous n'aurons plus rien. Pour cette égalité de produit, quelle différence dans la culture ! En Sicile, il ne faut que gratter la terre ; en Angleterre, que de soins pour la labourer ! Or, là où il faut plus de bras pour donner le même produit, le superflu doit être nécessairement moindre.

Considérez, outre cela, que la même quantité d'hommes consomme beaucoup moins dans les pays chauds. Le climat demande qu'on y soit sobre pour se porter bien : les Européens qui veulent y vivre comme chez eux périssent tous de dysenterie et d'indigestion. « Nous sommes, dit Chardin, des bêtes carnassières, des loups, en comparaison des Asiatiques. Quelques-uns attribuent la sobriété des Persans à ce que leur pays est moins cultivé et moi, je crois au contraire que leur pays abonde moins en denrées parce qu'il en faut moins aux habitants. Si leur frugalité, continue-t-il, étoit un effet de la disette du pays, il n'y auroit que les pauvres qui mangeroient peu, au lieu que c'est généralement tout le monde ; et on mangeroit plus ou moins en chaque province, selon la fertilité du pays, au lieu que la même sobriété se trouve par tout le royaume. Ils se louent fort de leur manière de vivre, disant qu'il ne faut que regarder leur teint pour reconnaître combien elle est plus excellente que celle des chrétiens. En effet, le teint des Persans est uni, ils ont la peau belle, fine et polie ; au lieu que le teint des Arméniens, leurs sujets, qui vivent à l'européenne, est rude, couperosé, et que leurs corps sont gros et pesants. »

Plus on approche de la ligne, plus les peuples vivent de peu. Ils ne mangent presque pas de viande ; le riz, le maïs, le cuzcuz, le mil, la cassave, sont leurs aliments ordinaires. Il y a aux Indes des millions d'hommes dont la nourriture ne coûte pas un sou par jour. Nous voyons en Europe même des différences sensibles pour l'appétit entre les peuples du Nord et ceux du Midi. Un Espagnol vivra huit jours du dîner d'un Allemand. Dans les pays où les hommes sont plus voraces, le luxe se tourne aussi vers les choses de consommation : en Angleterre il se montre sur une table chargée de viandes; en Italie on vous régale de sucre et de fleurs.

Le luxe des vêtements offre encore de semblables différences. Dans les climats où les changements de saisons sont prompts et violents, on a des habits meilleurs et plus simples; dans ceux où l'on ne s'habille que pour la parure, on y cherche plus d'éclat que d'utilité; les habits eux-mêmes y sont un luxe. A Naples, vous verrez tous les jours se promener au Pausilippe des hommes en veste dorée, et point de bas. C'est la même chose pour les bâtiments : on donne tout à la magnificence quand on n'a rien à craindre des injures de l'air. A Paris, à Londres, on veut être logé chaudement et commodément : à Madrid, on a des salons superbes, mais point de fenêtres qui ferment, et l'on couche dans des nids à rats.

Les aliments sont beaucoup plus substantiels et succulents dans les pays chauds; c'est une troisième différence qui ne peut manquer d'influer sur la seconde. Pourquoi mange-t-on tant de légumes en Italie? Parce qu'ils y sont bons, nourrissants, d'excellent goût. En France, où ils ne sont nourris que d'eau, ils ne nourrissent point, et sont presque comptés pour rien sur les tables; ils n'occupent pourtant pas moins de terrain et coûtent du moins autant de peine à cultiver. C'est une expérience faite que les blés de Barbarie, d'ailleurs inférieurs à ceux de France, rendent beaucoup plus en farine, et que ceux de France, à leur tour, rendent plus que les blés du Nord. D'où l'on peut inférer qu'une gradation semblable s'observe généralement dans la même direction de la ligne au pôle. Or, n'est-ce pas un désavantage visible d'avoir dans un produit égal une moindre quantité d'aliments?

A toutes ces différentes considérations, j'en puis ajouter une qui en découle et qui les fortifie : c'est que les pays chauds ont moins besoin d'habitants que les pays froids, et pourroient en nourrir davantage; ce qui produit un double superflu toujours à l'avantage du despotisme. Plus le même nombre d'habitants occupe une grande surface, plus les révoltes deviennent difficiles, parce qu'on ne peut se concerter ni promptement ni secrètement, et qu'il est toujours facile au gouvernement d'éventer les projets et de couper les communications. Mais plus un peuple nombreux se rapproche, moins le gouvernement peut usurper sur le souverain : les chefs délibèrent aussi sûrement dans leurs chambres que le prince dans son conseil, et la foule s'assemble aussitôt dans les places que les troupes dans leurs quartiers. L'avantage d'un gouvernement tyrannique est donc en ceci d'agir à grandes distances. A l'aide des points d'appui qu'il se donne, sa force augmente au loin comme celle des leviers[1]. Celle du peuple, au contraire, n'agit que concentrée : elle s'évapore et se perd en s'étendant, comme l'effet de la poudre éparse à terre, et qui ne prend feu que grain à grain. Les pays les moins peuplés sont ainsi les plus propres à la tyrannie : les bêtes féroces ne règnent que dans les déserts.

Chap. IX. — Des signes d'un bon gouvernement.

Quand donc on demande absolument quel est le meilleur gouvernement, on fait une question insoluble comme indéterminée ; ou, si l'on veut, elle a autant de bonnes solutions qu'il y a de combinaisons possibles dans les positions absolues et relatives des peuples.

Mais si l'on demandoit à quel signe on peut connoître qu'un peuple donné est bien ou mal gouverné, ce seroit autre chose, et la question de fait pourroit se résoudre.

Cependant on ne la résout point, parce que chacun veut la résoudre à sa manière. Les sujets vantent la tranquillité publique, les citoyens la liberté des particuliers ; l'un préfère la sûreté des possessions, et l'autre celle des personnes ; l'un veut que le meilleur gouvernement soit le plus sévère, l'autre soutient que c'est le plus doux ; celui-ci veut qu'on punisse les crimes, et celui-là qu'on les prévienne ; l'un trouve beau qu'on soit craint des voisins, l'autre aime mieux qu'on en soit ignoré ; l'un est content quand l'argent circule, l'autre exige que le peuple ait du pain. Quand même on conviendroit sur ces points et d'autres semblables, en seroit-on plus avancé ? Les qualités morales manquant de mesure précise, fût-on d'accord sur le signe, comment l'être sur l'estimation ?

Pour moi, je m'étonne toujours qu'on méconnoisse un signe aussi simple, ou qu'on ait la mauvaise foi de n'en pas convenir. Quelle est la fin de l'association politique ? C'est la conservation et la prospérité de ses membres. Et quel est le signe le plus sûr qu'ils se conservent et prospèrent ? C'est leur nombre et leur population. N'allez donc pas chercher ailleurs ce signe si disputé. Toute chose

---

1. Ceci ne contredit pas ce que j'ai dit ci-devant (liv. II, chap. IX) sur les inconvénients des grands États ; car il s'agissoit là de l'autorité du gouvernement sur ses membres, et il s'agit ici de sa force contre les sujets. Ses membres épars lui servent de point d'appui pour agir au loin sur le peuple, mais il n'a nul point d'appui pour agir directement sur ses membres mêmes. Ainsi, dans l'un des cas, la longueur du levier en fait la foiblesse, et la force dans l'autre cas.

d'ailleurs égale, le gouvernement sous lequel, sans moyens étrangers, sans naturalisation, sans colonies, les citoyens peuplent et multiplient davantage, est infailliblement le meilleur. Celui sous lequel un peuple diminue et dépérit est le pire. Calculateurs, c'est maintenant votre affaire; comptez, mesurez, comparez[1].

CHAP. X. — De l'abus du gouvernement et de sa pente à dégénérer.

Comme la volonté particulière agit sans cesse contre la volonté générale, ainsi le gouvernement fait un effort continuel contre la souveraineté. Plus cet effort augmente, plus la constitution s'altère; et, comme il n'y a point ici d'autre volonté de corps qui, résistant à celle du prince, fasse équilibre avec elle, il doit arriver tôt ou tard que le prince opprime enfin le souverain et rompe le traité social. C'est là le vice inhérent et inévitable qui, dès la naissance du corps politique, tend sans relâche à la détruire, de même que la vieillesse et la mort détruisent enfin le corps de l'homme.

1. On doit juger sur le même principe des siècles qui méritent la préférence pour la prospérité du genre humain. On a trop admiré ceux où l'on a vu fleurir les lettres et les arts, sans pénétrer l'objet secret de leur culture, sans en considérer le funeste effet : « Idque apud imperitos humanitas vocabatur, quum pars « servitutis esset*. » Ne verrons-nous jamais dans les maximes des livres l'intérêt grossier qui fait parler les auteurs? Non, quoi qu'ils en puissent dire, quand, malgré son éclat, un pays se dépeuple, il n'est pas vrai que tout aille bien, et il ne suffit pas qu'un poète ait cent mille livres de rente pour que son siècle soit le meilleur de tous. Il faut moins regarder au repos apparent et à la tranquillité des chefs qu'au bien-être des nations entières, et surtout des États les plus nombreux. La grêle désole quelques cantons, mais elle fait rarement disette. Les émeutes, les guerres civiles effarouchent beaucoup les chefs; mais elles ne font pas les vrais malheurs des peuples, qui peuvent même avoir du relâche, tandis qu'on dispute à qui les tyrannisera. C'est de leur état permanent que naissent leurs prospérités ou leurs calamités réelles : quand tout reste écrasé sous le joug, c'est alors que tout dépérit; c'est alors que les chefs les détruisent à leur aise, « ubi solitudinem faciunt pacem « appellant** ». Quand les tracasseries des grands agitoient le royaume de France, et que le coadjuteur de Paris portoit au Parlement un poignard dans sa poche, cela n'empêchoit pas que le peuple françois ne vécût heureux et nombreux dans une honnête et libre aisance. Autrefois la Grèce florissoit au sein des plus cruelles guerres; le sang y couloit à flots, et tout le pays étoit couvert d'hommes. Il sembloit, dit Machiavel, qu'au milieu des meurtres, des proscriptions, des guerres civiles, notre république en devînt plus puissante; la vertu de ses citoyens, leurs mœurs, leur indépendance, avoient plus d'effet pour la renforcer que toutes ses dissensions n'en avoient pour l'affoiblir. Un peu d'agitation donne du ressort aux âmes, et ce qui fait vraiment prospérer l'espèce est moins la paix que la liberté.

* Tacit., *Agric.*, XXI.
** *Ibid.*, XXXI.

Il y a deux voies générales par lesquelles un gouvernement dégénère : savoir, quand il se resserre, ou quand l'État se dissout.

Le gouvernement se resserre quand il passe du grand nombre au petit, c'est-à-dire de la démocratie à l'aristocratie, et de l'aristocratie à la royauté. C'est là son inclinaison naturelle[1]. S'il rétrogradoit du petit nombre au grand, on pourroit dire qu'il se relâche : mais ce progrès inverse est impossible.

En effet, jamais le gouvernement ne change de forme que quand son ressort usé le laisse trop affoibli pour pouvoir conserver la sienne. Or, s'il se relâchoit encore en s'étendant, sa force deviendroit tout à fait nulle, et il subsisteroit encore moins. Il faut donc

---

1. La formation lente et le progrès de la république de Venise dans ses lagunes offrent un exemple notable de cette succession; et il est bien étonnant que, depuis plus de douze cents ans, les Véniciens semblent n'en être encore qu'au second terme, lequel commença au *Serrar di consiglio*, en 1198. Quant aux anciens ducs qu'on leur reproche, quoi qu'en puisse dire le *Squittinio della libertà veneta**, il est prouvé qu's n'ont point été leurs souverains.

On ne manquera pas de m'objecter la république romaine, qui suivit, dira-t-on, un progrès tout contraire, passant de la monarchie à l'aristocratie, et de l'aristocratie à la démocratie. Je suis bien éloigné d'en penser ainsi.

Le premier établissement de Romulus fut un gouvernement mixte, qui dégénéra promptement en despotisme. Par des causes particulières, l'État périt avant le temps, comme on voit mourir un nouveau-né avant d'avoir atteint l'âge d'homme. L'expulsion des Tarquins fut la véritable époque de la naissance de la République. Mais elle ne prit pas d'abord une forme constante, parce qu'on ne fit que la moitié de l'ouvrage en n'abolissant pas le patriciat. Car, de cette manière, l'aristocratie héréditaire, qui est la pire des administrations légitimes, restant en conflit avec la démocratie, la forme de gouvernement, toujours incertaine et flottante, ne fut fixée, comme l'a prouvé Machiavel, qu'à l'établissement des tribuns; alors seulement il y eut un vrai gouvernement et une véritable démocratie. En effet, le peuple alors n'étoit pas seulement souverain, mais aussi magistrat et juge; le sénat n'étoit qu'un tribunal en sous-ordre, pour tempérer et concentrer le gouvernement; et les consuls eux-mêmes, bien que patriciens, bien que premiers magistrats, bien que généraux absolus à la guerre, n'étoient à Rome que les présidents du peuple.

Dès lors on vit aussi le gouvernement prendre sa pente naturelle et tendre fortement à l'aristocratie. Le patriciat s'abolissant comme de lui-même, l'aristocratie n'étoit plus dans le corps des patriciens comme elle est à Venise et à Gênes, mais dans le corps du sénat, composé de patriciens et de plébéiens, même dans le corps des tribuns quand ils commencèrent d'usurper une puissance active : car les mots ne font rien aux choses; et quand le peuple a des chefs qui gouvernent pour lui, quelque nom que portent ces chefs, c'est toujours une aristocratie.

De l'abus de l'aristocratie naquirent les guerres civiles et le triumvirat. Sylla, Jules César, Auguste, devinrent dans le fait de véritables monarques; et enfin, sous le despotisme de Tibère, l'État fut dissous. L'histoire romaine ne dément donc point mon principe : elle le confirme.

* C'est le titre d'un ouvrage anonyme publié en 1612, pour établir le prétendu droit des empereurs sur la république de Venise. (ÉD.)

remonter et serrer le ressort à mesure qu'il cède : autrement l'État qu'il soutient tomberoit en ruine.

Le cas de la dissolution de l'État peut arriver de deux manières. Premièrement, quand le prince n'administre plus l'État selon les lois, et qu'il usurpe le pouvoir souverain. Alors il se fait un changement remarquable; c'est que, non pas le gouvernement, mais l'État se resserre : je veux dire que le grand État se dissout, et qu'il s'en forme un autre dans celui-là, composé seulement des membres du gouvernement, et qui n'est plus rien au reste du peuple que son maître et son tyran. De sorte qu'à l'instant que le gouvernement usurpe la souveraineté, le pacte social est rompu; et tous les simples citoyens, rentrés de droit dans leur liberté naturelle, sont forcés, mais non pas obligés d'obéir.

Le même cas arrive aussi quand les membres du gouvernement usurpent séparément le pouvoir qu'ils ne doivent exercer qu'en corps; ce qui n'est pas une moindre infraction des lois, et produit encore un plus grand désordre. Alors on a, pour ainsi dire, autant de princes que de magistrats; et l'État, non moins divisé que le gouvernement, périt ou change de forme.

Quand l'État se dissout, l'abus du gouvernement, quel qu'il soit, prend le nom commun d'*anarchie*. En distinguant, la démocratie dégénère en *ochlocratie*, l'aristocratie en *oligarchie :* j'ajouterois que la royauté dégénère en *tyrannie;* mais ce dernier mot est équivoque et demande explication.

Dans le sens vulgaire, un tyran est un roi qui gouverne avec violence et sans égard à la justice et aux lois. Dans le sens précis, un tyran est un particulier qui s'arroge l'autorité royale sans y avoir droit. C'est ainsi que les Grecs entendoient ce mot de tyran : ils le donnoient indifféremment aux bons et aux mauvais princes dont l'autorité n'étoit pas légitime[1]. Ainsi *tyran* et *usurpateur* sont deux mots parfaitement synonymes.

Pour donner différents noms à différentes choses, j'appelle *tyran* l'usurpateur de l'autorité royale, et *despote* l'usurpateur du pou-

---

1. « Omnes enim et habentur et dicuntur tyranni, qui potestate utuntur perpe- « tua in ea civitate quæ libertate usa est. » (Corn. Nep., *in Miltiad.*, cap. VIII). — Il est vrai qu'Aristote (*Mor. Nicom.*, lib. VIII, cap. X) distingue le tyran du roi, en ce que le premier gouverne pour sa propre utilité, et le second seulement pour l'utilité de ses sujets; mais, outre que généralement tous les auteurs grecs ont pris le mot *tyran* dans un autre sens, comme il paroît surtout par le Hiéron de Xénophon, il s'ensuivroit de la distinction d'Aristote que depuis le commencement du monde, il n'auroit pas encore existé un seul roi.

voir souverain. Le tyran est celui qui s'ingère contre les lois à gouverner selon les lois; le despote est celui qui se met au-dessus des lois mêmes. Ainsi le tyran peut n'être pas despote, mais le despote est toujours tyran.

CHAP. XI. — De la mort du corps politique.

Telle est la pente naturelle et inévitable des gouvernements les mieux constitués. Si Sparte et Rome ont péri, quel État peut espérer de durer toujours? Si nous voulons former un établissement durable, ne songeons donc point à le rendre éternel. Pour réussir, il ne faut pas tenter l'impossible, ni se flatter de donner à l'ouvrage des hommes une solidité que les choses humaines ne comportent pas.

Le corps politique, aussi bien que le corps de l'homme, commence à mourir dès sa naissance et porte en lui-même les causes de sa destruction. Mais l'un et l'autre peut avoir une constitution plus ou moins robuste et propre à le conserver plus ou moins longtemps. La constitution de l'homme est l'ouvrage de la nature; celle de l'État est l'ouvrage de l'art. Il ne dépend pas des hommes de prolonger leur vie, il dépend d'eux de prolonger celle de l'État aussi loin qu'il est possible, en lui donnant la meilleure constitution qu'il puisse avoir. Le mieux constitué finira, mais plus tard qu'un autre, si nul accident imprévu n'amène sa perte avant le temps.

Le principe de la vie politique est dans l'autorité souveraine. La puissance législative est le cœur de l'État, la puissance exécutive en est le cerveau, qui donne le mouvement à toutes les parties. Le cerveau peut tomber en paralysie et l'individu vivre encore. Un homme reste imbécile et vit; mais sitôt que le cœur a cessé ses fonctions, l'animal est mort.

Ce n'est point par les lois que l'État subsiste, c'est par le pouvoir législatif. La loi d'hier n'oblige pas aujourd'hui : mais le consentement tacite est présumé du silence, et le souverain est censé confirmer incessamment les lois qu'il n'abroge pas, pouvant le faire. Tout ce qu'il a déclaré vouloir une fois, il le veut toujours, à moins qu'il ne le révoque.

Pourquoi donc porte-t-on tant de respect aux anciennes lois? C'est pour cela même. On doit croire qu'il n'y a que l'excellence des volontés antiques qui les ait pu conserver si longtemps : si le souverain ne les eût reconnues constamment salutaires, il les eût mille fois révoquées. Voilà pourquoi, loin de s'affaiblir, les lois

acquièrent sans cesse une force nouvelle dans tout État bien constitué ; le préjugé de l'antiquité les rend chaque jour plus vénérables :
au lieu que partout où les lois s'affoiblissent en vieillissant, cela
prouve qu'il n'y a plus de pouvoir législatif, et que l'État ne vit
plus.

CHAP. XII. — Comment se maintient l'autorité souveraine.

Le souverain, n'ayant d'autre force que la puissance législative,
n'agit que par des lois; et les lois n'étant que des actes authen-
tiques de la volonté générale, le souverain ne sauroit agir que quand
le peuple est assemblé. Le peuple assemblé, dira-t-on, quelle chimère ! C'est une chimère aujourd'hui; mais ce n'en étoit pas une
il y a deux mille ans. Les hommes ont-ils changé de nature?

Les bornes du possible, dans les choses morales, sont moins
étroites que nous ne pensons : ce sont nos foiblesses, nos vices, nos
préjugés, qui les rétrécissent. Les âmes basses ne croient point aux
grands hommes : de vils esclaves sourient d'un air moqueur à ce
mot de *liberté*.

Par ce qui s'est fait, considérons ce qui se peut faire. Je ne parlerai pas des anciennes républiques de la Grèce; mais la république
romaine étoit, ce me semble, un grand État, et la ville de Rome
une grande ville. Le dernier cens donna dans Rome quatre cent
mille citoyens portant armes, et le dernier dénombrement de l'empire plus de quatre millions de citoyens, sans compter les sujets.
les étrangers, les femmes, les enfants, les esclaves.

Quelle difficulté n'imagineroit-on pas d'assembler fréquemment
le peuple immense de cette capitale et de ces environs ! Cependant,
il se passoit peu de semaines que le peuple romain ne fût assemblé,
et même plusieurs fois. Non seulement il exerçoit les droits de la
souveraineté, mais une partie de ceux du gouvernement. Il traitoit
certaines affaires, il jugeoit certaines causes, et tout ce peuple
étoit sur la place publique presque aussi souvent magistrat que
citoyen.

En remontant aux premiers temps des nations, on trouveroit que
la plupart des anciens gouvernements, même monarchiques, tels
que ceux des Macédoniens et des Francs, avoient de semblables
conseils. Quoi qu'il en soit, ce seul fait incontestable répond à toutes
les difficultés : de l'existant au possible la conséquence me paroît
bonne.

Chap. XIII. — Suite;

Il ne suffit pas que le peuple assemblé ait une fois fixé la constitution de l'État en donnant la sanction à un corps de lois; il ne suffit pas qu'il ait établi un gouvernement perpétuel, ou qu'il ait pourvu une fois pour toutes à l'élection des magistrats : outre les assemblées extraordinaires que des cas imprévus peuvent exiger, il faut qu'il y en ait de fixes et de périodiques que rien ne puisse abolir ni proroger, tellement qu'au jour marqué le peuple soit légitimement convoqué par la loi, sans qu'il soit besoin pour cela d'aucune autre convocation formelle.

Mais, hors de ces assemblées juridiques par leur seule date, toute assemblée du peuple qui n'aura pas été convoquée par les magistrats préposés à cet effet, et selon les formes prescrites, doit être tenue pour illégitime, et tout ce qui s'y fait pour nul, parce que l'ordre même de s'assembler doit émaner de la loi.

Quant aux retours plus ou moins fréquents des assemblées légitimes, ils dépendent de tant de considérations qu'on ne sauroit donner là-dessus de règles précises. Seulement, on peut dire en général que plus le gouvernement a de force, plus le souverain doit se montrer fréquemment.

Ceci, me dira-t-on, peut-être bon pour une seule ville; mais que faire quand l'État en comprend plusieurs? Partagera-t-on l'autorité souveraine? ou bien doit-on la concentrer dans une seule ville et assujettir tout le reste?

Je réponds qu'on ne doit faire ni l'un ni l'autre. Premièrement, l'autorité souveraine est simple et une, et l'on ne peut la diviser sans la détruire. En second lieu, une ville, non plus qu'une nation, ne peut être légitimement sujette d'une autre, parce que l'essence du corps politique est dans l'accord de l'obéissance et de la liberté, et que ces mots de *sujet* et de *souverains* sont des corrélations identiques dont l'idée se réunit sous le seul mot de citoyen.

Je réponds encore que c'est toujours un mal d'unir plusieurs villes en une seule cité et que, voulant faire cette union, l'on ne doit pas se flatter d'en éviter les inconvénients naturels. Il ne faut point objecter l'abus des grands États à celui qui n'en veut que de petits. Mais comment donner aux petits États assez de force pour résister aux grands? comme jadis les villes grecques résistèrent au grand roi, et comme plus récemment la Hollande et la Suisse ont résisté à la maison d'Autriche.

Toutefois, si l'on **ne peut** réduire l'État à de justes bornes, il reste encore une ressource; c'est de n'y point souffrir de capitale, de faire siéger le gouvernement alternativement dans chaque ville, et d'y rassembler aussi tour à tour les états du pays.

Peuplez également le territoire, étendez-y partout les mêmes droits, portez-y partout l'abondance et la vie; c'est ainsi que l'État deviendra tout à la fois le plus fort et le mieux gouverné qu'il soit possible. Souvenez-vous que les murs des villes ne se forment que du débris des maisons des champs. A chaque palais que je vois élever dans la capitale, je crois voir mettre en masures tout un pays.

CHAP. XIV. — Suite.

A l'instant que le peuple est légitimement assemblé en corps souverain, toute juridiction du gouvernement cesse, la puissance exécutive est suspendue, et la personne du dernier citoyen est aussi sacrée et inviolable que celle du premier magistrat, parce qu'où se trouve le représenté il n'y a plus de représentant. La plupart des tumultes qui s'élevèrent à Rome dans les comices vinrent d'avoir ignoré ou négligé cette règle. Les consuls alors n'étoient que les présidents du peuple; les tribuns de simples orateurs[1] : le sénat n'étoit rien du tout.

Ces intervalles de suspension où le prince reconnoît ou doit reconnoître un supérieur actuel, lui ont toujours été redoutables; et ces assemblées du peuple, qui sont l'égide du corps politique et le frein du gouvernement, ont été de tout temps l'horreur des chefs : aussi n'épargnent-ils jamais ni soins, ni objections, ni difficultés, ni promesses, pour en rebuter les citoyens. Quand ceux-ci sont avares, lâches, pusillanimes, plus amoureux du repos que de la liberté, ils ne tiennent pas longtemps contre les efforts redoublés du gouvernement : c'est ainsi que, la force résistante augmentant sans cesse, l'autorité souveraine s'évanouit à la fin, et que la plupart des cités tombent et périssent avant le temps.

Mais entre l'autorité souveraine et le gouvernement arbitraire, il s'introduit quelquefois un pouvoir moyen dont il faut parler.

---

1. A peu près selon le sens qu'on donne à ce nom dans le parlement d'Angleterre. La ressemblance de ces emplois eût mis en conflit les consuls et les tribuns, quand même toute juridiction eût été suspendue.

Chap. XV. — Des députés ou représentants.

Sitôt que le service public cesse d'être la principale affaire des citoyens, et qu'ils aiment mieux servir de leur bourse que de leur personne, l'État est déjà près de sa ruine. Faut-il marcher au combat? ils payent des troupes et restent chez eux; faut-il aller au conseil? ils nomment des députés et restent chez eux. A force de paresse et d'argent, ils ont enfin des soldats pour asservir la patrie, et des représentants pour la vendre.

C'est le tracas du commerce et des arts, c'est l'avide intérêt du gain, c'est la mollesse et l'amour des commodités, qui changent les services personnels en argent. On cède une partie de son profit pour l'augmenter à son aise. Donnez de l'argent, et bientôt vous aurez des fers. Ce mot de *finance* est un mot d'esclave, il est inconnu dans la cité. Dans un pays vraiment libre, les citoyens font tout avec leurs bras, et rien avec de l'argent; loin de payer pour s'exempter de leurs devoirs, ils payeroient pour les remplir eux-mêmes. Je suis bien loin des idées communes; je crois les corvées moins contraires à la liberté que les taxes.

Mieux l'État est constitué, plus les affaires publiques l'emportent sur les privées, dans l'esprit des citoyens. Il y a même beaucoup moins d'affaires privées, parce que la somme du bonheur commun fournissant une portion plus considérable à celui de chaque individu, il lui en reste moins à chercher dans les soins particuliers. Dans une cité bien conduite, chacun vole aux assemblées; sous un mauvais gouvernement, nul n'aime à faire un pas pour s'y rendre, parce que nul ne prend intérêt à ce qui s'y fait, qu'on prévoit que la volonté générale n'y dominera pas, et qu'enfin les soins domestiques absorbent tout. Les bonnes lois en font faire de meilleures, les mauvaises en amènent de pires. Sitôt que quelqu'un dit des affaires de l'État : *Que m'importe?* on doit compter que l'État est perdu.

L'attiédissement de l'amour de la patrie, l'activité de l'intérêt privé, l'immensité des États, les conquêtes, l'abus du gouvernement, ont fait imaginer la voie des députés ou représentants du peuple dans les assemblées de la nation. C'est ce qu'en certain pays on ose appeler le tiers état. Ainsi l'intérêt particulier de deux ordres est mis au premier et second rang; l'intérêt public n'est qu'au troisième.

La souveraineté ne peut être représentée, par la même raison

qu'elle peut être aliénée; elle consiste essentiellement dans la
volonté générale, et la volonté ne se représente point : elle est la
même, ou elle est autre; il n'y a point de milieu. Les députés du
peuple ne sont donc ni ne peuvent être ses représentants, ils ne
sont que ses commissaires; ils ne peuvent rien conclure définitivement. Toute loi que le peuple en personne n'a pas ratifiée est nulle;
ce n'est point une loi. Le peuple anglois pense être libre, il se trompe
fort; il ne l'est que durant l'élection des membres du parlement :
sitôt qu'ils sont élus, il est esclave, il n'est rien. Dans les courts
moments de sa liberté, l'usage qu'il en fait mérite bien qu'il la
perde.

L'idée des représentants est moderne : elle nous vient du gouvernement féodal, de cet inique et absurde gouvernement dans
lequel l'espèce humaine est dégradée, et où le nom d'homme est
en déshonneur. Dans les anciennes républiques, et même dans les
monarchies, jamais le peuple n'eut des représentants; on ne con-
naissoit pas ce mot-là. Il est très singulier qu'à Rome, où les tribuns étoient si sacrés, on n'ait pas même imaginé qu'ils pussent
usurper les fonctions du peuple, et qu'au milieu d'une si grande
multitude ils n'aient jamais tenté de passer de leur chef un seul
plébiscite. Qu'on juge cependant de l'embarras que causoit quelquefois la foule par ce qui arriva du temps des Gracques, où une
partie des citoyens donnoit son suffrage de dessus les toits.

Où le droit et la liberté sont toutes choses, les inconvénients ne
sont rien. Chez ce sage peuple tout étoit mis à sa juste mesure : il
laissoit faire à ses licteurs ce que ses tribuns n'eussent osé faire; il
ne craignoit pas que ses licteurs voulussent le représenter.

Pour expliquer cependant comment les tribuns le représentoient
quelquefois, il suffit de concevoir comment le gouvernement représente le souverain. La loi n'étant que la déclaration de la volonté
générale, il est clair que, dans la puissance législative, le peuple ne
peut être représenté; mais il peut et doit l'être dans la puissance
exécutive, qui n'est que la force appliquée à la loi. Ceci fait voir
qu'en examinant bien les choses on trouveroit que très peu de
nations ont des lois. Quoi qu'il en soit, il est sûr que les tribuns,
n'ayant aucune partie du pouvoir exécutif, ne purent jamais représenter le peuple romain par les droits de leurs charges, mais seulement en usurpant sur ceux du sénat.

Chez les Grecs, tout ce que le peuple avait à faire, il le faisoit par
lui-même : il étoit sans cesse assemblé sur la place. Il habitoit un
climat doux; il n'étoit point avide; des esclaves faisoient ses tra-

vaux; sa grande affaire étoit sa liberté. N'ayant plus les mêmes avantages, comment conserver les mêmes droits? Vos climats plus durs vous donnent plus de besoins[1] : six mois de l'année la place publique n'est pas tenable; vos langues sourdes ne peuvent se faire entendre en plein air; vous donnez plus à votre gain qu'à votre liberté, et vous craignez bien moins l'esclavage que la misère.

Quoi! la liberté ne se maintient qu'à l'appui de la servitude? Peut-être. Les deux excès se touchent. Tout ce qui n'est point dans la nature a ses inconvénients, et la société civile plus que tout le reste. Il y a telles positions malheureuses où l'on ne peut conserver sa liberté qu'aux dépens de celle d'autrui, et où le citoyen ne peut être parfaitement libre que l'esclave ne soit extrêmement esclave. Telle étoit la position de Sparte. Pour vous, peuples modernes, vous n'avez point d'esclaves, mais vous l'êtes; vous payez leur liberté de la vôtre. Vous avez beau vanter cette préférence, j'y trouve plus de lâcheté que d'humanité.

Je n'entends point par tout cela qu'il faille avoir des esclaves, ni que le droit d'esclavage soit légitime, puisque j'ai prouvé le contraire : je dis seulement les raisons pourquoi les peuples modernes qui se croient libres ont des représentants, et pourquoi les peuples anciens n'en avoient pas. Quoi qu'il en soit, à l'instant qu'un peuple se donne des représentants, il n'est plus libre; il n'est plus.

Tout bien examiné, je ne vois pas qu'il soit désormais possible au souverain de conserver parmi nous l'exercice de ses droits, si la cité n'est très petite. Mais si elle est très petite, elle sera subjuguée? Non. Je ferai voir ci-après[2] comment on peut réunir la puissance extérieure d'un grand peuple avec la police aisée et le bon ordre d'un petit État.

Chap. XVI. — Que l'institution du gouvernement n'est point un contrat.

Le pouvoir législatif une fois bien établi, il s'agit d'établir de même le pouvoir exécutif; car ce dernier, qui n'opère que par des actes particuliers, n'étant pas de l'essence de l'autre, en est naturellement séparé. S'il étoit possible que le souverain, considéré

---

1. Adopter dans les pays froids le luxe et la mollesse des Orientaux, c'est vouloir se donner leurs chaînes; c'est s'y soumettre encore plus nécessairement qu'eux.

2. C'est ce que je m'étois proposé de faire dans la suite de cet ouvrage; lorsqu'en traitant des relations externes j'en serois venu aux confédérations, matière toute neuve, et où les principes sont encore à établir.

comme tel, eût la puissance exécutive, le droit et le fait seroient tellement confondus, qu'on ne sauroit plus ce qui est loi et ce qui ne l'est pas; et le corps politique, ainsi dénaturé, seroit bientôt en proie à la violence contre laquelle il fut institué.

Les citoyens étant tous égaux par le contrat social, ce que tous doivent faire, tous peuvent le prescrire, au lieu que nul n'a droit d'exiger qu'un autre fasse ce qu'il ne fait pas lui-même. Or, c'est proprement ce droit, indispensable pour faire vivre et mouvoir le corps politique, que le souverain donne au prince en instituant le gouvernement.

Plusieurs ont prétendu que l'acte de cet établissement étoit un contrat entre le peuple et les chefs qu'il se donne, contrat par lequel on stipuloit entre les deux parties des conditions sous lesquelles l'une s'obligeoit à commander et l'autre à obéir. On conviendra, je m'assure, que voilà une étrange manière de contracter. Mais voyons si cette opinion est soutenable.

Premièrement, l'autorité suprême ne peut pas plus se modifier que s'aliéner; la limiter, c'est la détruire. Il est absurde et contradictoire que le souverain se donne un supérieur; s'obliger d'obéir à un maître, c'est se remettre en pleine liberté.

De plus, il est évident que ce contrat du peuple avec telles ou telles personnes seroit un acte particulier; d'où il suit que ce contrat ne sauroit être une loi ni un acte de souveraineté, et que par conséquent il seroit illégitime.

On voit encore que les parties contractantes seroient entre elles sous la seule loi de nature et sans aucun garant de leurs engagements réciproques, ce qui répugne de toutes manières à l'état civil : celui qui a la force en main étant toujours le maître de l'exécution, autant vaudroit donner le nom de contrat à l'acte d'un homme qui diroit à un autre : « Je vous donne tout mon bien, à condition que vous m'en rendrez ce qu'il vous plaira ».

Il n'y a qu'un contrat dans l'État, c'est celui de l'association : celui-là seul en exclut tout autre. On ne sauroit imaginer aucun contrat public qui ne fût une violation du premier.

CHAP. XVII. — De l'institution du gouvernement.

Sous quelle idée faut-il donc concevoir l'acte par lequel le gouvernement est institué? Je remarquerai d'abord que cet acte est complexe, ou composé de deux autres, savoir : l'établissement de la loi et l'exécution de la loi.

Par le premier, le souverain statue qu'il y aura un corps de gouvernement établi sous telle ou telle forme; et il est clair que cet acte est une loi.

Par le second, le peuple nomme les chefs qui seront chargés du gouvernement établi. Or cette nomination, étant un acte particulier, n'est pas une seconde loi, mais seulement une suite de la première et une fonction du gouvernement.

La difficulté est d'entendre comment on peut avoir un acte de gouvernement avant que le gouvernement existe, et comment le peuple, qui n'est que souverain ou sujet, peut devenir prince ou magistrat dans certaines circonstances.

C'est encore ici que se découvre une de ces étonnantes propriétés du corps politique, par lesquelles il concilie des opérations contradictoires en apparence; car celle-ci se fait par une conversion subite de la souveraineté en démocratie, en sorte que, sans aucun changement sensible, et seulement par une nouvelle relation de tous à tous, les citoyens, devenus magistrats, passent des actes généraux aux actes particuliers, et de la loi à l'exécution.

Ce changement de relation n'est point une subtilité de spéculation sans exemple dans la pratique : il a lieu tous les jours dans le parlement d'Angleterre, où la chambre basse, en certaines occasions, se tourne en grand comité, pour mieux discuter les affaires, et devient ainsi simple commission, de cour souveraine qu'elle étoit l'instant précédent; en telle sorte qu'elle se fait ensuite rapport à elle-même, comme chambre des communes, de ce qu'elle vient de régler en grand comité, et délibère de nouveau sous un titre de ce qu'elle a déjà résolu sous un autre.

Tel est l'avantage propre au gouvernement démocratique, de pouvoir être établi dans le fait par un simple acte de la volonté générale. Après quoi ce gouvernement provisionnel reste en possession, si telle est la forme adoptée, ou établit au nom du souverain le gouvernement prescrit par la loi; et tout se trouve ainsi dans la règle. Il n'est pas possible d'instituer le gouvernement d'aucune autre manière légitime et sans renoncer aux principes ci-devant établis.

Chap. XVIII. — Moyens de prévenir les usurpations du gouvernement.

De ces éclaircissements il résulte, en confirmation du chapitre xvi, que l'acte qui institue le gouvernement n'est point un contrat, mais une loi; que les dépositaires de la puissance exécutive ne sont point les maîtres du peuple, mais ses officiers; qu'il peut les établir et les destituer quand il lui plaît; qu'il n'est point question pour eux de contracter, mais d'obéir; et qu'en se chargeant des fonctions que l'État leur impose, ils ne font que remplir leur devoir de citoyens sans avoir en aucune sorte le droit de disputer sur les conditions.

Quand donc il arrive que le peuple institue un gouvernement héréditaire, soit monarchique dans une famille, soit aristocratique dans un ordre de citoyens, ce n'est point un engagement qu'il prend : c'est une forme provisionnelle qu'il donne à l'administration, jusqu'à ce qu'il lui plaise d'en ordonner autrement.

Il est vrai que ces changements sont toujours dangereux, et qu'il ne faut jamais toucher au gouvernement établi que lorsqu'il devient incompatible avec le bien public : mais cette circonspection est une maxime de politique, et non pas une règle de droit; et l'État n'est pas plus tenu de laisser l'autorité civile à ses chefs, que l'autorité militaire à ses généraux.

Il est vrai encore qu'on ne sauroit, en pareil cas, observer avec trop de soin toutes les formalités requises pour distinguer un acte régulier et légitime d'un tumulte séditieux, et la volonté de tout un peuple des clameurs d'une faction. C'est ici surtout qu'il ne faut donner au cas odieux que ce qu'on ne peut lui refuser dans toute la rigueur du droit; et c'est aussi de cette obligation que le prince tire un grand avantage pour conserver sa puissance malgré le peuple, sans qu'on puisse dire qu'il l'ait usurpée; car, en paroissant n'user que de ses droits, il lui est fort aisé de les étendre, et d'empêcher, sous le prétexte du repos public, les assemblées destinées à rétablir le bon ordre; de sorte qu'il se prévaut d'un silence qu'il empêche de rompre, ou des irrégularités qu'il fait commettre, pour supposer en sa faveur l'aveu de ceux que la crainte fait taire et pour punir ceux qui osent parler. C'est ainsi que les décemvirs, ayant d'abord été élus pour un an, puis continués pour une autre année, tentèrent de retenir à perpétuité leur pouvoir, en ne permettant plus aux comices de s'assembler; et c'est par ce facile moyen que tous les gouvernements du monde, une fois revêtus de la force publique, usurpent tôt ou tard l'autorité souveraine.

Les assemblées périodiques, dont j'ai parlé ci-devant, sont propres à prévenir ou différer ce malheur, surtout quand elles n'ont pas besoin de convocation formelle; car alors le prince ne sauroit les empêcher sans se déclarer ouvertement infracteur des lois et ennemi de l'État.

L'ouverture de ces assemblées, qui n'ont pour objet que le maintien du traité social, doit toujours se faire par deux propositions qu'on ne puisse jamais supprimer, et qui passent séparément par les suffrages.

La première : « S'il plaît au souverain de conserver la présente forme de gouvernement ».

La seconde : « S'il plaît au peuple d'en laisser l'administration à ceux qui en sont actuellement chargés ».

Je suppose ici ce que je crois avoir démontré, savoir, qu'il n'y a dans l'État aucune loi fondamentale qui ne se puisse révoquer, non pas même le pacte social; car si tous les citoyens s'assembloient pour rompre ce pacte d'un commun accord, on ne peut douter qu'il ne fût très légitimement rompu. Grotius pense même que chacun peut renoncer à l'État dont il est membre, et reprendre sa liberté naturelle et ses biens en sortant du pays[1]. Or il seroit absurde que tous les citoyens réunis ne pussent pas ce que peut séparément chacun d'eux.

LIVRE IV

Chap. I. — Que la volonté générale est indestructible.

Tant que plusieurs hommes réunis se considèrent comme un seul corps, ils n'ont qu'une seule volonté qui se rapporte à la commune conservation et au bien-être général. Alors tous les ressorts de l'État sont vigoureux et simples, ses maximes sont claires et lumineuses; il n'a point d'intérêts embrouillés, contradictoires; le bien commun se montre partout avec évidence, et ne demande que du bon sens pour être aperçu. La paix, l'union, l'égalité, sont ennemies des subtilités politiques. Les hommes droits et simples sont difficiles à tromper à cause de leur simplicité : les leurres, les prétextes raffinés ne leur en imposent point, ils ne sont pas même assez fins pour être dupes. Quand on voit chez le plus heureux peuple du monde des troupes de paysans régler les affaires de l'État sous un chêne et se conduire toujours sagement, peut-on s'empêcher de mépriser les raffinements des autres nations, qui se rendent illustres et misérables avec tant d'art et de mystère?

---

1. Bien entendu qu'on ne quitte point pour éluder son devoir et se dispenser de servir sa patrie au moment qu'elle a besoin de nous. La fuite alors seroit criminelle et punissable, ce ne seroit plus retraite, mais désertion.

Un État ainsi gouverné a besoin de très peu de lois; et, à mesure qu'il devient nécessaire d'en promulguer de nouvelles, cette nécessité se voit universellement. Le premier qui les propose ne fait que dire ce que tous ont déjà senti, et il n'est question ni de brigues ni d'éloquence pour faire passer en loi ce que chacun a déjà résolu de faire, sitôt qu'il sera sûr que les autres le feront comme lui.

Ce qui trompe les raisonneurs, c'est que, ne voyant que des États mal constitués dès leur origine, ils sont frappés de l'impossibilité d'y maintenir une semblable police; ils rient d'imaginer toutes les sottises qu'un fourbe adroit, un parleur insinuant pourroit persuader au peuple de Paris ou de Londres. Ils ne savent pas que Cromwell eût été mis aux sonnettes par le peuple de Berne, et le duc de Beaufort à la discipline par les Genevois.

Mais quand le nœud social commence à se relâcher et l'État à s'affaiblir, quand les intérêts particuliers commencent à se faire sentir et les petites sociétés à influer sur la grande, l'intérêt commun s'altère et trouve des opposants : l'unanimité ne règne plus dans les voix; la volonté générale n'est plus la volonté de tous; il s'élève des contradictions, des débats; et le meilleur avis ne passe point sans disputes.

Enfin, quand l'État, près de sa ruine, ne subsiste plus que par une forme illusoire et vaine, que le lien social est rompu dans tous les cœurs, que le plus vil intérêt se pare effrontément du nom sacré du bien public, alors la volonté générale devient muette; tous, guidés par des motifs secrets, n'opinent pas plus comme citoyens que si l'État n'eût jamais existé; et l'on fait passer faussement sous le nom de lois des décrets iniques qui n'ont pour but que l'intérêt particulier.

S'ensuit-il de là que la volonté générale soit anéantie ou corrompue? Non : elle est toujours constante, inaltérable et pure; mais elle est subordonnée à d'autres qui l'emportent sur elle. Chacun, détachant son intérêt de l'intérêt commun, voit bien qu'il ne peut l'en séparer tout à fait; mais sa part du mal public ne lui paroît rien auprès du bien exclusif qu'il prétend s'approprier. Ce bien particulier excepté, il veut le bien général pour son propre intérêt, tout aussi fortement qu'aucun autre. Même en vendant son suffrage à prix d'argent, il n'éteint pas en lui la volonté générale, il l'élude. La faute qu'il commet est de changer l'état de la question et de répondre autre chose que ce qu'on lui demande; en sorte qu'au lieu de dire, par un suffrage : « Il est avantageux à l'État », il dit : « Il est avantageux à tel homme ou à tel parti que tel ou tel avis passe ».

Ainsi la loi de l'ordre public dans les assemblées n'est pas tant d'y maintenir la volonté générale que de faire qu'elle soit toujours interrogée et qu'elle réponde toujours.

J'aurois ici bien des réflexions à faire sur le simple droit de voter dans tout acte de souveraineté, droit que rien ne peut ôter aux citoyens; et sur celui d'opiner, de proposer, de diviser, de discuter, que le gouvernement a toujours grand soin de ne laisser qu'à ses membres; mais cette importante matière demanderoit un traité à part, et je ne puis tout dire dans celui-ci.

CHAP. II. — Des suffrages.

On voit, par le chapitre précédent, que la manière dont se traitent les affaires générales peut donner un indice assez sûr de l'état actuel des mœurs et de la santé du corps politique. Plus le concert règne dans les assemblées, c'est-à-dire plus les avis approchent de l'unanimité, plus aussi la volonté générale est dominante; mais les longs débats, les dissensions, le tumulte, annoncent l'ascendant des intérêts particuliers et le déclin de l'État.

Ceci paroît moins évident quand deux ou plusieurs ordres entrent dans sa constitution, comme à Rome les patriciens et les plébéiens, dont les querelles troublèrent souvent les comices, même dans les plus beaux temps de la république; mais cette exception est plus apparente que réelle; car alors, par le vice inhérent au corps politique, on a pour ainsi dire deux États en un; ce qui n'est pas vrai des deux ensemble est vrai de chacun séparément. Et en effet, dans les temps même les plus orageux, les plébiscites du peuple, quand le sénat ne s'en mêloit pas, passoient toujours tranquillement et à la grande pluralité des suffrages : les citoyens n'ayant qu'un intérêt, le peuple n'avoit qu'une volonté.

A l'autre extrémité du cercle, l'unanimité revient : c'est quand les citoyens, tombés dans la servitude, n'ont plus ni liberté ni volonté. Alors la crainte et la flatterie changent en acclamations les suffrages, on ne délibère plus, on adore ou l'on maudit. Telle étoit la vile manière d'opiner du sénat sous les empereurs. Quelquefois cela se faisoit avec des précautions ridicules. Tacite observe[1] que sous Othon les sénateurs, accablant Vitellius d'exécrations, affectoient de faire en même temps un bruit épouvantable afin que, si

---

1. *Histor.*, I, 85. (ÉD.)

par hasard il devenoit le maître, il ne pût savoir ce que chacun d'eux avoit dit.

De ces diverses considérations naissent les maximes sur lesquelles on doit régler la manière de compter les voix et de comparer les avis, selon que la volonté générale est plus ou moins facile à connoître et l'État plus ou moins déclinant.

Il n'y a qu'une seule loi qui, par sa nature, exige un consentement unanime; c'est le pacte social : car l'association civile est l'acte du monde le plus volontaire; tout homme étant né libre et maître de lui-même, nul ne peut, sous quelque prétexte que ce puisse être, l'assujettir sans son aveu. Décider que le fils d'une esclave naît esclave, c'est décider qu'il ne naît pas homme.

Si donc, lors du pacte social, il s'y trouve des opposants, leur opposition n'invalide pas le contrat, elle empêche seulement qu'ils n'y soient compris : ce sont des étrangers parmi les citoyens. Quand l'État est institué, le consentement est dans la résidence; habiter le territoire, c'est se soumettre à la souveraineté[1].

Hors ce contrat primitif, la voix du plus grand nombre oblige toujours tous les autres; c'est une suite du contrat même. Mais on demande comment un homme peut être libre et forcé de se conformer à des volontés qui ne sont pas les siennes. Comment les opposants sont-ils libres et soumis à des lois auxquelles ils n'ont pas consenti?

Je réponds que la question est mal posée. Le citoyen consent à toutes les lois, même à celles qu'on passe malgré lui, et même à celles qui le punissent quand il ose en violer quelqu'une. La volonté constante de tous les membres de l'État est la volonté générale : c'est par elle qu'ils sont citoyens et libres[2]. Quand on propose une loi dans l'assemblée du peuple, ce qu'on leur demande n'est pas précisément s'ils approuvent la proposition ou s'ils la rejettent, mais si elle est conforme ou non à la volonté générale, qui est la leur : chacun en donnant son suffrage dit son avis là-dessus; et du calcul des voix se tire la déclaration de la volonté générale. Quand donc l'avis contraire au mien l'emporte, cela ne prouve autre chose

---

1. Ceci doit toujours s'entendre d'un État libre; car d'ailleurs la famille, les biens, le défaut d'asile, la nécessité, la violence, peuvent retenir un habitant dans le pays malgré lui; et alors son séjour seul ne suppose plus son consentement au contrat ou à la violation du contrat.

2. A Gènes, on lit au-devant des prisons et sur les fers des galériens ce mot, *Libertas*. Cette application de la devise est belle et juste. En effet il n'y a que les malfaiteurs de tous États qui empêchent le citoyen d'être libre. Dans un pays où tous ces gens-là seroient aux galères, on jouiroit de la plus parfaite liberté.

sinon que je m'étois trompé, et que ce que j'estimois être la volonté générale ne l'étoit pas. Si mon avis particulier l'eût emporté, j'aurois fait autre chose que ce que j'avois voulu; c'est alors que je n'aurois pas été libre.

Ceci suppose, il est vrai, que tous les caractères de la volonté générale sont encore dans la pluralité; quand ils cessent d'y être, quelque parti qu'on prenne, il n'y a plus de liberté.

En montrant ci-devant comme on substituoit des volontés particulières à la volonté générale dans les délibérations publiques, j'ai suffisamment indiqué les moyens praticables de prévenir cet abus; j'en parlerai encore ci-après. A l'égard du nombre proportionnel des suffrages pour déclarer cette volonté, j'ai aussi donné les principes sur lesquels on peut le déterminer. La différence d'une seule voix rompt l'égalité; un seul opposant rompt l'unanimité : mais entre l'unanimité et l'égalité il y a plusieurs partages inégaux, à chacun desquels on peut fixer ce nombre selon l'état et les besoins du corps politique.

Deux maximes générales peuvent servir à régler ces rapports : l'une, que, plus les délibérations sont importantes et graves, plus l'avis qui l'emporte doit approcher de l'unanimité; l'autre, que, plus l'affaire agitée exige de célérité, plus on doit resserrer la différence prescrite dans le partage des avis : dans les délibérations qu'il faut terminer sur-le-champ, l'excédant d'une seule voix doit suffire. La première de ces maximes paroît plus convenable aux lois, et la seconde aux affaires. Quoi qu'il en soit, c'est sur leur combinaison que s'établissent les meilleurs rapports qu'on peut donner à la pluralité pour prononcer.

Chap. III. — Des élections.

A l'égard des élections du prince et des magistrats, qui sont, comme je l'ai dit, des actes complexes, il y a deux voies pour y procéder, savoir, le choix et le sort. L'une et l'autre ont été employées en diverses républiques, et l'on voit encore actuellement un mélange très compliqué des deux dans l'élection du doge de Venise.

« Le suffrage par le sort, dit Montesquieu[1], est de la nature de la démocratie. » J'en conviens, mais comment cela? « Le sort, continue-t-il, est une façon d'élire qui n'afflige personne : il laisse à

1. *Esprit des lois*, liv. II, chap. II.

chaque citoyen une espérance raisonnable de servir la patrie. » Ce
ne sont pas là des raisons.

Si l'on fait attention que l'élection des chefs est une fonction du
gouvernement, et non de la souveraineté, on verra pourquoi la
voie du sort est plus dans la nature de la démocratie, où l'administration est d'autant meilleure que les actes en sont moins multipliés.

Dans toute véritable démocratie, la magistrature n'est pas un
avantage, mais une charge onéreuse qu'on ne peut justement
imposer à un particulier plutôt qu'à un autre. La loi seule peut
imposer cette charge à celui sur qui le sort tombera. Car alors, la
condition étant égale pour tous, et le choix ne dépendant d'aucune
volonté humaine, il n'y a point d'application particulière qui altère
l'universalité de la loi.

Dans l'aristocratie le prince choisit le prince, le gouvernement se
conserve par lui-même, et c'est là que les suffrages sont bien placés.

L'exemple de l'élection du doge de Venise confirme cette distinction, loin de la détruire : cette forme mêlée convient dans un gouvernement mixte. Car c'est une erreur de prendre le gouvernement
de Venise pour une véritable aristocratie. Si le peuple n'y a nulle
part au gouvernement, la noblesse y est peuple elle-même. Une
multitude de pauvres Barnabotes n'approcha jamais d'aucune
magistrature, et n'a de sa noblesse que le vain titre d'excellence et
le droit d'assister au grand conseil. Ce grand conseil étant aussi
nombreux que notre conseil général à Genève, ses illustres membres
n'ont pas plus de privilèges que nos simples citoyens. Il est certain
qu'ôtant l'extrême disparité des deux républiques, la bourgeoisie
de Genève représente exactement le patriciat vénitien; nos natifs
et habitants représentent des citadins et le peuple de Venise; nos
paysans représentent les sujets de terre ferme : enfin, de quelque
manière que l'on considère cette république, abstraction faite de
sa grandeur, son gouvernement n'est pas plus aristocratique que
le nôtre. Toute la différence est que, n'ayant aucun chef à vie, nous
n'avons pas le même besoin du sort.

Les élections par le sort auroient peu d'inconvénients dans une
véritable démocratie où, tout étant égal aussi bien par les mœurs
et par les talents que par les maximes et par la fortune, le choix
deviendroit presque indifférent. Mais j'ai déjà dit qu'il n'y avoit
point de véritable démocratie.

Quand le choix et le sort se trouvent mêlés, le premier doit remplir les places qui demandent des talents propres, telles que les

emplois militaires : l'autre convient à celles où suffisent le bon sens, la justice, l'intégrité, telles que les charges de judicature, parce que, dans un État bien constitué, ces qualités sont communes à tous les citoyens.

Le sort ni les suffrages n'ont aucun lieu dans le gouvernement monarchique. Le monarque étant de droit seul prince et magistrat unique, le choix de ses lieutenants n'appartient qu'à lui. Quand l'abbé de Saint-Pierre proposoit de multiplier les conseils du roi de France, et d'en élire les membres par scrutin, il ne voyoit pas qu'il proposoit de changer la forme du gouvernement.

Il me resteroit à parler de la manière de donner et de recueillir les voix dans l'assemblée du peuple ; mais peut-être l'historique de la police romaine à cet égard expliquera-t-il plus sensiblement toutes les maximes que je pourrois établir. Il n'est pas indigne d'un lecteur judicieux de voir un peu en détail comment se traitoient les affaires publiques et particulières dans un conseil de deux cent mille hommes.

Chap. IV. — Des comices romains.

Nous n'avons nuls monuments bien assurés des premiers temps de Rome ; il y a même grande apparence que la plupart des choses qu'on en débite sont des fables[1] et, en général, la partie la plus instructive des annales des peuples, qui est l'histoire de leur établissement, est celle qui nous manque le plus. L'expérience nous apprend tous les jours de quelles causes naissent les révolutions des empires : mais, comme il ne se forme plus de peuple, nous n'avons guère que des conjectures pour expliquer comment ils se sont formés.

Les usages qu'on trouve établis attestent au moins qu'il y eut une origine à ces usages. Des traditions qui remontent à ces origines, celles qu'appuient les plus grandes autorités, et que de plus fortes raisons confirment, doivent passer pour les plus certaines. Voilà les maximes que j'ai tâché de suivre en recherchant comment le plus libre et le plus puissant peuple de la terre exerçoit son pouvoir suprême.

Après la fondation de Rome, la république naissante, c'est-à-dire l'armée du fondateur, composée d'Albains, de Sabins et d'é-

---

1. Le nom de *Rome*, qu'on prétend venir de *Romulus*, est grec, et signifie *force*; le nom de *Numa* est grec aussi, et signifie *loi*. Quelle apparence que les deux premiers rois de cette ville aient porté d'avance des noms si bien relatifs à ce qu'ils ont fait ?

trangers, fut divisée en trois classes qui, de cette division, prirent le nom de *tribus*. Chacune de ces tribus fut subdivisée en dix curies, et chaque curie en décuries, à la tête desquelles on mit des chefs appelés *curions* et *décurions*.

Outre cela, on tira de chaque tribu un corps de cent cavaliers ou chevaliers, appelé centurie, par où l'on voit que ces divisions, peu nécessaires dans un bourg, n'étoient d'abord que militaires. Mais il semble qu'un instinct de grandeur portoit la petite ville de Rome à se donner d'avance une police convenable à la capitale du monde.

De ce premier partage, résulta bientôt un inconvénient; c'est que la tribu des Albains[1] et celle des Sabins[2] restant toujours au même état, tandis que celle des étrangers[3] croissoit sans cesse par le concours perpétuel de ceux-ci, cette dernière ne tarda pas à surpasser les deux autres. Le remède que Servius trouva à ce dangereux abus fut de changer la division, et à celle des races, qu'il abolit, d'en substituer une autre tirée des lieux de la ville occupés par chaque tribu. Au lieu de trois tribus il en fit quatre, chacune desquelles occupoit une des collines de Rome et en portoit le nom. Ainsi, remédiant à l'inégalité présente, il la prévint encore pour l'avenir; et afin que cette division ne fût pas seulement de lieux, mais d'hommes, il défendit aux habitants d'un quartier de passer dans un autre; ce qui empêcha les races de se confondre.

Il doubla aussi les trois anciennes centuries de cavalerie, et y en ajouta douze autres, mais toujours sous les anciens noms; moyen simple et judicieux, par lequel il acheva de distinguer le corps des chevaliers de celui du peuple, sans faire murmurer ce dernier.

A ces quatre tribus urbaines, Servius en ajouta quinze autres appelées tribus rustiques, parce qu'elles étoient formées des habitants de la campagne, partagés en autant de cantons. Dans la suite on en fit autant de nouvelles; et le peuple romain se trouva enfin divisé en trente-cinq tribus, nombre auquel elles restèrent fixées jusqu'à la fin de la république.

De cette distinction des tribus de la ville et des tribus de la campagne résulta un effet digne d'être observé, parce qu'il n'y en a point d'autre exemple, et que Rome lui dut à la fois la conservation de ses mœurs et l'accroissement de son empire. On croiroit que les

1. *Ramnenses.*
2. *Tatientes.*
3. *Luceres.*

tribus urbaines s'arrogèrent bientôt la puissance et les honneurs, et ne tardèrent pas d'avilir les tribus rustiques : ce fut tout le contraire. On connoît le goût des premiers Romains pour la vie champêtre. Ce goût leur venoit du sage instituteur qui unit à la liberté les travaux rustiques et militaires, et relégua pour ainsi dire à la ville les arts, les métiers, l'intrigue, la fortune et l'esclavage.

Ainsi, tout ce que Rome avoit d'illustre vivant aux champs et cultivant les terres, on s'accoutuma à ne chercher que là les soutiens de la république. Cet État, étant celui des plus dignes patriciens, fut honoré de tout le monde; la vie simple et laborieuse des villageois fut préférée à la vie oisive et lâche des bourgeois de Rome; et tel n'eût été qu'un malheureux prolétaire à la ville, qui, laboureur aux champs, devint un citoyen respecté. Ce n'est pas sans raison, disoit Varron, que nos magnanimes ancêtres établirent au village la pépinière de ces robustes et vaillants hommes qui les défendoient en temps de guerre et les nourrissoient en temps de paix. Pline dit positivement que les tribus des champs étoient honorées à cause des hommes qui les composoient; au lieu qu'on transféroit par ignominie dans celles de la ville les lâches qu'on vouloit avilir. Le Sabin Appius Claudius, étant venu s'établir à Rome, y fut comblé d'honneurs et inscrit dans une tribu rustique, qui prit dans la suite le nom de sa famille. Enfin, les affranchis entroient tous dans les tribus urbaines, jamais dans les rurales; et il n'y a pas, durant toute la république, un seul exemple d'aucun de ces affranchis parvenu à aucune magistrature, quoique devenu citoyen.

Cette maxime étoit excellente; mais elle fut poussée si loin, qu'il en résulta enfin un changement, et certainement un abus dans la police.

Premièrement, les censeurs, après s'être arrogé longtemps le droit de transférer arbitrairement les citoyens d'une tribu à l'autre, permirent à la plupart de se faire inscrire dans celle qui leur plaisoit; permission qui sûrement n'étoit bonne à rien, et ôtoit un des grands ressorts de la censure. De plus, les grands et les puissants se faisant tous inscrire dans les tribus de la campagne, et les affranchis devenus citoyens restant avec la populace dans celles de la ville, les tribus, en général, n'eurent plus de lieu ni de territoire, mais toutes se trouvèrent tellement mêlées, qu'on ne pouvoit plus discerner les membres de chacune que par les registres; en sorte que l'idée du mot *tribu* passa ainsi du réel au personnel, ou plutôt devint presque une chimère.

Il arriva encore que les tribus de la ville, étant plus à portée, se trouvèrent souvent les plus fortes dans les comices, et vendirent l'État à ceux qui daignoient acheter les suffrages de la canaille qui les composoit.

A l'égard des curies, l'instituteur en ayant fait dix en chaque tribu, tout le peuple romain, alors renfermé dans les murs de la ville, se trouva composé de trente curies, dont chacune avoit ses temples, ses dieux, ses officiers, ses prêtres et ses fêtes, appelées *compitalia*, semblables aux *paganalia*, qu'eurent dans la suite les tribus rustiques.

Au nouveau partage de Servius, ce nombre de trente ne pouvant se répartir également dans ses quatre tribus, il n'y voulut point toucher; et les curies, indépendantes des tribus, devinrent une autre division des habitants de Rome : mais il ne fut point question de curies, ni dans les tribus rustiques ni dans le peuple qui les composoit, parce que les tribus étant devenues un établissement purement civil, et une autre police ayant été introduite pour la levée des troupes, les divisions militaires de Romulus se trouvèrent superflues. Ainsi, quoique tout citoyen fût inscrit dans une tribu, il s'en falloit de beaucoup que chacun ne le fût dans une curie.

Servius fit encore une troisième division, qui n'avoit aucun rapport aux deux précédentes, et devint, par ses effets, la plus importante de toutes. Il distribua tout le peuple romain en six classes, qu'il ne distingua ni par le lien ni par les hommes, mais par les biens; en sorte que les premières classes étoient remplies par les riches, les dernières par les pauvres, et les moyennes par ceux qui jouissoient d'une fortune médiocre. Ces six classes étoient subdivisées en cent quatre-vingt-treize autres corps, appelés centuries; et ces corps étoient tellement distribués, que la première classe en comprenoit, seule, plus de la moitié, et la dernière n'en formoit qu'un seul. Il se trouva ainsi que la classe la moins nombreuse en hommes l'étoit le plus en centuries, et que la dernière classe entière n'étoit comptée que pour une subdivision, bien qu'elle contînt seule plus de la moitié des habitants de Rome.

Afin que le peuple pénétrât moins les conséquences de cette dernière forme, Servius affecta de lui donner un air militaire : il inséra dans la seconde classe deux centuries d'armuriers, et deux d'instruments de guerre dans la quatrième : dans chaque classe, excepté la dernière, il distingua les jeunes et les vieux, c'est-à-dire ceux qui étoient obligés de porter les armes, et ceux que leur âge en exemptoit par les lois; distinction qui, plus que celle des biens, produisit la nécessité de recommencer souvent le cens ou dénombrement ; enfin, il voulut que l'assemblée se tînt au champ de Mars, et que tous ceux qui étoient en âge de servir y vinssent avec leurs armes.

La raison pour laquelle il ne suivit pas dans la dernière classe cette même division des jeunes et des vieux, c'est qu'on n'accordoit point à la populace, dont elle étoit composée, l'honneur de porter les armes pour la patrie; il falloit avoir des foyers pour obtenir le droit de les défendre : et, de ces innombrables troupes de gueux dont brillent aujourd'hui les armées des rois, il n'y en a pas un peut-être qui n'eût été chassé avec dédain d'une cohorte romaine, quand les soldats étoient les défenseurs de la liberté.

On distingua pourtant encore, dans la dernière classe, les *prolétaires* de ceux qu'on appeloit *capite censi*. Les premiers, non tout à fait réduits à rien, donnoient au moins des citoyens à l'État, quelquefois même des soldats dans les besoins pressants. Pour ceux qui n'avoient rien du tout et qu'on ne pouvoit dénombrer que par leurs têtes, ils étoient tout à fait regardés comme nuls, et Marius fut le premier qui daigna les enrôler.

Sans décider ici si ce troisième dénombrement étoit bon ou mauvais en lui-même, je crois pouvoir affirmer qu'il n'y avoit que les mœurs simples des premiers Romains, leur désintéressement, leur goût pour l'agriculture, leur mépris pour le commerce et pour l'ardeur du gain, qui pussent le rendre praticable. Où est le peuple moderne chez lequel la dévorante avidité, l'esprit inquiet, l'intrigue, les déplacements continuels, les perpétuels révolutions des fortunes, pussent laisser durer vingt ans un pareil établissement sans bouleverser tout l'État? Il faut même bien remarquer que les mœurs et la censure, plus fortes que cette institution, en corrigèrent le vice à Rome, et que tel riche se vit relégué dans la classe des pauvres pour avoir trop étale sa richesse.

De tout ceci l'on peut comprendre aisément pourquoi il n'est presque jamais fait mention que de cinq classes, quoiqu'il y en eût réellement six. La sixième, ne fournissant ni soldats à l'armée, ni votants au champ de Mars[1], et n'étant presque d'aucun usage dans la république, étoit rarement comptée pour quelque chose.

Telles furent les différentes divisions du peuple romain. Voyons à présent l'effet qu'elles produisoient dans les assemblées. Ces

---

1. Je dis au *champ de Mars*, parce que c'étoit là que s'assembloient les comices par centuries : dans les deux autres formes, le peuple s'assembloit au *forum* ou ailleurs; et alors les *capite censi* avoient autant d'influence et d'autorité que les premiers citoyens.

assemblées légitimement convoquées s'appeloient *comices :* elles
se tenoient ordinairement dans la place de Rome ou au champ de
Mars, et se distinguoient en comices par curies, comices par centuries, et comices par tribus, selon celle de ces trois formes sur laquelle
elles étoient ordonnées. Les comices par curies étoient de l'institution de Romulus; ceux par centuries, de Servius; ceux par tribus,
des tribuns du peuple. Aucune loi ne recevoit la sanction, aucun
magistrat n'étoit élu, que dans les comices; et comme il n'y avoit
aucun citoyen qui ne fût inscrit dans une curie, dans une centurie,
ou dans une tribu, il s'ensuit qu'aucun citoyen n'étoit exclu du
droit de suffrage, et que le peuple romain étoit véritablement souverain de droit et de fait.

Pour que les comices fussent légitimement assemblés, et que ce
qui s'y faisoit eût force de loi, il falloit trois conditions : la première,
que le corps ou le magistrat qui les convoquoit fût revêtu pour cela
de l'autorité nécessaire; la seconde, que l'assemblée se fît un des
jours permis par la loi; la troisième, que les augures fussent favorables.

La raison du premier règlement n'a pas besoin d'être expliquée;
le second est une affaire de police : ainsi il n'étoit pas permis de
tenir les comices les jours de férie et de marché, où les gens de la campagne, venant à Rome pour leurs affaires, n'avoient pas le temps
de passer la journée dans la place publique. Par le troisième, le
sénat tenoit en bride un peuple fier et remuant, et tempéroit à propos l'ardeur des tribuns séditieux; mais ceux-ci trouvèrent plus
d'un moyen de se délivrer de cette gêne.

Les lois et l'élection des chefs n'étoient pas les seuls points soumis au jugement des comices : le peuple romain ayant usurpé les
plus importantes fonctions du gouvernement, on peut dire que le
sort de l'Europe étoit réglé dans ses assemblées. Cette variété d'objets donnoit lieu aux diverses formes que prenoient ces assemblées,
selon les matières sur lesquelles il avoit à prononcer.

Pour juger de ces diverses formes, il suffit de les comparer. Romulus, en instituant les curies, avoit en vue de contenir le sénat par le
peuple et le peuple par le sénat, en dominant également sur tous.
Il donna donc au peuple, par cette forme, toute l'autorité du
nombre pour balancer celle de la puissance et des richesses qu'il
laissoit aux patriciens. Mais, selon l'esprit de la monarchie, il laissa
cependant plus d'avantage aux patriciens par l'influence de leurs
clients sur la pluralité des suffrages. Cette admirable institution
des patrons et des clients fut un chef-d'œuvre de politique et d'hu-

manité sans lequel le patriciat, si contraire à l'esprit de la république, n'eût pu subsister. Rome seule a eu l'honneur de donner au monde ce bel exemple, duquel il ne résulta jamais d'abus, et qui pourtant n'a jamais été suivi.

Cette même forme des curies ayant subsisté sous les rois jusqu'à Servius, et le règne du dernier Tarquin n'étant point compté pour légitime, cela fit distinguer généralement les lois royales par le nom de *leges curiatæ*.

Sous la république, les curies, toujours bornées aux quatre tribus urbaines, et ne contenant plus que la populace de Rome, ne pouvoient convenir ni au sénat, qui étoit à la tête des patriciens, ni aux tribuns qui, quoique plébéiens, étoient à la tête des citoyens aisés. Elles tombèrent donc dans le discrédit; leur avilissement fut tel, que leurs trente licteurs assemblés faisoient ce que les comices par curies auroient dû faire.

La division par centuries étoit si favorable à l'aristocratie, qu'on ne voit pas d'abord comment le sénat ne l'emportoit pas toujours dans les comices qui portoient ce nom, et par lesquels étoient élus les consuls, les censeurs et les autres magistrats curules. En effet, de cent quatre-vingt-treize centuries qui formoient les six classes de tout le peuple romain, la première classe en comprenant quatre-vingt-dix-huit, et les voix ne se comptant que par centuries, cette seule première classe l'emportoit en nombre de voix sur toutes les autres. Quand toutes ces centuries étoient d'accord, on ne continuoit pas même à recueillir les suffrages; ce qu'avoit décidé le plus petit nombre passoit pour une décision de la multitude; et l'on peut dire que, dans les comices par centuries, les affaires se régloient à la pluralité des écus bien plus qu'à celle des voix.

Mais cette extrême autorité se tempéroit par deux moyens : premièrement, les tribus pour l'ordinaire, et toujours un grand nombre de plébéiens, étant dans la classe des riches, balançoient le crédit des patriciens dans cette première classe.

Le second moyen consistoit en ceci, qu'au lieu de faire d'abord voter les centuries selon leur ordre, ce qui auroit toujours fait commencer par la première, on en tiroit une au sort, et celle-là[1] procédoit seule à l'élection; après quoi toutes les centuries, appelées un autre jour selon leur rang, répétoient la même élection, et la con-

---

1. Cette centurie, ainsi tirée au sort, s'appeloit *prærogativa*, à cause qu'elle étoit la première à qui l'on demandoit son suffrage : et c'est de là qu'est venu le mot de prérogative.

firmoient ordinairement. On ôtoit ainsi l'autorité de l'exemple au rang pour la donner au sort, selon le principe de la démocratie.

Il résultoit de cet usage un autre avantage encore : c'est que les citoyens de la campagne avoient le temps, entre les deux élections, de s'informer du mérite du candidat provisionnellement nommé, afin de ne donner leur voix qu'avec connoissance de cause. Mais, sous prétexte de célérité, l'on vint à bout d'abolir cet usage, et les deux élections se firent le même jour.

Les comices par tribus étoient proprement le conseil du peuple romain. Ils ne se convoquoient que par les tribuns; les tribuns y étoient élus et y passoient leurs plébiscites. Non seulement le sénat n'y avoit point de rang, il n'avoit pas même le droit d'y assister; et, forcés d'obéir à des lois sur lesquelles ils n'avoient pu voter, les sénateurs, à cet égard, étoient moins libres que les derniers citoyens. Cette injustice étoit tout à fait mal entendue, et suffisoit seule pour invalider les décrets d'un corps où tous ses membres n'étoient pas admis. Quand tous les patriciens eussent assisté à ces comices selon le droit qu'ils en avoient comme citoyens, devenus alors simples particuliers, ils n'eussent guère influé sur une forme de suffrages qui se recueilloient par tête, et où le moindre prolétaire pouvoit autant que le prince du sénat.

On voit donc qu'outre l'ordre qui résultoit de ces diverses distributions pour le recueillement des suffrages d'un si grand peuple, ces distributions ne se réduisoient pas à des formes indifférentes en elles-mêmes, mais que chacune avoit des effets relatifs aux vues qui la faisoient préférer.

Sans entrer là-dessus en de plus longs détails, il résulte des éclaircissements précédents que les comices par tribus étoient plus favorables au gouvernement populaire, et les comices par centuries à l'aristocratie. A l'égard des comices par curies, où la seule populace de Rome formoit la pluralité, comme ils n'étoient bons qu'à favoriser la tyrannie et les mauvais desseins, ils durent tomber dans le décri, les séditieux eux-mêmes s'abstenant d'un moyen qui mettoit trop à découvert leurs projets. Il est certain que toute la majesté du peuple romain ne se trouvoit que dans les comices par centuries, qui seuls étoient complets; attendu que dans les comices par curies manquoient les tribus rustiques, et dans les comices par tribus le sénat et les patriciens.

Quant à la manière de recueillir les suffrages, elle étoit chez les premiers Romains aussi simple que leurs mœurs, quoique moins simple encore qu'à Sparte. Chacun donnoit son suffrage à haute voix, un greffier les écrivoit à mesure : pluralité de voix dans chaque tribu déterminoit le suffrage de la tribu; pluralité des voix entre les tribus déterminoit le suffrage du peuple; et ainsi des curies et des centuries. Cet usage étoit bon tant que l'honnêteté régnoit entre les citoyens, et que chacun avoit honte de donner publiquement son suffrage à un avis injuste ou à un sujet indigne; mais, quand le peuple se corrompit et qu'on acheta les voix, il convint qu'elles se donnassent en secret pour contenir les acheteurs par la défiance, et fournir aux fripons le moyen de n'être pas des traîtres.

Je sais que Cicéron blâme ce changement, et lui attribue en partie la ruine de la république. Mais, quoique je sente le poids que doit avoir ici l'autorité de Cicéron, je ne puis être de son avis : je pense au contraire que, pour n'avoir pas fait assez de changements semblables, on accéléra la perte de l'État. Comme le régime des gens sains n'est pas propre aux malades, il ne faut pas vouloir gouverner un peuple corrompu par les mêmes lois qui conviennent à un bon peuple. Rien ne prouve mieux cette maxime que la durée de la république de Venise, dont le simulacre existe encore, uniquement parce que ses lois ne conviennent qu'à de méchants hommes.

On distribua donc aux citoyens des tablettes par lesquelles chacun pouvoit voter sans qu'on sût quel étoit son avis : on établit aussi de nouvelles formalités pour le recueillement des tablettes, le compte des voix, la comparaison des nombres, etc.: ce qui n'empêcha pas que la fidélité des officiers chargés de ces fonctions[1] ne fût souvent suspectée. On fit enfin, pour empêcher la brigue et le trafic des suffrages, des édits dont la multitude montre l'inutilité.

Vers les derniers temps on étoit souvent contraint de recourir à des expédients extraordinaires pour suppléer à l'insuffisance des lois : tantôt on supposait des prodiges; mais ce moyen, qui pouvoit en imposer au peuple, n'en imposoit pas à ceux qui le gouvernoient : tantôt on convoquoit brusquement une assemblée avant que les candidats eussent eu le temps de faire leurs brigues : tantôt on consumoit toute une séance à parler quand on voyoit le peuple gagné prêt à prendre un mauvais parti. Mais enfin l'ambition éluda tout; et ce qu'il y a d'incroyable, c'est qu'au milieu de tant d'abus, ce peuple immense, à la faveur de ses anciens règlements, ne laissoit pas d'élire les magistrats, de passer les lois, de juger les causes, d'expédier les affaires particulières et publiques, presque avec autant de facilité qu'eût pu faire le sénat lui-même.

---

1. « Custodes, diribitores, rogatores suffragiorum. »

CHAP. V. — Du tribunat.

Quand on ne peut établir une exacte proportion entre les parties constitutives de l'État, ou que des causes indestructibles en altèrent sans cesse les rapports, alors on institue une magistrature particulière qui ne fait point corps avec les autres, qui replace chaque terme dans son vrai rapport, et qui fait une liaison ou un moyen terme soit entre le prince et le peuple, soit entre le prince et le souverain, soit à la fois des deux côtés s'il est nécessaire.

Ce corps, que j'appellerai *tribunat*, est le conservateur des lois et du pouvoir législatif. Il sert quelquefois à protéger le souverain contre le gouvernement, comme faisoient à Rome les tribuns du peuple; quelquefois à soutenir le gouvernement contre le peuple, comme fait maintenant à Venise le conseil des Dix; et quelquefois à maintenir l'équilibre de part et d'autre, comme faisoient les éphores à Sparte.

Le tribunat n'est point une partie constitutive de la cité, et ne doit avoir aucune portion de la puissance législative ni de l'exécutive : mais c'est en cela même que la sienne est plus grande : car, ne pouvant rien faire, il peut tout empêcher. Il est plus sacré et plus révéré, comme défenseur des lois, que le prince qui les exécute, et que le souverain qui les donne. C'est ce qu'on vit bien clairement à Rome, quand ces fiers patriciens, qui méprisèrent toujours le peuple entier, furent forcés de fléchir devant un simple officier du peuple, qui n'avait ni auspices ni juridiction.

Le tribunat, sagement tempéré, est le plus ferme appui d'une bonne constitution; mais pour peu de force qu'il ait de trop, il renverse tout : à l'égard de la foiblesse, elle n'est pas dans sa nature; et pourvu qu'il soit quelque chose, il n'est jamais moins qu'il ne faut.

Il dégénère en tyrannie quand il usurpe la puissance exécutive, dont il n'est que le modérateur, et qu'il veut dispenser des lois, qu'il ne doit que protéger. L'énorme pouvoir des éphores, qui fut sans danger tant que Sparte conserva ses mœurs, en accéléra la corruption commencée. Le sang d'Agis, égorgé par ces tyrans, fut vengé par son successeur : le crime et le châtiment des éphores hâtèrent également la perte de la république; et après Cléomène, Sparte ne fut plus rien. Rome périt encore par la même voie; et le pouvoir excessif des tribuns, usurpé par décret, servit enfin, à l'aide des lois faites pour la liberté, de sauvegarde aux empereurs qui la détruisirent. Quant au conseil des Dix, à Venise, c'est un tribunal de sang, horrible également aux patriciens et au peuple, et qui, loin de protéger hautement les lois, ne sert plus, après leur avilissement, qu'à porter dans les ténèbres des coups qu'on n'ose apercevoir.

Le tribunat s'affoiblit, comme le gouvernement, par la multiplication de ses membres. Quand les tribuns du peuple romain, d'abord au nombre de deux, puis de cinq, voulurent doubler ce nombre, le sénat les laissa faire, bien sûr de contenir les uns par les autres, ce qui ne manqua pas d'arriver.

Le meilleur moyen de prévenir les usurpations d'un si redoutable corps, moyen dont nul gouvernement ne s'est avisé jusqu'ici, seroit de ne pas rendre ce corps permanent, mais de régler les intervalles durant lesquels il resteroit supprimé. Ces intervalles, qui ne doivent pas être assez grands pour laisser aux abus le temps de s'affermir, peuvent être fixés par la loi, de manière qu'il soit aisé de les abréger au besoin par des commissions extraordinaires.

Ce moyen me paroît sans inconvénient, parce que, comme je l'ai dit, le tribunat, ne faisant point partie de la constitution, peut être ôté sans qu'elle en souffre; et il me paroît efficace, parce qu'un magistrat nouvellement rétabli ne part point du pouvoir qu'avoit son prédécesseur, mais de celui que la loi lui donne.

Chap. VI. — De la dictature.

L'inflexibilité des lois, qui les empêche de se plier aux événements peut, en certains cas, les rendre pernicieuses et causer par elles la perte de l'État dans sa crise. L'ordre et la lenteur des formes demandent un espace de temps que les circonstances refusent quelquefois. Il peut se présenter mille cas auxquels le législateur n'a point pourvu et c'est une prévoyance très nécessaire de sentir qu'on ne peut tout prévoir.

Il ne faut donc pas vouloir affermir les institutions politiques jusqu'à s'ôter le pouvoir d'en suspendre l'effet. Sparte elle-même a laissé dormir ses lois.

Mais il n'y a que les plus grands dangers qui puissent balancer celui d'altérer l'ordre public, et l'on ne doit jamais arrêter le pouvoir sacré des lois que quand il s'agit du salut de la patrie. Dans ces cas rares et manifestes, on pourvoit à la sûreté publique par un acte particulier qui en remet la charge au plus digne. Cette commission peut se donner de deux manières, selon l'espèce du danger.

Si, pour y remédier, il suffit d'augmenter l'activité du gouvernement, on le concentre dans un ou deux de ses membres : ainsi ce n'est pas l'autorité des lois qu'on altère, mais seulement la forme de leur administration. Que si le péril est tel que l'appareil des lois soit un obstacle à s'en garantir, alors on nomme un chef suprême, qui fasse taire toutes les lois et suspendre un moment l'autorité souveraine. En pareil cas, la volonté générale n'est pas douteuse, et il est évident que la première intention du peuple est que l'État ne périsse pas. De cette manière, la suspension de l'autorité législative ne l'abolit point : le magistrat qui la fait taire ne peut la faire parler; il la domine sans pouvoir la représenter. Il peut tout faire, excepté des lois.

Le premier moyen s'employoit par le sénat romain quand il chargeoit les consuls par une formule consacrée de pourvoir au salut de la république. Le second avoit lieu quand un des deux consuls nommoit un dictateur[1]; usage dont Albe avoit donné l'exemple à Rome.

Dans les commencements de la république, on eut très souvent recours à la dictature, parce que l'État n'avoit pas encore une assiette assez fixe pour pouvoir se soutenir par la seule force de sa constitution.

Les mœurs rendant alors superflues bien des précautions qui eussent été nécessaires dans un autre temps, on ne craignoit ni qu'un dictateur abusât de son autorité, ni qu'il tentât de la garder au delà du terme. Il sembloit, au contraire, qu'un si grand pouvoir fût à charge à celui qui en étoit revêtu, tant il se hâtoit de s'en défaire, comme si c'eût été un poste trop pénible et trop périlleux de tenir la place des lois.

Aussi n'est ce pas le danger de l'abus, mais celui de l'avilissement, qui me fait blâmer l'usage indiscret de cette suprême magistrature dans les premiers temps; car tandis qu'on la prodiguoit à des élections, à des dédicaces, à des choses de pure formalité, il étoit à craindre qu'elle ne devînt moins redoutable au besoin, et qu'on ne s'accoutumât à regarder comme un vain titre celui qu'on n'employoit qu'à de vaines cérémonies.

Vers la fin de la république, les Romains, devenus plus circonspects, ménagèrent la dictature avec aussi peu de raison qu'ils l'avoient prodiguée autrefois. Il étoit aisé de voir que leur crainte

---

1. Cette nomination se faisoit de nuit et en secret, comme si l'on avoit eu honte de mettre un homme au-dessus des lois.

étoit mal fondée, que la foiblesse de la capitale faisoit alors sa sûreté contre les magistrats qu'elle avoit dans son sein; qu'un dictateur pouvoit, en certain cas, défendre la liberté publique sans jamais y pouvoir attenter; et que les fers de Rome ne seroient point forgés dans Rome même, mais dans ses armées. Le peu de résistance que firent Marius à Sylla, et Pompée à César, montra bien ce qu'on pouvoit attendre de l'autorité du dedans contre la force du dehors.

Cette erreur leur fit faire de grandes fautes : telle, par exemple, fut celle de n'avoir pas nommé un dictateur dans l'affaire de Catilina : car, comme il n'étoit question que du dedans de la ville et, tout au plus, de quelque province d'Italie, avec l'autorité sans bornes que les lois donnoient au dictateur, il eût facilement dissipé la conjuration, qui ne fut étouffée que par un concours d'heureux hasards que jamais la prudence humaine ne devoit attendre.

Au lieu de cela, le sénat se contenta de remettre tout son pouvoir aux consuls, d'où il arriva que Cicéron, pour agir efficacement, fut contraint de passer ce pouvoir dans un point capital et que, si les premiers transports de joie firent approuver sa conduite, ce fut avec justice que, dans la suite, on lui demanda compte du sang des citoyens versé contre les lois, reproche qu'on n'eût pu faire à un dictateur. Mais l'éloquence du consul entraîna tout; et lui-même, quoique Romain, aimant mieux sa gloire que sa patrie, ne cherchoit pas tant le moyen le plus légitime et le plus sûr de sauver l'État, que celui d'avoir tout l'honneur de cette affaire[1]. Aussi fut-il honoré justement comme libérateur de Rome, et justement puni comme infracteur des lois. Quelque brillant qu'ait été son rappel, il est certain que ce fut une grâce.

Au reste, de quelque manière que cette importante commission soit conférée, il importe d'en fixer la durée à un terme très court, qui jamais ne puisse être prolongé. Dans les crises qui la font établir, l'État est bientôt détruit ou sauvé; et, passé le besoin pressant, la dictature devient tyrannique ou vaine. A Rome, les dictateurs ne l'étant que pour six mois, la plupart abdiquèrent avant ce terme. Si le terme eût été plus long, peut-être eussent-ils été tentés de le prolonger encore, comme firent les décemvirs de celui d'une année. Le dictateur n'avoit que le temps de pourvoir au besoin qui l'avoit fait élire : il n'avoit pas celui de songer à d'autres projets.

---

1. C'est ce dont il ne pouvoit se répondre en proposant un dictateur, n'osant se nommer lui-même, et ne pouvant s'assurer que son collègue le nommeroit.

Chap. VII. — De la censure.

De même que la déclaration de la volonté générale se fait par la loi, la déclaration du jugement public se fait la censure. L'opinion publique est l'espèce de loi dont le censeur est le ministre, et qu'il ne fait qu'appliquer aux cas particuliers, à l'exemple du prince.

Loin donc que le tribunal censorial soit l'arbitre de l'opinion du peuple, il n'en est que le déclarateur et, sitôt qu'il s'en écarte, ses décisions sont vaines et sans effet.

Il est inutile de distinguer les mœurs d'une nation des objets de son estime; car tout cela tient au même principe et se confond nécessairement. Chez tous les peuples du monde, ce n'est point la nature, mais l'opinion, qui décide du choix de leurs plaisirs. Redressez les opinions des hommes, et leurs mœurs s'épureront d'elles-mêmes. On aime toujours ce qui est beau ou ce qu'on trouve tel; mais c'est sur ce jugement qu'on se trompe : c'est donc ce jugement qu'il s'agit de régler. Qui juge des mœurs juge de l'honneur; et qui juge de l'honneur prend sa loi de l'opinion.

Les opinions d'un peuple naissent de sa constitution. Quoique la loi ne règle pas les mœurs, c'est la législation qui les fait naître : quand la législation s'affoiblit, les mœurs dégénèrent : mais alors le jugement des censeurs ne fera pas ce que la force des lois n'aura pas fait.

Il suit de là que la censure peut être utile pour conserver les mœurs, jamais pour les rétablir. Établissez des censeurs durant la vigueur des lois; sitôt qu'elles l'ont perdue, tout est désespéré; rien de légitime n'a plus de force lorsque les lois n'en ont plus.

La censure maintient les mœurs en empêchant les opinions de se corrompre, en conservant leur droiture par de sages applications, quelquefois même en les fixant lorsqu'elles sont encore incertaines. L'usage des seconds dans les duels, porté jusqu'à la fureur dans le royaume de France, y fut aboli par ces seuls mots d'un édit du roi : « Quand à ceux qui ont la lâcheté d'appeler des seconds ». Ce jugement, prévenant celui du public, le détermina tout d'un coup. Mais quand les mêmes édits voulurent prononcer que c'étoit aussi une lâcheté de se battre en duel, ce qui est très vrai, mais contraire à l'opinion commune, le public se moqua de cette décision, sur laquelle son jugement étoit déjà porté.

J'ai dit ailleurs[1] que l'opinion publique n'étant point soumise à la contrainte, il n'en falloit aucun vestige dans le tribunal établi pour la représenter. On ne peut trop admirer avec quel art ce ressort, entièrement perdu chez les modernes, étoit mis en œuvre chez les Romains, et mieux chez les Lacédémoniens.

Un homme de mauvaises mœurs ayant ouvert un bon avis dans le conseil de Sparte, les éphores, sans en tenir compte, firent proposer le même avis par un citoyen vertueux[2]. Quel honneur pour l'un, quelle note pour l'autre, sans avoir donné ni louange ni blâme à aucun des deux ! Certains ivrognes de Samos[3] souillèrent le tribunal des éphores : le lendemain par édit public, il fut permis aux Samiens d'être des vilains. Un vrai châtiment eût été moins sévère qu'une pareille impunité. Quand Sparte a prononcé sur ce qui est ou n'est pas honnête, la Grèce n'appelle pas de ses jugements.

CHAP. VIII. — De la religion civile.

Les hommes n'eurent point d'abord d'autres rois que les dieux, ni d'autre gouvernement que le théocratique. Ils firent le raisonnement de Caligula; et alors ils raisonnoient juste. Il faut une longue altération de sentiments et d'idées pour qu'on puisse se résoudre à prendre son semblable pour maître, et se flatter qu'on s'en trouvera bien.

De cela seul qu'on mettroit Dieu à la tête de chaque société politique, il s'ensuivit qu'il y eut autant de dieux que de peuples. Deux peuples étrangers l'un à l'autre, et presque toujours ennemis, ne purent longtemps reconnoître un même maître : deux armées se livrant bataille ne sauroient obéir au même chef. Ainsi des divisions nationales résulta le polythéisme, et de là l'intolérance théologique et civile, qui naturellement est la même, comme il sera dit ci-après.

1. Je ne fais qu'indiquer dans ce chapitre ce que j'ai traité plus au long dans la *Lettre à M. d'Alembert.*

2. Plutarque, *Dicts notables des Lacédémoniens*, § 69. (ÉD.)

3. Ils étoient d'une autre île, que la délicatesse de notre langue défend de nommer dans cette occasion*.

* On conçoit difficilement comment le nom d'une île peut blesser la *délicatesse de notre langue.* Pour entendre ceci, il faut savoir que Rousseau a pris ce trait dans Plutarque (*Dicts notables des Lacédémoniens*), qui le raconte dans toute sa turpitude et l'attribue aux habitants de Chio. Rousseau, en ne nommant pas cette île, a voulu éviter l'application d'un mauvais jeu de mots, et ne pas exciter le rire dans un sujet grave.

Ælien (liv. II, chap. XV), rapporte aussi ce fait; mais il en affoiblit la honte, en disant que le tribunal des éphores fut *couvert de suie.* (*Note de M. Petitain.*)

La fantaisie qu'eurent les Grecs de retrouver leurs dieux chez les peuples barbares, vint de celle qu'ils avoient aussi de se regarder comme les souverains naturels de ces peuples. Mais c'est de nos jours une érudition bien ridicule que celle qui roule sur l'identité des dieux de diverses nations : comme si Moloch, Saturne et Chronos pouvoient être le même dieu ! comme si le Baal des Phéniciens, le Zeus des Grecs et le Jupiter des Latins pouvoient être le même ! comme s'il pouvoit rester quelque chose commune à des êtres chimériques portant des noms différents !

Que si l'on demande comment dans le paganisme, où chaque État avoit son culte et ses dieux, il n'y avoit point de guerres de religion ; je réponds que c'étoit par cela même que chaque État, ayant son culte propre aussi bien que son gouvernement, ne distinguoit point ses dieux de ses lois. La guerre politique étoit aussi théologique ; les départements des dieux étoient pour ainsi dire fixés par les bornes des nations. Le dieu d'un peuple n'avoit aucun droit sur les autres peuples. Les dieux des païens n'étoient point des dieux jaloux ; ils partageoient entre eux l'empire du monde : Moïse même et le peuple hébreu se prêtoient quelquefois à cette idée en parlant du Dieu d'Israël. Ils regardoient, il est vrai, comme nuls les dieux des Cananéens, peuples proscrits, voués à la destruction, et dont ils devoient occuper la place ; mais voyez comment ils parloient des divinités des peuples voisins qu'il leur étoit défendu d'attaquer : « La possession de ce qui appartient à Chamos, votre dieu, disoit Jephté aux Ammonites, ne vous est-elle pas légitimement due ? Nous possédons au même titre les terres que notre Dieu vainqueur s'est acquises[1] ». C'étoit là, ce me semble, une parité bien reconnue entre les droits de Chamos et ceux du Dieu d'Israël.

Mais quand les Juifs soumis aux rois de Babylone, et dans la suite aux rois de Syrie, voulurent s'obstiner à ne reconnaître aucun autre Dieu que le leur, ce refus, regardé comme une rébellion contre le vainqueur, leur attira les persécutions qu'on lit dans leur histoire, et dont on ne voit aucun autre exemple avant le christianisme[2].

---

1. « Nonne ea quæ possidet Chamos deus tuus, tibi jure debentur ? » (*Jug.* XI, 24.) Tel est le texte de la Vulgate. Le P. de Carrières a traduit : « Ne croyez-vous pas avoir droit de posséder ce qui appartient à Chamos votre Dieu ? » J'ignore la force du texte hébreu ; mais je vois que, dans la Vulgate, Jephté reconnoît positivement le droit du dieu Chamos, et que le traducteur françois affoiblit cette reconnoissance par un *selon vous* qui n'est pas dans le latin.

2. Il est de la dernière évidence que la guerre des Phocéens, appelée guerre sacrée, n'étoit pas une guerre de religion. Elle avoit pour objet de punir des sacrilèges, et non de soumettre des mécréants.

Chaque religion étant donc uniquement attachée aux lois de l'État qui la prescrivoit, il n'y avoit point d'autre manière de convertir un peuple que de l'asservir, ni d'autres missionnaires que les conquérants; et l'obligation de changer de culte étant la loi des vaincus, il falloit commencer par vaincre avant d'en parler. Loin que les hommes combattissent pour les dieux, c'étoient, comme dans Homère, les dieux qui combattoient pour les hommes; chacun demandoit au sien la victoire, et la payoit par de nouveaux autels. Les Romains, avant de prendre une place, sommoient ses dieux de l'abandonner; et quand ils laissoient aux Tarentins leurs dieux irrités, c'est qu'ils regardoient alors ces dieux comme soumis aux leurs et forcés de leur faire hommage. Ils laissoient aux vaincus leurs dieux comme ils leur laissoient leurs lois. Une couronne au Jupiter du Capitole étoit souvent le seul tribut qu'ils imposoient.

Enfin les Romains ayant étendu avec leur empire leur culte et leurs dieux, et ayant souvent eux-mêmes adopté ceux des vaincus, en accordant aux uns et aux autres le droit de cité, des peuples de ce vaste empire se trouvèrent insensiblement avoir des multitudes de dieux et de cultes, à peu près les mêmes partout : et voilà comment le paganisme ne fut enfin dans le monde connu qu'une seule et même religion.

Ce fut dans ces circonstances que Jésus vint établir sur la terre un royaume spirituel, ce qui, séparant le système théologique du système politique, fit que l'État cessa d'être un, et causa les divisions intestines qui n'ont jamais cessé d'agiter les peuples chrétiens. Or, cette idée nouvelle d'un royaume de l'autre monde n'ayant pu jamais entrer dans la tête des païens, ils regardèrent toujours les chrétiens comme de vrais rebelles qui, sous une hypocrite soumission, ne cherchoient que le moment de se rendre indépendants et maîtres, et d'usurper adroitement l'autorité qu'ils feignoient de respecter dans leur foiblesse. Telle fut la cause des persécutions.

Ce que les païens avaient craint est arrivé. Alors tout a changé de face; les humbles chrétiens ont changé de langage, et bientôt on a vu ce prétendu royaume de l'autre monde devenir, sous un chef visible, le plus violent despotisme dans celui-ci.

Cependant, comme il y a toujours eu un prince et des lois civiles, il a résulté de cette double puissance un perpétuel conflit de juridiction qui a rendu toute bonne *politie* impossible dans les États chrétiens; et l'on n'a jamais pu venir à bout de savoir auquel du maître ou du prêtre on étoit obligé d'obéir.

Plusieurs peuples cependant, même dans l'Europe ou à son voisinage, ont voulu conserver ou rétablir l'ancien système, mais sans succès; l'esprit du christianisme a tout gagné. Le culte sacré est toujours resté ou redevenu indépendant du souverain, et sans liaison nécessaire avec le corps de l'État. Mahomet eut des vues très saines, il lia bien son système politique; et, tant que la forme de son gouvernement subsista sous les califes ses successeurs, ce gouvernement fut exactement un, et bon en cela. Mais les Arabes, devenus florissants, lettrés, polis, mous et lâches, furent subjugués par des barbares : alors la division entre les deux puissances recommença. Quoiqu'elle soit moins apparente chez les mahométans que chez les chrétiens, elle y est pourtant, surtout dans la secte d'Ali; et il y a des États, tels que la Perse, où elle ne cesse de se faire sentir.

Parmi nous, les rois d'Angleterre se sont établis chefs de l'Église; autant en ont fait les czars : mais, par ce titre, ils s'en sont moins rendus les maîtres que les ministres; ils ont moins acquis le droit de la changer que le pouvoir de la maintenir, ils n'y sont pas législateurs, ils ne sont que princes. Partout où le clergé fait un corps[1], il est maître et législateur dans sa patrie. Il y a donc deux puissances, deux souverains, en Angleterre et en Russie, tout comme ailleurs.

De tous les auteurs chrétiens, le philosophe Hobbes est le seul qui ait bien vu le mal et le remède, qui ait osé proposer de réunir les deux têtes de l'aigle, et de tout ramener à l'unité politique, sans laquelle jamais État ni gouvernement ne sera bien constitué. Mais il a dû voir que l'esprit dominateur du christianisme étoit incompatible avec son système, et que l'intérêt du prêtre seroit toujours plus fort que celui de l'État. Ce n'est pas tant ce qu'il y a d'horrible et de faux dans sa politique, que ce qu'il y a de juste et de vrai, qui l'a rendue odieuse[2].

Je crois qu'en développant sous ce point de vue les faits historiques, on réfuteroit aisément les sentiments opposés de Bayle et de

---

1. Il faut bien remarquer que ce ne sont pas tant des assemblées formelles, comme celles de France, qui lient le clergé en un corps que la communion des Églises. La communion et l'excommunication sont le pacte social du clergé, pacte avec lequel il sera toujours le maître des peuples et des rois. Tous les prêtres qui communiquent ensemble sont citoyens, fussent-ils des deux bouts du monde. Cette invention est un chef-d'œuvre en politique. Il n'y avoit rien de semblable parmi les prêtres païens : aussi n'ont-ils jamais fait un corps de clergé.

2. Voyez, entre autres, dans une lettre de Grotius à son frère, du 11 avril 1643, ce que ce savant homme approuve et ce qu'il blâme dans le livre *de Cive*. Il est vrai que, porté à l'indulgence, il paroît pardonner à l'auteur le bien en faveur du mal; mais tout le monde n'est pas si clément.

Warburton, dont l'un prétend que nulle religion n'est utile au corps politique, et dont l'autre soutient, au contraire, que le christianisme en est le plus ferme appui. On prouveroit au premier que jamais État ne fut fondé que la religion ne lui servît de base ; et au second, que la loi chrétienne est au fond plus nuisible qu'utile à la forte constitution de l'État. Pour achever de me faire entendre, il ne faut que donner un peu plus de précision aux idées trop vagues de religion relatives à mon sujet.

La religion, considérée par rapport à la société, qui est ou générale ou particulière, peut aussi se diviser en deux espèces : savoir, la religion de l'homme, et celle du citoyen. La première, sans temples, sans autels, sans rites, bornée au culte purement intérieur du Dieu suprême et aux devoirs éternels de la morale, est la pure et simple religion de l'Évangile, le vrai théisme, et ce qu'on peut appeler le droit divin naturel. L'autre, inscrite dans un seul pays, lui donne ses dieux, ses patrons propres et tutélaires. Elle a ses dogmes, ses rites, son culte extérieur prescrit par des lois : hors la seule nation qui la suit, tout est pour elle infidèle, étranger, barbare ; elle n'étend les devoirs et les droits de l'homme qu'aussi loin que ses autels. Telles furent toutes les religions des premiers peuples, auxquelles on peut donner le nom de droit divin civil ou positif.

Il y a une troisième sorte de religion plus bizarre, qui, donnant aux hommes deux législations, deux chefs, deux patries, les soumet à des devoirs contradictoires, et les empêche de pouvoir être à la fois dévots et citoyens. Telle est la religion des Lamas, telle est celle des Japonois, tel est le christianisme romain. On peut appeler celui-là religion du prêtre. Il en résulte une sorte de droit mixte et insociable qui n'a point de nom.

A considérer politiquement ces trois sortes de religions, elles ont toutes leurs défauts. La première est si évidemment mauvaise, que c'est perdre le temps de s'amuser à le démontrer. Tout ce qui rompt l'unité sociale ne vaut rien ; toutes les institutions qui mettent l'homme en contradiction avec lui-même ne valent rien.

La seconde est bonne en ce qu'elle réunit le culte divin et l'amour des lois, et que, faisant de la patrie l'objet de l'adoration des citoyens, elle leur apprend que servir l'État, c'est en servir le dieu tutélaire. C'est une espèce de théocratie, dans laquelle on ne doit point avoir d'autre pontife que le prince, ni d'autres prêtres que les magistrats. Alors mourir pour son pays, c'est aller au martyre ; violer les lois, c'est être impie ; et soumettre un coupable à l'exécration publique, c'est le dévouer au courroux des dieux : *Sacer esto*.

Mais elle est mauvaise en ce qu'étant fondée sur l'erreur et sur le mensonge, elle trompe les hommes, les rend crédules, superstitieux, et noie le vrai culte de la Divinité dans un vain cérémonial. Elle est mauvaise encore, quand, devenant exclusive et tyrannique, elle rend un peuple sanguinaire et intolérant, en sorte qu'il ne respire que meurtre et massacre, et croit faire une action sainte en tuant quiconque n'admet pas ses dieux. Cela met un tel peuple dans un état naturel de guerre avec tous les autres, très nuisible à sa propre sûreté.

Reste donc la religion de l'homme ou le christianisme, non pas celui d'aujourd'hui, mais celui de l'Évangile, qui en est tout à fait différent. Par cette religion sainte, sublime, véritable, les hommes, enfants du même Dieu, se reconnoissent tous pour frères, et la société qui les unit ne se dissout pas même à la mort.

Mais cette religion, n'ayant nulle relation particulière avec le corps politique, laisse aux lois la seule force qu'elles tirent d'elles-mêmes sans leur en ajouter aucune autre; et par là, un des grands liens de la société particulière reste sans effet. Bien plus, loin d'attacher les cœurs des citoyens à l'État, elle les en détache comme de toutes les choses de la terre. Je ne connois rien de plus contraire à l'esprit social.

On nous dit qu'un peuple de vrais chrétiens formeroit la plus parfaite société que l'on puisse imaginer. Je ne vois à cette supposition qu'une grande difficulté : c'est qu'une société de vrais chrétiens ne seroit plus une société d'hommes.

Je dis même que cette société supposée ne seroit, avec toute sa perfection, ni la plus forte ni la plus durable : à force d'être parfaite, elle manqueroit de liaison; son vice destructeur seroit dans sa perfection même.

Chacun rempliroit son devoir; le peuple seroit soumis aux lois, les chefs seroient justes et modérés, les magistrats intègres, incorruptibles; les soldats mépriseroient la mort; il n'y auroit ni vanité ni luxe : tout cela est fort bien; mais voyons plus loin.

Le christianisme est une religion toute spirituelle, occupée uniquement des choses du ciel; la patrie du chrétien n'est pas de ce monde. Il fait son devoir, il est vrai, mais il le fait avec une profonde indifférence sur le bon ou mauvais succès de ses soins. Pourvu qu'il n'ait rien à se reprocher, peu lui importe que tout aille bien ou mal ici-bas. Si l'État est florissant, à peine ose-t-il jouir de la félicité publique; il craint de s'enorgueillir de la gloire de son pays : si l'État dépérit, il bénit la main de Dieu qui s'appesantit sur son peuple.

Pour que la société fût paisible et que l'harmonie se maintînt, il faudrait que tous les citoyens sans exception fussent également bons, chrétiens : mais si malheureusement il s'y trouve un seul ambitieux, un seul hypocrite, un Catilina, par exemple, un Cromwell, celui-là très certainement aura bon marché de ses pieux compatriotes. La charité chrétienne ne permet pas aisément de penser mal de son prochain. Dès qu'il aura trouvé par quelque ruse l'art de leur en imposer et de s'emparer d'une partie de l'autorité publique, voilà un homme constitué en dignité; Dieu veut qu'on le respecte : bientôt voilà une puissance; Dieu veut qu'on lui obéisse. Le dépositaire de cette puissance en abuse-t-il, c'est la verge dont Dieu punit ses enfants. On se feroit conscience de chasser l'usurpateur : il faudroit troubler le repos public, user de violence, verser du sang : tout cela s'accorde mal avec la douceur du chrétien, et après tout, qu'importe qu'on soit libre ou serf dans cette vallée de misères? L'essentiel est d'aller en paradis, et la résignation n'est qu'un moyen de plus pour cela.

Survient-il quelque guerre étrangère, les citoyens marchent sans peine au combat; nul d'entre eux ne songe à fuir; ils font leur devoir, mais sans passion pour la victoire; ils savent plutôt mourir que vaincre. Qu'ils soient vainqueurs ou vaincus, qu'importe? La Providence ne sait-elle pas mieux qu'eux ce qu'il leur faut? Qu'on imagine quel parti un ennemi fier, impétueux, passionné, peut tirer de leur stoïcisme ! Mettez vis-à-vis d'eux ces peuples généreux que dévoroit l'ardent amour de la gloire et de la patrie, supposez votre république chrétienne vis-à-vis de Sparte ou de Rome : les pieux chrétiens seront battus, écrasés, détruits, avant d'avoir eu le temps de se reconnoître, ou ne devront leur salut qu'au mépris que leur ennemi concevra pour eux. C'étoit un beau serment à mon gré que celui des soldats de Fabius; ils ne jurèrent pas de mourir ou de vaincre, ils jurèrent de revenir vainqueurs, et tinrent leur serment. Jamais des chrétiens n'en eussent fait un pareil; ils auroient cru tenter Dieu.

Mais je me trompe en disant une république chrétienne; chacun de ces deux mots exclut l'autre. Le christianisme ne prêche que servitude et dépendance. Son esprit est trop favorable à la tyrannie pour qu'elle n'en profite pas toujours. Les vrais chrétiens sont faits pour être esclaves, ils le savent et ne s'en émeuvent guère; cette courte vie a trop peu de prix à leurs yeux.

Les troupes chrétiennes sont excellentes, nous dit-on. Je le nie, qu'on m'en montre de telles. Quant à moi, je ne connois point de troupes chrétiennes. On me citera les croisades. Sans disputer sur la valeur des croisés, je remarquerai que, bien loin d'être des chrétiens, c'étoient des soldats du prêtre, c'étoient des citoyens de l'Église : ils se battoient pour son pays spirituel, qu'elle avoit rendu temporel on ne sait comment. A le bien prendre, ceci rentre sous le paganisme : comme l'Évangile n'établit point une religion nationale, toute guerre sacrée est impossible parmi les chrétiens.

Sous les empereurs païens, les soldats chrétiens étoient braves; tous les auteurs chrétiens l'assurent, et je le crois : c'étoit une émulation d'honneur contre les troupes païennes. Dès que les empereurs furent chrétiens, cette émulation ne subsista plus; et, quand la croix eut chassé l'aigle, toute la valeur romaine disparut.

Mais, laissant à part les considérations politiques, revenons au droit, et fixons les principes sur ce point important. Le droit que le pacte social donne au souverain sur les sujets ne passe point, comme je l'ai dit, les bornes de l'utilité publique[1]. Les sujets ne doivent donc compte au souverain de leurs opinions qu'autant que ces opinions importent à la communauté. Or il importe bien à l'État que chaque citoyen ait une religion qui lui fasse aimer ses devoirs; mais les dogmes de cette religion n'intéressent ni l'État ni ses membres qu'autant que ces dogmes se rapportent à la morale et aux devoirs que celui qui la professe est tenu de remplir envers autrui. Chacun peut avoir, au surplus, telles opinions qu'il lui plaît, sans qu'il appartienne au souverain d'en connoître : car, comme il n'a point de compétence dans l'autre monde, quel que soit le sort des sujets dans la vie à venir, ce n'est pas son affaire, pourvu qu'ils soient bons citoyens dans celle-ci.

Il y a donc une profession de foi purement civile dont il appartient au souverain de fixer les articles, non pas précisément comme dogmes de religion, mais comme sentiments de sociabilité sans lesquels il est impossible d'être bon citoyen ni sujet fidèle[2]. Sans pou-

---

1. « Dans la république, dit le marquis d'Argenson, chacun est parfaitement libre en ce qui ne nuit pas aux autres. » Voilà la borne invariable; on ne peut la poser plus exactement. Je n'ai pu me refuser au plaisir de citer quelquefois ce manuscrit, quoique non connu du public, pour rendre honneur à la mémoire d'un homme illustre et respectable, qui avoit conservé jusque dans le ministère le cœur d'un vrai citoyen, et des vues droites et saines sur le gouvernement de son pays*.

2. César, plaidant pour Catilina, tâchoit d'établir le dogme de la mortalité de l'âme : Caton et Cicéron, pour le réfuter, ne s'amusèrent point à philosopher; ils

* *Considérations sur le gouvernement ancien et présent de la France.* (ÉD.)

voir obliger personne à les croire, il peut bannir de l'État quiconque ne les croit pas; il peut le bannir, non comme impie, mais comme insociable, comme incapable d'aimer sincèrement les lois, la justice, et d'immoler au besoin sa vie à son devoir. Que si quelqu'un, après avoir reconnu publiquement ces mêmes dogmes, se conduit comme ne les croyant pas, qu'il soit puni de mort; il a commis le plus grand des crimes, il a menti devant les lois.

Les dogmes de la religion civile doivent être simples, en petit nombre, énoncés avec précision, sans explications ni commentaires. L'existence de la Divinité puissante, intelligente, bienfaisante, prévoyante et pourvoyante, la vie à venir, le bonheur des justes, le châtiment des méchants, la sainteté du contrat social et des lois : voilà les dogmes positifs. Quant aux dogmes négatifs, je les borne à un seul, c'est l'intolérance : elle rentre dans les cultes que nous avons exclus.

Ceux qui distinguent l'intolérance civile et l'intolérance théologique se trompent, à mon avis. Ces deux intolérances sont inséparables. Il est impossible de vivre en paix avec des gens qu'on croit damnés; les aimer seroit haïr Dieu qui les punit : il faut absolument qu'on les ramène ou qu'on les tourmente. Partout où l'intolérance théologique est admise, il est impossible qu'elle n'ait pas quelque effet civil[1]; et sitôt qu'elle en a, le souverain n'est plus souverain, même au temporel : dès lors les prêtres sont les vrais maîtres, les rois ne sont que leurs officiers.

Maintenant qu'il n'y a plus et qu'il ne peut plus y avoir de reli-

se contentèrent de montrer que César parloit en mauvais citoyen, et avançoit une doctrine pernicieuse à l'État. En effet, voilà de quoi devoit juger le sénat de Rome, et non d'une question de théologie.

1. Le mariage, par exemple, étant un contrat civil, a des effets civils, sans lesquels il est même impossible que la société subsiste. Supposons donc qu'un clergé vienne à bout de s'attribuer à lui seul le droit de passer cet acte, droit qu'il doit nécessairement usurper dans toute religion intolérante, alors n'est-il pas clair qu'en faisant valoir à propos l'autorité de l'Église, il rendra vaine celle du prince, qui n'aura plus de sujets que ceux que le clergé voudra bien lui donner? Maître de marier ou de ne pas marier les gens, selon qu'ils auront ou n'auront pas telle ou telle doctrine, selon qu'ils admettront ou rejetteront tel ou tel formulaire, selon qu'ils lui seront plus ou moins dévoués, en se conduisant prudemment et tenant ferme, n'est-il pas clair qu'il disposera seul des héritages, des charges, des citoyens, de l'État même, qui ne sauroit subsister, n'étant plus composé que de bâtards? Mais, dira-t-on, l'on appellera comme d'abus, on ajournera, décrétera, saisira le temporel. Quelle pitié! Le clergé, pour peu qu'il ait, je ne dis pas de courage, mais de bons sens, laissera faire et ira son train; il laissera tranquillement appeler, ajourner, décréter, saisir, et finira par rester le maître. Ce n'est pas, ce me semble, un grand sacrifice d'abandonner une partie, quand on est sûr de s'emparer du tout.

gion nationale exclusive, on doit tolérer toutes celles qui tolèrent les autres, autant que leurs dogmes n'ont rien de contraire aux devoirs du citoyen. Mais quiconque ose dire : *Hors de l'Église point de salut*, doit être chassé de l'État, à moins que l'État ne soit l'Église, et que le prince ne soit le pontife. Un tel dogme n'est bon que dans un gouvernement théocratique; dans tout autre il est pernicieux. La raison sur laquelle on dit qu'Henri IV embrassa la religion romaine la devroit faire quitter à tout honnête homme, et surtout à tout prince qui sauroit raisonner[1].

CHAP. IX. — Conclusion.

Après avoir posé les vrais principes du droit politique et tâché de fonder l'État sur sa base, il resteroit à l'appuyer par ses relations externes; ce qui comprendroit le droit des gens, le commerce, le droit de la guerre et les conquêtes, le droit public, les ligues, les négociations, les traités, etc. Mais tout cela forme un nouvel objet trop vaste pour ma courte vue : j'aurois dû la fixer toujours plus près de moi.

---

1. « Un historien rapporte que le roi faisant faire devant lui une conférence entre les docteurs de l'une et de l'autre Église, et voyant qu'un ministre tomboit d'accord qu'on se pouvoit sauver dans la religion des catholiques, Sa Majesté prit la parole, et dit à ce ministre : « Quoi? tombez-vous d'accord qu'on puisse « se sauver dans la religion de ces messieurs-là? » Le ministre répondant qu'il n'en doutoit pas, pourvu qu'on y vécût bien, le roi repartit très judicieusement : « La prudence veut donc que je sois de leur religion et non pas de la vôtre, parce « qu'étant de la leur, je me sauve selon eux et selon vous, et étant de la vôtre, « je me sauve bien selon vous, mais non selon eux. Or, la prudence veut que je « suive le plus assuré. » (Péréfixe, *Hist. d'Henri IV.*)

CONSIDÉRATIONS

SUR

LE GOUVERNEMENT DE POLOGNE

ET SUR

SA RÉFORMATION PROJETÉE EN AVRIL 1772

~~~~~~~~~~

NOTICE PRÉLIMINAIRE[1]

La Pologne, dans sa division la plus générale, en grande, petite Pologne et duché de Lithuanie, contenoit en trente-trois provinces ou *palatinats* un peu plus de huit millions d'habitants. Cette population était régie souverainement par environ cent mille nobles, un roi électif et un sénat perpétuel. Les habitants des villes, ne pouvant posséder que des maisons dans les villes mêmes, et des fonds de terre à une lieue aux environs, n'étoient comptés dans l'ordre politique que pour en supporter toutes les charges; le commerce et le peu d'industrie que le pays pouvait comporter étoient entre les mains des juifs et des étrangers, et les paysans attachés à la glèbe étoient la propriété de leurs seigneurs, au pouvoir desquels rien ne pouvoit les soustraire, et qui avoient sur eux droit de vie et de mort.

On distinguoit parmi les nobles les *palatins* ou gouverneurs des provinces, les *castellans* ou commandants des châteaux et des villes, considérés comme les lieutenants des palatins, et les *starostes* ou possesseurs des *starosties*, vastes domaines qui leur étoient accordés à vie avec ou sans juridiction sur les terres qui en dépendoient. Ces palatinats, castellanies et starosties, et beaucoup d'autres *tenutes* et bénéfices de même espèce, étoient à la nomination du roi. Comme aucuns appointements ou gages n'étoient attachés aux

---

charges et fonctions publiques, ces concessions étoient les récompenses naturelles des services rendus à la patrie, et étoient appelées pour cela *panis bene meritorum*, dont le roi étoit le distributeur. Mais, à la mort de chaque possesseur, le bénéfice concédé rentroit dans les mains du roi, qui étoit tenu de faire sur-le-champ une nomination nouvelle; et c'étoit en cela que le régime polonois différoit essentiellement du régime féodal.

Les nobles seuls, jouissant ainsi des droits de cité, se rassembloient périodiquement dans les *diétines* ou diètes de palatinat, pour y élire les *nonces* chargés de les représenter à la diète générale. Celle-ci s'assembloit tous les deux ans, et se composoit du sénat et des représentants de la noblesse; elle partageoit avec le roi le pouvoir législtaif.

A ce germe toujours subsistant de confusion et de désordre se joignoit : 1º la dépendance absolue de chaque nonce, résultant des instructions qui lui avoient été données dans la diétine et dont il ne pouvoit s'écarter; 2º le droit du *liberum veto* qui rendoit la délibération de toute diète infructueuse par l'opposition d'un seul membre, droit dont l'usage ne remontoit pas au delà de 1650, mais dont les nobles polonois s'étoient depuis ce temps montrés si jaloux, qu'il étoit passé en loi et maxime d'État.

Un autre droit encore, également constitutionnel, et non moins cher aux Polonois, étoit celui de former, sous le nom de *confédération*, une ligue générale dont les membres, liés par un serment particulier, se choisissoient un chef et nommoient un *conseil général* qui réunissoit en lui seul l'autorité de toutes les magistratures. Ainsi, les insurrections mêmes avoient en Pologne une forme légale. Mais dans les assemblées qui en étoient la suite, le droit du *liberum veto* restoit suspendu, la pluralité des suffrages alors faisoit loi; et c'étoit ainsi que ce droit de confédération, dont l'exercice étoit de nature à mettre le comble au désordre, étoit souvent ce qui contribuoit le plus efficacement à le faire cesser. Au reste, la confédération une fois dissoute, tous ces règlements cessoient avec elle; pour qu'ils devinssent des lois, il falloit qu'ils reçussent la sanction d'une diète unanime; et la république reprenoit sa forme accoutumée.

Dans cet état des choses, un roi électif qui ne battoit point monnoie, qui ne faisoit point la guerre en personne, qui ne pouvoit ni la déclarer ni faire aucun traité, ni même se marier sans l'aveu de la diète, dont les actes administratifs se réduisoient à des nominations et des concessions qu'il ne pouvoit révoquer, et dont les revenus ne suffisoient guère qu'à la dépense de sa table, n'avoit sans doute qu'une ombre de pouvoir réel; mais ces nominations et concessions en si grand nombre, et dont on a vu plus haut que le droit lui appartenoit exclusivement, lui donnoient une force d'opinion et une influence bien en contraste avec l'esprit dont les nobles polonois étoient constamment animés : et c'est ce qui explique, d'une part, pourquoi à chaque élection cette couronne était si ardemment briguée et poursuivie; de l'autre, pourquoi le droit du *liberum veto*, celui de confédération, et toutes les autres entraves données à l'autorité royale, s'établirent successivement pour en balancer la puissance. Chaque élection en effet était toujours l'époque de restrictions nouvelles mises à une autorité déjà si bornée, restrictions que le prince nouvellement élu juroit de respecter, ainsi que toutes les lois fondamentales de la république, désignées généralement sous le nom de *pacta conventa*.

Les effets naturels d'un état politique ainsi constitué sont faciles à concevoir, et on ne peut qu'en croire l'historien moderne qui nous trace ainsi le tableau de l'état intérieur de la Pologne à l'époque même où Rousseau rêvoit pour elle ce que la force des choses rendoit impossible à réaliser : « La république, dit Rulhière, presque toujours destituée d'une autorité législative et souveraine, se trouva dans une impuissance absolue de suivre les progrès que l'administration commençoit à faire dans la plupart des autres pays. Tout ce qui exigeoit des dépenses continues devint impraticable... Les grands établissements qui annoncent la perfection des arts, et les soins toujours actifs du gouvernement, ne purent seulement pas être proposés... Les Polonois, dont les mœurs sont faciles, adoptèrent chacun séparément une partie de ces progrès rapides que le luxe et la société faisoient chez les autres peuples; mais ils n'admirent aucun de ceux que faisoit l'administration publique. De tant de changements introduits en Europe, la politesse et le luxe furent les seuls qui s'introduisirent parmi eux ». (*Histoire de l'anarchie de Pologne*, tome I, pages 49 et 127.)

La Russie, qui dès 1733 avoit imposé par la force Auguste III pour roi à la Pologne, réussit par le même moyen à faire décider en 1764 l'élection de Stanislas Poniatowski, son successeur. Celui-ci, dont le titre le plus signalé pour obtenir cette couronne étoit d'avoir été l'amant de Catherine II, étoit déjà sous ce rapport doublement odieux aux Polonois. Le caractère et les actes de ce souverain, et l'ascendant toujours plus marqué de sa protectrice, n'étoient pas propres à affoiblir cette impression, et avoient décidé la formation de plusieurs confédérations particulières, toujours vainement dissipées par les armées russes, et qui se réunirent, en 1768, en une confédération générale formée à Bar, en Podolie. Ces confédérés réussirent à faire soulever les Turcs contre les Russes; mais la guerre entre les deux empires fut désastreuse pour les Turcs, et n'accabla pas moins les confédérés. Ceux-ci néanmoins profitèrent, pour se soutenir, de l'épuisement où cette guerre avoit jeté la Russie, et des embarras que lui suscitoit la cour de Vienne : c'est dans le cours des hostilités commencées sur la fin de 1768, et de la suspension d'armes dont elles furent suivies en 1771, que, se flattant d'un avenir plus heureux, ils songèrent à asseoir sur de plus sûrs fondements le bonheur de leur patrie.

Comme s'il n'eût pas existé chez cette nation malheureuse assez d'éléments d'anarchie et de dissolution, le fanatisme religieux en avoit introduit encore un autre en faisant naître parmi les Polonois une classe de *dissidents*. On désignoit ainsi les nobles attachés soit à l'Église grecque, soit à la Réforme, et ils étoient en assez grand nombre. Mais la cour de Rome avoit conservé en Pologne tout son empire, et la superstition s'y montroit dans tous ses excès. Profitant de cette disposition, les nobles catholiques, en grande majorité, s'obstinoient à n'accorder aux dissidents aucuns droits politiques, et ils étoient en effet parvenus à les exclure de tous les emplois. Les dissidents avoient formé, pour le soutien de leurs droits, des confédérations particulières en opposition, même en guerre ouverte avec la confédération générale, et la Pologne fut en proie à leurs dévastations réciproques. Ces confédérés de Bar, dont nous verrons Jean-Jacques exalter les vertus patriotiques, avoient des étendards qui représentoient la vierge Marie et l'Enfant Jésus; ils portoient, comme les croisés du moyen âge, des croix brodées sur leurs habits, prêts à vaincre ou mou.. ir *pour la défense de la religion et de la liberté*. C'est du prétexte de défendre les intérêts des dissidents et de les faire réintéger dans leurs droits que Catherine coloroit ses vues d'envahissement, se donnant encore par là, aux yeux des gens de lettres françois dont elle recherchoit l'approbation, le mérite de combattre le fanatisme en Pologne, et d'y prêcher la tolérance les armes à la main. Le résultat de ce beau zèle ne fut autre que l'oubli total des dissidents et de leurs demandes et de leurs droits, dont il ne fut pas même question dans les actes définitifs qui firent cesser pour quelque temps les troubles de la Pologne.

Chap. I. — Etat de la question.

Le tableau du gouvernement de Pologne fait par M. le comte de
Wielhorski et les réflexions qu'il y a jointes sont des pièces instruc-
tives pour quiconque voudra former un plan régulier pour la
refonte de ce gouvernement. Je ne connois personne plus en état
de tracer ce plan que lui-même, qui joint aux connoissances générales que ce travail exige toutes celles du local, et des détails particuliers, impossibles à donner par écrit, et néanmoins nécessaires
à savoir pour approprier une institution au peuple auquel on la destine. Si l'on ne connoît à fond la nation pour laquelle on travaille,
l'ouvrage qu'on fera pour elle, quelque excellent qu'il puisse être
en lui-même, péchera toujours par l'application, et bien plus encore
lorsqu'il s'agira d'une nation déjà tout instituée, dont les goûts,
les mœurs, les préjugés et les vices sont trop enracinés pour pouvoir
être aisément étouffés par des semences nouvelles. Une bonne institution pour la Pologne ne peut être l'ouvrage que des Polonois,
ou de quelqu'un qui ait bien étudié sur les lieux la nation polonoise
et celles qui l'avoisinent. Un étranger ne peut guère donner que des
vues générales, pour éclairer, non pour guider l'instituteur. Dans
toute la vigueur de ma tête je n'aurois pu saisir l'ensemble de ces
grands rapports. Aujourd'hui qu'il me reste à peine la faculté de
lier des idées, je dois me borner, pour obéir à M. le comte de Wielhorski et faire acte de mon zèle pour sa patrie, à lui rendre compte
des impressions que m'a faites la lecture de son travail, et des
réflexions qu'il m'a suggérées.

En lisant l'histoire du gouvernement de Pologne, on a peine à
comprendre comment un État si bizarrement constitué a pu subsister si longtemps. Un grand corps formé d'un grand nombre de
membres morts, et d'un petit nombre de membres désunis, dont
tous les mouvements presque indépendants les uns des autres, loin
d'avoir une fin commune, s'entre-détruisent mutuellement, qui
s'agite beaucoup pour ne rien faire, qui ne peut faire aucune résistance à quiconque veut l'entamer, qui tombe en dissolution cinq
ou six fois chaque siècle, qui tombe en paralysie à chaque effort
qu'il veut faire, à chaque besoin auquel il veut pourvoir et qui,
malgré tout cela, vit et se conserve en vigueur : voilà, ce me semble,
un des plus singuliers spectacles qui puissent frapper un être pensant. Je vois tous les États de l'Europe courir à leur ruine. Monarchies, républiques, toutes ces nations si magnifiquement instituées,

tous ces beaux gouvernements si sagement pondérés, tombés en décrépitude, menacent d'une mort prochaine; et la Pologne, cette région dépeuplée, dévastée, opprimée, ouverte à ses agresseurs, au fort de ses malheurs et de son anarchie, montre encore tout le feu de la jeunesse; elle ose demander un gouvernement et des lois, comme si elle ne faisoit que de naître. Elle est dans les fers, et discute les moyens de se conserver libre; elle sent en elle cette force que celle de la tyrannie ne peut subjuguer. Je crois voir Rome assiégée régir tranquillement les terres sur lesquelles son ennemi venoit d'asseoir son camp. Braves Polonois, prenez garde; prenez garde que, pour vouloir trop bien être, vous n'empiriez votre situation. En songeant à ce que vous voulez acquérir, n'oubliez pas ce que vous pouvez perdre. Corrigez, s'il se peut, les abus de votre constitution; mais ne méprisez pas celle qui vous a faits ce que vous êtes.

Vous aimez la liberté, vous en êtes dignes, vous l'avez défendue contre un agresseur puissant et rusé qui, feignant de vous présenter les liens de l'amitié, vous chargeoit des fers de la servitude. Maintenant, las des troubles de votre patrie, vous soupirez après la tranquillité. Je crois fort aisé de l'obtenir; mais la conserver avec la liberté, voilà ce qui me paroît difficile. C'est au sein de cette anarchie qui vous est odieuse que se sont formées ces âmes patriotiques qui vous ont garantis du joug. Elles s'endormoient dans un repos léthargique; l'orage les a réveillées. Après avoir brisé les fers qu'on leur destinoit, elles sentent le poids de la fatigue. Elles voudroient allier la paix du despotisme aux douceurs de la liberté. J'ai peur qu'elles ne veuillent des choses contradictoires. Le repos et la liberté me paroissent incompatibles : il faut opter.

Je ne dis pas qu'il faille laisser les choses dans l'état où elles sont; mais je dis qu'il n'y faut toucher qu'avec une circonspection extrême. En ce moment on est plus frappé des abus que des avantages. Le temps viendra, je le crains, qu'on sentira mieux ces avantages, et malheureusement ce sera quand on les aura perdus.

Qu'il soit aisé, si l'on veut, de faire de meilleures lois; il est impossible d'en faire dont les passions des hommes n'abusent pas, comme ils ont abusé des premières. Prévoir et peser tous ces abus à venir est peut-être une chose impossible à l'homme d'État le plus consommé. Mettre la loi au-dessus de l'homme est un problème en politique que je compare à celui de la quadrature du cercle en géométrie. Résolvez bien ce problème; et le gouvernement fondé sur cette solution sera bon et sans abus. Mais jusque-là soyez sûrs qu'où vous croirez faire régner les lois, ce seront les hommes qui régneront.

Il n'y aura jamais de bonne et solide constitution que celle où la loi régnera sur les cœurs des citoyens : tant que la force législative n'ira pas jusque-là, les lois seront toujours éludées. Mais comment arriver aux cœurs? c'est à quoi nos instituteurs, qui ne voient jamais que la force et les châtiments, ne songent guère, et c'est à quoi les récompenses matérielles ne mèneroient peut-être pas mieux; la justice même la plus intègre n'y mène pas, parce que la justice est, ainsi que la santé, un bien dont on jouit sans le sentir, qui n'inspire point d'enthousiasme, et dont on ne sent le prix qu'après l'avoir perdu.

Par où donc émouvoir les cœurs, et faire aimer la patrie et ses lois? L'oserai-je dire? Par des jeux d'enfants, par des institutions oiseuses aux yeux des hommes superficiels, mais qui forment des habitudes chéries et des attachements invincibles. Si j'extravague ici, c'est du moins bien complètement, car j'avoue que je vois ma folie sous les traits de la raison.

CHAP. II. — **Esprit des anciennes institutions.**

Quand on lit l'histoire ancienne, on se croit transporté dans un autre univers et parmi d'autres êtres. Qu'ont de commun les François, les Anglois, les Russes, avec les Romains et les Grecs? Rien presque que la figure. Les fortes âmes de ceux-ci paroissent aux autres des exagérations de l'histoire. Comment eux qui se sentent si petits penseroient-ils qu'il y ait eu de si grands hommes? Ils existèrent pourtant, et c'étaient des humains comme nous. Qu'est-ce qui nous empêche d'être des hommes comme eux? Nos préjugés, notre basse philosophie, et les passions du petit intérêt, concentrées avec l'égoïsme dans tous les cœurs par des institutions ineptes que le génie ne dicta jamais.

Je regarde les nations modernes. J'y vois force faiseurs de lois et pas un législateur. Chez les anciens, j'en vois trois principaux qui méritent une attention particulière : Moïse, Lycurgue et Numa. Tous trois ont mis leurs principaux soins à des objets qui paroîtroient à nos docteurs dignes de risée. Tous trois ont eu des succès qu'on jugeroit impossibles s'ils étoient moins attestés.

Le premier forma et exécuta l'étonnante entreprise d'instituer en corps de nation un essaim de malheureux fugitifs, sans arts, sans armes, sans talents, sans vertus, sans courage et qui, n'ayant pas

en propre un seul pouce de terrain, faisoient une troupe étrangère
sur la face de la terre. Moïse osa faire de cette troupe errante et
servile un corps politique, un peuple libre, et, tandis qu'elle erroit
dans les déserts sans avoir une pierre pour y reposer sa tête, il lui
donnoit cette institution durable, à l'épreuve du temps, de la fortune et des conquérants, que cinq mille ans n'ont pu détruire ni
même altérer, et qui subsiste encore aujourd'hui dans toute sa
force, lors même que le corps de la nation ne subsiste plus.

Pour empêcher que son peuple ne se fondît parmi les peuples
étrangers, il lui donna des mœurs et des usages inalliables avec
ceux des autres nations; il le surchargea de rites, de cérémonies
particulières; il le gêna de mille façons pour le tenir sans cesse en
haleine et le rendre toujours étranger parmi les autres hommes; et
tous les liens de fraternité qu'il mit entre les membres de sa république étoient autant de barrières qui le tenoient séparé de ses
voisins et l'empêchoient de se mêler avec eux. C'est par là que cette
singulière nation, si souvent subjuguée, si souvent dispersée, et
détruite en apparence, mais toujours idolâtre de sa règle, s'est pourtant conservée jusqu'à nos jours éparse parmi les autres sans s'y
confondre, et que ses mœurs, ses lois, ses rites, subsistent et dure-
ront autant que le monde, malgré la haine et la persécution du reste
du genre humain.

Lycurgue entreprit d'instituer un peuple déjà dégradé par la
servitude et par les vices qui en sont l'effet. Il lui imposa un joug
de fer, tel qu'aucun autre peuple n'en porta jamais un semblable;
mais il l'attacha, l'identifia pour ainsi dire à ce joug, en l'occupant
toujours. Il lui montra sans cesse la patrie dans ses lois, dans ses
jeux, dans sa maison, dans ses amours, dans ses festins; il ne lui
laissa pas un instant de relâche pour être à lui seul : et de cette continuelle contrainte, ennoblie par son objet, naquit en lui cet ardent
amour de la patrie qui fut toujours la plus forte ou plutôt l'unique
passion des Spartiates, et qui en fit des êtres au-dessus de l'humanité. Sparte n'étoit qu'une ville, il est vrai; mais par la seule force
de son institution cette ville donna des lois à toute la Grèce, en
devint la capitale, et fit trembler l'empire persan. Sparte étoit le
foyer d'où sa législation étendoit ses effets tout autour d'elle.

Ceux qui n'ont vu dans Numa qu'un instituteur de rites et de
cérémonies religieuses ont bien mal jugé ce grand homme. Numa
fut le vrai fondateur de Rome. Si Romulus n'eût fait qu'assembler
des brigands qu'un revers pouvait disperser, son ouvrage imparfait
n'eût pu résister au temps. Ce fut Numa qui le rendit solide et

durable en unissant ces brigands en un corps indissoluble, en les transformant en citoyens, moins par des lois, dont leur rustique pauvreté n'avoit guère encore besoin, que par des institutions douces qui les attachoient les uns aux autres, et tous à leur sol, en rendant enfin leur ville sacrée par ses rites frivoles et superstitieux en apparence, dont si peu de gens sentent la force et l'effet, et dont cependant Romulus, le farouche Romulus lui-même, avoit jeté les premiers fondements.

Le même esprit guida tous les anciens législateurs dans leurs institutions. Tous cherchèrent des liens qui attachassent les citoyens à la patrie et les uns aux autres; et ils les trouvèrent dans des usages particuliers, dans des cérémonies religieuses qui, par leur nature, étoient toujours exclusives et nationales; dans des jeux qui tenoient beaucoup les citoyens rassemblés, dans des exercices qui augmentoient, avec leur vigueur et leurs forces, leur fierté et l'estime d'eux-mêmes; dans des spectacles qui, leur rappelant l'histoire de leurs ancêtres, leurs malheurs, leurs vertus, leurs victoires, intéressoient leurs cœurs, les enflammoient d'une vive émulation, et les attachoient fortement à cette patrie dont on ne cessoit de les occuper. Ce sont les poésies d'Homère récitées aux Grecs solennellement assemblés, non dans des coffres, sur des planches et l'argent à la main, mais en plein air et en corps de nation; ce sont les tragédies d'Eschyle, de Sophocle et d'Euripide, représentées souvent devant eux; ce sont les prix dont, aux acclamations de toute la Grèce, on couronnoit les vainqueurs dans leurs jeux qui, les embrasant continuellement d'émulation et de gloire, portèrent leur courage et leurs vertus à ce degré d'énergie dont rien aujourd'hui ne nous donne l'idée, et qu'il n'appartient pas même aux modernes de croire. S'ils ont des lois, c'est uniquement pour leur apprendre à bien obéir à leurs maîtres, à ne pas voler dans les poches, et à donner beaucoup d'argent aux fripons publics. S'ils ont des usages, c'est pour savoir amuser l'oisiveté des femmes galantes, et promener la leur avec grâce. S'ils s'assemblent, c'est dans des temples pour un culte qui n'a rien de national, qui ne rappelle en rien la patrie; c'est dans des salles bien fermées et à prix d'argent, pour voir sur des théâtres efféminés, dissolus, où l'on ne sait parler que d'amour, déclamer des histrions, minauder des prostituées, et pour y prendre des leçons de corruption, les seules qui profitent de toutes celles qu'on fait semblant d'y donner; c'est dans des fêtes où le peuple, toujours méprisé, est toujours sans influence, où le blâme et l'approbation publique ne produisent

rien; c'est dans des cohues licencieuses, pour s'y faire des liaisons
secrètes, pour y chercher les plaisirs qui séparent, isolent le plus
les hommes, et qui relâchent le plus les cœurs. Sont-ce là des sti-
mulants pour le patriotisme? Faut-il s'étonner que des manières
de vivre si dissemblables produisent des effets si différents, et que
les modernes ne retrouvent plus rien en eux de cette vigueur
d'âme que tout inspiroit aux anciens? Pardonnez ces digressions à
un reste de chaleur que vous avez ranimée. Je reviens avec plaisir
à celui de tous les peuples d'aujourd'hui qui m'éloigne le moins de
ceux dont je viens de parler.

Chap. III. — Application.

La Pologne est un grand État environné d'États encore plus
considérables, qui, par leur despotisme et par leur discipline militaire, ont une grande force offensive. Foible au contraire par son
anarchie, elle est, malgré la valeur polonoise, en butte à tous leurs
outrages. Elle n'a point de places fortes pour arrêter leurs incur-
sions. Sa dépopulation la met presque absolument hors d'état de
défense. Aucun ordre économique, peu ou point de troupes; nulle
discipline militaire, nul ordre, nulle subordination; toujours divisée
au dedans, toujours menacée au dehors, elle n'a par elle-même
aucune consistance, et dépend du caprice de ses voisins. Je ne
vois, dans l'état présent des choses, qu'un seul moyen de lui donner
cette consistance qui lui manque : c'est d'infuser pour ainsi dire
dans toute la nation l'âme des confédérés; c'est d'établir tellement
la république dans le cœur des Polonois, qu'elle y subsiste malgré
tous les efforts de ses oppresseurs : c'est là, ce me semble, l'unique
asile où la force ne peut ni l'atteindre ni la détruire. On vient d'en
voir une preuve à jamais mémorable : La Pologne était dans les
fers du Russe, mais les Polonois sont restés libres. Grand exemple
qui vous montre comment vous pouvez braver la puissance et l'ambition de vos voisins. Vous ne sauriez empêcher qu'ils ne vous
engloutissent; faites au moins qu'ils ne puissent vous digérer. De
quelque façon qu'on s'y prenne, avant qu'on ait donné à la Pologne
tout ce qui lui manque pour être en état de résister à ses ennemis,
elle en sera cent fois accablée. La vertu de ses citoyens, leur zèle
patriotique, la forme particulière que des institutions nationales
peuvent donner à leurs âmes, voilà le seul rempart toujours prêt
à la défendre, et qu'aucune armée ne sauroit forcer. Si vous
faites en sorte qu'un Polonois ne puisse jamais devenir un Russe,

je vous réponds que la Russie ne subjuguera pas la Pologne.

Ce sont les institutions nationales qui forment le génie, le caractère, les goûts et les mœurs d'un peuple, qui le font être lui et non pas un autre, qui lui inspirent cet ardent amour de la patrie fondé sur des habitudes impossibles à déraciner, qui le font mourir d'ennui chez les autres peuples, au sein des délices dont il est privé dans son pays. Souvenez-vous de ce Spartiate gorgé des voluptés de la cour du grand roi, à qui l'on reprochoit de regretter la sauce noire. « Ah ! dit-il au satrape en soupirant, je connois tes plaisirs, mais tu ne connois pas les nôtres. »

Il n'y a plus aujourd'hui de François, d'Allemands, d'Espagnols, d'Anglois même, quoi qu'on en dise; il n'y a que des Européens. Tous ont les mêmes goûts, les mêmes passions, les mêmes mœurs, parce qu'aucun n'a reçu de formes nationales par une institution particulière. Tous, dans les mêmes circonstances, feront les mêmes choses; tous se diront désintéressés et seront fripons; tous parleront du bien public et ne penseront qu'à eux-mêmes; tous vanteront la médiocrité et voudront être des Crésus; ils n'ont d'ambition que pour le luxe, ils n'ont de passion que celle de l'or : sûrs d'avoir avec lui tout ce qui les tente, tous se vendront au premier qui voudra les payer. Que leur importe à quel maître ils obéissent, de quel État ils suivent les lois? pourvu qu'ils trouvent de l'argent à voler et des femmes à corrompre, ils sont partout dans leur pays.

Donnez une autre pente aux passions des Polonois, vous donnerez à leurs âmes une physionomie nationale qui les distinguera des autres peuples, qui les empêchera de se fondre, de se plaire, de s'allier avec eux; une vigueur qui remplacera le jeu abusif des vains préceptes, qui leur fera faire par goût et par passion ce qu'on ne fait jamais assez bien quand on ne le fait que par devoir ou par intérêt. C'est sur ces âmes-là qu'une législation bien appropriée aura prise. Ils obéiront aux lois et ne les éluderont pas, parce qu'elles leur conviendront et qu'elles auront l'assentiment interne de leur volonté. Aimant la patrie, ils la serviront par zèle et de tout leur cœur. Avec ce seul sentiment, la législation, fût-elle mauvaise, feroit de bons citoyens; et il n'y a jamais que les bons citoyens qui fassent la force et la prospérité de l'État.

J'expliquerai ci-après le régime d'administration qui, sans presque toucher au fond de vos lois, me paroît propre à porter le patriotisme et les vertus qui en sont inséparables au plus haut degré d'intensité qu'ils puissent avoir. Mais soit que vous adoptiez ou non ce régime, commencez toujours par donner aux Polonois

une grande opinion d'eux-mêmes et de leur patrie : après la façon
dont ils viennent de se montrer, cette opinion ne sera pas fausse.
Il faut saisir la circonstance de l'événement présent pour monter
les âmes au ton des âmes antiques. Il est certain que la confédération de Bar a sauvé la patrie expirante. Il faut graver cette grande
époque en caractères sacrés dans tous les cœurs polonois. Je voudrois qu'on érigeât un monument en sa mémoire; qu'on y mît les
noms de tous les confédérés, même de ceux qui dans la suite
auroient pu trahir la cause commune : une si grande action doit
effacer les fautes de toute la vie; qu'on instituât une solennité
périodique pour la célébrer tous les dix ans avec une pompe non
brillante et frivole, mais simple, fière et républicaine; qu'on y fît
dignement, mais sans emphase, l'éloge de ces vertueux citoyens
qui ont eu l'honneur de souffrir pour la patrie dans les fers de
l'ennemi; qu'on accordât même à leurs familles quelque privilège
honorifique qui rappelât toujours ce beau souvenir aux yeux du
public. Je ne voudrois pourtant pas qu'on se permît dans ces solennités aucune invective contre les Russes, ni même qu'on en parlât :
ce seroit trop les honorer. Ce silence, le souvenir de leur barbarie,
et l'éloge de ceux qui leur ont résisté diront d'eux tout ce qu'il en
faut dire : vous devez trop les mépriser pour les haïr.

Je voudrois que, par des honneurs, par des récompenses publiques, on donnât de l'éclat à toutes les vertus patriotiques, qu'on
occupât sans cesse les citoyens de la patrie, qu'on en fît leur plus
grande affaire, qu'on la tînt incessamment sous leurs yeux. De
cette manière ils auroient moins, je l'avoue, les moyens et le temps
de s'enrichir, mais il en auroient moins aussi le désir et le besoin :
leurs cœurs apprendroient à connoître un autre bonheur que celui
de la fortune; et voilà l'art d'ennoblir les âmes et d'en faire un
instrument plus puissant que l'or.

L'exposé succinct des mœurs des Polonois qu'a bien voulu me
communiquer M. de Wielhorski ne suffit pas pour me mettre au
fait de leurs usages civils et domestiques. Mais une grande nation
qui ne s'est jamais trop mêlée avec ses voisins doit en avoir beaucoup qui lui soient propres, et qui peut-être s'abâtardissent journellement par la pente générale en Europe de prendre les goûts et
les mœurs des François. Il faut maintenir, rétablir ces anciens
usages, et en introduire de convenables qui soient propres aux Polonois. Ces usages, fussent-ils indifférents, fussent-ils mauvais même
à certains égards, pourvu qu'ils ne le soient pas essentiellement,
auront toujours l'avantage d'affectionner les Polonois à leur pays,

et de leur donner une répugnance naturelle à se mêler avec l'étranger. Je regarde comme un bonheur qu'ils aient un habillement particulier. Conservez avec soin cet avantage : faites exactement le contraire de ce que fit ce czar si vanté. Que le roi ni les sénateurs ni aucun homme public ne portent jamais d'autre vêtement que celui de la nation, et que nul Polonois n'ose paroître à la cour vêtu à la françoise.

Beaucoup de jeux publics où la bonne mère patrie se plaise à voir jouer ses enfants. Qu'elle s'occupe d'eux souvent afin qu'ils s'occupent toujours d'elle. Il faut abolir, même à la cour, à cause de l'exemple, les amusements ordinaires des cours, le jeu, les théâtres, comédie, opéra, tout ce qui efféminé les hommes, tout ce qui les distrait, les isole, leur fait oublier leur patrie et leur devoir, tout ce qui les fait trouver bien partout pourvu qu'ils s'amusent; il faut inventer des jeux, des fêtes, des solennités, qui soient si propres à cette cour-là qu'on ne les retrouve dans aucune autre. Il faut qu'on s'amuse en Pologne plus que dans les autres pays, mais non pas de la même manière. Il faut en un mot renverser un exécrable proverbe, et faire dire à tout Polonois au fond de son cœur : *Ubi patria ibi bene.*

Rien, s'il se peut, d'exclusif pour les grands et les riches. Beaucoup de spectacles en plein air, où les rangs soient distingués avec soin, mais où tout le peuple prenne part également, comme chez les anciens, et où, dans certaines occasions, la jeune noblesse fasse preuve de force et d'adresse. Les combats des taureaux n'ont pas peu contribué à maintenir une certaine vigueur chez la nation espagnole. Ces cirques où s'exerçoit jadis la jeunesse en Pologne devroient être soigneusement rétablis, on en devroit faire pour elle des théâtres d'honneur et d'émulation. Rien ne seroit plus aisé que d'y substituer aux anciens combats des exercices moins cruels, où, cependant, la force et l'adresse auroient part et où les victorieux auroient de même des honneurs et des récompenses. Le maniement des chevaux est, par exemple, un exercice très convenable aux Polonois et très susceptible de l'éclat du spectacle.

Les héros d'Homère se distinguoient tous par leur force et leur adresse, et par là montroient aux yeux du peuple qu'ils étoient faits pour lui commander. Les tournois des paladins formoient des hommes non seulement vaillants et courageux, mais avides d'honneur et de gloire, et propres à toutes les vertus. L'usage des armes à feu, rendant ces facultés du corps moins utiles à la gloire, les a fait tomber en discrédit. Il arrive de là que, hors les qualités de

l'esprit, qui sont souvent équivoques, déplacées, sur lesquelles on
a mille moyens de tromper, et dont le peuple est mauvais juge, un
homme, avec l'avantage de la naissance, n'a rien en lui qui le distingue d'un autre, qui justifie la fortune, qui montre dans sa personne un droit naturel à la supériorité; et plus on néglige ces signes
extérieurs, plus ceux qui nous gouvernent s'efféminent et se corrompent impunément. Il importe pourtant, et plus qu'on ne pense,
que ceux qui doivent un jour commander aux autres se montrent
dès leur jeunesse supérieurs à eux de tout point, ou du moins qu'ils
y tâchent. Il est bon de plus que le peuple se trouve souvent avec
ses chefs dans des occasions agréables, qu'il les connoisse, qu'il
s'accoutume à les voir, qu'il partage avec eux ses plaisirs. Pourvu
que la subordination soit toujours gardée et qu'il ne se confonde
point avec eux, c'est le moyen qu'il s'y affectionne et qu'il joigne
pour eux l'attachement au respect. Enfin le goût des exercices corporels détourne d'une oisiveté dangereuse, des plaisirs efféminés et
du luxe de l'esprit. C'est surtout à cause de l'âme qu'il faut exercer
le corps; et voilà ce que nos petits sages sont loin de voir.

Ne négligez point une certaine décoration publique; qu'elle soit
noble, imposante, et que la magnificence soit dans les hommes plus
que dans les choses. On ne sauroit croire à quel point le cœur du
peuple suit ses yeux, et combien la majesté du cérémonial lui en
impose. Cela donne à l'autorité un air d'ordre et de règle qui inspire
la confiance, et qui écarte les idées de caprice et de fantaisie attachées à celles du pouvoir arbitraire. Il faut seulement éviter, dans
l'appareil des solennités, le clinquant, le papillotage et les décorations de luxe qui sont d'usage dans les cours. Les fêtes d'un peuple
libre doivent toujours respirer la décence et la gravité, et l'on n'y
doit présenter à son admiration que des objets dignes de son estime.
Les Romains, dans leurs triomphes, étaloient un luxe énorme, mais
c'étoit le luxe des vaincus; plus il brilloit, moins il séduisoit; son
éclat même étoit une grande leçon pour les Romains. Les rois
captifs étoient enchaînés avec des chaînes d'or et de pierreries.
Voilà du luxe bien entendu. Souvent on vient au même but par
deux routes opposées. Les deux balles de laine mises dans la
chambre des pairs d'Angleterre devant la place du chancelier
forment à mes yeux une décoration touchante et sublime. Deux
gerbes de blé, placées de même dans le sénat de Pologne, n'y
feroient pas un moins bel effet à mon gré.

L'immense distance des fortunes qui sépare les seigneurs de la
petite noblesse est un grand obstacle aux réformes nécessaires

pour faire de l'amour de la patrie la passion dominante. Tant que le luxe régnera chez les grands, la cupidité régnera dans tous les cœurs. Toujours l'objet de l'admiration publique sera celui des vœux des particuliers; et, s'il faut être riche pour briller, la passion dominante sera toujours d'être riche. Grand moyen de corruption qu'il faut affoiblir autant qu'il est possible. Si d'autres objets attrayants, si des marques de rang distinguoient les hommes en place, ceux qui ne seroient que riches en seroient privés; les vœux secrets prendroient naturellement la route de ces distinctions honorables, c'est-à-dire celles du mérite et de la vertu, quand on ne parviendroit que par là. Souvent les consuls de Rome étoient très pauvres, mais ils avoient des licteurs : l'appareil de ces licteurs fut convoité par le peuple, et les plébéiens parvinrent au consulat.

Oter tout à fait le luxe où règne l'inégalité me paroît, je l'avoue, une entreprise bien difficile. Mais n'y auroit-il pas moyen de changer les objets de ce luxe et d'en rendre l'exemple moins pernicieux? Par exemple, autrefois la pauvre noblesse en Pologne s'attachoit aux grands qui lui donnoient l'éducation et la subsistance à leur suite. Voilà un luxe vraiment grand et noble, dont je sens parfaitement l'inconvénient, mais qui, du moins, loin d'avilir les âmes, les élève, leur donne des sentiments, du ressort, et fut sans abus chez les Romains tant que dura la république. J'ai lu que le duc d'Épernon, rencontrant un jour le duc de Sully, vouloit lui chercher querelle, mais que, n'ayant que six cents gentilshommes à sa suite, il n'osa attaquer Sully, qui en avoit huit cents. Je doute qu'un luxe de cette espèce laisse une grande place à celui des colifichets; et l'exemple du moins n'en séduira pas les pauvres. Ramenez les grands en Pologne à n'en avoir que de ce genre, il en résultera peut-être des divisions, des partis, des querelles; mais il ne corrompra pas la nation. Après celui-là tolérons le luxe militaire, celui des armes, des chevaux; mais que toute parure efféminée soit en mépris; et, si l'on n'y peut faire renoncer les femmes, qu'on leur apprenne au moins à l'improuver et dédaigner dans les hommes.

Au reste, ce n'est pas par des lois somptuaires qu'on vient à bout d'extirper le luxe : c'est du fond des cœurs qu'il faut l'arracher, en y imprimant des goûts plus sains et plus nobles. Défendre les choses qu'on ne doit pas faire est un expédient inepte et vain, si l'on ne commence par les faire haïr et mépriser; et jamais l'improbation de la loi n'est efficace que quand elle vient à l'appui de celle du jugement. Quiconque se mêle d'instituer un peuple doit savoir dominer les opinions, et par elles gouverner les passions des hommes. Cela est vrai surtout dans l'objet dont je parle. Les lois somptuaires irritent le désir par la contrainte plutôt qu'elles ne l'éteignent par le châtiment. La simplicité dans les mœurs et dans la parure est moins le fruit de la loi que celui de l'éducation.

CHAP. IV. — Education.

C'est ici l'article important. C'est l'éducation qui doit donner aux âmes la forme nationale, et diriger tellement leurs opinions et leurs goûts, qu'elles soient patriotes par inclination, par passion, par nécessité. Un enfant en ouvrant les yeux doit voir la patrie, et jusqu'à la mort ne doit plus voir qu'elle. Tout vrai républicain suça, avec le lait de sa mère, l'amour de sa patrie, c'est-à-dire des lois et de la liberté. Cet amour fait toute son existence; il ne voit que la patrie, il ne vit que pour elle; sitôt qu'il est seul, il est nul; sitôt qu'il n'a plus de patrie, il n'est plus; et s'il n'est pas mort, il est pis.

L'éducation nationale n'appartient qu'aux hommes libres; il n'y a qu'eux qui aient une existence commune et qui soient vraiment liés par la loi. Un François, un Anglois, un Espagnol, un Italien, un Russe, sont tous à peu près le même homme; il sort du collège déjà tout façonné pour la licence, c'est-à-dire pour la servitude. A vingt ans, un Polonois ne doit pas être un autre homme : il doit être un Polonois. Je veux qu'en apprenant à lire il lise des choses de son pays; qu'à dix ans il en connoisse toutes les productions, à douze toutes les provinces, tous les chemins, toutes les villes; qu'à quinze il en sache toute l'histoire, à seize toutes les loix : qu'il n'y ait pas eu dans toute la Pologne une belle action ni un homme illustre dont il n'ait la mémoire et le cœur pleins, et dont il ne puisse rendre compte à l'instant. On peut juger par là que ce ne sont pas les études ordinaires, dirigées par des étrangers et des prêtres, que je voudrois faire suivre aux enfants. La loi doit régler la matière, l'ordre et la forme de leurs études. Ils ne doivent avoir, pour instituteurs, que des Polonois, tous mariés, s'il est possible, tous distingués par leurs mœurs, par leur probité, par leur bon sens, par leurs lumières, et tous destinés à des emplois, non plus importants ni plus honorables, car cela n'est pas possible, mais moins pénibles et plus éclatants, lorsqu'au bout d'un certain nombre d'années ils auront rempli celui-là. Gardez-vous surtout de faire un métier de l'état de pédagogue. Tout homme public en Pologne ne doit avoir d'autre état permanent que celui de citoyen. Tous les postes qu'il remplit, et surtout ceux qui sont importants, comme celui-ci, ne doivent être considérés que comme des places d'épreuve et des degrés pour monter plus haut après l'avoir mérité. J'exhorte les Polonois à faire attention à cette maxime, sur laquelle j'insisterai souvent : je la crois la clef d'un grand ressort dans l'État. On verra ci-après comment on peut, à mon avis, la rendre praticable sans exception.

Je n'aime point ces distinctions de collèges et d'académies, qui font que la noblesse riche et que la noblesse pauvre sont élevées différemment et séparément. Tous étant égaux par la constitution de l'État doivent être élevés ensemble et de la même manière; et si l'on ne peut établir une éducation publique tout à fait gratuite, il faut du moins la mettre à un prix que les pauvres puissent payer. Ne pourroit-on pas fonder dans chaque collège un certain nombre de places purement gratuites, c'est-à-dire aux frais de l'État, et qu'on appelle en France des bourses? Ces places, données aux enfants des pauvres gentilshommes qui auroient bien mérité de la patrie, non comme une aumône, mais comme une récompense des bons services des pères, deviendroient à ce titre honorables, et pourroient produire un double avantage qui ne seroit pas à négliger. Il faudroit pour cela que la nomination n'en fût pas arbitraire, mais se fît par une espèce de jugement dont je parlerai ci-après. Ceux qui rempliroient ces places seroient appelés enfants de l'État, et distingués par quelque marque honorable qui donneroit la préséance sur les autres enfants de leur âge, sans excepter ceux des grands.

Dans tous les collèges il faut établir un gymnase ou lieu d'exercices corporels pour les enfants. Cet article si négligé est, selon moi, la partie la plus importante de l'éducation, non seulement pour former des tempéraments robustes et sains, mais encore plus pour l'objet moral, qu'on néglige ou qu'on ne remplit que par un tas de préceptes pédantesques et vains qui sont autant de paroles perdues. Je ne redirai jamais assez que la bonne éducation doit être négative. Empêchez les vices de naître, vous aurez assez fait pour la vertu. Le moyen en est de la dernière facilité dans la bonne éducation publique : c'est de tenir toujours les enfants en haleine, non par d'ennuyeuses études où ils n'entendent rien et qu'ils prennent en haine par cela seul qu'ils sont forcés de rester en place, mais par des exercices qui leur plaisent, en satisfaisant au besoin qu'en croissant a leurs corps de s'agiter, et dont l'agrément pour eux ne se bornera pas là.

23

On ne doit point permettre qu'ils jouent séparément à leur fantaisie, mais tous ensemble et en public, de manière qu'il y ait toujours un but commun auquel tous aspirent, et qui excite la concurrence et l'émulation. Les parents qui préféreront l'éducation domestique, et feront élever leurs enfants sous leurs yeux, doivent cependant les envoyer à ces exercices. Leur instruction peut être domestique et particulière, mais leurs jeux doivent toujours être publics et communs à tous; car il ne s'agit pas seulement ici de les occuper, de leur former une constitution robuste, de les rendre agiles et découplés, mais de les accoutumer de bonne heure à la règle, à l'égalité, à la fraternité, aux concurrences, à vivre sous les yeux de leurs concitoyens et à désirer l'approbation publique. Pour cela, il ne faut pas que les prix et récompenses des vainqueurs soient distribués arbitrairement par les maîtres des exercices, ni par les chefs des collèges, mais par acclamation et au jugement des spectateurs : et l'on peut compter que ces jugements seront toujours justes, surtout si l'on a soin de rendre ces jeux attirants pour le public, en les ordonnant avec un peu d'appareil et de façon qu'ils fassent spectacle. Alors il est à présumer que tous les honnêtes gens et tous les bons patriotes se feront un devoir et un plaisir d'y assister.

A Berne, il y a un exercice bien singulier pour les jeunes patriciens qui sortent du collège. C'est ce qu'on appelle l'*état extérieur*. C'est une copie en petit de tout ce qui compose le gouvernement de la république : un sénat, des avoyers, des officiers, des huissiers, des orateurs, des causes, des jugements, des solennités. L'état extérieur a même un petit gouvernement et quelques rentes; et cette institution, autorisée et protégée par le souverain, est la pépinière des hommes d'État qui dirigeront un jour les affaires publiques dans les mêmes emplois qu'ils n'exercent d'abord que par jeu.

Quelque forme qu'on donne à l'éducation publique, dont je n'entreprends pas ici le détail, il convient d'établir un collège de magistrats du premier rang qui en ait la suprême administration, et qui nomme, révoque et change à sa volonté tant les principaux et chefs des collèges, lesquels seront eux-mêmes, comme je l'ai déjà dit, des candidats pour les hautes magistratures, que les maîtres des exercices, dont on aura soin d'exciter aussi le zèle et la vigilance par des places plus élevées, qui leur seront ouvertes ou fermées selon la manière dont ils auront rempli celles-là. Comme c'est de ces établissements que dépend l'espoir de la république, la gloire et le sort de la nation, je les trouve, je l'avoue, d'une importance que je suis bien surpris qu'on n'ait songé à leur donner nulle part. Je suis affligé pour l'humanité que tant d'idées qui me paroissent bonnes et utiles se trouvent toujours, quoique très praticables, si loin de tout ce qui se fait.

Au reste, je ne fais ici qu'indiquer; mais c'est assez pour ceux à qui je m'adresse. Ces idées mal développées montrent de loin les routes inconnues aux modernes par lesquelles les anciens menoient les hommes à cette vigueur d'âme, à ce zèle patriotique, à cette estime pour les qualités vraiment personnelles, sans égard à ce qui n'est qu'étranger à l'homme, qui sont parmi nous sans exemple, mais dont les levains dans les cœurs de tous les hommes n'attendent pour fermenter que d'être mis en action par des institutions convenables. Dirigez dans cet esprit l'éducation, les usages, les coutumes, les mœurs des Polonois, vous développerez en eux ce levain qui n'est pas encore éventé par des maximes corrompues, par des institutions usées, par une philosophie égoïste qui prêche et qui tue. La nation datera sa seconde naissance de la crise terrible dont elle sort; et voyant ce qu'ont fait ses membres encore indisciplinés, elle attendra beaucoup et obtiendra davantage d'une institution bien pondérée : elle chérira, elle respectera des lois qui flatteront son noble orgueil, qui la rendront, qui la maintiendront heureuse et libre; arrachant de son sein les passions qui les éludent, elle y nourrira celles qui les font aimer; enfin, se renouvelant pour ainsi dire elle-même, elle reprendra dans ce nouvel âge toute la vigueur d'une nation naissante. Mais sans ces précautions n'attendez rien de vos lois : quelque sages, quelque prévoyantes qu'elles puissent être, elles seront éludées et vaines; et vous aurez corrigé quelques abus qui vous blessent, pour en introduire d'autres que vous n'aurez pas prévus. Voilà des préliminaires que j'ai crus indispensables. Jetons maintenant les yeux sur la constitution.

CHAP. V. — Vice radical.

Évitons, s'il se peut, de nous jeter dès les premiers pas dans des projets chimériques. Quelle entreprise, messieurs, vous occupe en ce moment? Celle de réformer le gouvernement de Pologne, c'est-à-dire de donner à la constitution d'un grand royaume la consistance et la vigueur de celle d'une petite république. Avant de travailler à l'exécution de ce projet, il faudroit voir d'abord s'il est possible d'y réussir. Grandeur des nations, étendue des États : première et principale source des malheurs du genre humain et, surtout, des calamités sans nombre qui minent et détruisent les peuples policés. Presque tous les petits États, républiques et monarchies indifféremment, prospèrent par cela seul qu'ils sont petits, que tous les citoyens s'y connoissent mutuellement et s'entre-gardent, que les chefs peuvent voir par eux-mêmes le mal qui se fait, le bien qu'ils ont à faire, et que leurs ordres s'exécutent. sous leurs yeux. Tous les grands peuples, écrasés par leurs propres masses, gémis-sent, ou comme vous dans l'anarchie, ou sous les oppresseurs subalternes qu'une gradation nécessaire force les rois de leur don-ner. Il n'y que Dieu qui puisse gouverner le monde, et il faudroit des facultés plus qu'humaines pour gouverner de grandes nations. Il est étonnant, il est prodigieux que la vaste étendue de la Pologne n'ait pas déjà cent fois opéré la conversion du gouvernement en despotisme, abâtardi les âmes des Polonois, et corrompu la masse de la nation. C'est un exemple unique dans l'histoire, qu'après des siècles, un pareil État n'en soit encore qu'à l'anarchie. La lenteur de ce progrès est due à des avantages inséparables des inconvé-nients dont vous voulez vous délivrer. Ah ! je ne saurais trop le redire; pensez-y bien avant de toucher à vos lois, et surtout à celles qui vous firent ce que vous êtes. La première réforme dont vous auriez besoin seroit celle de votre étendue. Vos vastes provinces ne comporteront jamais la sévère administration des petites répu-bliques. Commencez par resserrer vos limites, si vous voulez réfor-mer votre gouvernement. Peut-être vos voisins songent-ils à vous rendre ce service. Ce seroit sans doute un grand mal pour les par-ties démembrées; mais ce seroit un grand bien pour le corps de la nation.

Que si ces retranchements n'ont pas lieu, je ne vois qu'un moyen qui pût y suppléer peut-être; et, ce qui est heureux, ce moyen est déjà dans l'esprit de votre institution. Que la séparation des deux Polognes soit aussi marquée que celle de la Lithuanie : ayez trois États réunis en un. Je voudrois, s'il étoit possible, que vous en eussiez autant que de palatinats. Formez dans chacun autant d'administrations particulières. Perfectionnez la forme des dié-tines, étendez leur autorité dans leurs palatinats respectifs; mais marquez-en soigneusement les bornes, et faites que rien ne puisse rompre entre elles le lien de la commune législation et de la subor-dination au corps de la république. En un mot, appliquez-vous à étendre et perfectionner le système des gouvernements fédéra-tifs, le seul qui réunisse les avantages des grands et des petits États, et par là le seul qui puisse vous convenir. Si vous négligez ce conseil, je doute que jamais vous puissiez faire un bon ouvrage.

CHAP. VI. — Question des trois ordres.

Je n'entends guère parler de gouvernement sans trouver qu'on remonte à des principes qui me paroissent faux ou louches. La république de Pologne, a-t-on souvent dit et répété, est composée de trois ordres, l'ordre équestre, le sénat et le roi. J'aimerois mieux dire que la nation polonoise est composée de trois ordres : les nobles, qui sont tout; les bourgeois, qui ne sont rien; et les paysans, qui sont moins que rien. Si l'on compte le sénat pour un ordre dans l'État, pourquoi ne compte-t-on pas aussi pour tel la chambre des nonces, qui n'est pas moins distincte et qui n'a pas moins d'autorité? Bien plus, cette division, dans le sens même qu'on la donne, est évidemment incomplète; car il y falloit ajouter les ministres, qui ne sont ni rois, ni sénateurs, ni nonces et qui, dans la plus grande indépendance, n'en sont pas moins dépositaires de tout le pouvoir exécutif. Comment ne fera-t-on jamais comprendre que la partie, qui n'existe que par le tout, forme pourtant, par rapport au tout, un ordre indépendant de lui? La pairie, en Angleterre, attendu qu'elle est héréditaire, forme, je l'avoue, un ordre existant par lui-même. Mais en Pologne, ôtez l'ordre équestre, il n'y a plus de sénat, puisque nul ne peut être sénateur s'il n'est premièrement noble polonois. De même il n'y a plus de roi, puisque c'est l'ordre équestre qui le nomme, et que le roi ne peut rien sans lui, mais ôtez le sénat et le roi, l'ordre équestre et, par lui, l'État et le souverain demeurent en leur entier; et dès demain, s'il lui plaît, il aura un sénat et un roi, comme auparavant.

Mais pour n'être pas un ordre dans l'État, il ne s'ensuit pas que le sénat n'y soit rien; et, quand il n'auroit pas en corps le dépôt des lois, ses membres, indépendamment de l'autorité du corps, ne le seroient pas moins de la puissance législative, et ce seroit leur ôter le droit qu'ils tiennent de leur naissance que de les empêcher d'y voter en pleine diète toutes les fois qu'il s'agit de faire ou de révoquer des lois; mais ce n'est plus alors comme sénateurs qu'ils votent, c'est simplement comme citoyens. Sitôt que la puissance législative parle, tout rentre dans l'égalité; toute autre autorité se tait devant elle; sa voix est la voix de Dieu sur la terre. Le roi même, qui préside à la diète, n'a pas alors, je le soutiens, le droit d'y voter, s'il n'est noble polonois.

On me dira sans doute ici que je prouve trop et que, si les sénateurs n'ont pas voix comme tels à la diète, ils ne doivent pas non plus l'avoir comme citoyens, puisque les membres de l'ordre équestre n'y votent pas par eux-mêmes, mais seulement par leurs représentants, au nombre desquels les sénateurs ne sont pas. Et pourquoi voteroient-ils, comme particuliers dans la diète, puisque aucun autre noble, s'il n'est nonce, n'y peut voter? Cette objection me paroît solide dans l'état présent des choses; mais quand les changements projetés seront faits, elle ne le sera plus, parce qu'alors les sénateurs eux-mêmes seront des représentants perpétuels de la nation, mais qui ne pourront agir en matière de législation qu'avec le concours de leurs collègues.

Qu'on ne dise donc pas que le concours du roi, du sénat et de l'ordre équestre est nécessaire pour former une loi. Ce droit n'appartient qu'au seul ordre équestre, dont les sénateurs sont membres comme les nonces, mais où le sénat en corps n'entre pour rien. Telle est ou doit être en Pologne la loi de l'État : mais la loi de la nature, cette loi sainte, imprescriptible, qui parle au cœur de l'homme et à sa raison, ne permet pas qu'on resserre ainsi l'autorité législative, et que les lois obligent quiconque n'y a pas voté personnellement, comme les nonces, ou du moins par ses représentants, comme le corps de la noblesse. On ne viole point impunément cette loi sacrée; et l'état de foiblesse où une si grande nation se trouve réduite est l'ouvrage de cette barbarie féodale qui fait retrancher du corps de l'État sa partie la plus nombreuse, et quelquefois la plus saine.

A Dieu ne plaise que je croie avoir besoin de prouver ici ce qu'un peu de bon sens et d'entrailles suffisent pour faire sentir à tout le monde! Et d'où la Pologne prétend-elle tirer la puissance et les forces qu'elle étouffe à plaisir dans son sein? Nobles Polonois, soyez plus, soyez hommes : alors seulement vous serez heureux et libres; mais ne vous flattez jamais de l'être tant que vous tiendrez vos frères dans les fers.

Je sens la difficulté du projet d'affranchir vos peuples. Ce que je crains n'est pas seulement l'intérêt mal entendu, l'amour-propre et les préjugés des maîtres. Cet obstacle vaincu, je craindrois les vices et la lâcheté des serfs. La liberté est un aliment de bon suc, mais de forte digestion; il faut des estomacs bien sains pour le supporter. Je ris de ces peuples avilis qui, se laissant ameuter par des ligueurs, osent parler de liberté sans même en avoir l'idée et, le cœur plein de tous les vices des esclaves, s'imaginent que, pour être libres, il suffit d'être des mutins. Fière et saine liberté! si ces pauvres gens pouvoient te connoître, s'ils savoient à quel prix on t'acquiert et te conserve; s'ils sentoient combien tes lois sont plus austères que n'est dur le joug des tyrans, leurs foibles âmes, esclaves de passions qu'il faudroit étouffer, te craindroient plus cent fois que la servitude; ils te fuiroient avec effroi comme un fardeau prêt à les écraser.

Affranchir les peuples de Pologne est une grande et belle opération, mais hardie, périlleuse, et qu'il ne faut pas tenter inconsidérément. Parmi les précautions à prendre, il en est une indispensable et qui demande du temps; c'est, avant toute chose, de rendre dignes de la liberté et capables de la supporter les serfs qu'on veut affranchir. J'exposerai ci-après un des moyens qu'on peut employer pour cela. Il seroit téméraire à moi d'en garantir le succès, quoique je n'en doute pas. S'il est quelque meilleur moyen, qu'on le prenne. Mais quel qu'il soit, songez que vos serfs sont des hommes comme vous, qu'ils ont en eux l'étoffe pour devenir tout ce que vous êtes : travaillez d'abord à la mettre en œuvre, et n'affranchissez leurs corps qu'après avoir affranchi leurs âmes. Sans ce préliminaire, comptez que votre opération réussira mal.

CHAP. VII. — Moyens de maintenir la constitution.

La législation de Pologne a été faite successivement de pièces et de morceaux, comme toutes celles de l'Europe. A mesure qu'on voyoit un abus, on faisoit une loi pour y remédier. De cette loi naissoient d'autres abus qu'il falloit corriger encore. Cette manière d'opérer n'a point de fin, et mène au plus terrible de tous les abus, qui est d'énerver toutes les lois à force de les multiplier.

L'affoiblissement de la législation s'est fait en Pologne d'une manière bien particulière, et peut-être unique : c'est qu'elle a perdu sa force sans avoir été subjuguée par la puissance exécutive. En ce moment encore, la puissance législative conserve toute son autorité; elle est dans l'inaction, mais sans rien voir au-dessus d'elle. La diète est aussi souveraine qu'elle l'étoit lors de son établissement. Cependant elle est sans force : rien ne la domine; mais rien ne lui obéit. Cet état est remarquable et mérite réflexion. Qu'est-ce qui a conservé jusqu'ici l'autorité législative? C'est la présence continuelle du législateur. C'est la fréquence des diètes, c'est le fréquent renouvellement des nonces, qui ont maintenu la république. L'Angleterre, qui jouit du premier de ces avantages, a perdu sa liberté pour avoir négligé l'autre. Le même parlement dure si longtemps, que la cour, qui s'épuiseroit à l'acheter tous les ans, trouve son compte à l'acheter pour sept, et n'y manque pas. Première leçon pour vous.

Un second moyen, par lequel la puissance législative s'est conservée en Pologne est, premièrement, le partage de la puissance exécutive, qui a empêché ses dépositaires d'agir de concert pour l'opprimer et, en second lieu, le passage fréquent de cette même puissance exécutive par différentes mains, ce qui a empêché tout système suivi d'usurpation. Chaque roi faisoit, dans le cours de son règne, quelques pas vers la puissance arbitraire : mais l'élection de son successeur forçoit celui-ci de rétrograder au lieu de poursuivre; et les rois, au commencement de chaque règne, étoient contraints, par les *pacta conventa*, de partir tous du même point. De sorte que, malgré la pente habituelle vers le despotisme, il n'y avoit aucun progrès réel.

Il en étoit de même des ministres et grands officiers. Tous, indépendants et du sénat et les uns des autres avoient, dans leurs départements respectifs, une autorité sans bornes; mais, outre que ces places se balançoient mutuellement, en ne se perpétuant pas dans les mêmes familles, elles n'y portoient aucune force absolue; et tout le pouvoir, même usurpé, retournoit toujours à sa source. Il n'en eût pas été de même si toute la puissance exécutive eût été, soit dans un seul corps comme le sénat, soit dans une famille par l'hérédité de la couronne. Cette famille ou ce corps auroient probablement opprimé tôt ou tard la puissance législative, et par là mis les Polonois sous le joug que portent toutes les nations, et dont eux seuls sont encore exempts ; car je ne compte déjà plus la Suède[1]. Deuxième leçon.

Voilà l'avantage; il est grand sans doute : mais voici l'inconvénient, qui n'est guère moindre. La puissance exécutive, partagée entre plusieurs individus, manque d'harmonie entre ses parties, et cause un tiraillement continuel incompatible avec le bon ordre. Chaque dépositaire d'une partie de cette puissance se met, en vertu de cette partie, à tous égards au-dessus des magistrats et des lois. Il reconnoît, à la vérité, l'autorité de la diète : mais ne reconnoissant que celle-là, quand la diète est dissoute, il n'en reconnoît plus du tout; il méprise les tribunaux et brave leurs jugements. Ce sont autant de petits despotes qui, sans usurper précisément l'autorité souveraine, ne laissent pas d'opprimer en détail les citoyens, et

---

1. Allusion à la révolution monarchique opérée par Gustave III, roi de Suède, le 21 août 1772. (ÉD.)

donnent l'exemple funeste et trop suivi de violer sans scrupule et sans crainte les droits et la liberté des particuliers.

Je crois que voilà la première et principale cause de l'anarchie qui règne dans l'État. Pour ôter cette cause, je ne vois qu'un moyen : ce n'est pas d'armer les tribunaux particuliers de la force publique contre ces petits tyrans; car cette force, tantôt mal administrée, et tantôt surmontée par une force supérieure, pourroit exciter des troubles et des désordres capables d'aller, par degrés, jusqu'aux guerres civiles; mais c'est d'armer de toute la force exécutive un corps respectable et permanent, tel que le sénat, capable, par sa consistance et par son autorité, de contenir dans leur devoir les magnats tentés de s'en écarter. Ce moyen me paroît efficace, et le seroit certainement; mais le danger en seroit terrible et très difficile à éviter : car, comme on peut voir dans le *Contrat social*, tout corps dépositaire de la puissance exécutive tend fortement et continuellement à subjuguer la puissance législative, et y parvient tôt ou tard.

Pour parer à cet inconvénient, on vous propose de partager le sénat en plusieurs conseils ou départements, présidés chacun par le ministre chargé de ce département; lequel ministre, ainsi que les membres de chaque conseil, changeroit au bout d'un temps fixé, et rouleroit avec ceux des autres départements. Cette idée peut être bonne; c'étoit celle de l'abbé de Saint-Pierre, et il l'a bien développée dans sa *Polysynodie*. La puissance exécutive, ainsi divisée et passagère, sera plus subordonnée à la législative, et les diverses parties de l'administration seront plus approfondies et mieux traitées séparément. Ne comptez pourtant pas trop sur ce moyen : si elles sont toujours séparées, elles manqueront de concert, et bientôt se contrecarrant mutuellement, elles useront presque toutes leurs forces les unes contre les autres, jusqu'à ce qu'une d'entre elles ait pris l'ascendant et les domine toutes : ou bien si elles s'accordent et se concertent, elles ne feront réellement qu'un même corps et n'auront qu'un même esprit, comme les chambres d'un parlement; et de toutes manières je tiens pour impossible que l'indépendance et l'équilibre se maintiennent si bien entre elles, qu'il n'en résulte pas toujours un centre ou foyer d'administration où toutes les forces particulières se réuniront toujours pour opprimer le souverain. Dans presque toutes nos républiques, les conseils sont ainsi distribués en départements qui, dans leur origine, étoient indépendants les uns des autres et qui bientôt ont cessé de l'être.

L'invention de cette division par chambres ou départements est moderne. Les anciens, qui savoient mieux que nous comment se maintient la liberté, ne connurent point cet expédient. Le sénat de Rome gouvernoit la moitié du monde connu, et n'avoit pas même l'idée de ces partages. Ce sénat cependant ne parvint jamais à opprimer la puissance législative, quoique les sénateurs fussent à vie : mais les lois avoient des censeurs, le peuple avoit des tribuns, et le sénat n'élisoit pas les consuls.

Pour que l'administration soit forte, bonne et marche bien à son but, toute la puissance exécutive doit être dans les mêmes mains : mais il ne suffit pas que ces mains changent, il faut qu'elles n'agissent, s'il est possible, que sous les yeux du législateur, et que ce soit lui qui les guide. Voilà le vrai secret pour qu'elles n'usurpent pas son autorité.

Tant que les États s'assembleront et que les nonces changeront fréquemment, il sera difficile que le sénat ou le roi oppriment ou usurpent l'autorité législative. Il est remarquable que, jusqu'ici, les rois n'aient pas tenté de rendre les diètes plus rares, quoiqu'ils ne fussent pas forcés, comme ceux d'Angleterre, à les assembler fréquemment sous peine de manquer d'argent. Il faut ou que les choses se soient toujours trouvées dans un état de crise qui ait rendu l'autorité royale suffisante pour y pourvoir, ou que les rois se soient assurés, par leurs brigues dans les diétines, d'avoir toujours la pluralité des nonces à leur disposition, ou qu'à la faveur du *liberum veto* ils aient été sûrs d'arrêter toujours les délibérations qui pouvoient leur déplaire et de dissoudre les diètes à leur volonté. Quand tous ces motifs ne subsisteront plus, on doit s'attendre que le roi, ou le sénat, ou tous les deux ensemble, feront de grands efforts pour se délivrer des diètes et les rendre aussi rares qu'il se pourra. Voilà ce qu'il faut surtout prévenir et empêcher. Le moyen proposé est le seul; il est simple et ne peut manquer d'être efficace. Il est bien singulier qu'avant le *Contrat social*, où je le donne[1], personne ne s'en fût avisé.

Un des plus grands inconvénients des grands États, celui de tous qui y rend la liberté le plus difficile à conserver, est que la puissance législative ne peut s'y montrer elle-même, et ne peut agir que par députation. Cela a son mal et son bien, mais le mal l'emporte. Le législateur en corps est impossible à corrompre, mais facile à tromper. Ses représentants sont difficilement trompés, mais aisément corrompus, et il arrive rarement qu'ils ne le soient pas. Vous avez

---

1. Liv. III, chap. XIII. (ÉD.)

sous les yeux l'exemple du parlement d'Angleterre, et par le *libe-rum veto* celui de votre propre nation. Or, on peut éclairer celui qui s'abuse; mais comment retenir celui qui se vend? Sans être instruit des affaires de Pologne, je parierois tout au monde qu'il y a plus de lumières dans la diète et plus de vertu dans les diétines.

Je vois deux moyens de prévenir ce mal terrible de la corruption qui, de l'organe de la liberté, fait l'instrument de la servitude.

Le premier est, comme je l'ai dit, la fréquence des diètes qui, changeant souvent les représentants, rend leur séduction plus coûteuse et plus difficile. Sur ce point, votre constitution vaut mieux que celle de la Grande-Bretagne; et quand on aura ôté ou modifié le *liberum veto*, je n'y vois aucun autre changement à faire, si ce n'est d'ajouter quelques difficultés à l'envoi des mêmes nonces à deux diètes consécutives, et d'empêcher qu'ils ne soient élus un grand nombre de fois. Je reviendrai ci-après sur cet article.

Le second moyen est d'assujettir les représentants à suivre exactement leurs instructions, et à rendre un compte sévère à leurs constituants de leur conduite à la diète. Là-dessus je ne puis qu'admirer la négligence, l'incurie, et jose dire la stupidité de la nation angloise qui, après avoir armé ses députés de la suprême puissance, n'y ajoute aucun frein pour régler l'usage qu'ils en pourront faire pendant sept ans entiers que dure leur commission.

Je vois que les Polonois ne sentent pas assez l'importance de leurs diétines, ni tout ce qu'ils leur doivent, ni tout ce qu'ils peuvent en obtenir en étendant leur autorité et en leur donnant une forme plus régulière. Pour moi, je suis convaincu que si les confédérations ont sauvé la patrie, ce sont les diétines qui l'ont conservée, et que c'est là qu'est le vrai palladium de la liberté.

Les instructions des nonces doivent être dressées avec grand soin, tant sur les articles annoncés dans les universaux[1], que sur les autres besoins présents de l'État ou de la province, et cela par une commission présidée, si l'on veut, par le maréchal de la diétine, mais composée au reste de membres choisis à la pluralité des voix; et la noblesse ne doit point se séparer que ces instructions n'aient été lues, discutées et consenties en pleine assemblée. Outre l'original de ces instructions, remis aux nonces avec leurs pouvoirs, il en doit rester un double signé d'eux dans les registres de la diétine.

---

1. On appeloit *universaux* les lettres de convocation pour la diète générale expédiées au nom du roi dans tous les palatinats; elles faisoient toujours connoître l'objet de la convocation, et ce qui devoit être mis en délibération dans la diète. (ÉD.)

C'est sur ces instructions qu'ils doivent, à leur retour, rendre
compte de leur conduite aux diétines de relation qu'il faut absolument rétablir, et c'est sur ce compte rendu qu'ils doivent être ou
exclus de toute autre nonciature subséquente, ou déclarés derechef
admissibles, quand ils auront suivi leurs instructions à la satisfaction de leurs constituants. Cet examen est de la dernière importance; on n'y sauroit donner trop d'attention ni en marquer l'effet avec trop de soin. Il faut qu'à chaque mot que le nonce dit à la
diète, à chaque démarche qu'il fait, il se voie d'avance sous les
yeux de ses constituants, et qu'il sente l'influence qu'aura leur
jugement, tant sur ses projets d'avancement, que sur l'estime de
ses compatriotes, indispensable pour leur exécution; car enfin ce
n'est pas pour y dire leur sentiment particulier, mais pour y déclarer les volontés de la nation, qu'elle envoie des nonces à la diète.
Ce frein est absolument nécessaire pour les contenir dans leur
devoir et prévenir toute corruption, de quelque part qu'elle vienne.
Quoi qu'on en puisse dire, je ne vois aucun inconvénient à cette
gêne, puisque la chambre des nonces, n'ayant ou ne devant avoir
aucune part au détail de l'administration, ne peut jamais avoir à
traiter aucune matière imprévue : d'ailleurs, pourvu qu'un nonce
ne fasse rien de contraire à l'expresse volonté de ses constituants,
ils ne lui feroient pas un crime d'avoir opiné en bon citoyen sur
une matière qu'ils n'auraient pas prévue, et sur laquelle ils n'auroient rien déterminé. J'ajoute enfin que, quand il y auroit en
effet quelque inconvénient à tenir ainsi les nonces asservis à leurs
instructions, il n'y auroit point à balancer vis-à-vis l'avantage
immense que la loi ne soit jamais que l'expression réelle des volontés de la nation.

Mais aussi, ces précautions prises, il ne doit jamais y avoir conflit
de juridiction entre la diète et les diétines; et quand une loi a été
portée en pleine diète, je n'accorde pas même à celles-ci droit de
protestation. Qu'elles punissent leurs nonces, que, s'il le faut, elles
leur fassent même couper la tête quand ils ont prévariqué : mais
qu'elles obéissent pleinement, toujours, sans exception, sans protestation; qu'elles portent, comme il est juste, la peine de leur mauvais choix; sauf à faire à la prochaine diète, si elles le jugent à propos, des représentations aussi vives qu'il leur plaira.

Les diètes, étant fréquentes, ont moins besoin d'être longues, et
six semaines de durée me paroissent bien suffisantes pour les besoins
ordinaires de l'État. Mais il est contradictoire que l'autorité souveraine se donne des entraves à elle-même, surtout quand elle est

immédiatement entre les mains de la nation. Que cette durée des diètes ordinaires continue d'être fixée à six semaines, à la bonne heure : mais il dépendra toujours de l'assemblée de prolonger ce terme par une délibération expresse, lorsque les affaires le demanderont. Car enfin, si la diète qui, par sa nature, est au-dessus de la loi, dit : *Je veux rester*, qui est-ce qui lui dira : *Je ne veux pas que tu restes?* Il n'y a qu'un seul cas qu'une diète voulût durer plus de deux ans, qu'elle ne le pourroit pas; ses pouvoirs alors finiroient et ceux d'une autre diète commenceroient avec la troisième année. La diète, qui peut tout, peut sans contredit prescrire un plus long intervalle entre les diètes : mais cette nouvelle loi ne pourroit regarder que les diètes subséquentes, et celle qui la porte n'en peut profiter. Les principes dont ces règles se déduisent sont établis dans le *Contrat social*.

A l'égard des diètes extraordinaires, le bon ordre exige en effet qu'elles soient rares, et convoquées uniquement pour d'urgentes nécessités. Quand le roi les juge telles, il doit, je l'avoue, en être cru : mais ces nécessités pourroient exister et qu'il n'en convînt pas; faut-il alors que le sénat en juge? Dans un État libre on doit prévoir tout ce qui peut attaquer la liberté. Si les confédérations restent, elles peuvent en certains cas suppléer les diètes extraordinaires; mais si vous abolissez les confédérations, il faut un règlement pour ces diètes nécessairement.

Il me paroît impossible que la loi puisse fixer raisonnablement la durée des diètes extraordinaires, puisqu'elle dépend absolument de la nature des affaires qui les font convoquer. Pour l'ordinaire la célérité y est nécessaire; mais cette célérité étant relative aux matières à traiter qui ne sont pas dans l'ordre des affaires courantes, on ne peut rien statuer là-dessus d'avance, et l'on pourroit se trouver en tel état qu'il importeroit que la diète restât assemblée jusqu'à ce que cet état eût changé, ou que le temps des diètes ordinaires fît tomber les pouvoirs de celle-là.

Pour ménager le temps, si précieux dans les diètes, il faudroit tâcher d'ôter de ces assemblées les vaines discussions qui ne servent qu'à le faire perdre. Sans doute il y faut non seulement de la règle et de l'ordre, mais du cérémonial et de la majesté. Je voudrois même qu'on donnât un soin particulier à cet article et qu'on sentît, par exemple, la barbarie et l'horrible indécence de voir l'appareil des armes profaner le sanctuaire des lois. Polonois, êtes-vous plus guerriers que n'étoient les Romains? et jamais, dans les plus grands troubles de leur république, l'aspect d'un glaive ne souilla les comices ni le sénat. Mais je voudrois aussi qu'en s'attachant aux choses importantes et nécessaires, on évitât tout ce qui peut se faire ailleurs également bien. Le *rugi*, par exemple, c'est-à-dire l'examen de la légitimité des nonces, est un temps perdu dans la diète, non que cet examen ne soit en lui-même une chose importante, mais parce qu'il peut se faire aussi bien et mieux dans le lieu même où ils ont été élus, où ils sont le plus connus, et où ils ont tous leurs concurrents. C'est dans leur palatinat même, c'est dans la diétine qui les députe que la validité de leur élection peut être mieux constatée et en moins de temps, comme cela se pratique pour les commissaires de Radom et les députés au tribunal. Cela fait, la diète doit les admettre sans discussion sur le *laudum* dont ils sont porteurs, et cela non seulement pour prévenir les obstacles qui peuvent retarder l'élection du maréchal[1], mais surtout les intrigues par lesquelles le sénat ou le roi pourroient gêner les élections et chicaner les sujets qui leur seroient désagréables. Ce qui vient de se passer à Londres est une leçon pour les Polonois. Je sais bien que ce Wilkes n'est qu'un brouillon; mais par l'exemple de sa réjection la planche est faite, et désormais on n'admettra plus dans la chambre des communes que des sujets qui conviennent à la cour.

Il faudroit commencer par donner plus d'attention au choix des membres qui ont voix dans les diétines. On discerneroit par là plus aisément ceux qui sont éligibles pour la nonciature. Le livre d'or de Venise est un modèle à suivre à cause des facilités qu'il donne. Il seroit commode et très aisé de tenir dans chaque grod un registre exact de tous les nobles qui auroient, aux conditions requises, entrée et voix aux diétines; on les inscriroit dans le registre de leur district à mesure qu'ils atteindroient l'âge requis par les lois; et l'on rayeroit ceux qui devroient en être exclus dès qu'ils tomberoient dans ce cas en marquant la raison de leur exclusion. Par ces registres, auxquels il faudroit donner une forme bien authentique, on distingueroit aisément, tant les membres légitimes des diétines que les sujets éligibles pour la nonciature; et la longueur des discussions seroit fort abrégée sur cet article.

Une meilleure police dans les diètes et diétines seroit assurément

---

1. Quoique le roi eût le droit de convoquer les diètes générales et en fût le président né, le premier acte de la diète étoit l'élection d'un fonctionnaire qui, sous le titre de *maréchal des nonces*, exerçoit réellement cette présidence, avec les attributions les plus étendues. Il étoit choisi alternativement entre les seigneurs les plus considérés de la grande Pologne, de la petite Pologne et de la Lithuanie. (ÉD.)

une chose fort utile; mais, je ne le redirai jamais trop, il ne faut pas vouloir à la fois deux choses contradictoires. La police est bonne, mais la liberté vaut mieux; et plus vous gênerez la liberté par des formes, plus ces formes fourniront de moyens à l'usurpation. Tous ceux dont vous userez pour empêcher la licence dans l'ordre législatif, quoique bons en eux-mêmes, seront tôt ou tard employés pour l'opprimer. C'est un grand mal que les longues et vaines harangues qui font perdre un temps si précieux, mais c'en est un bien plus grand qu'un bon citoyen n'ose parler quand il a des choses utiles à dire. Dès qu'il n'y aura dans les diètes que certaines bouches qui s'ouvrent, et qu'il leur sera défendu de tout dire, elles ne diront bientôt plus que ce qui peut plaire aux puissants.

Après les changements indispensables dans la nomination des emplois et dans la distribution des grâces, il y aura vraisemblablement et moins de vaines harangues, et moins de flagorneries adressées au roi sous cette forme. On pourroit cependant, pour élaguer un peu les tortillages et les amphigouris, obliger tout harangueur à énoncer au commencement de son discours la proposition qu'il veut faire et, après avoir déduit ses raisons, de donner ses conclusions sommaires, comme font les gens du roi dans les tribunaux. Si cela n'abrégeoit pas les discours, cela contiendroit du moins ceux qui ne veulent parler que pour ne rien dire, et faire consumer le temps à ne rien faire.

Je ne sais pas bien quelle est la forme établie dans les diètes pour donner la sanction aux lois; mais je sais que, pour des raisons dites ci-devant, cette forme ne doit pas être la même que dans le parlement de la Grande-Bretagne; que le sénat de Pologne doit avoir l'autorité d'administration, non de législation; que, dans toute cause législative, les sénateurs doivent voter seulement comme membres de la diète, non comme membres du sénat, et que les voix doivent être comptées par tête également dans les deux chambres. Peut-être l'usage du *liberum veto* a-t-il empêché de faire cette distinction, mais elle sera très nécessaire quand le *liberum veto* sera ôté; et cela, d'autant plus que ce sera un avantage immense de moins dans la chambre des nonces : car je ne suppose pas que les sénateurs, bien moins les ministres, aient jamais eu part à ce droit. Le *veto* des nonces polonois représente celui des tribuns du peuple à Rome : or ils n'exerçoient pas ce droit comme citoyens, mais comme représentants du peuple romain. La perte du *liberum veto* n'est donc que pour la chambre des nonces, et le corps du sénat, n'y perdant rien, y gagne par conséquent.

Ceci posé, je vois un défaut à corriger dans la diète; c'est que le nombre des sénateurs égalant presque celui des nonces, le sénat a une trop grande influence dans les délibérations, et peut aisément, par son crédit dans l'ordre équestre, gagner le petit nombre de voix dont il a besoin pour être toujours prépondérant.

Je dis que c'est un défaut, parce que le sénat, étant un corps particulier dans l'État, a nécessairement des intérêts de corps différents de ceux de la nation, et qui même, à certains égards, y peuvent être contraires. Or, la loi, qui n'est que l'expression de la volonté générale, est bien le résultat de tous les intérêts particuliers combinés et balancés par leur multitude; mais les intérêts de corps, faisant un poids trop considérable, romproient l'équilibre, et ne doivent pas y entrer collectivement. Chaque individu doit avoir sa voix; nul corps, quel qu'il soit, n'en doit avoir une. Or, si le sénat avoit trop de poids dans la diète, non seulement il y porteroit son intérêt, mais il le rendroit prépondérant.

Un remède naturel à ce défaut se présente de lui-même : c'est d'augmenter le nombre des nonces; mais je craindrois que cela ne fît trop de mouvement dans l'État et n'approchât trop du tumulte démocratique. S'il falloit absolument changer la proportion, au lieu d'augmenter le nombre des nonces, j'aimerois mieux diminuer le nombre des sénateurs. Et, dans le fond, je ne vois pas trop pourquoi, y ayant déjà un palatin à la tête de chaque province, il y faut encore de grands castellans. Mais ne perdons jamais de vue l'importante maxime de ne rien changer sans nécessité, ni pour retrancher, ni pour ajouter.

Il vaut mieux, à mon avis, avoir un conseil moins nombreux, et laisser plus de liberté à ceux qui le composent, que d'en augmenter le nombre et de gêner la liberté dans les délibérations, comme on est toujours forcé de faire quand ce nombre devient trop grand : à quoi j'ajouterai, s'il est permis de prévoir le bien ainsi que le mal, qu'il faut éviter de rendre la diète aussi nombreuse qu'elle peut l'être, pour ne pas s'ôter le moyen d'y admettre un jour, sans confusion, de nouveaux députés, si jamais on en vient à l'anoblissement des villes et à l'affranchissement des serfs, comme il est à désirer pour la force et le bonheur de la nation.

Cherchons donc un moyen de remédier à ce défaut d'une autre manière, et avec le moins de changement qu'il se pourra.

Tous les sénateurs sont nommés par le roi, et conséquemment sont ses créatures : de plus, ils sont à vie et, à ce titre, ils forment un corps indépendant et du roi et de l'ordre équestre qui, comme je l'ai dit, a son intérêt à part et doit tendre à l'usurpation. Et l'on ne doit pas ici m'accuser de contradiction parce que j'admets le sénat comme un corps distinct dans la république, quoique je ne l'admette pas comme un ordre composant de la république; car cela est fort différent.

Premièrement, il faut ôter au roi la nomination du sénat, non pas tant à cause du pouvoir qu'il conserve par là sur les sénateurs, et qui peut n'être pas grand, que par celui qu'il a sur tous ceux qui aspirent à l'être, et par eux sur le corps entier de la nation. Outre l'effet de ce changement dans la constitution, il en résultera l'avantage inestimable d'amortir, parmi la noblesse, l'esprit courtisan et d'y substituer l'esprit patriotique. Je ne vois aucun inconvénient que les sénateurs soient nommés par la diète, et j'y vois de grands biens, trop clairs pour avoir besoin d'être détaillés. Cette nomination peut se faire tout d'un coup dans la diète, ou premièrement dans les diétines, par la présentation d'un certain nombre de sujets pour chaque place vacante dans leurs palatinats respectifs. Entre ces élus la diète feroit son choix, ou bien elle en éliroit un moindre nombre, parmi lesquels on pourroit laisser encore au roi le droit de choisir. Mais, pour aller tout d'un coup au plus simple, pourquoi chaque palatin ne seroit-il pas élu définitivement dans la diétine de sa province? quel inconvénient a-t-on vu naître de cette élection pour les palatins de Poloczk, de Witepsk, et pour le staroste de Samogitie? et quel mal y auroit-il que le privilège de ces trois provinces devînt un droit commun pour toutes? Ne perdons pas de vue l'importance dont il est pour la Pologne de tourner sa constitution vers la forme fédérative, pour écarter, autant qu'il est possible, les maux attachés à la grandeur ou plutôt à l'étendue de l'État.

En second lieu, si vous faites que les sénateurs ne soient plus à vie, vous affoiblirez considérablement l'intérêt de corps, qui tend à l'usurpation. Mais cette opération a ses difficultés : premièrement, parce qu'il est dur à des hommes accoutumés à manier les affaires publiques de se voir réduits tout d'un coup à l'état privé sans avoir démérité; secondement, parce que les places de sénateurs sont unies à des titres de palatins et de castellans, et à l'autorité locale qui y est attachée, et qu'il résulteroit du désordre et des mécontentements du passage perpétuel de ces titres et de cette autorité d'un individu à un autre. Enfin, cette amovibilité ne peut pas s'étendre aux évêques, et ne doit peut-être pas s'étendre aux ministres, dont les places, exigeant des talents particuliers, ne sont pas toujours

faciles à bien remplir. Si les évêques seuls étoient à vie, l'autorité
du clergé, déjà trop grande, augmenteroit considérablement; et il
est important que cette autorité soit balancée par des sénateurs
qui soient à vie, ainsi que les évêques, et qui ne craignent pas plus
qu'eux d'être déplacés.

Voici ce que j'imaginerois pour remédier à ces divers inconvénients. Je voudrois que les places de sénateurs du premier rang
continuassent d'être à vie. Cela feroit, en y comprenant, outre les
évêques et les palatins, tous les castellans du premier rang, quatre-
vingt-neuf sénateurs inamovibles.

Quant aux castellans du second rang, je les voudrois tous à
temps, soit pour deux ans, en faisant à chaque diète une nouvelle
élection, soit pour plus longtemps s'il étoit jugé à propos; mais
toujours sortant de place à chaque terme, sauf à élire de nouveau
ceux que la diète voudroit continuer, ce que je permettrois un certain nombre de fois seulement, selon le projet qu'on trouvera ci-
après.

L'obstacle des titres seroit foible, parce que ces titres, ne donnant presque d'autre fonction que de siéger au sénat, pourroient
être supprimés sans inconvénient, et qu'au lieu du titre de castellans à bancs, ils pourroient porter simplement celui de sénateurs
députés. Comme, par la réforme, le sénat, revêtu de la puissance
exécutive, seroit perpétuellement assemblé dans un certain nombre
de ses membres, un nombre proportionné de sénateurs députés
seroient de même tenus d'y assister toujours à tour de rôle. Mais
il ne s'agit pas ici de ces sortes de détails.

Par ce changement à peine sensible, ces castellans ou sénateurs
députés deviendroient réellement autant de représentants de la
diète, qui feroient contre-poids au corps du sénat, et renforceroient
l'ordre équestre dans les assemblées de la nation; en sorte que les
sénateurs à vie, quoique devenus plus puissants, tant par l'aboli-
tion du *veto* que par la diminution de la puissance royale et de
celle des ministres fondue en partie dans leur corps, n'y pourroient
pourtant faire dominer l'esprit de ce corps; et le sénat, ainsi mi-
parti de membres à temps et de membres à vie, seroit aussi bien
constitué qu'il est possible pour faire un pouvoir intermédiaire
entre la chambre des nonces et le roi, ayant à la fois assez de consistance pour régler l'administration, et assez de dépendance pour
être soumis aux lois. Cette opération me paroît bonne, parce qu'elle
est simple, et cependant d'un grand effet.

On propose, pour modérer les abus du *veto*, de ne plus compter les voix par tête de nonce, mais de les compter par palatinats. On ne sauroit trop réfléchir sur ce changement avant que de l'adopter, quoiqu'il ait ses avantages et qu'il soit favorable à la forme fédérative. Les voix prises par masse et collectivement vont toujours moins directement à l'intérêt commun que prises ségrégativement par individu. Il arrivera très souvent que parmi les nonces d'un palatinat un d'entre eux, dans leurs délibérations particulières, prendra l'ascendant sur les autres, et déterminera pour son avis la pluralité, qu'il n'auroit pas si chaque voix demeuroit indépendante. Ainsi les corrupteurs auront moins à faire et sauront mieux à qui s'adresser. De plus, il vaut mieux que chaque nonce ait à répondre pour lui seul à sa diétine, afin que nul ne s'excuse sur les autres, que l'innocent et le coupable ne soient pas confondus, et que la justice distributive soit mieux observée. Il se présente bien des raisons contre cette forme, qui relâcheroit beaucoup le lien commun et pourroit, à chaque diète, exposer l'État à se diviser. En rendant les nonces plus dépendants de leurs instructions et de leurs constituants, on gagne à peu près le même avantage sans aucun inconvénient. Ceci suppose, il est vrai, que les suffrages ne se donnent point par scrutin, mais à haute voix, afin que la conduite et l'opinion de chaque nonce à la diète soient connues, et qu'il en réponde en son propre et privé nom. Mais cette matière des suffrages étant une de celles que j'ai discutées avec le plus de soin dans le *Contrat social*[1], il est superflu de me répéter ici.

Quant aux élections, on trouvera peut-être d'abord quelque embarras à nommer à la fois dans chaque diète tant de sénateurs députés, et en général aux élections d'un grand nombre sur un plus grand nombre qui reviendront quelquefois dans le projet que j'ai à proposer; mais, en recourant pour cet article au scrutin, l'on ôteroit aisément cet embarras au moyen de cartons imprimés et numérotés qu'on distribueroit aux électeurs la veille de l'élection et qui contiendroient les noms de tous les candidats entre lesquels cette élection doit être faite. Le lendemain les électeurs viendroient à la file rapporter dans une corbeille tous leurs cartons, après avoir marqué, chacun dans le sien, ceux qu'il élit ou ceux qu'il exclut, selon l'avis qui seroit en tête des cartons. Le déchiffrement de ces mêmes cartons se feroit tout de suite, en présence de l'assemblée, par le secrétaire de la diète, assisté de deux autres secrétaires *ad actum*, nommés sur-le-champ par le maréchal dans le nombre des

---

1. Liv. IV, chap. II et IV.

nonces présents. Par cette méthode, l'opération deviendroit si courte et si simple que, sans dispute et sans bruit, tout le sénat se rempliroit aisément dans une séance. Il est vrai qu'il faudroit encore une règle pour déterminer la liste des candidats; mais cet article aura sa place et ne sera pas oublié.

Reste à parler du roi, qui préside à la diète et qui doit être, par sa place, le suprême administrateur des lois.

CHAP. VIII. — Du roi.

C'est un grand mal que le chef d'une nation soit l'ennemi né de la liberté, dont il devroit être le défenseur. Ce mal, à mon avis, n'est pas tellement inhérent à cette place qu'on ne pût l'en détacher, ou du moins l'amoindrir considérablement. Il n'y a point de tentation sans espoir. Rendez l'usurpation impossible à vos rois, vous leur en ôterez la fantaisie; et ils mettront, à vous bien gouverner et à vous défendre, tous les efforts qu'ils font maintenant pour vous asservir. Les instituteurs de la Pologne, comme l'a remarqué M. le comte de Wielhorski, ont bien songé à ôter aux rois les moyens de nuire, mais non pas celui de corrompre; et les grâces dont ils sont les distributeurs leur donnent abondamment ce moyen. La difficulté est qu'en leur ôtant cette distribution l'on paroît leur tout ôter : c'est pourtant ce qu'il ne faut pas faire; car autant vaudroit n'avoir point de roi; et je crois impossible à un aussi grand État que la Pologne de s'en passer, c'est-à-dire d'un chef suprême qui soit à vie. Or, à moins que le chef d'une nation ne soit tout à fait nul, et par conséquent inutile, il faut bien qu'il puisse faire quelque chose; et si peu qu'il fasse, il faut nécessairement que ce soit du bien ou du mal.

Maintenant tout le sénat est à la nomination du roi : c'est trop. S'il n'a aucune part à cette nomination, ce n'est pas assez. Quoique la pairie en Angleterre soit aussi à la nomination du roi, elle en est bien moins dépendante, parce que cette pairie une fois donnée est héréditaire, au lieu que les évêchés, palatinats et castellanies, n'étant qu'à vie, retournent, à la mort de chaque titulaire, à la nomination du roi.

J'ai dit comment il me paroît que cette nomination devroit se faire : savoir, les palatins et grands castellans à vie et par leurs diétines respectives; les castellans du second rang, à temps et par la diète. A l'égard des évêques, il me paroît difficile, à moins qu'on ne les fasse élire par leurs chapitres, d'en ôter la nomination au roi : et

je crois qu'on peut la lui laisser, excepté toutefois celle de l'archevêque de Gnesne[1], qui appartient naturellement à la diète ; à moins
qu'on n'en sépare la primatie, dont elle seule doit disposer. Quant
aux ministres, surtout les grands généraux et grands trésoriers,
quoique leur puissance, qui fait contre-poids à celle du roi, doive
être diminuée en proportion de la sienne, il ne me paroît pas prudent de laisser au roi le droit de remplir ces places par ses créatures, et je voudrois au moins qu'il n'eût que le choix sur un petit
nombre de sujets présentés par la diète. Je conviens que, ne pouvant plus ôter ces places après les avoir données, il ne peut plus
compter absolument sur ceux qui les remplissent : mais c'est assez
du pouvoir qu'elles lui donnent sur les aspirants, sinon pour le
mettre en état de changer la face du gouvernement, du moins
pour lui en laisser l'espérance : et c'est surtout cette espérance qu'il
importe de lui ôter à tout prix.

Pour le grand chancelier, il doit, ce me semble, être de nomination royale. Les rois sont les juges nés de leurs peuples ; c'est pour
cette fonction, quoiqu'ils l'aient tous abandonnée, qu'ils ont été
établis : elle ne peut leur être ôtée ; et, quand ils ne veulent pas la
remplir eux-mêmes, la nomination de leurs substituts en cette
partie est de leur droit, parce que c'est toujours à eux de répondre
des jugements qui se rendent en leur nom. La nation peut, il est
vrai, leur donner des assesseurs, et le doit lorsqu'ils ne jugent pas
eux-mêmes : ainsi le tribunal de la couronne, où préside, non le roi,
mais le grand chancelier, est sous l'inspection de la nation, et c'est
avec raison que les diétines en nomment les autres membres. Si
le roi jugeoit en personne, j'estime qu'il auroit le droit de juger seul.
En tout état de cause, son intérêt seroit toujours d'être juste, et
jamais des jugements iniques ne furent une bonne voie pour parvenir à l'usurpation.

A l'égard des autres dignités, tant de la couronne que des palatinats, qui ne sont que des titres honorifiques et donnent plus d'éclat
que de crédit, on ne peut mieux faire que de lui en laisser la pleine
disposition : qu'il puisse honorer le mérite et flatter la vanité, mais
qu'il ne puisse conférer la puissance.

La majesté du trône doit être entretenue avec splendeur ; mais
il importe que de toute la dépense nécessaire à cet effet on en laisse

---

1. Gnesne étoit autrefois la capitale de la Pologne. Son archevêque, primat du
royaume, et légat né du Saint-Siège, étoit chef de la république pendant l'inter-
règne, et c'étoit en son nom que s'expédioient les universaux pour la diète dite
d'*élection* ; il couronnoit les rois et les reines.

faire au roi le moins qu'il est possible. Il seroit à désirer que tous les officiers du roi fussent aux gages de la république, et non pas aux siens, et qu'on réduisît en même rapport tous les revenus royaux, afin de diminuer, autant qu'il se peut, le maniement des deniers par les mains du roi.

On a proposé de rendre la couronne héréditaire. Assurez-vous qu'au moment que cette loi sera portée, la Pologne peut dire adieu pour jamais à sa liberté. On pense y pourvoir suffisamment en bornant la puissance royale. On ne voit pas que ces bornes posées par les lois seront franchies à trait de temps par des usurpations graduelles, et qu'un système adopté et suivi sans interruption par une famille royale doit l'emporter à la longue sur une législation qui, par sa nature, tend sans cesse au relâchement. Si le roi ne peut corrompre les grands par des grâces, il peut toujours les corrompre par des promesses dont ses successeurs sont garants; et comme les plans formés par la famille royale se perpétuent avec elle, on prendra bien plus de confiance en ses engagements, et l'on comptera bien plus sur leur accomplissement, que quand la couronne élective montre la fin des projets du monarque avec celle de sa vie. La Pologne est libre, parce que chaque règne est précédé d'un intervalle où la nation, rentrée dans tous ses droits et reprenant une vigueur nouvelle, coupe le progrès des abus et des usurpations, où la législation se remonte et reprend son premier ressort. Que deviendront les *pacta conventa*, l'égide de la Pologne, quand une famille établie sur le trône à perpétuité le remplira sans intervalle, et ne laissera à la nation, entre la mort du père et le couronnement du fils, qu'une vaine ombre de liberté sans effet, qu'anéantira bientôt la simagrée du serment fait par tous les rois à leur sacre, et par tous oublié pour jamais l'instant d'après? Vous avez vu le Danemark, vous voyez l'Angleterre, et vous allez voir la Suède; profitez de ces exemples pour apprendre une fois pour toutes que, quelques précautions qu'on puisse entasser, hérédité dans le trône et liberté dans la nation seront à jamais des choses incompatibles.

Les Polonais ont toujours eu du penchant à transmettre la couronne du père au fils, ou au plus proche par voie d'héritage, quoique toujours par droit d'élection. Cette inclination, s'ils continuent à la suivre, les mènera tôt ou tard au malheur de rendre la couronne héréditaire; et il ne faut pas qu'ils espèrent lutter aussi longtemps de cette manière contre la puissance royale, que les membres de l'empire germanique ont lutté contre celle de l'empereur, parce que la Pologne n'a point en elle-même de contre-poids suffisant pour maintenir un roi héréditaire dans la subordination légale. Malgré la puissance de plusieurs membres de l'empire, sans l'élection accidentelle de Charles VII[1], les capitulations impériales ne seroient déjà plus qu'un vain formulaire, comme elles l'étoient au commencement de ce siècle; et les *pacta conventa* deviendront bien plus vains encore quand la famille royale aura eu le temps de s'affermir et de mettre toutes les autres au-dessous d'elle. Pour dire en un mot mon sentiment sur cet article, je pense qu'une couronne élective, avec le plus absolu pouvoir, vaudroit encore mieux pour la Pologne qu'une couronne héréditaire avec un pouvoir presque nul.

Au lieu de cette fatale loi qui rendroit la couronne héréditaire, j'en proposerois une bien contraire qui, si elle étoit admise, maintiendroit la liberté de la Pologne; ce seroit d'ordonner, par une loi fondamentale, que jamais la couronne ne passeroit du père au fils, et que tout fils d'un roi de Pologne seroit pour toujours exclu du trône. Je dis que je proposerois cette loi si elle étoit nécessaire; mais, occupé d'un projet qui feroit le même effet sans elle, je renvoie à sa place l'explication de ce projet; et, supposant que par son effet les fils seront exclus du trône de leur père, au moins immédiatement, je crois voir que la liberté bien assurée ne sera pas le seul avantage qui résultera de cette exclusion. Il en naîtra un autre encore très considérable : c'est, en ôtant tout espoir aux rois d'usurper et transmettre à leurs enfants un pouvoir arbitraire, de porter toute leur activité vers la gloire et la prospérité de l'État, la seule voie qui reste ouverte à leur ambition. C'est ainsi que le chef de la nation en deviendra, non plus l'ennemi né, mais le premier citoyen; c'est ainsi qu'il fera sa grande affaire d'illustrer son règne par des établissements utiles qui le rendent cher à son peuple, respectable à ses voisins, qui fassent bénir après lui sa mémoire; et c'est ainsi que, hors les moyens de nuire et de séduire qu'il ne faut jamais lui laisser, il conviendra d'augmenter sa puissance en tout ce qui peut concourir au bien public. Il aura peu de force immédiate et directe pour agir par lui-même; mais il aura beaucoup d'autorité, de surveillance et d'inspection pour contenir chacun dans son devoir, et pour diriger le gouvernement à son véritable but. La présidence de la diète, du sénat et de tous les corps, un sévère examen de la conduite de tous les gens en place, un grand soin de maintenir

---

1. Électeur de Bavière, élu empereur en 1742, quinze mois après la mort de Charles VI, dernier mâle de la maison de Habsbourg-Autriche, mort qui donna lieu à la guerre dite *de la Succession*. (ÉD.)

la justice et l'intégrité dans tous les tribunaux, de conserver l'ordre et la tranquillité dans l'État, de lui donner une bonne assiette au dehors, le commandement des armées en temps de guerre, les établissements utiles en temps de paix, sont des devoirs qui tiennent particulièrement à son office de roi, et qui l'occuperont assez s'il veut les remplir par lui-même; car les détails de l'administration étant confiés à des ministres établis pour cela, ce doit être un crime à un roi de Pologne de confier aucune partie de la sienne à des favoris. Qu'il fasse son métier en personne, ou qu'il y renonce : article important sur lequel la nation ne doit jamais se relâcher.

C'est sur de semblables principes qu'il faut établir l'équilibre et la pondération des pouvoirs qui composent la législation et l'administration. Ces pouvoirs, dans les mains de leurs dépositaires et dans la meilleure proportion possible, devroient être en raison directe de leur nombre et inverse du temps qu'ils restent en place. Les parties composantes de la diète suivront d'assez près ce meilleur rapport. La chambre des nonces, la plus nombreuse, sera aussi la plus puissante; mais tous ses membres changeront fréquemment. Le sénat, moins nombreux, aura une moindre part à la législation, mais une plus grande à la puissance exécutive; et ses membres, participant à la constitution des deux extrêmes, seront partie à temps et partie à vie, comme il convient à un corps intermédiaire. Le roi, qui préside à tout, continuera d'être à vie; et son pouvoir, toujours très grand pour l'inspection, sera borné par la chambre des nonces quant à la législation, et par le sénat quant à l'administration. Mais, pour maintenir l'égalité, principe de la constitution, rien n'y doit être héréditaire que la noblesse. Si la couronne étoit héréditaire, il faudroit, pour conserver l'équilibre, que la pairie ou l'ordre sénatorial le fût aussi comme en Angleterre. Alors l'ordre équestre abaissé perdroit son pouvoir, la chambre des nonces n'ayant pas, comme celle des communes, celui d'ouvrir et fermer tous les ans le trésor public; et la constitution polonoise seroit renversée de fond en comble.

CHAP. IX. — Causes particulières de l'anarchie.

La diète, bien proportionnée et bien pondérée ainsi dans toutes ses parties, sera la source d'une bonne législation et d'un bon gouvernement : mais il faut pour cela que ses ordres soient respectés et suivis. Le mépris des lois et l'anarchie, où la Pologne a vécu jusqu'ici, ont des causes faciles à voir. J'en ai déjà ci-devant marqué

la principale, et j'en ai indiqué le remède. Les autres causes con-
courantes sont : 1° le *liberum veto*, 2° les confédérations, 3° et l'abus
qu'ont fait les particuliers du droit qu'on leur a laissé d'avoir des
gens de guerre à leur service.

Ce dernier abus est tel que, si l'on ne commence pas par l'ôter,
toutes les autres réformes sont inutiles. Tant que les particuliers
auront le pouvoir de résister à la force exécutive, ils croiront en
avoir le droit; et tant qu'ils auront entre eux de petites guerres,
comment veut-on que l'État soit en paix? J'avoue que les places
fortes ont besoin de gardes: mais pourquoi faut-il des places qui
sont fortes seulement contre les citoyens et foibles contre l'ennemi?
J'ai peur que cette réforme ne souffre des difficultés; cependant je
ne crois pas impossible de les vaincre; et, pour peu qu'un citoyen
puissant soit raisonnable, il consentira sans peine à n'avoir plus à
lui de gens de guerre quand aucun autre n'en aura.

J'ai dessein de parler ci-après des établissements militaires; ainsi
je renvoie à cet article ce que j'aurois à dire dans celui-ci.

Le *liberum veto* n'est pas un droit vicieux en lui-même; mais,
sitôt qu'il passe sa borne, il devient le plus dangereux des abus : il
étoit le garant de la liberté publique; il n'est plus que l'instrument
de l'oppression. Il ne reste, pour ôter cet abus funeste, que d'en
détruire la cause tout à fait. Mais il est dans le cœur de l'homme de
tenir aux privilèges individuels plus qu'à des avantages plus grands
et plus généraux. Il n'y a qu'un patriotisme éclairé par l'expérience
qui puisse apprendre à sacrifier à de plus grands biens un droit
brillant devenu pernicieux par son abus, et dont cet abus est désormais inséparable. Tous les Polonois doivent sentir vivement les
maux que leur a fait souffrir ce malheureux droit. S'ils aiment
l'ordre et la paix, ils n'ont aucun moyen d'établir chez eux l'un et
l'autre tant qu'ils y laisseront subsister ce droit, bon dans la formation du corps politique, ou quand il a toute sa perfection, mais
absurde et funeste tant qu'il reste des changements à faire; et
il est impossible qu'il n'en reste pas toujours, surtout dans un
grand État entouré de voisins puissants et ambiteux.

Le *liberum veto* seroit moins déraisonnable s'il tomboit uniquement sur les points fondamentaux de la constitution; mais qu'il
ait lieu généralement dans toutes les délibérations des diètes, c'est
ce qui ne peut s'admettre en aucune façon. C'est un vice dans la
constitution polonoise que la législation et l'administration n'y
soient pas assez distinguées, et que la diète exerçant le pouvoir
législatif y mêle des parties d'administration, fasse indifféremment

des actes de souveraineté et de gouvernement, souvent même des actes mixtes par lesquels ses membres sont magistrats et législateurs tout à la fois.

Les changements proposés tendent à mieux distinguer ces deux pouvoirs, et par là même à mieux marquer les bornes du *liberum veto*; car je ne crois pas qu'il soit jamais tombé dans l'esprit de personne de l'étendre aux matières de pure administration, ce qui serait anéantir l'autorité civile et tout le gouvernement.

Par le droit naturel des sociétés, l'unanimité a été requise pour la formation du corps politique et pour les lois fondamentales qui tiennent à son existence, telles, par exemple, que la première corrigée, la cinquième, la neuvième, et l'onzième, marquées dans la pseudo-diète de 1768. Or, l'unanimité requise pour l'établissement de ces lois doit l'être de même pour leur abrogation. Ainsi voilà des points sur lesquels le *liberum veto* peut continuer de subsister; et puisqu'il ne s'agit pas de le détruire totalement, les Polonois qui, sans beaucoup de murmure, ont vu resserrer ce droit par la diète de 1768, devront sans peine le voir réduire et limiter dans une diète plus libre et plus légitime.

Il faut bien peser et bien méditer les points capitaux qu'on établira comme lois fondamentales, et l'on fera porter sur ces points seulement la force du *liberum veto*. De cette manière on rendra la constitution solide et ses lois irrévocables autant qu'elles peuvent l'être : car il est contre la nature du corps politique de s'imposer des lois qu'il ne puisse révoquer; mais il n'est ni contre la nature ni contre la raison qu'il ne puisse révoquer ces lois qu'avec la même solennité qu'il mit à les établir. Voilà toute la chaîne qu'il peut se donner pour l'avenir. C'en est assez et pour affermir la constitution et pour contenter l'amour des Polonois pour le *liberum veto*, sans s'exposer dans la suite aux abus qu'il a fait naître.

Quant à ces multitudes d'articles qu'on a mis ridiculement au nombre des lois fondamentales et qui sont seulement le corps de la législation, de même que tous ceux qu'on range sous le titre de matières d'État, ils sont sujets, par la vicissitude des choses, à des variations indispensables qui ne permettent pas d'y requérir l'unanimité. Il est encore absurde que, dans quelque cas que ce puisse être, un membre de la diète en puisse arrêter l'activité, et que la retraite ou la protestation d'un nonce ou de plusieurs puisse dissoudre l'assemblée, et casser ainsi l'autorité souveraine. Il faut abolir ce droit barbare, et décerner peine capitale contre quiconque seroit tenté de s'en prévaloir. S'il y avoit des cas de protestation contre la diète, ce qui ne peut être tant qu'elle sera libre et complète, ce seroit aux palatinats et diétines que ce droit pourroit être conféré, mais jamais à des nonces qui, comme membres de la diète, ne doivent avoir sur elle aucun degré d'autorité ni récuser ses décisions.

Entre le *veto*, qui est la plus grande force individuelle que puissent avoir les membres de la souveraine puissance, et qui ne doit avoir lieu que pour les lois véritablement fondamentales, et la pluralité, qui est la moindre et qui se rapporte aux matières de simple administration, il y a différentes proportions sur lesquelles on peut déterminer la prépondérance des avis en raison de l'importance des matières. Par exemple, quand il s'agira de législation, l'on peut exiger les trois quarts au moins des suffrages, les deux tiers dans les matières d'État, la pluralité seulement pour les élections et autres affaires courantes momentanées. Ceci n'est qu'un exemple pour expliquer mon idée, et non une proportion que je détermine.

Dans un État tel que la Pologne, où les âmes ont encore un grand ressort, peut-être eût-on pu conserver dans son entier ce beau droit du *liberum veto* sans beaucoup de risque, et peut-être même avec avantage, pourvu qu'on eût rendu ce droit dangereux à exercer, et qu'on y eût attaché de grandes conséquences pour celui qui s'en seroit prévalu; car il est, j'ose le dire, extravagant que celui qui rompt ainsi l'activité de la diète, et laisse l'État sans ressource, s'en aille jouir chez lui tranquillement et impunément de la désolation publique qu'il a causée.

Si donc, dans une résolution presque unanime, un seul opposant conservoit le droit de l'annuler, je voudrois qu'il répondît de son opposition sur sa tête, non seulement à ses constituants dans la diétine postcomitiale, mais ensuite à toute la nation dont il a fait le malheur. Je voudrois qu'il fût ordonné par la loi que six mois après son opposition, il seroit jugé solennellement par un tribunal extraordinaire établi pour cela seul, composé de tout ce que la nation a de plus sage, de plus illustre et de plus respecté, et qui ne pourroit le renvoyer simplement absous, mais seroit obligé de le condamner à mort sans aucune grâce, ou de lui décerner une récompense et des honneurs publics pour toute sa vie, sans pouvoir jamais prendre aucun milieu entre ces deux alternatives.

Des établissements de cette espèce, si favorables à l'énergie du courage et à l'amour de la liberté, sont trop éloignés de l'esprit moderne pour qu'on puisse espérer qu'ils soient adoptés ni goûtés; mais ils n'étoient pas inconnus aux anciens; et c'est par là que leurs instituteurs savoient élever les âmes et les enflammer, au besoin, d'un zèle vraiment héroïque. On a vu, dans des républiques où régnoient des lois plus dures encore, de généreux citoyens se dévouer à la mort dans le péril de la patrie pour ouvrir un avis qui pût la sauver. Un *veto* suivi du même danger peut sauver l'État dans l'occasion, et n'y sera jamais fort à craindre.

Oserois-je parler ici des confédérations et n'être pas de l'avis des savants? Ils ne voient que le mal qu'elles font; il faudroit voir aussi celui qu'elles empêchent. Sans contredit, la confédération est un état violent dans la république; mais il est des maux extrêmes qui rendent les remèdes violents nécessaires, et dont il faut tâcher de guérir à tout prix. La confédération est en Pologne ce qu'étoit la dictature chez les Romains. L'une et l'autre font taire les lois dans un péril pressant, mais avec cette grande différence que la dictature, directement contraire à la législation romaine et à l'esprit du gouvernement, a fini par le détruire, et que les confédérations, au contraire, n'étant qu'un moyen de raffermir et rétablir la constitution ébranlée par de grands efforts, peuvent tendre et renforcer le ressort relâché de l'État sans pouvoir jamais le briser. Cette forme fédérative, qui peut-être dans son origine eut une cause fortuite, me paroît être un chef-d'œuvre de politique. Partout où la liberté règne, elle est incessamment attaquée et très souvent en péril. Tout État libre où les grandes crises n'ont pas été prévues est à chaque orage en danger de péril. Il n'y a que les Polonois qui, de ces crises mêmes, aient su tirer un nouveau moyen de maintenir la constitution. Sans les confédérations, il y a longtemps que la république de Pologne ne seroit plus, et j'ai grande peur qu'elle ne dure pas longtemps après elles, si l'on prend le parti de les abolir. Jetez les yeux sur ce qui vient de se passer. Sans les confédérations, l'État étoit subjugué, la liberté étoit pour jamais anéantie. Voulez-vous ôter à la république la ressource qui vient de la sauver?

Et qu'on ne pense pas que, quand le *liberum veto* sera aboli et la pluralité rétablie, les confédérations deviendront inutiles, comme si tout leur avantage consistoit dans cette pluralité. Ce n'est pas la même chose. La puissance exécutive attachée aux confédérations leur donnera toujours, dans les besoins extrêmes, une vigueur, une activité, une célérité que ne peut avoir la diète, forcée à marcher à pas plus lents, avec plus de formalités, et qui ne peut faire un seul mouvement irrégulier sans renverser la constitution.

Non, les confédérations sont le bouclier, l'asile, le sanctuaire de cette constitution. Tant qu'elles subsisteront, il me paroît impossible qu'elle se détruise. Il faut les laisser, mais il faut les régler. Si tous les abus étoient ôtés, les confédérations deviendroient presque inutiles. La réforme de votre gouvernement doit opérer cet effet. Il n'y aura plus que les entreprises violentes qui mettent dans la nécessité d'y recourir ; mais ces entreprises sont dans l'ordre des choses qu'il faut prévoir. Au lieu donc d'abolir les confédérations, déterminez les cas où elles peuvent légitimement avoir lieu, et puis réglez-en bien la forme et l'effet, pour leur donner une sanction légale autant qu'il est possible, sans gêner leur formation ni leur activité. Il y a même de ces cas où, par le seul fait, toute la Pologne doit être à l'instant confédérée comme, par exemple, au moment où, sous quelque prétexte que ce soit et hors le cas d'une guerre ouverte, des troupes étrangères mettent le pied dans l'État ; parce qu'enfin, quel que soit le sujet de cette entrée, et le gouvernement même y eût-il consenti, confédération chez soi n'est pas hostilité chez les autres. Lorsque, par quelque obstacle que ce puisse être, la diète est empêchée de s'assembler au temps marqué par la loi, lorsqu'à l'instigation de qui que ce soit on fait trouver des gens de guerre au temps et au lieu de son assemblée, ou que sa forme est altérée, ou que son activité est suspendue, ou que sa liberté est gênée en quelque façon que ce soit, dans tous ces cas la confédération générale doit exister par le seul fait ; les assemblées et signatures particulières n'en sont que des branches ; et tous les maréchaux en doivent être sobordonnés à celui qui aura été nommé le premier.

Chap. X. — Administration.

Sans entrer dans des détails d'administration pour lesquels les connaissances et les vues me manquent également, je risquerai seulement sur les deux parties des finances et de la guerre quelques idées que je dois dire, puisque je les crois bonnes, quoique presque assuré qu'elles ne seront pas goûtées : mais avant tout je ferai sur l'administration de la justice une remarque qui s'éloigne un peu moins de l'esprit du gouvernement polonois.

Les deux états d'homme d'épée et d'homme de robe étaient inconnus des anciens. Les citoyens n'étaient par métier ni soldats, ni juges, ni prêtres ; ils étaient tout par devoir. Voilà le vrai secret de faire que tout marche au but commun, d'empêcher que l'esprit d'état ne s'enracine dans les corps aux dépens du patriotisme, et que l'hydre de la chicane ne dévore une nation. La fonction de juge, tant dans les tribunaux suprêmes que dans les justices terrestres, doit être un état passager d'épreuves sur lequel la nation puisse apprécier le mérite et la probité d'un citoyen pour l'élever ensuite aux postes plus éminents dont il est trouvé capable. Cette manière de s'envisager eux-mêmes ne peut que rendre les juges très attentifs à se mettre à l'abri de tout reproche, et leur donner généralement toute l'attention et toute l'intégrité que leur place exige. C'est ainsi que dans les beaux temps de Rome on passait par la préture pour arriver au consulat. Voilà le moyen qu'avec peu de lois claires et simples, même avec peu de juges, la justice soit bien administrée, en laissant aux juges le pouvoir de les interpréter et d'y suppléer au besoin par les lumières naturelles de la droiture et du bon sens. Rien de plus puéril que les précautions prises sur ce point par les Anglais. Pour ôter les jugements arbitraires, ils se sont soumis à mille jugements iniques et même extravagants : des nuées de gens de loi les dévorent, d'éternels procès les consument; et avec la folle idée de vouloir tout prévoir, ils ont fait de leurs lois t. dédale immense où la mémoire et la raison se perdent également.

Il faut faire trois codes : l'un politique, l'autre civil et l'autre criminel; tous trois clairs, courts et précis autant qu'il sera possible. Ces codes seront enseignés, non seulement dans les universités mais dans tous les collèges, et l'on n'a pas besoin d'autres corps de droit. Toutes les règles du droit naturel sont mieux gravées dans les cœurs des hommes que dans tout le fatras de Justinien : rendez-les seulement honnêtes et vertueux, et je vous réponds qu'ils sauront assez de droit. Mais il faut que tous les citoyens, et surtout les hommes publics, soient instruits des lois positives de leur pays et des règles particulières sur lesquelles ils sont gouvernés. Ils les trouveront dans ces codes qu'ils doivent étudier; et tous les nobles, avant d'être inscrits dans le livre d'or qui doit leur ouvrir l'entrée d'une diétine, doivent soutenir sur ces codes, et en particulier sur le premier, un examen qui ne soit pas une simple formalité et sur lequel, s'ils ne sont pas suffisamment instruits, ils seront renvoyés jusqu'à ce qu'ils le soient mieux. A l'égard du droit romain et des coutumes, tout cela, s'il existe, doit être ôté des écoles et des tribunaux. On n'y doit connaître d'autre autorité que les lois de l'État; elles doivent être uniformes dans toutes les provinces, pour tarir une source de procès; et les questions qui n'y seront pas décidées doivent l'être par le bon sens et l'intégrité des juges. Comptez que quand la magistrature ne sera pour ceux qui l'exercent qu'un état d'épreuve pour monter plus haut, cette autorité n'aura pas en eux l'abus qu'on en pourrait craindre, ou que, si cet abus a lieu, il sera toujours moindre que celui de ces foules de lois qui souvent se contredisent, dont le nombre rend les procès éternels, et dont le conflit rend également les jugements arbitraires.

Ce que je dis ici des juges doit s'entendre à plus forte raison des avocats. Cet état si respectable en lui-même se dégrade et s'avilit sitôt qu'il devient un métier. L'avocat doit être le premier juge de son client et le plus sévère : son emploi doit être, comme il était à Rome, et comme il est encore à Genève, le premier pas pour arriver aux magistratures; et en effet les avocats sont fort considérés à Genève, et méritent de l'être. Ce sont des postulants pour le conseil, très attentifs à ne rien faire qui leur attire l'improbation publique. Je voudrais que toutes les fonctions publiques menassent ainsi de l'une à l'autre, afin que nul ne s'arrangeant pour rester dans la sienne, ne s'en fît un métier lucratif et ne se mît au-dessus du jugement des hommes. Ce moyen remplirait parfaitement le vœu de faire passer les enfants des citoyens opulents par l'état d'avocat, ainsi rendu honorable et passager. Je développerai mieux cette idée dans un moment.

Je dois dire en passant, puisque cela me vient à l'esprit, qu'il est contre le système d'égalité dans l'ordre équestre d'y établir des substitutions et des majorats. Il faut que la législation tende toujours à diminuer la grande inégalité de fortune et de pouvoir qui met trop de distance entre les seigneurs et les simples nobles, et qu'un progrès naturel tend toujours à augmenter. A l'égard du cens par lequel on fixeroit la quantité de terre qu'un noble doit posséder pour être admis aux diétines, voyant à cela du bien et du mal, et ne connaissant pas assez le pays pour comparer les effets, je n'ose absolument décider cette question. Sans contredit, il serait à désirer qu'un citoyen ayant voix dans un palatinat y possédât quelques terres, mais je n'aimerois pas trop qu'on en fixât la quantité : en comptant les possessions pour beaucoup de choses, fautil donc tout à fait compter les hommes pour rien? Eh quoi ! parce qu'un gentilhomme aura peu ou point de terres, cesse-t-il pour cela d'être libre et noble? et sa pauvreté seule est-elle un crime assez grave pour lui faire perdre son droit de citoyen?

Au reste, il ne faut jamais souffrir qu'aucune loi tombe en désuétude. Fût-elle indifférente, fût-elle mauvaise, il faut l'abroger formellement, ou la maintenir en vigueur. Cette maxime, qui est fondamentale, obligera de passer en revue toutes les anciennes lois, d'en abroger beaucoup, et de donner la sanction la plus sévère à celles qu'on voudra conserver. On regarde en France comme une maxime d'État de fermer les yeux sur beaucoup de choses : c'est à quoi le despotisme oblige toujours; mais, dans un gouvernement libre, c'est le moyen d'énerver la législation et d'ébranler la constitution. Peu de lois, mais bien digérées, et surtout bien observées. Tous les abus qui ne sont pas défendus sont encore sans conséquence; mais qui dit une loi dans un État libre dit une chose devant laquelle tout citoyen tremble, et le roi tout le premier. En un mot, souffrez tout plutôt que d'user le ressort des lois; car, quand une fois ce ressort est usé, l'État est perdu sans ressource.

CHAP. XI. — Système économique.

Le choix du système économique que doit adopter la Pologne dépend dé l'objet qu'elle se propose en corrigeant sa constitution. Si vous ne voulez que devenir bruyants, brillants, redoutables et influer sur les autres peuples de l'Europe, vous avez leur exemple, appliquez-vous à l'imiter. Cultivez les sciences, les arts, le commerce, l'industrie, ayez des troupes réglées, des places fortes, des académies, surtout un bon système de finances qui fasse bien circuler l'argent qui, par là, le multiplie, qui vous en procure beaucoup; travaillez à le rendre très nécessaire, afin de tenir le peuple dans une grande dépendance, et pour cela, fomentez le luxe matériel, et le luxe de l'esprit, qui en est inséparable. De cette manière vous formerez un peuple intrigant, ardent, avide, ambitieux, servile et fripon comme les autres, toujours sans aucun milieu à l'un des deux extrêmes de la misère ou de l'opulence, de la licence ou de l'esclavage : mais on vous comptera parmi les grandes puissances de l'Europe; vous entrerez dans tous les systèmes politiques; dans toutes les négociations on recherchera votre alliance, on vous liera par des traités; il n'y aura pas une guerre en Europe où vous n'ayez l'honneur d'être fourrés; si le bonheur vous en veut, vous pourrez rentrer dans vos anciennes possessions, peut-être en conquérir de nouvelles, et puis dire comme Pyrrhus ou comme les Russes, c'est-à-dire comme les enfants : « Quand tout le monde sera à moi, je mangerai bien du sucre ».

Mais si par hasard vous aimiez mieux former une nation libre, paisible et sage, qui n'a ni peur ni besoin de personne, qui se suffit à elle-même et qui est heureuse; alors il faut prendre une méthode toute différente, maintenir, rétablir chez vous des mœurs simples, des goûts sains, un esprit martial sans ambition; former des âmes courageuses et désintéressées; appliquer vos peuples à l'agriculture et aux arts nécessaires à la vie : rendre l'argent méprisable et, s'il se peut, inutile; chercher, trouver, pour opérer de grandes choses, des ressorts plus puissants et plus sûrs. Je conviens qu'en suivant cette route vous ne remplirez pas les gazettes du bruit de vos fêtes, de vos négociations, de vos exploits; que les philosophes ne vous encenseront pas, que les poètes ne vous chanteront pas, qu'en Europe on parlera peu de vous; peut-être même affectera-t-on de vous dédaigner : mais vous vivrez dans la véritable abondance, dans la justice et dans la liberté; mais on ne vous cherchera pas querelle; on vous craindra sans en faire semblant, et je vous réponds que les Russes ni d'autres ne viendront plus faire les maîtres chez vous ou que si, pour leur malheur, ils viennent, ils seront beaucoup plus pressés d'en sortir. Ne tentez pas surtout d'allier ces deux projets, ils sont trop contradictoires; et vouloir aller aux deux par une marche composée, c'est vouloir les manquer tous deux. Choisissez donc et, si vous préférez le premier parti, cessez ici de me lire; car de tout ce qui reste à proposer, rien ne se rapporte plus qu'au second.

Il y a, sans contredit, d'excellentes vues économiques dans les papiers qui m'ont été communiqués. Le défaut que j'y vois est d'être plus favorables à la richesse qu'à la prospérité. En fait de nouveaux établissements, il ne faut pas se contenter d'en voir l'effet immédiat; il faut encore en bien prévoir les conséquences éloignées, mais nécessaires. Le projet, par exemple, pour la vente des starosties[1] et pour la manière d'en employer le produit me paroît bien entendu et d'une exécution facile dans le système établi dans toute l'Europe de tout faire avec de l'argent. Mais ce système est-il bon en lui-même, et va-t-il bien à son but? Est-il sûr que l'argent soit le nerf de la guerre? Les peuples riches ont toujours été battus et conquis par les peuples pauvres. Est-il sûr que l'argent soit le ressort d'un bon gouvernement? Les systèmes de finances sont modernes. Je n'en vois rien sortir de bon ni de grand. Les gouvernements anciens ne connoissoient pas même ce mot de *finance*, et ce qu'ils faisoient avec des hommes est prodigieux. L'argent est tout au plus le supplément des hommes, et le supplément ne vaudra jamais la chose. Polonois, laissez-moi tout cet argent aux autres, ou contentez-vous de celui qu'il faudra bien qu'ils vous donnent,

---

1. Voyez la *Notice préliminaire*. On comptoit, tant en Pologne que dans le duché de Lithuanie, près de cinq cents domaines de cette espèce, et il y en avoit dont le revenu s'élevoit jusqu'à 60.000 francs. (ÉD.)

puisqu'ils ont plus besoin de vos blés que vous de leur or. Il vaut mieux, croyez-moi, vivre dans l'abondance que dans l'opulence; soyez mieux que pécunieux, soyez riches : cultivez bien vos champs, sans vous soucier du reste; bientôt vous moissonnerez de l'or, et plus qu'il n'en faut pour vous procurer l'huile et le vin qui vous manquent, puisque à cela près la Pologne abonde ou peut abonder de tout. Pour vous maintenir heureux et libres, ce sont des têtes, des cœurs et des bras qu'il vous faut; c'est là ce qui fait la force d'un État et la prospérité d'un peuple. Les systèmes de finances font des âmes vénales; et dès qu'on ne veut que gagner, on gagne toujours plus à être fripon qu'honnête homme. L'emploi de l'argent se dévoie et se cache; il est destiné à une chose et employé à une autre. Ceux qui le manient apprennent bientôt à le détourner; et que sont tous les surveillants qu'on leur donne, sinon d'autres fripons qu'on envoie partager avec eux? S'il n'y avoit que des richesses publiques et manifestes, si la marche de l'or laissoit une marque ostensible et ne pouvoit se cacher, il n'y auroit point d'expédient plus commode pour acheter des services, du courage, de la fidélité, des vertus; mais vu sa circulation secrète, il est plus commode encore pour faire des pillards et des traîtres, pour mettre à l'enchère le bien public et la liberté. En un mot, l'argent est à la fois le ressort le plus foible et le plus vain que je connoisse pour faire marcher à son but la machine politique, le plus fort et le plus sûr pour l'en détourner.

On ne peut faire agir les hommes que par leur intérêt, je le sais; mais l'intérêt pécuniaire est le plus mauvais de tous, le plus vil, le plus propre à la corruption et même, je le répète avec confiance et le soutiendrai toujours, le moindre et le plus foible aux yeux de qui connoît bien le cœur humain. Il est naturellement dans tous les cœurs de grandes passions en réserve; quand il n'y reste plus que celle de l'argent, c'est qu'on a énervé, étouffé toutes les autres, qu'il falloit exciter et développer. L'avare n'a point proprement de passion qui le domine; il n'aspire à l'argent que par prévoyance, pour contenter celles qui pourront lui venir. Sachez les fomenter et les contenter directement sans cette ressource; bientôt elle perdra tout son prix.

Les dépenses publiques sont inévitables, j'en conviens encore; faites-les avec toute autre chose qu'avec de l'argent. De nos jours encore on voit en Suisse les officiers, magistrats et autres stipendiaires publics, payés avec des denrées. Ils ont des dîmes, du vin, du bois, des droits utiles, honorifiques. Tout le service public se fait par corvées, l'État ne paye presque rien en argent. Il en faut, dira-t-on, pour le payement des troupes. Cet article aura sa place dans un moment. Cette manière de payement n'est pas sans inconvénient; il y a de la perte, du gaspillage : l'administration de ces sortes de biens est plus embarrassante; elle déplaît surtout à ceux qui en sont chargés, parce qu'ils y trouvent moins à faire leur compte. Tout cela est vrai; mais que le mal est petit en comparaison de la foule de maux qu'il sauve ! Un homme voudroit malverser qu'il ne le pourroit pas, du moins sans qu'il y parût. On m'objectera les baillis de quelques cantons suisses; mais d'où viennent leurs vexations? des amendes pécuniaires qu'ils imposent. Ces amendes arbitraires sont un grand mal déjà par elles-mêmes; cependant, s'ils ne les pouvoient exiger qu'en denrées, ce ne seroit presque rien. L'argent extorqué se cache aisément, des magasins ne se cacheroient pas de même. Cherchez en tout pays, en tout gouvernement et par toute terre, vous n'y trouverez pas un grand mal en morale et en politique où l'argent ne soit mêlé.

On me dira que l'égalité des fortunes qui règne en Suisse rend la parcimonie aisée dans l'administration, au lieu que tant de puissantes maisons et de grands seigneurs qui sont en Pologne demandent pour leur entretien de grandes dépenses et des finances pour y pourvoir. Point du tout. Ces grands seigneurs sont riches par leurs patrimoines, et leurs dépenses seront moindres quand le luxe cessera d'être en honneur dans l'État, sans qu'elles les distinguent moins des fortunes inférieures, qui suivront la même proportion. Payez leurs services par de l'autorité, des honneurs, de grandes places. L'inégalité des rangs est compensée, en Pologne, par l'avantage de la noblesse, qui rend ceux qui les remplissent plus jaloux des honneurs que du profit. La république, en graduant et distribuant à propos ces récompenses purement honorifiques, se ménage un trésor qui ne la ruinera pas, et qui lui donnera des héros pour citoyens. Ce trésor des honneurs est une ressource inépuisable chez un peuple qui a de l'honneur; et plût à Dieu que la Pologne eût l'espoir d'épuiser cette ressource ! O heureuse la nation qui ne trouvera plus dans son sein de distinctions possibles pour la vertu !

Au défaut de n'être pas dignes d'elle, les récompenses pécuniaires joignent celui de n'être pas assez publiques, de ne parler pas sans cesse aux yeux et aux cœurs, de disparoître aussitôt qu'elles sont accordées, et de ne laisser aucune trace visible qui excite l'émulation en perpétuant l'honneur qui doit les accompagner. Je voudrois que tous les grades, tous les emplois, toutes les récompenses

honorifiques se marquassent par des signes extérieurs; qu'il ne
fût jamais permis à un homme en place de marcher *incognito ;* que
les marques de son rang ou de sa dignité le suivissent partout, afin
que le peuple le respectât toujours, et qu'il se respectât toujours
lui-même; qu'il pût ainsi toujours dominer l'opulence : qu'un riche
qui n'est que riche, sans cesse offusqué par des citoyens titrés et
pauvres, ne trouvât ni considération ni agrément dans sa patrie;
qu'il fût forcé de la servir pour y briller, d'être intègre par ambition,
et d'aspirer malgré sa richesse à des rangs où la seule approbation
publique mène, et d'où le blâme peut toujours faire déchoir. Voilà
comment on énerve la force des richesses, et comment on fait des
hommes qui ne sont point à vendre. J'insiste beaucoup sur ce point,
bien persuadé que vos voisins, et surtout les Russes, n'épargneront
rien pour corrompre vos gens en place, et que la grande affaire de
votre gouvernement est de travailler à les rendre incorruptibles.

Si l'on me dit que je veux faire de la Pologne un peuple de capu-
cins, je réponds d'abord que ce n'est là qu'un argument à la françoise, et que plaisanter n'est pas raisonner. Je réponds encore qu'il
ne faut pas outrer mes maximes au delà de mes intentions et de la
raison; que mon dessein n'est pas de supprimer la circulation des
espèces, mais seulement de la ralentir, et de prouver surtout combien il importe qu'un bon système économique ne soit pas un système de finance et d'argent. Lycurgue, pour déraciner la cupidité
dans Sparte, n'anéantit pas la monnoie, mais il en fit une de fer.
Pour moi, je n'entends proscrire ni l'argent ni l'or, mais les rendre
moins nécessaires, et faire que celui qui n'en a pas soit pauvre sans
être gueux. Au fond, l'argent n'est pas la richesse, il n'en est que le
signe; ce n'est pas le signe qu'il faut multiplier, mais la chose représentée. J'ai vu, malgré les fables des voyageurs, que les Anglois,
au milieu de tout leur or, n'étoient pas, en détail, moins nécessiteux
que les autres peuples. Et que m'importe, après tout, d'avoir cent
guinées au lieu de dix, si ces cent guinées ne me rapportent pas une
subsistance plus aisée? La richesse pécuniaire n'est que relative et,
selon des rapports qui peuvent changer par mille causes, on peut se
trouver successivement riche et pauvre avec la même somme, mais
non pas avec des biens en nature; car, comme immédiatement utiles
à l'homme, ils ont toujours leur valeur absolue qui ne dépend point
d'une opération de commerce. J'accorderoi que le peuple anglois
est plus riche que les autres peuples : mais il ne s'ensuit pas qu'un
bourgeois de Londres vive plus à son aise qu'un bourgeois de Paris.
De peuple à peuple, celui qui a plus d'argent a de l'avantage; mais

cela ne fait rien au sort des particuliers, et ce n'est pas là que gît la prospérité d'une nation.

Favorisez l'agriculture et les arts utiles, non pas en enrichissant les cultivateurs, ce qui ne seroit que les exciter à quitter leur état, mais en leur rendant honorable et agréable. Établissez les manufactures de première nécessité; multipliez sans cesse vos blés et vos hommes, sans vous mettre en souci du reste. Le superflu du produit de vos terres qui, par les monopoles multipliés va manquer au reste de l'Europe, vous apportera nécessairement plus d'argent que vous n'en aurez besoin. Au delà de ce produit nécessaire et sûr, vous serez pauvres tant que vous voudrez en avoir; sitôt que vous saurez vous en passer, vous serez riches. Voilà l'esprit que je voudrois faire régner dans votre système économique : peu songer à l'étranger, peu vous soucier du commerce, mais multiplier chez vous autant qu'il est possible et la denrée et les consommateurs. L'effet infaillible et naturel d'un gouvernement libre et juste est la population. Plus donc vous perfectionnerez votre gouvernement, plus vous multiplierez votre peuple sans même y songer. Vous n'aurez ainsi ni mendiants ni millionnaires. Le luxe et l'indigence disparoîtront ensemble insensiblement; et les citoyens, guéris des goûts frivoles que donne l'opulence, et des vices attachés à la misère, mettront leurs soins et leur gloire à bien servir la patrie, et trouveront leur bonheur dans leurs devoirs.

Je voudrois qu'on imposât toujours les bras des hommes plus que leurs bourses; que les chemins, les ponts, les édifices publics, le service du prince et de l'État, se fissent par des corvées et non point à prix d'argent. Cette sorte d'impôt est, au fond, la moins onéreuse et surtout celle dont on peut le moins abuser : car l'argent disparoît en sortant des mains qui le payent; mais chacun voit à quoi les hommes sont employés, et l'on ne peut les surchager à pure perte. Je sais que cette méthode est impraticable où règnent le luxe, le commerce et les arts : mais rien n'est si facile chez un peuple simple et de bonnes mœurs, et rien n'est plus utile pour les conserver telles : c'est une raison de plus pour la préférer.

Je reviens donc aux starosties, et je conviens derechef que le projet de les vendre pour en faire valoir le produit au profit du trésor public est bon et bien entendu, quant à son objet économique : mais quant à l'objet politique et moral, ce projet est si peu de mon goût que, si les starosties étoient vendues, je voudrois qu'on les rachetât pour en faire le fonds des salaires et récompenses de ceux qui serviroient la patrie ou qui auroient bien mérité d'elle. En un mot, je voudrois, s'il étoit possible, qu'il n'y eût point de trésor public et que le fisc ne connût pas même les payements en argent. Je sens que la chose à la rigueur n'est pas possible; mais l'esprit du gouvernement doit toujours tendre à la rendre telle, et rien n'est plus contraire à cet esprit que la vente dont il s'agit. La république en seroit plus riche, il est vrai; mais le ressort du gouvernement en seroit plus foible en proportion.

J'avoue que la régie des biens publics en deviendroit plus difficile, et surtout moins agréable aux régisseurs, quand tous ces biens seront en nature et point en argent : mais il faut faire alors de cette régie et de son inspection autant d'épreuves de bon sens, de vigilance, et surtout d'intégrité, pour parvenir à des places plus éminentes. On ne fera qu'imiter à cet égard l'administration municipale établie à Lyon, où il faut commencer par être administrateur de l'Hôtel-Dieu pour parvenir aux charges de la ville, et c'est sur la manière dont on s'acquitte de celle-là qu'on fait juger si l'on est digne des autres. Il n'y avoit rien de plus intègre que les questeurs des armées romaines, parce que la questure étoit le premier pas pour arriver aux charges curules. Dans les places qui peuvent tenter la cupidité, il faut faire en sorte que l'ambition la réprime. Le plus grand bien qui résulte de là n'est pas l'épargne des friponneries; mais c'est de mettre en honneur le désintéressement, et de rendre la pauvreté respectable quand elle est le fruit de l'intégrité.

Les revenus de la république n'égalent pas sa dépense; je le crois bien : les citoyens ne veulent rien payer du tout. Mais des hommes qui veulent être libres ne doivent pas être esclaves de leur bourse; et où est l'État où la liberté de s'achète pas, et même très cher? On me citera la Suisse; mais, comme je l'ai déjà dit, dans la Suisse les citoyens remplissent eux-mêmes les fonctions que partout ailleurs ils aiment mieux payer pour les faire remplir par d'autres. Ils sont soldats, officiers, magistrats, ouvriers : ils sont tout pour le service de l'État; et, toujours prêts à payer de leur personne, ils n'ont pas besoin de payer encore de leur bourse. Quand les Polonois voudront en faire autant, ils n'auront pas plus besoin d'argent que les Suisses; mais si un grand État refuse de se conduire sur les maximes des petites républiques, il ne faut pas qu'il en recherche les avantages, ni qu'il veuille l'effet en rejetant les moyens de l'obtenir. Si la Pologne étoit, selon mon désir, une confédération de trente-trois petits États, elle réuniroit la force des grandes monarchies et la liberté des petites républiques; mais il faudroit pour cela renoncer à l'ostentation, et j'ai peur que cet article ne soit le plus difficile.

De toutes les manières d'asseoir un impôt, la plus commode et celle qui coûte le moins de frais est, sans contredit, la capitation; mais c'est aussi la plus forcée, la plus arbitraire, et c'est sans doute pour cela que Montesquieu la trouve servile, quoiqu'elle ait été la seule pratiquée par les Romains, et qu'elle existe encore en ce moment en plusieurs républiques, sous d'autres noms à la vérité, comme à Genève, où l'on appelle cela *payer les gardes*, et où les seuls citoyens et bourgeois payent cette taxe, tandis que les habitants et natifs en payent d'autres : ce qui est exactement le contraire de l'idée de Montesquieu.

Mais comme il est injuste et déraisonnable d'imposer les gens qui n'ont rien, les impositions réelles valent toujours mieux que les personnelles : seulement il faut éviter celles dont la perception est difficile et coûteuse, et celles surtout qu'on élude par la contrebande, qui fait des non-valeurs, remplit l'État de fraudeurs et de brigands, corrompt la fidélité des citoyens. Il faut que l'imposition soit si bien proportionnée, que l'embarras de la fraude en surpasse le profit. Ainsi jamais d'impôts sur ce qui se cache aisément, comme la dentelle et les bijoux; il vaut mieux défendre de les porter que de les entrer. En France, on excite à plaisir la tentation de la contrebande, et cela me fait croire que la Ferme trouve son compte à ce qu'il y ait des contrebandiers. Ce système est abominable et contraire à tout bon sens. L'expérience apprend que le papier timbré est un impôt singulièrement onéreux aux pauvres, gênant pour le commerce, qui multiplie extrêmement les chicanes, et fait beaucoup crier le peuple partout où il est établi : je ne conseillerois pas d'y penser. Celui sur les bestiaux me paroît beaucoup meilleur, pourvu qu'on évite la fraude, car toute fraude possible est toujours une source de maux; mais il peut être onéreux aux contribuables en ce qu'il faut le payer en argent, et le produit des contributions de cette espèce est trop sujet à être dévoyé de sa destination.

L'impôt le meilleur, à mon avis, le plus naturel, et qui n'est point sujet à la fraude, est une taxe proportionnelle sur les terres, et sur toutes les terres sans exception, comme l'ont proposée le maréchal de Vauban et l'abbé de Saint-Pierre; car enfin c'est ce qui produit qui doit payer. Tous les biens royaux, terrestres, ecclésiastiques et en roture doivent payer également, c'est-à-dire proportionnellement à leur étendue et à leur produit, quel qu'en soit le propriétaire. Cette imposition paroîtroit demander une opération préliminaire qui seroit longue et coûteuse, savoir un cadastre général. Mais cette dépense peut très bien s'éviter, et même avec avantage, en asseyant l'impôt non sur la terre directement, mais sur son produit, ce qui seroit encore plus juste; c'est-à-dire en établissant, dans la proportion qui seroit jugée convenable, une dîme qui se lèveroit en nature sur la récolte, comme la dîme ecclésiastique; et, pour éviter l'embarras des détails et des magasins, on affermeroit ces dîmes à l'enchère, comme font les curés; en sorte que les particuliers ne seroient tenus de payer la dîme que sur leur récolte, et ne la payeroient de leur bourse que lorsqu'ils l'aimeroient mieux ainsi, sur un tarif réglé par le gouvernement. Ces fermes réunies pourroient être un objet de commerce, par le débit des denrées qu'elles produiroient, et qui pourroient passer à l'étranger par la voie de Dantzick ou de Riga. On éviteroit encore par là tous les frais de perception et de régie, toutes ces nuées de commis et d'employés si odieux au peuple, si incommodes au public; et, ce qui est le plus grand point, la république auroit de l'argent sans que les citoyens fussent obligés d'en donner : car je ne répéterai jamais assez que ce qui rend la taille et tous les impôts onéreux au cultivateur, est qu'ils sont pécuniaires, et qu'il est premièrement obligé de vendre pour parvenir à payer.

CHAP. XII. — Système militaire.

De toutes les dépenses de la république, l'entretien de l'armée de la couronne est la plus considérable, et certainement les services que rend cette armée ne sont pas proportionnés à ce qu'elle coûte. Il faut pourtant, va-t-on dire aussitôt, des troupes pour garder l'État. J'en conviendrois, si ces troupes le gardoient en effet; mais je ne vois pas que cette armée l'ait jamais garanti d'aucune invasion, et j'ai grand'peur qu'elle ne l'en garantisse pas plus dans la suite.

La Pologne est environnée de puissances belliqueuses qui ont continuellement sur pied de nombreuses troupes parfaitement disciplinées, auxquelles, avec les plus grands efforts, elle n'en pourra jamais opposer de pareilles sans s'épuiser en très peu de temps, surtout dans l'état déplorable où celles qui la désolent vont la laisser. D'ailleurs on ne la laisseroit pas faire; et si, avec les ressources de la plus vigoureuse administration, elle vouloit mettre son armée sur un pied respectable, ses voisins, attentifs à la prévenir, l'écraseroient bien vite avant qu'elle pût exécuter son projet. Non, si elle ne veut que les imiter, elle ne leur résistera jamais.

La nation polonaise est différente de naturel, de gouvernement, de mœurs, de langage, non seulement de celles qui l'avoisinent, mais de tout le reste de l'Europe. Je voudrois qu'elle en différât encore dans sa constitution militaire, dans sa tactique, dans sa discipline, qu'elle fût toujours elle et non pas une autre. C'est alors seulement qu'elle sera tout ce qu'elle peut être, et qu'elle tirera de son sein toutes les ressources qu'elle peut avoir. La plus inviolable loi de la nature est la loi du plus fort. Il n'y a point de législation, point de constitution qui puisse exempter de cette loi. Chercher les moyens de vous garantir des invasions d'un voisin plus fort que vous, c'est chercher une chimère. C'en seroit une encore plus grande de vouloir faire des conquêtes et vous donner une force offensive; elle est incompatible avec la forme de votre gouvernement. Quiconque veut être libre ne doit pas vouloir être conquérant. Les Romains le furent par nécessité et, pour ainsi dire, malgré eux-mêmes. La guerre étoit un remède nécessaire au vice de leur constitution. Toujours attaqués et toujours vainqueurs, ils étoient le seul peuple discipliné parmi des barbares, et devinrent les maîtres du monde en se défendant toujours. Votre position est si différente, que vous ne sauriez même vous défendre contre qui vous attaquera. Vous n'aurez jamais la force offensive; de longtemps vous n'aurez la défensive; mais vous aurez bientôt, ou, pour mieux dire, vous avez déjà la force conservatrice qui, même subjugués, vous garantira de la destruction et conservera votre gouvernement et votre liberté dans son seul et vrai sanctuaire, qui est le cœur des Polonois.

Les troupes réglées, peste et dépopulation de l'Europe, ne sont bonnes qu'à deux fins : ou pour attaquer et conquérir les voisins, ou pour enchaîner et asservir les citoyens. Ces deux fins vous sont également étrangères : renoncez donc au moyen par lequel on y parvient. L'État ne doit pas rester sans défenseurs, je le sais; mais ses vrais défenseurs sont ses membres. Tout citoyen doit être soldat par devoir, nul ne doit l'être par métier. Tel fut le système militaire des Romains; tel est aujourd'hui celui des Suisses; tel doit être celui de tout État libre, et surtout de la Pologne. Hors d'état de solder une armée suffisante pour la défendre, il faut qu'elle trouve, au besoin, cette armée dans ses habitants. Une bonne milice, une véritable milice bien exercée, est seule capable de remplir cet objet. Cette milice coûtera peu de chose à la république, sera toujours prête à la servir, et la servira bien, parce qu'enfin l'on défend toujours mieux son propre bien que celui d'autrui.

M. le comte de Wielhorski propose de lever un régiment par palatinat et de l'entretenir toujours sur pied. Ceci suppose qu'on licencieroit l'armée de la couronne, ou du moins l'infanterie; car je crois que l'entretien de ces trente-trois régiments surchargeroit trop la république si elle avoit, outre cela, l'armée de la couronne à payer. Ce changement auroit son utilité, et me paroît facile à faire, mais il peut devenir onéreux encore, et l'on préviendra difficilement les abus. Je ne serois pas d'avis d'éparpiller les soldats pour maintenir l'ordre dans les bourgs et villages; cela seroit pour eux une mauvaise discipline. Les soldats, surtout ceux qui sont tels par métier, ne doivent jamais être livrés seuls à leur propre conduite, et bien moins chargés de quelque inspection sur les citoyens. Ils doivent toujours marcher et séjourner en corps : toujours subordonnés et surveillés, ils ne doivent être que des instruments aveugles dans les mains de leurs officiers. De quelque petite inspection qu'on les chargeât, il en résulteroit des violences, des vexations, des abus sans nombre; les soldats et les habitants deviendroient ennemis les uns des autres : c'est un malheur attaché partout aux troupes réglées : ces régiments toujours subsistants en prendroient l'esprit, et jamais cet esprit n'est favorable à la liberté. La république romaine fut détruite par ses légions, quand l'éloignement de ses conquêtes la força d'en avoir toujours sur pied. Encore une fois, les Polonois ne doivent point jeter les yeux autour d'eux pour imiter ce qui s'y fait, même de bien. Ce bien, relatif à des constitutions toutes différentes, seroit un mal dans la leur. Ils doivent rechercher uniquement ce qui leur est convenable, et non pas ce que d'autres font.

Pourquoi donc, au lieu des troupes réglées, cent fois plus onéreuses qu'utiles à tout peuple qui n'a pas l'esprit de conquêtes, n'établiroit-on pas en Pologne une véritable milice, exactement comme elle est établie en Suisse, où tout habitant est soldat, mais seulement quand il faut l'être? La servitude établie en Pologne ne permet pas, je l'avoue, qu'on arme sitôt les paysans : les armes dans des mains serviles seront toujours plus dangereuses qu'utiles à l'État : mais, en attendant que l'heureux moment de les affranchir soit venu, la Pologne fourmille de villes, et leurs habitants enrégimentés pourroient fournir au besoin des troupes nombreuses dont, hors le temps de ce même besoin, l'entretien ne coûteroit rien à l'État. La plupart de ses habitants, n'ayant point de terres, payeroient ainsi leur contingent en service, et ce service pourroit aisément être distribué de manière à ne leur être point onéreux, quoiqu'ils fussent suffisamment exercés.

En Suisse, tout particulier qui se marie est obligé d'être fourni

d'un uniforme, qui devient son habit de fête, d'un fusil de calibre,
et de tout l'équipage d'un fantassin; et il est inscrit dans la compagnie de son quartier. Durant l'été, les dimanches et les jours de
fêtes, on exerce ces milices selon l'ordre de leurs rôles, d'abord par
petites escouades, ensuite par compagnies, puis par régiments,
jusqu'à ce que, leur tour étant venu, ils se rassemblent en campagne, et forment successivement de petits camps, dans lesquels
on les exerce à toutes les manœuvres qui conviennent à l'infanterie.
Tant qu'ils ne sortent pas du lieu de leur demeure, peu ou point
détournés de leurs travaux, ils n'ont aucune paye, mais sitôt qu'ils
marchent en campagne, ils ont le pain de munition et sont à la solde
de l'État, et il n'est permis à personne d'envoyer un autre homme
à sa place, afin que chacun soit exercé lui-même et que tous fassent
le service. Dans un État tel que la Pologne, on peut tirer de ses
vastes provinces de quoi remplacer aisément l'armée de la couronne
par un nombre suffisant de milice toujours sur pied mais qui, changeant au moins tous les ans, et prise par petits détachements sur
tous les corps, seroit peu onéreuse aux particuliers, dont le tour
viendroit à peine de douze à quinze ans une fois. De cette manière,
toute la nation seroit exercée, on auroit une belle et nombreuse
armée toujours prête au besoin, et qui coûteroit beaucoup moins,
surtout en temps de paix, que ne coûte aujourd'hui l'armée de la
couronne.

Mais, pour bien réussir dans cette opération, il faudroit commencer par changer sur ce point l'opinion publique sur un État qui
change en effet du tout en tout, et faire qu'on ne regardât plus en
Pologne un soldat comme un bandit qui, pour vivre, se vend à
cinq sous par jour, mais comme un citoyen qui sert la patrie et qui
est à son devoir. Il faut remettre cet État dans le même honneur où
il étoit jadis, et où il est encore en Suisse et à Genève, où les meilleurs bourgeois sont aussi fiers à leur corps et sous les armes qu'à
l'hôtel de ville et au conseil souverain. Pour cela, il importe que
dans le choix des officiers on n'ait aucun égard au rang, au crédit
et à la fortune, mais uniquement à l'expérience et aux talents. Rien
n'est plus aisé que de jeter sur le bon maniement des armes un
point d'honneur qui fait que chacune s'exerce avec zèle pour le
service de la patrie aux yeux de sa famille et des siens; zèle qui ne
peut s'allumer de même chez de la canaille enrôlée au hasard, et qui
ne sent que la peine de s'exercer. J'ai vu le temps qu'à Genève les
bourgeois manœuvraient beaucoup mieux que des troupes réglées;
mais les magistrats, trouvant que cela jetoit dans la bourgeoisie un

esprit militaire qui n'alloit pas à leurs vues, ont pris peine à étouffer cette émulation, et n'ont que trop bien réussi.

Dans l'exécution de ce projet, on pourroit, sans aucun danger, rendre au roi l'autorité militaire naturellement attachée à sa place; car il n'est pas concevable que la nation puisse être employée à s'opprimer elle-même, du moins quand tous ceux qui la composent auront part à la liberté. Ce n'est jamais qu'avec des troupes réglées et toujours subsistantes que la puissance exécutive peut asservir l'État. Les grandes armées romaines furent sans abus tant qu'elles changèrent à chaque consul; et, jusqu'à Marius, il ne vint pas même à l'esprit d'aucun d'eux qu'ils en pussent tirer aucun moyen d'asservir la république. Ce ne fut que quand le grand éloignement des conquêtes força les Romains de tenir longtemps sur pied les mêmes armées, de les recruter de gens sans aveu et d'en perpétuer le commandement à des proconsuls, que ceux-ci commencèrent à sentir leur indépendance et à vouloir s'en servir pour établir leur pouvoir. Les armées de Sylla, de Pompée et de César devinrent de véritables troupes réglées, qui substituèrent l'esprit du gouvernement militaire à celui du républicain; et cela est si vrai que les soldats de César se tinrent très offensés quand, dans un mécontentement réciproque, il les traita de citoyens, *quirites*. Dans le plan que j'imagine et que j'achèverai bientôt de tracer, toute la Pologne deviendra guerrière, autant pour la défense de sa liberté contre les entreprises du prince que contre celles de ses voisins; et j'oserai dire que, ce projet une fois bien exécuté, l'on pourroit supprimer la charge de grand général et la réunir à la couronne, sans qu'il en résultât le moindre danger pour la liberté, à moins que la nation ne se laissât leurrer par des projets de conquêtes, auquel cas je ne répondrois plus de rien. Quiconque veut ôter aux autres leur liberté finit presque toujours par perdre la sienne : cela est vrai même pour les rois, et bien plus vrai surtout pour les peuples.

Pourquoi l'ordre équestre, en qui réside véritablement la république, ne suivroit-il pas lui-même un plan pareil à celui que je propose pour l'infanterie? Établissez dans tous les palatinats des corps de cavalerie où toute la noblesse soit inscrite, et qui ait ses officiers, son état-major, ses étendards, ses quartiers assignés en cas d'alarmes, ses temps marqués pour s'y rassembler tous les ans; que cette brave noblesse s'exerce à escadronner, à faire toutes sortes de mouvements, d'évolutions, à mettre de l'ordre et de la précision dans ses manœuvres, à connoître la subordination militaire. Je ne voudrois point qu'elle imitât servilement la tactique des autres nations. Je voudrois qu'elle s'en fît une qui lui fût propre, qui développât et perfectionnât ses dispositions naturelles et nationales; qu'elle s'exerçât surtout à la vitesse et à la légèreté, à se rompre, s'éparpiller, et se rassembler sans peine et sans confusion; qu'elle excellât dans ce qu'on appelle la petite guerre, dans toutes les manœuvres qui conviennent à des troupes légères, dans l'art d'inonder un pays comme un torrent, d'atteindre partout et de n'être jamais atteinte, d'agir toujours de concert quoique séparée, de couper les communications, d'intercepter les convois, de charger des arrière-gardes, d'enlever des gardes avancées, de surprendre des détachements, de harceler de grands corps qui marchent et campent réunis; qu'elle prît la manière des anciens Parthes comme elle en a la valeur, et qu'elle apprît comme eux à vaincre et détruire les armées les mieux disciplinées sans jamais livrer de bataille et sans leur laisser le moment de respirer; en un mot, ayez de l'infanterie, puisqu'il en faut, mais ne comptez que sûr votre cavalerie, et n'oubliez rien pour inventer un système qui mette tout le sort de la guerre entre ses mains.

. C'est un mauvais conseil pour un peuple libre que celui d'avoir des places fortes; elles ne conviennent point au génie polonois, et partout elles deviennent tôt ou tard des nids à tyrans[1]. Les places que vous croirez fortifier contre les Russes, vous les fortifierez infailliblement pour eux; elles deviendront pour vous des entraves dont vous ne vous délivrerez plus. Négligez même les avantages des postes, et ne vous ruinez pas en artillerie : ce n'est pas tout cela qu'il vous faut. Une invasion brusque est un grand malheur, sans doute; mais des chaînes permanentes en sont un beaucoup plus grand. Vous ne ferez jamais en sorte qu'il soit difficile à vos voisins d'entrer chez vous; mais vous pouvez faire en sorte qu'il leur soit difficile d'en sortir impunément, et c'est à quoi vous devez mettre tous vos soins. Antoine et Crassus entrèrent aisément, mais pour leur malheur, chez les Parthes. Un pays aussi vaste que le vôtre offre toujours à ses habitants des refuges et de grandes ressources pour échapper à ses agresseurs. Tout l'art humain ne sauroit empêcher l'action brusque du fort contre le foible; mais il peut se ménager des ressorts pour la réaction; et quand l'expérience apprendra que la sortie de chez vous est si difficile, on deviendra moins pressé d'y entrer. Laissez donc votre pays tout ouvert comme Sparte, mais

---

1. Cette opinion avoit été de tout temps celle des nobles polonois; ils ne pouvoient souffrir les villes fortifiées. *Fortalitia*, répétoient-ils proverbialement, *sunt frena libertatis*. (ÉD.)

bâtissez-vous comme elle de bonnes citadelles dans les cœurs des
citoyens; et, comme Thémistocle emmenoit Athènes sur sa flotte,
emportez au besoin vos villes sur vos chevaux. L'esprit d'imitation
produit peu de bonnes choses et ne produit jamais rien de grand.
Chaque pays a des avantages qui lui sont propres, et que l'institution doit étendre et favoriser. Ménagez, cultivez ceux de la Pologne,
elle aura peu d'autres nations à envier.

Une seule chose suffit pour la rendre impossible à subjuguer :
l'amour de la patrie et de la liberté animé par les vertus qui en sont
inséparables. Vous venez d'en donner un exemple mémorable à
jamais. Tant que cet amour brûlera dans les cœurs, il ne vous garantira pas peut-être d'un joug passager; mais tôt ou tard il fera son
explosion, secouera le joug et vous rendra libres. Travaillez donc
sans relâche, sans cesse, à porter le patriotisme au plus haut degré
dans tous les cœurs polonois. J'ai ci-devant indiqué quelques-uns
des moyens propres à cet effet : il me reste à développer ici celui que
je crois être le plus fort, le plus puissant, et même infaillible dans
son succès, s'il est bien exécuté : c'est de faire en sorte que tous les
citoyens se sentent incessamment sous les yeux du public; que nul
n'avance et ne parvienne que par la faveur publique; qu'aucun
poste, aucun emploi ne soit rempli que par le vœu de la nation; et
qu'enfin depuis le dernier noble, depuis même le dernier manant
jusqu'au roi, s'il est possible, tous dépendent tellement de l'estime
publique, qu'on ne puisse rien faire, rien acquérir, parvenir à rien
sans elle. De l'effervescence excitée par cette commune émulation
naîtra cette ivresse patriotique qui seule sait élever les hommes
au-dessus d'eux-mêmes, et sans laquelle la liberté n'est qu'un vain
nom et la législation qu'une chimère.

Dans l'ordre équestre, ce système est facile à établir, si l'on a soin
d'y suivre partout une marche graduelle, et de n'admettre personne
aux honneurs et dignités de l'État qu'il n'ait préalablement passé
par les grades inférieurs, lesquels serviront d'entrée et d'épreuve
pour arriver à une plus grande élévation. Puisque l'égalité parmi
la noblesse est une foi fondamentale de la Pologne, la carrière des
affaires publiques y doit toujours commencer par les emplois
subalternes; c'est l'esprit de la constitution. Ils doivent être ouverts
à tout citoyen que son zèle porte à s'y présenter, et qui croit se
sentir en état de les remplir avec succès : mais ils doivent être le
premier pas indispensable à quiconque, grand ou petit, veut avancer
dans cette carrière. Chacun est libre de ne s'y pas présenter;
mais sitôt que quelqu'un y entre, il faut, à moins d'une retraite

volontaire, qu'il avance, ou qu'il soit rebuté avec improbation. Il faut que, dans toute sa conduite, vu et jugé par ses concitoyens, il sache que tous ses pas sont suivis, que toutes ses actions sont pesées, et qu'on tient du bien et du mal un compte fidèle dont l'influence s'étendra sur tout le reste de sa vie.

Chap. XIII. — Projet pour assujettir à une marche graduelle tous les membres du gouvernement.

Voici, pour graduer cette marche, un projet que j'ai tâché d'adapter aussi bien qu'il étoit possible à la forme du gouvernement établi, réformé seulement quant à la nomination des sénateurs, de la manière et par les raisons ci-devant déduites.

Tous les membres actifs de la république, j'entends ceux qui auront part à l'administration, seront partagés en trois classes, marquées par autant de signes distinctifs que ceux qui composeront ces classes porteront sur leurs personnes. Les ordres de chevalerie, qui, jadis, étoient des preuves de vertu, ne sont maintenant que des signes de la faveur des rois. Les rubans et bijoux qui en sont la marque ont un air de colifichet et de parure féminine qu'il faut éviter dans notre institution. Je voudrois que les marques des trois ordres que je propose fussent des plaques de divers métaux, dont le prix matériel seroit en raison inverse du grade de ceux qui les porteroient.

Le premier pas dans les affaires publiques sera précédé d'une épreuve pour la jeunesse dans les places d'avocats, d'assesseurs, de juges même dans les tribunaux subalternes, de régisseurs de quelque portion des deniers publics et, en général, dans tous les postes inférieurs qui donnent à ceux qui les remplissent occasion de montrer leur mérite, leur capacité, leur exactitude, et surtout leur intégrité. Cet état d'épreuve doit durer au moins trois ans, au bout desquels, munis des certificats de leurs supérieurs et du témoignage de la voix publique, ils se présenteront à la diétine de leur province où, après un examen sévère de leur conduite, on honorera ceux qui en seront jugés dignes d'une plaque d'or, portant leur nom, celui de leur province, la date de leur réception, et au-dessous cette inscription en plus gros caractères : *Spes patriæ.* Ceux qui auront reçu cette plaque la porteront toujours attachée à leur bras droit ou sur leur cœur; ils prendront le titre de *servants d'État;* et jamais dans l'ordre équestre il n'y aura que des servants d'État qui puissent être élus nonces à la diète, députés au tribunal, commissaires à la chambre des comptes, ni chargés d'aucune fonction publique qui appartienne à la souveraineté.

Pour arriver au second grade, il sera nécessaire d'avoir été trois fois nonce à la diète, et d'avoir obtenu chaque fois aux diétines de relation l'approbation de ses constituants; et nul ne pourra être élu nonce une seconde ou troisième fois s'il est muni de cet acte pour sa précédente nonciature. Le service au tribunal ou à Radom en qualité de commissaire ou de député équivaudra à une noncia-ture[1]; et il suffira d'avoir siégé trois fois dans ces assemblées indif-féremment, mais toujours avec approbation, pour arriver de droit au second grade. En sorte que, sur les trois certificats présentés à la diète, le servant d'État qui les aura obtenus sera honoré de la seconde plaque et du titre dont elle est la marque.

Cette plaque sera d'argent, de même forme et grandeur que la précédente; elle portera les mêmes inscriptions, excepté qu'au lieu des deux mots *Spes patriæ*, on y gravera ces deux-ci : *Civis electus*. Ceux qui porteront ces plaques seront appelés *citoyens de choix*, ou simplement *élus*, et ne pourront plus être simples nonces, députés au tribunal, ni commissaires à la chambre : mais ils seront autant de candidats pour les places de sénateurs. Nul ne pourra entrer au sénat qu'il n'ait passé par ce second grade, qu'il n'en ait porté la marque; et tous les sénateurs députés qui, selon le projet, en seront immédiatement tirés, continueront de la porter jusqu'à ce qu'ils parviennent au troisième grade.

C'est parmi ceux qui auront atteint le second que je voudrois choisir les principaux des collèges et inspecteurs de l'éducation des enfants. Ils pourroient être obligés de remplir un certain temps cet emploi avant que d'être admis au sénat, et seroient tenus de pré-senter à la diète l'approbation du collège des administrateurs de l'éducation : sans oublier que cette approbation, comme toutes les autres, doit toujours être visée par la voix publique, qu'on a mille moyens de consulter.

---

1. C'est à Radom dans la petite Pologne que siégeoit la *commission du trésor* composée de membres choisis par la diète dans l'ordre équestre, et qui étoient élus pour deux ans. Les fonctions de ce tribunal étoient d'examiner les comptes du grand trésorier, ceux des préposés à la régie des domaines et des douanes, et géné-ralement de juger toutes les affaires concernant les finances.

Il y avoit de plus deux *grands tribunaux*, l'un pour la Pologne, l'autre pour la Lithuanie, chargés de juger en dernière instance toutes les causes civiles et crimi-nelles. Chacun d'eux se composoit de huit députés ecclésiastiques nommés par les chapitres, et de dix-neuf députés laïques nommés par les diétines. Leurs fonctions duroient deux ans. (ÉD.)

L'élection des sénateurs députés se fera dans la chambre des nonces à chaque diète ordinaire, en sorte qu'ils ne resteront que deux ans en place; mais ils pourront être continués ou élus derechef deux autres fois, pourvu que chaque fois, en sortant de place, ils aient préalablement obtenu de la même chambre un acte d'approbation semblable à celui qu'il est nécessaire d'obtenir des diétines pour être élu nonce une seconde et troisième fois : car, sans un acte pareil obtenu à chaque gestion, l'on ne parviendra plus à rien; et l'on n'aura, pour n'être pas exclu du gouvernement, que la ressource de recommencer par les grades inférieurs, ce qui doit être permis pour ne pas ôter à un citoyen zélé, quelque faute qu'il puisse avoir commise, tout espoir de l'effacer et de parvenir. Au reste, on ne doit jamais charger aucun comité particulier d'expédier ou refuser ces certificats ou approbations; il faut toujours que ces jugements soient portés par toute la chambre, ce qui se fera sans embarras ni perte de temps si l'on suit, pour le jugement des sénateurs députés sortant de place, la même méthode des cartons que j'ai proposée pour leur élection.

On dira peut-être ici que tous ces actes d'approbation donnés d'abord par des corps particuliers, ensuite par les diétines, et enfin par la diète, seront moins accordés au mérite, à la justice et à la vérité, qu'extorqués par la brigue et le crédit. A cela je n'ai qu'une chose à répondre. J'ai cru parler à un peuple qui, sans être exempt de vices, avoit encore du ressort et des vertus; et, cela supposé, mon projet est bon. Mais, si déjà la Pologne en est à ce point, que tout y soit vénal et corrompu jusqu'à la racine, c'est en vain qu'elle cherche à réformer ses lois et à conserver sa liberté; il faut qu'elle y renonce et qu'elle plie sa tête au joug. Mais revenons.

Tout sénateur député qui l'aura été frois fois avec approbation passera de droit au troisième grade le plus élevé dans l'État, et la marque lui en sera conférée par le roi sur la nomination de la diète. Cette marque sera une plaque d'acier bleu semblable aux précédentes, et portera cette inscription : *Custos legum.* Ceux qui l'auront reçue la porteront tout le reste de leur vie, à quelque poste éminent qu'ils parviennent, et même sur le trône quand il leur arrivera d'y monter.

Les palatins et grands castellans ne pourront être tirés que du corps des gardiens des lois, de la même manière que ceux-ci l'ont été des citoyens élus, c'est-à-dire par le choix de la diète; et comme ces palatins occupent les postes les plus éminents de la république, et qu'ils les occupent à vie, afin que leur émulation ne s'endorme pas dans les places où ils ne voient plus que le trône au-dessus d'eux, l'accès leur en sera ouvert; mais de manière à n'y pouvoir arriver encore que par la voix publique et à force de vertu.

Remarquons, avant que d'aller plus loin, que la carrière que je donne à parcourir aux citoyens pour arriver graduellement à la tête de la république paroît assez bien proportionnée aux mesures de la vie humaine pour que ceux qui tiennent les rênes du gouvernement, ayant passé la fougue de la jeunesse, puissent néanmoins être encore dans la vigueur de l'âge, et qu'après quinze ou vingt ans d'épreuve continuellement sous les yeux du public, il leur reste encore un assez grand nombre d'années à faire jouir la patrie de leurs talents, de leur expérience et de leurs vertus, et à jouir eux-mêmes, dans les premières places de l'État, du respect et des honneurs qu'ils auront si bien mérités. En supposant qu'un homme commence à vingt ans d'entrer dans les affaires, il est possible qu'à trente-cinq il soit déjà palatin; mais comme il est bien difficile et qu'il n'est pas même à propos que cette marche graduelle se fasse si rapidement, on n'arrivera guère à ce poste éminent avant la quarantaine; et c'est l'âge, à mon avis, le plus convenable pour réunir toutes les qualités qu'on doit rechercher dans un homme d'État. Ajoutons ici que cette marche paroît appropriée, autant qu'il est possible, aux besoins du gouvernement. Dans le calcul des probabilités, j'estime qu'on aura tous les deux ans au moins cinquante citoyens élus et vingt gardiens des lois; nombres plus que suffisants pour recruter les deux parties du sénat auxquelles mènent respectivement ces deux grades. Car on voit aisément que, quoique le premier rang du sénat soit le plus nombreux, étant à vie, il aura moins souvent des places à remplir que le second qui, dans mon projet, se renouvelle à chaque diète ordinaire.

On a déjà vu, et l'on verra bientôt encore que je ne laisse pas oisifs les *élus* surnuméraires en attendant qu'ils entrent au sénat comme députés; pour ne pas laisser oisifs non plus les gardiens des lois, en attendant qu'ils y rentrent comme palatins ou castellans, c'est de leur corps que je formerois le collège des administrateurs de l'éducation dont j'ai parlé ci-devant. On pourroit donner pour président à ce collège le primat ou un autre évêque, en statuant au surplus qu'aucun autre ecclésiastique, fût-il évêque et sénateur, ne pourroit y être admis.

Voilà, ce me semble, une marche assez bien graduée pour la partie essentielle et intermédiaire du tout, savoir, la noblesse et les magistrats; mais il nous manque encore les deux extrêmes, savoir, le peuple et le roi. Commençons par le premier, jusqu'ici compté pour rien, mais qu'il importe enfin de compter pour quelque chose, si l'on veut donner une certaine force, une certaine consistance à la Pologne. Rien de plus délicat que l'opération dont il s'agit : car enfin, bien que chacun sente quel grand mal c'est pour la république que la nation soit en quelque façon renfermée dans l'ordre équestre, et que tout le reste, paysans et bourgeois, soit nul, tant dans le gouvernement que dans la législation, telle est l'antique constitution. Il ne seroit, en ce moment, ni prudent ni possible de la changer tout d'un coup ; mais il peut l'être d'amener par degrés ce changement, de faire, sans révolution sensible, que la partie la plus nombreuse de la nation s'attache d'affection à la patrie et même au gouvernement. Cela s'obtiendra par deux moyens : le premier, une exacte observation de la justice, en sorte que le serf et le roturier, n'ayant jamais à craindre d'être injustement vexés par le noble, se guérissent de l'aversion qu'ils doivent naturellement avoir pour lui. Ceci demande une grande réforme dans les tribunaux, et un soin particulier pour la formation du corps des avocats.

Le second moyen, sans lequel le premier n'est rien, est d'ouvrir une porte aux serfs pour acquérir la liberté, et aux bourgeois pour acquérir la noblesse. Quand la chose dans le fait ne seroit pas praticable, il faudroit au moins qu'on la vît telle en possibilité ; mais on peut faire plus, ce me semble, et cela sans courir aucun risque. Voici, par exemple, un moyen qui me paroît mener de cette manière au but proposé.

Tous les deux ans, dans l'intervalle d'une diète à l'autre, on choisiroit dans chaque province un temps et un lieu convenables, où les *élus* de la même province qui ne seroient pas encore sénateurs députés s'assembleroient, sous la présidence d'un *custos legum* qui ne seroit pas encore sénateur à vie, dans un comité censorial ou de bienfaisance, auquel on inviteroit, non tous les curés, mais seulement ceux qu'on jugeroit les plus dignes de cet honneur. Je crois même que cette préférence, formant un jugement tacite aux yeux du peuple, pourroit jeter aussi quelque émulation parmi les curés de village, et en garantir un grand nombre des mœurs crapuleuses auxquelles ils ne sont que trop sujets.

Dans cette assemblée, où l'on pourroit encore appeler des vieillards et notables de tous les États, on s'occuperoit à l'examen des projets d'établissements utiles pour la province ; on entendroit les rapports des curés sur l'état de leurs paroisses et des paroisses voisines, celui des notables sur l'état de la culture, sur celui des familles de leur canton; on vérifieroit soigneusement ces rapports; chaque membre du comité ajouteroit ses propres observations, et l'on tiendroit de tout cela un fidèle registre, dont on tireroit des mémoires succincts pour les diétines.

On examineroit en détail les besoins des familles surchargées, des infirmes, des veuves, des orphelins, et l'on y pourvoiroit proportionnellement sur un fonds formé par les contributions gratuites des aisés de la province. Ces contributions seroient d'autant moins onéreuses qu'elles deviendroient le seul tribut de charité, attendu qu'on ne doit souffrir dans toute la Pologne ni mendiants ni hôpitaux. Les prêtres, sans doute, crieront beaucoup pour la conservation des hôpitaux, et ces cris ne sont qu'une raison de plus pour les détruire.

Dans ce même comité, qui ne s'occuperoit jamais de punitions. ni de réprimandes, mais seulement de bienfaits, de louanges et d'encouragements, on feroit, sur de bonnes informations, des listes exactes des particuliers de tous états dont la conduite seroit digne d'honneur et de récompense[1]. Ces listes seroient envoyées au sénat et au roi pour y avoir égard dans l'occasion, et placer toujours bien leurs choix et leurs préférences; et c'est sur les indications des mêmes assemblées que seroient données, dans les collèges, par les administrateurs de l'éducation, les places gratuites dont j'ai parlé ci-devant.

Mais la principale et la plus importante occupation de ce comité seroit de dresser sur de fidèles mémoires, et sur le rapport de la voix publique bien vérifié, un rôle des paysans qui se distingueroient par une bonne conduite, une bonne culture, de bonnes mœurs, par le soin de leur famille, par tous les devoirs de leur état bien remplis. Ce rôle seroit ensuite présenté à la diétine, qui y choisiroit un nombre fixé par la loi pour être affranchi et qui pourvoiroit, par des moyens convenus, au dédommagement des patrons, en les faisant jouir d'exemptions, de prérogatives, d'avantages

---

1. Il faut, dans ces estimations, avoir beaucoup plus d'égard aux personnes qu'à quelques actions isolées. Le vrai bien se fait avec peu d'éclat. C'est par une conduite uniforme et soutenue, par des vertus privées et domestiques, par tous les devoirs de son état bien remplis, par des actions enfin qui découlent de son caractère et de ses principes, qu'un homme peut mériter des honneurs, plutôt que par quelques grands coups de théâtre qui trouvent déjà leur récompense dans l'admiration publique. L'ostentation philosophique aime beaucoup les actions d'éclat; mais tel, avec cinq ou six actions de cette espèce, bien brillantes, bien bruyantes et bien prônées, n'a pour but que de donner le change sur son compte, et d'être toute sa vie injuste et dur impunément. *Donnez-nous la monnoie des grandes actions.* Ce mot de femme est un mot très judicieux.

enfin proportionnés au nombre de leurs paysans qui auroient été
trouvés dignes de la liberté : car il faudroit absolument faire en
sorte qu'au lieu d'être onéreux au maître, l'affranchissement du
serf lui devînt honorable et avantageux; bien entendu que, pour
éviter l'abus, ces affranchissements ne se feroient point par les
maîtres, mais dans les diétines, par jugement, et seulement jusqu'au nombre fixé par la loi.

Quand on auroit affranchi successivement un certain nombre de
familles dans un canton, l'on pourroit affranchir des villages entiers,
y former peu à peu des communes, leur assigner quelques biens-
fonds, quelques terres communales comme en Suisse, y établir des
officiers communaux; et lorsqu'on auroit amené par degrés les
choses jusqu'à pouvoir, sans révolution sensible, achever l'opération en grand, leur rendre enfin le droit que leur donna la nature de
participer à l'administration de leur pays en envoyant des députés
aux diétines.

Tout cela fait, on armeroit tous ces paysans devenus hommes
libres et citoyens, on les enrégimenteroit, on les exerceroit, et l'on
finiroit par avoir une milice vraiment excellente, plus que suffisante
pour la défense de l'État.

On pourroit suivre une méthode semblable pour l'anoblissement
d'un certain nombre de bourgeois, et même, sans les anoblir, leur
destiner certains postes brillants qu'ils rempliroient seuls, à l'exclusion des nobles, et cela à l'imitation des Vénitiens, si jaloux de leur
noblesse qui, néanmoins, outre d'autres emplois subalternes, donnent toujours à un citadin la seconde place de l'État, savoir celle de
grand chancelier, sans qu'aucun patricien puisse jamais y prétendre.
De cette manière, ouvrant à la bourgeoisie la porte de la noblesse
et des honneurs, on l'attacheroit d'affection à la patrie et au maintien de la constitution. On pourroit encore, sans anoblir les individus, anoblir collectivement certaines villes, en préférant celles où
fleuriroient davantage le commerce, l'industrie et les arts et où, par
conséquent, l'administration municipale seroit la meilleure. Ces
villes anoblies pourroient, à l'instar des villes impériales, envoyer
des nonces à la diète; et leur exemple ne manqueroit pas d'exciter
dans toutes les autres un vif désir d'obtenir le même honneur.

Les comités censoriaux chargés de ce département de bienfaisance qui jamais, à la honte des rois et des peuples, n'a encore
existé nulle part, seroient, quoique sans élection, composés de la
manière la plus propre à remplir leurs fonctions avec zèle et intégrité, attendu que leurs membres, aspirant aux places sénatoriales

où mènent leurs grades respectifs, porteroient une grande attention à mériter, par l'approbation publique, les suffrages de la diète;
et ce seroit une occupation suffisante pour tenir ces aspirants en
haleine et sous les yeux du public dans les intervalles qui pourroient
séparer leurs élections successives. Remarquez que cela se feroit
cependant sans les tirer, pour ces intervalles, de l'état de simples
citoyens gradués, puisque cette espèce de tribunal, si utile et si
respectable, n'ayant jamais que du bien à faire, ne seroit revêtu
d'aucune puissance coactive : ainsi je ne multiplie point ici les
magistratures, mais je me sers, chemin faisant, du passage de l'une
à l'autre pour tirer parti de ceux qui les doivent remplir.

Sur ce plan gradué dans son exécution par une marche successive, qu'on pourroit précipiter, ralentir, ou même arrêter selon son
bon ou mauvais succès, on n'avanceroit qu'à volonté, guidé par
l'expérience; on allumeroit dans tous les états inférieurs un zèle
ardent pour contribuer au bien public; on parviendroit enfin à vivi-
fier toutes les parties de la Pologne, et à les lier de manière à ne faire
plus qu'un même corps, dont la vigueur et les forces seroient au
moins décuplées de ce qu'elles peuvent être aujourd'hui, et cela
avec l'avantage inestimable d'avoir évité tout changement vif et
brusque, et le danger des révolutions.

Vous avez une belle occasion de commencer cette opération d'une
manière éclatante et noble, qui doit faire le plus grand effet. Il n'est
pas possible que, dans les malheurs que vient d'essuyer la Pologne,
les confédérés n'aient reçu des assistances et des marques d'attachement de quelques bourgeois, et même de quelques paysans. Imitez
la magnanimité des Romains, si soigneux, après les grandes calamités de leur république, de combler des témoignages de leur gra-
titude les étrangers, les sujets, les esclaves, et même jusqu'aux
animaux qui, durant leurs disgrâces, leur avoient rendu quelques
services signalés. O le beau début, à mon gré, que de donner solen-
lement la noblesse à ces bourgeois et la franchise à ces paysans, et
cela avec toute la pompe et tout l'appareil qui peuvent rendre cette
cérémonie auguste, touchante et mémorable ! Et ne vous en tenez
pas à ce début. Ces hommes ainsi distingués doivent demeurer
toujours les enfants de choix de la patrie. Il faut veiller sur eux, les
protéger, les aider, les soutenir, fussent-ils même de mauvais
sujets. Il faut à tout prix les faire prospérer toute leur vie, afin que,
par cet exemple mis sous les yeux du public, la Pologne montre à
l'Europe entière ce que doit attendre d'elle dans ses succès quiconque osa l'assister dans sa détresse.

Voilà quelque idée grossière, et seulement par forme d'exemple, de la manière dont on peut procéder pour que chacun voie devant lui la route libre pour arriver à tout, que tout tende graduellement, en bien servant la patrie, aux rangs les plus honorables, et que la vertu puisse ouvrir toutes les portes que la fortune se plaît à fermer.

Mais tout n'est pas fait encore, et la partie de ce projet qui me reste à exposer est, sans contredit, la plus embarrassante et la plus difficile; elle offre à surmonter des obstacles contre lesquels la prudence et l'expérience des politiques les plus consommés ont toujours échoué. Cependant il me semble qu'en supposant mon projet adopté, avec le moyen très simple que j'ai à proposer, toutes les difficultés sont levées, tous les abus sont prévenus, et ce qui semblait faire un nouvel obstacle se tourne en avantage dans l'exécution.

CHAP. XIV. — Election des rois.

Toutes ces difficultés se réduisent à celle de donner à l'État un chef dont le choix ne cause pas des troubles, et qui n'attente pas à la liberté. Ce qui augmente la même difficulté est que ce chef doit être doué des grandes qualités nécessaires à quiconque ose gouverner des hommes libres. L'hérédité de la couronne prévient les troubles, mais elle amène la servitude; l'élection maintient la liberté, mais à chaque règne elle ébranle l'État. Cette alternative est fâcheuse; mais, avant de parler des moyens de l'éviter, qu'on me permette un moment de réflexion sur la manière dont les Polonois disposent ordinairement de leur couronne.

D'abord, je le demande, pourquoi faut-il qu'ils se donnent des rois étrangers? Par quel singulier aveuglement ont-ils pris ainsi le moyen le plus sûr d'asservir leur nation, d'abolir leurs usages, de se rendre le jouet des autres cours, et d'augmenter à plaisir l'orage des interrègnes? Quelle injustice envers eux-mêmes! quel affront fait à leur patrie! comme si, désespérant de trouver dans son sein un homme digne de les commander, ils étoient forcés de l'aller chercher au loin! Comment n'ont-ils pas senti, comment n'ont-ils pas vu que c'étoit tout le contraire? Ouvrez les annales de votre nation, vous ne la verrez jamais illustre et triomphante que sous des rois polonois : vous la verrez presque toujours opprimée et avilie sous les étrangers. Que l'expérience vienne enfin à l'appui de la raison; voyez quels maux vous vous faites et quels biens vous vous ôtez.

Car, je le demande encore, comment la nation polonoise, ayant

tant fait que de rendre sa couronne élective, n'a-t-elle point songé
à tirer parti de cette loi pour jeter parmi les membres de l'administration une émulation de zèle et de gloire qui, seule, eût plus fait
pour le bien de la patrie que toutes les autres lois ensemble? Quel
ressort puissant sur les âmes grandes et ambitieuses, que cette
couronne destinée au plus digne, et mise en perspective devant les
yeux de tout citoyen qui saura mériter l'estime publique! Que de
vertus, que de nobles efforts l'espoir d'en acquérir le plus haut prix
ne doit-il pas exciter dans la nation! quel ferment de patriotisme
dans tous les cœurs, quand on sauroit bien que ce n'est que par là
qu'on peut obtenir cette place devenue l'objet secret des vœux de
tous les particuliers, sitôt qu'à force de mérite et de services il
dépendra d'eux de s'en approcher toujours davantage et, si la
fortune les seconde, d'y parvenir enfin tout à fait! Cherchons le
meilleur moyen de mettre en jeu ce grand ressort si puissant dans
la république, et si négligé jusqu'ici. L'on me dira qu'il ne suffit pas
de ne donner la couronne qu'à desPolonois pour lever les difficultés
dont il s'agit : c'est ce que nous verrons tout à l'heure après que
j'auroi proposé mon expédient. Cet expédient est simple; mais il
paroîtra d'abord manquer le but que je viens de marquer moi-
même, quand j'aurai dit qu'il consiste à faire entrer le sort dans
l'élection des rois. Je demande en grâce qu'on me laisse le temps de
m'expliquer, ou seulement qu'on me relise avec attention.

Car si l'on dit : « Comment s'assurer qu'un roi tiré au sort ait les
qualités requises pour remplir dignement sa place? » on fait une
objection que j'ai déjà résolue, puisqu'il suffit pour cet effet que le
roi ne puisse être tiré que des sénateurs à vie; car, puisqu'ils seront
tirés eux-mêmes de l'ordre des *gardiens des lois*, et qu'ils auront
passé avec honneur par tous les grades de la république, l'épreuve
de toute leur vie et l'approbation publique dans tous les postes
qu'ils auront remplis seront des garants suffisants du mérite et des
vertus de chacun d'eux.

Je n'entends pas néanmoins que, même entre les sénateurs à vie,
le sort décide seul de la préférence : ce seroit toujours manquer en
partie le grand but qu'on doit se proposer. Il faut que le sort fasse
quelque chose et que le choix fasse beaucoup afin, d'un côté,
d'amortir les brigues et les menées des puissances étrangères, et
d'engager de l'autre tous les palatins par un si grand intérêt à ne
point se relâcher dans leur conduite, mais à continuer de servir la
patrie avec zèle pour mériter la préférence sur leurs concurrents.

J'avoue que la classe de ces concurrents me paroît bien nombreuse, si l'on y fait entrer les grands castellans, presque égaux en rang aux palatins par la constitution présente; mais je ne vois pas quel inconvénient il y auroit à donner aux seuls palatins l'accès immédiat au trône. Cela feroit dans le même ordre un nouveau grade que les grands castellans auroient encore à passer pour devenir palatins et, par conséquent, un moyen de plus pour tenir le sénat dépendant du législateur. On a déjà vu que ces grands castellans me paroissent superflus dans la constitution. Que néanmoins, pour éviter tout grand changement, on leur laisse leur place et leur rang au sénat, je l'approuve. Mais dans la graduation que je propose, rien n'oblige de les mettre au niveau des palatins; et comme rien n'en empêche non plus, on pourra sans inconvénient se décider pour le parti qu'on jugera le meilleur. Je suppose ici que ce parti préféré sera d'ouvrir aux seuls palatins l'accès immédiat au trône.

Aussitôt donc après la mort du roi, c'est-à-dire dans le moindre intervalle qu'il sera possible et qui sera fixé par la loi, la diète d'élection sera solennellement convoquée; les noms de tous les palatins seront mis en concurrence, et il en sera tiré trois au sort avec toutes les précautions possibles pour qu'aucune fraude n'altère cette opération. Ces trois noms seront à haute voix déclarés à l'assemblée qui, dans la même séance et à la pluralité des voix, choisira celui qu'elle préfère, et il sera proclamé roi dès le même jour.

On trouvera dans cette forme d'élection un grand inconvénient, je l'avoue : c'est que la nation ne puisse choisir librement dans le nombre des palatins celui qu'elle honore et chérit davantage, et qu'elle juge le plus digne de la royauté. Mais cet inconvénient n'est pas nouveau en Pologne, où l'on a vu, dans plusieurs élections que, sans égard pour ceux que la nation favoriseroit, on l'a forcée de choisir celui qu'elle auroit rebuté : mais pour cet avantage qu'elle n'a plus et qu'elle sacrifie, combien d'autres plus importants elle gagne par cette forme d'élection!

Premièrement, l'action du sort amortit tout d'un coup les factions et brigues des nations étrangères, qui ne peuvent influer sur cette élection, trop incertaines du succès pour y mettre beaucoup d'efforts, vu que la fraude même seroit insuffisante en faveur d'un sujet que la nation peut toujours rejeter. La grandeur seule de cet avantage est telle, qu'il assure le repos de la Pologne, étouffe la vénalité dans la république, et laisse à l'élection presque toute la tranquillité de l'hérédité.

Le même avantage a lieu contre les brigues mêmes des candidats; car qui d'entre eux voudra se mettre en frais pour s'assurer une préférence qui ne dépend point des hommes, et sacrifier sa fortune à un événement qui tient à tant de chances contraires pour une favorable? Ajoutons que ceux que le sort a favorisés ne sont plus à temps d'acheter des électeurs, puisque l'élection doit se faire dans la même séance.

Le choix libre de la nation entre trois candidats la préserve des inconvénients du sort qui, par supposition, tomberoit sur un sujet indigne; car, dans cette supposition, la nation se gardera de le choisir; et il n'est pas possible qu'entre trente-trois hommes illustres, l'élite de la nation, où l'on ne comprend pas même comment il peut se trouver un seul sujet indigne, ceux que favorisa le sort le soient tous les trois.

Ainsi, et cette observation est d'un grand poids, nous réunissons par cette forme tous les avantages de l'élection à ceux de l'hérédité.

Car, premièrement, la couronne ne passant point du père au fils, il n'y aura jamais continuité de système pour l'asservissement de la république. En second lieu, le sort même dans cette forme est l'instrument d'une élection éclairée et volontaire. Dans le corps respectable des gardiens des lois et des palatins qui en sont tirés, il ne peut faire un choix, quel qu'il puisse être, qui n'ait été déjà fait par la nation.

Mais voyez quelle émulation cette perspective doit porter dans le corps des palatins et grands castellans qui, dans des places à vie, pourroient se relâcher par la certitude qu'on ne peut plus les leur ôter. Ils ne peuvent plus être contenus par la crainte; mais l'espoir de remplir un trône que chacun d'eux voit si près de lui est un nouvel aiguillon qui les tient sans cesse attentifs sur eux-mêmes. Ils savent que le sort les favoriseroit en vain s'ils sont rejetés à l'élection, et que le seul moyen d'être choisis est de le mériter. Cet avantage est trop grand, trop évident, pour qu'il soit nécessaire d'y insister.

Supposons un moment, pour aller au pis, qu'on ne peut éviter la fraude dans l'opération du sort, et qu'un des concurrents vînt à tromper la vigilance de tous les autres, si intéressés à cette opération. Cette fraude seroit un malheur pour les candidats exclus, mais l'effet pour la république seroit le même que si la décision du sort eût été fidèle; car on n'en auroit pas moins l'avantage de l'élection, on n'en préviendroit pas moins les troubles des interrègnes et les dangers de l'hérédité; le candidat que son ambition séduiroit jusqu'à recourir à cette fraude n'en seroit pas moins au surplus un homme de mérite, capable, au jugement de la nation, de porter la couronne avec honneur; et enfin, même après cette fraude, il n'en dépendroit pas moins, pour en profiter, du choix subséquent et formel de la république.

Par ce projet adopté dans toute son étendue, tout est lié dans l'État; et depuis le dernier particulier jusqu'au premier palatin, nul ne voit aucun moyen d'avancer que par la route du devoir et de l'approbation publique. Le roi seul, une fois élu, ne voyant plus que les lois au-dessus de lui, n'a nul autre frein qui le contienne; et n'ayant plus besoin de l'approbation publique, il peut s'en passer sans risque si ses projets le demandent. Je ne vois guère à cela qu'un remède auquel même il ne faut pas songer : ce seroit que la couronne fût en quelque manière amovible, et qu'au bout de certaines périodes les rois eussent besoin d'être confirmés. Mais, encore une fois, cet expédient n'est pas proposable : tenant le trône et l'État dans une agitation continuelle, il ne laisseroit jamais l'administration dans une assiette assez solide pour pouvoir s'appliquer uniquement et utilement au bien public.

Il fut un usage antique qui n'a jamais été pratiqué que chez un seul peuple, mais dont il est étonnant que le succès n'ait tenté aucun autre de l'imiter. Il est vrai qu'il n'est guère propre qu'à un royaume électif, quoique inventé et pratiqué dans un royaume héréditaire. Je parle du jugement des rois d'Égypte après leur mort, et de l'arrêt par lequel la sépulture et les honneurs royaux leur étoient accordés ou refusés, selon qu'ils avoient bien ou mal gouverné l'État durant leur vie. L'indifférence des modernes sur tous les objets moraux et sur tout ce qui peut donner du ressort aux âmes leur fera sans doute regarder l'idée de rétablir cet usage pour les rois de Pologne comme une folie, et ce n'est pas à des François, surtout à des philosophes, que je voudrois tenter de la faire adopter; mais je crois qu'on peut la proposer à des Polonois. J'ose même avancer que cet établissement auroit chez eux de grands avantages auxquels il est impossible de suppléer d'aucune autre manière, et pas un seul inconvénient. Dans l'objet présent, on voit qu'à moins d'une âme vile et insensible à l'honneur de sa mémoire, il n'est pas possible que l'intégrité d'un jugement inévitable n'en impose au roi, et ne mette à ses passions un frein, plus ou moins fort, je l'avoue, mais toujours capable de les contenir jusqu'à certain point, surtout quand on y joindra l'intérêt de ses enfants, dont le sort sera décidé par l'arrêt porté sur la mémoire du père.

Je voudrois donc qu'après la mort de chaque roi son corps fût déposé dans un lieu sortable, jusqu'à ce qu'il eût été prononcé sur sa mémoire; que le tribunal qui doit en décider et décerner sa sépulture fût assemblé le plus tôt qu'il seroit possible; que là, sa vie et son règne fussent examinés sévèrement; et qu'après des informations dans lesquelles tout citoyen seroit admis à l'accuser et à le défendre, le procès, bien instruit, fût suivi d'un arrêt porté avec toute la solennité possible.

En conséquence de cet arrêt, s'il étoit favorable, le feu roi seroit déclaré bon et juste prince, son nom inscrit avec honneur dans la liste des rois de Pologne, son corps mis avec pompe dans leur sépulture, l'épithète *de glorieuse mémoire* ajoutée à son nom dans tous ses actes et discours publics, un douaire assigné à sa veuve; et ses enfants, déclarés princes royaux, seroient honorés, leur vie durant, de tous les avantages attachés à ce titre.

Que si, au contraire, il étoit trouvé coupable d'injustice, de violence, de malversation, et surtout d'avoir attenté à la liberté publique, sa mémoire seroit condamnée et flétrie; son corps, privé de la sépulture royale, seroit enterré sans honneur comme celui d'un particulier, son nom effacé du registre public des rois; et ses enfants, privés du titre de princes royaux et des prérogatives qui y sont attachées, rentreroient dans la classe des simples citoyens, sans aucune distinction honorable ni flétrissante.

Je voudrois que ce jugement se fît avec le plus grand appareil, mais qu'il précédât, s'il étoit possible, l'élection de son successeur, afin que le crédit de celui-ci ne pût influer sur la sentence dont il auroit pour lui-même intérêt d'adoucir la sévérité. Je sais qu'il seroit à désirer qu'on eût plus de temps pour dévoiler bien des vérités cachées et mieux instruire le procès. Mais si l'on tardoit après l'élection, j'aurois peur que cet acte important ne devînt bientôt qu'une vaine cérémonie et, comme il arriveroit infailliblement dans un royaume héréditaire, plutôt une oraison funèbre du roi défunt qu'un jugement juste et sévère sur sa conduite. Il vaut mieux en cette occasion donner davantage à la voix publique, et perdre quelques lumières de détail, pour conserver l'intégrité et l'austérité d'un jugement qui, sans cela, deviendroit inutile.

A l'égard du tribunal qui prononceroit cette sentence, je voudrois que ce ne fût ni le sénat, ni la diète, ni aucun corps revêtu de quelque autorité dans le gouvernement, mais un ordre entier de citoyens, qui ne peut être aisément ni trompé ni corrompu. Il me paroît que les *cives electi*, plus instruits, plus expérimentés que les *servants d'État*, et moins intéressés que les *gardiens des lois*, déjà trop voisins du trône, seroient précisément le corps intermédiaire où l'on trouveroit à la fois le plus de lumières et d'intégrité, le plus propre à ne porter que des jugements sûrs et, par là, préférable aux deux autres en cette occasion. Si même il arrivoit que ce corps ne fût pas assez nombreux pour un jugement de cette importance, j'aimerois mieux qu'on lui donnât des adjoints tirés des *servants d'État* que des *gardiens des lois*. Enfin, je voudrois que ce tribunal ne fût présidé par aucun homme en place, mais par un maréchal tiré de son corps, et qu'il éliroit lui-même comme ceux des diètes et des confédérations : tant il faudroit éviter qu'aucun intérêt particulier n'influât dans cet acte, qui peut devenir très auguste ou très ridicule, selon la manière dont il y sera procédé.

En finissant cet article de l'élection et du jugement des rois, je dois dire ici qu'une chose dans vos usages m'a paru bien choquante et bien contraire à l'esprit de votre constitution : c'est de la voir presque renversée et anéantie à la mort du roi, jusqu'à suspendre et fermer tous les tribunaux, comme si cette constitution tenoit tellement à ce prince, que la mort de l'un fût la destruction de l'autre. Eh ! mon Dieu ! ce devroit être exactement le contraire. Le roi mort, tout devroit aller comme s'il vivoit encore : on devroit s'apercevoir à peine qu'il manque une pièce à la machine, tant cette pièce étoit peu essentielle à sa solidité. Heureusement cette inconséquence ne tient à rien. Il n'y a qu'à dire qu'elle n'existera plus, et rien au surplus ne doit être changé : mais il ne faut pas laisser subsister cette étrange contradiction ; car, si c'en est une déjà dans la présente constitution, c'en seroit une bien plus grande encore après la réforme.

CHAP. XV. — Conclusion.

Voilà mon plan suffisamment esquissé : je m'arrête. Quel que soit celui qu'on adoptera, l'on ne doit pas oublier ce que j'ai dit dans le *Contrat social*[1] de l'état de foiblesse et d'anarchie où se trouve une nation tandis qu'elle établit ou réforme sa constitution. Dans ce moment de désordre et d'effervescence, elle est hors d'état de faire aucune résistance, et le moindre choc est capable de tout renverser. Il importe donc de se ménager à tout prix un intervalle de tranquillité durant lequel on puisse sans risque agir sur soi-même et rajeunir sa constitution. Quoique les changements à faire

---

1. Liv. III, ch. XVIII p. 306.

dans la vôtre ne soient pas fondamentaux et ne paroissent pas fort grands, ils sont suffisants pour exiger cette précaution; et il faut nécessairement un certain temps pour sentir l'effet de la meilleure réforme et prendre la consistance qui doit en être le fruit. Ce n'est qu'en supposant que le succès réponde au courage des confédérés et à la justice de leur cause, qu'on peut songer à l'entreprise dont il s'agit. Vous ne serez jamais libres tant qu'il restera un seul soldat russe en Pologne, et vous serez toujours menacés de cesser de l'être tant que la Russie se mêlera de vos affaires. Mais si vous parvenez à la forcer de traiter avec vous comme de puissance à puissance, et non plus comme de protecteur à protégé, profitez alors de l'épuisement où l'aura jetée la guerre de Turquie pour faire votre œuvre avant qu'elle puisse la troubler. Quoique je ne fasse aucun cas de la sûreté qu'on se procure au dehors par des traités, cette circonstance unique vous forcera peut-être de vous étayer, autant qu'il se peut, de cet appui, ne fût-ce que pour connoître la disposition présente de ceux qui traiteront avec vous. Mais ce cas excepté, et peut-être en d'autres temps quelques traités de commerce, ne vous fatiguez pas à de vaines négociations, ne vous ruinez pas en ambassadeurs et ministres dans d'autres cours, et ne comptez pas les alliances et traités pour quelque chose. Tout cela ne sert de rien avec les puissances chrétiennes : elles ne connoissent d'autres liens que ceux de leur intérêt : quand elles le trouveront à remplir leurs engagements, elles les rempliront; quand elles le trouveront à les rompre, elles les rompront : autant vaudroit n'en point prendre. Encore si cet intérêt étoit toujours vrai, la connoissance de ce qu'il leur convient de faire pourroit faire prévoir ce qu'elles feront. Mais ce n'est presque jamais la raison d'État qui les guide : c'est l'intérêt momentané d'un ministre, d'une fille, d'un favori, c'est le motif qu'aucune sagesse humaine n'a pu prévoir qui les détermine tantôt pour, tantôt contre leurs vrais intérêts. De quoi peut-on s'assurer avec des gens qui n'ont aucun système fixe et qui ne se conduisent que par des impulsions fortuites? Rien n'est plus frivole que la science politique des cours : comme elle n'a nul principe assuré, l'on n'en peut tirer aucune conséquence certaine; et toute cette belle doctrine des intérêts des princes est un jeu d'enfants qui fait rire les hommes sensés.

Ne vous appuyez donc avec confiance ni sur vos alliés ni sur vos voisins. Vous n'en avez qu'un sur lequel vous puissiez un peu compter, c'est le Grand Seigneur, et vous ne devez rien épargner pour vous en faire un appui : non que ses maximes d'État soient beau-

coup plus certaines que celles des autres puissances; tout y dépend
également d'un vizir, d'une favorite, d'une intrigue de sérail : mais
l'intérêt de la Porte est clair, simple : il s'agit de tout pour elle; et
généralement il y règne, avec bien moins de lumières et de finesse,
plus de droiture et de bon sens. On a du moins avec elle cet avantage de plus qu'avec les puissances chrétiennes, qu'elle aime à
remplir ses engagements et respecte ordinairement les traités. Il
faut tâcher d'en faire avec elle un pour vingt ans, aussi fort, aussi
clair qu'il sera possible. Ce traité, tant qu'une autre puissance
cachera ses projets, sera le meilleur, peut-être le seul garant que
vous puissiez avoir; et, dans l'état où la présente guerre laissera
vraisemblablement la Russie, j'estime qu'il peut vous suffire pour
entreprendre avec sûreté votre ouvrage, d'autant plus que l'intérêt
commun des puissances de l'Europe, et surtout de vos autres voisins, est de vous laisser toujours pour barrière entre eux et les
Russes, et qu'à force de changer de folies il faut bien qu'ils soient
sages au moins quelquefois.

Une chose me fait croire que, généralement, on vous verra sans
jalousie travailler à la réforme de votre constitution : c'est que cet
ouvrage ne tend qu'à l'affermissement de la législation, par conséquent de la liberté, et que cette liberté passe dans toutes les cours
pour une manie de visionnaires qui tend plus à affoiblir qu'à renforcer un État. C'est pour cela que la France a toujours favorisé
la liberté du corps germanique et de la Hollande, et c'est pour cela
qu'aujourd'hui la Russie favorise le gouvernement présent de
Suède, et contrecarre de toutes ses forces les projets du roi. Tous
ces grands ministres qui, jugeant les hommes en général sur eux-
mêmes et ceux qui les entourent, croient les connoître, sont bien
loin d'imaginer quel ressort l'amour de la patrie et l'élan de la
vertu peuvent donner à des âmes libres, Ils ont beau être les dupes
de la basse opinion qu'ils ont des républiques, et y trouver dans
toutes leurs entreprises une résistance qu'ils n'attendoient pas, ils
ne reviendront jamais d'un préjugé fondé sur le mépris dont ils se
sentent dignes, et sur lequel ils apprécient le genre humain. Malgré
l'expérience assez frappante que les Russes viennent de faire en
Pologne, rien ne les fera changer d'opinion. Ils regarderont toujours les hommes libres comme il faut les regarder eux-mêmes,
c'est-à-dire comme des hommes nuls, sur lesquels deux seuls instruments ont prise, savoir l'argent et le knout. S'ils voient donc
que la république de Pologne, au lieu de s'appliquer à remplir ses
coffres, à grossir ses finances, à lever bien des troupes réglées, songe,

au contraire, à licencier son armée et à se passer d'argent, ils croiront qu'elle travaille à s'affoiblir; et, persuadés qu'ils n'auront pour en faire la conquête qu'à s'y présenter quand ils voudront, ils la laisseront se régler tout à son aise, en se moquant en eux-mêmes de son travail. Et il faut convenir que l'état de liberté ôte à un peuple la force offensive, et qu'en suivant le plan que je propose on doit renoncer à tout espoir de conquête. Mais que, votre œuvre faite, dans vingt ans les Russes tentent de vous envahir, et ils connoîtront quels soldats sont pour la défense de leurs foyers ces hommes de paix qui ne savent pas attaquer ceux des autres, et qui ont oublié le prix de l'argent.

Quant à la manière d'entamer l'œuvre dont il s'agit, je ne puis goûter toutes les subtilités qu'on vous propose pour surprendre et tromper en quelque sorte la nation sur les changements à faire à ses lois. Je serois d'avis seulement, en montrant votre plan dans toute son étendue, de n'en point commencer brusquement l'exécution par remplir la république de mécontents, de laisser en place la plupart de ceux qui y sont, de ne conférer les emplois selon la nouvelle réforme qu'à mesure qu'ils viendroient à vaquer. N'ébranlez jamais trop brusquement la machine. Je ne doute point qu'un bon plan une fois adopté ne change même l'esprit de ceux qui auront eu part au gouvernement sous un autre. Ne pouvant créer tout d'un coup de nouveaux citoyens, il faut commencer par tirer parti de ceux qui existent; et offrir une route nouvelle à leur ambition, c'est le moyen de les disposer à le suivre.

Que si, malgré le courage et la constance des confédérés, et malgré la justice de leur cause, la fortune et toutes les puissances les abandonnent, et livrent la patrie à ses oppresseurs... Mais je n'ai pas l'honneur d'être Polonois et, dans une situation pareille à celle où vous êtes, il n'est permis de donner son avis que par son exemple.

Je viens de remplir, selon la mesure de mes forces, et plût à Dieu que ce fût avec autant de succès que d'ardeur, la tâche que M. le comte de Wielhorski m'a imposée. Peut-être tout ceci n'est-il qu'un tas de chimères; mais voilà mes idées. Ce n'est pas ma faute si elles ressemblent si peu à celles des autres hommes, et il n'a pas dépendu de moi d'organiser ma tête d'une autre façon. J'avoue même que, quelque singularité qu'on leur trouve, je n'y vois rien, quant à moi, que de bien adapté au cœur humain, de bon, de praticable, surtout en Pologne, m'étant appliqué dans mes vues à suivre l'esprit de cette république, et à n'y proposer que le moins de changements que j'ai pu pour en corriger les défauts. Il me semble qu'un gouvernement monté sur de pareils ressorts doit marcher à son vrai but aussi directement, aussi sûrement, aussi longtemps qu'il est possible; n'ignorant pas au surplus que tous les ouvrages des hommes sont imparfaits, passagers, et périssables comme eux.

J'ai omis à dessein beaucoup d'articles très importants sur lesquels je ne me sentois pas les lumières suffisantes pour en bien juger. Je laisse ce soin à des hommes plus éclairés et plus sages que moi; et je mets fin à ce long fatras en faisant à M. le comte de Wielhorski mes excuses de l'en avoir occupé si longtemps. Quoique je pense autrement que les autres hommes, je ne me flatte pas d'être plus sage qu'eux, ni qu'il trouve dans mes rêveries rien qui puisse être réellement utile à sa patrie; mais mes vœux pour sa prospérité sont trop vrais, trop purs, trop désintéressés, pour que l'orgueil d'y contribuer puisse ajouter à mon zèle. Puisse-t-elle triompher de ses ennemis, devenir, demeurer paisible, heureuse et libre, donner un grand exemple à l'univers et, profitant des travaux patriotiques de M. le comte de Wielhorski, trouver et former dans son sein beaucoup de citoyens qui lui ressemblent!

LETTRE A Mgr DE BEAUMONT

ARCHEVÊQUE DE PARIS

MANDEMENT

DE Mgr L'ARCHEVÊQUE DE PARIS

PORTANT CONDAMNATION

D'un livre qui a pour titre : ÉMILE, ou DE L'ÉDUCATION,
par J.-J. Rousseau, citoyen de Genève.

(Pour que les lecteurs puissent mieux apprécier la lettre si justement célèbre
de Rousseau, l'une des plus éloquentes productions de son génie, nous croyons
devoir la faire précéder du mandement qui donna lieu à cette protestation.)

Christophe de Beaumont, par la miséricorde divine et par la
grâce du Saint-Siège apostolique, archevêque de Paris, duc de Saint-
Cloud, pair de France, commandeur de l'ordre du Saint-Esprit,
proviseur de Sorbonne, etc.; à tous les fidèles de notre diocèse,
salut et bénédiction.

I. — Saint Paul a prédit, M. T. C. F., qu'il viendroit *des jours
périlleux où il y auroit des gens amateurs d'eux-mêmes, fiers, superbes,
blasphémateurs, impies, calomniateurs, enflés d'orgueil, amateurs
des voluptés plutôt que de Dieu; des hommes d'un esprit corrompu,
et pervertis dans la foi*[1]. Et dans quels temps malheureux cette
prédiction s'est-elle accomplie plus à la lettre que dans les nôtres !
L'incrédulité, enhardie par toutes les passions, se présente sous
toutes les formes, afin de se proportionner en quelque sorte à tous
les âges, à tous les caractères, à tous les états. Tantôt, pour s'in-

---

1. In novissimis diebus instabunt tempora periculosa; erunt homines seipsos
amantes..., elati, superbi, blasphemi, scelesti, criminatores, tumidi, et volupta-
tum amatores magis quam Dei; homines corrupti mente et reprobi circa fidem.
(II Tim. cap. III, v. 1, 4, 8.)

sihuer dans les esprits qu'elle trouve déjà *ensorcelés par la baga-
telle*[1], elle emprunte un style léger, agréable et frivole : de là tant
de romans, également obscènes et impies, dont le but est d'amuser
l'imagination pour séduire l'esprit et corrompre le cœur. Tantôt,
affectant un air de profondeur et de sublimité dans ses vues, elle
feint de remonter aux premiers principes de nos connoissances, et
prétend s'en autoriser pour secouer un joug qui, selon elle, déshonore l'humanité, la Divinité même. Tantôt elle déclame en furieuse
contre le zèle de la religion, et prêche la tolérance universelle avec
emportement. Tantôt enfin, réunissant tous ces divers langages,
elle mêle le sérieux à l'enjouement, des maximes pures à des obscénités, de grandes vérités à de grandes erreurs, la foi au blasphème ;
elle entreprend, en un mot, d'accorder les lumières avec les ténèbres,
Jésus-Christ avec Bélial. Et tel est spécialement, M. T. C. F.,
l'objet qu'on paroît s'être proposé dans un ouvrage récent, qui a
pour titre ÉMILE, OU DE L'ÉDUCATION. Du sein de l'erreur, il s'est
élevé un homme plein du langage de la philosophie, sans être véritablement philosophe ; esprit doué d'une multitude de connoissances qui ne l'ont pas éclairé, et qui ont répandu des ténèbres
dans les autres esprits ; caractère livré aux paradoxes d'opinions et
de conduite, alliant la simplicité des mœurs avec le faste des pensées, le zèle des maximes antiques avec la fureur d'établir des nouveautés, l'obscurité de la retraite avec le désir d'être connu de tout
le monde : on l'a vu invectiver contre les sciences qu'il cultivoit,
préconiser l'excellence de l'Évangile dont il détruisoit les dogmes,
peindre la beauté des vertus qu'il éteignoit dans l'âme de ses lecteurs. Il s'est fait le précepteur du genre humain pour le tromper,
le moniteur public pour égarer tout le monde, l'oracle du siècle
pour achever de le perdre. Dans un ouvrage sur l'inégalité des
conditions, il avait abaissé l'homme jusqu'au rang des bêtes ; dans
une autre production plus récente, il avait insinué le poison de la
volupté en paraissant le proscrire : dans celui-ci, il s'empare des
premiers moments de l'homme, afin d'établir l'empire de l'irréligion.

II. — Quelle entreprise, M. T. C. F. ! L'éducation de la jeunesse
est un des objets les plus importants de la sollicitude et du zèle des
pasteurs. Nous savons que, pour réformer le monde, autant que le
permettent la foiblesse et la corruption de notre nature, il suffiroit
d'observer, sous la direction et l'impression de la grâce, les premiers

---

1. Fascinatio nugacitatis obscurat bona. (Sap., cap. IV, v. 12.)

rayons de la raison humaine, de les saisir avec soin, et de les diriger vers la route qui conduit à la vérité. Par là ces esprits, encore exempts de préjugés, seroient pour toujours en garde contre l'erreur; ces cœurs, encore exempts de grandes passions, prendroient les impressions de toutes les vertus. Mais à qui convient-il mieux qu'à nous, et à nos coopérateurs dans le saint ministère, de veiller ainsi sur les premiers moments de la jeunesse chrétienne; de lui distribuer le lait spirituel de la religion, *afin qu'il croisse pour le salut*[1]; de préparer de bonne heure par de salutaires leçons des adorateurs sincères au vrai Dieu, des sujets fidèles au souverain, des hommes dignes d'être la ressource et l'ornement de la patrie?

III. — Or, M. T. C. F., l'auteur d'*Émile* propose un plan d'éducation qui, loin de s'accorder avec le christianisme, n'est pas même propre à former des citoyens ni des hommes. Sous le vain prétexte de rendre l'homme à lui-même et de faire de son élève l'élève de la nature, il met en principe une assertion démentie, non seulement par la religion, mais encore par l'expérience de tous les peuples et de tous les temps. *Posons*, dit-il, *pour maxime incontestable que les premiers mouvements de la nature sont toujours droits; il n'y a point de perversité originelle dans le cœur humain*. A ce langage, on ne reconnoît point la doctrine des saintes Écritures et de l'Église touchant la révolution qui s'est faite dans notre nature; on perd de vue le rayon de lumière qui nous fait connaître le mystère de notre propre cœur. Oui, M. T. C. F., il se trouve en nous un mélange frappant de grandeur et de bassesse, d'ardeur pour la vérité et de goût pour l'erreur, d'inclination pour la vertu et de penchant pour le vice. Étonnant contraste qui, en déconcertant la philosophie païenne, la laisse errer dans de vaines spéculations! contraste dont la révélation nous découvre la source dans la chute déplorable de notre premier père! L'homme se sent entraîné par une pente funeste; et comment se roidiroit-il contre elle, si son enfance n'étoit dirigée par des maîtres pleins de vertu, de sagesse, de vigilance et si, durant tout le cours de sa vie, il ne faisoit lui-même, sous la protection et avec les grâces de son Dieu, des efforts puissants et continuels! Hélas! M. C. T. F., malgré les principes de l'éducation la plus saine et la plus vertueuse, malgré les promesses les plus magnifiques de la religion et les menaces les plus terribles, les écarts de la jeunesse ne sont encore que trop fréquents, trop multipliés! Dans quelles

---

1. Sicut modo geniti infantes rationabile sine dolo lac concupiscite, ut in eo crescatis in salutem. (I Petr., cap. II.)

erreurs, dans quels excès, abandonnée à elle-même, ne se précipiteroit-elle donc pas? C'est un torrent qui se déborde malgré les
digues puissantes qu'on lui avoit opposées : que seroit-ce donc si
nul obstacle ne suspendoit ses flots et ne rompoit ses efforts?

IV. — L'auteur d'*Émile*, qui ne reconnoît aucune religion,
indique néanmoins, sans y penser, la voie qui conduit infailliblement à la vraie religion : « Nous, dit-il, qui ne voulons rien donner
« à l'autorité, nous qui ne voulons rien enseigner à notre *Émile*
« qu'il ne pût comprendre de lui-même par tout pays, dans quelle
« religion l'élèverons-nous? à quelle secte agrégerons-nous l'élève
« de la nature? Nous ne l'agrégerons ni à celle-ci ni à celle-là; nous
« le mettrons en état de choisir celle où le meilleur usage de la rai-
« son doit le conduire ». Plût à Dieu, M. T. C. F., que cet objet eût
été bien rempli ! Si l'auteur eût réellement *mis son élève en état de
choisir, entre toutes les religions, celle où le meilleur usage de la
raison doit conduire*, il l'eût immanquablement préparé aux leçons
du christianisme. Car, M. T. C. F., la lumière naturelle conduit à la
lumière évangélique; et le culte chrétien est essentiellement *un
culte raisonnable*[1]. En effet, *si le meilleur usage de notre raison* ne
devoit pas nous conduire à la révélation chrétienne, notre foi seroit
vaine, nos espérances seroient chimériques. Mais comment ce *meilleur usage* de la raison nous conduit-il au bien inestimable de la foi,
et de là au terme précieux du salut? c'est à la raison elle-même que
nous en appelons. Dès qu'on reconnoît un Dieu, il ne s'agit plus que
de savoir s'il a daigné parler aux hommes autrement que par les
impressions de la nature. Il faut donc examiner si les faits qui cons-
tatent la révélation ne sont pas supérieurs à tous les efforts de la
chicane la plus artificieuse. Cent fois l'incrédulité a tâché de détruire
ces faits, ou au moins d'en affoiblir les preuves, et cent fois sa critique a été convaincue d'impuissance. Dieu, par la révélation, s'est
rendu témoignage à lui-même, et ce témoignage est évidemment
très digne de foi[2]. Que reste-il donc à l'homme qui fait *le meilleur
usage de sa raison*, sinon d'acquiescer à ce témoignage? C'est votre
grâce, ô mon Dieu ! qui consomme cette œuvre de lumière; c'est
elle qui détermine la volonté, qui forme l'âme chrétienne : mais le
développement des preuves et la force des motifs ont préalablement occupé, épuré la raison; et c'est dans ce travail, aussi noble
qu'indispensable, que consiste ce *meilleur usage de la raison*, dont

---

1. Rationabile obsequium vestrum. (Rom., cap. XII. v. 1.)
2. Testimonia tua credibilia facta sunt nimis. (Psal., XCII, v. 5.)

l'auteur d'*Émile* entreprend de parler sans en avoir une notion fixe et véritable.

V. — Pour trouver la jeunesse plus docile aux leçons qu'il lui prépare, cet auteur veut qu'elle soit dénuée de tout principe de religion. Et voilà pourquoi, selon lui, *connoître le bien et le mal, sentir la raison des devoirs de l'homme, n'est pas l'affaire d'un enfant...* *J'aimerois autant*, ajoute-t-il, *exiger qu'un enfant eût cinq pieds de haut que du jugement à dix ans.*

VI. — Sans doute, M. T. C. F., que le jugement humain a ses progrès, et ne se forme que par degrés : mais s'ensuit-il donc qu'à l'âge de dix ans un enfant ne connoisse point la différence du bien et du mal; qu'il confonde la sagesse avec la folie, la bonté avec la barbarie, la vertu avec le vice? Quoi! à cet âge il ne sentira pas qu'obéir à son père est un bien, que lui désobéir est un mal! Le prétendre, M. T. C. F., c'est calomnier la nature humaine, en lui attribuant une stupidité qu'elle n'a point.

VII. — « Tout enfant qui croit en Dieu, dit encore cet auteur, est « idolâtre ou anthropomorphite. » Mais, s'il est idolâtre, il croit donc plusieurs dieux; il attribue donc la nature divine à des simulacres insensibles. S'il n'est qu'anthropomorphite, en reconnoissant le vrai Dieu il lui donne un corps. Or, on ne peut supporter ni l'un ni l'autre dans un enfant qui a reçu une éducation chrétienne. Que si l'éducation a été vicieuse à cet égard, il est souverainement injuste d'imputer à la religion ce qui n'est que la faute de ceux qui l'enseignent mal. Au surplus, l'âge de dix ans n'est point l'âge d'un philosophe : un enfant, quoique bien instruit, peut s'expliquer mal; mais en lui inculquant que la Divinité n'est rien de ce qui tombe ou de ce qui peut tomber sous les sens, que c'est une intelligence infinie qui, douée d'une puissance suprême, exécute tout ce qui lui plaît, on lui donne de Dieu une notion assortie à la portée de son jugement. Il n'est pas douteux qu'un athée, par ses sophismes, viendra facilement à bout de troubler les idées de ce jeune croyant; mais toute l'adresse du sophiste ne fera certainement pas que cet enfant, lorsqu'il croit en Dieu, soit *idolâtre* ou *anthropomorphite*, c'est-à-dire qu'il ne croie que l'existence d'une chimère.

VIII. — L'auteur va plus loin, M. T. C. F.; il n'*accorde pas même à un jeune homme de quinze ans la capacité de croire en Dieu.* L'homme ne saura donc pas même à cet âge s'il y a un Dieu ou s'il n'y en a point; toute la nature aura beau annoncer la gloire de son Créateur, il n'entendra rien à son langage! il existera sans savoir à quoi il doit son existence! et ce sera la saine raison elle-même qui le plongera dans ces ténèbres ! C'est ainsi, M. T. C. F., que l'aveugle impiété voudroit pouvoir obscurcir de ses noires vapeurs le flambeau que la religion présente à tous les âges de la vie humaine. Saint Augustin raisonnoit bien sur d'autres principes quand il disoit, en parlant des premières années de sa jeunesse : « Je tombai, dès ce « temps-là, Seigneur, entre les mains de quelques-uns de ceux qui « ont soin de vous invoquer ; et je compris, par ce qu'ils me disoient « de vous, et selon les idées que j'étois capable de m'en former à cet « âge-là, que vous étiez quelque chose de grand, et qu'encore que « vous fussiez invisible et hors de la portée de nos sens, vous pou- « viez nous exaucer et nous secourir. Aussi commençai-je dès mon « enfance à vous prier et vous regarder comme mon recours et mon « appui ; et à mesure que ma langue se dénouoit, j'employois ses « premiers mouvements à vous invoquer[1]. »

IX. — Continuons, M. T. C. F., de relever les paradoxes étranges de l'auteur d'*Émile*. Après avoir réduit les jeunes gens à une ignorance si profonde par rapport aux attributs et aux droits de la Divinité, leur accordera-t-il du moins l'avantage de se connoître eux-mêmes ? Sauront-ils si leur âme est une substance absolument distinguée de la matière ? ou se regarderont-ils comme des êtres purement matériels, et soumis aux seules lois du mécanisme ! L'auteur d'*Émile* doute qu'à dix-huit ans il soit encore temps que son élève apprenne s'il a une âme : il pense que, *s'il l'apprend plus tôt, il court risque de ne le savoir jamais.* Ne veut-il pas du moins que la jeunesse soit susceptible de la connoissance de ses devoirs ? Non : à l'en croire, *il n'y a que des objets physiques qui puissent intéresser les enfants, surtout ceux dont on n'a pas éveillé la vanité et qu'on n'a pas corrompus d'avance par le poison de l'opinion :* il veut, en conséquence, que tous les soins de la première éducation soient appliqués à ce qu'il y a dans l'homme de matériel et de terrestre : *Exercez,* dit-il, *son corps, ses organes, ses sens, ses forces ; mais tenez son âme oisive autant qu'il se pourra.* C'est que cette oisiveté lui a paru nécessaire pour disposer l'âme aux erreurs qu'il se proposoit de lui inculquer. Mais ne vouloir enseigner la sagesse à l'homme que dans le temps où il sera dominé par la fougue des passions naissantes, n'est-ce pas la lui présenter dans le dessein qu'il la rejette ?

X. — Qu'une semblable éducation, M. T. C. F., est opposée à celle que prescrivent de concert la vraie religion et la saine raison ! Toutes deux veulent qu'un maître sage et vigilant épie en quelque

---

1. *Confess.*, lib. I, cap. II.

sorte dans son élève les premières lueurs de l'intelligence pour l'occuper des attraits de la vérité, les premiers mouvements du cœur pour le fixer par les charmes de la vertu. Combien, en effet, n'est-il pas plus avantageux de prévenir les obstacles que d'avoir à les surmonter? Combien n'est-il pas à craindre que si les impressions du vice précèdent les leçons de la vertu, l'homme, parvenu à un certain âge, ne manque de courage ou de volonté pour résister au vice? Une heureuse expérience ne prouve-t-elle pas tous les jours qu'après les dérèglements d'une jeunesse imprudente et emportée, on revient enfin aux bons principes qu'on a reçus dans l'enfance?

XI. — Au reste, M. T. C. F., ne soyons point surpris que l'auteur d'*Émile* remette à un temps si reculé la connoissance de l'existence de Dieu; il ne la croit pas nécessaire au salut. « Il est clair, dit-il par « l'organe d'un personnage chimérique, il est clair que tel homme, « parvenu jusqu'à la vieillesse sans croire en Dieu, ne sera pas pour « cela privé de sa présence dans l'autre, si son aveuglement n'a « point été volontaire; et je dis qu'il ne l'est pas toujours. » Remarquez, M. T. C. F., qu'il ne s'agit point ici d'un homme qui seroit dépourvu de l'usage de sa raison, mais uniquement de celui dont la raison ne seroit point aidée de l'instruction. Or une telle prétention est souverainement absurde, surtout dans le système d'un écrivain qui soutient que la raison est absolument saine. Saint Paul assure qu'entre les philosophes païens plusieurs sont parvenus, par les seules forces de la raison, à la connoissance du vrai Dieu. « Ce qui peut être connu de Dieu, dit cet apôtre, leur a été « manifesté, Dieu le leur ayant fait connoître : la considération des « choses qui ont été faites dès la création du monde leur ayant « rendu visible ce qui est invisible en Dieu, sa puissance même éter- « nelle et sa divinité; en sorte qu'ils sont sans excuse, puisque ayant « connu Dieu ils ne l'ont point glorifié comme Dieu et ne lui ont « point rendu grâces; mais ils se sont perdus dans la vanité de leur « raisonnement, et leur esprit insensé a été obscurci; en se disant « sages, ils sont devenus fous[1]. »

XII. — Or, si tel a été le crime de ces hommes, lesquels, bien qu'assujettis par les préjugés de leur éducation au culte des idoles,

---

1. Quod notum est Dei manifestum est in illis : Deus enim illis manifestavit. Invisibilia enim ipsius, a creatura mundi, per ea quæ facta sunt, intellecta conspiciuntur, sempiterna quoque ejus virtus et divinitas, ita ut sint inexcusabiles, quia cum cognovissent Deum, non sicut Deum glorificaverunt, aut gratias egerunt, sed evanuerunt in cogitationibus suis, et obscuratum est insipiens cor eorum; dicentes enim se esse sapientes, stulti facti sunt. (Rom. cap. I, v. 19, 22.)

n'ont pas laissé d'atteindre à la connoissance de Dieu, comment ceux qui n'ont point de pareils obstacles à vaincre seroient-ils innocents et justes au point de mériter de jouir de la présence de Dieu dans l'autre vie? Comment seroient-ils excusables (avec une raison saine telle que l'auteur la suppose) d'avoir joui durant cette vie du grand spectacle de la nature, et d'avoir cependant méconnu celui qui l'a créée, qui la conserve et la gouverne?

XIII. Le même écrivain, M. T. C. F., embrasse ouvertement le scepticisme par rapport à la création et à l'unité de Dieu. « Je sais, « fait-il dire encore au personnage supposé qui lui sert d'organe, je « sais que le monde est gouverné par une volonté puissante et « sage; je le vois, ou plutôt je le sens, et cela m'importe à savoir. « Mais ce même monde est-il éternel, ou créé? y a-t-il un principe « unique des choses? y en a-t-il deux ou plusieurs? et quelle est leur « nature? Je n'en sais rien, et que m'importe?... Je renonce à des « questions oiseuses, qui peuvent inquiéter mon amour-propre, « mais qui sont inutiles à ma conduite et supérieures à ma raison. » Que veut donc dire cet auteur téméraire? Il croit que le monde est gouverné par une volonté puissante et sage; il avoue que cela lui importe à savoir et cependant *il ne sait*, dit-il, *s'il n'y a qu'un seul principe des choses* ou s'il y en a plusieurs, et il prétend qu'il lui importe peu de le savoir. S'il y a une volonté puissante et sage qui gouverne le monde, est-il convenable qu'elle ne soit pas l'unique principe des choses? et peut-il être plus important de savoir l'un que l'autre? Quel langage contradictoire ! Il ne sait *quelle est la nature* de Dieu, et bientôt après il reconnoît que cet Être suprême est doué d'intelligence, de puissance, de volonté et de bonté. N'est-ce donc pas là avoir une idée de la nature divine? L'unité de Dieu lui paroît une question oiseuse et supérieure à sa raison, comme si la multiplicité des dieux n'étoit pas la plus grande de toutes les absurdités ! *La pluralité des dieux*, dit énergiquement Tertullien, *est une nullité de Dieu*[1]; admettre un Dieu, c'est admettre un Être suprême et indépendant, auquel tous les autres êtres soient subordonnés. Il implique donc qu'il y ait plusieurs dieux.

XIV. — Il n'est pas étonnant, M. T. C. F., qu'un homme qui donne dans de pareils écarts touchant la Divinité s'élève contre la religion qu'elle nous a révélée. A l'entendre, toutes les révélations en général *ne font que dégrader Dieu, en lui donnant des passions*

---

1. Deus cum summum sit, recte veritas nostra pronuntiavit: Deus si non unus est, non est. (TERTUL., *advers. Marcionem*, lib. I.)

humaines. Loin d'éclaircir les notions du grand Être, poursuit-il, *je vois que les dogmes particuliers les embrouillent : que loin de les ennoblir, ils les avilissent; qu'aux mystères qui les environnent, ils ajoutent des contradictions absurdes.* C'est bien plutôt à cet auteur, M. T. C. F., qu'on peut reprocher l'inconséquence et l'absurdité. C'est bien lui qui dégrade Dieu, qui embrouille et qui avilit les notions du grand Être, puisqu'il attaque directement son essence, en révoquant en doute son unité.

XV. — Il a senti que la vérité de la révélation chrétienne étoit prouvée par des faits; mais les miracles formant une des principales preuves de cette révélation, et ces miracles nous ayant été transmis par la voie des témoignages, il s'écrie : *Quoi! toujours des témoignages humains! toujours des hommes qui me rapportent ce que d'autres hommes ont rapporté! Que d'hommes entre Dieu et moi!* Pour que cette plainte fût sensée, M. T. C. F., il faudroit pouvoir conclure que la révélation est fausse dès qu'elle n'a point été faite à chaque homme en particulier; il faudroit pouvoir dire : Dieu ne peut exiger de moi que je croie ce qu'on m'assure qu'il a dit, dès que ce n'est pas directement à moi qu'il a adressé sa parole. Mais n'est-il donc pas une infinité de faits, même antérieurs à celui de la révélation chrétienne, dont il seroit absurde de douter? Par quelle autre voie que par celle des témoignages humains l'auteur lui-même a-t-il donc connu cette Sparte, cette Athènes, cette Rome dont il vante si souvent et avec tant d'assurance les lois, les mœurs et les héros? Que d'hommes entre lui et les événements qui concernent les origines et la fortune de ces anciennes républiques! Que d'hommes entre lui et les historiens qui ont conservé la mémoire de ces événements! Son scepticisme n'est donc ici fondé que sur l'intérêt de son incrédulité.

XVI. — « Qu'un homme, ajoute-t-il plus loin, vienne nous tenir « ce langage : Mortels, je vous annonce les volontés du Très-Haut; « reconnoissez à ma voix celui qui m'envoie. J'ordonne au soleil de « changer sa course, aux étoiles de former un autre arrangement, « aux montagnes de s'aplanir, aux flots de s'élever, à la terre de « prendre un autre aspect : à ces merveilles, qui ne reconnoîtra pas « à l'instant le Maître de la nature? » Qui ne croiroit, M. T. C. F., que celui qui s'exprime de la sorte ne demande qu'à voir des miracles pour être chrétien? Écoutez toutefois ce qu'il ajoute : « Reste enfin, dit-il, l'examen le plus important dans la doctrine « annoncée... Après avoir prouvé la doctrine par le miracle, il faut « prouver le miracle par la doctrine. Or que faire en pareil cas? Une

« seule chose : revenir au raisonnement, et laisser là les miracles.
« Mieux eût-il valu n'y pas recourir. » C'est dire : Qu'on me montre
des miracles, et je croirai, qu'on me montre des miracles, et je
refuserai encore de croire. Quelle inconséquence, quelle absurdité !
Mais apprenez donc une bonne fois, M. T. C. F., que dans la question des miracles on ne se permet point le sophisme reproché par
l'auteur du livre de l'Éducation. Quand une doctrine est reconnue
vraie, divine, fondée sur une révélation certaine, on s'en sert pour
juger des miracles, c'est-à-dire pour rejeter les prétendus prodiges
que des imposteurs voudroient opposer à cette doctrine. Quand il
s'agit d'une doctrine nouvelle qu'on annonce comme émanée du
sein de Dieu, les miracles sont produits en preuves; c'est-à-dire
que celui qui prend la qualité d'envoyé du Très-Haut confirme sa
mission, sa prédication, par des miracles qui sont le témoignage
même de la Divinité. Ainsi la doctrine et les miracles sont des
arguments respectifs dont on fait usage selon les divers points de
vue où l'on se place dans l'étude et dans l'enseignement de la religion. Il ne se trouve là ni abus du raisonnement, ni sophisme ridicule, ni cercle vicieux. C'est ce qu'on a démontré cent fois; et il est
probable que l'auteur d'Émile n'ignore point ces démonstrations :
mais, dans le plan qu'il s'est fait d'envelopper de nuages toute
religion révélée, toute opération surnaturelle, il nous impute malignement des procédés qui déshonorent la raison; il nous représente
comme des enthousiastes, qu'un faux zèle aveugle au point de
prouver deux principes l'un par l'autre, sans diversité d'objets ni
de méthode. Où est donc, M. T. C. F., la bonne foi philosophique
dont se pare cet écrivain?

XVII. — On croirait qu'après les plus grands efforts pour décréditer les témoignages humains qui attestent la révélation chrétienne, le même auteur y défère cependant de la manière la plus
positive, la plus solennelle. Il faut, pour vous en convaincre,
M. T. C. F., et en même temps pour vous édifier, mettre sous vos
yeux cet endroit de son ouvrage : « J'avoue que la majesté de l'Écri-
« ture m'étonne; la sainteté de l'Écriture parle à mon cœur. Voyez
« les livres des philosophes : avec toute leur pompe, qu'ils sont
« petits auprès de celui-là ! Se peut-il qu'un livre à la fois si sublime
« et si simple soit l'ouvrage des hommes? Se peut-il que celui dont il
« fait l'histoire ne soit qu'un homme lui-même? Est-ce là le ton d'un
« enthousiaste, ou d'un ambitieux sectaire? Quelle douceur ! quelle
« pureté dans ses mœurs ! quelle grâce touchante dans ses instruc-
« tions ! quelle élévation dans ses maximes ! quelle profonde sagesse

« dans ses discours ! quelle présence d'esprit, quelle finesse et quelle
« justesse dans ses réponses ! quel empire sur ses passions ! Où est
« l'homme, où est le sage qui sait agir, souffrir et mourir sans fai-
« blesse et sans ostentation?... Oui, si la vie et la mort de Socrate
« sont d'un sage, la vie et la mort de Jésus sont d'un Dieu. Dirons-
« nous que l'histoire de l'Évangile est inventée à plaisir?... Ce n'est
« pas ainsi qu'on invente, et les faits de Socrate, dont personne ne
« doute, sont moins attestés que ceux de Jésus-Christ... Il seroit
« plus inconcevable que plusieurs hommes d'accord eussent fabri-
« qué ce livre, qu'il ne l'est qu'un seul en ait fourni le sujet. Jamais
« les auteurs juifs n'eussent trouvé ce ton ni cette morale; et
« l'Évangile a des caractères de vérité si grands, si frappants, si
« parfaitement inimitables, que l'inventeur en seroit plus étonnant
« que le héros. » Il seroit difficile, M. T. C. F., de rendre un plus bel
hommage à l'authenticité de l'Évangile. Cependant l'auteur ne la
reconnoît qu'en conséquence des témoignages humains. Ce sont
toujours des hommes qui lui rapportent ce que d'autres hommes
ont rapporté. Que d'hommes entre Dieu et lui ! Le voilà donc bien
évidemment en contradiction avec lui-même; le voilà confondu par
ses propres aveux. Par quel étrange aveuglement a-t-il donc pu
ajouter : « Avec tout cela ce même Évangile est plein de choses
« incroyables, de choses qui répugnent à la raison, et qu'il est
« impossible à tout homme sensé de concevoir ni d'admettre. Que
« faire au milieu de toutes ces contradictions? Être toujours
« modeste et circonspect... respecter en silence ce qu'on ne sauroit
« ni rejeter ni comprendre, et s'humilier devant le grand Être qui
« seul sait la vérité. Voilà le scepticisme involontaire où je suis
« resté. » Mais le scepticisme, M. T. C. F., peut-il donc être involontaire, lorsqu'on refuse de se soumettre à la doctrine d'un livre
qui ne sauroit être inventé par les hommes, lorsque ce livre porte
des caractères de vérité si grands, si frappants, si parfaitement
inimitables, que l'inventeur en seroit plus étonnant que le héros?
C'est bien ici qu'on peut dire que l'iniquité a menti contre elle-
même[1].

XVIII. — Il semble, M. T. C. F., que cet auteur n'a rejeté la révélation que pour s'en tenir à la religion naturelle : « Ce que Dieu veut
« qu'un homme fasse, dit-il, il ne le lui fait pas dire par un autre
« homme, il le lui dit à lui-même, il l'écrit au fond de son cœur».
Quoi donc ! Dieu n'a-t-il pas écrit au fond de nos cœurs l'obliga-

[1] Mentita est iniquitas sibi. (Psal., XXVI, v. 12.)

tion de se soumettre à lui dès que nous sommes sûrs que c'est lui qui a parlé? Or, quelle certitude n'avons-nous pas de sa divine parole? Les faits de Socrate, dont personne ne doute sont, de l'aveu même de l'auteur d'*Émile*, moins attestés que ceux de Jésus-Christ. La religion naturelle conduit donc elle-même à la religion révélée. Mais est-il bien certain qu'il admette même la religion naturelle, ou que du moins il en reconnoisse la nécessité? Non, M. T. C. F. : « Si je me trompe, dit-il, c'est de bonne foi. Cela « me suffit pour que mon erreur même ne me soit pas imputée à « crime. Quand vous vous tromperiez de même, il y auroit peu de « mal à cela ». C'est-à-dire que, selon lui, il suffit de se persuader qu'on est en possession de la vérité; que cette persuasion, fût-elle accompagnée des plus monstrueuses erreurs, ne peut jamais être un sujet de reproche : qu'on doit toujours regarder comme un homme sage et religieux celui qui, adoptant les erreurs même de l'athéisme, dira qu'il est de bonne foi. Or, n'est-ce pas là ouvrir la porte à toutes les superstitions, à tous les systèmes fanatiques, à tous les délires de l'esprit humain? N'est-ce pas permettre qu'il y ait dans le monde autant de religions, de cultes divins, qu'on y compte d'habitants? Ah ! M. T. C. F., ne prenez point le change sur ce point. La bonne foi n'est estimable que quand elle est éclairée et docile. Il nous est ordonné d'étudier notre religion, et de croire avec simplicité. Nous avons pour garant des promesses l'autorité de l'Église. Apprenons à la bien connoître, et jetons-nous ensuite dans son sein. Alors nous pourrons compter sur notre bonne foi, vivre dans la paix, et attendre sans trouble le moment de la lumière éternelle.

XIX. — Quelle insigne mauvaise foi n'éclate pas encore dans la manière dont l'incrédule que nous réfutons fait raisonner le chrétien et le catholique ! Quels discours pleins d'inepties ne prête-t-il pas à l'un et à l'autre pour les rendre méprisables ! Il imagine un dialogue entre un chrétien, qu'il traite d'*inspiré*, et l'incrédule, qu'il qualifie de *raisonneur ;* et voici comme il fait parler le premier : « La raison vous apprend que le tout est plus grand que sa partie : « mais moi, je vous apprends de la part de Dieu que c'est la partie « qui est plus grande que le tout ». A quoi l'incrédule répond : « Et « qui êtes-vous pour m'oser dire que Dieu se contredit? et à qui croi- « rai-je par préférence, de lui qui m'apprend par la raison des véri- « tés éternelles, ou de vous qui m'annoncez de sa part une absur- « dité? »

XX. — Mais de quel front, M. T. C. F., ose-t-on prêter au chrétien un pareil langage? Le Dieu de la raison, disons-nous, est aussi le Dieu de la révélation. La raison et la révélation sont les deux organes par lesquels il lui a plu de se faire entendre aux hommes, soit pour les instruire de la vérité, soit pour leur intimer ses ordres. Si l'un de ces deux organes étoit opposé à l'autre, il est constant que Dieu seroit en contradiction avec lui-même. Mais Dieu se contredit-il parce qu'il commande de croire des vérités incompréhensibles? Vous dites, ô impies! que les dogmes que nous regardons comme révélés combattent les vérités éternelles : mais il ne suffit pas de le dire. S'il vous étoit possible de le prouver, il y a longtemps que vous l'auriez fait, et que vous auriez poussé des cris de victoire.

XXI. — La mauvaise foi de l'auteur d'*Émile* n'est pas moins révoltante dans le langage qu'il fait tenir à un catholique prétendu : « Nos catholiques, lui fait-il dire, font grand bruit de l'autorité « de l'Église; mais que gagnent-ils à cela, s'il leur faut un aussi « grand appareil de preuves pour établir cette autorité, qu'aux « autres sectes pour établir directement leur doctrine? L'Église « décide que l'Église a droit de décider : ne voilà-t-il pas une auto- « rité bien prouvée? » Qui ne croiroit, M. T. C. F., à entendre cet imposteur, que l'autorité de l'Église n'est prouvée que par ses propres décisions, et qu'elle procède ainsi : *Je décide que je suis infaillible, donc je le suis?* imputation calomnieuse, M. T. C. F. La constitution du christianisme, l'esprit de l'Évangile, les erreurs mêmes et la faiblesse de l'esprit humain, tendent à démontrer que l'Église établie par Jésus-Christ est une Église infaillible. Nous assurons que, comme ce divin législateur a toujours enseigné la vérité, son Église l'enseigne aussi toujours. Nous prouvons donc l'autorité de l'Église, non par l'autorité de l'Église, mais par celle de Jésus-Christ; procédé non moins exact que celui qu'on nous reproche est ridicule et insensé.

XXII. — Ce n'est pas d'aujourd'hui, M. T. C. F., que l'esprit d'irréligion est un esprit d'indépendance et de révolte. Et comment en effet ces hommes audacieux, qui refusent de se soumettre à l'autorité de Dieu même, respecteroient-ils celle des rois qui sont les images de Dieu, ou celle des magistrats qui sont les images des rois? « Songe, dit l'auteur d'*Émile* à son élève, qu'elle (l'espèce humaine) « est composée essentiellement de la collection des peuples; que « quand tous les rois... en seroient ôtés, il n'y paroîtroit guère, et « que les choses n'en iroient pas plus mal..... Toujours, dit-il plus « loin, la multitude sera sacrifiée au petit nombre, et l'intérêt public

« à l'intérêt particulier : toujours ces noms spécieux de justice et
« de subordination serviront d'instrument à la violence et d'armes
« à l'iniquité. D'où il suit, continue-t-il, que les ordres distingués,
« qui se prétendent utiles aux autres, ne sont en effet utiles qu'à
« eux-mêmes aux dépens des autres. Par où l'on doit juger de la
« considération qui leur est due selon la justice et la raison. » Ainsi
donc, M. T. C. F., l'impiété ose critiquer les intentions de celui *par
qui règnent les rois*[1]; ainsi elle se plaît à empoisonner les sources de
la félicité publique, en soufflant des maximes qui ne tendent qu'à
produire l'anarchie et tous les malheurs qui en sont la suite. Mais
que vous dit la religion? *Craignez Dieu, respectez le roi*[2]*.... Que tout
homme soit soumis aux puissances supérieures : car il n'y a point de
puissance qui ne vienne de Dieu ; et c'est lui qui a établi toutes celles
qui sont dans le monde. Quiconque résiste donc aux puissances résiste
à l'ordre de Dieu, et ceux qui y résistent attirent la condamnation
sur eux-mêmes*[3].

XXIII. — Oui, M. T. C. F., dans tout ce qui est de l'ordre civil,
vous devez obéir au prince et à ceux qui exercent son autorité,
comme à Dieu même. Les seuls intérêts de l'Être suprême peuvent
mettre des bornes à votre soumission; et si on vouloit vous punir
de votre fidélité à ses ordres, vous devriez encore souffrir avec
patience et sans murmure. Les Néron, les Domitien eux-mêmes, qui
aimèrent mieux être les fléaux de la terre que les pères de leurs
peuples, n'étoient comptables qu'à Dieu de l'abus de leur puissance.
Les chrétiens, dit saint Augustin, *leur obéissoient dans le temps à
cause du Dieu de l'éternité*[4].

XXIV. — Nous ne vous avons exposé, M. T. C. F., qu'une partie
des impiétés contenues dans ce traité *de l'Éducation*, ouvrage également digne des anathèmes de l'Église et de la sévérité des lois.
Et que faut-il de plus pour vous en inspirer une juste horreur?
Malheur à vous, malheur à la société, si vos enfants étoient élevés
d'après les principes de l'auteur d'*Émile!* Comme il n'y a que la
religion qui nous ait appris à connoître l'homme, sa grandeur, sa
misère, sa destinée future, il n'appartient aussi qu'à elle seule de

---

1. Per me reges regnant. (Prov., cap. VIII, v. 15.)
2. Deum timete : regem honorificate. (I Pet., cap. II, v. 17.)
3. Omnis anima potestatibus sublimioribus subdita sit : non est enim potestas
nisi a Deo : quæ autem sunt, a Deo ordinatæ sunt. Itaque qui resistit potestati,
Dei ordinationi resistit. Qui autem resistunt, ipsi sibi damnationem acquirunt.
(Rom., cap, XIII, v. 1, 2.)
4. Subditi erant propter Dominum æternum, etiam domino temporali. (AUG.,
Enarrat, in psal, CXXIV.)

former sa raison, de perfectionner ses mœurs, de lui procurer un bonheur solide dans cette vie et dans l'autre. Nous savons, M. T. C. F., combien une éducation vraiment chrétienne est délicate et laborieuse : que de lumière et de prudence n'exige-t-elle pas ! quel admirable mélange de douceur et de fermeté ! quelle sagacité pour se proportionner à la différence des conditions, des âges, des tempéraments et des caractères, sans s'écarter jamais en rien des règles du devoir ! quel zèle et quelle patience pour faire fructifier dans de jeunes cœurs le germe précieux de l'innocence, pour en déraciner, autant qu'il est possible, ces penchants vicieux qui sont les tristes effets de notre corruption héréditaire ! en un mot, pour leur apprendre, suivant la morale de saint Paul, à *vivre en ce monde avec tempérance, selon la justice et avec piété, en attendant la béatitude que nous espérons*[1] ! Nous disons donc à tous ceux qui sont chargés du soin, également pénible et honorable, d'élever la jeunesse : Plantez et arrosez, dans la ferme espérance que le Seigneur secondant votre travail, donnera l'accroissement; *insistez à temps et à contre-temps*, selon le conseil du même apôtre, *usez de réprimande, d'exhortation, de paroles sévères, sans perdre patience et sans cesser d'instruire*[2]. Surtout, joignez l'exemple à l'instruction : l'instruction sans l'exemple est un opprobre pour celui qui la donne et un sujet de scandale pour celui qui la reçoit. Que le pieux et charitable Tobie soit votre modèle : *Recommandez avec soin à vos enfants de faire des œuvres de justice et des aumônes, de se souvenir de Dieu, et de le bénir en tout temps dans la vérité et de toutes leurs forces*[3] ; et votre postérité, comme celle de ce saint patriarche, *sera aimée de Dieu et des hommes*[4].

XXV. — Mais en quel temps l'éducation doit-elle commencer? Dès les premiers rayons de l'intelligence : et ces rayons sont quelquefois prématurés. *Formez l'enfant à l'entrée de sa voie*, dit le

---

1. Erudiens nos, ut, abnegantes impietatem et sæcularia desideria, sobrie, et juste, et pie vivamus in hoc sæculo, expectantes beatam spem. (Tit., cap. II, v. 12, 13.)

2. Insta opportune, importune; argue, obsecra, increpa in omni patientia et doctrina. (II Timoth., cap. IV, v. 1, 2.)

3. Filiis vestris mandate ut faciant justicias et eleemonysas, ut sint memores Dei et benedicant eum in omni tempore, in veritate et in tota virtute sua. (Tob., cap. XIV, v. 11.)

4. Omnis autem cognatio ejus, et omnis generatio ejus in bona vita et in sancta conversatione permansit, ita ut accepti essent tam Deo quam hominibus et cunctis habitatoribus in terra. (*Ibid.*, v. 17.)

Sage; *dans sa vieillesse même il ne s'en écartera point.*[1] Tel est en
effet le cours ordinaire de la vie humaine : au milieu du délire des
passions et dans le sein du libertinage, les principes d'une éducation chrétienne sont une lumière qui se ranime par intervalle, pour
découvrir au pécheur toute l'horreur de l'abîme où il est plongé, et
lui en montrer les issues. Combien, encore une fois, qui, après les
écarts d'une jeunesse licencieuse, sont rentrés, par l'impression
de cette lumière, dans les routes de la sagesse, et ont honoré par
des vertus tardives, mais sincères, l'humanité, la patrie et la religion!

XXVI. — Il nous reste en finissant, M. T. C. F., à vous conju-
rer, par les entrailles de la miséricorde de Dieu, de vous attacher
inviolablement à cette religion sainte dans laquelle vous avez eu le
bonheur d'être élevés; de vous soutenir contre le débordement
d'une philosophie insensée, qui ne se propose rien moins que d'envahir l'héritage de Jésus-Christ; de rendre ses promesses vaines,
et de la mettre au rang de ces fondateurs de religion dont la doctrine frivole ou pernicieuse a prouvé l'imposture. La foi n'est
méprisée, abandonnée, insultée, que par ceux qui ne la connoissent
pas, ou dont elle gêne les désordres. Mais les portes de l'enfer ne pré-
vaudront jamais contre elle. L'Église chrétienne et catholique est le
commencement de l'empire éternel de Jésus-Christ. *Rien de plus
fort qu'elle,* s'écrie saint Jean Damascène; *c'est un rocher que les
flots ne renversent point; c'est une montagne que rien ne peut détruire*[2].

XXVII. — A ces causes, vu le livre qui a pour titre, *Émile ou de
l'Éducation, par J.J.-Rousseau, citoyen de Genève, à Amsterdam,
chez Jean Néaulme, libraire,* 1762; après avoir pris l'avis de plusieurs personnes distinguées par leur piété et par leur savoir, le
saint nom de Dieu invoqué, nous condamnons le dit livre comme
contenant une doctrine abominable, propre à renverser la loi naturelle et à détruire les fondements de la religion chrétienne; établissant des maximes contraires à la morale évangélique; tendant à
troubler la paix des États, à révolter les sujets contre l'autorité de
leur souverain; comme contenant un très grand nombre de propositions respectivement fausses, scandaleuses, pleines de haine
contre l'Église et ses ministres, dérogeantes au respect dû à l'Écriture sainte et à la tradition de l'Église, erronées, impies, blasphé-

---

1. Adolescens juxta viam suam, etiam cum senuerit, non recedet ab ea. (Prov.,
cap. XXII, v. 6.)
2. Nihil Ecclesia valentius, rupe fortior est... Semper viget. Cur eam Scriptura
montem appellavit? utique, quia everti non potest. (DAMASC., t. II, p. 462, 463.)

matoires et hérétiques. En conséquence, nous défendons très expressément à toutes personnes de notre diocèse de lire ou retenir le dit livre, sous les peines de droit. Et sera notre présent mandement lu au prône des messes paroissiales des églises de la ville, faubourgs et diocèse de Paris ; publié et affiché partout où besoin sera.

Donné à Paris, en notre palais archiépiscopal, le vingtième jour d'août mil sept cent soixante-deux.

Signé :
† CHRISTOPHE,
Archevêque de Paris.

Par Monseigneur.

De la Toure.

J.-J. ROUSSEAU

CITOYEN DE GENÈVE

A CHRISTOPHE DE BEAUMONT

ARCHEVÊQUE DE PARIS, DUC DE SAINT-CLOUD, PAIR DE FRANCE, COMMANDEUR
DE L'ORDRE DU SAINT-ESPRIT, PROVISEUR DE SORBONNE, ETC.

> Da veniam si quid liberius dixi, non ad
> contumeliam tuam, sed ad defensionem
> meam. Præsumpsi enim de gravitate et
> prudentia tua, quia potes considerare
> quantam mihi respondendi necessitatem
> imposueris.
>
> AUG., epist. CCXXXVIII, *ad Pascent.*

Pourquoi faut-il, monseigneur, que j'aie quelque chose à vous
dire? Quelle langue commune pouvons-nous parler? comment
pouvons-nous nous entendre? et qu'y a-t-il entre vous et moi?

Cependant il faut vous répondre; c'est vous-même qui m'y forcez. Si vous n'eussiez attaqué que mon livre, je vous aurois laissé
dire : mais vous attaquez aussi ma personne; et plus vous avez
d'autorité parmi les hommes, moins il m'est permis de me taire
quand vous voulez me déshonorer.

Je ne puis m'empêcher, en commençant cette lettre, de réfléchir
sur les bizarreries de ma destinée : elle en a qui n'ont été que pour
moi.

J'étois né avec quelque talent; le public l'a jugé ainsi : cependant j'ai passé ma jeunesse dans une heureuse obscurité, dont je ne
cherchois point à sortir. Si je l'avois cherché, cela même eût été
une bizarrerie que, durant tout le feu du premier âge, je n'eusse pu
réussir, et que j'eusse trop réussi dans la suite quand ce feu commençoit à passer. J'approchois de ma quarantième année et j'avois,
au lieu d'une fortune que j'ai toujours méprisée et d'un nom qu'on
m'a fait payer si cher, le repos et des amis, les deux seuls biens dont
mon cœur soit avide. Une misérable question d'académie, m'agi-
tant l'esprit malgré moi, me jeta dans un métier pour lequel je

n'étois point fait : un succès inattendu m'y montra des attraits qui me séduisirent. Des foules d'adversaires m'attaquèrent sans m'entendre, avec une étourderie qui me donna de l'humeur, et avec un orgueil qui m'en inspira peut-être. Je me défendis et, de dispute en dispute, je me sentis engagé dans la carrière, presque sans y avoir pensé. Je me trouvai devenu pour ainsi dire auteur à l'âge où l'on cesse de l'être, et homme de lettres par mon mépris même pour cet état. Dès là je fus dans le public quelque chose; mais aussi le repos et les amis disparurent. Quels maux ne souffris-je point avant de prendre une assiette plus fixe et des attachements plus heureux ! Il fallut dévorer mes peines; il fallut qu'un peu de réputation me tînt lieu de tout. Si c'est un dédommagement pour ceux qui sont toujours loin d'eux-mêmes, ce n'en fut jamais un pour moi.

Si j'eusse un moment compté sur un bien si frivole, que j'aurois été promptement désabusé ! Quelle inconstance perpétuelle n'ai-je pas éprouvée dans les jugements du public sur mon compte ! J'étois trop loin de lui; ne me jugeant que sur le caprice ou l'intérêt de ceux qui le mènent, à peine deux jours de suite avoit-il pour moi les mêmes yeux. Tantôt j'étois un homme noir, et tantôt un ange de lumière. Je me suis vu dans la même année vanté, fêté, recherché, même à la cour, puis insulté, menacé, détesté, maudit : les soirs on m'attendoit pour m'assassiner dans les rues; les matins on m'annonçoit une lettre de cachet ! Le bien et le mal couloient à peu près de la même source; le tout me venoit pour des chansons.

J'ai écrit sur divers sujets, mais toujours dans les mêmes principes; toujours la même morale, la même croyance, les mêmes maximes et, si l'on veut, les mêmes opinions. Cependant, on a porté des jugements opposés de mes livres, ou plutôt de l'auteur de mes livres, parce qu'on m'a jugé sur les matières que j'ai traitées, bien plus que sur mes sentiments. Après mon premier Discours, j'étois un homme à paradoxes, qui se faisoit un jeu de prouver ce qu'il ne pensoit pas : après ma *Lettre sur la musique françoise*, j'étois l'ennemi déclaré de la nation; il s'en falloit peu qu'on ne m'y traitât en conspirateur; on eût dit que le sort de la monarchie étoit attaché à la gloire de l'Opéra : après mon *Discours sur l'inégalité*, j'étois athée et misanthrope : après la *Lettre à M. d'Alembert*, j'étois le défenseur de la morale chrétienne : après l'*Héloïse*, j'étois tendre et doucereux : maintenant je suis un impie; bientôt peut-être seroi-je un dévot.

Ainsi va flottant le sot public sur mon compte, sachant aussi peu pourquoi il m'abhorre que pourquoi il m'aimoit auparavant. Pour moi, je suis toujours demeuré le même; plus ardent qu'éclairé dans mes recherches, mais sincère en tout, même contre moi; simple et bon, mais sensible et faible : faisant souvent le mal, et toujours aimant le bien; lié par l'amitié, jamais par les choses, et tenant plus à mes sentiments qu'à mes intérêts; n'exigeant rien des hommes, et n'en voulant point dépendre; ne cédant pas plus à leurs préjugés qu'à leurs volontés, et gardant la mienne aussi libre que ma raison; craignant Dieu sans peur de l'enfer, raisonnant sur la religion sans libertinage, n'aimant ni l'impiété ni le fanatisme, mais haïssant les intolérants encore plus que les esprits forts; ne voulant cacher mes façons de penser à personne; sans fard, sans artifice en toutes choses; disant mes fautes à mes amis, mes sentiments à tout le monde, au public ses vérités sans flatterie et sans fiel, et me souciant tout aussi peu de le fâcher que de lui plaire. Voilà mes crimes, et voilà mes vertus.

Enfin, lassé d'une vapeur enivrante qui enfle sans rassasier, excédé du tracas des oisifs surchargés de leur temps et prodigues du mien, soupirant après un repos si cher à mon cœur et si nécessaire à mes maux, j'avois posé la plume avec joie : content de ne l'avoir prise que pour le bien de mes semblables, je ne leur demandois pour prix de mon zèle que de me laisser mourir en paix dans ma retraite: et de ne m'y point faire de mal. J'avois tort : des huissiers sont venus me l'apprendre; et c'est à cette époque où j'espérois qu'alloient finir les ennuis de ma vie, qu'ont commencé mes plus grands malheurs. Il y a déjà dans tout cela quelques singularités : ce n'est rien encore. Je vous demande pardon, monseigneur, d'abuser de votre patience; mais, avant d'entrer dans les discussions que je dois avoir avec vous, il faut parler de ma situation présente et des causes qui m'y ont réduit.

Un Genevois fait imprimer un livre en Hollande, et par arrêt du parlement de Paris, ce livre est brûlé sans respect pour le souverain dont il porte le privilège. Un protestant propose, en pays protestant, des objections contre l'Église romaine, et il est décrété par le parlement de Paris. Un républicain fait, dans une république, des objections contre l'état monarchique, et il est décrété par le parlement de Paris. Il faut que le parlement de Paris ait d'étranges idées de son empire, et qu'il se croie le légitime juge du genre humain.

Ce même parlement, toujours si soigneux pour les François de l'ordre des procédures, les néglige toutes dès qu'il s'agit d'un pauvre étranger. Sans savoir si cet étranger est bien l'auteur du livre qui porte son nom, s'il le reconnoît pour sien, si c'est lui qui l'a fait imprimer; sans égard pour son triste état, sans pitié pour les maux qu'il souffre, on commence par le décréter de prise de corps : on l'eût arraché de son lit pour le traîner dans les mêmes prisons où pourrissent les scélérats : on l'eût brûlé peut-être même sans l'entendre; car qui sait si l'on eût poursuivi plus régulièrement des procédures si violemment commencées, et dont on trouverait à peine un autre exemple, même en pays d'inquisition. Ainsi c'est pour moi seul qu'un tribunal si sage oublie sa sagesse; c'est contre moi seul, qui croyois y être aimé, que ce peuple, qui vante sa douceur, s'arme de la plus étrange barbarie : c'est ainsi qu'il justifie la préférence que je lui ai donnée sur tant d'asiles que je pouvois choisir au même prix. Je ne sais comment cela s'accorde avec le droit des gens, mais je sais bien qu'avec de pareilles procédures la liberté de tout homme, et peut-être sa vie, est à la merci du premier imprimeur.

Le citoyen de Genève ne doit rien à des magistrats injustes et incompétents qui, sur un réquisitoire calomnieux, ne le citent pas, mais le décrètent. N'étant point sommé de comparoître, il n'y est point obligé. L'on n'emploie contre lui que la force, et il s'y soustrait. Il secoue la poudre de ses souliers, et sort de cette terre hospitalière où l'on s'empresse d'opprimer le faible, et où l'on donne des fers à l'étranger avant de l'entendre, avant de savoir si l'acte dont on l'accuse est punissable, avant de savoir s'il l'a commis.

Il abandonne en soupirant sa chère solitude. Il n'a qu'un seul bien, mais précieux, des amis; il les fuit. Dans sa foiblesse, il supporte un long voyage : il arrive, et croit respirer dans une terre de liberté; il s'approche de sa patrie, de cette patrie dont il s'est tant vanté, qu'il a chérie et honorée; l'espoir d'y être accueilli le console de ses disgrâces... Que vais-je dire? Mon cœur se serre, ma main tremble, la plume en tombe; il faut se taire, et ne pas imiter le crime de Cham. Que ne puis-je dévorer en secret la plus amère de mes douleurs !

Et pourquoi tout cela? Je ne dis pas sur quelle raison, mais sur quel prétexte. On ose m'accuser d'impiété, sans songer que le livre où l'on la cherche est entre les mains de tout le monde. Que ne donneroit-on point pour pouvoir supprimer cette pièce justificative, et dire qu'elle contient tout ce qu'on a feint d'y trouver ! Mais elle restera, quoi qu'on fasse; et, en y cherchant les crimes reprochés à l'auteur, la postérité n'y verra, dans ses erreurs mêmes, que les torts d'un ami de la vertu.

J'éviterai de parler de mes contemporains; je ne veux nuire à personne. Mais l'athée Spinosa enseignoit paisiblement sa doctrine, il faisoit sans obstacle imprimer ses livres, on les débitoit publiquement : il vint en France, et il y fut bien reçu; tous les États lui étoient ouverts, partout il trouvoit protection, ou du moins sûreté; les princes lui rendoient des honneurs, lui offroient des chaires : il vécut et mourut tranquille, et même considéré. Aujourd'hui, dans le siècle tant célébré de la philosophie, de la raison, de l'humanité, pour avoir proposé avec circonspection, même avec respect et pour l'amour du genre humain, quelques doutes fondés sur la gloire même de l'Être suprême, le défenseur de la cause de Dieu, flétri, proscrit, poursuivi d'État en État, d'asile en asile, sans égard pour son indigence, sans pitié pour ses infirmités, avec un acharnement que n'éprouva jamais aucun malfaiteur et qui seroit barbare même contre un homme en santé, se voit interdire le feu et l'eau dans l'Europe presque entière; on le chasse du milieu des bois : il faut toute la fermeté d'un protecteur illustre et toute la bonté d'un prince éclairé pour le laisser en paix au sein des montagnes. Il eût passé le reste de ses malheureux jours dans les fers, il eût péri peut-être dans les supplices si, durant le premier vertige qui gagnoit les gouvernements, il se fût trouvé à la merci de ceux qui l'ont persécuté.

Échappé aux bourreaux, il tombe dans les mains des prêtres. Ce n'est pas là ce que je donne pour étonnant, mais un homme vertueux qui a l'âme aussi noble que la naissance, un illustre archevêque qui devroit réprimer leur lâcheté, l'autorise : il n'a pas honte, lui qui devroit plaindre les opprimés, d'en accabler un dans le fort de ses disgrâces; il lance, lui prélat catholique, un mandement contre un auteur protestant; il monte sur son tribunal pour examiner comme juge la doctrine particulière d'un hérétique : et, quoiqu'il damne indistinctement quiconque n'est pas de son Église, sans permettre à l'accusé d'errer à sa mode, il lui prescrit en quelque sorte la route par laquelle il doit aller en enfer. Aussitôt le reste de son clergé s'empresse, s'évertue, s'acharne autour d'un ennemi qu'il croit terrassé. Petits et grands, tout s'en mêle : le dernier cuistre vient trancher du capable; il n'y a pas un sot en petit collet, pas un chétif habitué de paroisse qui, bravant à plaisir celui contre qui sont réunis leur sénat et leur évêque, ne veuille avoir la gloire de lui porter le dernier coup de pied.

Tout cela, monseigneur, forme un concours dont je suis le seul exemple : et ce n'est pas tout... Voici peut-être une des situations les plus difficiles de ma vie, une de celles où la vengeance et l'amour-propre sont le plus aisés à satisfaire, et permettent le moins à l'homme juste d'être modéré. Dix lignes seulement, et je couvre mes persécuteurs d'un ridicule ineffaçable. Que le public ne peut-il savoir deux anecdotes sans que je les dise[1] ! Que ne connoît-il ceux qui ont médité ma ruine, et ce qu'ils ont fait pour l'exécuter ! Par quels méprisables insectes, par quels ténébreux moyens il verroit s'émouvoir les puissances ! Quels levains il verroit s'échauffer par leur pourriture et mettre le parlement en fermentation ! Par quelle risible cause il verroit les États de l'Europe se liguer contre le fils d'un horloger ! Que je jouirois avec plaisir de sa surprise, si je pouvois n'en être pas l'instrument !

Jusqu'ici ma plume, hardie à dire la vérité, mais pure de toute satire, n'a jamais compromis personne; elle a toujours respecté l'honneur des autres, même en défendant le mien. Irois-je, en la quittant, la souiller de médisance, et la teindre des noirceurs de mes ennemis? Non; laissons-leur l'avantage de porter leurs coups dans les ténèbres. Pour moi, je ne veux me défendre qu'ouvertement, et même je ne veux que me défendre. Il suffit pour cela de ce qui est su du public, ou de ce qui peut l'être sans que personne en soit offensé.

Une chose étonnante de cette espèce, et que je puis dire, est de voir l'intrépide Christophe de Beaumont, qui ne sait plier sous aucune puissance ni faire aucune paix avec les jansénistes, devenir, sans le savoir, leur satellite et l'instrument de leur animosité; de voir leur ennemi le plus irréconciliable sévir contre moi pour avoir refusé d'embrasser leur parti, pour n'avoir point voulu prendre la plume contre les jésuites, que je n'aime pas, mais dont je n'ai point à me plaindre et que je vois opprimés. Daignez, monseigneur, jeter les yeux sur le sixième tome de *la Nouvelle Héloïse*, première édition; vous trouverez, dans la note de la page 138, la véritable source de tous mes malheurs. J'ai prédit dans cette note (car je me mêle aussi quelquefois de prédire) qu'aussitôt que les jansénistes seroient les maîtres ils seroient plus intolérants et plus durs que leurs ennemis. Je ne savois pas alors que ma propre histoire vérifieroit si bien ma prédiction. Le fil de cette trame ne seroit pas difficile à suivre

---

1. Voy. livres X et XI des *Confessions*. Par le mot d'*insectes*, il désigne probablement Diderot, Grimm, les Holbachiens et madame d'Épinay.

à qui sauroit comment mon livre a été déféré. Je n'en puis dire davantage sans en trop dire, mais je pouvois au moins vous apprendre par quelles gens vous avez été conduit sans vous en douter.

Croira-t-on que, quand mon livre n'eût point été déféré au parlement, vous ne l'eussiez pas moins attaqué? D'autres pourront le croire ou le dire; mais vous, dont la conscience ne sait point souffrir le mensonge, vous ne le direz pas. Mon *Discours sur l'inégalité* a couru votre diocèse, et vous n'avez point donné de mandement. Ma *Lettre à M. d'Alembert* a couru votre diocèse, et vous n'avez point donné de mandement. *La Nouvelle Héloïse* a couru votre diocèse, et vous n'avez point donné de mandement. Cependant tous ces livres, que vous avez lus, puisque vous les jugez, respirent les mêmes maximes; les mêmes manières de penser n'y sont pas plus déguisées : si le sujet ne les a pas rendues susceptibles du même développement, elles gagnent en force ce qu'elles perdent en étendue, et l'on y voit la profession de foi de l'auteur exprimée avec moins de réserve que celle du Vicaire savoyard. Pourquoi donc n'avez-vous rien dit alors? Monseigneur, votre troupeau vous étoit-il moins cher? me lisoit-il moins? goûtoit-il moins mes livres? étoit-il moins exposé à l'erreur? Non; mais il n'y avoit point alors de jésuites à proscrire; des traîtres ne m'avoient point encore enlacé dans leurs pièges; la note fatale n'étoit point connue et, quand elle le fut, le public avoit déjà donné son suffrage au livre. Il étoit trop tard pour faire du bruit; on aima mieux différer, on attendit l'occasion, on l'épia, on la saisit, on s'en prévalut avec la fureur ordinaire aux dévots; on ne parloit que de chaînes et de bûchers; mon livre étoit le tocsin de l'anarchie et la trompette de l'athéisme; l'auteur étoit un monstre à étouffer; on s'étonnoit qu'on l'eût si longtemps laissé vivre. Dans cette rage universelle, vous eûtes honte de garder le silence : vous aimâtes mieux faire un acte de cruauté que d'être accusé de manquer de zèle, et servir vos ennemis que d'essuyer leurs reproches. Voilà, monseigneur, convenez-en, le vrai motif de votre mandement; voilà, ce me semble, un concours de faits assez singuliers pour donner à mon sort le nom de bizarre.

Il y a longtemps qu'on a substitué des bienséances d'État à la justice. Je sais qu'il est des circonstances malheureuses qui forcent un homme public à sévir malgré lui contre un bon citoyen. Qui veut être modéré parmi des furieux s'expose à leur furie; et je comprends que, dans un déchaînement pareil à celui dont je suis la victime, il faut hurler avec les loups, ou risquer d'être dévoré. Je ne me plains donc pas que vous ayez donné un mandement contre

mon livre; mais je me plains que vous l'ayez donné contre ma personne, avec aussi peu d'honnêteté que de vérité; je me plains qu'au-
torisant par votre propre langage celui que vous me reprochez
d'avoir mis dans la bouche de l'inspiré, vous m'accabliez d'injures
qui, sans nuire à ma cause, attaquent mon honneur ou plutôt le
vôtre; je me plains que de gaieté de cœur, sans raison, sans nécessité, sans respect au moins pour mes malheurs, vous m'outragiez
d'un ton si peu digne de votre caractère. Et que vous avois-je donc
fait, moi qui parlai toujours de vous avec tant d'estime; moi qui
tant de fois admirai votre inébranlable fermeté en déplorant, il est
vrai, l'usage que vos préjugés vous en faisoient faire; moi qui toujours honorai vos mœurs, qui toujours respectai vos vertus, et qui
les respecte encore aujourd'hui que vous m'avez déchiré?

C'est ainsi qu'on se tire d'affaire quand on veut quereller et qu'on
a tort. Ne pouvant résoudre mes objections, vous m'en avez fait
des crimes : vous avez cru m'avilir en me maltraitant, et vous vous
êtes trompé; sans affoiblir mes raisons, vous avez intéressé les
cœurs généreux à mes disgrâces; vous avez fait croire aux gens
sensés qu'on pouvoit ne pas bien juger du livre quand on jugeoit si
mal de l'auteur.

Monseigneur, vous n'avez été pour moi ni humain ni généreux;
et non seulement vous pouviez l'être sans m'épargner aucune des
choses que vous avez dites contre mon ouvrage, mais elles n'en
auroient fait que mieux leur effet. J'avoue aussi que je n'avois pas
droit d'exiger de vous ces vertus, ni lieu de les attendre d'un
homme d'Église. Voyons si vous avez été du moins équitable et
juste; car c'est un devoir étroit imposé à tous les hommes, et les
saints mêmes n'en sont pas dispensés.

Vous avez deux objets dans votre mandement, l'un de censurer
mon livre, l'autre de décrier ma personne. Je croirai vous avoir bien
répondu si je prouve que partout où vous m'avez réfuté vous avez
mal raisonné, et que partout où vous m'avez insulté vous m'avez
calomnié. Mais quand on ne marche que la preuve à la main, quand
on est forcé, par l'importance du sujet et par la qualité de l'adversaire à prendre une marche pesante et à suivre pied à pied toutes
ses censures, pour chaque mot il faut des pages; et tandis qu'une
courte satire amuse, une longue défense ennuie. Cependant il faut
que je me défende, ou que je reste chargé par vous des plus fausses
imputations. Je me défendroi donc, mais je défendroi mon honneur
plutôt que mon livre. Ce n'est point la Profession de foi du vicaire
savoyard que j'examine, c'est le Mandement de l'archevêque de

Paris; et ce n'est que le mal qu'il dit de l'éditeur qui me force à parler de l'ouvrage. Je me rendrai ce que je me dois, parce que je le dois, mais sans ignorer que c'est une position bien triste que d'avoir à se plaindre d'un homme plus puissant que soi, et que c'est une bien fade lecture que la justification d'un innocent.

Le principe fondamental de toute morale, sur lequel j'ai raisonné dans tous mes écrits et que j'ai développé dans ce dernier avec toute la clarté dont j'étois capable, est que l'homme est un être naturellement bon, aimant la justice et l'ordre; qu'il n'y a point de perversité originelle dans le cœur humain, et que les premiers mouvements de la nature sont toujours droits. J'ai fait voir que l'unique passion qui naisse avec l'homme, savoir l'amour de soi, est une passion indifférente en elle-même au bien et au mal; qu'elle ne devient bonne ou mauvaise que par accident, et selon les circonstances dans lesquelles elle se développe. J'ai montré que tous les vices qu'on impute au cœur humain ne lui sont point naturels : j'ai dit la manière dont ils naissent; j'en ai pour ainsi dire suivi la généalogie; et j'ai fait voir comment, par l'altération successive de leur bonté originelle, les hommes deviennent enfin ce qu'ils sont.

J'ai encore expliqué ce que j'entendois par cette bonté originelle, qui ne semble pas se déduire de l'indifférence au bien et au mal, naturelle à l'amour de soi. L'homme n'est pas un être simple; il est composé de deux substances. Si tout le monde ne convient pas de cela, nous en convenons vous et moi, et j'ai tâché de le prouver aux autres. Cela prouvé, l'amour de soi n'est plus une passion simple; mais elle a deux principes, savoir, l'être intelligent et l'être sensitif dont le bien-être n'est pas le même. L'appétit des sens tend à celui du corps, et l'amour de l'ordre à celui de l'âme. Ce dernier amour, développé et rendu actif, porte le nom de conscience; mais la conscience ne se développe et n'agit qu'avec les lumières de l'homme. Ce n'est que par ces lumières qu'il parvient à connoître l'ordre, et ce n'est que quand il le connoît que sa conscience le porte à l'aimer. La conscience est donc nulle dans l'homme qui n'a rien comparé et qui n'a point vu ses rapports. Dans cet état, l'homme ne connoît que lui; il ne voit son bien-être opposé ni conforme à celui de personne; il ne hait ni n'aime rien; borné au seul instinct physique, il est nul, il est bête : c'est ce que j'ai fait voir dans mon *Discours sur l'inégalité*.

Quand, par un développement dont j'ai montré le progrès, les hommes commencent à jeter les yeux sur leurs semblables, ils commencent aussi à voir leurs rapports et les rapports des choses, à prendre des idées de convenance, de justice et d'ordre; le beau moral commence à leur devenir sensible, et la conscience agit : alors ils ont des vertus; et s'ils ont aussi des vices, c'est parce que leurs intérêts se croisent, et que leur ambition s'éveille à mesure que leurs lumières s'étendent. Mais tant qu'il y a moins d'opposition d'intérêts que de concours de lumières, les hommes sont essentiellement bons. Voilà le second état.

Quand enfin tous les intérêts particuliers agités s'entre-choquent, quand l'amour de soi mis en fermentation devient amour-propre, que l'opinion, rendant l'univers entier nécessaire à chaque homme, les rend tous ennemis nés les uns des autres, et fait que nul ne trouve son bien que dans le mal d'autrui, alors la conscience, plus foible que les passions exaltées, est étouffée par elles, et ne reste plus dans la bouche des hommes qu'un mot fait pour se tromper mutuellement. Chacun feint alors de vouloir sacrifier ses intérêts à ceux du public, et tous mentent. Nul ne veut le bien public que quand il s'accorde avec le sien : aussi cet accord est-il l'objet du vrai politique qui cherche à rendre les peuples heureux et bons. Mais c'est ici que je commence à parler une langue étrangère, aussi peu connue des lecteurs que de vous.

Voilà, monseigneur, le troisième et dernier terme au delà duquel rien ne reste à faire; et voilà comment, l'homme étant bon, les hommes deviennent méchants. C'est à chercher comment il faudroit s'y prendre pour les empêcher de devenir tels, que j'ai consacré mon livre. Je n'ai pas affirmé que dans l'ordre actuel la chose fût absolument possible; mais j'ai bien affirmé et j'affirme encore qu'il n'y a, pour en venir à bout, d'autres moyens que ceux que j'ai proposés.

Là-dessus vous dites que mon plan d'éducation[1], *loin de s'accorder avec le christianisme, n'est pas même propre à faire des citoyens ni des hommes :* et votre unique preuve est de m'opposer le péché originel. Monseigneur, il n'y a d'autre moyen de se délivrer du péché originel et de ses effets, que le baptême. D'où il suivroit, selon vous, qu'il n'y auroit jamais eu de citoyens ni d'hommes que des chrétiens. Ou niez cette conséquence, ou convenez que vous avez trop prouvé.

Vous tirez vos preuves de si haut, que vous me forcez d'aller aussi chercher loin mes réponses. D'abord il s'en faut bien, selon moi, que cette doctrine du péché originel, sujette à des difficultés

1. Mandement, § 3.

si terribles, ne soit contenue dans l'Écriture ni si clairement ni si durement qu'il a plu au rhéteur Augustin et à nos théologiens de la bâtir. Et le moyen de concevoir que Dieu crée tant d'âmes innocentes et pures, tout exprès pour les joindre à des corps coupables, pour leur y faire contracter la corruption morale, et pour les condamner toutes à l'enfer, sans autre crime que cette union qui est son ouvrage? Je ne dirai pas si (comme vous vous en vantez) vous éclaircissez par ce système le mystère de notre cœur; mais je vois que vous obscurcissez beaucoup la justice et la bonté de l'Être suprême. Si vous levez une objection, c'est pour en substituer de cent fois plus fortes.

Mais au fond, que fait cette doctrine à l'auteur d'*Émile?* Quoi-qu'il ait cru son livre utile au genre humain, c'est à des chrétiens qu'il l'a destiné; c'est à des hommes lavés du péché originel et de ses effets, du moins quant à l'âme, par le sacrement établi pour cela. Selon cette même doctrine, nous avons tous dans notre enfance recouvré l'innocence primitive; nous sommes tous sortis du baptême aussi sains de cœur qu'Adam sortit de la main de Dieu. Nous avons, direz-vous, contracté de nouvelles souillures. Mais, puisque nous avons commencé par en être délivrés, comment les avons-nous derechef contractées? Le sang de Christ n'est-il donc pas encore assez fort pour effacer entièrement la tache? ou bien seroit-elle un effet de la corruption naturelle de notre chair? comme si, même indépendamment du péché originel, Dieu nous eût créés corrompus, tout exprès pour avoir le plaisir de nous punir! Vous attribuez au péché originel les vices des peuples que vous avouez avoir été délivrés du péché originel; puis vous me blâmez d'avoir donné une autre origine à ces vices. Est-il juste de me faire un crime de n'avoir pas aussi mal raisonné que vous?

On pourroit, il est vrai, me dire que ces effets que j'attribue au baptême[1] ne paroissent par nul signe extérieur; qu'on ne voit pas les chrétiens moins enclins au mal que les infidèles; au lieu que, selon moi, la malice infuse du péché devroit se marquer dans ceux-

1. Si l'on disoit, avec le docteur Thomas Burnet, que la corruption et la mortalité de la race humaine, suite du péché d'Adam, fut un effet naturel du fruit défendu; que cet aliment contenoit des sucs venimeux qui dérangèrent toute l'économie animale, qui irritèrent les passions, qui affoiblirent l'entendement, et qui portèrent partout les principes du vice et de la mort, alors il faudroit convenir que, la nature du remède devant se rapporter à celle du mal, le baptême devroit agir physiquement sur le corps de l'homme, lui rendre la constitution qu'il avoit dans l'état d'innocence, et sinon l'immortalité qui en dépendoit, du moins tous les effets moraux de l'économie animale rétablie.

ci par des différences sensibles. Avec les secours que vous avez dans la morale évangélique, outre le baptême, tous les chrétiens, poursuivroit-on, devroient être des anges; et les infidèles, outre leur corruption originelle, livrés à leurs cultes erronés, devroient être des démons. Je conçois que cette difficulté pressée pourroit devenir embarrassante : car que répondre à ceux qui me feroient voir que, relativement au genre humain, l'effet de la rédemption, faite à si haut prix, se réduit à peu près à rien?

Mais, monseigneur, outre que je ne crois point qu'en bonne théologie on n'ait pas quelque expédient pour sortir de là; quand je conviendrois que le baptême ne remédie point à la corruption de notre nature, encore n'en auriez-vous pas raisonné plus solidement. Nous sommes, dites-vous, pécheurs à cause du péché de notre premier père. Mais notre premier père, pourquoi fut-il pécheur lui-même? pourquoi la même raison par laquelle vous expliquerez son péché ne seroit-elle pas applicable à ses descendants sans le péché originel? et pourquoi faut-il que nous imputions à Dieu une injustice en nous rendant pécheurs et punissables par le vice de notre naissance; tandis que notre premier père fut pécheur et puni comme nous sans cela? Le péché originel explique tout, excepté son principe; et c'est ce principe qu'il s'agit d'expliquer.

Vous avancez que, par mon principe à moi[1], *l'on perd de vue le rayon de lumière qui nous fait connoître le mystère de notre propre cœur;* et vous ne voyez pas que ce principe, bien plus universel, éclaire même la faute du premier homme[2], que le vôtre laisse dans

---

1. Mandement, § 3.
2. Regimber contre une défense inutile et arbitraire est un penchant naturel, mais qui, loin d'être vicieux en lui-même, est conforme à l'ordre des choses et à la bonne constitution de l'homme, puisqu'il seroit hors d'état de se conserver, s'il n'avoit un amour très vif pour lui-même et pour le maintien de tous ses droits, tels qu'il les a reçus de la nature. Celui qui pourroit tout ne voudroit que ce qui lui seroit utile : mais un être foible, dont la loi restreint et limite encore le pouvoir, perd une partie de lui-même, et réclame en son cœur ce qui lui est ôté. Lui faire un crime de cela seroit lui en faire un d'être lui et non pas un autre : ce seroit vouloir en même temps qu'il fût et qu'il ne fût pas. Aussi l'ordre enfreint par Adam me paroit-il moins une véritable défense qu'un avis paternel; c'est un avertissement de s'abstenir d'un fruit pernicieux qui donne la mort. Cette idée est assurément plus conforme à celle qu'on doit avoir de la bonté de Dieu, et même au texte de la Genèse, que celle qu'il plaît aux docteurs de nous prescrire; car, quant à la menace de la double mort, on fait voir que ce mot *morte morieris* (Gen., II, v. 17) n'a pas l'emphase qu'ils lui prêtent, et n'est qu'un hébraïsme employé en d'autres endroits où cette emphase ne peut avoir lieu.

Il y a de plus un motif si naturel d'indulgence et de commisération dans la ruse du tentateur et dans la séduction de la femme, qu'à considérer dans toutes ses

l'obscurité. Vous ne savez voir que l'homme dans les mains du diable, et moi je vois comment il y est tombé : la cause du mal est, selon vous, la nature corrompue, et cette corruption même est un mal dont il falloit chercher la cause. L'homme fut créé bon; nous en convenons, je crois, tous les deux : mais vous dites qu'il est méchant parce qu'il a été méchant; et moi je montre comment il a été méchant. Qui de nous, à votre avis, remonte le mieux au principe?

Cependant vous ne laissez pas de triompher à votre aise, comme si vous m'aviez terrassé. Vous m'opposez comme une objection insoluble[1] *ce mélange frappant de grandeur et de bassesse, d'ardeur pour la vérité et de goût pour l'erreur, d'inclination pour la vertu et de penchant pour le vice, qui se trouve en nous. Étonnant contraste, ajoutez-vous, qui déconcerte la philosophie païenne, et la laisse errer dans de vaines spéculations!*

Ce n'est pas une vaine spéculation que la théorie de l'homme, lorsqu'elle se fonde sur la nature, qu'elle marche à l'appui des faits par des conséquences bien liées, et qu'en nous menant à la source des passions, elle nous apprend à régler leurs cours. Que si vous appelez philosophie païenne la Profession de foi du vicaire savoyard, je ne puis répondre à cette imputation, parce que je n'y comprends rien[2], mais je trouve plaisant que vous empruntiez presque ses propres termes pour dire qu'il n'explique pas ce qu'il a le mieux expliqué.

Permettez, monseigneur, que je mette sous vos yeux la conclusion que vous tirez d'une objection si bien discutée, et successivement toute la tirade qui s'y rapporte.

L'homme se sent entraîné par une pente funeste : et comment se roidiroit-il contre elle, si son enfance n'étoit dirigée par des maîtres pleins de vertu, de sagesse, de vigilance et si, durant tout le cours de sa vie, il ne faisoit lui-même, sous la protection et avec les grâces de son Dieu, des efforts puissants et continuels[3]?

circonstances le péché d'Adam, l'on n'y peut trouver qu'une faute des plus légères. Cependant, selon eux, quelle effroyable punition? Il est même impossible d'en concevoir une plus terrible; car quel châtiment eût pu porter Adam pour les plus grands crimes, que d'être condamné, lui et toute sa race, à la mort en ce monde, et à passer l'éternité dans l'autre, dévorés des feux de l'enfer? Est-ce là la peine imposée par le Dieu de miséricorde à un pauvre malheureux pour s'être laissé tromper? Que je hais la décourageante doctrine de nos durs théologiens? Si j'étois un moment tenté de l'admettre, c'est alors que je croirois blasphémer.

1. Mandement, § 3.
2. A moins qu'elle ne se rapporte à l'accusation que m'intente M. de Beaumont dans la suite, d'avoir admis plusieurs dieux.
3. Mandement, § 3.

C'est-à-dire : *Nous voyons que les hommes sont méchants, quoique incessamment tyrannisés dès leur enfance. Si donc on ne les tyrannisoit pas dès ce temps-là, comment parviendroit-on à les rendre sages, puisque, même en les tyrannisant sans cesse, il est impossible de les rendre tels?*

Nos raisonnements sur l'éducation pourront devenir plus sensibles en les appliquant à un autre sujet.

Supposons, monseigneur, que quelqu'un vînt tenir ce discours aux hommes.

« Vous vous tourmentez beaucoup pour chercher des gouverne-« ments équitables et pour vous donner de bonnes lois. Je vais pre-« mièrement vous prouver que ce sont vos gouvernements mêmes « qui font les maux auxquels vous prétendez remédier par eux. Je « vous prouverai de plus qu'il est impossible que vous ayez jamais « ni de bonnes lois ni des gouvernements équitables; et je vais vous « montrer ensuite le vrai moyen de prévenir, sans gouvernements « et sans lois, tous ces maux dont vous vous plaignez. »

Supposons qu'il expliquât après cela son système et proposât son moyen prétendu. Je n'examine point si ce système seroit solide et ce moyen patricable. S'il ne l'étoit pas, peut-être se contenteroit-on d'enfermer l'auteur avec les fous, et l'on lui rendroit justice : mais si malheureusement il l'étoit, ce seroit bien pis; et vous concevez, monseigneur, ou d'autres concevront pour vous, qu'il n'y auroit pas assez de bûchers et de roues pour punir l'infortuné d'avoir eu raison. Ce n'est pas de cela qu'il s'agit ici.

Quel que fût le sort de cet homme, il est sûr qu'un déluge d'écrits viendroit fondre sur le sien : il n'y auroit pas un grimaud qui, pour faire sa cour aux puissances, et tout fier d'imprimer avec privilège du roi, ne vînt lancer sur lui sa brochure et ses injures, et ne se vantât d'avoir réduit au silence celui qui n'auroit pas daigné répondre, ou qu'on auroit empêché de parler. Mais ce n'est pas encore de cela qu'il s'agit.

Supposons enfin qu'un homme grave, et qui auroit son intérêt à la chose, crût devoir aussi faire comme les autres et, parmi beaucoup de déclamations et d'injures, s'avisât d'argumenter ainsi : *Quoi! malheureux, vous voulez anéantir les gouvernements et les lois, tandis que les gouvernements et les lois sont le seul frein du vice, et ont bien de la peine encore à le contenir! Que seroit-ce, grand Dieu, si nous ne les avions plus? Vous nous ôtez les gibets et les roues, vous voulez établir un brigandage public. Vous êtes un homme abominable.*

Si ce pauvre homme osoit parler, il diroit sans doute : « Très

« excellent seigneur, votre Grandeur fait une pétition de principe.
« Je ne dis point qu'il ne faut pas réprimer le vice, mais je dis qu'il
« vaut mieux l'empêcher de naître. Je veux pourvoir à l'insuffi-
« sance des lois, et vous m'alléguez l'insuffisance des lois. Vous
« m'accusez d'établir les abus, parce qu'au lieu d'y remédier,
« j'aime mieux qu'on les prévienne. Quoi ! s'il était un moyen de
« vivre toujours en santé, faudroit-il donc le proscrire, de peur de
« rendre les médecins oisifs? Votre Excellence veut toujours voir
« des gibets et des roues, et moi je voudrois ne plus voir de mal-
« faiteurs : avec tout le respect que je lui dois, je ne crois pas être
« un homme abominable. »

Hélas! M. T. C. F., *malgré les principes de l'éducation la plus
saine et la plus vertueuse, malgré les promesses les plus magnifiques
de la religion et les menaces les plus terribles, les écarts de la jeunesse
ne sont encore que trop fréquents, trop multipliés.* J'ai prouvé que
cette éducation que vous appelez la plus saine étoit la plus insensée;
que cette éducation que vous appelez la plus vertueuse donnoit
aux enfants tous leur vices : j'ai prouvé que toute la gloire du paradis
les tentoit moins qu'un morceau de sucre, et qu'ils craignoient
beaucoup plus de s'ennuyer à vêpres que de brûler en enfer, j'ai
prouvé que les écarts de la jeunesse, qu'on se plaint de ne pouvoir
réprimer par ces moyens, en étoient l'ouvrage. *Dans quelles erreurs,
dans quels excès, abandonnée à elle-même, ne se précipiteroit-elle
donc pas!* La jeunesse ne s'égare jamais d'elle-même, toutes ses
erreurs lui viennent d'être mal conduite; les camarades et les
maîtres achèvent ce qu'ont commencé les prêtres et les précepteurs : j'ai prouvé cela. *C'est un torrent qui se déborde, malgré les
digues puissantes qu'on lui avoit opposées. Que seroit-ce donc si nul
obstacle ne suspendoit ses flots et ne rompoit ses efforts?* Je pourrois
dire : *C'est un torrent qui renverse vos impuissantes digues et brise
tout : élargissez son lit et le laissez courir sans obstacle, il ne fera
jamais de mal.* Mais j'ai honte d'employer, dans un sujet aussi
sérieux, ces figures de collège, que chacun applique à sa fantaisie,
et qui ne prouvent rien d'aucun côté.

Au reste, quoique, selon vous, les écarts de la jeunesse ne soient
encore que trop fréquents, trop multipliés à cause de la pente de
l'homme au mal, il paroît qu'à tout prendre vous n'êtes pas trop
mécontent d'elle; que vous vous complaisez assez dans l'éducation
saine et vertueuse que lui donnent actuellement vos maîtres pleins
de vertus, de sagesse et de vigilance; que, selon vous, elle perdroit
beaucoup à être élevée d'une autre manière, et qu'au fond vous ne

pensez pas de ce siècle, *la lie des siècles,* tout le mal que vous affectez d'en dire à la tête de vos mandements.

Je conviens qu'il est superflu de chercher de nouveaux plans d'éducation, quand on est si content de celle qui existe : mais convenez aussi, monseigneur, qu'en ceci vous n'êtes pas difficile. Si vous eussiez été aussi coulant en matière de doctrine, votre diocèse eût été agité de moins de troubles ; l'orage que vous avez excité ne fût point retombé sur les jésuites ; je n'en aurois point été écrasé par compagnie ; vous fussiez resté plus tranquille, et moi aussi.

Vous avouez que pour réformer le monde autant que le permettent la foiblesse et, selon vous, la corruption de notre nature, il suffiroit d'observer, sous la direction et l'impression de la grâce, les premiers rayons de la raison humaine, de les saisir avec soin, et de les diriger vers la route qui conduit à la vérité[1]. *Par là,* continuez-vous, *ces esprits, encore exempts de préjugés, seroient pour toujours en garde contre l'erreur : ces cœurs, encore exempts des grandes passions, prendroient les impressions de toutes les vertus.* Nous sommes donc d'accord sur ce point, car je n'ai pas dit autre chose. Je n'ai pas ajouté, j'en conviens, qu'il fallût faire élever les enfants par des prêtres ; même je ne pensois pas que cela fût nécessaire pour en faire des citoyens et des hommes : et cette erreur, si c'en est une, commune à tant de catholiques, n'est pas un si grand crime à un protestant. Je n'examine pas si, dans votre pays, les prêtres eux-mêmes passent pour de si bons citoyens ; mais comme l'éducation de la génération présente est leur ouvrage, c'est entre vous d'un côté, et vos anciens mandements de l'autre, qu'il faut décider si leur lait spirituel lui a si bien profité, s'il en a fait de si grands saints[2], *vrais adorateurs de Dieu,* et de si grands hommes, *dignes d'être la ressource et l'ornement de la patrie.* Je puis ajouter une observation qui devroit frapper tous les bons Français, et vous-même comme tel : c'est que de tant de rois qu'a eus votre nation, le meilleur est le seul que n'ont point élevé les prêtres.

Mais qu'importe tout cela, puisque je ne leur ai point donné d'exclusion? Qu'ils élèvent la jeunesse, s'ils en sont capables, je ne m'y oppose pas ; et ce que vous dites là-dessus[3] ne fait rien contre mon livre. Prétendriez-vous que mon plan fût mauvais, par cela seul qu'il peut convenir à d'autres qu'aux gens d'Église?

Si l'homme est bon par sa nature, comme je crois l'avoir démon-

1. Mandement, § 2.
2. *Ibid.,* § 2.
3. *Ibid.,* § 2.

tré, il s'ensuit qu'il demeure tel tant que rien d'étranger à lui ne l'altère; et si les hommes sont méchants, comme ils ont pris peine à me l'apprendre, il s'ensuit que leur méchanceté leur vient d'ailleurs : fermez donc l'entrée au vice, et le cœur humain sera toujours bon. Sur ce principe j'établis l'éducation négative comme la meilleure ou plutôt la seule bonne; je fais voir comment toute éducation positive suit, comme qu'on s'y prenne, une route opposée à son but; et je montre comment on tend au même but et comment on y arrive par le chemin que j'ai tracé.

J'appelle éducation positive ce qui tend à former l'esprit avant l'âge, et à donner à l'enfant la connoissance des devoirs de l'homme. J'appelle éducation négative celle qui tend à perfectionner les organes, instruments de nos connoissances, avant de nous donner ces connoissances, et qui prépare à la raison par l'exercice des sens. L'éducation négative n'est pas oisive, tant s'en faut : elle ne donne pas les vertus, mais elle prévient les vices; elle n'apprend pas la vérité, mais elle préserve de l'erreur; elle dispose l'enfant à tout ce qui peut le mener au vrai quand il est en état de l'entendre, et au bien quand il est en état de l'aimer.

Cette marche vous déplaît et vous choque : il est aisé de voir pourquoi. Vous commencez par calomnier les intentions de celui qui la propose. Selon vous, cette oisiveté de l'âme m'a paru nécessaire pour la disposer aux erreurs que je voulois inculquer. On ne sait pourtant pas trop quelle erreur veut donner à son élève celui qui ne lui apprend rien avec plus de soin qu'à sentir son ignorance et à savoir qu'il ne sait rien. Vous convenez que le jugement a ses progrès, et ne se forme que par degrés; *mais s'ensuit-il*[1], ajoutez-vous, *qu'à l'âge de dix ans un enfant ne connaisse pas la différence du bien et du mal, qu'il confonde la sagesse avec la folie, la bonté avec la barbarie, la vertu avec le vice?* Tout cela s'ensuit sans doute, si à cet âge le jugement n'est pas développé. *Quoi !* poursuivez-vous, *il ne sentira pas qu'obéir à son père est un bien, que lui désobéir est un mal?* Bien loin de là, je soutiens qu'il sentira, au contraire, en quittant le jeu pour aller étudier sa leçon, qu'obéir à son père est un mal, et que lui désobéir est un bien, en volant quelque fruit défendu. Il sentira aussi, j'en conviens, que c'est un mal d'être puni et un bien d'être récompensé; et c'est dans la balance de ces biens et de ces maux contradictoires que se règle sa prudence enfantine. Je crois avoir démontré cela mille fois dans mes deux

1. Mandement, § 6.

premiers volumes, et surtout dans le dialogue du maître et de l'enfant sur ce qui est mal. Pour vous, monseigneur, vous réfutez mes deux volumes en deux lignes, et le voici[1] : *Le prétendre, M. T. C. F., c'est calomnier la nature humaine, en lui attribuant une stupidité qu'elle n'a point.* On ne sauroit employer une réfutation plus tranchante, ni conçue en moins de mots. Mais cette ignorance qu'il vous plaît d'appeler stupidité, se trouve constamment dans tout esprit gêné dans des organes imparfaits, ou qui n'a pas été cultivé; c'est une observation facile à faire, et sensible à tout le monde. Attribuer cette ignorance à la nature humaine n'est donc pas la calomnier; et c'est vous qui l'avez calomniée en lui imputant une malignité qu'elle n'a point.

Vous dites encore[2] : *Ne vouloir enseigner la sagesse à l'homme que dans le temps qu'il sera dominé par la fougue des passions naissantes, n'est-ce pas la lui présenter dans le dessein qu'il la rejette?* Voilà derechef une intention que vous avez la bonté de me prêter et qu'assurément nul autre que vous ne trouvera dans mon livre. J'ai montré, premièrement, que celui qui sera élevé comme je veux ne sera pas dominé par les passions dans le temps que vous dites; j'ai montré encore comment les leçons de la sagesse pouvaient retarder le développement de ces mêmes passions. Ce sont les mauvais effets de votre éducation que vous imputez à la mienne, et vous m'objectez les défauts que je vous apprends à prévenir. Jusqu'à l'adolescence j'ai garanti des passions le cœur de mon élève; et quand elles sont prêtes à naître, j'en recule encore le progrès par des soins propres à les réprimer. Plus tôt, les leçons de la sagesse ne signifient rien pour l'enfant hors d'état d'y prendre intérêt et de les entendre; plus tard, elles ne prennent plus sur un cœur déjà livré aux passions. C'est au seul moment que j'ai choisi qu'elles sont utiles : soit pour l'alarmer ou pour le distraire, il importe également qu'alors le jeune homme en soit occupé.

Vous dites[3] : *Pour trouver la jeunesse plus docile aux leçons qu'il lui prépare, cet auteur veut qu'elle soit dénuée de tout principe de religion.* La raison en est simple, c'est que je veux qu'elle ait une religion, et que je ne lui veux rien apprendre dont son jugement ne soit en état de sentir la vérité. Mais moi, monseigneur, si je disois : *Pour trouver la jeunesse plus docile aux leçons qu'on lui prépare, on a grand soin de la prendre avant l'âge de raison,* ferois-je un raison-

---

1. Mandement, § 6.
2. *Ibid.*, § 9.
3, *Ibid.*, § 5.

nement plus mauvais que le vôtre? et seroit-ce un préjugé bien favorable à ce que vous faites apprendre aux enfants? Selon vous, je choisis l'âge de raison pour inculquer l'erreur; et vous, vous prévenez cet âge pour enseigner la vérité. Vous vous pressez d'instruire l'enfant avant qu'il puisse discerner le vrai du faux; et moi j'attends pour le tromper qu'il soit en état de le connoître. Ce jugement est-il naturel? et lequel paroît chercher à séduire, de celui qui ne veut parler qu'à des hommes, ou de celui qui s'adresse aux enfants?

Vous me censurez d'avoir dit et montré que tout enfant qui croit en Dieu est idolâtre ou anthropomorphite, et vous combattez cela en disant[1] : qu'*on ne peut supposer ni l'un ni l'autre d'un enfant qui a reçu une éducation chrétienne.* Voilà ce qui est en question; reste à voir la preuve. La mienne est que l'éducation la plus chrétienne ne sauroit donner à l'enfant l'entendement qu'il n'a pas, ni détacher ses idées des êtres matériels, au-dessus desquels tant d'hommes ne sauroient élever les leurs. J'en appelle de plus à l'expérience : j'exhorte chacun des lecteurs à consulter sa mémoire, et à se rappeler si, lorsqu'il a cru en Dieu étant enfant, il ne s'en est pas toujours fait quelque image. Quand vous lui dites que *la Divinité n'est rien de ce qui peut tomber sous les sens,* ou son esprit troublé n'entend rien, ou il entend qu'elle n'est rien. Quand vous lui parlez d'*une intelligence infinie,* il ne sait ce que c'est qu'*intelligence,* et il sait encore moins ce que c'est qu'*infini.* Mais vous lui ferez répéter après vous les mots qu'il vous plaira de lui dire; vous lui ferez même ajouter, s'il le faut, qu'il les entend. car cela ne coûte guère; et il aime encore mieux dire qu'il les entend que d'être grondé ou puni. Tous les anciens, sans excepter les juifs, se sont représenté Dieu corporel; et combien de chrétiens, surtout de catholiques, sont encore aujourd'hui dans ce cas-là ! Si vos enfants parlent comme des hommes, c'est parce que les hommes sont encore des enfants. Voilà pourquoi les mystères entassés ne coûtent plus rien à personne; les termes en sont tout aussi faciles à prononcer que d'autres. Une des commodités du christianisme moderne est de s'être fait un certain jargon de mots sans idées, avec lesquels on satisfait à tout, hors à la raison.

Par l'examen de l'intelligence qui mène à la connoissance de Dieu, je trouve qu'il n'est pas raisonnable de croire cette connoissance *toujours nécessaire au salut.* Je cite en exemple les insensés,

---

2. Mandement, § 7,

les enfants, et je mets dans la même classe les hommes dont l'esprit n'a pas acquis assez de lumière pour comprendre l'existence de Dieu. Vous dites là-dessus[1] : *Ne soyons point surpris que l'auteur d'*Émile *remette à un temps si reculé la connoissance de l'existence de Dieu ; il ne la croit pas nécessaire au salut.* Vous commencez, pour rendre ma proposition plus dure, par supprimer charitablement le mot *toujours*, qui non seulement la modifie, mais qui lui donne un autre sens, puisque, selon ma phrase, cette connoissance est ordinairement nécessaire au salut, et qu'elle ne le seroit jamais, selon la phrase que vous me prêtez. Après cette petite falsification, vous poursuivez ainsi :

« Il est clair, *dit-il par l'organe d'un personnage chimérique,* il
« est clair que tel homme, parvenu jusqu'à la vieillesse sans croire
« en Dieu, ne sera pas pour cela privé de sa présence dans l'autre
« (vous avez omis le mot de *vie*), si son aveuglement n'a pas été
« volontaire ; et je dis qu'il ne l'est pas toujours. »

Avant de transcrire ici votre remarque, permettez que je fasse la mienne. C'est que ce personnage prétendu chimérique, c'est moi-même, et non le vicaire ; que ce passage, que vous avez cru être dans la Profession de foi, n'y est point, mais dans le corps même du livre. Monseigneur, vous lisez bien légèrement, vous citez bien négligemment les écrits que vous flétrissez si durement : je trouve qu'un homme en place qui censure, devroit mettre un peu plus d'examen dans ses jugements. Je reprends à présent votre texte.

Remarquez, M. T. C. F., qu'il ne s'agit point ici d'un homme qui seroit dépourvu de l'usage de sa raison, mais uniquement de celui dont la raison ne seroit point aidée de l'instruction. Vous affirmez ensuite[2] *qu'une telle prétention est souverainement absurde. Saint Paul assure qu'entre les philosophes païens plusieurs sont parvenus par les seules forces de la raison, à la connoissance du vrai Dieu,* et là-dessus vous transcrivez son passage.

Monseigneur, c'est souvent un petit mal de ne pas entendre un auteur qu'on lit ; mais c'en est un grand quand on le réfute, et un très grand quand on le diffame. Or, vous n'avez point entendu le passage de mon livre que vous attaquez ici, de même que beaucoup d'autres. Le lecteur jugera si c'est ma faute ou la vôtre, quand j'aurai mis le passage entier sous ses yeux.

« Nous tenons (les réformés) que nul enfant mort avant l'âge de

---

1. Mandement, § 11.
2. *Ibid.*, § 11.

« raison ne sera privé du bonheur éternel. Les catholiques croient
« la même chose de tous les enfants qui ont reçu le baptême, quoi-
« qu'ils n'aient jamais entendu parler de Dieu. Il y a donc des cas
« où l'on peut être sauvé sans croire en Dieu; et ces cas ont lieu,
« soit dans l'enfance, soit dans la démence, quand l'esprit humain
« est incapable des opérations nécessaires pour reconnoître la Divi-
« nité. Toute la différence que je vois ici entre vous et moi, est que
« vous prétendez que les enfants ont à sept ans cette capacité, et
« que je ne la leur accorde pas même à quinze. Que j'aie tort ou
« raison, il ne s'agit pas ici d'un article de foi, mais d'une simple
« observation d'histoire naturelle.

« Par le même principe, il est clair que tel homme, parvenu
« jusqu'à la vieillesse sans croire en Dieu, ne sera pas pour cela
« privé de sa présence dans l'autre vie, si son aveuglement n'a pas
« été volontaire; et je dis qu'il ne l'est pas toujours. Vous en con-
« venez pour les insensés qu'une maladie prive de leurs facultés
« spirituelles, mais non de leur qualité d'hommes ni, par consé-
« quent, du droit aux bienfaits de leur créateur. Pourquoi donc
« n'en pas convenir aussi pour ceux qui, séquestrés de toute
« société dès leur enfance, auroient mené une vie absolument sau-
« vage, privés des lumières qu'on n'acquiert que dans le commerce
« des hommes? car il est d'une impossibilité démontrée qu'un
« pareil sauvage pût jamais élever ses réflexions jusqu'à la con-
« noissance du vrai Dieu. La raison nous dit qu'un homme n'est
« punissable que pour les fautes de sa volonté, et qu'une ignorance
« invincible ne lui sauroit être imputée à crime. D'où il suit que
« devant la justice éternelle tout homme qui croiroit s'il avoit les
« lumières nécessaires est réputé croire, et qu'il n'y aura d'incré-
« dules punis que ceux dont le cœur se ferme à la vérité. »

Voilà mon passage entier, sur lequel votre erreur saute aux
yeux. Elle consiste en ce que vous avez entendu ou fait entendre
que, selon moi, il falloit avoir été instruit de l'existence de Dieu
pour y croire. Ma pensée est fort différente. Je dis qu'il faut avoir
l'entendement développé et l'esprit cultivé jusqu'à certain point
pour être en état de comprendre les preuves de l'existence de Dieu,
et surtout pour les trouver de soi-même sans en avoir jamais
entendu parler. Je parle des hommes barbares ou sauvages : vous
m'alléguez des philosophes; je dis qu'il faut avoir acquis quelque
philosophie pour s'élever aux notions du vrai Dieu : vous citez
saint Paul, qui reconnoît que quelques philosophes païens se sont
élevés aux notions du vrai Dieu; je dis que tel homme grossier

n'est pas toujours en état de se former de lui-même une idée juste de la Divinité : vous dites que les hommes instruits sont en état de se former une idée juste de la Divinité et, sur cette unique preuve, mon opinion vous paroit *souverainement absurde*. Quoi ! parce qu'un docteur en droit doit savoir les lois de son pays, est-il absurde de supposer qu'un enfant qui ne sait pas lire a pu les ignorer?

Quand un auteur ne veut pas se répéter sans cesse, et qu'il a une fois établi clairement son sentiment sur une matière, il n'est pas tenu de rapporter toujours les mêmes preuves en raisonnant sur le même sentiment : ses écrits s'expliquent alors les uns par les autres; et les derniers, quand il a de la méthode, supposent toujours les premiers. Voilà ce que j'ai toujours tâché de faire, et ce que j'ai fait, surtout dans l'occasion dont il s'agit.

Vous supposez, ainsi que ceux qui traitent de ces matières, que l'homme apporte avec lui sa raison toute formée, et qu'il ne s'agit que de la mettre en œuvre. Or cela n'est pas vrai; car l'une des acquisitions de l'homme, et même des plus lentes, est la raison. L'homme apprend à voir des yeux de l'esprit ainsi que des yeux du corps : mais le premier apprentissage est bien plus long que l'autre, parce que les rapports des objets intellectuels, ne se mesurant pas comme l'étendue, ne se trouvent que par estimation, et que nos premiers besoins, nos besoins physiques, ne nous rendent pas l'examen de ces mêmes objets si intéressant. Il faut apprendre à voir deux objets à la fois; il faut apprendre à les comparer entre eux; il faut apprendre à comparer les objets en grand nombre, à remonter par degrés aux causes, à les suivre dans leurs effets; il faut avoir combiné des infinités de rapports pour acquérir des idées de convenance, de proportion, d'harmonie et d'ordre. L'homme qui, privé du secours de ses semblables et sans cesse occupé de pourvoir à ses besoins, est réduit en toute chose à la seule marche de ses propres idées, fait un progrès bien lent de ce côté-là; il vieillit et meurt avant d'être sorti de l'enfance de la raison. Pouvez-vous croire de bonne foi que, d'un million d'hommes élevés de cette manière, il y en eût un seul qui vînt à penser à Dieu?

L'ordre de l'univers, tout admirable qu'il est, ne frappe pas également tous les yeux. Le peuple y fait peu attention, manquant des connoissances qui rendent cet ordre sensible, et n'ayant point appris à réfléchir sur ce qu'il aperçoit. Ce n'est ni endurcissement ni mauvaise volonté; c'est ignorance, engourdissement d'esprit. La moindre méditation fatigue ces gens-là, comme le moindre travail des bras fatigue un homme de cabinet. Ils ont ouï parler des œuvres de Dieu et des merveilles de la nature. Ils répètent les mêmes mots sans y joindre les mêmes idées, et ils sont peu touchés de tout ce qui peut élever le sage à son créateur. Or, si parmi nous le peuple, à portée de tant d'instructions, est encore si stupide, que seront ces pauvres gens abandonnés à eux-mêmes dès leur enfance, et qui n'ont jamais rien appris d'autrui? Croyez-vous qu'un Cafre ou un Lapon philosophe beaucoup sur la marche du monde et sur la génération des choses? Encore les Lapons et les Cafres, vivant en corps de nations, ont-ils des multitudes d'idées acquises et communiquées, à l'aide desquelles ils acquièrent quelques notions grossières d'une divinité; ils ont en quelque façon leur catéchisme : mais l'homme sauvage, errant seul dans les bois, n'en a point du tout. Cet homme n'existe pas, direz-vous; soit : mais il peut exister par supposition. Il existe certainement des hommes qui n'ont jamais eu d'entretien philosophique en leur vie, et dont tout le temps se consume à chercher leur nourriture, la dévorer, et dormir. Que ferons-nous de ces hommes-là, des Esquimaux, par exemple? en ferons-nous des théologiens?

Mon sentiment est donc que l'esprit de l'homme, sans progrès, sans instruction, sans culture, et tel qu'il sort des mains de la nature, n'est pas en état de s'élever de lui-même aux sublimes notions de la Divinité; mais que ces notions se présentent à nous à mesure que notre esprit se cultive; qu'aux yeux de tout homme qui a pensé, qui a réfléchi, Dieu se manifeste dans ses ouvrages; qu'il se révèle aux gens éclairés dans le spectacle de la nature; qu'il faut, quand on a les yeux ouverts, les fermer pour ne l'y pas voir; que tout philosophe athée est un raisonneur de mauvaise foi, ou que son orgueil aveugle; mais qu'aussi tel homme stupide et grossier, quoique simple et vrai, tel esprit sans erreur et sans vice peut, par une ignorance involontaire, ne pas remonter à l'auteur de son être, et ne pas concevoir ce que c'est que Dieu, sans que cette ignorance le rende punissable d'un défaut auquel son cœur n'a point consenti. Celui-ci n'est pas éclairé, et l'autre refuse de l'être : cela me paroît fort différent.

Appliquez à ce sentiment votre passage de saint Paul, et vous verrez qu'au lieu de le combattre, il le favorise; vous verrez que ce passage tombe uniquement sur ces sages prétendus à qui *ce qui peut être connu de Dieu a été manifesté*, à qui *la considération des choses qui ont été faites dès la création du monde a rendu visible ce qui est invisible en Dieu*, mais qui, *ne l'ayant point glorifié et ne lui ayant point rendu grâces, se sont perdus dans la vanité de leur raison-*

nement et, ainsi demeurés sans excuse, *en se disant sages, sont deve-nus fous.* La raison sur laquelle l'Apôtre reproche aux philosophes de n'avoir pas glorifié le vrai Dieu, n'étant point applicable à ma supposition, forme une induction tout en ma faveur; elle confirme ce que j'ai dit moi-même, que tout *philosophe qui ne croit pas à tort, parce qu'il use mal de la raison qu'il a cultivée, et qu'il est en état d'entendre les vérités qu'il rejette :* elle montre enfin, par le passage même, que vous ne m'avez point entendu; et quand vous m'impu-tez d'avoir dit ce que je n'ai dit ni pensé, savoir, que l'on ne croit en Dieu que sur l'autorité d'autrui[1], vous avez tellement tort, qu'au contraire je n'ai fait que distinguer les cas où l'on peut connoître Dieu par soi-même, et les cas où l'on ne le peut que par le secours d'autrui.

Au reste, quand vous auriez raison dans cette critique, quand vous auriez solidement réfuté mon opinion, il ne s'ensuivroit pas de cela seul qu'elle fût souverainement absurde, comme il vous plaît de la qualifier : on peut se tromper sans tomber dans l'extra-vagance, et toute erreur n'est pas une absurdité. Mon respect pour vous me rendra moins prodigue d'épithètes, et ce ne sera pas ma faute si le lecteur trouve à les placer.

Toujours, avec l'arrangement de censurer sans entendre, vous passez d'une imputation grave et fausse à une autre qui l'est encore plus; et, après m'avoir injustement accusé de nier l'évi-dence de la Divinité, vous m'accusez plus injustement d'en avoir révoqué l'unité en doute. Vous faites plus; vous prenez la peine d'entrer là-dessus en discussion, contre votre ordinaire; et le seul endroit de votre mandement où vous ayez raison est celui où vous réfutez une extravagance que je n'ai pas dite.

Voici le passage que vous attaquez, ou plutôt votre passage où vous rapportez le mien; car il faut que le lecteur me voie entre vos mains.

« Je sais[2], *fait-il dire au personnage supposé qui lui sert d'or-« gane,* je sais que le monde est gouverné par une volonté puis-« sante et sage; je le vois, ou plutôt je le sens, et cela m'im-« porte à savoir. Mais ce même monde est-il éternel ou créé? Y « a-t-il un principe unique des choses? y en a-t-il deux ou plu-« sieurs? et quelle est leur nature? Je n'en sais rien. Et que m'im-

1. M. de Beaumont ne dit pas cela en propres termes; mais c'est le seul sens raisonnable qu'on puisse donner à son texte, appuyé du passage de saint Paul, et je ne puis répondre qu'à ce que j'entends. (*Voyez* son Mandement, § 11.)
2. Mandement, § 13,

« porte[1]?... Je renonce à des questions oiseuses qui peuvent in-
« quiéter mon amour-propre, mais qui sont inutiles à ma conduite
« et supérieures à ma raison. »

J'observe, en passant, que voici la seconde fois que vous qua-
lifiez le prêtre savoyard de personnage chimérique ou supposé.
Comment êtes-vous instruit de cela, je vous supplie? J'ai affirmé
ce que je savois; vous niez ce que vous ne savez pas : qui des deux
est le téméraire? On sait, j'en conviens, qu'il y a peu de prêtres qui
croient en Dieu; mais encore n'est-il pas prouvé qu'il n'y en ait
point du tout. Je reprends votre texte.

*Que veut donc dire cet auteur téméraire[2]?... L'unité de Dieu lui
paroît une question oiseuse et supérieure à sa raison : comme si la
multiplicité des dieux n'étoit pas la plus grande des absurdités!* « La
« pluralité des dieux, *dit énergiquement Tertullien*, est une nullité
« de Dieu. » *Admettre un Dieu, c'est admettre un Être suprême et
indépendant, auquel tous les autres êtres soient subordonnés[3]. Il
implique donc qu'il y ait plusieurs dieux.*

Mais qui est-ce qui dit qu'il y a plusieurs dieux? Ah ! monseigneur, vous voudriez bien que j'eusse dit de pareilles folies, vous
n'auriez sûrement pas pris la peine de faire un mandement contre
moi.

Je ne sais ni pourquoi ni comment ce qui est est, et bien d'autres
qui se piquent de le dire ne le savent pas mieux que moi; mais je
vois qu'il n'y a qu'une première cause motrice, puisque tout concourt sensiblement aux mêmes fins. Je reconnois donc une volonté
unique et suprême qui dirige tout, et une puissance unique et
suprême qui exécute tout. J'attribue cette puissance et cette
volonté au même être, à cause de leur parfait accord, qui se conçoit
mieux dans un que dans deux, et parce qu'il ne faut pas sans raison
multiplier les êtres : car le mal même que nous voyons n'est point
un mal absolu et, loin de combattre directement le bien, il concourt avec lui à l'harmonie universelle.

---

1. Ces points indiquent une lacune de deux lignes par lesquelles le passage est
tempéré, et que M. de Beaumont n'a pas voulu transcrire*.

2. Mandement, § 13.

3. Tertullien fait ici un sophisme très familier aux Pères de l'Église : il définit
le mot *Dieu* selon les chrétiens, et puis il accuse les païens de contradiction,
parce que, contre sa définition, ils admettent plusieurs dieux. Ce n'étoit pas la
peine de m'imputer une erreur que je n'ai pas commise, uniquement pour citer
si hors de propos un sophisme de Tertullien.

* Voici le contenu de ces deux lignes : *Que m'importe? à mesure que ces connoissances me deviendront nécessaires, je m'efforcerai de les acquérir; jusque-là,
je renonce...,*

Mais ce par quoi les choses sont se distingue très nettement sous deux idées : savoir, la chose qui fait, et la chose qui est faite : même ces deux idées ne se réunissent pas dans le même être sans quelque effort d'esprit, et l'on ne conçoit guère une chose qui agit sans en supposer une autre sur laquelle elle agit. De plus, il est certain que nous avons l'idée de deux substances distinctes; savoir, l'esprit et la matière, ce qui pense et ce qui est étendu ; et ces deux idées se conçoivent très bien l'une sans l'autre.

Il y a donc deux manières de concevoir l'origine des choses : savoir, ou dans deux causes diverses, l'une vive et l'autre morte, l'une motrice et l'autre mue, l'une active et l'autre passive, l'une efficiente et l'autre instrumentale; ou dans une cause unique qui tire d'elle seule tout ce qui est et tout ce qui se fait. Chacun de ces deux sentiments, débattus par les métaphysiciens depuis tant de siècles, n'en est pas devenu plus croyable à la raison humaine : et si l'existence éternelle et nécessaire de la matière a pour nous ses difficultés, sa création n'en a pas de moindres, puisque tant d'hommes et de philosophes, qui dans tous les temps ont médité sur ce sujet, ont tous unanimement rejeté la possibilité de la création, excepté peut-être un très petit nombre qui paraissent avoir sincèrement soumis leur raison à l'autorité; sincérité que les motifs de leur intérêt, de leur sûreté, de leur repos, rendent fort suspecte, et dont il sera toujours impossible de s'assurer tant que l'on risquera quelque chose à parler vrai.

Supposé qu'il y ait un principe éternel et unique des choses, ce principe, étant simple dans son essence, n'est pas composé de matière et d'esprit, mais il est matière ou esprit seulement. Sur les raisons déduites par le vicaire, il ne sauroit concevoir que ce principe soit matière; et s'il est esprit, il ne sauroit concevoir que par lui la matière ait reçu l'être; car il faudroit pour cela concevoir la création. Or l'idée de création, l'idée sous laquelle on conçoit que, par un simple acte de volonté, rien devient quelque chose, est, de toutes les idées qui ne sont pas clairement contradictoires, la moins compréhensible à l'esprit humain.

Arrêté des deux côtés par ces difficultés, le bon prêtre demeure indécis, et ne se tourmente point d'un doute de pure spéculation, qui n'influe en aucune manière sur ses devoirs en ce monde; car enfin que m'importe d'expliquer l'origine des êtres, pourvu que je sache comment ils subsistent, quelle place j'y dois remplir, et en vertu de quoi cette obligation m'est imposée?

Mais supposer deux principes[1] des choses, supposition que pourtant le vicaire ne fait point, ce n'est pas pour cela supposer deux dieux; à moins que, comme les manichéens, on ne suppose aussi ces principes tous deux actifs : doctrine absolument contraire à celle du vicaire, qui très positivement n'admet qu'une intelligence première, qu'un seul principe actif, et par conséquent qu'un seul Dieu.

J'avoue bien que la création du monde étant clairement énoncée dans nos traductions de la Genèse, la rejeter positivement seroit à cet égard rejeter l'autorité, sinon des livres sacrés, au moins des traductions qu'on nous en donne : et c'est aussi ce qui tient le vicaire dans un doute qu'il n'auroit peut-être pas sans cette autorité; car d'ailleurs la coexistence des deux principes[2] semble expliquer mieux la constitution de l'univers, et lever des difficultés qu'on a peine à résoudre sans elle, comme entre autres celle de l'origine du mal. De plus, il faudroit entendre parfaitement l'hébreu, et même avoir été contemporain de Moïse, pour savoir certainement quel sens il a donné au mot qu'on nous rend par le mot *créa*. Ce terme est trop philosophique pour avoir eu dans son origine l'acception connue et populaire que nous lui donnons maintenant, sur la foi de nos docteurs. Rien n'est moins rare que des mots dont le sens change par trait de temps, et qui font attribuer aux anciens auteurs qui s'en sont servis des idées qu'ils n'ont point eues. Le mot hébreu qu'on a traduit par *créer, faire quelque chose de rien*, signifie *faire, produire quelque chose avec magnificence*. Rivet prétend même que ce mot hébreu *bara*, ni le mot grec qui lui répond, ni même le mot latin *creare*, ne peuvent se restreindre à cette signification particulière de *produire quelque chose de rien :* il est si certain du moins que le mot latin se prend dans un autre sens, que Lucrèce, qui nie formellement la possibilité de toute créa-

---

1. Celui qui ne connoît que deux substances ne peut non plus imaginer que deux principes; et le terme, *ou plusieurs*, ajouté dans l'endroit cité, n'est là qu'une espèce d'explétif, servant tout au plus à faire entendre que le nombre de ces principes n'importe pas plus à connoître que leur nature.

2. Il est bon de remarquer que cette question de l'éternité de la matière, qui effarouche si fort nos théologiens, effarouchoit assez peu les Pères de l'Église, moins éloignés des sentiments de Platon. Sans parler de Justin, martyr, d'Origène et d'autres, Clément Alexandrin prend si bien l'affirmative dans ses *Hypotyposes*, que Photius veut, à cause de cela, que ce livre ait été falsifié. Mais le même sentiment reparoît encore dans les *Stromates*, où Clément rapporte celui d'Héraclite sans l'approuver. Ce père, livre V, tâche, à la vérité, d'établir un seul principe; mais c'est parce qu'il refuse ce nom à la matière, même en admettant son éternité.

tion, ne laisse pas d'employer souvent le même terme pour exprimer la formation de l'univers et de ses parties. Enfin, M. de Beausobre a prouvé[1] que la notion de la création ne se trouve point dans l'ancienne théologie judaïque; et vous êtes trop instruit, monseigneur, pour ignorer que beaucoup d'hommes, pleins de respect pour nos livres sacrés, n'ont cependant point reconnu dans le récit de Moïse l'absolue création de l'univers. Ainsi le vicaire, à qui le despotisme des théologiens n'en impose pas, peut très bien, sans en être moins orthodoxe, douter s'il y a deux principes éternels des choses, ou s'il n'y en a qu'un. C'est un débat purement grammatical ou philosophique, où la révélation n'entre pour rien.

Quoi qu'il en soit, ce n'est pas de cela qu'il s'agit entre nous; et, sans soutenir les sentiments du vicaire, je n'ai rien à faire ici qu'à montrer vos torts.

Or vous avez tort d'avancer que l'unité de Dieu me paroît une question oiseuse et supérieure à la raison, puisque, dans l'écrit que vous censurez, cette unité est établie et soutenue par le raisonnement : et vous avez tort de vous étayer d'un passage de Tertullien pour conclure contre moi qu'il implique qu'il y ait plusieurs dieux; car, sans avoir besoin de Tertullien, je conclus aussi de mon côté qu'il implique qu'il y ait plusieurs dieux.

Vous avez tort de me qualifier pour cela d'auteur téméraire, puisqu'où il n'y a point d'assertion il n'y a point de témérité. On ne peut concevoir qu'un auteur soit un téméraire, uniquement pour être moins hardi que vous.

Enfin vous avez tort de croire avoir bien justifié les dogmes particuliers qui donnent à Dieu les passions humaines et qui, loin d'éclaircir les notions du grand Être, les embrouillent et les avilissent, en m'accusant faussement d'embrouiller et d'avilir moi-même ces notions, d'attaquer directement l'essence divine, que je n'ai point attaquée, et de révoquer en doute son unité, que je n'ai point révoquée en doute. Si je l'avois fait, que s'ensuivroit-il? Récriminer n'est pas se justifier : mais celui qui, pour toute défense, ne sait que récriminer à faux, a bien l'air d'être seul coupable.

La contradiction que vous me reprochez dans le même lieu est tout aussi bien fondée que la précédente accusation. *Il ne sait*, dites-vous, *quelle est la nature de Dieu, et bientôt après il reconnoît que cet Être suprême est doué d'intelligence, de puissance, de volonté et de bonté : n'est-ce pas là avoir une idée de la nature divine?*

---

1. *Histoire du manichéisme*, tome II.

Voici, monseigneur, là-dessus ce que j'ai à vous dire :

« Dieu est intelligent; mais comment l'est-il? L'homme est intel-
« ligent quand il raisonne, et la suprême intelligence n'a pas
« besoin de raisonner; il n'y a pour elle ni prémisses, ni consé-
« quences, il n'y a pas même de proposition; elle est purement
« intuitive, elle voit également tout ce qui est et tout ce qui peut
« être; toutes les vérités ne sont pour elle qu'une seule idée, comme
« tous les lieux un seul point et tous les temps un seul moment.
« La puissance humaine agit par des moyens; la puissance divine
« agit par elle-même : Dieu peut parce qu'il veut, sa volonté fait
« son pouvoir. Dieu est bon, rien n'est plus manifeste; mais la
« bonté dans l'homme est l'amour de ses semblables, et la bonté de
« Dieu est l'amour de l'ordre; car c'est par l'ordre qu'il maintient
« ce qui existe, et lie chaque partie avec le tout. Dieu est juste,
« j'en suis convaincu, c'est une suite de sa bonté; l'injustice des
« hommes est leur œuvre, et non pas la sienne; le désordre moral,
« qui dépose contre la Providence aux yeux des philosophes, ne
« fait que la démontrer aux miens. Mais la justice de l'homme est
« de rendre à chacun ce qui lui appartient; et la justice de Dieu, de
« demander compte à chacun de ce qu'il lui a donné.

« Que si je viens à découvrir successivement ces attributs dont
« je n'ai nulle idée absolue, c'est par des conséquences forcées, c'est
« par le bon usage de ma raison : mais je les affirme sans les com-
« prendre, et dans le fond c'est n'affirmer rien. J'ai beau me dire,
« Dieu est ainsi; je le sens, je me le prouve : je n'en conçois pas
« mieux comment Dieu peut être ainsi.

« Enfin, plus je m'efforce de contempler son essence infinie,
« moins je la conçois : mais elle est, cela me suffit; moins je la con-
« çois, plus je l'adore. Je m'humilie et lui dis : Être des êtres je
« suis parce que tu es; c'est m'élever à ma source que de te médi-
« ter sans cesse; le plus digne usage de ma raison est de s'anéantir
« devant toi; c'est mon ravissement d'esprit, c'est le charme de
« ma foiblesse de me sentir accablé de ta grandeur. »

Voilà ma réponse, et je la crois péremptoire. Faut-il vous dire à
présent où je l'ai prise? je l'ai tirée mot à mot de l'endroit même
que vous accusez de contradiction. Vous en usez comme tous mes
adversaires, qui, pour me réfuter, ne font qu'écrire les objections
que je me suis faites et supprimer mes solutions. La réponse est
déjà toute prête; c'est l'ouvrage qu'ils ont réfuté.

Nous avançons, monseigneur, vers les discussions les plus importantes.

Après avoir attaqué mon système et mon livre, vous attaquez aussi ma religion; et parce que le vicaire catholique fait des objections contre son Église, vous cherchez à me faire passer pour ennemi de la mienne : comme si proposer des difficultés sur un sentiment, c'étoit y renoncer; comme si toute connoissance humaine n'avoit pas les siennes; comme si la géométrie elle-même n'en avoit pas, ou que les géomètres se fissent une loi de les taire, pour ne pas nuire à la certitude de leur art !

La réponse que j'ai d'avance à vous faire est de vous déclarer, avec ma franchise ordinaire, mes sentiments en matière de religion, tels que je les ai professés dans tous mes écrits, et tels qu'ils ont toujours été dans ma bouche et dans mon cœur. Je vous dirai de plus pourquoi j'ai publié la Profession de foi du vicaire, et pourquoi, malgré tant de clameurs, je la tiendrai toujours pour l'écrit le meilleur et le plus utile dans le siècle où je l'ai publiée. Les bûchers ni les décrets ne me feront point changer de langage; les théologiens, en m'ordonnant d'être humble, ne me feront point être faux; et les philosophes, en me taxant d'hypocrisie, ne me feront point professer l'incrédulité. Je dirai ma religion, parce que j'en ai une; et je la dirai hautement, parce que j'ai le courage de la dire, et qu'il seroit à désirer, pour le bien des hommes, que ce fût celle du genre humain.

Monseigneur, je suis chrétien, et sincèrement chrétien, selon la doctrine de l'Évangile. Je suis chrétien, non comme un disciple des prêtres, mais comme un disciple de Jésus-Christ. Mon maître a peu subtilisé sur le dogme et beaucoup insisté sur les devoirs : il prescrivoit moins d'articles de foi que de bonnes œuvres; il n'ordonnoit de croire que ce qui étoit nécessaire pour être bon; quand il résumoit la loi et les prophètes, c'étoit bien plus dans des actes de vertu que dans des formules de croyance[1]; et il m'a dit par lui-même et par ses apôtres que celui qui aime son frère a accompli la loi[2].

Moi, de mon côté, très convaincu des vérités essentielles au christianisme, lesquelles servent de fondement à toute bonne morale, cherchant au surplus à nourrir mon cœur de l'esprit de l'Évangile, sans tourmenter ma raison de ce qui m'y paroît obscur; enfin, persuadé que quiconque aime Dieu par-dessus toute chose et son prochain comme soi-même est un vrai chrétien, je m'efforce de

1. Matth., VII, 12.
2. Galat., V, 14.

l'être, laissant à part toutes ces subtilités de doctrine, tous ces importants galimatias dont les pharisiens embrouillent nos devoirs et offusquent notre foi, et mettant avec saint Paul la foi même au-dessous de la charité[1].

Heureux d'être né dans la religion la plus raisonnable et la plus sainte qui soit sur la terre, je reste inviolablement attaché au culte de mes pères : comme eux je prends l'Écriture et la raison pour les uniques règles de ma croyance; comme eux je récuse l'autorité des hommes, et n'entends me soumettre à leurs formules qu'autant que j'en aperçois la vérité; comme eux je me réunis de cœur avec les vrais serviteurs de Jésus-Christ et les vrais adorateurs de Dieu, pour lui offrir dans la communion des fidèles des hommages de son Église. Il m'est consolant et doux d'être compté parmi ses membres, de participer au culte public qu'ils rendent à la Divinité, et de me dire, au milieu d'eux : Je suis avec mes frères.

Pénétré de reconnoissance pour le digne pasteur qui, résistant au torrent de l'exemple, et jugeant dans la vérité, n'a point exclu de l'Église un défenseur de la cause de Dieu, je conserverai toute ma vie un tendre souvenir de sa charité vraiment chrétienne. Je me ferai toujours une gloire d'être compté dans son troupeau, et j'espère n'en point scandaliser les membres ni par mes sentiments ni par ma conduite. Mais lorsque d'injustes prêtres, s'arrogeant des droits qu'ils n'ont pas, voudront se faire les arbitres de ma croyance, et viendront me dire arrogamment : Rétractez-vous, déguisez-vous, expliquez ceci, désavouez cela; leurs hauteurs ne m'en imposeront point; ils ne me feront point mentir pour être orthodoxe, ni dire pour leur plaire ce que je ne pense pas. Que si ma véracité les offense, et qu'ils veuillent me retrancher de l'Église, je craindrai peu cette menace, dont l'exécution n'est pas en leur pouvoir. Ils ne m'empêcheront pas d'être uni de cœur avec les fidèles; ils ne m'ôteront pas du rang des élus si j'y suis inscrit. Ils peuvent m'en ôter les consolations dans cette vie, mais non l'espoir dans celle qui doit la suivre; et c'est là que mon vœu le plus ardent et le plus sincère est d'avoir Jésus-Christ même pour arbitre et pour juge entre eux et moi.

Tels sont, monseigneur, mes vrais sentiments, que je ne donne pour règle à personne, mais que je déclare être les miens, et qui resteront tels tant qu'il plaira, non aux hommes, mais à Dieu, seul maître de changer mon cœur et ma raison; car aussi longtemps que

1. I Cor., XIII, 2, 13.

je serai ce que je suis et que je penserai comme je pense, je parlerai comme je parle : bien différent, je l'avoue, de vos chrétiens en effigie toujours prêts à croire ce qu'il faut croire, ou à dire ce qu'il faut dire, pour leur intérêt ou pour leur repos, et toujours sûrs d'être assez bons chrétiens, pourvu qu'on ne brûle pas leurs livres et qu'ils ne soient pas décrétés. Ils vivent en gens persuadés que non seulement il faut confesser tel et tel article, mais que cela suffit pour aller en paradis : et moi je pense, au contraire, que l'essentiel de la religion consiste en pratique; que non seulement il faut être homme de bien, miséricordieux, humain, charitable, mais que quiconque est vraiment tel en croit assez pour être sauvé. J'avoue, au reste, que leur doctrine est plus commode que la mienne, et qu'il en coûte bien moins de se mettre au nombre des fidèles par des opinions que par des vertus.

Que si j'ai dû garder ces sentiments pour moi seul, comme ils ne cessent de le dire; si, lorsque j'ai eu le courage de les publier et de me nommer, j'ai attaqué les lois et troublé l'ordre public; c'est ce que j'examinerai tout à l'heure. Mais qu'il me soit permis auparavant de vous supplier, monseigneur, vous et tous ceux qui liront cet écrit, d'ajouter quelque foi aux déclarations d'un ami de la vérité, et de ne pas imiter ceux qui, sans preuve, sans vraisemblance, et sur le seul témoignage de leur propre cœur, m'accusent d'athéisme et d'irréligion contre des protestations si positives, et que rien de ma part n'a jamais démenties. Je n'ai pas trop, ce me semble, l'air d'un homme qui se déguise, et il n'est pas aisé de voir quel intérêt j'aurois à me déguiser ainsi. L'on doit présumer que celui qui s'exprime si librement sur ce qu'il ne croit pas est sincère en ce qu'il doit croire; et quand ses discours, sa conduite et ses écrits sont toujours d'accord sur ce point, quiconque ose affirmer qu'il ment et n'est pas un dieu, ment infailliblement lui-même.

Je n'ai pas toujours eu le bonheur de vivre seul; j'ai fréquenté des hommes de toute espèce; j'ai vu des gens de tous les partis, des croyants de toutes les sectes, des esprits forts de tous les systèmes : j'ai vu des grands, des petits, des libertins, des philosophes : j'ai eu des amis sûrs et d'autres qui l'étaient moins : j'ai été environné d'espions, de malveillants, et le monde est plein de gens qui me haïssent à cause du mal qu'ils m'ont fait. Je les adjure tous, quels qu'ils puissent être, de déclarer au public ce qu'ils savent de ma croyance en matière de religion; si dans le commerce le plus suivi, si dans la plus étroite familiarité, si dans la gaieté des repas, si dans

les confidences du tête-à-tête, ils m'ont jamais trouvé différent de
moi-même; si, lorsqu'ils ont voulu disputer ou plaisanter, leurs
arguments ou leurs railleries m'ont un moment ébranlé; s'ils m'ont
surpris à varier dans mes sentiments : si dans le secret de mon cœur
ils en ont pénétré que je cachois au public; si, dans quelque temps
que ce soit, ils ont trouvé en moi une ombre de fausseté ou d'hypocrisie : qu'ils le disent, qu'ils révèlent tout, qu'ils me dévoilent; j'y
consens, je les en prie, je les dispense du secret de l'amitié; qu'ils
disent hautement, non ce qu'ils voudroient que je fusse, mais ce
qu'ils savent que je suis; qu'ils me jugent selon leur conscience : je
leur confie mon honneur sans crainte, et je promets de ne les point
récuser.

Que ceux qui m'accusent d'être sans religion, parce qu'ils ne
conçoivent pas qu'on en puisse avoir une, s'accordent au moins
s'ils peuvent entre eux. Les uns ne trouvent dans mes livres qu'un
système d'athéisme; les autres disent que je rends gloire à Dieu
dans mes livres sans y croire au fond de mon cœur. Ils taxent mes
écrits d'impiété, et mes sentiments d'hypocrisie. Mais si je prêche en
public l'athéisme, je ne suis donc pas un hypocrite; et si j'affecte
une foi que je n'ai point, je n'enseigne donc pas l'impiété. En entas-
sant des imputations contradictoires, la calomnie se découvre elle-
même : mais la malignité est aveugle, et la passion ne raisonne pas.

Je n'ai pas, il est vrai, cette foi dont j'entends se vanter tant de
gens d'une probité si médiocre, cette foi robuste qui ne doute
jamais de rien, qui croit sans façon tout ce qu'on lui présente à
croire, et qui met à part ou dissimule les objections qu'elle ne sait
pas résoudre. Je n'ai pas le bonheur de voir dans la révélation l'évidence qu'ils y trouvent; et si je me détermine pour elle, c'est parce
que mon cœur m'y porte, qu'elle n'a rien que de consolant pour
moi, et qu'à la rejeter les difficultés ne sont pas moindres : mais ce
n'est pas parce que je la vois démontrée, car très sûrement elle ne
l'est pas à mes yeux. Je ne suis pas même assez instruit, à beaucoup
près, pour qu'une démonstration qui demande un si profond
savoir soit jamais à ma portée. N'est-il pas plaisant que moi, qui
propose ouvertement mes objections et mes doutes, je sois l'hypocrite, et que tous ces gens si décidés, qui disent sans cesse croire
fermement ceci et cela, que ces gens, si sûrs de tout sans avoir
pourtant de meilleures preuves que les miennes, que ces gens
enfin dont la plupart ne sont guère plus savants que moi, et qui,
sans lever mes difficultés, me reprochent de les avoir proposées,
soient les gens de bonne foi?

Pourquoi serois-je un hypocrite? et que gagnerois-je à l'être? J'ai attaqué tous les intérêts particuliers, j'ai suscité contre moi tous les partis, je n'ai soutenu que la cause de Dieu et de l'humanité : et qui est-ce qui s'en soucie? Ce que j'en ai dit n'a pas même fait la moindre sensation, et pas une âme ne m'en a su gré. Si je me fusse ouvertement déclaré pour l'athéisme, les dévots ne m'auroient pas fait pis, et d'autres ennemis non moins dangereux ne me porteroient point leurs coups en secret. Si je me fusse ouvertement déclaré pour l'athéisme, les uns m'eussent attaqué avec plus de réserve, en me voyant défendu par les autres, et disposé moi-même à la vengeance : mais un homme qui craint Dieu n'est guère à craindre : son parti n'est pas redoutable; il est seul ou à peu près, et l'on est sûr de pouvoir lui faire beaucoup de mal avant qu'il songe à le rendre. Si je me fusse ouvertement déclaré pour l'athéisme, en me séparant ainsi de l'Église, j'aurois ôté tout d'un coup à ses ministres le moyen de me harceler sans cesse et de me faire endurer toutes leurs petites tyrannies; je n'aurois point essuyé tant d'ineptes censures, et, au lieu de me blâmer si aigrement d'avoir écrit, il eût fallu me réfuter, ce qui n'est pas tout à fait si facile. Enfin, si je me fusse ouvertement déclaré pour l'athéisme, on eût d'abord un peu clabaudé, mais on m'eût bientôt laissé en paix comme tous les autres; le peuple du Seigneur n'eût point pris inspection sur moi, chacun n'eût point cru me faire grâce en ne me traitant pas en excommunié, et j'eusse été quitte à quitte avec tout le monde : les saintes en Israël ne m'auroient point écrit des lettres anonymes, et leur charité ne se fût point exhalée en dévotes injures; elles n'eussent point pris la peine de m'assurer humblement que j'étois un scélérat, un monstre exécrable, et que le monde eût été trop heureux si quelque bonne âme eût pris le soin de m'étouffer au berceau : d'honnêtes gens, de leur côté, me regardant alors comme un réprouvé, ne se tourmenteroient et ne me tourmenteroient point pour me ramener dans la bonne voie; ils ne me tirailleroient pas à droite et à gauche, ils ne m'étoufferoient pas sous le poids de leurs sermons, ils ne me forceroient pas de bénir leur zèle en maudissant leur importunité, et de sentir avec reconnoissance qu'ils sont appelés à me faire périr d'ennui.

Monseigneur, si je suis un hypocrite, je suis un fou, puisque, pour ce que je demande aux hommes, c'est une grande folie de se mettre en frais de fausseté. Si je suis un hypocrite, je suis un sot : car il faut l'être beaucoup pour ne pas voir que le chemin que j'ai pris ne mène qu'à des malheurs dans cette vie et que, quand j'y pour rois trouver quelque avantage, je n'en puis profiter sans me démentir. Il est vrai que j'y suis à temps encore; je n'ai qu'à vouloir un moment tromper les hommes, et je mets à mes pieds tous mes ennemis. Je n'ai point encore atteint la vieillesse; je puis avoir longtemps à souffrir; je puis voir changer derechef le public sur mon compte : mais si jamais j'arrive aux honneurs et à la fortune, par quelque route que j'y parvienne, alors je seroi un hypocrite, cela est sûr.

La gloire de l'ami de la vérité n'est point attachée à telle opinion plutôt qu'à telle autre : quoi qu'il dise, pourvu qu'il le pense, il tend à son but. Celui qui n'a d'autre intérêt que d'être vrai n'est point tenté de mentir, et il n'y a nul homme sensé qui ne préfère le moyen le plus simple, quand il est aussi le plus sûr. Mes ennemis auront beau faire avec leurs injures, ils ne m'ôteront point l'honneur d'être un homme véridique en toute chose, d'être le seul auteur de mon siècle et de beaucoup d'autres qui ait écrit de bonne foi, et qui n'ait dit que ce qu'il a cru : ils pourront un moment souiller ma réputation à force de rumeurs et de calomnies, mais elle en triomphera tôt ou tard : car, tandis qu'ils varieront dans leurs imputations ridicules, je resterai toujours le même, et, sans autre art que ma franchise, j'ai de quoi les désoler toujours.

Mais cette franchise est déplacée avec le public! Mais toute vérité n'est pas bonne à dire! Mais, bien que tous les gens sensés pensent comme vous, il n'est pas bon que le vulgaire pense ainsi! Voilà ce qu'on me crie de toutes parts; voilà peut-être ce que vous me diriez vous-même, si nous étions tête à tête dans votre cabinet. Tels sont les hommes : ils changent de langage comme d'habits; ils ne disent la vérité qu'en robe de chambre; en habit de parade ils ne savent plus que mentir; et non seulement ils sont trompeurs et fourbes à la face du genre humain, mais ils n'ont pas honte de punir, contre leur conscience, quiconque ose n'être pas fourbe et trompeur public comme eux. Mais ce principe est-il bien vrai, que toute vérité n'est pas bonne à dire? Quand il le seroit, s'ensuivroit-il que nulle erreur ne fût bonne à détruire? et toutes les folies des hommes sont-elles si saintes qu'il n'y en ait aucune qu'on ne doive respecter? Voilà ce qu'il conviendroit d'examiner avant de me donner pour loi une maxime suspecte et vague qui, fût-elle vraie en elle-même, peut pécher par son application.

J'ai grande envie, monseigneur, de prendre ici ma méthode ordinaire, et de donner l'histoire de mes idées pour toute réponse à mes accusateurs. Je crois ne pouvoir mieux justifier tout ce que j'ai osé dire, qu'en disant encore tout ce que j'ai pensé.

Sitôt que je fus en état d'observer les hommes, je les regardois faire, et je les écoutois parler; puis, voyant que leurs actions ne ressembloient point à leurs discours, je cherchai la raison de cette dissemblance, et je trouvai qu'être et paroître étant pour eux deux choses aussi différentes qu'agir et parler, cette deuxième différence étoit la cause de l'autre, et avoit elle-même une cause qui me restoit à chercher.

Je la trouvai dans notre ordre social qui, de tout point contraire à la nature que rien ne détruit, la tyrannise sans cesse, et lui fait sans cesse réclamer ses droits. Je suivis cette contradiction dans ses conséquences, et je vis qu'elle expliquoit seule tous les vices des hommes et tous les maux de la société. D'où je conclus qu'il n'étoit pas nécessaire de supposer l'homme méchant par sa nature, lorsqu'on pouvoit marquer l'origine et le progrès de sa méchanceté. Ces réflexions me conduisirent à de nouvelles recherches sur l'esprit humain considéré dans l'état civil; et je trouvai qu'alors le développement des lumières et des vices se faisoit toujours en même raison, non dans les individus, mais dans les peuples : distinction que j'ai toujours soigneusement faite, et qu'aucun de ceux qui m'ont attaqué n'a jamais pu concevoir.

J'ai cherché la vérité dans les livres : je n'y ai trouvé que le mensonge et l'erreur. J'ai consulté les auteurs; je n'ai trouvé que des charlatans qui se font un jeu de tromper les hommes sans autre loi que leur intérêt, sans autre dieu que leur réputation; prompts à décrier les chefs qui ne les traitent pas à leur gré, plus prompts à louer l'iniquité qui les paye. En écoutant les gens à qui l'on permet de parler en public, j'ai compris qu'ils n'osent ou ne veulent dire que ce qui convient à ceux qui commandent, et que, payés par le fort pour prêcher le foible, ils ne savent parler au dernier que de ses devoirs, et à l'autre que de ses droits. Toute l'instruction publique tendra toujours au mensonge, tant que ceux qui la dirigent trouveront leur intérêt à mentir; et c'est pour eux seulement que la vérité n'est pas bonne à dire. Pourquoi serois-je le complice de ces gens-là?

Il y a des préjugés qu'il faut respecter. Cela peut être; mais c'est quand d'ailleurs tout est dans l'ordre, et qu'on ne peut ôter ces préjugés sans ôter aussi ce qui les rachète; on laisse alors le mal pour l'amour du bien. Mais lorsque tel est l'état des choses que plus rien ne sauroit changer qu'en mieux, les préjugés sont-ils si respectables qu'il faille leur sacrifier la raison, la vertu, la justice, et tout le bien que la vérité pourroit faire aux hommes? Pour moi, j'ai promis de la dire en toute chose utile, autant qu'il seroit en moi; c'est un engagement que j'ai dû remplir selon mon talent, et que sûrement un autre ne remplira pas à ma place, puisque, chacun se devant à tous, nul ne peut payer pour autrui. « La divine vérité, « dit Augustin, n'est ni à moi, ni à vous, ni à lui, mais à nous tous, « qu'elle appelle avec force à la publier de concert, sous peine « d'être inutile à nous-même si nous ne la communiquons aux « autres : car quiconque s'approprie à lui seul un bien dont Dieu « veut que tous jouissent, perd par cette usurpation ce qu'il dérobe « au public, et ne trouve qu'erreur en lui-même pour avoir trahi la « vérité[1]. »

Les hommes ne doivent point être instruits à demi. S'ils doivent rester dans l'erreur, que ne les laissez-vous dans l'ignorance? A quoi bon tant d'écoles et d'universités pour ne leur apprendre rien de ce qui leur importe à savoir? Quel est donc l'objet de vos collèges, de vos académies, de tant de fondations savantes? Est-ce de donner le change au peuple, d'altérer sa raison d'avance, et de l'empêcher d'aller au vrai? Professeurs de mensonge, c'est pour l'abuser que vous feignez de l'instruire et, comme des brigands qui mettent des fanaux sur les écueils, vous l'éclairez pour le perdre.

Voilà ce que je pensois en prenant la plume; et en la quittant je n'ai pas lieu de changer de sentiment. J'ai vu que toujours l'instruction publique avoit deux défauts essentiels qu'il étoit impossible d'en ôter. L'un est la mauvaise foi de ceux qui la donnent, et l'autre l'aveuglement de ceux qui la reçoivent. Si des hommes sans passions instruisoient des hommes sans préjugés, nos connoissances resteroient plus bornées, mais plus sûres, et la raison régneroit toujours. Or, quoi qu'on fasse, l'intérêt des hommes publics sera toujours le même; mais les préjugés du peuple, n'ayant aucune base fixe, sont plus variables; ils peuvent être altérés, changés, augmentés, ou diminués. C'est donc de ce côté seul que l'instruction peut avoir quelque prise, et c'est là que doit tendre l'ami de la vérité. Il peut espérer de rendre le peuple plus raisonnable, mais non ceux qui le mènent plus honnêtes gens.

J'ai vu dans la religion la même fausseté que dans la politique; et j'en ai été beaucoup plus indigné : car le vice du gouvernement ne peut rendre les sujets malheureux que sur la terre : mais qui

1. AUGUST., *Confes.*, lib. XII, cap. 2.

sait jusqu'où les erreurs de la conscience peuvent nuire aux infortunés mortels? J'ai vu qu'on avoit des professions de foi, des doctrines, des cultes qu'on suivoit sans y croire; et que rien de tout
cela, ne pénétrant ni le cœur ni la raison, n'influoit que très peu
sur la conduite. Monseigneur, il faut vous parler sans détour. Le
vrai croyant ne peut s'accommoder de toutes ces simagrées : il
sent que l'homme est un être intelligent auquel il faut un culte raisonnable, et un être social auquel il faut une morale faite pour
l'humanité. Trouvons premièrement ce culte et cette morale, cela
sera de tous les hommes; et puis, quand il faudra des formules
nationales, nous en examinerons les fondements, les rapports, les
convenances; et, après avoir dit ce qui est de l'homme, nous dirons
ensuite ce qui est du citoyen. Ne faisons pas surtout comme votre
M. Joly de Fleury qui, pour établir son jansénisme, veut déraciner
toute loi naturelle et toute obligation qui lie entre eux les humains,
de sorte que, selon lui, le chrétien et l'infidèle qui contractent entre
eux ne sont tenus à rien du tout l'un envers l'autre, puisqu'il n'y
a point de loi commune à tous les deux.

Je vois donc deux manières d'examiner et comparer les religions
diverses : l'une selon le vrai et le faux qui s'y trouvent, soit quant
aux faits naturels ou surnaturels sur lesquels elles sont établies,
soit quand aux notions que la raison nous donne de l'Être suprême
et du culte qu'il veut de nous; l'autre selon leurs effets temporels et
moraux sur la terre, selon le bien ou le mal qu'elles peuvent faire à
la société et au genre humain. Il ne faut pas, pour empêcher ce
double examen, commencer par décider que ces deux choses vont
toujours ensemble, et que la religion la plus vraie est aussi la plus
sociale : c'est précisément ce qui est en question; et il ne faut pas
d'abord crier que celui qui traite cette question est un impie, un
athée, puisque autre chose est de croire, et autre chose d'examiner
l'effet de ce que l'on croit.

Il paroît pourtant certain, je l'avoue, que si l'homme est fait
pour la société, la religion la plus vraie est aussi la plus sociale et
la plus humaine; car Dieu veut que nous soyons tels qu'ils nous a
faits; et s'il étoit vrai qu'il nous eût faits méchants, ce seroit lui
désobéir que de vouloir cesser de l'être. De plus, la religion, considérée comme une relation entre Dieu et l'homme, ne peut aller à
la gloire de Dieu que par le bien-être de l'homme, puisque l'autre
terme de la relation, qui est Dieu, est par sa nature au-dessus de
tout ce que peut l'homme pour ou contre lui.

Mais ce sentiment, tout probable qu'il est, est sujet à de grandes difficultés par l'historique et les faits qui le contrarient. Les juifs étoient les ennemis nés de tous les autres peuples, et ils commencèrent leur établissement par détruire sept nations, selon l'ordre exprès qu'ils en avoient reçu. Tous les chrétiens ont eu des guerres de religion, et la guerre est nuisible aux hommes; tous les partis ont été persécuteurs et persécutés, et la persécution est nuisible aux hommes; plusieurs sectes vantent le célibat, et le célibat est si nuisible[1] à l'espèce humaine que, s'il étoit suivi partout, elle périroit. Si cela ne fait pas preuve pour décider, cela fait raison pour examiner; et je ne demandois autre chose sinon qu'on permît cet examen.

Je ne dis ni ne pense qu'il n'y ait aucune bonne religion sur la terre; mais je dis, et il est trop vrai, qu'il n'y en a aucune, parmi celles qui sont ou qui ont été dominantes, qui n'ait fait à l'humanité des plaies cruelles. Tous les partis ont tourmenté leurs frères, tous ont offert à Dieu des sacrifices du sang humain. Quelle que soit la source de ces contradictions, elles existent : est-ce un crime de vouloir les ôter?

La charité n'est point meurtrière; l'amour du prochain ne porte point à le massacrer. Ainsi le zèle du salut des hommes n'est point la cause des persécutions; c'est l'amour propre et l'orgueil qui en sont la cause. Moins un culte est raisonnable, plus on cherche à l'établir par la force : celui qui professe une doctrine insensée ne peut souffrir qu'on ose la voir telle qu'elle est. La raison devient alors le plus grand des crimes; à quelque prix que ce soit, il faut l'ôter aux autres, parce qu'on a honte d'en manquer à leurs

1. La continence et la pureté ont leur usage, même pour la population : il est toujours beau de se commander à soi-même, et l'état de virginité est, par ces raisons, très digne d'estime; mais il ne s'ensuit pas qu'il soit beau, ni bon, ni louable de persévérer toute la vie dans cet état, en offensant la nature et en trompant la destination. L'on a plus de respect pour une jeune vierge nubile que pour une jeune femme; mais on en a plus pour une mère de famille que pour une vieille fille, et cela me paroît très sensé. Comme on ne se marie pas en naissant, et qu'il n'est pas même à propos de se marier fort jeune, la virginité, que tous ont dû porter et honorer, a sa nécessité, son utilité, son prix et sa gloire : mais c'est pour aller, quand il convient, déposer toute sa pureté dans le mariage. Quoi ! disent-ils de leur air bêtement triomphant, des célibataires prêchent le nœud conjugal ! pourquoi donc ne se marient-ils pas? Ah ! pourquoi? parce qu'un état si saint et si doux en lui-même est devenu, par vos sottes institutions, un état malheureux et ridicule, dans lequel il est désormais presque impossible de vivre sans être un fripon ou un sot. Sceptres de fer, lois insensées, c'est à vous que nous reprochons de n'avoir pu remplir nos devoirs sur la terre, et c'est par nous que le cri de la nature s'élève contre votre barbarie. Comment osez-vous la pousser jusqu'à nous reprocher la misère où vous nous avez réduits?

yeux. Ainsi l'intolérance et l'inconséquence ont la même source. Il faut sans cesse intimider, effrayer les hommes. Si vous les livrez un moment à leur raison, vous êtes perdus.

De cela seul il suit que c'est un grand bien à faire aux peuples dans ce délire, que de leur apprendre à raisonner sur la religion : car c'est les rapprocher des devoirs de l'hommes, c'est ôter le poignard à l'intolérance, c'est rendre à l'humanité tous ses droits. Mais il faut remonter à des principes généraux et communs à tous les hommes; car si, voulant raisonner, vous laissez quelque prise à l'autorité des prêtres, vous rendez au fanatisme son arme, et vous lui fournissez de quoi devenir plus cruel.

Celui qui aime la paix ne doit point recourir à des livres, c'est le moyen de ne rien finir. Les livres sont des sources de disputes intarissables : parcourez l'histoire des peuples, ceux qui n'ont point de livres ne disputent point. Voulez-vous asservir les hommes à des autorités humaines; l'un sera plus près, l'autre plus loin de la preuve; ils en seront diversement affectés : avec la bonne foi la plus entière, avec le meilleur jugement du monde, il est impossible qu'ils soient jamais d'accord. N'argumentez point sur des arguments, et ne vous fondez point sur des discours. Le langage humain n'est pas assez clair. Dieu lui-même, s'il daignoit nous parler dans nos langues, ne nous diroit rien sur quoi l'on ne pût disputer.

Nos langues sont l'ouvrage des hommes, et les hommes sont bornés. Nos langues sont l'ouvrage des hommes, et les hommes sont menteurs. Comme il n'y a point de vérité si clairement énoncée où l'on ne puisse trouver quelque chicane à faire, il n'y a point de si grossier mensonge qu'on ne puisse étayer de quelque fausse raison.

Supposons qu'un particulier vienne à minuit nous crier qu'il est jour, on se moquera de lui : mais laissez à ce particulier le temps et les moyens de se faire une secte, tôt ou tard ses partisans viendront à bout de lui prouver qu'il disoit vrai : car enfin, diront-ils, quand il a prononcé qu'il étoit jour, il étoit jour en quelque lieu de la terre, rien n'est plus certain. D'autres, ayant établi qu'il y a toujours dans l'air quelques particules de lumière, soutiendront qu'en un autre sens encore il est très vrai qu'il est jour la nuit. Pourvu que les gens subtils s'en mêlent, bientôt on vous fera voir le soleil en plein minuit. Tout le monde ne se rendra pas à cette évidence. Il y aura des débats, qui dégénéreront, selon l'usage, en guerres et en cruautés. Les uns voudront des explications, les autres n'en voudront point; l'un voudra

prendre la proposition au figuré, l'autre au propre. L'un dira:
Il a dit à minuit qu'il étoit jour, et il étoit nuit. L'autre dira:
Il a dit à minuit qu'il était jour, et il était jour. Chacun taxera de
mauvaise foi le parti contraire, et n'y verra que des obstinés. On
finira par se battre, se massacrer, les flots de sang couleront de
toutes parts; et si la nouvelle secte est enfin victorieuse, il restera
démontré qu'il est jour la nuit. C'est à peu près l'histoire de toutes
les querelles de religion.

La plupart des cultes nouveaux s'établissent par le fanatisme
et se maintiennent par l'hypocrisie; de là vient qu'ils choquent la
raison et ne mènent point à la vertu. L'enthousiasme et le délire
ne raisonnent pas; tant qu'ils durent, tout passe, et l'on marchande
peu sur les dogmes : cela est d'ailleurs si commode! la doctrine
coûte si peu à suivre, et la morale coûte tant à pratiquer, qu'en se
jetant du côté le plus facile, on rachète les bonnes œuvres par le
mérite d'une grande foi. Mais, quoi qu'on fasse, le fanatisme est
un état de crise qui ne peut durer toujours : il a ses accès plus ou
moins longs, plus ou moins fréquents, et il a aussi ses relâches,
durant lesquels on est de sang-froid. C'est alors qu'en revenant sur
soi-même on est tout surpris de se voir enchaîné par tant d'absurdités. Cependant le culte est réglé, les formes sont prescrites, les
lois sont établies, les transgresseurs sont punis. Ira-t-on protester
seul contre tout cela, récuser les lois de son pays, et renier la religion de son père? Qui l'oseroit? On se soumet en silence; l'intérêt
veut qu'on soit de l'avis de celui dont on hérite. On fait donc comme
les autres, sauf à rire à son aise en particulier de ce qu'on feint de
respecter en public. Voilà, monseigneur, comme pense le gros des
hommes dans la plupart des religions, et surtout dans la vôtre; et
voilà la clef des inconséquences qu'on remarque entre leur morale
et leurs actions. Leur croyance n'est qu'apparence, et leurs mœurs
sont comme leur foi.

Pourquoi un homme a-t-il inspection sur la croyance d'un autre?
et pourquoi l'État a-t-il inspection sur celle des citoyens? C'est
parce qu'on suppose que la croyance des hommes détermine leur
morale, et que des idées qu'ils ont de la vie à venir dépend leur
conduite en celle-ci. Quand cela n'est pas, qu'importe ce qu'ils
croient ou ce qu'ils font semblant de croire? L'apparence de la
religion ne sert plus qu'à les dispenser d'en avoir une.

Dans la société, chacun est en droit de s'informer si un autre se
croit obligé d'être juste, et le souverain est en droit d'examiner les
raisons sur lesquelles chacun fonde cette obligation. De plus, les

formes nationales doivent être observées; c'est sur quoi j'ai beaucoup insisté. Mais, quant aux opinions qui ne tiennent point à la morale, qui n'influent en aucune manière sur les actions, et qui ne tendent point à transgresser les lois, chacun n'a là-dessus que son jugement pour maître, et nul n'a ni droit ni intérêt de prescrire à d'autres sa façon de penser. Si, par exemple, quelqu'un, même constitué en autorité, venoit me demander mon sentiment sur la fameuse question de l'hypostase, dont la Bible ne dit pas un mot, mais pour laquelle tant de grands enfant ont tenu des concile se tant d'hommes ont été tourmentés[1]; après lui avoir dit que je ne l'entends point et ne me soucie point de l'entendre,, je le prierois le plus honnêtement que je pourrois de se mêler de ses affaires; et, s'il insistoit, je le laisserois là.

Voilà le seul principe sur lequel on puisse établir quelque chose de fixe et d'équitable sur les disputes de religion; sans quoi, cahcun posant de son côté ce qui est en question, jamais on ne conviendra de rien, l'on ne s'entendra de la vie; et la religion, qui devroit faire le bonheur des hommes, fera toujours leurs plus grands maux.

Mais plus les religions vieillissent, plus leur objet se perd de vue les subtilités se multiplient; on veut tout expliquer, tout décider, tout entendre; incessamment la doctrine se raffine, et la morale dépérit toujours plus. Assurément il y a loin de l'esprit du Deutéronome à l'esprit du Talmud et de la Misnah, et de l'esprit de l'Évangile aux querelles sur la Constitution. Saint Thomas de mande[2] si, par la succession des temps, les articles de foi se sont multipliés, et il se déclare pour l'affirmative. C'est-à-dire que les docteurs, renchérissant les uns sur les autres, ne savent plus que n'en ont dit les apôtres et Jésus-Christ. Saint Paul avoue ne voir qu'obscurément et ne connoître qu'en partie[3]. Vraiment nos théologiens sont bien plus avancés que cela; ils voient tout, ils savent tout : ils nous rendent clair ce qui est obscur dans l'Écriture; ils pronnocent sur ce qui étoit indécis; ils nous font sentir, avec leur modestie ordinaire, que les auteurs sacrés avoient grand besoin de

---

1. *Hypostase*, d'après son étymologie grecque, est un mot qui signifie, à la lettre, *substance* ou *essence*. Mais il excita autrefois de grands démêlés entre les Grecs, puis entre les Grecs et les Latins, les uns reconnaissant dans la Divinité trois *hypostases*, les autres prétendant qu'il ne falloit se servir que du terme de *ÉersóQQcs*.

2. S. II[a] II[m] q. 1. a. 7.

3. I. Cor., XIII, 9, 12.

leur secours pour se faire entendre, et que le Saint-Esprit n'eût pas su s'expliquer clairement sans eux.

Quand on perd de vue les devoirs de l'homme pour ne s'occuper que des opinions des prêtres et de leurs frivoles disputes, on ne demande plus d'un chrétien s'il craint Dieu, mais s'il est orthodoxe; on lui fait signer des formulaires sur les questions les plus inutiles et souvent les plus inintelligibles; et quand il a signé, tout va bien, l'on ne s'informe plus du reste; pourvu qu'il n'aille pas se faire pendre, il peut vivre au surplus comme il lui plaira; ses mœurs ne font rien à l'affaire, la doctrine est en sûreté. Quand la religion en est là, quel bien fait-elle à la société? de quel avantage est-elle aux hommes? Elle ne sert qu'à exciter entre eux des dissensions, des troubles, des guerres de toute espèce; à les faire s'entr'égorger pour des logogriphes. Il vaudroit mieux alors n'avoir point de religion, que d'en avoir une si mal entendue. Empêchons-là, s'il se peut, de dégénérer à ce point, et soyons sûrs, malgré les bûchers et les chaînes, d'avoir bien mérité du genre humain.

Supposons que, las des querelles qui le déchirent, il s'assemble pour les terminer et convenir d'une religion commune à tous les peuples, chacun commencera, cela est sûr, par proposer la sienne comme la seule vraie, la seule raisonnable et démontrée, la seule agréable à Dieu et utile aux hommes : mais ses preuves ne répondant pas là-dessus à sa persuasion, du moins au gré des autres sectes, chaque parti n'aura de voix que la sienne, tous les autres se réuniront contre lui; cela n'est pas moins sûr. La délibération fera le tour de cette manière, un seul proposant, et tous rejetant. Ce n'est pas le moyen d'être d'accord. Il est croyable qu'après bien du temps perdu dans ces altercations puériles, les hommes de sens chercheront des moyens de conciliation. Ils proposeront pour cela de commencer par chasser tous les théologiens de l'assemblée, et il ne leur sera pas difficile de faire voir combien ce préliminaire est indispensable. Cette bonne œuvre faite, ils diront aux peuples :

« Tant que vous ne conviendrez pas de quelque principe, il n'est
« pas possible même que vous vous entendiez; et c'est un argu-
« ment qui n'a jamais convaincu personne, que de dire : Vous avez
« tort, car j'ai raison.

« Vous parlez de ce qui est agéable à Dieu : voilà précisément ce qui
« est en question. Si nous savions quel culte lui est le plus agéable,
« il n'y auroit plus de dispute entre nous. Vous parlez aussi de
« ce qui est utile aux hommes : c'est autre chose; les hommes
« peuvent juger de cela. Prenons donc cette utilité pour règle, et

« puis établissons la doctrine qui s'y rapporte le plus. Nous pour-
« rons espérer d'approcher ainsi de la vérité autant qu'il est pos-
« sible à des hommes : car il est à présumer que ce qui est le plus
« utile aux créatures est le plus agréable au Créateur.

« Cherchons d'abord s'il y a quelque affinité naturelle entre nous,
« si nous sommes quelque chose les uns aux autres. Vous juifs, que
« pensez-vous sur l'origine du genre humain? Nous pensons qu'il
« est sorti d'un même père. Et vous, chrétiens? Nous pensons là-
« dessus comme les juifs. Et vous, Turcs? Nous pensons comme les
« juifs et les chrétiens. Cela est déjà bon : puisque les hommes sont
« tous frères, ils doivent s'aimer comme tels.

« Dites-nous maintenant de qui leur père commun avoit reçu
« l'être, car il ne s'étoit pas fait tout seul. Du Créateur du ciel et
« de la terre, juifs, chrétiens et Turcs sont d'accord aussi sur cela;
« c'est encore un très grand point.

« Et cet homme, ouvrage du Créateur, est-il un être simple ou
« mixte? est-il formé d'une substance unique ou de plusieurs?
« Chrétiens, répondez. Il est composé de deux substances, dont
« l'une est mortelle, et dont l'autre ne peut mourir. Et vous, Turcs?
« Nous pensons de même. Et vous, juifs? Autrefois nos idées là-
« dessus étoient fort confuses, comme les expressions de nos livres
« sacrés; mais les esséniens nous ont éclairés, et nous pensons
« encore sur ce point comme les chrétiens. »

En procédant ainsi d'interrogations en interrogations sur la
providence divine, sur l'économie de la vie à venir, et sur toutes les
questions essentielles au bon ordre du genre humain, ces mêmes
hommes ayant obtenu de tous des réponses presque uniformes,
leur diront (on se souviendra que les théologiens n'y sont plus) :
« Mes amis, de quoi vous tourmentez-vous? Vous voilà tous d'ac-
« cord sur ce qui vous importe: quand vous différeriez de sentiment
« sur le reste, j'y vois peu d'inconvénient. Formez de ce petit
« nombre d'articles une religion universelle qui soit, pour ainsi
« dire, la religion humaine et sociale que tout homme vivant en
« société soit obligé d'admettre. Si quelqu'un dogmatise contre
« elle, qu'il soit banni de la société comme ennemi de ses lois fon-
« damentales. Quant au reste, sur quoi vous n'êtes pas d'accord,
« formez chacun de vos croyances particulières autant de religions
« nationales, et suivez-les en sincérité de cœur : mais n'allez point
« vous tourmentant pour les faire admettre aux autres peuples,
« et soyez assurés que Dieu n'exige pas cela. Car il est aussi injuste
« de vouloir les soumettre à vos opinions qu'à vos lois, et les mis-

« sionnaires ne me semblent guère plus sages que les conquérants.

« En suivant vos diverses doctrines, cessez de vous les figurer si
« démontrées, que quiconque ne les voit pas telles soit coupable à
« vos yeux de mauvaise foi : ne croyez point que tous ceux qui
« pèsent vos preuves et les rejettent soient pour cela des obstinés
« que leur incrédulité rende punissables; ne croyez point que la
« raison, l'amour du vrai, la sincérité, soient pour vous seuls. Quoi
« qu'on fasse, on sera toujours porté à traiter en ennemis ceux qu'on
« accusera de se refuser à l'évidence. On plaint l'erreur, mais on
« hait l'opiniâtreté. Donnez la préférence à vos raisons, à la bonne
« heure; mais sachez que ceux qui ne s'y rendent pas ont les leurs.

« Honorez en général tous les fondateurs de vos cultes respectifs;
« que chacun rende au sien ce qu'il croit lui devoir; mais qu'il ne
« méprise point ceux des autres. Ils ont eu de grands génies et de
« grandes vertus : cela est toujours estimable. Ils se sont dits les
« envoyés de Dieu; cela peut être et n'être pas : c'est de quoi la plu-
« ralité ne sauroit juger d'une manière uniforme, les preuves n'étant
« pas également à sa portée. Mais quand cela ne seroit pas, il ne
« faut point les traiter si légèrement d'imposteurs. Qui sait jus-
« qu'où les méditations continuelles sur la Divinité, jusqu'où l'en-
« thousiasme de la vertu ont pu, dans leurs sublimes âmes, trou-
« bler l'ordre didactique et rampant des idées vulgaires? Dans
« une trop grande élévation la tête tourne, et l'on ne voit plus les
« choses comme elles sont. Socrate a cru avoir un esprit familier,
« et l'on n'a point osé l'accuser pour cela d'être un fourbe. Traite-
« rons-nous les fondateurs des peuples, les bienfaiteurs des nations
« avec moins d'égards qu'un particulier?

« Du reste, plus de disputes entre vous sur la préférence de vos
« cultes : ils sont tous bons lorsqu'ils sont prescrits par les lois, et
« que la religion essentielle s'y trouve; ils sont mauvais quand elle
« ne s'y trouve pas. La forme du culte est la police des religions et
« non leur essence, et c'est au souverain qu'il appartient de régler
« la police dans son pays. »

J'ai pensé, monseigneur, que celui qui raisonneroit ainsi ne seroit
point un blasphémateur, un impie; qu'il proposeroit un moyen de
paix juste, raisonnable, utile aux hommes : et que cela n'empêcheroit pas qu'il n'eût sa religion particulière ainsi que les autres, et
qu'il n'y fût tout aussi sincèrement attaché. Le vrai croyant,
sachant que l'infidèle est aussi un homme, et peut-être un honnête
homme, peut sans crime s'intéresser à son sort. Qu'il empêche un
culte étranger de s'introduire dans son pays, cela est juste; mais

qu'il ne damne pas pour cela ceux qui ne pensent pas comme lui; car quiconque prononce un jugement si téméraire se rend l'ennemi du reste du genre humain. J'entends dire sans cesse qu'il faut admettre la tolérance civile, non la théologique. Je pense tout le contraire; je crois qu'un homme de bien, dans quelque religion qu'il vive de bonne foi, peut être sauvé. Mais je ne crois pas pour cela qu'on puisse légitimement introduire en un pays des religions étrangères sans la permission du souverain : car si ce n'est pas directement désobéir à Dieu, c'est désobéir aux lois; et qui désobéit aux lois désobéit à Dieu.

Quant aux religions une fois établies ou tolérées dans un pays, je crois qu'il est injuste et barbare de les y détruire par la violence, et que le souverain se fait tort à lui-même en maltraitant leurs sectateurs. Il est bien différent d'embrasser une religion nouvelle, ou de vivre dans celle où l'on est né; le premier cas seul est punissable. On ne doit ni laisser établir une diversité de cultes, ni proscrire ceux qui sont une fois établis; car un fils n'a jamais tort de suivre la religion de son père. La raison de la tranquillité publique est toute contre les persécuteurs. La religion n'excite jamais de troubles dans un État que quand le parti dominant veut tourmenter le parti foible, ou que le parti foible, intolérant par principes, ne peut vivre en paix avec qui que ce soit. Mais tout culte légitime, c'est-à-dire tout culte où se trouve la religion essentielle, et dont par conséquent les sectateurs ne demandent que d'être soufferts et vivre en paix, n'a jamais causé ni révoltes ni guerres civiles, si ce n'est lorsqu'il a fallu se défendre et repousser les persécuteurs. Jamais les protestants n'ont pris les armes en France que lorsqu'on les y a poursuivis. Si l'on eût pu se résoudre à les laisser en paix, ils y seroient demeurés. Je conviens sans détour qu'à sa naissance la religion réformée n'avoit pas droit de s'établir en France malgré les lois : mais lorsque, transmise des pères aux enfants, cette religion fut devenue celle d'une partie de la nation françoise, et que le prince eut solennellement traité avec cette partie par l'édit de Nantes, cet édit devint un contrat inviolable, qui ne pouvoit plus être annulé que du commun consentement des deux partis; et depuis ce temps l'exercice de la religion protestante est, selon moi, légitime en France.

Quand il ne le seroit pas, il resteroit toujours aux sujets l'alternative de sortir du royaume avec leurs biens, ou d'y rester soumis au culte dominant. Mais les contraindre à rester sans les vouloir tolérer, vouloir à la fois qu'ils soient et qu'ils ne soient pas, les priver même du droit de la nature, annuler leurs mariages[1], déclarer leurs enfants bâtards... En ne disant que ce qui est, j'en dirois trop ; il faut me taire.

Voici du moins ce que je puis dire. En considérant la seule raison d'État, peut-être a-t-on bien fait d'ôter aux protestants françois tous leurs chefs : mais il falloit s'arrêter là. Les maximes politiques ont leurs applications et leurs distinctions. Pour prévenir les dissensions qu'on n'a plus à craindre, on s'ôte des ressources dont on auroit grand besoin. Un parti qui n'a plus ni grands ni noblesse à sa tête, quel mal peut-il faire dans un royaume tel que la France ? Examinez toutes vos précédentes guerres appelées guerres de religion ; vous trouverez qu'il n'y en a pas une qui n'ait eu sa cause à la cour et dans les intérêts des grands : des intrigues de cabinet brouilloient les affaires, et puis les chefs ameutoient les peuples au nom de Dieu. Mais quelles intrigues, quelles cabales peuvent former des marchands et des paysans ? Comment s'y prendront-ils pour susciter un parti dans un pays où l'on ne veut que des valets ou des maîtres, et où l'égalité est inconnue ou en horreur ? Un marchand proposant de lever des troupes peut se faire écouter en Angleterre, mais il fera toujours rire des François[2].

1. Dans un arrêt du parlement de Toulouse concernant l'affaire de l'infortuné Calas, on reproche aux protestants de faire entre eux des mariages *qui, selon les protestants, ne sont que des actes civils, et par conséquent soumis entièrement, pour la forme et les effets, à la volonté du roi.*

Ainsi, de ce que, selon les protestants, le mariage est un acte civil, il s'ensuit qu'ils sont obligés de se soumettre à la volonté du roi, qui en fait un acte de la religion catholique. Les protestants, pour se marier, sont légitimement tenus de se faire catholiques, attendu que, selon eux, le mariage est un acte civil. Telle est la manière de raisonner de messieurs du parlement de Toulouse.

La France est un royaume si vaste, que les François se sont mis dans l'esprit que le genre humain ne devoit point avoir d'autres lois que les leurs. Leurs parlements et leurs tribunaux paroissent n'avoir aucune idée du droit naturel ni du droit des gens ; et il est à remarquer que, dans tout ce grand royaume où sont tant d'universités, tant de collèges, tant d'académies, et où l'on enseigne avec tant d'importance tant d'inutilités, il n'y a pas une seule chaire de droit naturel. C'est le seul peuple de l'Europe qui ait regardé cette étude comme n'étant bonne à rien.

2. Le seul cas qui force un peuple ainsi dénué de chefs à prendre les armes, c'est quand, réduit au désespoir par ses persécuteurs, il voit qu'il ne reste plus de choix que dans la manière de périr. Telle fut, au commencement de ce siècle, la guerre des camisards. Alors on est tout étonné de la force qu'un parti méprisé tire de son désespoir : c'est ce que jamais les persécuteurs n'ont su calculer d'avance. Cependant de telles guerres coûtent tant de sang, qu'ils devroient bien y songer avant de les rendre inévitables.

Si j'étois roi, non; ministre, encore moins; mais homme puissant en France, je dirois : Tout tend parmi nous aux emplois, aux charges; tout veut acheter le droit de mal faire : Paris et la cour engouffrent tout. Laissons ces pauvres gens remplir le vide des provinces; qu'ils soient marchands, et toujours marchands; laboureurs, et toujours laboureurs. Ne pouvant quitter leur état, ils en tireront le meilleur parti possible; ils remplaceront les nôtres dans les conditions privées dont nous cherchons tous à sortir; ils feront valoir le commerce et l'agriculture, que tout nous fait abandonner; ils alimenteront notre luxe; ils travailleront, et nous jouirons.

Si ce projet n'étoit pas plus équitable que ceux qu'on suit, il seroit du moins plus humain, et sûrement il seroit plus utile. C'est moins la tyrannie et c'est moins l'ambition des chefs, que ce ne sont leurs préjugés et leurs courtes vues, qui font le malheur des nations.

Je finirai par transcrire une espèce de discours qui a quelque rapport à mon sujet, et qui ne m'en écartera pas longtemps.

Un parsi de Surate, ayant épousé en secret une musulmane, fut découvert, arrêté; et ayant refusé d'embrasser le mahométisme, il fut condamné à mort. Avant d'aller au supplice, il parla ainsi à ses juges :

« Quoi! vous voulez m'ôter la vie! Eh! de quoi me punissez-
« vous? J'ai trangressé ma loi plutôt que la vôtre : ma loi parle au
« cœur et n'est pas cruelle; mon crime a été puni par le blâme de
« mes frères. Mais que vous ai-je fait pour mériter de mourir? Je
« vous ai traités comme ma famille, et je me suis choisi une sœur
« parmi vous; je l'ai laissée libre dans sa croyance, et elle a respecté
« la mienne pour son propre intérêt : borné sans regret à elle seule,
« je l'ai honorée comme l'instrument du culte qu'exige l'auteur
« de mon être : j'ai payé par elle le tribut que tout homme doit au
« genre humain : l'amour me l'a donnée, et la vertu me la rendoit
« chère; elle n'a point vécu dans la servitude, elle a possédé sans
« partage le cœur de son époux; ma faute n'a pas moins fait son
« bonheur que le mien.

« Pour expier une faute si pardonnable, vous m'avez voulu
« rendre fourbe et menteur; vous m'avez voulu forcer à professer
« vos sentiments, sans les aimer et sans y croire : comme si le
« transfuge de nos lois eût mérité de passer sous les vôtres, vous
« m'avez fait opter entre le parjure et la mort; et j'ai choisi, car
« je ne veux pas vous tromper. Je meurs donc, puisqu'il le faut :
« mais je meurs digne de revivre et d'animer un autre homme juste.
« Je meurs martyr de ma religion, sans crainte d'entrer après ma

« mort dans la vôtre. Puissé-je renaître chez les musulmans pour
« leur apprendre à devenir humains, cléments, équitables; car,
« servant le même Dieu que nous servons, puisqu'il n'y en a pas
« deux, vous vous aveuglez dans votre zèle en tourmentant ses
« serviteurs, et vous n'êtes cruels et sanguinaires que parce que
« vous êtes inconséquents.

« Vous êtes des enfants qui, dans vos jeux, ne savez que faire du
« mal aux hommes. Vous vous croyez savants, et vous ne savez
« rien de ce qui est de Dieu. Vos dogmes récents sont-ils conve-
« nables à celui qui est et qui veut être adoré de tous les temps?
« Peuples nouveaux, comment osez-vous parler de la religion
« devant nous? Nos rites sont aussi vieux que les astres; les pre-
« miers rayons du soleil ont éclairé et reçu les hommages de nos
« pères. Le grand Zerdust a vu l'enfance du monde, il a prédit et
« marqué l'ordre de l'univers : et vous, hommes d'hier, vous voulez
« être nos prophètes ! Vingt siècles avant Mahomet, avant la nais-
« sance d'Ismaël et de son père, les mages étoient antiques; nos
« livres sacrés étoient déjà la loi de l'Asie et du monde, et trois
« grands empires avoient successivement achevé leur long cours
« sous nos ancêtres avant que les vôtres fussent sortis du néant.

« Voyez, hommes prévenus, la différence qui est entre vous et
« nous. Vous vous dites croyants, et vous vivez en barbares. Vos
« institutions, vos lois, vos cultes, vos vertus même, tourmentent
« l'homme et le dégradent : vous n'avez que de tristes devoirs à lui
« prescrire, des jeûnes, des privations, des combats, des mutila-
« tions, des clôtures : vous ne savez lui faire un devoir que de ce
« qui peut l'affliger et le contraindre : vous lui faites haïr la vie et
« les moyens de la conserver : vos femmes sont sans hommes, vos
« terres sont sans culture : vous mangez les animaux et vous mas-
« sacrez les humains; vous aimez le sang, les meurtres : tous vos
« établissements choquent la nature, avilissent l'espèce humaine;
« et, sous le double joug du despotisme et du fanatisme, vous l'écra-
« sez de ses rois et de ses dieux.

« Pour nous, nous sommes des hommes de paix, nous ne faisons
« ni ne voulons aucun mal à rien de ce qui respire, non pas même
« à nos tyrans; nous leur cédons sans regret le fruit de nos peines,
« contents de leur être utiles et de remplir nos devoirs. Nos nom-
« breux bestiaux couvrent vos pâturages; les arbres plantés par
« nos mains vous donnent leurs fruits et leurs ombres; vos terres
« que nous cultivons vous nourrissent par nos soins; un peuple
« simple et doux multiplie sous vos outrages, et tire pour vous la

« vie et l'abondance du sein de la mère commune, où vous ne savez
« rien trouver. Le soleil, que nous prenons à témoin de nos œuvres,
« éclaire notre patience et vos injustices; il ne se lève point sans
« nous trouver occupés à bien faire, et en se couchant il nous
« ramène au sein de nos familles nous préparer à de nouveaux
« travaux.

« Dieu seul sait la vérité. Si malgré tout cela nous nous trompons
« dans notre culte, il est toujours peu croyable que nous soyons con-
« damnés à l'enfer, nous qui ne faisons que du bien sur la terre, et
« que vous soyez les élus de Dieu, vous qui n'y faites que du mal.
« Quand nous serions dans l'erreur, vous devriez la respecter pour
« votre avantage. Notre piété vous engraisse, et la vôtre vous con-
« sume; nous réparons le mal que vous fait une religion destruc-
« tive. Croyez-moi, laissez-nous un culte qui vous est utile : crai-
« gnez qu'un jour nous n'adoptions le vôtre; c'est le plus grand mal
« qui vous puisse arriver. »

J'ai tâché, monseigneur, de vous faire entendre dans quel esprit
a été écrite la Profession de foi du vicaire savoyard, et les considérations qui m'ont porté à la publier. Je vous demande à présent à
quel égard vous pouvez qualifier sa doctrine de blasphématoire,
d'impie, d'abominable, et ce que vous y trouvez de scandaleux et
de pernicieux au genre humain. J'en dis autant à ceux qui m'accusent d'avoir dit ce qu'il falloit taire, et d'avoir voulu troubler
l'ordre public; imputation vague et téméraire, avec laquelle ceux
qui ont le moins réfléchi sur ce qui est utile ou nuisible indisposent
d'un mot le public crédule contre un auteur bien intentionné.
Est-ce apprendre au peuple à ne rien croire, que le rappeler à la
véritable foi qu'il oublie? Est-ce troubler l'ordre, que renvoyer
chacun aux lois de son pays? Est-ce anéantir tous les cultes, que
borner chaque peuple au sien? Est-ce ôter celui qu'on a, que ne
vouloir pas qu'on en change? Est-ce se jouer de toute religion,
que respecter toutes les religions? Enfin, est-il donc si essentiel à
chacune de haïr les autres, que, cette haine ôtée, tout soit ôté?

Voilà pourtant ce qu'on persuade au peuple quand on veut lui
faire prendre son défenseur en haine, et qu'on a la force en main.
Maintenant, hommes cruels, vos décrets, vos bûchers, vos mandements, vos journaux, le troublent et l'abusent sur mon compte. Il
me croit un monstre, sur la foi de vos clameurs. Mais vos clameurs
cesseront enfin; mes écrits resteront malgré vous, pour votre
honte : les chrétiens, moins prévenus, y chercheront avec surprise
les horreurs que vous prétendez y trouver; ils n'y verront, avec la

morale de leur divin Maître, que des leçons de paix, de concorde et de charité. Puissent-ils y apprendre à être plus justes que leurs pères ! Puissent les vertus qu'ils y auront prises me venger un jour de vos malédictions !

A l'égard des objections sur les sectes particulières dans lesquelles l'univers est divisé, que ne puis-je leur donner assez de force pour rendre chacun moins entêté de la sienne et moins ennemi des autres, pour porter chaque homme à l'indulgence, à la douceur, par cette considération si frappante et si naturelle que, s'il fût né dans un autre pays, dans une autre secte, il prendroit infailliblement pour l'erreur ce qu'il prend pour la vérité, et pour la vérité ce qu'il prend pour l'erreur ! Il importe tant aux hommes de tenir moins aux opinions qui les divisent qu'à celles qui les unissent ! Et, au contraire, négligeant ce qu'ils ont de commun, ils s'acharnent aux sentiments particuliers avec une espèce de rage; ils tiennent d'autant plus à ces sentiments qu'ils semblent moins raisonnables; et chacun voudroit suppléer, à force de confiance, à l'autorité que la raison refuse à son parti. Ainsi, d'accord au fond sur tout ce qui nous intéresse, et dont on ne tient aucun compte, on passe la vie à disputer, à chicaner, à tourmenter, à persécuter, à se battre pour les choses qu'on entend le moins, et qu'il est le moins nécessaire d'entendre; on entasse en vain décisions sur décisions; on plâtre en vain leurs contradictions d'un jargon inintelligible; on trouve chaque jour de nouvelles questions à résoudre, chaque jour de nouveaux sujets de querelles, parce que chaque doctrine a des branches infinies, et que chacun, entêté de sa petite idée, croit essentiel ce qui ne l'est point, et néglige l'essentiel véritable. Que si on leur propose des objections qu'ils ne peuvent résoudre, ce qui, vu l'échafaudage de leurs doctrines, devient plus facile de jour en jour, ils se dépitent comme des enfants; et parce qu'ils sont plus attachés à leur parti qu'à la vérité, et qu'ils ont plus d'orgueil que de bonne foi, c'est sur ce qu'ils peuvent le moins prouver qu'ils pardonnent le moins quelque doute.

Ma propre histoire caractérise mieux qu'aucune autre le jugement qu'on doit porter des chrétiens d'aujourd'hui : mais comme elle en dit trop pour être crue, peut-être un jour fera-t-elle porter un jugement tout contraire; un jour peut-être ce qui fait aujourd'hui l'opprobre de mes contemporains fera leur gloire, et les simples qui liront mon livre diront avec admiration : Quels temps angéliques ce devoient être ceux où un tel livre a été brûlé comme impie, et son auteur poursuivi comme un malfaiteur ! sans doute alors tous les écrits respiroient la dévotion la plus sublime, et la terre étoit couverte de saints.

Mais d'autres livres demeureront. On saura, par exemple, que ce même siècle a produit un panégyriste de la Saint-Barthélemy, François, et, comme on peut bien croire, homme d'Église, sans que ni parlement ni prélat ait songé même à lui chercher querelle. Alors en comparant la morale des deux livres et le sort des deux auteurs, on pourra changer de langage et tirer une autre conclusion.

Les doctrines abominables sont celles qui mènent au crime, au meurtre, et qui font des fanatiques. Eh! qu'y a-t-il de plus abominable au monde que de mettre l'injustice et la violence en système, et de les faire découler de la clémence de Dieu? Je m'abstiendrai d'entrer ici dans un parallèle qui pourroit vous déplaire : convenez seulement, monseigneur, que si la France eût professé la religion du prêtre savoyard, cette religion si simple et si pure, qui fait craindre Dieu et aimer les hommes, des fleuves de sang n'eussent point si souvent inondé les champs françois; ce peuple si doux et si gai n'eût point étonné les autres de ses cruautés dans tant de persécutions et de massacres, depuis l'inquisition de Toulouse[1] jusqu'à la Saint-Barthélemy, et depuis les guerres des Albigeois jusqu'aux dragonnades; le conseiller Anne du Bourg n'eût point été pendu pour avoir opiné à la douceur envers les réformés; les habitants de Mérindol et de Cabrière n'eussent point été mis à mort par arrêt du parlement d'Aix; et, sous nos yeux, l'innocent Calas, torturé par les bourreaux, n'eût point péri sur la roue. Revenons à présent, monseigneur, à vos censures, et aux raisons sur lesquelles vous les fondez.

Ce sont toujours des hommes, dit le vicaire, qui nous attestent la parole de Dieu, et qui nous l'attestent en des langues qui nous sont inconnues. Souvent, au contraire, nous aurions grand besoin que Dieu nous attestât la parole des hommes; il est bien sûr au

---

1. Il est vrai que Dominique, saint espagnol, y eut une grande part. Le Saint, selon un écrivain de son ordre, eut la charité, prêchant contre les Albigeois, de s'adjoindre de dévotes personnes, zélées pour la foi, lesquelles prissent le soin d'extirper corporellement et par le glaive matériel les hérétiques qu'il n'auroit pu vaincre avec le glaive de la parole de Dieu : *Ob caritatem prædicans contra Albienses in adjutorium sumpsit quasdam devotas personas, zelantes pro fide, quæ corporaliter illos hæreticos gladio materiali expugnarent, quos ipse gladio verbi Dei amputare non posset.* (ANTON. *in Chron.*, p. III, tit. XXIII, cap. XIV, § 2.) Cette charité ne ressemble guère à celle du vicaire; aussi a-t-elle un prix bien différent : l'une fait décréter, et l'autre canoniser ceux qui la professent.

moins qu'il eût pu nous donner la sienne, sans se servir d'organes si suspects. Le vicaire se plaint qu'il faille tant de témoignages humains pour certifier la parole divine : *Que d'hommes*, dit-il, *entre Dieu et moi!*

Vous répondez : *Pour que cette plainte fût sensée, M. T. C. F., il faudroit pouvoir conclure que la révélation est fausse dès qu'elle n'a point été faite à chaque homme en particulier ; il faudroit pouvoir dire : Dieu ne peut exiger de moi que je croie ce qu'on m'assure qu'il a dit, dès que ce n'est pas directement à moi qu'il a adressé sa parole*[1].

Et, tout au contraire, cette plainte n'est sensée qu'en admettant la vérité de la révélation : car si vous la supposez fausse, quelle plainte avez-vous à faire du moyen dont Dieu s'est servi, puisqu'il ne s'en est servi d'aucun? Vous doit-il compte des tromperies d'un imposteur? Quand vous vous laissez duper, c'est votre faute, et non pas la sienne. Mais lorsque Dieu, maître du choix de ses moyens, en choisit par préférence qui exigent de notre part tant de savoir et de si profondes discussions, le vicaire a-t-il tort de dire : « Voyons « toutefois, examinons, comparons, vérifions. Oh! si Dieu eût « daigné me dispenser de tout ce travail, l'en aurois-je servi de « moins bon cœur? »

Monseigneur, votre mineure est admirable : il faut la transcrire ici tout entière : j'aime à rapporter vos propres termes : c'est ma plus grande méchanceté.

Mais n'est-il donc pas une infinité de faits, même antérieurs à celui de la révélation chrétienne, dont il seroit absurde de douter? Par quelle autre voie que celle des témoignages humains l'auteur lui-même a-t-il donc connu cette Sparte, cette Athènes, cette Rome dont il vante si souvent et avec tant d'assurance les lois, les mœurs et les héros? Que d'hommes entre lui et les historiens qui ont conservé la mémoire de ces événements!

Si la matière était moins grave et que j'eusse moins de respect pour vous, cette manière de raisonner me fourniroit peut-être l'occasion d'égayer un peu mes lecteurs : mais à Dieu ne plaise que j'oublie le ton qui convient au sujet que je traite et à l'homme à qui je parle! Au risque d'être plat dans ma réponse, il me suffit de montrer que vous vous trompez.

Considérez donc, de grâce, qu'il est tout à fait dans l'ordre que des faits humains soient attestés par des témoignages humains: ils ne peuvent l'être par nulle autre voie : je ne puis savoir que Sparte

---

1. Mandement, § 15.

et Rome ont existé que parce que des auteurs contemporains me le disent, et entre moi et un autre homme qui a vécu loin de moi, il faut nécessairement des intermédiaires. Mais pourquoi en faut-il entre Dieu et moi? et pourquoi en faut-il de si éloignés, qui en ont besoin de tant d'autres? Est-il simple, est-il naturel que Dieu ait été chercher Moïse pour parler à Jean-Jacques Rousseau?

D'ailleurs nul n'est obligé, sous peine de damnation, de croire que Sparte ait existé; nul, pour en avoir douté, ne sera dévoré des flammes éternelles. Tout fait dont nous ne sommes pas les témoins n'est établi pour nous que sur des preuves morales, et toute preuve morale est susceptible de plus et de moins. Croirai-je que la justice divine me précipite à jamais dans l'enfer, uniquement pour n'avoir pas su marquer bien exactement le point où une telle preuve devient invincible?

S'il y a dans le monde une histoire attestée, c'est celle des vampires : rien n'y manque, procès-verbaux, certificats de notables, de chirurgiens, de curés, de magistrats; la preuve juridique est des plus complètes. Avec cela, qui est-ce qui croit aux vampires? Serons-nous tous damnés pour n'y avoir pas cru?

Quelque attestés que soient, au gré même de l'incrédule Cicéron, plusieurs des prodiges rapportés par Tite Live, je les regarde comme autant de fables, et sûrement je ne suis pas le seul. Mon expérience constante et celle de tous les hommes est plus forte en ceci que le témoignage de quelques-uns. Si Sparte et Rome ont été des prodiges elles-mêmes, c'étoient des prodiges dans le genre moral; et comme on s'abuseroit en Laponie de fixer à quatre pieds la stature naturelle de l'homme, on ne s'abuseroit pas moins parmi nous de fixer la mesure des âmes humaines sur celle des gens que l'on voit autour de soi.

Vous vous souviendrez, s'il vous plaît, que je continue ici d'examiner vos raisonnements en eux-mêmes, sans soutenir ceux que vous attaquez. Après ce mémoratif nécessaire, je me permettrai sur votre manière d'argumenter encore une supposition.

Un habitant de la rue Saint-Jacques vient tenir ce discours à monsieur l'archevêque de Paris : « Monseigneur, je sais que vous ne « croyez ni à la béatitude de saint Jean de Pâris, ni aux miracles « qu'il a plu à Dieu d'opérer en public sur sa tombe, à la vue de « la ville du monde la plus éclairée et la plus nombreuse; mais je « crois devoir vous attester que je viens de voir ressusciter le saint « en personne, dans le lieu où ses os ont été déposés ».

L'homme de la rue Saint-Jacques ajoute à cela le détail de toutes les circonstances qui peuvent frapper le spectateur d'un pareil fait. Je suis persuadé qu'à l'ouïe de cette nouvelle, avant de vous expliquer sur la foi que vous y ajoutez, vous commencerez par interroger celui qui l'atteste, sur son état, sur ses sentiments, sur son confesseur, sur d'autres articles semblables; et lorsqu'à son air comme à ses discours vous aurez compris que c'est un pauvre ouvrier, et que, n'ayant point à vous montrer de billet de confession, il vous confirmera dans l'opinion qu'il est janséniste : « Ah! « ah! lui direz-vous d'un air railleur, vous êtes convulsionnaire, « et vous avez vu ressusciter saint Pâris ! cela n'est pas fort éton- « nant; vous avez tant vu d'autres merveilles ! »

Toujours dans ma supposition, sans doute il insistera : il vous dira qu'il n'a point vu seul le miracle; qu'il avait deux ou trois personnes avec lui qui ont vu la même chose, et que d'autres à qui il l'a voulu raconter disent l'avoir aussi vu eux-mêmes. Là-dessus vous demanderez si tous ces témoins étoient jansénistes. « Oui, « monseigneur, dira-t-il; mais n'importe, ils sont en nombre suf- « fisant, gens de bonnes mœurs, de bon sens, et non récusables; la « preuve est complète, et rien ne manque à notre déclaration pour « constater la vérité du fait. »

D'autres évêques moins charitables enverroient chercher un commissaire, et lui consigneroient le bon homme honoré de la vision glorieuse, pour en aller rendre grâce à Dieu aux Petites-Maisons. Pour vous, monseigneur, plus humain, mais non plus crédule, après une grave réprimande, vous vous contenterez de lui dire : « Je sais que deux ou trois témoins, honnêtes gens et de « bon sens, peuvent attester la vie ou la mort d'un homme; mais « je ne sais pas encore combien il en faut pour constater la résur- « rection d'un janséniste. En attendant que je l'apprenne, allez, « mon enfant, tâchez de fortifier votre cerveau creux. Je vous « dispense du jeûne, et voilà de quoi vous faire de bon bouil- « lon ».

C'est à peu près, monseigneur, ce que vous diriez, et ce que diroit tout autre homme sage à votre place. D'où je conclus que, même selon vous, et selon tout autre homme sage, les preuves morales suffisantes pour constater les faits qui sont dans l'ordre des possibilités morales ne suffisent plus pour constater des faits d'un autre ordre et purement surnaturels; sur quoi je vous laisse juger vous-même de la justesse de votre comparaison.

Voici pourtant la conclusion triomphante que vous en tirez contre moi : *Son scepticisme n'est donc ici fondé que sur l'intérêt de son incrédulité*[1]. Monseigneur, si jamais elle me procure un évêché de cent mille livres de rente, vous pourrez parler de l'intérêt de mon incrédulité.

Continuons maintenant à vous transcrire, en prenant seulement la peine de restituer, au besoin, les passages de mon livre que vous tronquez.

« Qu'un homme, *ajoute-t-il plus loin*, vienne nous tenir ce lan-« gage : Mortels, je vous annonce les volontés du Très-Haut : « reconnoissez à ma voix celui qui m'envoie. J'ordonne au soleil « de changer son cours, aux étoiles de former un autre arrangement, « aux montagnes de s'aplanir, aux flots de s'élever, à la terre de « prendre un autre aspect : à ces merveilles, qui ne reconnoîtra pas « à l'instant le maître de la nature? » *Qui ne croiroit, M. T. C. F.*, *que celui qui s'exprime de la sorte ne demande qu'à voir des miracles pour être chrétien?*

Bien plus que cela, monseigneur, puisque je n'ai pas même besoin de miracles pour être chrétien.

Écoutez toutefois ce qu'il ajoute : « Reste enfin, dit-il, l'examen le « plus important dans la doctrine annoncée : car, puisque ceux qui « disent que Dieu fait ici-bas des miracles prétendent que le diable « les imite quelquefois, avec les prodiges les mieux constatés nous « ne sommes pas plus avancés qu'auparavant, et puisque les magi-« ciens de Pharaon osoient, en présence même de Moïse, faire les « mêmes signes qu'il faisoit par l'ordre exprès de Dieu, pourquoi, « dans son absence, n'eussent-ils pas, aux mêmes titres, prétendu « la même autorité? Ainsi donc, après avoir prouvé la doctrine par « le miracle, il faut prouver le miracle par la doctrine, de peur de « prendre l'œuvre du démon pour l'œuvre de Dieu[2]. Que faire en « pareil cas pour éviter le diallèle? Une seule chose, revenir au rai-« sonnement, et laisser là les miracles. Mieux eût valu n'y pas « recourir. »

C'est dire : Qu'on me montre des miracles, et je croirai. Oui, mon-seigneur, c'est dire : Qu'on me montre des miracles, et je croirai aux miracles. *C'est dire : Qu'on me montre des miracles, et je refu-serai encore de croire.* Oui, monseigneur, c'est dire, selon le précepte même de Moïse[3] : Qu'on me montre des miracles, et je refuserai encore de croire une doctrine absurde et déraisonnable qu'on voudroit étayer par eux. Je croiroi plutôt à la magie, que de reconnoître la voix de Dieu dans des leçons contre la raison.

J'ai dit que c'étoit là du bon sens le plus simple, qu'on n'obscurciroit qu'avec des distinctions tout au moins très subtiles : c'est encore une de mes prédictions; en voici l'accomplissement.

Quand une doctrine est reconnue vraie, divine, fondée sur une révélation certaine, on s'en sert pour juger des miracles, c'est-à-dire, pour rejeter les prétendus prodiges que des imposteurs voudroient opposer à cette doctrine. Quand il s'agit d'une doctrine nouvelle qu'on annonce comme émanée du sein de Dieu, les miracles sont produits en preuves; c'est-à-dire que celui qui prend la qualité d'envoyé du Très-Haut confirme sa mission, sa prédication par des miracles, qui sont le témoignage même de la Divinité. Ainsi la doctrine et les miracles sont des arguments respectifs dont on fait usage selon les divers points de vue où l'on se place dans l'étude et dans l'enseignement de la religion. Il ne se trouve là ni abus du raisonnement, ni sophisme ridicule, ni cercle vicieux[1].

Le lecteur en jugera : pour moi, je n'ajouterai pas un seul mot. J'ai quelquefois répondu ci-devant avec mes passages; mais c'est avec le vôtre que je veux vous répondre ici.

Où est donc, M. T. C. F., la bonne foi philosophique dont se pare cet écrivain?

Monseigneur, je ne me suis jamais piqué d'une bonne foi philosophique, car je n'en connois pas de telle : je n'ose même plus trop parler de la bonne foi chrétienne, depuis que les soi-disant chrétiens de nos jours trouvent si mauvais qu'on ne supprime pas les objections qui les embarrassent. Mais, pour la bonne foi pure et simple, je demande laquelle, de la mienne ou de la vôtre, est la plus facile à trouver ici.

Plus j'avance, plus les points à traiter deviennent intéressants. Il faut donc continuer à vous transcrire. Je voudrois, dans des discussions de cette importance, ne pas omettre un de vos mots.

On croiroit qu'après les plus grands efforts pour décréditer les témoignages humains qui attestent la révélation chrétienne, le même auteur y défère cependant de la manière la plus positive, la plus solennelle.

On auroit raison sans doute, puisque je tiens pour révélée toute doctrine où je reconnois l'esprit de Dieu. Il faut seulement ôter l'amphibologie de votre phrase; car si le verbe relatif *y défère* se

---

1. Mandement, § 17.

rapporte. à la révélation chrétienne, vous avez raison : mais s'il se rapporte aux témoignages humains, vous avez tort. Quoi qu'il en soit, je prends acte de votre témoignage contre ceux qui osent dire que je rejette toute révélation; comme si c'étoit rejeter une doctrine que de la reconnoître sujette à des difficultés insolubles à l'esprit humain; comme si c'étoit la rejeter que ne pas l'admettre sur le témoignage des hommes, lorsqu'on a d'autres preuves équivalentes ou supérieures qui dispensent de celle-là! Il est vrai que vous dites conditionnellement. *On croiroit :* mais *on croiroit* signifie *on croit*, lorsque la raison d'exception pour ne pas croire se réduit à rien, comme on verra ci-après de la vôtre. Commençons par la preuve affirmative.

Il faut, pour vous en convaincre, M. T. C. F., et en même temps pour vous édifier, mettre sous vos yeux cet endroit de son ouvrage : « J'avoue que la majesté des Écritures m'étonne : la sainteté de « l'Évangile[1] parle à mon cœur. Voyez les livres des philosophes : « avec toute leur pompe, qu'ils sont petits près de celui-là! Se peut-« il qu'un livre à la fois si sublime et si simple soit l'ouvrage des « hommes? Se peut-il que celui dont il fait l'histoire ne soit qu'un « homme lui-même? Est-ce là le ton d'un enthousiaste ou d'un « ambitieux sectaire? Quelle douceur, quelle pureté dans ses « mœurs! quelle grâce touchante dans ses instructions! quelle « élévation dans ses maximes! quelle profonde sagesse dans ses « discours! quelle présence d'esprit! quelle finesse et quelle justesse « dans ses réponses! quel empire sur ses passions! Où est l'homme, « où est le sage qui sait agir, souffrir et mourir sans foiblesse et sans « ostentation[2]? Quand Platon peint son juste imaginaire couvert de « tout l'opprobre du crime et digne de tous les prix de la vertu, il « peint trait pour trait Jésus-Christ : la ressemblance est si frap-« pante, que tous les Pères l'ont sentie, et qu'il n'est pas possible « de s'y tromper. Quels préjugés, quel aveuglement ne faut-il point

---

1. La négligence avec laquelle M. de Beaumont me transcrit lui a fait faire ici deux changements dans une ligne : il a mis *la majesté de l'Écriture* au lieu de *la majesté des Écritures,* et il a mis *la sainteté de l'Écriture* au lieu de *la sainteté de l'Évangile.* Ce n'est pas, à la vérité, me faire dire des hérésies, mais c'est me faire parler niaisement.

2. Je remplis, selon ma coutume, les lacunes faites par M. de Beaumont; non qu'absolument celles qu'il fait ici soient insidieuses comme en d'autres endroits, mais parce que le défaut de suite et de liaison affoiblit le passage quand il est tronqué, et aussi parce que mes persécuteurs, supprimant avec soin tout ce que j'ai dit de si bon cœur en faveur de la religion, il est bon de le rétablir à mesure que l'occasion s'en trouve.

« avoir, pour oser comparer le fils de Sophronisque au fils de Marie !
« Quelle distance de l'un à l'autre ! Socrate mourant sans douleurs,
« sans ignonimie, soutint aisément jusqu'au bout son personnage;
« et si cette facile mort n'eût honoré sa vie, on douteroit si Socrate,
« avec tout son esprit, fut autre chose qu'un sophiste. Il inventa,
« dit-on, la morale : d'autres avant lui l'avoient mise en pratique;
« il ne fit que dire ce qu'ils avoient fait; il ne fit que mettre en
« leçons leurs exemples. Aristide avoit été juste avant que Socrate
« eût dit ce que c'étoit que justice. Léonidas étoit mort pour son
« pays avant que Socrate eût fait un devoir d'aimer la patrie;
« Sparte étoit sobre avant que Socrate eût loué la sobriété; avant
« qu'il eût défini la vertu, Sparte abondoit en hommes vertueux.
« Mais où Jésus avoit-il pris parmi les siens cette morale élevée et
« pure, dont lui seul a donné les leçons et l'exemple? Du sein du plus
« furieux fanatisme la plus haute sagesse se fit entendre, et la sim-
« plicité des plus héroïques vertus honora le plus vil de tous les
« peuples. La mort de Socrate, philosophant tranquillement avec
« ses amis, est la plus douce qu'on puisse désirer; celle de Jésus
« expirant dans les tourments, injurié, raillé, maudit de tout un
« peuple, est la plus horrible qu'on puisse craindre. Socrate pre-
« nant la coupe empoisonnée bénit celui qui la lui présente et qui
« pleure. Jésus, au milieu d'un supplice affreux, prie pour ses bour-
« reaux acharnés. Oui, si la vie et la mort de Socrate sont d'un
« sage, la vie et la mort de Jésus sont d'un Dieu. Dirons-nous que
« l'histoire de l'Évangile est inventée à plaisir? Non, ce n'est pas
« ainsi qu'on invente; et les faits de Socrate, dont personne ne
« doute, sont moins attestés que ceux de Jésus-Christ. Au fond,
« c'est reculer la difficulté sans la détruire. Il seroit plus inconce-
« vable que plusieurs hommes d'accord eussent fabriqué ce livre,
« qu'il ne l'est qu'un seul en ait fourni le sujet. Jamais des auteurs
« juifs n'eussent trouvé ni ce ton ni cette morale; et l'Évangile a
« des caractères de vérité si grands, si frappants, si parfaitement
« inimitables, que l'inventeur en seroit plus étonnant que le héros.
Il seroit difficile, M. T. C. F., de rendre un plus bel hommage à
l'authenticité de l'Évangile[1]. Je vous sais gré, monseigneur, de cet
aveu; c'est une injustice que vous avez de moins que les autres.
Venons maintenant à la preuve négative qui vous fait dire on
croiroit, au lieu d'on croit.
Cependant l'auteur ne la croit qu'en conséquence des témoignages

1. Mandement, § 17.

humains. Vous vous trompez, monseigneur; je la reconnois en conséquence de l'Évangile, et de la sublimité que j'y vois sans qu'on me l'atteste. Je n'ai pas besoin qu'on m'affirme qu'il y a un Évangile, lorsque je le tiens. *Ce sont toujours des hommes qui lui rapportent ce que d'autres hommes ont rapporté.* Eh! point du tout; on ne me rapporte point que l'Évangile existe, je le vois de mes propres yeux; et quand tout l'univers me soutiendroit qu'il n'existe pas, je saurois très bien que tout l'univers ment ou se trompe. *Que d'hommes entre Dieu et lui!* Pas un seul. L'Évangile est la pièce qui décide, et cette pièce est entre mes mains. De quelque manière qu'elle y soit venue et quelque auteur qui l'ait écrite, j'y reconnois l'esprit divin, cela est immédiat autant qu'il peut l'être; il n'y a point d'hommes entre cette preuve et moi; et, dans le sens où il y en auroit, l'historique de ce saint livre, de ses auteurs, du temps où il a été composé, etc., rentre dans les discussions de critique où la preuve morale est admise. Telle est la réponse du vicaire savoyard.

Le voilà donc bien évidemment en contradiction avec lui-même : le voilà confondu par ses propres aveux. Je vous laisse jouir de toute ma confusion. *Par quel étrange aveuglement a-t-il donc pu ajouter :* « Avec tout cela ce même Évangile est plein de choses incroyables, « de choses qui répugnent à la raison, et qu'il est impossible à tout « homme sensé de concevoir ni d'admettre. Que faire au milieu de « toutes ces contradictions? Être toujours modeste et circonspect, « respecter en silence[1] ce qu'on ne sauroit ni rejeter ni comprendre, « et s'humilier devant le grand Être qui seul sait la vérité. Voilà le « scepticisme involontaire où je suis resté ». *Mais le scepticisme, M. T. C. F., peut-il donc être involontaire, lorsqu'on refuse de se soumettre à la doctrine d'un livre qui ne sauroit être inventé par les hommes; lorsque ce livre porte des caractères de vérité si grands, si*

---

1. Pour que les hommes s'imposent ce respect et ce silence, il faut que quelqu'un leur dise une fois les raisons d'en user ainsi. Celui qui connoît ces raisons peut les dire; mais ceux qui censurent et en disent point pourroient se taire. Parler au public avec franchise, avec fermeté, est un droit commun à tous les hommes, et même un devoir en toute chose utile : mais il n'est guère permis à un particulier d'en censurer publiquement un autre; c'est s'attribuer une trop grande supériorité de vertus, de talents, de lumières. Voilà pourquoi je ne me suis jamais ingéré de critiquer ni réprimander personne. J'ai dit à mon siècle des vérités dures, mais je n'en ai dit à aucun en particulier; et, s'il m'est arrivé d'attaquer et nommer quelques livres, je n'ai jamais parlé des auteurs vivants qu'avec toute sorte de bienséance et d'égards. On voit comment ils me le rendent. Il me semble que tous ces messieurs, qui se mettent si fièrement en avant pour m'enseigner l'humanité, trouvent la leçon meilleure à donner qu'à suivre.

frappants, si parfaitement inimitables, que l'inventeur en seroit plus étonnant que le héros? C'est bien ici qu'on peut dire que l'iniquité a menti contre elle-même[1].

Monseigneur, vous me taxez d'iniquité sans sujet; vous m'imputez souvent des mensonges, et vous n'en montrez aucun. Je m'impose avec vous une maxime contraire, et j'ai quelquefois lieu d'en user.

Le scepticisme du vicaire est involontaire par la raison même qui vous fait nier qu'il le soit. Sur les foibles autorités qu'on veut donner à l'Évangile, il le rejetteroit par les raisons déduites auparavant, si l'esprit divin qui brille dans la morale et dans la doctrine de ce livre ne lui rendoit toute la force qui manque au témoignage des hommes sur un tel point. Il admet donc ce livre sacré avec toutes les choses admirables qu'il renferme, et que l'esprit humain peut entendre; mais quant aux choses incroyables qu'il y trouve, *lesquelles répugnent à sa raison, et qu'il est impossible à tout homme sensé de concevoir ni d'admettre, il les respecte en silence sans les comprendre ni les rejeter, et s'humilie devant le grand Être qui seul sait la vérité.* Tel est son scepticisme; et ce scepticisme est bien involontaire, puisqu'il est fondé sur des preuves invincibles de part et d'autre, qui forcent la raison de rester en suspens. Ce scepticisme est celui de tout chrétien raisonnable et de bonne foi, qui ne veut savoir des choses du ciel que celles qu'il peut comprendre, celles qui importent à sa conduite, et qui rejette, avec l'Apôtre, *les questions peu sensées, qui sont sans instruction, et qui n'engendrent que des combats.*

D'abord vous me faites rejeter la révélation pour m'en tenir à la religion naturelle; et premièrement je n'ai point rejeté la révélation. Ensuite vous m'accusez *de ne pas admettre même la religion naturelle, ou du moins de n'en pas reconnoître la nécessité :* et votre unique preuve est dans le passage suivant que vous rapportez : « Si « je me trompe, c'est de bonne foi; cela suffit[2] pour que mon « erreur ne me soit pas imputée à crime : quand vous vous trompe-« riez de même, il y auroit peu de mal à cela ». *C'est-à-dire,* continuez-vous, *que, selon lui, il suffit de se persuader qu'on est en possession de la vérité; que cette persuasion, fût-elle accompagnée des plus monstrueuses erreurs, ne peut jamais être un sujet de reproche, qu'on doit toujours regarder comme un homme sage et religieux celui qui,*

---

1. Mandement, § 17.
2. M. de Beaumont a mis : *Cela me suffit.*

adoptant les erreurs même de l'athéisme, dira qu'il est de bonne foi. Or, n'est-ce pas là ouvrir la porte à toutes les superstitions, à tous les systèmes fanatiques, à tous les délires de l'esprit humain?[1]

Pour vous, monseigneur, vous ne pourrez pas dire ici comme le vicaire, *Si je me trompe, c'est de bonne foi,* car c'est bien évidemment à dessein qu'il vous plaît de prendre le change et de le donner à vos lecteurs : c'est ce que je m'engage à prouver sans réplique et je m'y engage aussi d'avance afin que vous y regardiez de plus près.

La Profession du vicaire savoyard est composée de deux parties : la première, qui est la plus grande, la plus importante, la plus remplie de vérités frappantes et neuves, est destinée à combattre le moderne matérialisme, à établir l'existence de Dieu et la religion naturelle avec toute la force dont l'auteur est capable. De celle-là ni vous ni les prêtres n'en parlez point, parce qu'elle vous est fort indifférente, et qu'au fond la cause de Dieu ne vous touche guère, pourvu que celle du clergé soit en sûreté.

La seconde, beaucoup plus courte, moins régulière, moins approfondie, propose des doutes et des difficultés sur les révélations en général, donnant pourtant à la nôtre sa véritable certitude dans la pureté, la sainteté de sa doctrine, et dans la sublimité toute divine de celui qui en fut l'auteur. L'objet de cette seconde partie est de rendre chacun plus réservé dans sa religion à taxer les autres de mauvaise foi dans la leur, et de montrer que les preuves de chacune ne sont pas tellement démonstratives à tous les yeux, qu'il faille traiter en coupables ceux qui n'y voient pas la même clarté que nous. Cette seconde partie, écrite avec toute la modestie, avec tout le respect convenable, est la seule qui ait attiré votre attention et celle des magistrats. Vous n'avez eu que des bûchers et des injures pour réfuter mes raisonnements. Vous avez vu le mal dans le doute de ce qui est douteux; vous n'avez point vu le bien dans la preuve de ce qui est vrai.

En effet, cette première partie, qui contient ce qui est vraiment essentiel à la religion, est décisive et dogmatique. L'auteur ne balance pas, n'hésite pas; sa conscience et sa raison le déterminent d'une manière invincible; il croit, il affirme, il est fortement persuadé.

Il commence l'autre, au contraire, par déclarer que *l'examen qui lui reste à faire est bien différent;qu'il n'y voit qu'embarras, mystère, obscurité; qu'il n'y porte qu'incertitude et défiance; qu'il n'y faut donner à ses discours que l'autorité de la raison; qu'il ignore lui-même s'il est dans l'erreur, et que toutes ses affirmations ne sont ici que des raisons de douter.* Il propose donc ses objections, ses difficultés, ses doutes. Il propose aussi ses grandes et fortes raisons de croire; et de toute cette discussion résulte la certitude des dogmes essentiels, et un scepticisme respectueux sur les autres. A la fin de cette seconde partie, il insiste de nouveau sur la circonspection nécessaire en l'écoutant. *Si j'étois plus sûr de moi, j'aurois,* dit-il, *pris un ton dogmatique et décisif; mais je suis homme, ignorant, sujet à l'erreur : que pouvois-je faire? Je vous ai ouvert mon cœur sans réserve; ce que je tiens pour sûr, je vous l'ai donné pour tel; je vous ai donné mes doutes pour des doutes, mes opinions pour des opinions; je vous ai dit mes raisons de douter et de croire. Maintenant c'est à vous de juger.*

Lors donc que, dans le même écrit, l'auteur dit : *Si je me trompe, c'est de bonne foi, cela suffit pour que mon erreur ne me soit pas imputée à crime,* je demande à tout lecteur qui a le sens commun et quelque sincérité, si c'est sur la première ou sur la seconde partie que peut tomber ce soupçon d'être dans l'erreur; sur celle où l'auteur affirme ou sur celle où il balance; si ce soupçon marque la crainte de croire en Dieu mal à propos, ou celle d'avoir à tort des doutes sur la révélation. Vous avez pris le premier parti contre toute raison, et dans le seul désir de me rendre criminel : je vous défie d'en donner aucun autre motif. Monseigneur, où sont, je ne dis pas l'équité, la charité chrétienne, mais le bon sens et l'humanité?

Quand vous auriez pu vous tromper sur l'objet de la crainte du vicaire, le texte seul que vous rapportez vous eût désabusé malgré vous; car lorsqu'il dit, *cela suffit pour que mon erreur ne me soit pas imputée à crime,* il reconnoît qu'une pareille erreur pourroit être un crime, et que ce crime lui pourroit être imputé s'il ne procédoit pas de bonne foi. Mais quand il n'y auroit point de Dieu, où seroit le crime, de croire qu'il y en a un? Et quand ce seroit un crime, qui est-ce qui le pourroit imputer? La crainte d'être dans l'erreur ne peut donc ici tomber sur la religion naturelle, et le discours du vicaire seroit un vrai galimatias dans le sens que vous lui prêtez. Il est donc impossible de déduire du passage que vous rapportez que *je n'admets pas la religion naturelle,* ou que *je n'en reconnois pas la nécessité :* il est encore impossible d'en déduire *qu'on doive toujours,* ce sont vos termes, *regarder comme un homme sage et religieux celui qui, adoptant les erreurs de l'athéisme, dira qu'il est de bonne foi :* et il est même impossible que vous ayez cru cette déduction légitime. Si cela n'est pas démontré, rien jamais ne sauroit l'être, ou il faut que je sois un insensé.

Pour montrer qu'on ne peut s'autoriser d'une mission divine pour débiter des absurdités, le vicaire met aux prises un inspiré qu'il vous plaît d'appeler chrétien, et un raisonneur qu'il vous plaît d'appeler incrédule; et il les fait disputer chacun dans leur langage, qu'il désapprouve et qui, très sûrement, n'est ni le sien ni le mien. Là-dessus vous me taxez d'*une insigne mauvaise foi*[1], et vous prouvez cela par l'ineptie des discours du premier. Mais si ces discours sont ineptes, à quoi donc le reconnoissez-vous pour chrétien? et si le raisonneur ne réfute que des inepties, quel droit avez-vous de le taxer d'incrédulité? S'ensuit-il des inepties que débite un inspiré que ce soit un catholique, et de celles que réfute un raisonneur que ce soit un mécréant? Vous auriez bien pu, monseigneur, vous dispenser de vous reconnoître à un langage si plein de bile et de déraison; car vous n'aviez pas encore donné votre mandement.

Si la raison et la révélation étoient opposées l'une à l'autre, il est constant, dites-vous, *que Dieu seroit en contradiction avec lui-même*[2]. Voilà un grand aveu que vous nous faites là; car il est sûr que Dieu ne se contredit point. *Vous dites, ô impies, que les dogmes que nous regardons comme révélés combattent les vérités éternelles : mais il ne suffit pas de le dire.* J'en conviens; tâchons de faire plus.

Je suis sûr que vous pressentez d'avance où j'en vais venir. On voit que vous passez sur cet article des mystères comme sur des charbons ardents; vous osez à peine y poser le pied. Vous me forcez pourtant à vous arrêter un moment dans cette situation douloureuse : j'aurai la discrétion de rendre ce moment le plus court qu'il se pourra.

Vous conviendrez bien, je pense, qu'une de ces vérités éternelles qui servent d'éléments à la raison, est que la partie est moindre que le tout; et c'est pour avoir affirmé le contraire que l'inspiré vous paroît tenir un discours plein d'inepties. Or, selon votre doctrine de la transsubstantiation, lorsque Jésus fit la dernière cène avec ses disciples, et qu'ayant rompu le pain il donna son corps à chacun d'eux, il est clair qu'il tint son corps entier dans sa main; et s'il mangea lui-même du pain consacré, comme il put le faire, il mit sa tête dans sa bouche.

Voilà donc bien clairement, bien précisément, la partie plus

1. Mandement, § 19.
2. Mandement, § 20.

grande que le tout, et le contenant moindre que le contenu. Que dites-vous à cela, monseigneur? Pour moi, je ne vois que M. le chevalier de Causans qui puisse vous tirer d'affaire[1].

Je sais bien que vous avez encore la ressource de saint Augustin; mais c'est la même. Après avoir entassé sur la Trinité force discours inintelligibles, il convient qu'ils n'ont aucun sens; *mais*, dit naïvement ce Père de l'Église, *on s'exprime ainsi, non pour dire quelque chose, mais pour ne pas rester muet*[2].

Tout bien considéré, je crois, monseigneur, que le parti le plus sûr que vous ayez à prendre sur cet article, et sur beaucoup d'autres, est celui que vous avez pris avec M. de Montazet, et par la même raison[3].

*La mauvaise foi de l'auteur d'*Émile *n'est pas moins révoltante dans le langage qu'il fait tenir à un catholique prétendu*[4] : « Nos catho-« liques, lui fait-il dire, font grand bruit de l'autorité de l'Église : « mais que gagnent-ils à cela, s'il leur faut un aussi grand appareil « de preuves pour cette autorité qu'aux autres sectes pour établir « directement leur doctrine? L'Église décide que l'Église a droit « de décider. Ne voilà-t-il pas une autorité bien prouvée? » *Qui ne croiroit, M. T. C. F., à entendre cet imposteur, que l'autorité de l'Église n'est prouvée que par ses propres décisions, et qu'elle procède ainsi : Je décide que je suis infaillible; donc je le suis? Imputation calomnieuse, M. T. C. F.* Voilà, monseigneur, ce que vous assurez : il nous reste à voir vos preuves. En attendant, oseriez-vous bien affirmer que les théologiens catholiques n'ont jamais établi l'autorité de l'Église par l'autorité de l'Église, *ut in se virtualiter reflexam?* S'ils l'ont fait, je ne les charge donc pas d'une imputation calomnieuse.

La constitution du christianisme, l'esprit de l'Évangile[5], les

---

1. De Mauléon de Causans, chevalier de Malte et militaire distingué, né au commencement du dix-huitième siècle. S'étant adonné à l'étude des mathématiques, il s'était persuadé qu'il avait trouvé la quadrature du cercle. S'élevant de découvertes en découvertes, il prétendit ensuite expliquer par sa quadrature le péché originel et la Trinité. Il déposa chez un notaire dix mille francs, pour être donnés à celui qui lui démontrerait son erreur; le défi fut accepté par plusieurs personnes, et il y eut un procès au Châtelet pour cette affaire; mais la procédure fut arrêtée par ordre du roi, et les paris déclarés nuls. (*Note de M. G. Petitain.*)

2. *Dictum est tamen tres personæ, non ut aliquid diceretur, sed ne taceretur.* (AUG., *de Trinit.*, lib. V, cap. IX.)

3. M. de Montazet, archevêque de Lyon, avait écrit à l'archevêque de Paris sur une dispute de hiérarchie, une lettre imprimée, belle et forte de raisonnement, à laquelle celui-ci ne répondit point.

4. Mandement, § 21.

5. *Ibid.*, § 21.

erreurs mêmes et la foiblesse de l'esprit humain, tendent à démon-
trer que l'Église établie par Jésus-Christ est une Église infaillible.
Monseigneur, vous commencez par nous payer là de mots qui ne
nous donnent pas le change. Les discours vagues ne font jamais
preuve, et toutes ces choses qui tendent à démontrer ne démontrent
rien. Allons donc tout d'un coup au corps de la démonstration; le
voici :

Nous assurons que comme ce divin législateur a toujours enseigné
la vérité, son Église l'enseigne aussi toujours[1].

Mais qui êtes-vous, vous qui nous assurez cela pour toute preuve?
Ne seriez-vous point l'Église ou ses chefs? A vos manières d'argumenter, vous paroissez compter beaucoup sur l'assistance du Saint-
Esprit. Que dites-vous donc, et qu'a dit l'imposteur? De grâce,
voyez cela vous-même, car je n'ai pas le courage d'aller jusqu'au
bout.

Je dois pourtant remarquer que toute la force de l'objection que
vous attaquez si bien consiste dans cette phrase que vous avez eu
soin de supprimer à la fin du passage dont il s'agit : *Sortez de là,*
vous rentrez dans toutes nos discussions.

En effet, quel est ici le raisonnement du vicaire? Pour choisir
entre les religions diverses, il faut, dit-il, de deux choses l'une : ou
entendre les preuves de chaque secte et les comparer, ou s'en rapporter à l'autorité de ceux qui nous instruisent. Or le premier
moyen suppose des connoissances que peu d'hommes sont en état
d'acquérir; et le second justifie la croyance de chacun, dans quelque
religion qu'il naisse. Il cite en exemple la religion catholique, où
l'on donne pour loi l'autorité de l'Église, et il établit là-dessus ce
second dilemme : Ou c'est l'Église qui s'attribue à elle-même cette
autorité, et qui dit : *Je décide que je suis infaillible, donc je le suis ;*
et alors elle tombe dans le sophisme appelé cercle vicieux, ou elle
prouve qu'elle a reçu cette autorité de Dieu, et alors il lui faut un
aussi grand appareil de preuves pour montrer qu'en effet elle a reçu
cette autorité, qu'aux autres sectes pour établir directement leur
doctrine. Il n'y a donc rien à gagner pour la facilité de l'instruction, et le peuple n'est pas plus en état d'examiner les preuves de
l'autorité de l'Église chez les catholiques, que la vérité de la doctrine chez les protestants. Comment donc se déterminera-t-il d'une
manière raisonnable autrement que par l'autorité de ceux qui
l'instruisent? Mais alors le Turc se déterminera de même. En quoi le

---

1. Man[dem]ent, § 21. Cet endroit mérite d'être lu dans le Mandement même.

Turc est-il plus coupable que nous? Voilà, monseigneur, le raisonnement auquel vous n'avez pas répondu, et auquel je doute qu'on puisse répondre[1]. Votre franchise épiscopale se tire d'affaire en tronquant le passage de l'auteur de mauvaise foi.

Grâce au ciel, j'ai fini cette ennuyeuse tâche. J'ai suivi pied à pied vos raisons, vos citations, vos censures, et j'ai fait voir qu'autant de fois que vous avez attaqué mon livre, autant de fois vous avez eu tort. Il reste le seul article du gouvernement, dont je veux bien vous faire grâce, très sûr que quand celui qui gémit sur les misères du peuple, et qui les éprouve, est accusé par vous d'empoisonner les sources de la félicité publique, il n'y a point de lecteur qui ne sente ce que vaut un pareil discours. Si le traité du *Contrat social* n'existoit pas, et qu'il fallût prouver de nouveau les grandes vérités que j'y développe, les compliments que vous faites à mes dépens aux puissances seroient un des faits que je citerois en preuve, et le sort de l'auteur en seroit un autre encore plus frappant. Il ne me reste plus rien à dire à cet égard; mon seul exemple a tout dit, et la passion de l'intérêt particulier ne doit point souiller les vérités utiles. C'est le décret contre ma personne, c'est mon livre brûlé par le bourreau, que je transmets à la postérité pour pièces justificatives : mes sentiments sont moins bien établis par mes écrits que par mes malheurs.

Je viens, monseigneur, de discuter tout ce que vous alléguez contre mon livre. Je n'ai pas laissé passer une de vos propositions sans examen : j'ai fait voir que vous n'avez raison dans aucun point, et je n'ai pas peur qu'on réfute mes preuves; elles sont au-dessus de toute réplique où règne le sens commun.

Cependant, quand j'aurois eu tort en quelques endroits, quand j'aurois eu toujours tort, quelle indulgence ne méritoit point un livre où l'on sent partout, même dans les erreurs, même dans le mal qui peut y être, le sincère amour du bien et le zèle de la vérité;

---

1. C'est ici une de ces objections terribles auxquelles ceux qui m'attaquent se gardent bien de toucher. Il n'y a rien de si commode que de répondre avec des injures et de saintes déclamations, on élude aisément tout ce qui embarrasse. Aussi faut-il avouer qu'en se chamaillant entre eux les théologiens ont bien des ressources qui leur manquent vis-à-vis des ignorants, et auxquelles il faut alors suppléer comme ils peuvent. Ils se payent réciproquement de mille suppositions gratuites qu'on n'ose récuser quand on n'a rien de mieux à donner soi-même. Telle est ici l'invention de je ne sais quelle foi infuse, qu'ils obligent Dieu, pour les tirer d'affáire, de transmettre du père à l'enfant. Mais ils réservent ce jargon pour disputer avec les docteurs : s'ils s'en servoient avec nous autres profanes, ils auroient peur qu'on ne se moquât d'eux.

un livre où l'auteur, si peu affirmatif, si peu décisif, avertit si souvent ses lecteurs de se défier de ses idées, de peser ses preuves, de ne leur donner que l'autorité de la raison; un livre qui ne respire que paix, douceur, patience, amour de l'ordre, obéissance aux lois en toute chose, et même en matière de religion; un livre enfin où la cause de la Divinité est si bien défendue, l'utilité de la religion si bien établie, où les mœurs sont si respectées, où l'arme du ridicule est si bien ôtée au vice, où la méchanceté est peinte si peu sensée, et la vertu si aimable? Eh ! quand il n'y auroit pas un mot de vérité dans cet ouvrage, on en devroit honorer et chérir les rêveries comme les chimères les plus douces qui puissent flatter et nourrir le cœur d'un homme de bien. Oui, je ne crains point de le dire, s'il existait en Europe un seul gouvernement vraiment éclairé, un gouvernement dont les vues fussent vraiment utiles et saines, il eût rendu des honneurs publics à l'auteur d'*Émile*, il lui eût élevé des statues. Je connoissois trop les hommes pour attendre d'eux de la reconnoissance; je ne les connoissois pas assez, je l'avoue, pour en attendre ce qu'ils ont fait.

Après avoir prouvé que vous avez mal raisonné dans vos censures, il me reste à prouver que vous m'avez calomnié dans vos injures. Mais, puisque vous ne m'injuriez qu'en vertu des torts que vous m'imputez dans mon livre, montrer que mes prétendus torts ne sont que les vôtres, n'est-ce pas dire assez que les injures qui les suivent ne doivent pas être pour moi? Vous chargez mon ouvrage des épithètes les plus odieuses, et moi, je suis un homme abominable, un téméraire, un impie, un imposteur. Charité chrétienne, que vous avez un étrange langage dans la bouche des ministres de Jésus-Christ !

Mais vous qui m'osez reprocher des blasphèmes, que faites-vous quand vous prenez les apôtres pour complices des propos offensants qu'il vous plaît de tenir sur mon compte? A vous entendre, on croiroit que saint Paul m'a fait l'honneur de songer à moi, et de prédire ma venue comme celle de l'Antechrist. Et comment l'a-t-il prédite, je vous prie? Le voici : c'est le début de votre mandement.

Saint Paul a prédit, M. T. C. F., qu'il viendroit des jours périlleux, ou il y auroit des gens amateurs d'eux-mêmes, fiers, superbes, blasphémateurs, impies, calomniateurs, enflés d'orgueil, amateurs, de voluptés plutôt que de Dieu; des hommes d'un esprit corrompu et pervertis dans la foi[1].

---

1. Mandement, § 1.

Je ne conteste assurément pas que cette prédiction de saint
Paul ne soit très bien accomplie; mais s'il eût prédit au contraire
qu'il viendroit un temps où l'on ne verroit point de ces gens-là,
j'aurois été, je l'avoue, beaucoup plus frappé de la prédiction, et
surtout de l'accomplissement.

D'après une prophétie si bien appliquée, vous avez la bonté de
faire de moi un portrait dans lequel la gravité épiscopale s'égaye à
des antithèses, et où je me trouve un personnage fort plaisant. Cet
endroit, monseigneur, m'a paru le plus joli morceau de votre mandement; on ne sauroit faire une satire plus agréable, ni diffamer un
homme avec plus d'esprit.

Du sein de l'erreur (il est vrai que j'ai passé ma jeunesse dans
votre Église) *il s'est élevé* (pas fort haut) *un homme plein du langage de la philosophie* (comment prendrois-je un langage que je
n'entends point?) *sans être véritablement philosophe* (oh! d'accord,
je n'aspirai jamais à ce titre, auquel je reconnois n'avoir aucun
droit, et je n'y renonce assurément pas par modestie); *esprit doué
d'une multitude de connoissances* (j'ai appris à ignorer des multitudes de choses que je croyais savoir) *qui ne l'ont pas éclairé* (elles
m'ont appris à ne pas penser l'être), *et qui ont répandu des ténèbres
dans les autres esprits* (les ténèbres de l'ignorance valent mieux que
la fausse lumière de l'erreur); *caractère livré aux paradoxes d'opinions et de conduite* (y a-t-il beaucoup à perdre à ne pas agir et
penser comme tout le monde?), *alliant la simplicité des mœurs
avec le faste des pensées* (la simplicité des mœurs élève l'âme; quant
au faste de mes pensées, je ne sais ce que c'est), *le zèle des maximes
antiques avec la fureur d'établir des nouveautés* (rien de plus nouveau pour nous que des maximes antiques; il n'y a point à cela
d'alliage, et je n'y ai point mis de fureur), *l'obscurité de la retraite
avec le désir d'être connu de tout le monde* (monseigneur, vous voilà
comme les faiseurs de romans, qui devinent tout ce que leur héros
a dit et pensé dans sa chambre. Si c'est ce désir qui m'a mis la
plume à la main, expliquez comment il m'est venu si tard, ou pourquoi j'ai tardé si longtemps à le satisfaire). *On l'a vu invectiver
contre les sciences qu'il cultivoit* (cela prouve que je n'imite pas vos
gens de lettres et que, dans mes écrits, l'intérêt de la vérité marche
avant le mien), *préconiser l'excellence de l'Évangile* (toujours et
avec le plus grand zèle), *dont il détruisoit les dogmes* (non, mais
j'en prêchois la charité, bien détruite par les prêtres); *peindre la
beauté des vertus, qu'il éteignoit dans l'âme de ses lecteurs.* (Ames
honnêtes, est-il vrai que j'éteins en vous l'amour des vertus?)

Il s'est fait le précepteur du genre humain pour le tromper, le moniteur public pour égarer tout le monde, l'oracle du siècle pour achever de le perdre (je viens d'examiner comment vous avez prouvé tout cela). *Dans un ouvrage sur l'inégalité des conditions* (pourquoi des conditions? ce n'est là ni mon sujet ni mon titre), *il avoit rabaissé l'homme jusqu'au rang des bêtes* (lequel de nous deux l'élève ou l'abaisse, dans l'alternative d'être bête ou méchant?). *Dans une autre production plus récente, il avoit insinué le poison de la volupté* (eh! que ne puis-je aux horreurs de la débauche substituer le charme de la volupté! Mais rassurez-vous, monseigneur; vos prêtres sont à l'épreuve de l'Héloïse, ils ont pour préservatif l'Aloïsia). *Dans celui-ci, il s'empare des premiers moments de l'homme afin d'établir l'empire de l'irréligion* (cette imputation a déjà été examinée).

Voilà, monseigneur, comment vous me traitez, et bien plus cruellement encore, moi que vous ne connoissez point, et que vous ne jugez que sur des ouï-dire. Est-ce donc là la morale de cet Évangile dont vous vous portez pour le défenseur? Accordons que vous voulez préserver votre troupeau du poison de mon livre : pourquoi des personnalités contre l'auteur? J'ignore quel effet vous attendez d'une conduite si peu chrétienne; mais je sais que défendre sa religion par de telles armes, c'est la rendre fort suspecte aux gens de bien.

Cependant, c'est moi que vous appelez téméraire. Eh! comment ai-je mérité ce nom, en ne proposant que des doutes, et même avec tant de réserve; en n'avançant que des raisons, et même avec tant de respect; en n'attaquant personne, en ne nommant personne? Et vous, monseigneur, comment osez-vous traiter ainsi celui dont vous parlez avec si peu de justice et de bienséance, avec si peu d'égard, avec tant de légèreté?

Vous me traitez d'impie! et de quelle impiété pouvez-vous m'accuser, moi qui jamais n'ai parlé de l'Être suprême que pour lui rendre la gloire qui lui est due, ni du prochain que pour porter tout le monde à l'aimer? Les impies sont ceux qui profanent indignement la cause de Dieu en la faisant servir aux passions des hommes. Les impies sont ceux qui, s'osant porter pour interprètes de la Divinité, pour arbitres entre elle et les hommes, exigent pour eux-mêmes les honneurs qui lui sont dus. Les impies sont ceux qui s'arrogent le droit d'exercer le pouvoir de Dieu sur la terre, et veulent ouvrir et fermer le ciel à leur gré. Les impies sont ceux qui font lire des libelles dans les églises. A cette idée horrible, tout mon sang s'allume, et des larmes d'indignation coulent de mes yeux. Prêtres du Dieu de paix, vous lui rendrez compte un

jour, n'en doutez pas, de l'usage que vous osez faire de sa maison.
Vous me traitez d'imposteur! et pourquoi? Dans votre manière
de penser, j'erre; mais où est mon imposture? Raisonner et se
tromper, est-ce en imposer? Un sophiste même qui trompe sans
se tromper n'est pas un imposteur encore, tant qu'il se borne à
l'autorité de la raison, quoiqu'il en abuse. Un imposteur veut être
cru sur sa parole, il veut lui-même faire autorité. Un imposteur est
un fourbe qui veut en imposer aux autres pour son profit : et où est,
je vous prie, mon profit dans cette affaire? Les imposteurs sont,
selon Ulpien, ceux qui font des prestiges, des imprécations, des
exorcismes : or, assurément, je n'ai jamais rien fait de tout cela.

Que vous discourez à votre aise, vous autres hommes constitués
en dignité! Ne reconnaissant de droits que les vôtres, ni de lois
que celles que vous imposez, loin de vous faire un devoir d'être
justes, vous ne vous croyez pas même obligés d'être humains.
Vous accablez fièrement le faible, sans répondre de vos iniquités
à personne : les outrages ne vous coûtent pas plus que les violences;
sur les moindres convenances d'intérêt ou d'état, vous nous balayez
devant vous comme la poussière. Les uns décrètent et brûlent, les
autres diffament et déshonorent sans droit, sans raison, sans
mépris, même sans colère, uniquement parce que cela les arrange,
et que l'infortuné se trouve sur leur chemin. Quand vous nous
insultez impunément, il ne nous est pas même permis de nous
plaindre; et si nous montrons notre innocence et vos torts, on nous
accuse encore de vous manquer de respect.

Monseigneur, vous m'avez insulté publiquement : je viens de
vous prouver que vous m'avez calomnié. Si vous étiez un particulier comme moi, que je pusse vous citer devant un tribunal équitable, et que nous y comparussions tous deux, moi avec mon livre
et vous avec votre mandement, vous y seriez certainement déclaré
coupable, et condamné à me faire une réparation aussi publique
que l'offense l'a été. Mais vous tenez un rang où l'on est dispensé
d'être juste; et je ne suis rien. Cependant vous, qui professez
l'Évangile, vous, prélat fait pour apprendre aux autres leur devoir,
vous savez le vôtre en pareil cas. Pour moi, j'ai fait le mien, je
n'ai plus rien à vous dire, et je me tais.

Daignez, monseigneur, agréer mon profond respect.

J.-J. ROUSSEAU.

Motiers, le 18 novembre 1762.

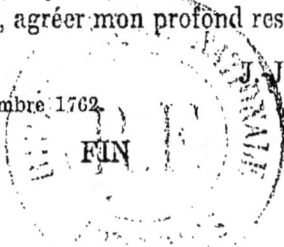

FIN

TABLE DES MATIÈRES

Imprimerie Félix LAINÉ à Chartres (France). — 104.2.23.

www.ingramcontent.com/pod-product-compliance
Lightning Source LLC
Chambersburg PA
CBHW052057230326
41599CB00054B/3007